私人财富管理智慧
与传承理念

龚乐凡◎著

Wealth Management
and Succession Planning

图书在版编目（CIP）数据

私人财富管理智慧与传承理念 / 龚乐凡著 . -- 北京：
中信出版社，2024.2
　　ISBN 978-7-5217-6255-6

Ⅰ.①私… Ⅱ.①龚… Ⅲ.①私人投资－研究 Ⅳ.
①F830.59

中国国家版本馆 CIP 数据核字（2023）第 248434 号

私人财富管理智慧与传承理念
著者：　　龚乐凡
出版发行：中信出版集团股份有限公司
　　　　（北京市朝阳区东三环北路 27 号嘉铭中心　邮编　100020）
承印者：北京盛通印刷股份有限公司

开本：787mm×1092mm　1/16　　印张：34.5　　　字数：578 千字
版次：2024 年 2 月第 1 版　　　印次：2024 年 2 月第 1 次印刷
书号：ISBN 978-7-5217-6255-6
定价：98.00 元

版权所有·侵权必究
如有印刷、装订问题，本公司负责调换。
服务热线：400-600-8099
投稿邮箱：author@citicpub.com

谨以此书献给我的太太和孩子
是你们给了我灵感和动力
让我意识到什么是人生中最重要的财富

目 录

推荐语　V
序言　XI
前言　XIII

第一部分　概论　001

第 1 章　财富安全与传承之惑　003

1.1　"百年未有之大变局"中的财富安全与规划　003
1.2　高净值人群成为财富纷争的"高危人群"　005
1.3　先有"守成"方有"传承"：警惕"黑天鹅""灰犀牛"事件　007
1.4　中国家族企业面临前所未有的传承挑战　011
1.5　寻找基业长青和财富永续的金钥匙　014

第 2 章　财富传承的三个根基　020

2.1　在财富的传承中我们忽略了什么　021
2.2　人力资源传承：另一份家族资产负债表和利润表　024
2.3　精神财富传承　031
2.4　物质财富的传承　042

第二部分　创富与守富　053

第 3 章　私人财富管理揭秘　055
3.1　逃脱"富不过三代"的魔咒　055
3.2　你需要什么样的财富管理服务　060
3.3　资产配置和筹划揭秘　065
3.4　个人资产管理的三大陷阱　070
3.5　家族办公室和私人银行的真正角色　085

第 4 章　私人银行　089
4.1　揭秘私人银行　089
4.2　如何选择适合自己的私人银行　093
4.3　如何成就第一流的私人银行家　101
4.4　中国私人银行发展空间巨大　108
4.5　私人银行和家族办公室的关系　115

第 5 章　家族办公室　117
5.1　家族办公室的前世今生　117
5.2　家族办公室的定位　132
5.3　家族办公室的架构设计　137
5.4　家族办公室如何进行投资和资产配置　145
5.5　变局中的家族办公室发展趋势及投资调整　157

第三部分　资产保护与传承　163

第 6 章　家族法律顾问　165
6.1　家族法律顾问的角色　165
6.2　如何选择和聘用合适的家族法律顾问　167
6.3　现代财富传承法律服务的构成　174

6.4 如何成为一名卓越的私人财富法律顾问　178

第7章　财富保护与传承的法律工具　182

7.1 关于安全：建立财富的隔离仓　183

7.2 关于守护：海外追索的正义之剑　190

7.3 关于继承：应对财富的沙漏　195

7.4 关于婚姻：夫妻交恶的财富博弈　218

7.5 关于遗产税务风险：财富传承中的"万万没想到"　237

7.6 关于保险：财富传承不可缺少的工具　248

7.7 关于家族信托：大亨与名人的财富管理　267

7.8 关于家族基金会：慈善更需要智慧　292

第8章　企业传承的特殊问题与应对　305

8.1 新生代的人生坐标与人格定位　306

8.2 难控的接班"火候"与节奏　316

8.3 代际冲突　323

8.4 与其他关系人的博弈　327

8.5 不可忽略家族中的女性力量　334

第9章　家族企业的领导力传承　341

9.1 基业长青与领导力：权力分配与亲情的尴尬　341

9.2 失败的土壤：领导力传承失败的教训　349

9.3 赢在执行：领导力传承规划路线图　356

第10章　家族企业的股权设计　363

10.1 控制之重：家族企业股权设计的挑战　363

10.2 常见股权架构与方案：从 LVMH 的金字塔架构到王永庆家族的交叉持股　381

10.3 从宜家到戴尔：家族企业的上市之辩　390

10.4　以退为进：家族企业如何实现高价套现　396

第四部分　财富价值与文化传承　403

第 11 章　财富家族的后代教育　405

11.1　"我"的使命：从巴菲特教子看富二代的人生定位　405

11.2　"我们"的使命：爱马仕家族和庄臣家族的核心价值观　440

11.3　"领袖"的使命：从优秀继承人培养到走出父辈阴影　451

第 12 章　家规与家族治理　460

12.1　"家族战争"之殇　460

12.2　引发家族矛盾的高危领域　465

12.3　化解家族企业矛盾和传承危局的策略　473

12.4　制定家规、创设家族委员会　481

12.5　培养和鼓励学习与开拓的文化　492

第 13 章　慈善与基业长青　495

13.1　财富、幸福指数与善的业力　495

13.2　财富传承成功的密码　502

13.3　慈善事业的传承和运营：洛克菲勒家族的慈善模式　506

13.4　家族慈善模式选择和常见挑战　512

后记　523

推荐语

龚乐凡博士结合自身业务经验，以"专业律师＋学者"的视角，将多年的思考、实践和探索汇成此书。此书剖析了财富管理和规划的方方面面，对财富人士和相关领域的专业人士具有较大的指导意义和借鉴价值。同时，书中生动的案例和易懂的语言，也使得此书的受众更为广泛。此书不仅能够帮助财富人士了解专业知识，更能够为专业人士提供可参考的实践指导。相信书中的财富传承理念和价值观念、专业理论知识、实践案例，能为读者提供新的思路和方法，带给读者有益的启示。

——中欧陆家嘴国际金融研究院院长　中国工商银行原董事长　**姜建清**

财富的管理和传承对于中国的企业家来说，是个新课题。《私人财富管理智慧与传承理念》一书聚集中西方案例，结合实践，总结归纳了不少值得学习和借鉴的智慧，是一本将基业长青的智慧付诸中国实践，给企业家启迪，文字浅显却有思想深度的书作，可读性、实用性和社会价值皆具。

——新希望集团有限公司董事长　**刘永好**

创业创富需要长期的艰苦奋斗，守护传承财富需要专业理智的规划，这两者同等重要。把花在前者上的时间拿出千分之一、万分之一，用于后者，没有比这更划算的投资了。阅读《私人财富管理智慧与传承理念》，就是这样的一种选择。

——人文财经观察家、"秦朔朋友圈"发起人　**秦朔**

  过去40多年，中国企业家所思所想的核心命题是如何创造财富，其实比创造财富更具挑战性的是如何传承财富。真正的家族财富传承故事涉及太多的牺牲和放弃，更是饱含智慧和挑战。未来数年将是中国民营企业陆续完成传承交接的关键时期，如何在探索中不断解码财富管理与传承问题，以实现守富与传承的双赢，已然成为目前中国高净值家族的核心关注点之一。

  在这一方面，龚乐凡先生的新作《私人财富管理智慧与传承理念》提供了独到的视角。书中翔实的案例既有对国外经验的解读，也有对中国本土实践的探讨；既有对家族企业传承与架构的规划方案，也有对家族财富保护和传承的法律工具应用。与此同时，读者还可以找到资产保护、增值之方法，也可体悟家族文化传承之精髓。

  该著作从理论与实践的角度帮助家族企业进行了一次全面的梳理与总结，这也是对国内家族财富管理与传承方式的一次探索，对当前中国高净值家族极具参考意义。

——《财富管理》杂志

  当下，中国高净值人群面临着复杂而严峻的财富传承问题，为什么这样说呢？理由有三：第一，企业创始人在不到40年时间里创造的财富，规模空前，由此带来了"百倍"与"百年"的平衡问题，从"创富"到"造福"的修养问题；第二，这个群体中，第一代和第二代之间无论生活经历、教育背景、财富观念都存在巨大差异，由此带来了代际沟通和交接班安排的巨大挑战；第三，大量民营企业家遇到的是企业转型升级与家族治理需要同步解决的问题，大大超出了企业家的知识储备、经验积累，需要不同门类的社会资源、专业人士协助解决。显然，中国的法律、政策、专业人士素质、行业规范、企业家评鉴水平都还有巨大的优化空间。面对这些问题，幸好有龚乐凡博士的《私人财富管理智慧与传承理念》一书，相信先行者的思考和实践，会使高净值人士和相关专业机构的从业人员受益匪浅。

——《家族企业》杂志出品人兼主编　**王立鹏**

龚乐凡博士的新作是一部详尽介绍家族财富管理和传承的操作指南，是国内领先的家族企业及家族办公室从业人员的宝典。

——南方科技大学副校长　北京大学光华管理学院原副院长　**金李**

此书很大程度上满足了中国高端财富人群对财富管理和传承方面的渴求，既全面、专业具有可操作性，又不乏可读性和趣味性，尤其是独辟蹊径专门讲述了富裕家庭子女的心理教育与价值观传承，为国内所仅见。生动的案例使枯燥的专业知识变得浅显易懂，透彻的分析给专业人士以新的思考和启迪，可以说，它是国内家族财富管理领域一次有益的尝试和创新。相信本书不仅对家族企业财富管理和传承有借鉴作用，而且会在更广泛的受众层面引发共鸣。

——民生银行私人银行创始人　**李文**

"富不过三代"是全球财富家族的魔咒，龚乐凡律师凭借他丰富的经验和敏锐的洞察力，在《私人财富管理智慧与传承理念》这本书中为从业者提供了成功的财富家族在财富管理和传承方面运用的道、法、术、器。守成先于传承，人力资本和精神资本的培养先于物质财富的管理。

——中欧国际工商学院金融与会计学教授，鹏瑞金融学教席教授，
中欧财富管理研究中心主任、家族办公室课程主任　**芮萌**

2016年，我们在中欧国际工商学院开启了中国最早的"家族办公室首席架构师"的全体系财富管理课程，那时"家族办公室"仍然是很陌生的词汇。我负责

课程设计,于是诚恳地邀请龚乐凡博士作为家族信托课题的分享嘉宾。一晃7年过去了,中欧该课程不断迭代,龚博士成为为数不多一直受邀分享的嘉宾,同时他还报名成为我们第二期的学员,真正实现了教学相长。我非常荣幸为此书写推荐语,秉持着我们对财富管理共同的信仰,我在龚博士的书中看到他更具深度的观点剖析和更具广度的多维视角探讨。财富并非幸福的必然代表。在家族传承中,财富传承不仅是单纯金钱的施与受,还是对家族和社会的沉甸甸的责任。当财富的拥有者和继承者对财富的理解从拥有上升到承担时,不仅可以更好地传承财富,还可以提升获取幸福的能力。这样的理解也能够帮助财富的拥有者避免试图用财富控制继承者的意志和人生选择,同时也可以帮助财富继承者建立使命感和正确的财富观。在家族办公室领域,作为法学专家和执业者,龚博士不仅学识渊博,治学严谨精深,还兼具很高的人文哲学素养,实在令人钦佩。

在龚先生的著作中,他强调了人力资本、精神财富的传承,强调财富传承的"以人为本"。基于我的研究和实践经验,我与龚先生在这一观点上形成了强烈的共鸣。财富家族在传承中伴随着对人性的深刻理解和对社会复杂性的充分认知。在财富传承中,家族治理和家族企业治理是核心,也是起点。龚先生在他的书中详细探讨了保障家族传承的制度设计。同时,他也不断强调家族教育扮演着关键的角色。中国的财富新贵在传承上尚未对政治经济的复杂性进行成熟的思考,很多人甚至刻意回避,观念上的误区给成功传承带来巨大隐患。我对于龚先生将自己的所思所想整理成著作感到欣喜。他在书中对于财富传承的多个层面进行了深入论述,为家族传承提供了宝贵的智慧和经验。

——中欧家族办公室首席架构师课程学术副主任,
中欧财富管理研究中心执行主任　冯媛

龚博士的著作运用了大量海内外案例,细腻又深入浅出地描绘了家族财富传承的需求在中国社会结构变化中的演变,并且运用了丰富的财富管理知识,结合现实,向读者展示了如何有效地运用法律专业、富有远见的财富规划,将家族财富的三个关键组成因素——金融资产、人力以及智慧,在制度与管理的基础上长久有效地结合起来，使它们能够世代相传并发扬光大。非常期待此书的出版，相信它会成为中国企业家传承道路上的一盏明灯！

——La Vintoll 资产管理公司创始合伙人及首席执行官（CEO），
罗斯柴尔德银行（亚洲）前 CEO　张璟瑜

在中国，传承过程中的感性因素太多，这直接导致了许多失败的案例。而此书中所提到的很多内容和工具对中国家族企业来说非常有可操作性。希望它能够成为一本指南，帮助更多财富家族用理性与专业的方法解决传承问题。

——环球接力创始人　杭佳一

"富不过三代"这句大家熟悉的俗语，对不少财富家族而言是一道"魔咒"。当今，国内正处于经济转型升级的重要时期，而同时也是"创一代"向其后辈进行事业与精神传承的关键阶段。这些财富家族亟需打破"魔咒"的利器。龚博士的《私人财富管理智慧与传承理念》一书正是这样一件"破咒"利器！

——摩根士丹利国际资本中国指数原业务总监，曾任宁波银行总行
私人银行部总经理、德意志银行财富管理部中国区总经理　黄凡

中国私人银行业方兴未艾，家族办公室小荷才露。高端财富管理市场在风起云涌之际，亟待系统理论的指导、国外经验的借鉴、既往案例的剖析。乐凡先生著作的出版正当其时、正应其势，故推荐之。

——德裕世家办公室董事长　张咏

此书全面阐述了财富管理、财富传承和家族价值观的微观方面，对于传统理财行业的从业人员、资产管理经理来说，理解家族财富管理中隐性的、柔软的一面非常重要，因为只有这样，他们才能针对不同的家族制定不同的策略，

而不是仅仅将目光停留在财务回报之上。这是财富管理中艺术与科学的完美结合。

——德林家族办公室董事长，摩根大通亚洲
私人银行部原董事总经理　林少康

随着时间推移，私人财富管理与传承已经成为高净值人士及从业人员必须思考和学习的重要内容，龚律师抱着满腔热情撰写此书，为市场注入专业内容，真乃行业幸事。

——中国精算师，燕道（宁波）数据科技有限公司创始人兼CEO
上海诺亚荣耀保险经纪公司原总经理　娄道永

过去几十年，中国人从未像现在一样拥有如此多的财富，无论是个人还是家族甚至国家都面临着财富的使用和管理问题。因为财富家族存在较大的社会影响力，所以其财富传承也不单纯是个人的私事。因此，财富管理和传承在现阶段是一个挑战，需要大家关注和思考，最终需要形成如此书中所说的，建立在物质财富、人力资源和精神财富三个根基之上的财富管理和传承模式。对财富拥有者以及财富管理行业从业者来说，龚乐凡律师的这本书为他们提供了很好的理念与工具，非常值得一读。

——丰琰投资总经理，富国基金管理有限公司权益专户部原总经理　于江勇

序言

2023年是世界刚刚经历了三年疫情、经济剧烈波动、国际政治环境复杂多变的一年。近年来，我们经历了财富管理认知和业务的大发展，家族办公室和家族信托如雨后春笋般涌现。同时，中国许多超高净值人士遭遇了宏观经济大变局、行业大震荡之下财富的剧烈波动甚至重大损失，见证了强监管时代下国际政治经济不确定性增强给人们带来的恐慌，例如，一些上市公司独董遭遇被判承担赔付过亿元人民币的连带责任，硅谷银行遭遇挤兑，瑞信银行破产危机导致大量资金涌入香港的银行，等等。而中国一些知名企业家的境外家族信托由于设立和实施上的瑕疵，被境外法院的判决击穿，信托无法起到为之避债、财富隔离的作用，让人大跌眼镜。

这些都是过去多年中国的财富人士所未曾遭遇的问题，也让中国的超高净值人士深刻体会到，如果资产没有规划，没有专业的隔离，财富没有进行专业的保全，后果能有多严重。

本书依托于我们近年来对高净值人士财富管理需求的观察，结合案例与我们的实操经验，对财富管理、财富保护和传承进行了深入的研究与思考。近年来，随着家族财富管理、家族信托等概念的逐步普及以及高净值人士的投资理念增强，市场上有关财富管理的衍生产品和服务也逐步多样化。《2022意才·胡润财富报告》显示，截至2022年1月1日，中国的"高净值家庭"（拥有1 000万元人民币及以上资产的家庭）数量达到211万户，比上年同期约增加5万户，增长率为2.48%；其中，拥有上千万元人民币可投资资产的"高净值家庭"数量达到111万户，增长率为1.26%；拥有上亿元人民币可投资资产的"超高净值家庭"

数量达到13.8万户。但随之而来的，也有更多问题，例如，许多P2P（点对点网络借款）及房地产项目爆雷，银行不再对理财产品承诺刚性兑付，许多第三方理财机构遭遇危机，不少公司负债累累甚至破产，创始人则因转移资产、拒不执行合同而面临承担无限连带责任乃至刑事责任追究，家族信托失灵或被击穿，信托争议不断涌现，等等。

大变局时代，要做到"反脆弱"，应对"灰犀牛"和"黑天鹅"事件，对于高净值人士来说，其无疑要面临巨大的挑战。近年来，我们也的确发现，一些我们曾经总结的财富背后的"道"，在经历风雨之后，就像洗净沙尘的金子，更加闪烁着真理的光芒，我们也些许悟出，好运通常会眷顾哪些人。本书结合高净值人士财富管理市场新的发展和变化，立足高净值人士财富保护与传承的新困惑与新疑点，就如何有效进行财富规划与保全，设计相应的跨境架构、股权架构，建立财富的"隔离仓"，设置家族信托和搭建家族办公室等进行了详细介绍。相信读者通过阅读本书能获得宝贵的"财富密码"。

前言

> 人生最重要的投资就是投资你自己。
>
> ——沃伦·巴菲特

在一次论坛上，白岩松说："现今'85后''90后'不再有食物上的饥饿感，这是幸运的。但是，心灵饥饿同样是饥饿，也许现在我们比以前更加饥饿。"也许正是这种新的饥饿感，让我能潜心研究中国人在富裕之后所面临的新问题。其实，从某个角度来看，大多数人富裕以后产生的不再是饥饿感，而是某种安全感的缺失，因为担忧财富的持续问题。同时，这种持续还包括爱的延续。因此，能否实现"富过三代"，其实就是继承、传承的问题。表面上看，这似乎说的是做好遗嘱订立准备、做好企业交接班的事情，但是更深层次上，这又是涉及文化、教育和价值观的问题，即家族二代的教育和成长以及家族财富文化、家族企业价值观念的培养，而这才是"传承"的深层核心。

在中国，极其富有的高净值人士虽然在数量上处于"小众"地位，但是他们以及他们的家族对社会的影响却极为深远，他们的企业经营情况、投资行为、慈善和公益捐助乃至家族二代、三代的成长状况和接班情况，对经济、就业、社会的稳定以及大量人士的福祉可能都会有直接或间接的影响。

在财富管理和传承领域实践中，笔者发现，高净值人士在财富管理和传承方面的需求以及他们的企业和家族存在的各类问题和受到的各种困扰，其实也给服务于这个群体的财富管理专业人士带来了前所未有的机遇和挑战。在这个高端金融和法律服务领域，与中国财富人群数量以及个性化服务需求的迅速增长相比，我国在财富管理和传承方面的学术研究、教育和培训、服务实践均严重滞后，该领域拥有巨大的潜在价值和广阔的发展前景，它如同一座被沙石覆盖埋藏的金矿，远远没有被充分认知、发掘和利用。

从专业人士层面看，这个领域包括理财师、家族律师、税务筹划师、心理咨询师、培训师等；而从机构角度看，则包括银行、家族办公室、法律服务提供商、信托公司、保险公司、资产管理公司、移民服务公司以及针对家族企业创一代及创二代等的高等教育和高端培训机构等。然而，由于多种原因，专业人士、专业机构的服务供给在数量和质量上与财富客户的巨大需求间存在着巨大的差距。这个领域可参考借鉴的著作是以外版学术类图书为主的，而各类新媒体所传播的有关财富管理的知识或信息，固然很方便阅读，但是鱼龙混杂，其中不少甚至还存在错误，易误导人。新一代财富管理专业人士急切需要进行火线培训和提升，他们需要一本全面、专业、权威的教材并将它作为参考书，它能够将欧美财富家族的管理和传承理念与中国实践相结合，帮助他们更好地了解客户需求、更有效地服务客户。所以，这个供给和需求间的巨大差距既带来了挑战，又意味着机遇。

中国的财富家族，为什么不能享受到最先进的、国际化的财富管理和传承服务，从而让自己有机会摆脱"富不过三代"的魔咒？中国金融和法律领域的专业人士为什么不能通过学习和掌握这个领域的知识，开阔自己的视野，并在实践中提升自己，从而更好地为客户提供高端、一流的服务？

这些成为促使笔者决心撰写一本有关私人财富管理与传承的专业著作的原动力。一方面，中国的财富人群有权了解他们应当获得什么样的服务，应有机会学习借鉴发达国家和地区的财富家族如何科学管理和成功传承财富；另一方面，中国这个新兴领域的专业人士和专业服务机构需要获得权威的和来自实践操作第一线的知识和指引。

就这样，我和团队开始了写作，过程虽辛苦，但也乐在其中。我们希望本书能成为家族企业决策者、财富家族成员、家族办公室成员及家族财富管理领域专业人士案头的一本必备工具书。

为什么中国到了必须重视财富管理和传承的时候？ 根据《2022年胡润全球富豪榜》，资产在10亿美元（约合人民币70亿元）以上的中国富豪共有1 133位；而根据招行－贝恩发布的《2021中国私人财富报告》，个人可投资资产超过1 000

万元人民币的人数在 2020 年达到 262 万人。以上数据虽然所涉及统计方法不同，但是它们都反映了中国现阶段的高净值人群规模非常庞大。伴随改革开放成长起来的第一代民营企业家正逐渐老去，很多财富家族目前正处在财富交接的关口，财富传承日趋紧迫。

然而，无论是基于胡润百富等机构的调研，还是根据已经出现的相当数量的传承失败案例分析，我们都可以发现，许多人对财富管理、资产安全与财富传承缺乏了解，存在误区，容易被误导。

如何应对"心灵的饥饿感"？ 传承不等于继承，财富上的"饱腹感"也无法弥补"心灵的饥饿感"，这尤其体现在财富人士的子女教育上。

美国心理学家梅德林·莱文博士在其专著《特权的代价》中提及，根据一项 2007 年的研究调查，在美国富裕家庭中，有 30%～40% 的青春期孩子存在不同程度的心理障碍，其中青春期少女中高达 22% 患有抑郁症，该比例是美国七年级少女患抑郁症比例的三倍。这类家庭中的女孩到了八九年级有三分之一出现了显著的临床焦虑症状。

而据一项调查，中国有将近 28.67% 的富二代认为他们身边家境优越群体中有人存在不同程度的违法犯罪问题；有 42% 的被调查者认为"毒品偶尔玩玩无妨，只要不上瘾就好"，只有 38.1% 的人认为吸食毒品是一种堕落行为。[1]

在大量的案例中我们发现，若没有智慧的传承，即使有财富的继承，财富也终将消亡。而我们在服务客户的时候发现，不少高净值人士都有以下担忧：过多的财富可能会给孩子带来不利影响。因此，他们希望我们在传承的筹划安排中，设计好方案，兼顾孩子的教育和成长，让家族做到财富与精神的真正传承，实现基业长青。

家族企业面临什么样的特殊挑战？ 波士顿咨询集团在一项家族企业和非家族企业的对比研究中发现，家族企业的业绩表现更为稳定，尤其在经济低迷时，其表现更为出色。同时，有研究发现，家族企业在长期战略和业绩稳定性，高级经理人和员工的忠诚度，以及企业文化鲜明度等方面明显胜于非家族企业。麦肯锡对 114 家家族企业与 1 200 家其他大型公司进行对比后发现，家族企业在员工激

---

[1] 陶涛，于一. 财富们怎么想：中国富二代调查报告 [M]. 北京：中国友谊出版公司，2012.

励和管理者领导力方面显著优于非家族企业。

当然，在企业传承和家族治理方面，家族也面临诸多挑战，包括：企业对家族决策者的严重依赖，企业内部存在的任人唯亲，以及家族成员争斗给企业和财富带来的极大负面影响，等等。

一项针对250家中国香港地区、台湾地区以及新加坡的家族企业传承的研究发现，这些企业在所有者交班过程中都遭遇了巨大的损失，具体来说，在新旧掌门人交接年度及此前的5年，家族类上市公司的市值在剔除大市变动因素后平均蒸发了60%。[①] 法国欧洲商务管理学院（欧洲工商管理学院分院之一）和哥本哈根商学院的两位教授通过对丹麦5 300家私营企业的调查发现，家族企业中任职的家族成员和非家族成员相比，前者的业绩表现显著差于后者。

而中国由于在一段时期实行计划生育政策，所以有相当数量的财富家族只有一位子女可作为继承人。接班安排不当，非常容易导致企业在二代手里资产缩水，甚至最终导致多年积累毁于一旦。即便交接班成功，如果接班人对家族企业的发展没有预见力，那么家族企业的控制权和管理也会受到影响。

基业长青背后的神秘业力是什么？ 除了介绍财富管理和资产保护的技巧，本书还探讨了一些略显神秘的问题，成功与财富的背后，是否有某种"好运"在起着神奇的作用？冥冥之中是否有某种力量保护着那些幸运的财富家族？而那些家道中落的财富家族的不幸难道仅仅是由于理财失策吗？善举、公益、价值观究竟对财富的创造和守护起到什么样的作用？善举和好运之间，是否存在某种巧合？当我们把一系列的财富家族案例集中起来进行归纳和分析时，我们发现了什么？这些也许是本书中最鼓舞人心、发人深省的部分。

对于前述问题，读者都可以在本书中找到答案。我们希望，通过了解世界财富家族有关财富管理、财富传承和家族治理的秘密，广大读者可以在财富管理理念和方法上受益，财富管理领域的专业人士可以更好地为客户提供高端理财服务，同时提升自己的"财商"，丰富自己的生存和投资哲学，为自己的财富管理和下一代教育积累经验。

本书分享了许多有关国内外财富家族的案例，引用真实资料和数据，描述不

---

① 范博宏. 交托之重：范博宏论家族企业传承01 [M]. 北京：东方出版社，2014.

少鲜为人知的细节，并以轻松、浅显的语言来解答较为复杂的金融投资、法律以及教育方面的问题。

最后，我们希望本书能够帮助中国数百万民营企业家和他们的家族从容应对人生中的重要决定和转折点，以使他们面对人生的无常，能更加胸有成竹，充满自信，而不需要在迷惘中无可奈何。这些影响人生的决定可能涉及移民、重大投资、家庭教育、婚姻、遗产分配、国内外信托、家族企业的传承和家族的治理。

在写作本书过程中，相关行业内的诸多资深人士与我们分享了他们的财富管理和投资经验、智慧和方法。在跨境资产保护方面，英国的大律师 Gary Miller（加里·米勒）先生给予了我们宝贵的经验分享；在资产配置方面，我们获得了曾在高盛私人银行部任职的康宁先生的指导；在保险方面，则获得了上海诺亚荣耀保险经纪公司原总经理娄道永先生以及香港 Willis（韦莱）公司资深财富管理顾问潘凯儿女士的帮助。他们的无私分享开阔了我们的视野，丰富了我们的写作内容。在此，对他们表示特别的感谢。

与此同时，这里特别感谢参与本书编辑和研究的团队成员：陈文珊、汪昕瞳、胡函、叶逸嘉、柳静之，以及汪中海、张紫薇、张卓晨、董丙刚、李怡、陆珊菁、王瑶、陈璐。

* * *

我们既然无法预测未来，那么不妨用自己的努力和智慧创造未来。如美国通用电气集团的前首席执行官杰克·韦尔奇所说，"如果你不去主宰自己的命运，那么别人会"。对于提升自己的财商，管理自己和家族的财富，掌控自己和家族的未来，何尝不是如此？千里之行，始于足下。我们在今天投资自己、付诸行动，就是为未来播下希望的种子，创造更为美好的明天！

第一部分
概论

PART 1

第 1 章 财富安全与传承之惑

所有人都知道预防比治疗更重要,但预防只得到很少的奖赏。

——《黑天鹅》作者,纳西姆·尼古拉斯·塔勒布

人生是一场持续时间特别长的比赛,我们大部分时间并不需要关注"赢"这件事,而只要不输就可以了。

——吴军

1.1 "百年未有之大变局"中的财富安全与规划

当今世界正经历"百年未有之大变局",在此情况下,财富的管理与规划将面临怎样的新挑战和新课题?受到经济已然迈入一个新的多变周期、疫情的冲击以及国际政治局势复杂多变等的影响,企业、投资和个人财富都遇到了前所未有的新问题。我们开始需要适应经济高速增长时代向经济增速放缓时代的转变,还需适应市场存在的各种波动震荡和不确定性的变化。

创造财富无疑变得更难,更具不确定性。与创造财富相比,守住财富、保全财富,给中国的有产阶层带来了更多新的挑战。一些财富人士来之不易的财富以意料不到的方式,遭受"大清洗"直至化为乌有——他们资产"归零"甚至永久性背负债务(中国尚没有个人破产制度)。他们有的经历了多轮的股市动荡,或投资的 P2P 产品爆雷;有的遭遇某些区域性的危机,例如,受到宏观经济影响的山西煤老板,受到"债务互保"连锁反应影响的江浙地区企业人士;或一些新经济企业因资金链断裂崩盘,一些房地产企业遭遇寒冬纷纷面临债务重组,有的企业领导者(作为企业创始人或法定代表人)沦为"失信人"。另外,还有的是在

资产出海之后被欺骗，虽情境、背景不一，损失金额往往都巨大，无不让人扼腕叹息。而这些事件的主人公，都曾经是身家几十亿甚至上百亿的高净值人士，他们似乎早已"财务自由"。

现在我们终于知道，"财务自由"并不等于真正的自由。因为在风浪过后，对于有的人来说，除了还不清的债务，悔不当初的愤恨与教训，自己似乎什么都没有留下。"传承"固然重要，然而我们也应该意识到，比富过三代更重要的是，富过一代。

在过去的几年内，包括银行、信托公司、第三方理财公司甚至股权投资基金在内的金融机构似乎都开始关注和宣传私人财富管理和传承这一主题，希望在这巨大的市场中能分得一杯羹。从 2015 年开始，招行-贝恩发布的私人财富报告几乎每年都在调查中发现"保障财富安全"和"财富传承"是高净值人群首要的两个财富管理目标。我一直好奇的是，每年的调研，有没有让被访问者回答一个更深层次的问题——"你离这些目标更近了还是更远了，或者仍然在原地踏步（裹足不前）？"遗憾的是，该报告没有给出答案。

与财富的传承相比，财富的安全更为重要。一方面，有一个朴实的道理就是，"人生最大的悲剧，莫过于人还没死，钱已经花完了"。没有财富的安全，谈何传承？皮之不存，毛将焉附？另一方面，超高净值客户对于财富安全的敏感度远远比"传承"更为强烈。实践是检验真理的唯一标准，从我们处理的大量有关财富规划的法律服务项目来看，客户对财富规划中保障财富安全的需求更具紧迫性。

近年来，随着中国经济的发展，高净值人群规模日益增加，财富保护和财富传承越来越受到他们的重视。根据招行-贝恩发布的《2021 中国私人财富报告》，年轻群体创富需求显著提升，年轻的高净值人群首要目标仍是创造财富、积累财富。该报告还指出，2021 年，"保障财富安全"与"创造更多财富"是高净值人群最重要的两个财富目标，而"境内外一体化资产配置"是他们的新增财富目标。

然而，与创造财富相比，守富和传承是完全不同的学问。传承绝不是简单的"继承"，而是一项复杂的综合工程，需要财富人士未雨绸缪、综合规划。因为一旦面临全球经济和政治环境中的"蝴蝶效应"，或遭遇突如其来的"黑天鹅"事件，或因婚变、家族内斗而企业资产缩水，缺乏准备的财富人士往往会遭受巨大损失，严重的甚至遭遇企业破产与家族破败。

1.2 高净值人群成为财富纷争的"高危人群"

虽然财富本身并不是灾难发生的直接动因，但高净值人群往往是财富纷争的高危人群。以台湾"经营之神"王永庆为例，他去世时留下的资产价值达600多亿元人民币，由于他既没有留下遗嘱也没有其他安排，子女之间的抢班夺权、大兴诉讼在他去世后不久就争相上演。他的3房太太以及膝下10多名子女相继在美国、中国香港、中国台湾等地起诉要求分割遗产。

除此之外，为了分割财产，继承人需要抵押家产筹集资金用以缴纳高达110多亿元新台币的遗产税，创造了中国台湾地区最高遗产税金额纪录。王永庆于2008年10月15日病逝，彼时遗产继承在台湾仍然适用50%的税率——然而，就在他去世后3个月（自2009年1月开始），该地区的遗产税税率下调为10%。王永庆跑赢市场成为首富，却没有"跑赢时间"——"早去世"仅仅3个月，遗产却面临"多缴"税80亿元新台币的局面。

> 王永庆"跑赢市场"成为首富，却没有"跑赢时间"——遗产税高达110多亿元新台币，而他在台湾遗产税税率调整之前3个月去世，意味着遗产"多缴"税80亿元新台币。

据了解，他在美国的投资，经过提前的信托架构安排，已经在很大程度上避免了美国高达40%的遗产税征收。但是即便如此，他位于美国的遗产仍然引起了美国税务部门的关注，美国税务部门试图就该部分征收遗产税。其继承人紧急聘请了美国华尔街一家知名律所的律师进行抗辩，仅仅两周，就耗费了数百万美元律师费。前述部分信息并非来自公开的报道，而是我在纽约工作的时候，和一位美国律师聊天时获悉的消息。也许这位律师的描述有一定夸张的成分，但是这足以说明"跑输时间"所带来的灾难性后果。

想必一生节俭并且热衷公益的王永庆并不愿意看到如此巨额的财富以这样的方式进行"再分配"。①

---

① 参见：《千亿遗产再起纠纷 盘点王永庆家族争产内斗史》，载于http://money.huagu.com/cfrw/1112/119291.html；《王永庆遗产争夺战再开打 四房子女终获"承认"》，载于http://news.qq.com/a/20110425/000853.html。

从资产传承的角度看，去世之后即引发遗产诉讼的商业富豪包括香港的龚如心、霍英东，以及尚未去世就发生妻室子女资产争夺大战的澳门赌王何鸿燊等。而文艺界名人的遗产纠纷同样很多，如著名国学大师季羡林，著名画家陈逸飞、李可染、刘海粟、许麟庐，著名相声艺术家侯耀文，特型演员古月，著名男高音歌唱家帕瓦罗蒂，一代巨星迈克尔·杰克逊等。

从资产管理和保护的角度看，诸如离婚所导致的家变破坏力不容小觑——夫妻或者家人反目导致著名公司遭受重创的案例也不在少数，如传媒大亨默多克第二次婚姻结束时的离婚财产分割，导致对方分走了约17亿美元的资产。而中国的企业真功夫、土豆网也都因为创始人离婚事件而错过上市的最好时机，甚至逐渐走下坡路。而同样遭遇创始人离婚，龙湖地产结果却不同。采纳了财富安全筹划、使用了信托工具的龙湖地产创始人吴亚军、蔡奎夫妇分手，虽然导致龙湖股价一度下挫4%，市值蒸发43亿港元，但在公众得知他们所持上市公司股票分别由两家家族信托持有后，股价在3天内止跌反弹，恢复到他们宣布离婚前的水平。

除此以外，还有"治家"不力所导致的问题。例如，GUCCI（古驰）家族犹如莎士比亚戏剧的家族斗争和败局，新鸿基家族兄弟纷争导致的支付了约10亿港元天价律师费的诉讼和牢狱之灾，香港镛记酒家兄弟不和导致的司法清盘案，李锦记家族早期的兄弟纷争和拆家，以及台湾新光集团的母子、兄弟纷争等。

有的财富人士已经通过专业人士安排了信托等传承筹划工具，但是仍然无法逃过一劫。例如，梅艳芳母亲起诉某知名银行要求撤销梅艳芳生前所立之信托但最终败诉等一系列事件。

本书会对这些案例加以分析和阐述。我们丝毫不怀疑这些杰出人物的"创富"能力，然而在守富和传承方面，由诸多因素导致的悲剧却让人扼腕叹息。这些悲剧有两个共同点：第一，所涉及争议甚至诉讼都是因巨额财富而起，所以，财富人士如果没有妥当的财富保护措施，就可能招来是非。第二，所涉及争议往往是传承安排缺乏周密筹划所致，或者是因为有些传承的根本问题没有得到真正的解决，例如，二代的能力问题和传承人格的分析问题等。

俗话说，"苍蝇不叮无缝的蛋"，巨额的财富往往吸引各种人的注意。我们在为一些财富家族提供咨询的时候发现，缺乏自我约束的富有家族二代成员身边常有一群处心积虑希望攫取财富的"朋友"，他们通过借款、项目合作、谈恋爱、游玩、赌博、放高利贷等各种方法来谋取利益，虽然创富一代对这样的家族二代成员有怒其不争之感，但是也非常无奈。

针对这样的情况，一方面，财富家族领袖必须做好"自检"的工作，通过和专业人士合作，梳理家族和财富所面临的风险和问题，并合理进行资产保护和传承的布局；另一方面，家族领袖需要对财富进行一些隔离安排，以化解未来不可预见的风险。

而我们正是希望通过揭开世界成功财富家族管理和传承的神秘面纱，让中国的富裕人群能够了解、实践这些家族背后的人生智慧，从而真正找到"富过三代"、财富永续的金钥匙。

1.3 先有"守成"方有"传承"：警惕"黑天鹅""灰犀牛"事件

所谓"黑天鹅"事件，在欧洲是指不可预测的重大稀有事件，在意料之外却可能颠覆一切。之所以称之为"黑天鹅"，缘于在发现澳大利亚黑天鹅之前，所有的欧洲人确信天鹅都是白色的。这个不可动摇的信念随着第一只黑天鹅的出现而崩溃；仅仅一次观察就可以颠覆上千年来对白天鹅的数百万次确定性观察所得出的结论，你所需要的只是看见一次黑天鹅。此类事件不胜枚举，例如美国的"9·11"事件、印尼历史上发生多次的排华事件。这就是纳西姆·尼古拉斯·塔勒布撰写的对华尔街乃至全球影响深远的名作《黑天鹅》的主旨内容。"黑天鹅"的逻辑是：你不知道的事比你知道的事更有意义。在人类社会发展进程中，对历史和社会产生重大影响的通常都不是我们已知的或可以预见的东西。

不同于"黑天鹅"事件，"灰犀牛"事件则代表着大概率的、有明显信号的潜在危机。这种危机是可预测的，是在一系列事件传达出警示信号之后出现的大概率事件。例如，米歇尔·渥克就认为美国次贷危机不是"黑天鹅"事件，而是典型的"灰犀牛"事件：早在次贷危机爆发之前，金融组织和政府部门已就潜在金融风险发出预警，经济泡沫破裂也已有迹可寻，但由于疏于防范、盲目乐观，人们最终未能及时阻止灰犀牛"牛角"的进攻，遭遇了一场席卷全球的金融风暴。

也就是说，我们习惯相信的观点、乐观看待的事件，有可能是错的，而我们从未思考过"它是错的"所造成的后果；期望的破灭，竟是如此之轻易。对于外界环境中的风险，无论是突发的小概率事件，抑或是有迹象的大概率事件，我们欠缺认知能力甚至视而不见，但是当这些事件发生时，我们的财富却可能遭遇摧毁式的重创。

在财富管理、政府决策、企业运营领域，"黑天鹅"事件不可预测。对于"黑天鹅""灰犀牛"事件，如果没有防范和对冲风险的机制，那么无论是企业、政府还是个人，就都是"脆弱"的，当危机事件发生，就可能遭遇毁灭性的后果。而如果能够做到"反脆弱"，安排了对冲或者预案机制，那么损失就将比较可控。

> "黑天鹅"事件不可预测，如果我们没有防范和对冲风险的机制，就可能遭遇毁灭性的后果。"黑天鹅"的逻辑是：你不知道的事比你知道的事更有意义。

我们曾经历极大规模的财富转移事件，那缘于原油价格的持续下跌所带来的消费需求的增长及其对世界投资、金融格局产生的深远影响。2016年2月，据报道，美国银行的经济学家发布报告指出，"石油价格的持续下降将催生3万亿美元的财富大转移——从石油生产商到全球消费者的转移，这将是人类历史上最大规模的财富转移事件之一"①。而这对于投资领域影响更为深远。多年以来，中东的石油输出国通过石油输出获得的资金进行大量的资产收购和投资，然而，根据苏格兰皇家银行的统计，石油输出国对全球经济的投入，从2012年的8 000亿美元降到了2015年的2 000亿美元。另外，各类投资者也开始对石油类及其相关行业的投资产生恐慌，这也导致股价的大规模下挫。截至2016年2月1日，美股蒸发的市值在该年接近1.6万亿美元，这被认为在很大程度上与原油价格的持续走低有着微妙的关系。②

你无法预判，下一次事件将在什么时候发生，你将是获益者还是失利者。但有一点是肯定的，这些都对资产的安全管理提出了挑战。

除了法治、政治环境变化导致的小概率事件，金融、商业领域的风险，还有诸如宏观调控、政商人脉发生的变化以及其他各种原因导致的资金链断裂，都可

---

① 参见 http：//www.bloomberg.com/news/articles/2016-02-01/bofa-the-oil-crash-is-kicking-off-one-of-the-largest-wealth-transfers-in-human-history。

② 参见 http：//www.bloomberg.com/news/articles/2016-02-01/four-theories-on-how-oil-has-hypnotized-the-global-stock-market。

能催生小概率的"黑天鹅"事件。如果你曾阅读吴晓波的《大败局》,你也许会对那些已经被历史淡忘的民营企业家的不幸命运扼腕叹息,这些曾经富甲一方的人物无非也是因为没有躲过"黑天鹅""灰犀牛"事件所带来的滔天巨浪而遭遇了打击。

当然,代际传承与家族企业的管理并不止于外部风险的对冲和管理,我们会进一步探讨家族企业取得成功以及家族企业代际传承的关键因素。

无论是企业的决策失误,还是更为宏观的事件,例如 2015 年的股灾、2014 年的 e 租宝事件,抑或是一些中国富豪在 2008—2009 年经历的海外银行通过高风险金融产品对他们的"血洗",都体现了小概率事件对财富产生的巨大破坏力,因此,在财富管理与传承上必须警惕"黑天鹅"事件。

既然"黑天鹅"事件不可预测,那么我们能够做的就是学会在总体上把控风险、预防不测,做到"反脆弱",而不是去"学习精确的东西"以做到精准预测。①

"我听说是 1929 年的那场股灾把她的家当全都抢光了。"②

讲到"总体把控风险",我们不妨看看中国的高净值人士是如何配置他们的资产的。根据阳光人寿和胡润百富研究院联合发布的《2021 中国高净值人群财富

---

① 纳西姆·尼古拉斯·塔勒布. 黑天鹅[M]. 万丹,刘宁,译. 北京:中信出版社,2011.
② 选自《纽约客》漫画集,原作者是 Chon Day,创作于 1940 年。

风险管理白皮书》，高净值家庭投资资金配置如下：流动型金融产品占34%；其次是投资型和安全型金融产品，分别占27%和26%；保障型金融产品占20%；特殊型金融资产占比相对较少，仅为16%。该白皮书还指出，高净值人群尽管在意财富的增长，但不会贸然将资金投向自己认知范围之外的领域。保险产品、银行理财、房地产、朋友介绍的投资机会是最多被提及的投资渠道。

> 中国高净值人士在资产配置上缺乏个性和差异化，还远远达不到合理配置资产的程度。

随着近年来许多P2P以及房地产项目的爆雷，银行也不再对理财产品的购买者承诺任何的"刚兑"，不少高净值人士本来以为较为"安全"的投资也遭遇了折损。

更为严峻的问题往往不是一两笔投资出现损失，而是企业主将自己的资金全部投入到自己的企业中，自己还为企业的负债提供了个人担保，而当经济寒冬到来——形势急转直下（例如受疫情冲击），才发现自己面临整个企业的债务危机和破产重组，个人和家庭的财产也将不保。我们在实践中就遇到过这样的企业主，他们直到快要山穷水尽、油尽灯枯才"恍然大悟"，意识到需要寻找专业人士帮助搭建资产的"隔离仓"，对之前没有为自己和家庭进行保障财富安全的安排后悔不已。

全球迈入VUCA（波动的、不确定的、复杂的和模糊混沌的）时代，财富的抗风险性变得越来越脆弱，除非财富的拥有者在提升认知的前提下，采取了必要的风险预案，让自己能够"反脆弱"，经受得住风险的突袭。就像冯仑所说，"扛得住就是本事"。胡润百富的调查发现，2020年已经有10%且未来将有23%的企业家通过投资海外市场、购买海外资产的方式进行资产的全球化配置并同时进行"家企隔离"。只是很遗憾，这个比例意味着，懂得"家企隔离"并积极采取行动的在企业家人群中还只是少数。所以，针对其中相关的危及财富安全的问题，我们将在本书第7章进行详细讲解。

我们认为，在学习"传承"之前，先要学会"守成"，如果无法"富过一代"，又谈何"富过三代"？

提到"传承"，巴菲特在选择候选接班人的信中说，他需要的并不仅仅是一个善于管理风险的人士，"我们需要一位天生能够程序化识别并避免各种严重风险的人士"。正是这种谨慎的天性，加上谨慎的操作程序，让巴菲特始终能避免大的投资亏损，始终稳定地保持20%的收益率，44年创造了增长4 000多倍的投资传奇。①

因此，正如《黑天鹅》的作者所说，"所有人都知道预防比治疗更重要，但预防只得到很少的奖赏"。我们写作本书的目的正是希望财富家族和财富管理专业人士能够学会预防和警惕财富管理和传承方面的"黑天鹅"事件，真正实现基业长青。

1.4　中国家族企业面临前所未有的传承挑战

早在20世纪30年代，欧洲就有学者预测，随着上市公司的快速发展，家族企业迟早会淡出人类社会，或者至少被逐渐边缘化，然而，接近一个世纪的历史却呈现出了相反的结论。家族和家族企业的可持续性及其对于社会政治和经济的影响远远超过我们的想象。而一些对家族文化与家族企业的研究发现，家族企业因具备鲜明特点而在许多方面让那些非家族企业难以望其项背。

根据世界银行2012年的调查数据，家族企业贡献了全球生产总值的80%，净资产收益率比非家族企业高出6.6%。② 波士顿咨询集团在一项针对家族企业和非家族企业的比较研究中，通过对149家受家族企业控制或影响的上市公司进行调研，将它们和在相同国家、相同行业的非家族企业进行对照，发现家族企业的业绩表现更为稳定，虽然在经济蓬勃的时候并未明显优于非家族企业，但是在经济低迷时，家族企业的表现更为出色。该研究还发现，家族企业在长期战略和业绩稳定性、高级经理人和员工的忠诚度以及企业文化鲜明度等方面明显胜于非家族企业。麦肯锡在对114家家族企业以及1 200家其他大型公司进行对比后发现，家族企业在员工激励和管理者领导力方面显著优于非家族企业。

另一方面，有研究发现，家族对家族企业的平均控股时间只有24年，这意味着第一代创立家族企业大约24年之后，大多数家族企业将脱离家族控制。家族在企业传承和家族治理方面面临诸多难题，包括：企业对家族决策者严重依赖，企业内部存在任人唯亲，以及家族成员争斗给企业和财富带来极大负面影响，等等。

---

① 纳西姆·尼古拉斯·塔勒布. 随机漫步的傻瓜 [M]. 盛逢时，译. 北京：中信出版社，2012.
② 吕元栋. 传承人格：哈佛也学不到的传承力 [M]. 成都：四川科学技术出版社，2016.

哈佛大学的调查统计数据表明：30%的家族企业可以成功传承到第二代，传承到第三代的比例只有12%，传承到第四代的家族企业只有3%。《经济学人》杂志中一篇文章指出，一项对全球5 000家家族企业的研究发现，企业掌门人的突然死亡会给企业带来30%的业绩下挫影响，而配偶或者孩子的死亡则会带来10%的业绩下挫影响。

一项针对250家中国香港地区、台湾地区以及新加坡家族企业的传承研究发现，这些企业在所有者交班过程中都蒙受了巨大的损失，在新旧掌门人交接年度及此前的5年，家族类上市公司的市值在剔除大市变动因素后平均蒸发近60%。[①]

《2022意才·胡润财富报告》显示，截至2022年1月1日，中国的"高净值家庭"（拥有1 000万元人民币及以上资产的家庭）数量达到211万户，比上年同期约增加5万户，增长率为2.48%；其中拥有上千万元人民币可投资资产的"高净值家庭"数量达到111万户，增长率为1.26%；拥有上亿元人民币可投资资产的"超高净值家庭"数量达到13.8万户。麦肯锡报告《全球领先的家族办公室的成功之道》提及，家族财富传承问题日益凸显，当前中国财富家族掌门人平均年龄为50~60岁，他们将很快面临保护财富并将财富分配和传承给下一代及其他家族成员的挑战。

对于中国的家族企业来说，一方面，由于历史原因，财富传承还是较新的实践话题，即便是身经百战的创一代，对于如何传承财富，还需要学习和了解，而且即便通过专业人士的帮助进行了相关的安排，效果也有待检验；另一方面，与欧美地区的家族领袖不同，中国的企业家还面临独生子女政策所遗留的历史问题，二代成员可能只有一位，那么传承的希望和担子就都落到了这位独生子女身上。

在这种"小家庭、大企业"的模式下，子女的事业选择空间变小，传承规划不普遍和不完善，一代对家族企业架构师、咨询师和家族法律顾问等了解较少，而且真正有经验的专业人士也相对欠缺，这些都导致了真正的传承实践在很大程度上仍停留在企业家自己摸索、碰运气的初始阶段。

---

① 范博宏. 交托之重：范博宏论家族企业传承01［M］. 北京：东方出版社，2014.

而在"大家族、大企业"模式下，中国香港、台湾以及一些发达国家等地的家族企业内讧事件足以让大家警醒，尤其是当创一代（父亲或母亲）去世而产生"权力真空"时，其余家族成员之间互不买账、互不相让就会导致企业管理层的分裂。面对这样的问题，家族领导者就应当及早（趁自己健在的时候）通过设立家族理事会、制定家族宪法等方式，建立一套科学和民主的议事制度，让这样的协调、沟通以及纠纷解决机制逐渐在家族中深入人心。

亚洲的华人家族企业已经有了一些成功的传承案例，例如香港的李锦记、利丰集团，新加坡的余仁生，研究者发现这些家族企业有以下三个共同特点：一是采用源自西方的现代管理模式，二是家族内部以团结、和谐的方式解决矛盾和遗产问题，三是送家族成员到海外留学。①

所以，家族的和谐和治理，无论是对于小家庭、大家族还是对于家族企业都至关重要。如果我们对于"财富安全""财富传承"还只是有一个模糊的印象和概念，那么我们不妨先从三个维度来了解风险，这三个维度分别是，企业家个人、企业家家人和企业家的企业，每一个维度，都意味着不同的风险。

> 企业家个人、企业家家人和企业家的企业，每一个维度，都意味着不同的风险。

在个人层面，个人财富和企业财富混同、营商决策有重大失误、税务筹划不当、资产没有安全配置，都会带来意想不到的风险，让企业和家人都措手不及，甚至把当事人推向灾难深渊。

在家人层面，与家人、家庭的"家"字相关联的风险，包括搬家（移民）、拆家（离婚）、败家、分家（传承）四大风险。移民本身并不是什么大事，然而对家族海外投资、资产整体配置可能产生不可预估的影响。例如，如果移民目的地是全球征税的国家，那么当事人的全部收入（包括在中国获得的收入）都要在移民目的地缴纳所得税；如果要除去该国"公民"或者"永居"身份，则还可能要缴纳一大笔费用，这往往是一般的企业家想象不到的。家族成员败家所带来的问题和风险也让整个财富家族倍感头痛，而离婚、分家对财富以及家族稳定的冲击程度也往往远超常人想象。

在家族企业层面，企业的传承、管理和营运、治理和股权结构等具有鲜明的

---

① 参见《华人家族企业真的"富不过三代"吗？》，载于福布斯中文网。

特点，面临独特的挑战。如前文所述，在家族治理与财富传承理念以及相关实践都不够成熟的环境下，由独生子女政策导致的"小家庭、大企业"模式，让这些面临传承大考的企业家倍感受到了挑战。

1.5　寻找基业长青和财富永续的金钥匙

面对财富传承带来的巨大挑战，中国家族企业不要惧怕，因为西方国家诸多家族企业的成功传承可供我们借鉴。世界知名财富家族究竟有什么样的财富永续的秘密？我们不妨以在美国极具权势的肯尼迪家族为例进行说明。老约瑟夫·肯尼迪在19世纪20年代通过证券市场的内幕交易、股市操纵获得了巨额财富（以至于罗斯福总统请其担任美国证券交易委员会的负责人以清理整顿华尔街股市[①]），其子约翰·F. 肯尼迪成为美国第35任总统。

肯尼迪家族的财富来自老约瑟夫·肯尼迪当年进行的具有战略眼光的财富布局。当时其几乎所有的资产都由早在1927年就成立的家族办公室——肯尼迪家族办公室管理。在家族事业鼎盛时期，家族办公室会直接参与股市的投资，选择所投资的股票，而这些投资和资产管理工作，现在则由外部的财富管理咨询机构负责，家族办公室对资产配置有最终的决定权，而日常监督则交给一个六人专家咨询委员会负责。现在的肯尼迪家族包括30多名成员，大多数家族财富置于数十个家族信托之下，它们的价值从几十万美元到2 500万美元不等。

据《福布斯》报道，肯尼迪家族的资产之所以能够保有到今天，得益于老约瑟夫所走的最关键一步——将绝大部分资产放在信托之下，这避免了他那些能力并不算卓越的后裔触及家族资产的主要部分，这些信托的受益人无法触及信托资产本金10%以上的资产。而与此同时，这样的安排也在很大程度上规避了美国的遗产税。

然而，肯尼迪家族并不位居《福布斯》美国富豪榜的前列。如果我们看一下

[①] 不可否认，在罗斯福竞选总统期间，老约瑟夫·肯尼迪提供了大量的援助和支持，而当罗斯福请老约瑟夫担任证券交易委员会主席时，有人提出异议，罗斯福回答说，要请到骗子才能去清理骗子，暗指其了解各种操纵股市的门道。后来老约瑟夫·肯尼迪在任上大刀阔斧地推行了美国证券市场的改革，包括出台了上市公司须定期公布财报等制度，获得了广泛的赞誉。

2015年《福布斯》美国富豪榜前20名就会发现,大多数富豪,例如盖茨、巴菲特、Facebook(脸书)的创始人扎克伯格等都是创富一代,通过财富继承入榜的非一代富豪则只占少数,包括沃尔玛的家族继承人、科氏(Koch)的家族继承人、生产糖果的玛氏(Mars)家族继承人。其中的原因除了经过几代传承财富因家族成员的增多而逐渐被分散之外,还有另外一个重要原因就是家族成员未能有效地管理和控制家族核心业务。

欧洲工商管理学院的莫顿·班纳德森教授和香港中文大学范博宏教授合著的《家族企业规划图》一书提到了这样一个理论:家族企业经过代际传承是否能基业长青,取决于资产管理障碍严重程度与家族资产的重要程度,家族对资产的控制与财富管理模式会随这两个因素变动而发生变化。具体如图1-1所示。

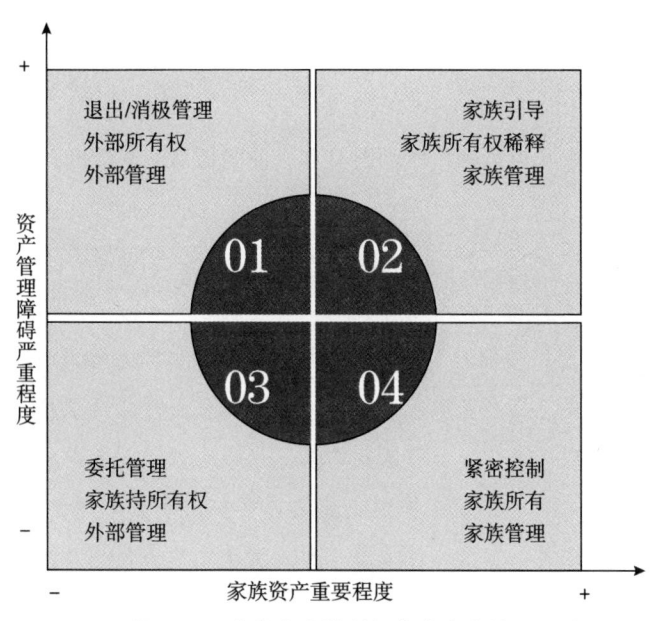

图1-1 家族企业控制与家族资产关系

在图1-1中,家族成员对家族资产和企业掌控度、管理参与度小的,会集中在01板块(退出或消极管理)和03板块(委托管理),例如前文讲述的肯尼迪家族以及美国的迪士尼家族,就属于01板块,而知名家居企业宜家则落在03板块,所有权为家族所控制,但其管理团队则是外聘的。如果家族成员对企业的影响力、参与度较大,企业则会集中在02板块(家族引导)和04板块(紧密控制），例如李嘉诚的长江实业、沃尔玛、日本丰田（虽然家族对企业所有权因企业上市而有所稀释，但是家族成员仍然担任主要管理角色），以及美国的科氏（企业80%以上股权掌握在二代家族成员手中，其余股权为员工所持有）。

通过《福布斯》美国富豪榜单我们会发现，在"美国最富有的400人"中，创富一代占据多数，而通过继承且仍然占据榜单靠前位置的非一代，则来自积极参与企业管理、对家族企业和资产有着重要影响的家族。对家族企业控制力较低，或者主要依赖资产管理的家族，其家业虽不可小觑（例如肯尼迪、杜邦、洛克菲勒家族），但是家族成员个人则难以跻身财富榜单的前列。

所以，这就产生了一个进退两难的问题，财富究竟应当交给别人管，还是自己管？一方面，私人银行和财富管理专业服务机构反复强调专业打理财富的重要性。另一方面，从榜单上看，似乎"自己管"所创造的财富远远超过"交给别人管"所创造的财富。这个议题我们会在本书的第3章和第4章中进行进一步的讨论。

让我们再换一个角度来分析巨额财富和企业的传承，请看以下案例。

案例1-1　豪赌后的不同命运

以下是《福布斯》中的一个案例。曾经执掌美国第三大啤酒企业的施特罗家族，经几代传承后资产已经基本归零。而这个啤酒企业的"滑铁卢"式的转折点在于其一次蛇吞象般的并购，当时家族的第三代传人彼得·施特罗担任首席执行官，他试图用大举并购的方式来扩大企业的规模。在净资产为1亿美元的时候，他贷款5亿美元收购另一家区域性啤酒企业，沉重的债务使施特罗无法与另外两大啤酒巨头在广告投放上血拼，而新的竞争对手不断加入以及一系列市场决策失误，更使得企业一直走下坡路。数年之后，企业最终无奈以较低的价格出售，家族信托中的基金也在2008年被消耗殆尽。

同样是一场可能葬送公司前途的豪赌，国际商用机器公司（IBM）的二代接班人小沃森则显得更为幸运。接班后不久，他开始了一个耗时5年、总计花费50亿美元，雇用6万多名新员工、建立5座新工厂、投入甚至超过"二战"时制造原子弹计划的巨大项目——研发生产IBM360主机，让计算机首次具有兼容性。这一举动被当时的《财富》杂志称为"50亿美元的冒险"。当时正值IBM处于巅峰之际，小沃森却将整个公司的命运豪赌在计算机兼容性这个概念以及这个将取代已有产品的新产品上。如果失败，IBM原有的计算机业务将很快被竞争对手赶上。为了获得成功，IBM必须说服其客户摒弃原有的IBM产品，过渡到使用没有经过实践充分检验的全新系统，这充满了冒险。然而，这一豪赌获得了巨大的成功，并因此奠定了IBM在计算机领域不可撼动的地位。1965年，数百台360型计算机出厂交付使用，到1966年底，已有8 000台360型计算机出厂，当年IBM的销售收入超过40亿美元，税前利润高达10亿美元。小沃森和IBM成了史无前例的大赢家。IBM占据了计算机市场超过70%的份额，把其他竞争对手远远地甩在了后面。①

同样是可能葬送公司前途的豪赌，IBM的二代接班人小沃森取得了成功，而施特罗却失败了。同样都是豪赌，同为家族继承人，为何会有截然不同的命运？这是值得商学院持续探讨的话题。

之所以把这两个公司放在一起比较，并不是为了说明在家族企业传承中"运气"有多重要。如果我们再回顾一下《福布斯》的美国富豪榜单，进入榜单前列的，无论是创一代的巴菲特、盖茨等还是作为第二代接班的科氏兄弟，都是积极参与企业管理的典范。企业的成功和辉煌与他们对财富的积极管理有关。也许我们因此可以得出一个结论，成就企业辉煌、创造财富，与企业领袖的个人热忱、才干和果敢不可分割，而表面上的博弈和豪赌，并非意味着冒险才会成功，成功与否是要看公司领袖是否有牺牲短期利益换取企业长期成功的魄力。研究表明，在这方面，家族企业与由职业经理人管理、股权结构分散的上市公司相比，有着先天优势。那么，问题是，气质、热忱、使命感和魄力是否可以传承？

> 在基业长青和财富永续的迷宫中，有很多道门，打开它们需要不同的金钥匙。

《福布斯》杂志曾经对美国许多家族进行采访和研究，试图探究家族财富延续的秘密。我们也一直在寻找那把能够开启

---

① 资料来源：维基百科关于IBM历史的简介和百度百科关于小沃森的简介。

基业长青之门的金钥匙，有意思的是，随着我们对成功传承数代的世界财富家族研究的逐步深入，我们发现，在基业长青和财富永续的迷宫中，有很多道门，打开它们需要不同的金钥匙。

对财富管理领域（私人银行、家族办公室）的专业人士而言，进行必要的资产配置和做好资产的安全保障工作至关重要；对财富家族的法律顾问来说，对家族资产进行整体架构设计和规划，做好必要的隔离安排，巧妙使用信托、保险等工具，优化家族企业的法律治理结构，减少不必要的税负，有利于财富永续；对家族企业的研究专家而言，及早做好传承安排，处理好所有权和管理权的关系，了解家族年轻成员的个性，对企业交接班、领导力传承起着关键作用；而教育心理专家则认为，提升富裕家族孩子的文化水平，增强家族的凝聚力，让家族成员找到自己的使命感、目标，学会感恩和奉献，才是家族兴旺、荫庇后代的上上策。

这些不同观点代表了不同角度的财富研究和发现，本书则试图从不同角度探讨保证财富永续、基业长青的不同路径与方法。

因此，本书围绕保证基业长青的三大板块展开分析（见图1-2）。我们注意到，家族财富最大的部分来自家族企业主营业务（带有企业领袖个人烙印的管理模式、热忱、牺牲短期利益换取长远成功的果敢和决断力可能带来巨额财富——以IBM小沃森为例）。财富管理旨在保证资产安全、保值的前提下防止后代因能力有限而出现财富损耗和家族破败（让财富能够代代永续——以肯尼迪家族为例）。

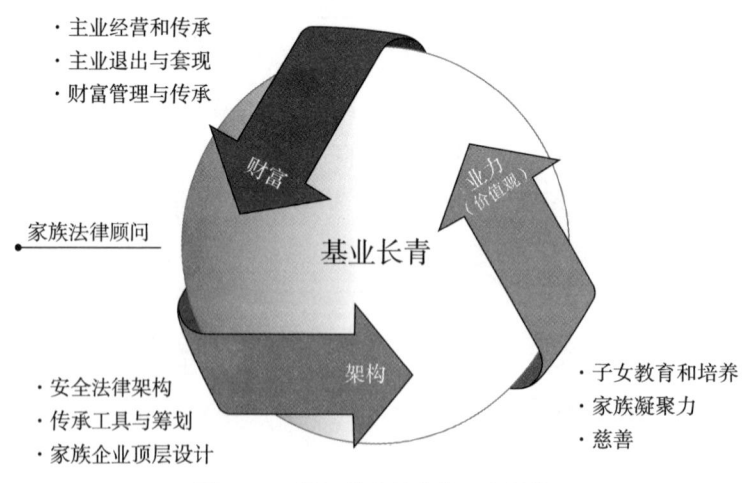

图1-2 保证基业长青的三大板块

因为企业领袖无法预测后代是否能够胜任家族企业管理，所以必须做好两手准备。因此，针对第一大板块财富管理与传承，我们将在第 3~5 章分别讲述财富管理、私人银行和家族办公室，而在第 8~10 章，重点分析传承的难点与家族企业的传承。

针对第二大板块，家族基业的架构，我们会在第 6~7 章详细探讨，主要阐述家族法律顾问的作用，以及财富保护与传承所需要的法律工具。

针对第三大板块，我们会在第 11~13 章中探讨财富的"业力"管理，探讨如何提升家族凝聚力以及有关慈善公益等方面的问题。

第 2 章 财富传承的三个根基

人生总有起落，精神终可传承。

——褚时健

"富不过三代"的说法并不止于中国。在爱尔兰有这样的说法——"clogs to clogs in three generations"，其中的 clogs 是指在地里劳作穿的木底鞋，这句话说的是这样一个故事：第一代人穿着工作用的木底鞋在土豆地里耕耘，没有接受过正式的教育，通过辛勤劳动，一边积累财富一边维持着节俭的生活；第二代人接受了大学教育，获得事业上的成功，在城里和乡村都有房产，逐渐步入上流社会，成为"富一代"；第三代人则作为"富二代"大部分都过着奢侈的生活，几乎不工作或很少工作，只知道花钱，这注定第四代人将重新回到土豆地里卖苦力。这是典型的三部曲：创富、停滞、消逝。[①] 这个故事恰好也契合了那句广为流传的中国谚语："富不过三代。"据说葡萄牙也有"富裕农民—贵族儿子—贫穷孙子"的说法，而德国也用"创富、继承、毁灭"三个词来形容三代人的命运。

家族财富转瞬即逝的说法并不是耸人听闻，财富并不会在代际交替的过程中自动延续。创业一代如果没有洞见未来和明辨是非的智慧以及精心的规划和管理，其辛苦创造的财富在一两代以后就会被挥霍光。

看来，财富的保有和代际传承的挑战是世界性的。而当前关于财富传承的各类理论和观点似乎不少，但良莠不齐。传承是否成功，可能需要十年甚至数十年

---

① 詹姆斯·E. 休斯. 家族财富传承：富过三代 [M]. 钱峰, 高皓, 译. 北京：东方出版社, 2013.

才能有所呈现。就像人寿保险是否"灵验"要等被保险人去世了才知道。如果出现问题，没人能够从棺材里爬出来纠错。

对于代际传承这一跨度可能长达十几年、数十年乃至上百年的巨大工程来说，失败往往是不可逆的。企业在传承方面，如果没有找对专家和正确的方法，那么结果往往也是如此。遗嘱也好，交接班的安排也罢，家族领袖一旦过世，既成的事实就难以回天了。

针对财富传承，中国的企业家需要一场新的启蒙运动，既需要自我的觉醒和摸索，也需要向成功者包括欧美的家族企业学习，并寻求专家的支持和帮助。

股神巴菲特最重要的合伙人查理·芒格在他的投资箴言里就提出过"生存者经验"这一理论。芒格打了一个有趣的比方，就是去想一想走钢丝20余年并且仍然还健在的人，他只要一步走错就会受伤乃至丧失生命，所以，他必须准确地知道什么知识是他已掌握的，什么是他还不了解的，否则他根本不可能走钢丝20余年还依然健在。所以，无论是投资、理财还是传承，我们必须向生存下来的人学习，因为他们掌握了真正的秘籍——唯有知者才能笑到最后。如孔子所说，"知之为知之，不知为不知"。而知道自己所不知道的才是掌握智慧的开始。

事实上，家族财富的传承又何尝不是在走钢丝？对于中国的财富家族来说，绝大多数的财富来自改革开放后的创业和积累，并非来自上一代，因此，他们在财富传承方面的经验值几乎为零。所以，"生存者经验"的概念便具有特别的意义。新兴财富家族应该认识到向那些经历了一百年甚至几百年的家族事业"生存者"请教成功经验的重要性，应向西方发达国家、中国香港等地历经数代传承的大家族学习传承方法，而不是自己闭门造车、"摸着石头过河"，或者轻信在这方面并不富有实践经验但号称"能做"的专业人士，这样做的代价可能非常之大。

2.1 在财富的传承中我们忽略了什么

为什么"富不过三代"的古老预言一直是笼罩财富家族的阴影？为什么财富家族在代际传承中进行的长期保有财富的努力最终可能会归于失败？在解答这些问题之前，我们应该解析一个更为根本的问题：家族传承或者说财富传承究竟传承的是什么？或者说，一个成功的传承安排，应该包括哪几个要素？在本书中，我们对照分析了许多财富家族的成功和失败案例，我们发现，关于传承，也许很多时候第一步就走错了、思考错了。我们相信本章将帮助读者通过了解世界财富家族传承的智慧，以崭新的角度看待家人、家事和家业。

谈起财富的传承，一个很容易产生的认识误区就是，把注意力几乎都集中在资产和金钱的继承和转移上，而这可能成为"富不过三代"的最重要原因。虽然财富传承顾名思义是指金钱、资产、家业的传承，但这只是狭隘地看到了物质财富传承这一个方面，而忽视了传承的另外两个重要方面，即家族的精神财富传承与人力资源传承。

财富传承的前提是，有"财富"可传，也就是财富可以至少保有一代。然而对于不少财富家族，连"一代"都无法保有，我们正经历百年未有之大变局，已经见证了不少"眼看他起朱楼，眼看他宴宾客，眼看他楼塌了"的真实案例。

精神财富，已经不再是个"虚无"的概念，我们时不时会听说"德不配位"的说法，当某人的福德承载不住巨大的财富的时候，其身体甚至生命将面临危机。有关这方面的更多分析，请参见本章"2.3 精神财富传承"。

而精神财富也会直接或间接影响第三个重要的传承要素，人力资源。

图2-1反映了人力资源传承、精神财富传承以及物质财富传承的关联关系。家族创业一代希望让家族的成员，尤其是二代甚至未来的三代、四代，继承和享

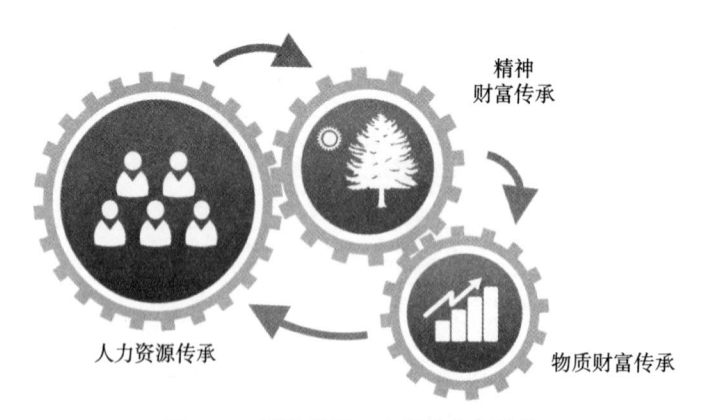

图2-1 财富传承三大根基之间的关系

受荣华富贵，不必像自己那样去辛苦地劳作；然而，这个想法却忽略了一个重要的因素——家族的年轻成员、未来成员，他们本身也是家族最重要的资源。一代如果不将这样的人力资源用在正道上，而是一厢情愿地让他们坐享其成，挥霍上一代人给予的物质财富，以为那就是"幸福"，那么他们挥霍和浪费的不仅仅是那些物质和金钱，而且还是作为家族未来、希望和中坚力量的他们自身。也就是说，我们在谈财富传承的时候，应当避免将"财富"局限在物质财富层面，而要思考、盘点所需要传承的究竟是哪些财富。

既然我们把这些家族的年轻成员、未来成员视为重要的人力资源财富，那么就应当让他们在财富的传递、保护、创造上发挥重要的作用，而创一代或家族领袖也应当以一个新的视角去看待这种特别的财富，在此基础上进行布局，将他们作为生力军、家族的未来领袖来看待，作为基业长青的根本要素之一来看待。

如果对成功延续财富的家族进行一个总结，对照那些"富不过三代"的家族，这类家族具有以下显著特点：第一，不断关注价值的创造和增长，持续对家族生意进行积极管理，让家族企业和财富不断焕发勃勃生机，并且在第二代、第三代等新生代中，都有家族成员担当重任，带领家族企业进行创新、转型甚至令其重生。第二，有自己的主营业务，而不是仅仅仰赖被动的财务投资、私人银行的理财来维系财富。第三，重视家族以及家族成员的发展与成长，认为这与企业的成长同样甚至更为重要。第四，重视家族的团结和凝聚力。①

有钱和有人，只是成就了两个要素——物质财富和人力资源，但还不能保证成功。第三个要素精神财富，是将两者维系起来的纽带，是能够保障财富代际传承、家族健康发展的重要因素。三者构成了财富传承的三大要素。美国的家族传承问题专家詹姆斯·E. 休斯在其《家族财富传承：富过三代》一书中提到了财富家族进行传承所应具备的三个根基。

---

① 龚乐凡. 哈佛笔记：财富家族的基业长青密码 [J]. 财富管理，2016 (9).

"这些对你来说也许是你的成绩，但对我来说是我的投资回报。"[1]

一个家族若没有对人力资源的管理、对精神财富的认知，便无法做到长期保有金融资本。家族财富的传承绝非一个静态的过程，它是一个动态的过程，是需要家族的每一代成员都参与其中的宏大工程。财富家族应该让每一代成员都知道创造家族财富是多么不易，积累家族产业更需要每一代人耗费心血与智慧，并保有与家族财富创造者们同样的热情。物质终将面临消亡，唯有精神可以永驻。要想做到物质财富的永续传承，财富家族必须更加关注家族传承的另外两大根基——人力资源传承以及精神财富传承。

2.2 人力资源传承：另一份家族资产负债表和利润表

或许很多财富家族还并不清楚，究竟什么才是一个家族的人力资源财富。彼得·德鲁克在其 1954 年出版的《管理的实践》一书中提出了"人力资源"的概念。他指出，人力资源和其他所有资源相比较，唯一的区别就是前者是人。德鲁克认为人力资源拥有其他资源所没有的素质，即"协调能力、融合能力、判断力和想象力"。如果一个家族企业缺乏有效的人力资源代际传承，不仅会给家族企

---

[1] 选自《纽约客》漫画集，原作者是 Barbara Smaller，创作于 2002 年。

业的持续发展带来挑战,而且会使家族企业失去新生的机会。家族的经营和企业的经营一样,当一个家族开始评估其家族成员的有效寿命,计划在他们的一生中最大限度地利用他们每一个的智力资本时,这个家族就不会进入能量缩减和混乱的状态,一个家族的混乱与无序才是这个家族资产负债表中最大的负债。

2.2.1 后计划生育时代中国家族企业的传承窘境

根据《福布斯》2015 年对前 100 名中国家族企业的二代进行的信息收集和分析,有 66 名二代来自排名前 100 的富豪家族,其中,男性 44 名,女性 22 名。同时,他们中有 39% 为独生子女,这对中国家族企业新老更替造成了一定影响。

有调查数据显示,20 世纪 70 年代初,中国单户家庭平均规模为 4.74 人,1982 年降低到 4.43 人,1990 年已下降到 3.97 人,2004 年为 3.36 人,这些数据反映出随着计划生育政策的推行,我国单户家庭的平均规模也在逐渐缩减。[①] 这些数据意味着中国来自民企的财富人群的家庭规模也呈现出同样的缩减趋势。

曾经的独生子女政策虽解决了当时的社会问题,却也导致了中国社会未来人力资源匮乏的问题,而由此引发的"小家庭、大企业"的传承结构已转化为一个具有中国特色的传承难题。中国实行的计划生育政策,使得我国民企在传承安排上与欧美财富家族不同,许多家族企业的交接班面对的是"是非题"而非"选择题",这就大大限制了家族内传承的可操作空间。家庭规模的严重缩水是否必然会危及家族企业的生存?家族企业在只有一个子女作为企业接班人的时候是否会面临更多的传承困难和挑战?

(一) 独生子女家庭的传承应对

从国内针对民营企业的调研来看,只有一个子女之所以会引发传承难题,在很大程度上是因为中国家族企业创一代依然把"子承父业"看作天经地义的第一选择。当然,"子承父业"无可厚非,"只有一个儿子"就意味着对后代的教育、培养与文化熏陶变得更为重要,接班人作为财富继承人可以获得未来企业的所有权,接班人的素质就决定了未来企业的发展潜力。倘若对"独子"教育成功,其作为优秀的企业接班人,又经过了科学合理的交接班规划,那么,传承难题或许

---

① 陈凌. 家族企业如何超越计划生育效应? [J]. 家族企业,2015 (8).

就可以随之化解。

独生子女家庭的传承是中国家族企业传承所遭遇的最大问题之一，而且绝不是三言两语所能够解决的。它至少在两个层面为家庭的发展带来挑战：一是心理层面，在只有独子或独女的家庭中，因为只有一个继承人可以选择，作为创富一代的父母处于一个被任性的孩子"绑架"的地位。二是企业接班人的选择层面，家族企业在面临孩子不愿或者不能接班的情况时，究竟有什么实际的其他选择可以考虑？

在第一个层面，也就是心理博弈方面，如果只有一个继承人，那么父母所面临的博弈选择几乎只有如下选项——要么向孩子妥协，要么威胁孩子将家产全部捐出去做慈善公益。但孩子其实很清楚父母的软肋，所以很容易在心理上操纵和要挟父母，为所欲为，甚至在品性上出现问题。本书第11章将对此做专门的分析和探讨，并提出一些解决方法，包括适当的"断供"、建立信托防止孩子败家、设定获取大笔资金的硬性标准、通过慈善和公益影响孩子等。

在第二个层面，企业接班安排往往更为复杂。在判断二代是否愿意接班上，父母最大的问题是以为很了解孩子的想法，其实不然。当孩子的真实想法呈现在他们面前时，他们会大吃一惊。这在很大程度上与创一代对孩子的管教模式有着密切的关系。孩子不愿意接班，也许就是因为他（她）不希望回到那种被专制手法束缚、没有独立发挥空间的环境中，或者是由于一代家长自己忙于事业对孩子放任不管，家庭缺乏亲情，独生子女没有归属感。另外，也可能是孩子的性格使然，例如，如果孩子有自己创业、自力更生的理想，或者希望发展自己的爱好，享受自己的强项和爱好带来的成就感，潜意识中也许会认为，"即使不去接班，反正卖掉家族企业所得财产也还是属于我的"[1]。

创一代面对这样的传承困局，该如何应对呢？本书第8~10章将介绍这样几条传承路径：

第一，创一代家长要改变自己的管教模式，给予子女表达观点的机会，避免自己急躁地强逼孩子接班；给予二代接班人一些时间和耐心，如果其不愿意接

---

[1] 吕元栋. 传承人格：哈佛也学不到的传承力 [M]. 成都：四川科学技术出版社，2016.

班，则要慢慢引导。

第二，家族企业要进行现代化转型，包括两个方面，家族企业的治理结构优化和企业业务模式升级。在治理方面，要培养和激励有诚信的职业经理人，例如将经营权和小部分所有权（通过股权、期权激励）交给职业经理人，而让独生子女享有所有权。其实，家族企业在进行出售时，如果有一套科学的治理制度，那么企业对于企业家的依赖度越小，企业在出售之后的存活率、成功率就会越高，而这样的企业，正是能够在未来卖出高价并进行套现的企业。而真的做到了这样，企业家就能进退自如——因为不出售这个企业，让二代来持有所有权，也可能是一个不错的选择。

如果家族成员在企业任职的人数少，接班的年轻家族成员在管理上缺乏经验，创一代则应考虑着力建立完善的公司治理结构，并且在接班人周围打造新一代领导团队，为新生代提供优质的管理环境。在这一方面，我们将在第8章中讲述的新希望集团刘永好的传承模式就值得借鉴。如果子女确实对传承企业没有兴趣，或者缺乏能力，那么在其他家族成员中或者职业经理人队伍中寻找接班人也可以成为一种备选方案，但是创一代要对相关的风险有充分的评估和心理准备。企业的传承可能是一个为期10年的过程，家族要不时观察、调整，不要指望能一蹴而就。

企业现代化转型的第二个方面就是指企业本身的业务模式升级。如果二代有愿望、有能力，希望从自己的角度进行一些创新的尝试，一代不妨在管理好风险的前提下，给予二代一些鼓励和空间，要允许失败，并做好相应的心理准备。如果二代成功了，那么不仅把传承接班的问题解决了，企业的转型升级问题也一并搞定了。

以抽油烟机知名品牌方太这一家族企业为例，当一代掌门人茅理翔面临所创办的飞翔集团亏损越来越大并且新产品又没有销路时，他与儿子茅忠群一起重新调整战略，进行二次创业，进入从未接触过的抽油烟机领域并大有作为，展现了父子两人惊人的决断力。这个过渡、接班、转型的过程，花了接近10年的时间。

第三，将企业大部分资金用于慈善事业。麦肯锡全球资深董事彼得在回顾他指导家族企业传承的经历以及帮助创始人权力交接的策略时曾提到这一观点。他说："你可以效仿沃伦·巴菲特和比尔·盖茨，将企业大部分财富捐献给某个基金会，为社会做贡献，然后将做慈善作为你的第二职业。在美国，我们常常看到这样的例子，近年来这样的事情也开始在新兴市场涌现。"

第四，首次公开发行（IPO）模式。通过 IPO 上市，是企业提升信誉度、获得融资扩张、赢得包括私募基金在内的战略资源支持和吸引高端职业经理人的一大利器，但是上市对家族企业来说也存在弊端，而且 IPO 有它的门槛，对于传统制造业企业，如果没有高科技、高增长优势，不属于热点行业（例如医药及医疗设备行业），没有行业领先地位及规模效应，无论是在国内还是在海外上市都是有困难的。而且，在企业上市成功之后，投资者和中小股东会对接班人提出更高、更严的要求，这对于接班人来说也是一种前所未有的考验。有关家族企业上市的利弊分析，请参见本书第 10 章。

第五，出售套现。有些企业创始人没有机会或是不希望将所有权交至后辈手中，有可能是因为后辈中没有人可以接管企业，或是因为年轻一辈对企业所有权或管理权都没有兴趣。此时，企业创始人可以选择将现金资产交给专业人士打理，或者全身而退，再把钱投资到别的地方，例如，建立家族理财室。有一个企业创始人不希望后辈在家族企业的背景下继续生活并承担相应责任，因此他将企业出售，把钱分给了组建联合家族办公室的子女，让他们进行打理。令人惊讶的是，几年之后，他的子女们一起成功地开拓了几项业务，业绩斐然，将他的企业家基因完好无损地继承了下来。所以，企业家不要误认为二代不愿接班，家族的业务就得不到传承。家族的业务是动态的、变化的，如果新生代能够将企业家精神、家族的价值观传承下去，并且取得不错的业绩，那么家族做什么样的业务，已经不再重要了。

家族企业的另一种出售套现方式则是在欧美发达市场更为常见和普遍的管理层收购，即管理层通过借款的杠杆模式向创始人和主要股东收购企业。这种模式的优势在于，管理层对于企业比较熟悉，对于企业风险以及企业发展的认知度很可能比其他收购方高。在条件相同或者相近的情况下，出售方也会更倾向于将企业卖给自己信赖的、一起打拼过的管理层，而管理层通过银行或者私募基金提供的贷款，也能够以现金方式支付大部分甚至所有的收购款项。这种模式对于想要高价退出的家族企业来说是一个可以实现双赢的方案。当然，管理层要获得这样的贷款，在中国有关贷款通则和并购贷款制度下，尚存在一定的难度。但我们相信，随着更多人了解管理层收购，未来会有更多的制度创新和更灵活的操作空间。

（二）有女无儿的传承安排

在中国家族企业中，企业创一代如果只有女儿没有儿子怎么办？事实上，如果进行科学合理的传承安排，化解"有女无儿"的继承难题是可能的。

日本三井的创始人三井高俊说过，"……宁愿生女儿，因为这样就可以挑选好儿子……"，这里指的"儿子"其实就是入赘接班的女婿。如果儿子不肖，创一代可能要面临硬着头皮让儿子接班的问题，但是如果没有儿子，只有女儿，那么找到一个好的女婿让其接班可能是一个更为可行的方法。

另外，在家族人力资源中，家族中的女性成员也是宝贵且具有独特价值的重要资源。在美国，据相关统计，未来 10~20 年女性接班人的比例将大幅上升；而在国内，已经有许多女性承担了企业领导人的角色。一组针对中国女性企业家的研究数据，又让我们相信，在未来商业领域，女性会占据重要力量。根据《福布斯》推出的 2022 年"中国杰出商界女性 100"，100 位新晋商界女性所管理的企业总市值超过 11 万亿元。而据麦肯锡在 2012 年发布的一项针对担任公司高管的女性的研究数据，公司执行委员会女性比例最高的企业在权益收益率以及盈利上的表现都优于同级别岗位上没有任何女性的公司。[①] 对此，我们将在第 8 章中介绍更多关于女性价值的内容。

2.2.2　管理好家族人力资源的资产负债表和利润表

除了分散风险、合理配置好家族的人力资源财富，财富家族还需要重视管理和提升家族的人力资源，提升"协调能力、融合能力、判断力和想象力"，达到最大限度地利用每一个成员的智力资本。

正如巴菲特所说，"人最重要的投资就是投资你自己"，而且这个投资所带来的回报不仅巨大，而且没人能够偷走、抢走，或者对之征税。应用到家族财富管理和传承上，就是最大限度地让每个家族成员拥有学习和成长的机会，让各自的潜能有效地发挥。

---

① 参见 2012 年麦肯锡发布的报告《女性至关重要：亚洲视角》。

一方面，家族每年必须留出充分的预算用于家族成员的学习和培训。如果家族定期举行家族会议，还应当在家族会议中留出专门的时间请专家给家族成员做培训，内容包括家族治理、财富管理、孩子教育等。同时，家族还应鼓励家族的外部顾问和家族成员建立师生关系，帮助家族成员成长及获得职场发展。学习的资源包括有关家族企业、公司治理的讲座以及大学提供的高管培训课程，还包括家族企业自己内部的培训课。与此同时，对于要培养的家族年轻一辈，可将他们安置在家族企业董事会下设的委员会中，虽然他们还没有直接被选任董事，但是让他们耳濡目染地了解公司的运作，进行力所能及的决策，对他们的成长具有不可低估的重要意义。

另一方面，家族核心管理层要制备"家族人力资源资产收入利润表"，每年审视家族的人力资源发展情况。

家族的资产收入利润表不仅可用来衡量金融资本，同时也可用来衡量智力资本。家族领导者可以通过收集和浏览家族成员的履历表和使命宣言，来评估智力资本的利润。欧美财富家族成功管理家族人力资源的一个"最佳实践"，就是每年从每个家族成员那儿获得最新的简历和个人使命宣言——"盘点"人力资源的状况。这种做法可以让管理家族的领导者清晰地知道家族成员在追求个人发展和幸福指数方面的状况，而这些成员就构成了家族资产收入利润表中的人力资源资产。创建家族人力资源资产收入利润表的家族都会惊讶于原来他们已拥有了那么多的智力资本。家族的核心成员可能会为他们的成果感到振奋，并且在家族领导者了解家族所拥有的智力资本情况后，他们就可以像配置资产那样对家族成员进行最佳的布局和安排，做到物尽其用、人尽其才，更具优势地致力于实现家族企业的共同目标——财富的长期保有，同时还可提升家族成员的幸福指数与家族的和谐指数。一旦家族成员参与到这个过程中，家族的整体风险就会随之降低。[①]

笔者的一位客户拥有数十亿元资产，他家庭和睦，唯独在一件事情上和自己的太太有不同的意见。他希望能够每年给自己的兄弟姐妹多一些经济上的支持，因为如果没有他们很多年前所做的牺牲和支持，他可能无法上大学，无法改变自己的命运。太太知书达理，但是两人对于究竟给多少、怎么给、以什么名义给经常有不同

---

① 詹姆斯·E.休斯.家族财富传承：富过三代[M].钱峰，高皓，译.北京：东方出版社，2013.

意见，甚至会弄得不愉快。我给这位客户的建议是，不妨为家族设立一个学习基金，让兄弟姐妹的孩子能够不再因为经济条件的限制而丧失求学的机会。同时，这个学习基金同样可以给成年人，因为学无止境，他们只要愿意学习和进修，年纪再大都没关系，都值得鼓励。提升家族成员的人力资本，就是为家族创造财富。"授人以鱼不如授人以渔"，这样就把单向的赠与、接济变为鼓励学习、促进成长。

若资金宽裕，财富家族还可以为家族成员设立健康安全基金，配置健康保险，避免一场大病使得家族成员因经济困窘而落魄。

2.3 精神财富传承

我们在财富家族代际传承的大量案例中发现，如果没有智慧、精神财富的传承，即使有物质财富的继承，财富也终将消亡，甚至会快速消亡。管理好人力资本，是否意味着财富的管理和传承就会水到渠成呢？换句话说，是否只要家族人丁兴旺，而且家族成员都接受了一流的教育，把人培养好了，就自然保证了家族的基业长青呢？答案是否定的。

家族企业的传承，表面是物质财富、权力的传承，实质是精神、理念、人格、品牌以及凝聚力的传承，最为根本的是体制、机制、文化的传承。许多家族企业的分崩离析、家族内部的矛盾纷争都缘于没有一个统一的家族核心价值观。如果传承中缺少一种精神信仰和文化熏陶，就很难让家族后代对前辈的事业产生认同感并延续对家族企业的责任感及归属感。在家族遭遇挑战和考验的一刻，我们就会发现这种责任感、归属感以及凝聚力会变得非常重要，正是这些最宝贵的财富将帮助家族度过最严重的危机。

聂云台先生，是清代名臣曾国藩的外孙，曾任上海总商会会长。他从自家的经历以及自己在上海所见所闻的富人家族的变迁，来谈富裕人家的传承之道。其《保富法》一文曾在上海《申报》连载，当时轰动上海，并引发各界捐赠助学金。以下节选其中少量与"传承"相关之文字，[①] 以飨读者。

[①] 聂云台. 保富法：财富永恒不失的奥秘 [M]. 北京：世界知识出版社，2016. 此节选内容有少量改动。——编者注

俗话说：发财不难，保财最难。我住在上海五十余年，看见发财的人很多。发财以后，有不到五年、十年就败的，有二三十年即败的，有四五十年败完的。我记得与先父往来的多数有钱人，有的做官，有的从商，都是炫赫一时的，现在已经多数凋零，家事没落了。有的是因为子孙嫖赌不务正业，而挥霍一空。有的是连子孙都无影无踪了。大约算来，四五十年前的有钱人，现在家务没有全败的，子孙能读书、务正业、上进的，百家之中，实在是难得一两家了。

不单是上海这样，在我湖南的家乡，也是一样。清朝同治、光绪年间，中兴时代的富贵人，封爵的有六七家，做总督巡抚的有二三十家，做提镇大人的有五六十家，现在也已经多数萧条了。其中文官多人，财产比较不多的，后人较好。就我所熟悉的来说，像曾、左、彭、李这几家，钱最少的，后人比较多能读书，以学术服务社会：曾文正公（曾国藩）的曾孙辈，在国内外大学毕业的有六七位，担任大学教授的有三位；左文襄公（左宗棠）的几位曾孙，也以科学专业而闻名；李勇毅公（李鸿章）的孙子辈，有担任大学教授的，曾孙也多是大学毕业；彭刚直公（彭玉麟）的后人，十年前，有在上海做官的。大概当时的钱，来得正路，没有积蓄留钱给子孙的心，子孙就比较贤能有才干。其余文官比较钱多的十来家，现在后人多数都已经萧条了。武官数十家，当时都比文官富有，有十万、廿（niàn，二十）万银两的，各家的后人，也是多数衰落了，能读书上进的，就很少听见了。

…………

再说一个实例，就是上海"哈同花园"的主人，近日报纸上常有讥讽的评论，说他们生平对于慈善事业，不肯多多帮助，并说他们有遗产八万万银元。试一设想，财产八万万的收入，就照二厘的利息来计算，每年也应该有一千六百万，如果他们肯将这尾数的六百万元，用作救济贫民之用，那么全上海的难民，就可以得救了。在三年前，上海的难民所中，有十万人，每人的粮食，以每个月两元计算，全年不过才两百余万元。到去年米贵的时候，难民所中的难民才不过一万几千人，每人的月费三十元，一年共五六百万元，也还不过是他们收入年息的三分之一罢了。再说上海死在马路上的穷人，去年将近有两万多人，前年不过一万多人，再前年不过是几千人，就单说去年米贵，死人最多的时候，如果办几个庇寒所和施粥厂，养活这两三万人，也不过一年花个五六百万元就够了。这在他们来说，不过是九牛一毛，然而这一毛，却是舍不得拔。如果能花几百万元，救几万个穷民，他自己家用，若是没有特别的挥霍，就是无论如何的阔绰，还是可以将一年所余的利息若干万来用作储蓄的。这样一来，一方面得到了美名誉，一方面做了救人的大功德，再一方面又仍然每年增加了若干万的积蓄。这样的算盘，实在是通极了。然而他们却没有这样智慧的眼光，一心只想这一千六百万元，一滴不漏，全部都收到自己的银行账上，归为己有，任意地挥霍。竟然没有想到这肉身是会死的，自己既无子女，结果财产全归了他人。几万万的财产，一旦变为空花，只是徒然带了一身的罪业，往见阎王，而且又遗下了一片不美的口碑，留在这个社会。

…………

俄国的大文豪托尔斯泰曾说过："现在社会的人，左手进了一百万元，右手布施了一二元，就称为是大慈善家。"由此可知，这种行为是世界的通病。

但普通人，还情有可恕，至于信佛的人，应当勉力改之。总要大家发起真慈悲心，救济一切苦难同胞，以念佛修慧为正行，以力行种种善事。救人修福为助行，庶与佛法福慧双修，正助分明才好。我略将上文结束，条例如下：

一、数十年来所见富人，后代全已衰落。

二、六十年（此文写于1942~1943年间）来文武大官世家，都已衰落，后人不兴。

三、惟有不肯发财的几个大官，子孙尚能读书上进。

四、官极大，发财的机会极多，而不肯发财，念念在救济众人的，子孙发达最昌盛，最长久，一一都有历史事实为证。

五、上文举几个实例，有的三千万，四千万，及几万万的几家，忽然一旦全空，这几家都是不肯做救济善举的。

六、大富者，只顾自己阔绰享用，积钱留与子孙后代，见有饥荒，却不肯出大宗的钱救济灾难，无异犯杀人之罪，是要受道德上的谴责、业报的支配的。

七、佛法的天理，就在人人心中。人人感谢的人，天就欢喜；人人所怨怒的事，天就发怒。古语说："千夫所指，无疾而终"，《尚书》云："天视自我民视，天听自我民听"，《华严经》云："若令众生生欢喜者，则令一切如来欢喜"，所以欲求得福，须多造福于人，否则，佛天亦无可奈何。

八、富人求神拜佛烧香念经，若不起大慈悲心舍财济众，仍是与佛法不相应。

总而言之，保富的方法，必须要有智慧的眼光，也就是要有辽远的见识与宏大的心量。以上所说范文正公等几位，就是属于此类。而其余不善于保富的人，普天之下滔滔皆是啊！他们不能使子孙长保富厚，只因为是自己的智慧不够，能见到一点，却遗漏了万端，只看见表面，而看不到内涵。简单点说，他们看历本，只看见初一，还不知道明天有初二，更不会晓得年底有除夕。但是像这等愚痴的人，虽然很多，而社会有慧根的人也不少，一经人点拨，即可觉悟，智慧的眼光忽然就会开朗了。

相信读者看了《保富法》的节选文字，应该可以理解，财富的传承固然重要，但是真正关键的，不是财富的继承或企业的交接班。让子孙受荫庇和得福报的，不是物质财富，而是祖辈留下的善业和福报，以及子孙继承的价值观。

精神财富的传承是一个"知易行难"的问题。一方面，什么是家族的精神传承？究竟什么样的精神、信仰能够让财富家族真正实现基业长青？这需要家族领导者独立思考。当然，作为这个领域的咨询服务提供者，我们会为家族提供问卷，因为有许多问题，若不询问，他们可能永远都想不到。另一方面，需要搞清楚如何执行。李锦记家族经历两次家族分裂后考察了欧美成功家族并立刻着手改革，他们究竟学到了什么？中国财富家族的精神财富的传承应该以什么为依托呢？而对于所谓的家族宪法，我们又为何不能通过自己照搬或效仿常用文件来制定呢？

> 家族宪法背后的智慧与灵魂，代表了制度的精神、治理的架构以及基于制度和规则去独立思考问题的方法。

家族宪法背后的智慧，是无法通过家训、口号或者家族领袖的"训诫"来发挥的。这也就是李锦记家族最终向西方学习并走向成功的原因。家族宪法背后的智慧，代表了制度的精神、治理的架构以及基于制度和规则去独立思考问题的方法。这使得家族在内部发生纷争的时候，有机制可以进行疏导，而不是长年积压的矛盾在某一个时间点爆发；家族在面对重大决定的时候，可以通过民主与科学的机制来进行决策，而不是在权力出现真空的情况下不得不由家族中最为年长者进行"一锤定音"式的安排。这些正是中国的财富家族需要学习的。

家族企业的治理以及家族财富管理的一大难点，就在于家族企业主在采用传统的公司治理方法或者与传承相关的各类法律工具（见本书第 7 章）时，如果完全不考虑家族、亲情的因素，就会面临这些方法或工具"失灵"的尴尬局面。这也就是我们常说的"清官难断家务事"。我们不妨通过下面两个小故事来进行讨论和分析。

2.3.1 清官难断家务事

精神财富传承和人力资源传承的根本不同在于，前者能够把家族成员联系到一起，增加家族的凝聚力。与此同时，真的要有效实现这一点并不容易，俗话说，"清官难断家务事"，再成功的企业家，在面对家人的时候，也时常觉得无奈。如果不能从根本上解决这个问题，那么精神财富的传承以及家族宪法可能都只是空谈。

就拿家族成员的任职来说，一方面，家族企业主要对自己的亲人负责，要给他们生存的机会；另一方面，自己又要面对家族企业，企业要发展，容不下庸才。怎么解决呢？这就要靠制度，或者至少要基于制度和规则去独立思考问题。

让我们看一下以下两则故事，并进行对比，看看能够得出什么启示和结论。

案例 2-1（故事一）　陶朱公长子吝金害弟

这是记载在《史记·越王勾践世家》的故事。话说范蠡一家离开越国，先在齐国住了一段时间，后又到了陶地。他认为陶地道路通畅，做生意可以发财致富，于是自称"陶朱公"，与自己的儿子一同做了商人，不久便积累起了丰厚的财富。

在陶地，朱公生了小儿子。小儿子长大后，朱公的二儿子因为杀人被楚国拘捕。自古以来，凡是家有千金的犯人不会在闹市中被处死，因此，朱公决定派小儿子去探望二儿子，并让他带一千镒①黄金。就在小儿子即将出发时，大儿子就不高兴了，说："家有长子曰家督，今弟有罪，大人不遣，乃遣少弟，是吾不肖。"大意就是，弟弟有罪父亲不派我去却派老三去，说明我是不肖子孙。说完就要自杀。其母见状就对朱公说，"你派老三去未必能救下老二，但眼看老大又

---

① 镒为古代重量单位，一镒合二十两（或二十四两）。

要自杀，叫我怎么办啊？"不得已，朱公只好派大儿子去，并写了一封信要他送给旧日的好友庄生，同时交代说："你到楚国后，把金子送到庄生家，一切听从他的吩咐，千万不要与他发生争执。"

老大到了楚国，依照父亲的嘱咐如数向庄生进献了黄金。庄生告诫他："可疾去矣，慎毋留！即弟出，勿问所以然。"然而，老大口中答应，但并没有真的离开，而是偷偷留在了楚国，并用自己另外私带的黄金贿赂楚国主事的达官贵人。

庄生找了一个机会入宫见楚王，以天象有变将对楚国有危害为由劝楚王实行德政，楚王于是准备实行大赦。接受了贿赂的楚国达官贵人把这一消息告诉了老大。老大一听，想既然大赦，弟弟自然就死不了了，又何必在庄生那里花费千金？于是他又返回见庄生。庄生一见他惊奇地问："你没有离开吗？"长子说："没有，当初我为弟弟的事情而来，现在楚国要实行大赦了，我的弟弟自然可以得到释放，所以特来向您告辞。"庄生听出了话里的意思就说："你自己到房间里取黄金吧。"老大暗自庆幸黄金失而复得。

庄生由于廉洁正直而闻名于楚国，满朝上下对他都很尊重。而在黄金送来后，他亦对妻子说："这是陶朱公的钱，以后全部还给他，千万不要动用。"然而长子的这个做法，却让庄生感到受了愚弄，他又入宫见楚王，说："现在，外面很多人都在议论陶地富翁朱公的儿子杀人后被关在楚国，他家派人用金钱贿赂君王左右的人，因此并不是因为君王体恤楚国人而实行大赦，而是因为朱公儿子才大赦的。"楚王听罢大怒，于是他命令先杀掉朱公的儿子，之后才下达大赦的诏令。

长子最终只能带着弟弟的尸体回家。母亲和乡邻悲痛万分，只有朱公"独笑"："吾固知必杀其弟也！彼非不爱其弟，顾有所不能忍者也。是少与我俱，见苦，为生难，故重弃财。至如少弟者，生而见我富，乘坚驱良逐狡兔，岂知财所从来，故轻弃之，非所惜吝。"原来，朱公早就知道老大救不了老二，不是他不爱自己的弟弟，只是他从小就与自己生活在一起，经受过各种苦难，知道生活的艰难，所以把钱财看得很重。而老三一生下来就是"富二代"，哪里知道钱财来之不易，弃之也毫不吝惜，我本来让他去倒是能办成事情。老大不能弃财，所以最终害了自己的弟弟。

前述故事固然表现了范蠡非凡的识人眼力，也验证了中国的一句古语："知子莫若父。"然而，范蠡为何明知这个祸害，最后还是妥协做出了错误的决定呢？这给我们带来什么启发？难道我们真的只能无奈地说"清官难断家务事"吗？或是得出更为极端的结论——女人不能干涉大事之类的偏颇观点？在我们下结论之前，不妨先看一下以下这则故事。

案例2-2（故事二） 父亲的两顶帽子

有这样一个故事，它发生在一家成功经营的家族企业里。父亲是公司的创立者，非常成功地经营着这家企业。儿子也在企业里工作，他颇自以为是，认为为公司做了不少贡献，其实业绩平平，还被其他的同事认为能力一般。一天，公司高层中出现了一个空缺，儿子认为他理所当然应该得到这个升职的机会。父亲请他到家中吃午餐，儿子认为宣布并庆祝他升迁的时刻即将来到。儿子看到父亲在泳池边，餐桌上放着两顶帽子，一顶写着"老板"，另一顶写着"父亲"。

父亲将儿子迎进来，让他坐下，自己戴上写有"老板"的帽子说："儿子，你被解雇了。"说完，立刻脱下这顶帽子戴上另一顶写有"父亲"字样的帽子，然后搂着儿子的肩膀说："儿子，我和你妈妈都很关心你失业的事。我们怎么才能帮到你？"

现在，让我们比较这两个故事，你会有什么样的感受？中国的诸多家族企业，难道不都或多或少面临同样的大考吗？多少财富家族人士每每遇到难以解决的亲情关系问题，都来上一句"清官难断家务事"，满腹无奈。孟子曰："恭敬之心，礼也；是非之心，智也。"能够在亲情面前，懂得是非抉择，乃是真正的智慧。那么如何获得这样的智慧呢？前文"父亲的两顶帽子"的故事具有非常深远的寓意。如果家族领袖能够明确自己的角色，知道自己头顶上会时常戴不同的帽子，那么在戴不同帽子的时候，就要恰当地扮演好不同角色，而不要糊里糊涂，浑浑噩噩。

假如富可敌国的陶朱公也能有幸尝试这样的方法，作为叱咤风云的"企业家"，他就会客观地做出决断，把最合适的人安排到最合适的位置上，之后可以再戴上父亲和丈夫的帽子，给大儿子和夫人说声抱歉。

中国的企业家在面临传承问题的时候，是否也不假思索地认为，接班的人就应该是自己的儿子或者女儿？有没有想过还有更合适的人选？是否也可以戴上"老板"这顶帽子，想想作为企业的老总，应该如何决策？之后再戴上"父亲"（或者"母亲"）这顶帽子，去审视应该如何合适地对待自己的孩子。

有一位企业家说："在我看来，一个企业应该遵循的最根本原则就是发展，只有发展才能做到为股东、为员工、为社会几个方面负责；而从企业发展的角度出发，企业就必须引进竞争机制……因此不能把企业当成一个真正意义上的家是必然的。在家里，子女可以有各种缺点，犯各种错误，父母最终都是宽容的。企业则不可能是这样的。"

这两个故事的智慧绝不局限于"角色的扮演"这个方法本身。我们在前面说过，欧美的家族宪法背后的智慧，是无法通过家训、口号或者家族领袖的"训诫"来发挥的。我们必须理解其背后的智慧、灵魂，代表了制度的精神，治理的架构，以及基于制度和规则去独立思考问题的方法。所以，"父亲的两顶帽子"的故事绝不只是一个简单的心理游戏，它反映出在尊重规则和规律的基础上对自我责任的深刻理解与高度的自控和自制。只有学到了前述方法，才能真正领会西方财富家族财富管理和传承的精髓。

2.3.2　提升家族凝聚力的巧妙方法

财富家族的第三代最容易集万千宠爱于一身，尤其是会得到来自创富一代的无限溺爱。为此，二代可能还会和一代因在教育孩子方面意见不一而发生不快。这个现象无论是在中国还是在西方都具有普遍性。如果第三代从小被溺爱，那么何谈精神财富的传承呢？不妨让我们看一下以下案例。

案例2-3　孙子女/祖父母的慈善事业[①]

有俗语称，"祖父母和孙子女都是父母的天敌"。换句话说，"祖父母和孙子女是天然的同盟"。祖父母和他们的孙子女的关系充满了纯粹的爱。祖父母教养

---

① 詹姆斯·E. 休斯. 家族财富传承：富过三代 [M]. 钱峰，高皓，译. 北京：东方出版社，2013.

孙子女创造了传授家族传统美德、历史的机会，与父母的教育责任不同，或者说不同于那种严厉的管教。

那么祖父母在家族治理中扮演什么样的角色呢？他们总是不确定自己与已经长大的孩子之间该如何相处，总是太关注自己在养育孙子女过程中不小心的失误。有了这样的经历，在家族治理中，老一辈父母（一代）和他们已经长大的孩子（二代）的职责就不可避免地维系整个家族。特别是在解决争端时，老一辈父母易充当长老的角色。现在的人寿命普遍很长，老一辈父母 65 岁以后很可能已把家族企业交给了二代接班人，若在家族中仅扮演一个相对次要和被动的角色就像是在浪费重要的家族资产，同时，不让他们充分"发挥余热"也会使他们变得沮丧。

慈善事业，本身就是一种实用的教学工具，让使用者通过感受帮助他人的过程来领悟美德。基于此，在祖父母与孙子女的特别关系处理中，家族可以更好地利用年长者的智慧与经验。祖父母可以通过慈善事业在家族管理中发挥积极的作用，慈善活动成为他们教授孙子女家族价值观，尤其是常存感恩之心的价值观和管家的价值观的重要方法。

虽然我们很容易就能看到参与慈善活动在学习付出方面的好处，但是我们并没有意识到慈善也是一种事业，它可以提供良好的教育环境，参与人可以从中获取投资管理技巧，这些很快就可以用在家族的经营活动之中。家族可以成立一个由所有孙子辈成员和祖父母组成的捐款委员会。家族中 6 岁以上的任何一个孩子都应该能够提出一次捐款请求。捐款请求过程最为重要的部分是在孙子女/祖父母慈善事业年会上由提出请求的孙子女做口头陈述。在会上，每一个捐款倡议者都应该演示他们的捐款提议。在演示之后，祖父母和其他孙子女应该带着极大的关怀评论这些请求，最后投票表决。用来确保所捐款项能够被用得很明智的提问、建议，以及可能的额外功课都应该与孙子女的年龄相匹配。在祖父母看来，还有什么比和孙子女坐在一起讨论他们的兴趣爱好，探索他们是什么样的人更加有趣的呢？在孙子女看来，还有什么比通过祖父母展现的智慧和他们讲述的故事了解祖父母，加深对他们的理解和尊重更有意义的呢？在孙子女辈家族成员看来，这一过程，最有趣的就是被教授家族的智慧和仪式。不仅如此，在捐款过程中，他们还可以学习一些十分重要的生活技能。当一个孩子上台提出申请方案时，他学习的生活技能包括公开演讲、组织领导、为了他人积极倡导某事。孙子女/祖父母慈善事业背后的秘密就是在倡议捐款时，所有这些技能会在一个充满爱与关怀的氛围中得到演练，最后的结果不是给自己而是给他人带来好处。

慈善在家族精神传承中可以起到重要的作用。对于祖父母来说，它使他们在家族管理中扮演积极角色，充分发挥了他们的智慧以及他们对孙子女爱的力量。对于孙子女来说，它提供了家族成员相互了解，以及共同探索世界并发现世界需求的机会，尤其是他们可以了解很多人过着很不一样的生活，这也许能够让他们更能懂得珍惜和感恩。在这一过程中，物质条件丰沃的财富家族后代会因为这个挑战以及互相之间的（良性）竞争而获得成就感。而他们通过对话甚至辩论（例如类似路演的赢取赞助的演讲等），不仅提升了自己的技能、获得了历练，同时也将家族精神与核心价值观贯穿其中，让祖父母一辈能够将自身的智慧和哲学分享给他们，并让他们从小形成利他的观念，让他们了解善意的力量。

2.3.3　精神财富传承与家族治理

家族的精神财富和文化的构建，绝不是如玩家庭小游戏般简单，而是需要系统的教育、培训，让家族成员形成良好的思维和行为习惯，并且长辈能够以身作则。对家族的领袖来说，就需要在百忙之中高度重视对下一代的培养，这样的培养并非简单地将孩子送到贵族学校，让他们参加各类昂贵的培训课程。亲情的培养一定程度上仰赖父母的时间投入。

事实上，西方国家有不少注重家族理念、价值观传承的成功案例。著名奢侈品公司爱马仕集团至今仍然牢牢掌握在创始家族爱马仕手中。从爱马仕的传承经历中，我们可以看到，围绕着爱马仕的永远跟"家族"二字有关。家族本身就是文化、精神、价值观最基本的载体。爱马仕家族始终注重对家族后代的培养，在价值观传承方面，家族成员们坚信，"昨日的轮船已成往事，今日的轮船即使不是我们亲手建造的，我们也要尽职维护，每一位家族成员都是这艘轮船的掌舵手，都要对它的未来负责"。①

（一）家族治理与亲情关系

先进的"治家"理念和智慧对于精神传承至关重要。在刚强的个性、失控的情绪、巨大利益分配面前，谈"家训"和"感情"都将是苍白无力的。而这里面，以父子关系为代表的亲情关系的维护和修复又显得格外有分量，IBM 沃森父子的激烈冲突，福特父子矛盾、祖孙矛盾，都让家族元气大伤。处理好父子关系等亲情关系，是家族关系维护和治理当中重要的一环。在中国，已经有家族治理的典型案例。李锦记家族也曾面临传承困局：没有一个达成共识的家族和企业发展定位及目标，在企业发展方向和规划上纷争不断；没有一个家族企业治理机构来统一行使家族治理权力或作为家族成员协商沟通的平台，家族成员发生冲突矛盾后首先想到的是分而不是合。此外，儿子要离开家族企业自立门户也让李锦记家族父辈掌门人最为头疼。然而，历经两次家族危机的李锦记家族并没有一蹶不振，而是选择赴欧美考察学习家族治理和传承的方法，最终通过制定家族宪法，设立家族理事会，实行现代家族治理机制，摆脱困局，获得了家族与企业的重生，有关李锦记家族案例的详细内容请见本书第 12 章。

（二）子女教育

鉴于子女教育在家族精神财富传承中的决定性作用，在本书第 11 章中，我们将对财富家族的后代教育与培养进行介绍。其中将会介绍股神巴菲特的成功教子之方，以此来启发财富家族的新生代们找到属于自己的人生方向。

从我国家族企业的发展现状来看，许多家族企业经过 30 多年的发展，当年白手起家的创始人已步入中老年，同时，年轻一辈走出校园开始参与公司的管理。然而，在企业管理过程中，两代人的意见经常难以达成一致，直接导致企业中层无所适从，企业的健康运转受阻，企业上下都希望能改变这种状况。并且，许多家族的二代子女不想继承家业，那么面对子女不想接班的问题该如何解决？新希望集团董事长刘永好的独女刘畅起初也对接班家族事业不感兴趣，在十年的时间里，刘畅在学校、在集团外、在集团内学习，还曾自己创业。经过一系列的历练，

---

① 参见《爱马仕的家族传承之道》，载于 http://www.91jucai.com/cglz/gslds/2e4fec2310d4e035d4ab5d2600f-ae1df.html。

刘畅的想法也比以前更加成熟了，她曾说："我更喜欢凭自己的能力和知识帮助父母，我不认为我是唯一能够担起这个大任的人，但我绝对是最忠心、最由衷想把这个事业做大做好的人，我希望在我的能力范围内守护它。"① 刘畅花了很长一段时间来了解父亲的企业，当她深入了解企业后，归属感便油然而生。可见，家族后代的教育在家族企业传承中起决定性作用。

（三）慈善与家族灵魂传承

我们研究发现，除了子女教育与家族治理以外，慈善也是精神财富传承中不可或缺的一部分。《易经》告诉我们："积善之家，必有余庆；积不善之家，必有余殃。"这是否预示业力、财富与慈善之间存在着某种关系？为什么洛克菲勒家族等举世闻名的家族都无一例外地选择了做慈善？家族慈善对后代又会起到什么样的教育作用？对于这些疑问，本书将在第13章通过一系列的实验和数据给予解答。

创一代能够给二代、三代什么样的礼物？不应该只是金钱和物质上的财富，还应该有教育和成长的机会，以及一套能有效帮助家族发展、增强家族凝聚力的价值观和制度。就如巴菲特所说，如果投资自己，那么所获取的回报不仅可观，而且政府无法课税，这自然也包含让所有富人都紧张的遗产税。而这个投资，除了关乎自身的学习与成长，还关系到家族的治理与提升。

2.4 物质财富的传承

物质财富的传承，我们一直在向西方学习，但我们相信有一天，世界他国会向中国学习属于我们的优秀理念和经验。要达到这个目标，需要先谦虚严谨地借鉴他山之石。正如前文中所提到的"生存者经验"理论，能够走钢丝20余年还健在的人值得学习，有一个最基本的道理，他至少活了下来。走钢丝如此，投资也如此，财富管理和传承又何尝不是如此？如果你的家族经过两百年能够活下来，那你就是英雄。那个时候没人会在乎你曾经持有的理财产品有几个点的收益率。只有那些准确知道自己优势与劣势的人才能成为真正的幸存者。成功的人之所

---

① 参见《新希望刘畅：我希望守候着这个事业》，载于 http://finance.china.com.cn/industry/renwu/20130529/1509566.shtml。

以能够成功，恰恰是因为他们知道自己不成功的地方在哪里。相反，许多财富家族的创富一代，他们一开始就迷信自己的能力和成功，最终导致家族财富和自己建立的庞大事业倾覆在一些意想不到的风险盲区上。

曾经富甲一方的红顶商人胡雪岩，晚年的败局令人扼腕，几乎没有人从财富管理、保护和传承的角度对败局进行研究和总结。而财富保护和传承的最大误区其实就在于，多数人或者对于资产的安全和保护没有什么概念，或者想当然地把传承看作简单的继承。和创造财富相比，守富和传承是一门完全不同的学问。从资产传承的角度看，去世之后即发生遗产诉讼的名人同样很多。从资产管理和保护的角度看，诸如离婚所导致的破坏绝不仅仅限于家庭本身，由于夫妻或者家人反目遭受重创的著名公司也不在少数，其中就包括真功夫、土豆网、新鸿基地产以及新光集团等。

我们丝毫不怀疑这些杰出人物的"创富"能力，然而在守富和传承方面，他们忽略了风险盲区却让人扼腕叹息。其实，这些名人如果能意识到自己的专业局限，而不是那么"自负"，也许其家族及家族后代的命运就会发生改变。那么，那些财富家族创业者必须知道却被自己长期忽视的风险盲区究竟是什么呢？

2.4.1 吞噬家族财富的七个风险盲区

有研究显示，华人家族企业的代际传承 8 年间平均财产流失率高达 60%。也就是说，企业股权所有人在传承前 5 年所持有的每份价值 100 元的股权，在传承完成 3 年后平均只剩下 40 元。而麦肯锡发布的报告更是直截了当地指出，全球范围内家族企业的平均寿命只有 24 年，其中仅有约 30% 的企业可以传承到第三代。人们不禁产生疑问：如此庞大的财富是如何从这些看似管理严谨的豪门家族一步步流失的？

盲区一："黑天鹅"事件

本书在第 1 章曾提到，你所不知道的可能比你知道的更为重要，这也是"黑天鹅"事件的逻辑。从整体财富的安全、资产配置和保障角度而言，我们应采用"以不变应万变"的方法来面对宏观环境变化、家族变化以及其他无常事件。同时，如何通过合理配置来降低风险也是一门非常高深的学问，这部分内容将在第 3 章重点讲述。

盲区二：企业资产与个人和家族资产的混同

企业资产和家族资产混同，隔离措施和风险分散的做法没有及时采纳。小企业需要的是敢闯、敢拼、勇于突破和创新，但对大企业来说，风险控制就变得至关重要。家族企业风险控制涉及整体资产规划和资产配置、流动性、宏观经济以及法律等方面。而法律风险又可以细化为法律合规（涉及偷漏税、行贿、非法集资、职务侵占、重大责任事故等企业常见的违法行为）、担保和连带责任、合同及公章管理、代持行为等方面的风险。综观这些风险，其中把个人和家族资产与企业资产混同带来的风险在中国企业中尤为突出和普遍。家族资产和企业资产混同的法律风险的一个重要方面，便是两者相互信息透明且同时遭到了查封冻结，给企业和家族带来了巨大的现金流压力，这样的资产混同可以在一夜间让人倾家荡产。

在订立合同过程中，对方当事人可能要求家族企业的老总以其个人资产提供担保；家族企业可能为第三方提供担保，或者几家企业互相提供担保，引发企业"连坐""一荣俱荣、一损俱损"的重大风险。在税务合规方面，不少企业不直接分红，而是股东个人通过向企业借款的方式来达到少缴或不缴所得税的目的。甚至有企业索性让付款方把款项打给个人而不是企业账户，偷逃营业税、增值税以及所得税，这些都有可能使企业主突遭牢狱之灾。在合同和公章管理上，有的企业为获得蝇头小利，通过"外借"营业执照和公章来进行所谓的业务合作，收取"管理费"。殊不知这样的安排，如果合作方突然玩"消失"，企业甚至家族可能要为此付出沉重的代价。

还有，因为某些原因，个人的股权交给他人（往往是亲朋好友）代持，即便有某种代持协议，各方当事人也往往没有咨询过在这方面有丰富经验的法律专业人士，要么代持行为没有发生实际效力，要么这种"天知地知你知我知"的安排没有充分考虑代持人死亡、丧失行为能力以及离婚的风险。一旦发生前述意外，被代持的股权或者其他资产都有可能沦为他人待继承或分配的财产，而最终导致流失。

盲区三：离婚、遗产分配的规划失误

相比不可预见、难以防范的"黑天鹅"小概率事件，离婚、意外、遗产分割等事件带来的风险则在很大程度上可以通过法律安排和资产筹划进行有效规避。然而，相当数量的高净值个人则觉得这类事件离自己比较遥远而不愿直面这样的风险。针对意外引起的遗产纠纷风险，是否起草一份遗嘱就可以轻松化解掉呢？许多人误以为，白纸黑字清清楚楚记载的遗嘱是最可靠的财产分配方式。

"儿子，所有这一切以后都是你未来的前妻的。"①

其实，从律师的角度来看，仅由一纸遗嘱决定家族命运的方式往往蕴藏着巨大的法律风险。首先，老人在不同的时间点订立过多份遗嘱而导致遗嘱存在多个版本的情况在实践中并不少见，这种情况往往引发争议甚至诉讼。在老人心智康健的时候订立的公正合理的遗嘱，很可能在老人暮年时由于老人遭到某些亲人的胁迫或者欺骗而被新的遗嘱所取代。

未来谁来承继澳门赌王何鸿燊的巨额资产，就曾引发赌王的家族内讧，何老先生向二房、三房转让股权的安排就曾被指是在被"胁迫"情势下做出的。

其次，遗嘱的伪造和骗取在技术上并非难事，即便是经过公证的遗嘱，也可能被法院以各种理由推翻，在香港发生的围绕女富豪龚如心遗嘱真伪的"世纪大案"便是一例。

最后，不少富豪，即便受过良好的教育，自认为遗嘱只要清楚书写，把财产处置的意图表达清楚即可，殊不知没有专业人士的帮助，将会给未来遗嘱的效力和执行带来巨大的不确定性。例如，不少遗嘱没有罗列财产清单，只是说明财产

---

① 参见 http://www.cartoonstock.com/cartoonview.asp?catref=rde9652。

的分配比例，这就导致部分资产可能在正式进入遗产分配程序之前就被熟悉资产状况的人侵吞了。

如果财产涉及公司股权、投资基金份额、海外资产，遗嘱处置则更为复杂，因涉及不同国家法律而需要不同国家的律师一同参与筹划。有的国家或地区存在遗产税，如果遗嘱订立不当，订立人就会不小心把自己的资产纳入到遗产税征收范围内，资产可能要损失过半才能完成过户。我们也会在后文"案例 7-10 五代传承的悲剧性终结"中展现遗产税对家族资产的侵蚀。

除了遗嘱在继承方面安排不当之外，导致财富缩水的原因还有婚姻纠纷所引发的财产纷争。恩爱夫妻一朝劳燕分飞，带走的不只是感情，还可能是家族巨额财富，具体表现为资产缩水、股价和市值蒸发以及投资人和股民"躺着也中枪"。

盲区四：交接班不力和家族治理不善

根据《2022 年胡润全球富豪榜》，资产达 10 亿美元（约合人民币 70 亿元）以上级别的中国富豪共有 1 133 位，随着家族第一代日渐老去，预计未来 10 到 15 年中国将出现规模庞大的代际财富转移。而企业传承面临困难的根源之一，就在于家族企业的核心竞争力无法得到有效传承。据报道，2014 年 5 月 8 日，深交所上市企业海翔药业发布公告，公司创始人罗邦鹏的儿子罗煜竑作为大股东以 3.8 亿元的总价转让其所持有的全部 18.31% 的股份，标志着罗氏家族正式退出了这家罗邦鹏苦心经营 40 年的家族企业；而坊间流传的消息纷纷指出，此时罗煜竑已经因为嗜赌而让家族背负高达 5 亿元的赌债，不得已卖公司股份还债；同时，自少帅罗煜竑继位以来，公司内部和投资业界也批评他缺乏战略眼光、执行力和管理能力来领导企业。种种内忧外患之下，公司易主几乎难以避免。

在中国，不少一代创业者将大量精力放在打拼一片天地上，而对子女的关注相对较少，常常只是花重金将孩子送往国外好的学校。然而，如此简单模式化培养出来的接班人可能自小就分割了与家族企业的联系纽带，成年后并不一定适合承担领导家族企业的重任，而且并不对家族企业引以为豪。就二代接班的常见问题，请参见本书第 8 章的内容。

盲区五：家族企业股权设计、规划治理不善

家族财富管理和传承的设计和筹划必须考虑家族企业和财富的今天和明天。一方面，企业如果缺乏有效的治理结构，例如中国不少家族企业存在任人唯亲的现象，那么自然会给其未来的发展带来很多瓶颈和局限；另一方面，当企业或者家族的掌门人健在的时候，大家相安无事，然而一旦掌门人无力掌控局面或者撒手人寰，争权夺利的内斗就会出现，甚至达到失控的地步，这会对财富以及企业造成巨大的创伤。含混不清的家族利益分配、错综复杂的族内关系、感情淡薄下的钩心斗角，往往成为不少富有家族挥之不去的阴影和宿命。香港某著名地产集团的郭氏三兄弟在接了父辈的班后曾一度带领企业再创辉煌，超越众多竞争对手打造出香港业绩最好的地产企业。然而好景不长，大权在握的母亲联手两位弟弟将哥哥郭炳湘赶下了主席之位。心有不甘的郭炳湘旋即破釜沉舟，向香港廉政公署举报了郭家贿赂政务司前司长许仕仁一事，并愿意做证将两位弟弟送入监狱，一时间香港社会舆论哗然。

据悉，为获得中国香港和英国"顶级大律师"的代理辩护，郭氏兄弟所花的律师费高达8亿港元，他们连同许仕仁、港交所前高级副总裁等被告方，动用近百名律师，律师费接近10亿港元，创下司法史上刑事审讯案件的律师费最高金额纪录。这样的兄弟阋墙、亲人反目的例子虽然极端，却并不罕见，不少成功的创业者往往专注于管理企业，而没有意识到家族也需要一套相似的治理体系。虽然郭氏家族在父辈安排传承的时候，也采用了西方流行的家族信托，但是设计筹划的架构和方案存在瑕疵，没有对信托方案进行充分的"定制"安排，给财富和企业管理的未来留下了隐患。

另外，在西方，家族宪法往往用来确定家族内部治理体系的核心框架，家族的争端和财产权分配都依赖于基于这个框架所建立的规则和体系。如何搭建家族治理体系则是摆在这些家族企业面前新的难题和挑战。

盲区六：投资计划欠缺合理规划

用人失察、投资管理欠缺科学规划也易导致资产缩水。无论是外聘理财顾问、安排设立信托，还是进行直接投资，都离不开专业的顾问。但是，找到合适的、可信任的顾问，充分利用好外聘顾问的脑力资源，并且防范与顾问的利益冲突，这些对于喜欢做"甩手掌柜"的高净值人士来说具有一定的挑战性。举例来说，前些年美国历史上最大的欺诈案之一——华尔街麦道夫事件，导致许多富豪资产被卷入其中，而相当数量的高净值人士都不知道自己的资产配置中有麦道夫的产品。因为麦道夫把产品销售给银行，再由银行推荐销售给高净值客户，银行赚取佣金和手续费。银行从资产管理方那里获取产品、赚取佣金并向自己的客户推销这些产品，似乎是金融圈普遍的潜规则，那么受害人是谁呢？客户基于对银行的信任，把资产和投资的打理工作都交给私人银行顾问，而私人银行顾问则可能从产品方那里赚取佣金，把高风险的产品推给客户。

盲区七：税务风险

税务风险对中国民营企业来说并不陌生，但是这并不等于高净值人士能够清楚地鉴别和认识合理、科学且合法的避税与逃税的区别。不少富豪对于税务安排完全没有整体规划，而且采取能逃则逃的侥幸心理。他们对国际化资产配置所涉及的各类税负缺乏整体考虑，与此同时，中国（除港澳台地区）的遗产税制度也和高净值人群越来越近。据财联社 2023 年 7 月 3 日报道："国务院发展研究中心社会和文化发展研究部部长李建伟表示，城乡经济发展首先要解决农村居民收入问题，以此缩小城乡差距，这是最核心的。此外，应尽快研究出台遗赠税，弱化财富两极分化走势及财富代际遗传对居民财产性收入差距的负面影响。"该则消息一出，针对遗产税的财产管理问题被广泛议论。时至今日，我们与遗产税征收相配套的不动产统一登记制度、中国居民海外资产申报制度等都已经建立。作为可以调控贫富差距、抑制财富过分隔代积聚的手段，遗产税到来的时代可能已经不远，此次消息或成为我们推进实行遗产税的正式号角。

即使中国（除港澳台地区）没有开征遗产税，但在境①外购得的房产，很可能在发生继承的时候，继承人先要缴纳近 50% 的房产价值的遗产税方能实现房产的过户，这往往是一些富豪在一掷千金的时候"万万没想到"的。而澳大利亚虽并不征收遗产税，但是对外国人而言，如果需要受让在澳大利亚的遗产，仍然需要缴纳一笔资本利得税。除此之外，澳大利亚的主要税种还有所得税、印花税、土地税及货物劳务税等。

在许多国家和地区都存在的遗产税可以直接让财富缩水 50% 甚至 50% 以上。在中国台湾北部的新北市，一位姓黄的当地人过世时留下了大量的土地遗产，然而其继承人却没有按照规定申报及缴纳遗产税。台湾税务当局在 7 年后发现了这一事实，并就这些遗产进行了评估，核定总价值为 2.4 亿元新台币。可怜的黄家继承人在补缴遗产税并缴纳罚金、滞纳金及利息之后，还需缴纳巨额增值税税款，最后继承的财产竟

---

① 此处指"关境"，本书其他地方所涉中国境内、境外之内容均指的是关境内、关境外。——编者注

然只有区区 61 元新台币!① 虽然中国（除港澳台地区）的遗产税征收仍在论证阶段，但是如果个人在美国、日本等国家或地区购房，身故之后就会产生遗产税问题（除非进行了必要筹划）。如果要设立境外的信托，涉及境内的资产（例如公司股权、房地产）就要进行必要的资产重组，这样可能带来较大税负，而如果没有专业人士帮助设计合法的方案并进行高效的税务筹划，就会导致信托架构无法搭建而被搁浅。

"欢迎来天堂！你现在可以不用缴纳联邦税、州税和地方税了。"②

2.4.2 物质财富传承的规划和风险防范

可见，这些让财富家族始料未及的严酷问题，如果没有相应的防范措施，可能会让家族财富折损或严重流失。对于已经建立起庞大商业帝国的创富者来说，资产的保护与传承必然是最值得关心的问题。对于前述七大盲区的解决方法，后面的第 5 章以及第 7~12 章将会逐章进行详细阐释。此处，我们先针对资产配置、资产保护与传承规划做一个纲要性的介绍。

第一，资产的分散配置与必要的隔离措施，利用多种法律工具防范婚姻与继

---

① 参见《台湾一家庭继承遗产未报税被查 连扣带罚 2 亿只剩 61 元》，载于 http://news.sina.com.cn/money/20120717/143812589181.shtml。

② 选自《纽约客》漫画集，原作者是 Bernard Schoenbaum，创作于 1990 年。

承中的潜在风险。固然，小概率风险事件往往不可控、不可预见，但是企业家以及家族完全可以通过必要合理的手段降低和对冲这样的风险。例如，采取必要方法将家族企业资产和家族其他资产进行隔离，将资产分散配置，进行国际化的安排，而不是把所有的"鸡蛋"都放在一个"篮子"里。许多企业家往往低估相关风险，同时无法抵抗现有产业高收益的诱惑，把所有的"宝"都押在了某一个特定行业或者特定项目上，一旦出现问题，就可能满盘皆输，回天乏术。针对这样的平时并不太容易察觉的风险，一方面，需要依托专业的法律服务来降低和化解；另一方面，也有必要对家族资产和企业资产进行分隔，采取必要的隔离措施，把一部分资产隔离出去，在企业遭遇重大打击的时候，有些资产不会被认为是企业的资产而被冻结、抵债。本书在第 3 章和第 7 章将会进一步分析如何实现资产的分散配置与隔离。

第二，化解家族企业交接班难题。家族企业是家族财富的重要组成部分，我们在第 1 章中就提到，如果运营得当，基于家族企业的特性以及家族所拥有的特殊资产，家族企业可能带来超额收益；如果传承不当，那么家族企业则会面临市值大幅缩水和财富的重创。

所以，我们要了解企业传承的核心以及中国家族企业所面临的交接班的典型障碍，包括：如何应对二代接班的各类挑战，如何根据二代的人格、性格来做传承的安排，如何掌控接班的"火候"，化解两代人的冲突，解决职业经理人的激励和企业元老的安排问题，等等（第 8 章）；以及如何处理家族新生代对于自己所热爱的事业的追求与家族接班的责任之间的矛盾问题（第 11 章）。另外，还包括：如何发现企业传承的视觉盲区，将领导力放在传承和接班首要考虑的位置（第 9 章），如何使用法律和治理的工具，科学地分配和传承家族企业的股权（第 10 章）。

如果经过研究和判断，企业必须交棒给下一代，那么企业家将面临一个更为艰巨的、长期的任务，除了接班人培养，聘请专业律师和财务规划师对企业和家族资产进行规划之外，还要积极提升家族企业和家族的治理水平，进行有效的交棒过渡安排等，包括制定家族宪法（第 12 章），建立家族内部的纠纷解决机制，为提升家族凝聚力奠定稳固的基石。

第三，选择合适时点进行高位套现也是财富规划和传承的一种优选方案。创一代企业家必须有一个客观的判断，就是家族企业的无形资产、核心竞争力、政商人脉关系这样的"特殊资产"是否能够得到有效传承？如果这些"特殊资产"难以传承，或者新生代确实无意或者无力接班，或者企业的外部环境或内部因素可能导致企业逐渐丧失竞争优势，那么企业家就应当充分重视这个风险，果断地为企业的出售或转手进行战略性安排，考虑将企业在价值处于高点的时候进行套现，而不是守株待兔式地等待"奇迹"的到来。

退出和套现的方法包括并购模式的出售或转让、IPO之后的退出、管理层收购等。应在完成套现之后，再对现金资产进行财富管理和传承的安排。另外应当注意，在实现套现之前，应该进行法律和税务筹划，尽可能合理节税。

第四，家族资产管理与投资的科学规划。在高位套现或者发生其他流动性资产变现事件之后，家族便拥有较多现金用于投资，此时就必须考虑如何更高效地管理家族资产；如何不被所谓的大型国际银行的光环所误导；如何选择合适的财务顾问、私人银行；如何规避利益冲突，防止成为金融潜规则的牺牲品，以降低资产大幅缩水的风险。

是否依赖数家私人银行？是否聘用联合家族办公室？还是建立自己的专属家族办公室？对此，超高净值人士应该聘用真正服务于自己的顾问，包括财务顾问和法律顾问，以保证获得中立的、客观的信息，而不是经过过滤的、被某种利益机制歪曲了的信息和建议。只有综合考虑独立顾问的意见，排除利益冲突的干扰，才能相对客观地审核产品或者投资机会，判断和评估风险。

第五，传承的终极境界在于留给后代超越物质的财富。要让家业永续、基业长青，成功地进行财富的代际传承，离不开新生代的人力资本培育和开发，家族的凝聚力，以及价值观的传承，更无法脱离无疆的"大爱"——在家族中涌动的那股伟大的力量。老一辈可以留给新生代的最珍贵财富一定不是物质财富，而是超越金钱本身的财富"业力"。无论是通过自己身体力行给予世界的爱（慈善），还是激励新生代和更多的人士实现自我、心怀感恩、积极进取、乐于奉献（第13章），都能让财富生生不息。

第二部分
创富与守富

PART 2

第 3 章 私人财富管理揭秘

投资铁律一：永远不要亏损；投资铁律二：永远不要忘记投资铁律一！

——沃伦·巴菲特

《2022 意才·胡润财富报告》显示，从投资角度看，2022 年度，高净值人群仍在"危中寻机"，四成以上（43%）的财富人群在投资心态上"更积极"；从资产水平来看，家庭净资产在 5 000 万元以上的财富人群（占 20%）寻找新投资途径、新赛道的心情相对"更急切"。另外，该报告还显示，定制化投顾的服务需求呼声走高，高净值人群对于定制化、个性化、一站式解决方案和智能化服务形式的需求上升。这也从侧面反映了高净值人群对财富管理、资产合理配置的需求。

本章，我们希望还财富管理以其本来的面目。现在的投资和财富增长模式未出现问题，并不等于永远不会有问题。重要的是，要吸取教训、获得智慧，了解世界财富家族关于财富管理、保护和传承的方法。

3.1 逃脱"富不过三代"的魔咒

"富不过三代"表面上看似乎是财富代际传承的失败，但其实并没有那么简单。

3.1.1 对《福布斯》美国富豪榜的分析

2015 年《福布斯》美国富豪榜中排名前 20 的富豪，大多数都是创富一代，通过财富继承榜上有名的非一代富豪只占少数。而杜邦、洛克菲勒家族等的财富在经过几代人的传承之后，已分别分散在数百名家族成员手中。

通过继承仍然占据榜单靠前位置的非一代富豪，一般都积极参与企业管理，对家族企业和资产有着重要影响。而对家族企业控制力较低，或者主要依赖资产管理的家族，其家业虽仍不可小觑（例如肯尼迪家族、杜邦家族、洛克菲勒家族），但是，此类家族个人成员则难以进入富豪榜单的前列。

所以，这就产生了一个似乎矛盾的问题，财富究竟应当交给别人管，还是自己管？一方面，私人银行和财富管理专业服务机构反复强调专业打理财富的重要性；另一方面，从榜单上看，似乎"自己管"所创造的财富远远超过"交给别人管"所创造的财富。

针对财富的管理，如果从《福布斯》的榜单来看，我们注意到家族财富最大的部分来自家族企业主营业务。这往往归功于该企业在行业内所具有的独特竞争优势，它能够帮助企业赢得超额利润。而非一代继续"创富"先例虽然不多，但也依然存在，例如美国的科氏家族。与此同时，相当数量的经过数代传承之后的家族，如肯尼迪家族、杜邦家族、洛克菲勒家族，随着家族成员的增长，个人的财富份额在下降，而且家族并没有强有力的接班人把家族事业推向新的高峰。

作为一代创富者，家族领袖无法预测上天的安排——二代、三代是否能够"青出于蓝而胜于蓝"，继续成功"创富"。就像巴菲特曾说的，家族企业主一定要让自己的孩子来接班，就像让奥运会冠军把冠军传给其孩子一样荒谬。

出于三个重要原因，高净值人士必须考虑"守成"和财富保值。第一，我们只有真正理解了被称为"世界第八大奇迹"这把财富金钥匙的巨大力量，才能真正学会如何看待"长线"投资，否则，股市的震荡就会让我们无法安眠，我们无法成为财富的主人，反而成为其奴隶。第二，"黑天鹅"事件，也就是"意外""无常"事件对家族财富的重创。针对"黑天鹅"事件，我们在第 1 章中已有分析。所以，必须通过财富管理、保护，来进行对冲风险的安排。第三，出于代际传承的考虑，要像老约瑟夫·肯尼迪一样对家族财富进行极具远见卓识的安排，如设立多个家族信托，防止家族后代能力不够导致家族财富越分越少，还要防止某些成员败家导致财富"灰飞烟灭"。

3.1.2 世界第八大奇迹

那么这被称为"世界第八大奇迹"的财富金钥匙是什么呢？爱因斯坦曾说，世界上最伟大的力量不是原子弹，而是复利，它是"世界第八大奇迹"。

据说，纽约市立大学的一对教授夫妻40多年前出版了两本书，得到5万美元的稿酬，他们把这笔稿酬交给了好友巴菲特管理，30年后，教授去世，巴菲特参加了老先生的葬礼，他和教授太太提及，当初的5万美元已经是6 000多万美元了，这让教授太太大吃一惊。① 怎么可能？巴菲特就向她解释了复利效应理论。教授太太在先生去世时立下遗嘱，等她去世后把这笔钱全部捐给慈善机构。又过了若干年教授太太去世，这笔钱已增加到近1.2亿美元。

回到今天，如表3-1所示，若以每年10%的收益计算，以1元举例，10年复利会令本金增加至2.593 7倍（1.1的10次方），20年和30年则分别增长至6.727 5倍和17.449 4倍。而如果是15%和20%的年收益率，20年的复利效应则分别高达16.366 5倍和38.337 6倍，30年的累积倍数则分别达66.212 5倍和237.376 3倍。这不是天方夜谭，这就是伟大的科学家爱因斯坦认为的"世界上最伟大的力量"所创造的"奇迹"。

表3-1 复利计算表

	10 年复利	20 年复利	30 年复利
每年 10% 的收益	$1.1^{10} = 2.5937$	$1.1^{20} = 6.7275$	$1.1^{30} = 17.4494$
每年 15% 的收益	$1.15^{10} = 4.0456$	$1.15^{20} = 16.3665$	$1.15^{30} = 66.2125$
每年 20% 的收益	$1.2^{10} = 6.1917$	$1.2^{20} = 38.3376$	$1.2^{30} = 237.3763$

对超高净值人士而言这意味着什么？如果你有较大的财富基数，即使采用的是收益率较低但安全稳健的投资模式，通过复利效应，只要假以时日，也能够获得相当可观的收益，这比起高歌猛进仅追求收益率却罔顾风险要明智许多。这就是为什么巴菲特对风险和资产损失如此介意，他的一句名言正说明了这一理念：

---

① 当然，30年间从5万美元涨到6 000多万美元，不仅仅是复利创造的奇迹，还是巴菲特创造的投资奇迹。

"投资铁律一：永远不要亏损；投资铁律二：永远不要忘记投资铁律一！"

复利如此"伟大"，假如利率比较高，不是更好吗？例如，我把钱都投在我的主业里面，且投资收益率一直都很高。收益率当然是越高越好，但是这都基于一个假定，就是所面临的投资选择的风险是一样的，因为只有这样，它们才具有可比性。如果你觉得你的主业可以一直不受宏观经济的影响，不受市场风险、信贷风险的影响，不受汇率风险的影响，你得马上去找专业人士。这样的天真想法曾经发生在中国的某些煤矿业老板身上，他们认为把所有的资产都押在像印钞机一样的煤矿上是没有错的，但是，当宏观经济走势低迷，所有债主上门，资金链断裂，然后——就没有然后了。

我们都希望知道破解"富不过三代"难题的财富管理密码，不妨让我们回到最基本也是最重要的哲学问题，也被戏称为"保安经常问的问题"："你是谁？你从哪里来？你要到哪里去？"

3.1.3 中国财富管理的需求分析

根据胡润百富的统计，2020年，中国约有千万富豪（拥有1 000万元人民币及以上资产的家庭）206万户、亿万富豪13万户；另据胡润百富统计，以资产达20亿元人民币为入榜门槛的"2021胡润百富榜"中企业家人数也达到了2 918名，这些数据全部创历史新高。在个人投资方面，财富也同样受到股市波动、市场变化、企业业务表现等多方面的影响，分散投资这一朴素的理念依然是被实践证明、行之有效的投资底层逻辑。

据招行-贝恩发布的《2021中国私人财富报告》，2021年，"保障财富安全"与"创造更多财富"是高净值人群最重要的两个财富目标。

从以上信息我们可以发掘出很多宝贵的信息。中国的高净值人数已经创历史新高，然而财富管理行业却有些滞后。该行业从业人员在为高端客户服务时，服务的内容在很大程度上还主要局限于理财产品的销售附带一些增值服务，他们对财富管理的多个方面包括财富的架构设计、国际化配置、安全隔离、套现、代际传承等，都还欠缺系统性的认知。

笔者通过与很多财富个人和财富家族以及私人银行及家族办公室的专业人士的合作、交流发现，目前，高净值个人、家族的需求各异，需求方面最基本的问题包括：买什么样的理财产品？如何化解通货膨胀风险和汇率波动风险？资产如何配置？如何保证财富的安全？如何成功完成代际传承，实现基业长青、财富永续？

这些问题其实就是如何应对"富不过三代"的挑战，只是答案并不是那么简单。从理念上看，传承包括人力资源传承、精神财富传承以及物质财富传承三大根基。把控好这三个方面，"富不过三代"的风险可以大大降低。本章，我们更多的是从财富管理、资产配置、资产安全性角度来分析和阐述这个问题。

一般，高净值人士在进行财富管理时有四大基本需求，如图 3-1 所示。

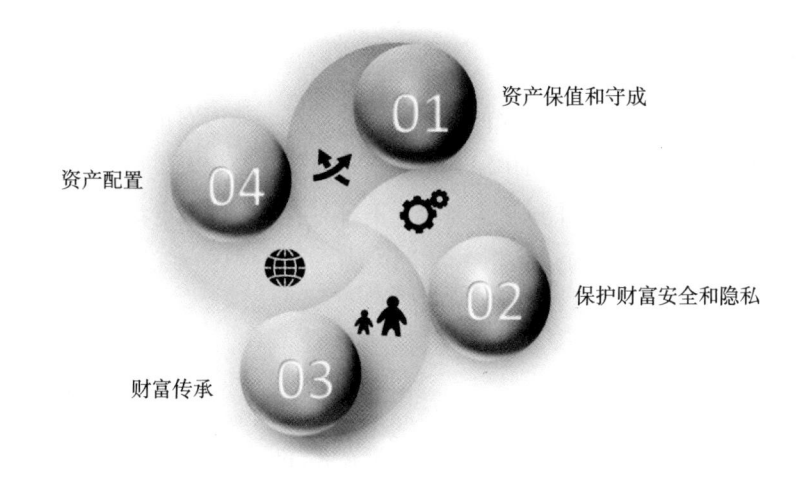

图 3-1 财富管理四大需求

对于资产的保值和守成，财富管理专业人员要通过与客户交流了解他们如何看待自己的财富和风险承受能力，使他们在面对财富快速增长时能够合理调整心态。这一点又和资产配置紧密联系，我们会在下文讲述：如何进行合理的资产配置；如何考虑国际化的因素以及国内投资产品的局限性；如何结合自身的特点（例如所处年龄阶段）和需求以及家族成员的需求，制定出符合自己要求和特点的投资方案和规划。而财富传承、保护财富安全和隐私需求中，既有银行的因素，也有法律方面的筹划。因此，私人财富法律顾问非常重要。

需要注意的是，这四大需求并非某一个服务提供商（例如私人银行、家族办公室、私人财富法律顾问）所能单独满足，而需要多方的有效协作才能达到理想的效果。当我们逐渐步入财富管理和代际传承的迷宫，我们发现，财富管理与传承所需要的不只是一把金钥匙，而是多把不同的金钥匙，用于开启迷宫中不同的门。

在财富管理和传承方面，高净值人士既需要私人银行的帮助，也需要高端法律人士的服务，如果涉及企业的传承，还需要管理学专家的介入，而对于二代的健康成长和教育，又会需要教育和心理专家的参与。这些需求各自的角度和侧重点不同，但却紧密联系。对于处在金字塔顶端的财富管理与传承高端领域，优质和有效的服务必然需要以跨界的方式来提供。

3.2 你需要什么样的财富管理服务

一方面，中国的财富人群有权了解他们应当获得什么样的服务，以及欧美地区、中国香港地区的财富家族如何管理他们的财富、如何安排传承，真正发现自己的实际需要；另一方面，对中国正在兴起和亟待发展壮大的私人银行和财富管理专业服务机构来说，它们则更需要在这个新兴的领域获得更权威的知识和来自实践操作第一线的指引。

3.2.1 财富管理服务的三大核心

《超高净值客户之银行家手册》（*The Ultra High Net Worth Banker's Handbook*）一书提到了为超高净值客户提供财富管理服务所包括的"三大核心"内容和"一个周期"理论，如图3-2所示。

（一）资产管理

资产管理是针对客户的需求，确定其财富管理目标，通过投资不同类别的资产，来制定和执行优化的资产配置和管理方案。当然，是否考虑了未来通货膨胀、资产国际化、外汇、遗产税等因素，也很重要。在资产管理方面，目前大多数银行以及第三方理财机构主要是向客户推销理财产品。为客户制定整体性的资产管理规划并提供全套的产品方案，即为客户提供所谓"一站式"服务，在现阶段我们是存在不足的。即便是国内银行近年推出的"全委托"模式的资产管理服务，也无法与欧洲私人银行的资产管理服务相比。短时间内，存在这样的差距很正常，重要的是，要知道我们的目标在哪里，理想的财富管理服务应该是什么样的，这样我们才有努力的方向。

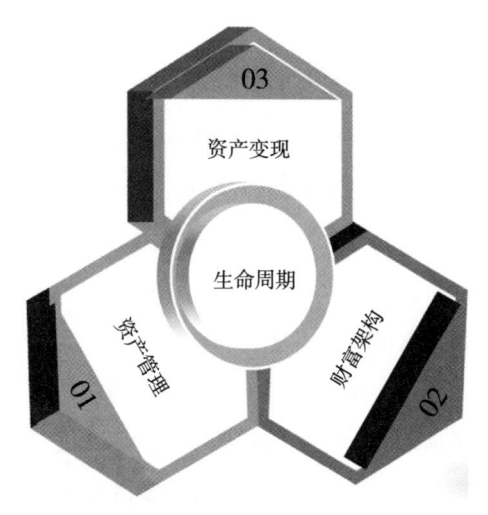

图3-2 财富管理服务的"三大核心"与"一个周期"

（二）财富架构

财富架构是帮助客户了解、设计财富的所有权结构，以实现财富的安全、隔离、节税、传承等方面的最优化，涉及问题包括：资产是在公司名下还是个人名下？是否可以设立家族信托或者基金会？是否购买了人寿保险？是否存在个人资产和公司资产的混同？贷款、担保以及个人债务情况如何？未来的收入来源是什么（如公司分红、信托派发收益、出售股权、使用权许可费等）？是否有税务筹划？财富架构就是近几年有的家族办公室推出的"架构师"服务。

（三）资产变现

资产变现同样是高净值人士、财富家族所需要考虑的，因为相当数量的高净值客户都有自己的家族企业，他们也需要投融资方面的服务，此服务范围覆盖公司的融资、并购、投资、上市、出售以及退出等。而这几乎是国内私人银行服务的盲区。客户需要的是商业银行服务、投资银行服务和私人银行服务的无缝连接，即真正的"一站式"服务。

法律方面也是如此，真正一流的家族法律顾问（团队），必须在家事法律、公司法律以及投融资法律方面都精通，这样才能帮助客户高屋建瓴地进行筹划和设计，改变"头痛医头、脚痛医脚"的服务模式。

3.2.2 财富管理服务的"生命周期"

> 无论你的资产状况、社会地位和身份、能力、人品、颜值如何,在一样东西面前,所有人都是平等的。这一样东西就是时间。

无论你的资产状况、社会地位和身份、能力、人品、颜值如何,在一样东西面前,所有人都是平等的。这一样东西就是时间。时间,可以成为你最好的朋友,也可能是你最大的敌人。所以,若不将财富管理放在时间的维度中,你会发现你的投资策略可能只是纸上谈兵。

因此,我们就必须谈"一个周期"——生命周期。无论是自己理财,还是为高净值客户制定全面的财富规划,都必须考虑生命周期因素,否则决策就会存在偏误,也会让高端的财富管理降格为理财产品配置。

根据招行-贝恩发布的《2021中国私人财富报告》,传统经济创富一代以保值为主要的财富目标,投资风格更保守稳健,更青睐固收类资产;而新经济创富一代则以财富创造和增值为核心需求,同时他们对资本市场的参与度更高,风格更激进,配置权益类资产更多。创富一代整体更偏好寻求机构方面的专业意见,但不同行业的企业家存在不同机构偏好。该报告还指出,新经济创富一代企业家投资渠道更多元,更偏好从非银行机构如券商、私募机构等获取配置建议;传统经济创富一代企业家更加信赖、认可银行渠道,更偏好直接从私人银行客户经理那里获取配置建议。

当然,据统计,超高净值人士通过自有投资团队进行直接投资占总投资比重之所以很高,原因有很多。一方面,科学的资产配置方法以及专业的财富管理服务对财富人群的渗透度、影响度还远远不够;另一方面,直接投资可能给他们带来了较高的历史收益,而这些收益难以通过第三方机构获得,这些直接投资可能与他们的主营业务或者相关业务有着密切的关系,所以他们对这些投资的收益比较有信心。另外,这也与中国过去若干年经济的快速增长密切相关,所以对超高净值人群而言,"投资和增值"吸引力远胜过"资产保值"。

对高净值人士来说,他们需要考虑人力资本在财富增值和保值中的影响:一方面,通过自身人力资本所获得的财富增值回报,与为保障资产安全所承担的风险进行对冲;另一方面,考虑到人力资本在生命周期中的变化,适时地调整资产配置。

那么生命周期是如何影响财富管理的呢？我们可以通过图3-3非常直观地了解，人的财富管理需求在不同的年龄阶段会有所不同。而我们通过这张图就能帮助客户了解其实际需求，更好地为他们进行财富管理规划。

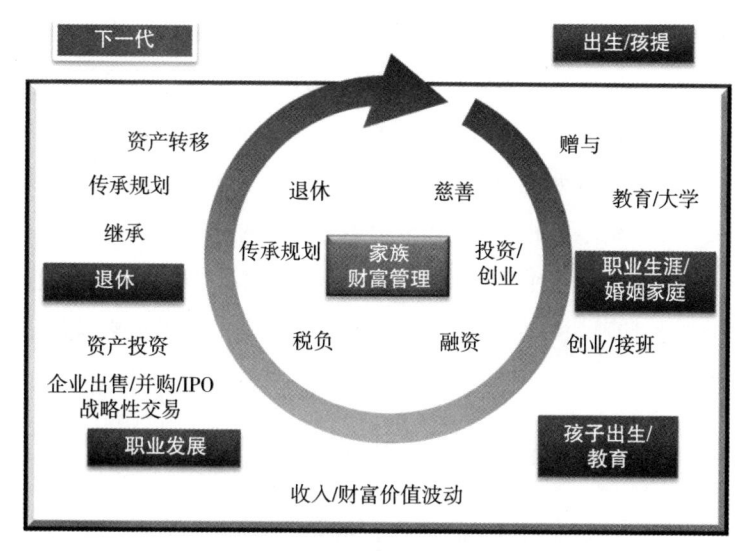

图3-3 财富管理需求和生命周期

对一个业务正在快速增长的家族企业的领袖来说，他对私人银行服务的需求相对有限，但他如果考虑融资或套现退出，就会开始有私人银行服务、家族法律顾问方面的需求；与此同时，还要考虑税务筹划、传承规划。而当企业成功套现，他获得大笔资产可以投资或进行资产配置时，私人银行财富管理的作用就会变得十分关键。此时，他的家族成员可能会增加，除了资产配置之外，他还需要更复杂一些的家族传承和家族治理安排。

如果我们从风险管理角度来看待资产配置，固定收益类产品稳健但是收益相对偏低，而权益类产品收益率高但风险也较高。那么结合生命周期考虑，一个人如果年龄超过60岁，就不适合再把大量资产投资于股票、股票基金，因为一旦遭遇股灾，资产有可能缩水大半，所以权益类产品是他进行资产配置时应当规避的领域。

我们知道，每个人在不同年龄段会有不同的能力和需求。在40~55岁的事业黄金期，他的财富"造血功能"强，这个阶段可能在主业（例如矿业、房地产业）上就会有高投入、高产出，主业收益可能远远超过私人银行理财所能够给予的收益。而 55 岁之后，他就不得不考虑退休和交接班问题，是否仍然能够维持高投入的作战模式，这是需要探讨的。所以，在客户处于事业黄金期时，我们应该建议客户未雨绸缪，不要想当然地认为"自己的财富几辈子都享用不完"。

> 在进行财富管理时，除了要考虑自己的生命周期，还需要考虑家族成员的生命周期。

在进行财富管理时，除了要考虑自己的生命周期，还需要考虑家族成员的生命周期。以家族二代成员为例，不同生命周期阶段，他们对资金的需求也会不一样，在年龄小的时候，以消费为主（包括学习、出游、深造）；而长大成人以后，也许就需要有父辈创业资金上的支持，还需要做好可能的接班准备。

另外，家族和个人往往具有多重目标，利益关系复杂，需要有综合而整体的财富规划。与之相反，机构投资者一般会有非常明确的投资策略以及标准化的投资时间安排和目标。

3.2.3 中国财富人群面临的三大资产配置局限

对于资产配置，相信相当多的财富个人和家族都有一定的了解，这也是理财经理所应当掌握的基本知识。但是真的要做好资产配置服务，无论是私人银行还是家族办公室，都需要对它有更深的认识和理解。例如，应弄清楚如何把生命周期因素和资产管理结合起来，根据客户的年龄、家族成员的年龄以及不同阶段的财富需求，提供综合性的财富管理服务。能够做好这一点的服务机构其实不多，这在很大程度上是因为存在以下三大局限。

（一）产品局限

产品局限又反映在两个方面：一是渠道局限，二是产品本身的局限。渠道局限是指好的投资产品并没有通过渠道推送给需要该产品的客户。这有很多原因，如供需双方信息不对称，财富管理行业的发展处于起步阶段，相关行业激励机制不完善，部分理财机构不专业、缺乏诚信等。至于产品本身的局限，笔者认为这倒不是一个根本性的制约和障碍，因为国内可以用于资产配置的好的产品没有想象中那么少，只是由于渠道不畅，好产品"深在闺中无人识"。但是有些产品在国内确实甚少，或者完全没有。就拿人民币相对美元的贬值来说，人民币贬值10%，就意味着人民币资产缩水10%。由于国内的银行能够提供的美元投资产品、理财产品非常有限，而投资者也无法将人民币自由地兑换成美元以购买海外的债券，这就导致大量高净值人士将人民币资产转移到海外，在海外通过私人银行进行投资和理财。如果我们能够在制度上进行调整，那么更多的资产可以不出国门便实现合理配置，产品本身的局限也就可以逐步得到克服。

（二）制度局限

制度局限部分缘于国内股票、外汇、保险等市场尚未完全放开，在国外能够轻松获得的产品在国内或者没有，或者存在配额限制，个人更无法直接在国内自由地购买国外的股票、基金以及固定收益产品。同时，作为财富保障、隔离和传承的重要制度之一，我国信托制度尚存在不完善的问题，其具体实施也存在障碍或者不确定性。因此，对于家族资产的顶层设计架构、传承的筹划，国内信托法律难以适用，而信托工具在资产保护和传承中的作用也难以有效发挥。

（三）人才局限

由于国内的财富管理尚处于起步阶段，相关知识、经验、培训等都无法满足规模快速增长的财富人群的巨大需求，财富管理人才良莠不齐，再加上合规监管方面的滞后，机构重视短期利益，更容易导致其服务客户时出现道德风险，这也导致了产品渠道出现局限。

局限和挑战背后往往意味着理想和机遇。我们希望，高净值客户能够看到，理想的财富管理和规划应该是什么样子，而在这个领域的专业人士，也能够基于这些信息更好地帮助客户，更好地为客户提供资产配置和产品定制服务。

3.3 资产配置和筹划揭秘

跻身《福布斯》2007 年度全球百位名人榜的著名作家、演说家以及个人理财师托尼·罗宾斯[①]，曾在 2010—2014 年的 4 年时间内采访了全球 50 多位亿万富翁，这些人包括诺贝尔奖获得者、投资界巨擘、畅销书作家、教授以及金融界传奇人物，其中既有个人净资产达到 170 亿美元的美国投资界传奇人物卡尔·伊坎，也有世界第二大基金公司先锋集团前 CEO 约翰·C. 博格尔，更有投资界的常青树沃伦·巴菲特，同时还有管理 2.2 万亿美元资产、跻身《福布斯》2014 年全球百名最有权势女性排行榜的摩根大通资产和管理部门负责人玛丽·卡拉汉·埃尔

---

① 参见 https://en.wikipedia.org/wiki/Tony_Robbins。

多斯。他们在与罗宾斯的交流中到底透露了哪些资产管理的秘诀呢？

下面，我们将跟随罗宾斯的步伐，来探索这些世界顶级的财富人士到底是如何对资产进行配置和筹划的。

3.3.1 人、财、物的全球化视角

世界知名的洛克菲勒家族就是通过优化资产配置，选择合适的传承工具完美实现家族财富传承的绝佳案例。作为标准石油公司的创始人，约翰·戴维森·洛克菲勒是美国第一个财富达到10亿美元的富豪，目前其家族已经顺利传承到了第六代。老洛克菲勒凭借着对经济形势的灵敏嗅觉，在1924年美国政府首次开征馈赠税和上调遗产税之前就将家族财富集中传承给了小洛克菲勒。小洛克菲勒则通过"1934年信托"和"1952年信托"完成了跨越四代的完美传承。从1974年洛克菲勒家族应政府要求提供给政府的一份文件可以看出，当时信托资产总价值7亿美元，其中90%为股票。受托人对信托资产进行了分散化投资，除了将44%的信托投入到洛克菲勒家族最为熟悉的石油行业以外，其余的信托资产被配置到了相对保守的蓝筹股，而这非常符合当时整个信托行业的投资习惯。

1917—1960年，小洛克菲勒还将大约11亿美元的资产投入到了遍及全球的慈善事业当中，同时向许多大学进行了资助和捐赠。除了信托和慈善基金以外，借助外界金融和管理精英的帮助，洛克菲勒家族办公室在家族传承的100多年中为洛克菲勒家族提供了包括投资、法律、会计、家族事务等几乎所有方面的服务。

对于财富的管理和传承，前文阐述了我们应学会从"生命周期"这一时间维度上给予重视。除此以外，还要从空间的维度切入。这就意味着财富的增长、保护、传承、永续，将会跨越时间、跨越国度。这就是财富管理的国际化。

莱坊国际发布的《2022年财富报告》显示，房地产、股市以及奢侈品收藏都为高净值投资者带来了资产增值，其中美国、英国、法国、日本、中国的高净值人群获益最大。

《2022年财富报告》根据富裕人口、全球连通性以及房地产可持续性指标对全球100个城市进行了评估，排行榜中伦敦排名第一，纽约和巴黎排名并列第二，

洛杉矶与东京并列第五。此外，纽约保住了世界财富之都的桂冠，选择在这里居住的超高净值人士比其他任何城市都多。东京和巴黎紧随其后，这3个城市的富裕人口在2021年分别增加了11%、9%和8.5%。

21世纪以来，财富管理领域流行两句关联话语：一是紧跟财富的流向和趋势；二是"金钱永不眠"，要让金钱在你睡觉的时候也为你工作。

也许在全球化的今天，我们已经无法分清，是我们带着财富走向世界，还是财富带着我们迈向全球。总之，我们要让"金钱永不眠"，这是中国成为富国、强国必须走的一步。

一方面，财富国际化的重要特征之一便是充分利用不同国家经济、法律和制度的优势为家族和企业发展创造更大的获利空间，也只有这样我们才能实现民富与国强；另一方面，通过对人、财、物在时间和空间维度上进行筹划，达到最优化的安排，可最大限度地化解"黑天鹅"事件可能带来的折损风险。

国际化的要求可以体现在人、财、物三个方面。对于"人"，就是要选择法治环境安全、优裕的国家和地区居住或者将其作为居住地之一，并为第二代提供世界一流水平的教育。对于"财"，则需要进行优化配置，而不是将所有的"鸡蛋"都放在一个"篮子"里。对于"物"，则要考虑作为资产，其质量、流动性不同以及各地的法规和税负（包括遗产税）不同所带来的额外成本。

私人银行专家通常会帮助超高净值人士合理配置资产，例如，对于一位企业家来说，在整个资产配置中，60%是主业，如果将剩余的资金按照10%的现金、30%的投资来进行分配的话，那么投资部分的资产品类就通常会包括股票类、固定收益类、另类投资和房地产（见图3-4）。而另类投资，则包括私募投资、风险投资、对冲基金投资。

当然，具体分配还是应该根据个人具体财务情况、家族情况以及风险偏好进行调整。前述的配置确定之后，也并非一成不变，而是要阶段性地调整。

那么资产配置通常是怎样调整的呢？一方面，我们在资产类别配置中通常都需要考虑货币因素（汇率），现金资产中，就需要有人民币、美元以及根据个人具体情形配置的其他货币。如果其中某种货币存在不稳定因素，就需要进行相应的调整。在投资部分，固定收益类产品和房地产也是会受影响的资产。假如境内

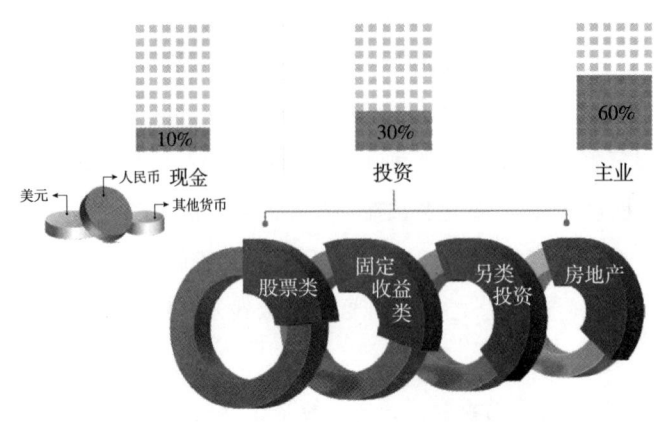

图 3－4　常见的资产配置结构

房地产持有的比例较大，人民币下行会导致这部分资产缩水。所以根据经济形势的变化，每年都需要请专业人士评估是否要对资产配置进行适当调整。另一方面，调整时考虑的因素往往包括：经济环境，家族情况，个人风险偏好级别，以及重大事件（例如，主业发生重大变化，包括资产出售、IPO、经营发生危机等）。

3.3.2　如何平衡收益和风险痛苦指数

在罗宾斯采访的包括巴菲特在内的一系列美国顶级富豪中，几乎都以投资或财富管理为主业。即便是这些顶级富豪，也使用简单朴实的资产配置方法，例如一部分配置固定收益类产品（国债、低风险的公司债），一部分配置权益类资产（股票、股指基金、股票型基金），剩下的为现金。他们之所以留有现金，是为了在重要的机遇来临之时，在大多数人恐惧之时，能够抓住别人无法抓住的机会。

当然，这个基本的配置还需要具体根据个人的需求和目标进行调整。如果没有专业人士的帮助，高净值个人、家族往往难以科学地厘清自己的财富管理目标，制定适合自己的投资策略。对于风险和收益之间的平衡，在理论上容易理解，我们下面就来讨论一下如何细化、如何落地投资策略。

投资人基于投资目标，究竟应该如何对待流动性、收入、财富保值以及资产增值这 4 个要件？如果用化繁为简的方法，我们就可以参考图 3－5，将自己的财富需求目标进行细分。从投资角度，可以将目标根据优先和重要程度划分为 3 个独特的层次：（1）必需与义务，包括满足生活消费必需以及偿还债务等，这部分对应的应当是投资收益的"保底"部分，这个目标应该较容易达到，如果这部分收入受到影响，将直接影响生活质量；（2）优先事项及机遇；（3）期望和渴求，对应最为理想的状态，即便这部分失败，所造成的痛苦会相对最低，可以容忍。

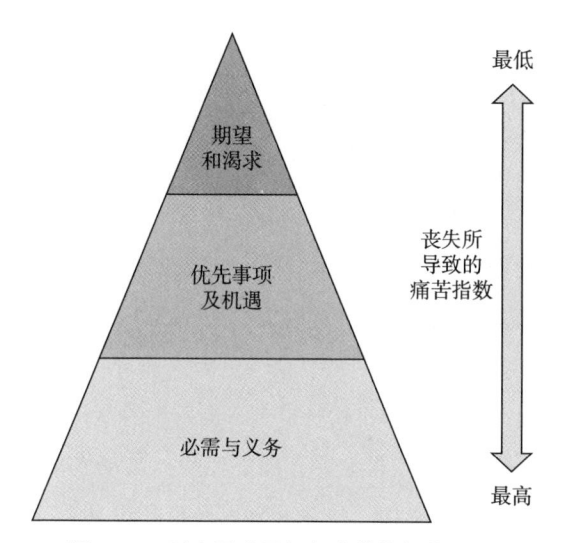

图 3-5　财富需求目标与痛苦指数的关系

3.3.3　个人（家族）的财富管理和机构的不同

一般地，进行跨越时间、空间及投资领域的资产配置需要对全球投资的概念和技巧熟稔于心，而家族投资者往往对投资缺乏经验，于是了解个人和机构在财富管理上的不同就变得很重要。这种不同可以从两个方面来分析：一是作为投资的决策者和执行者，二是作为投资的受益人。

作为投资的决策者和执行者，家族投资者在没有专业人士的指导下，往往会被性格、冲突、情绪或认知偏差等因素影响，容易在金融资产如何管理、如何传给下一代等问题上判断失误，从而可能导致很多资产配置和投资决定难以实施。而专业资产管理机构的投资大师往往可以避免这些情况发生，一方面得益于他们常年专注于某些领域所积累的经验，另一方面也得益于他们有强大的投研团队。机构投资者通常更为老到，且投资资源也更加丰富，包括资产分配、金融模型、投资分析、风险管理等各方面，尤其是在境外市场或个人投资者并不熟悉的领域。而且，机构投资者在选择和管理投资顾问时比个人投资者更客观、更理性，更容易做出专业和理性的投资计划。另外，许多家族有一个庞大的家族企业需要经营和管理，而机构投资者通常专注于金融资产的投资管理。因此，家族投资者需要不断地在经营模式与投资模式中切换，而机构投资者则不需要进行类似切换。

从受益人角度，个人投资者与金融机构投资者的差异主要体现在以下方面：首先，个人存在生命周期，不仅在不同的人生阶段会有不同的需求和风险承受度，而且家族成员往往还具有多重目标，要面临复杂的利益关系以及其他影响其决策过程的因素。这就需要他们做出一个综合、整体的财富规划。相反，机构投资者一般会有非常明确的投资策略与标准化的投资时间安排和目标。其次，个人投资者与金融机构投资者的资金流模式不同，因为家族财富通常是通过较为单一且不可重复的套现机会产生的。与此同时，一般情况下个人或家族投资者都需要纳税，而且比机构投资者的税负更为复杂、更因人而异；而且个人会遭遇离婚、丧失行为能力、死亡（继承）等机构投资者不会发生的事件，这些都意味着个人在计划类似IPO、企业出售等获得大笔套现资金的"流动性事件"之前就要开始进行财富的规划（包括法律架构、税务筹划以及信托设立）。所以，我们必须考虑家族类客户的财务情况、生命周期和人力资本变化等因素，要根据他们不断变化的资产和负债、税务、投资偏好等情况进行动态调整，因此服务这类客户更具挑战性。

个人财富管理的另一挑战，就是个人更容易被一些特别的财务和金融陷阱所欺骗，导致资产的折损。

3.4 个人资产管理的三大陷阱

> 成功的投资者或企业家往往是风险厌恶型的，他们会尽可能地回避风险，让潜在损失最小化。

有些人认为，在资产配置中，收益高风险就大，他们信奉"富贵险中求"，把创业时候的冒险经验也运用到守业之上。但事实上，我们发现，成功的投资者或企业家往往是风险厌恶型的，他们会尽可能地回避风险，让潜在损失最小化。这些风险不仅仅包括一味追求高收益率导致投资失当，还包括未进行合理的资产配置和税务筹划导致财富折损。

在中国，高净值人士有着自己对于投资管理的困惑和难点，如何利用原始积累投资，是高净值人士一直探讨的问题。参与另类投资、投资机构的风险/私募投资等，是很多高净值人士的选择，但市场上的投资产品良莠不齐，第三方理财机构和私人银行的一些理财产品质量令人担忧，高净值人士无法接触到心仪的高质量投资机构，加大了他们的投资风险。面对复杂多变的市场环境，到底应该如何投资，实现家族财富的有效管理和增值？回答这个问题之前，高净值人士首先要识别以下资产管理陷阱。

3.4.1 陷阱之一：欺诈和投资失策

2014年巴菲特在其致股东信中分享了其投资心得，他提出："若谁跟你说能帮你挣'快'钱，那你就赶'快'回绝。"意为：当别人向你允诺可以赚一笔快钱时，你要马上说"不"。而巴菲特的老搭档查理·芒格则说："如果我们像有的人那样借钱投资，公司可以拥有更大的规模，但是我们晚上可能就睡不好觉，直冒冷汗，这会让人疯狂的。"

一般地，超高净值人士身边有各种投资理财机会。然而，机会背后往往也蕴藏着风险，而这种风险，可能就是吞噬个人财富的第一个陷阱——欺诈和投资失策。赚钱自然要冒风险，但是问题在于，这样的风险是否值得去冒？

在做投资决策时，你是被巨大投资收益打动，还是善于自我控制地采用一套方法和工具来进行判断，并能够毫不犹豫地对机会说"不"，而且说很多"不"。人们通常是怎样被"利"所蒙蔽的呢？

案例 3-1　庞氏骗局

查尔斯·庞兹制造的"庞氏骗局"是20世纪最典型的骗局之一，后来的许多骗术都是从"庞氏骗局"衍生出来的。

查尔斯·庞兹1903年移民到美国。经过美国式发财梦十几年的熏陶，庞兹发现快速赚钱的领域就是金融，于是，从1919年起，庞兹来到了波士顿，隐瞒了自己的经历，设计了一个投资计划，向美国大众兜售。这个投资计划说起来很简单，就是投资一种东西，然后获得高额收益。但是，庞兹故意把这个计划弄得非常复杂，让普通人根本搞不清楚。庞兹一方面在金融层面故弄玄虚，另一方面则放出巨大的诱饵，他宣称，所有的投资在90天之内都可以获得40%的收益。而且，他还给人们"眼见为实"的证据：最初的一批投资者的确在规定时间内拿到了庞兹所承诺的收益。于是，大量"投资者"跟进。

在一年左右的时间里，差不多有4万名波士顿市民像傻子一样变成庞兹赚钱计划的工具，而且大部分是怀抱发财梦的穷人，庞兹共收到约1 500万美元的投资，那些市民平均每人投资几百美元。

1920年8月，庞兹破产了。他所收到的钱，按照他的许诺，可以购买几亿张欧洲邮政票据，事实上，他只买过两张。此后，"庞氏骗局"成为一个专有名词，意思是指以高额收益为诱饵，用后来"投资者"的钱填补前面"投资者"的收益。它实际上是没有靠谱投资的欺诈性商业运作。

（一）金融骗局的常见特点

"庞氏骗局"虽然五花八门、千变万化，但本质上具有相同特征。我们先看"麦道夫丑闻"。

案例 3-2　麦道夫丑闻

2008年12月11日，华尔街如雷贯耳的传奇人物、纳斯达克股票市场公司前董事会主席伯纳德·麦道夫被美国联邦调查局特派员戴上镣铐带走。一个拥有近半个世纪"白璧无瑕式"从业经历的投资专家，一种并不新鲜的欺骗手段（用高额收益引诱投资者，同时用后来投资者资金偿付前期投资者），由此引出一个可能长达20年、规模高达500亿美元的投资骗局。即使2008年9月中旬刚刚刮过金融危机的"飓风"，华尔街还是被"麦道夫炸弹"震动了。

其实麦道夫的骗局并不是毫无破绽，在近20年里，无论熊市、牛市，麦道夫管理的投资基金如上了发条一般始终保持每月约1%的增长，这并不合情理。

但是在"超级投资者""行业领头人""高额收益率"等光环下，还是有很多人义无反顾地冲着高收益而来。"麦道夫丑闻"涉及的受害者中不乏全球金融从业者和各阶层的普通投资者，还有社会名人和行业巨头，国际奥委会财务委员会主席理查德·卡里翁接受美联社采访时证实了国际奥委会向麦道夫管理的基金投入了大约 4.8 亿美元。[1]

低风险、高收益的反投资规律

众所周知，风险与收益成正比乃投资铁律，"庞氏骗局"却反其道而行之。骗子们往往以较高的收益率吸引不明真相的投资者，而从不强调投资的风险因素。各类案件的收益率可能存在差异，有些高得离谱，如庞兹许诺的投资 90 天之内都可以获得 40% 的收益；有些则属于稳健的收益，如 2008 年被捕的麦道夫每年向客户保证收益率只有约 10%，但他强调"投资必赚，绝无亏损"。无论如何，骗子们总是力图设计出远高于市场平均收益率的投资路径，而绝不揭示或强调投资的风险因素。

拆东墙、补西墙的资金腾挪回补

由于根本无法实现承诺的投资收益，因此老客户的投资收益只能依靠新客户的加入或其他融资安排来实现。这对"庞氏骗局"的资金流提出了相当高的要求。因此，骗子们总是力图扩大客户的范围，拓宽吸收资金的渠道，以获得资金腾挪回补的足够空间。大多数骗子从不拒绝新增资金的加入，因为蛋糕做大了，不仅攫取的利益更为可观，而且资金链断裂的风险大为降低，骗局持续的时间可大大延长。

投资方法的神秘

骗子们竭力渲染投资的神秘性，对投资诀窍秘而不宣，努力塑造自己远离非法集资的"天才"或"专家"形象。实际上，由于缺乏真实投资和生产的支持，骗子们根本没有可供仔细推敲的生财之道，所以尽量保持投资的神秘性。宣扬投资的不可复制性是其避免外界质疑的有效招数之一。

投资的反周期性

"庞氏骗局"的投资项目似乎永远不受投资周期的影响，无论是与生产相关的实业投资，还是与市场行情相关的金融投资，投资项目似乎总是稳赚不赔。麦道夫在华尔街的对冲基金号称数次在金融危机中"独善其身"，其投资项目总是

---

[1] 彼得·桑德. 金融巨骗麦道夫 [M]. 江苑薇, 徐天辰, 译. 北京：中国人民大学出版社, 2009.

呈现出违反投资周期的特征。

另一个例子是美国长期资本管理公司，这家公司的投资团队曾经包括两位诺贝尔经济学奖得主和一位美国财政部副部长。一群天才聚集在一起，利用套利工具博取外汇及债券市场中1%甚至更小的利差，但由于使用20倍以上的杠杆，所以还是使公司获得了高额的资本收益。如果在1994年公司成立时投入100万美元，到1998年年初就能得到400万美元。公司的高额收益使得客户争相抢购其基金，在公司退回客户基金份额时甚至有客户表示极度不满。但1998年俄罗斯债务危机所引发的连锁反应却使公司在数月内倒闭，高额的杠杆倍数使得公司当年亏损达到90%以上。[①]

日本股神邱永汉在被采访时提到，当泡沫时代来临时，原来号称排在世界前几名的富人，有的倒下了，有的进了监狱。而他之所以能够把财产保留下来，是因为他没有被当时的高收益冲昏头脑而失去理智过度借贷。[②]

（二）中国的"庞氏骗局"——e租宝事件

近几年，中国式"庞氏骗局"也开始频繁出现，大量投资者不得不面对血本无归的惨痛现实。相同的手法重复出现，却依然能引来前赴后继的投资者"上钩"。

案例3-3　e租宝事件

大大集团、融资城、金融互助社区MMM、e租宝……2015年，我们见证了这些平台由盛而衰搅动的巨大旋涡。每个平台都在讲述自己玄之又玄的故事，都在吸纳大量投资者的血汗钱，然而，最后这些巨量资金都以相似的方式被涡流悉数吞噬。

2016年1月14日，备受关注的"e租宝"平台21名涉案人员被北京检察机关批准逮捕。e租宝是钰诚集团下属的金易融（北京）网络科技有限公司运营的网络平台。2014年2月，钰诚集团收购了这家公司，并对其运营的网络平台进行

---

① 王翔. 百万理财计划："有产一族"的十堂财富管理课［M］. 北京：中信出版社，2010.
② 同上。

改造。2014年7月，钰诚集团将改造后的平台命名为 e 租宝，打着"网络金融"的旗号上线运营。e 租宝的实际控制人丁宁，仅仅是一个"80后"教师，发展时间也只有短短几年。在这惊天大案背后，究竟是怎样可怕而充满诱惑的陷阱，让那么多的投资者纷纷陷落？

一年半内非法吸收资金500多亿元，受害投资人遍及全国。其中，e 租宝平台实际控制人、钰诚集团董事会执行局主席丁宁，以高额利息为诱饵，虚构融资租赁项目，持续采用借新还旧、自我担保等方式大量非法吸收公众资金，累计交易发生额达700多亿元，涉及投资人约90万人。

5.5亿元的现金奖励、1.2亿元的别墅、豪车珠宝，多少人想都不敢想的财富，e 租宝"美女总裁"张敏朝夕之间即可获得。"'e 租宝'就是一个彻头彻尾的庞氏骗局。"在看守所，这位昔日的钰诚国际控股集团总裁张敏说。[①]

（三）KODA 金融衍生品——中国富豪之痛

除了这种欺诈类的"庞氏骗局"，还有一种投资可能更为隐蔽，它通过收益上极具吸引力却又极其复杂的金融衍生品来"忽悠"高净值人士，如在中国被称为累计期权（Knock Out Discount Accumulator，KODA）的金融衍生品。

这种金融衍生品往往可以和外汇、股票、期货、石油等联系在一起，本质上是一份合约，期限通常为一年。其最具吸引力的特性是投资者能以大幅低于市场价格的固定价格购买股票，然后以高于市价的价格出售股票，这基本是零风险的买卖。在牛市中，很难有人能抗拒这样的赚钱机会。但客户显然没有想到，如果股价下跌，在交易无法取消的情况下，KODA 又会带来多大的损失。当股市下跌时，无论股票的价格跌得多低，投资者都要以当时签订的固定价格买入股票，而且，当其跌破行使价，发行商可以售出双倍数量股票，即投资者要购入双倍"蚀本货"平仓。有的发行商甚至会以一个月的市价计算出整张合约金额，即一年的

[①] 参见：《中国最大庞氏骗局曝光：互联网金融腐败彰显无遗》，载于新浪财经频道；《e 租宝非法集资500多亿90万人受骗 95%以上项目是假的》，载于 http://www.yicai.com/news/2016/01/4746307.html。

平仓金额，让投资者一次性付清巨额平仓费用。

案例 3-4　KODA投资之痛

内地商人郝婷，在香港拥有一家公司。2007年8月，郝婷在某境外银行私人理财顾问的介绍下，到该银行开设了私人银行账户及公司账户，并将她在香港其他银行的共计8 000余万港元陆续转入该银行。这位理财顾问向郝婷介绍了一种该私人银行客户独享的产品，并说客户拿到股票后，可以以高于市价的价格出售股票，这个"独享"产品就是KODA。

在短短一年时间内，郝婷不但赔光了8 000多万港元的原始资金，还倒欠该境外银行9 000多万港元。银行也向香港高等法院起诉让郝婷还款。郝婷在应诉时，曾指控银行客户经理黄伟业的表述涉嫌欺诈，违反职业操守等。

2013年3月12日，香港高等法院做出判决，郝婷败诉，须向银行支付欠款及利息，分别共计约9 265万港元和2 355万港元。[①]

除了郝婷，不少富人在股价节节攀升的牛市里，不慎跌入这个"蜜糖陷阱"，且越陷越深，损失惨重，其中不乏香港和内地的专业投资人士或企业家。对此，2010年9月《智族GQ》杂志一篇深度报道指出：这个名叫KODA的理财产品，让外贸商人齐鹏6个月内，存在银行的500万美元只剩下了5万美元；石油设备商郝婷11个月内在某境外银行的8 000多万港元现金变成了倒欠银行9 000多万港元；律师赖建平则被逼着不断追加保证金，从400万元人民币加到近2 000万元人民币，又被银行强行平仓，最后倒欠银行200多万元人民币……

美国康奈尔大学教授黄明表示，绝大部分内地投资者都是被误导和欺骗的。KODA这种复杂金融衍生品的特性就决定了营销过程中的问题。首先，产品销售带来的利润极其巨大。其次，产品设计非常复杂，容易形成销售机构和投资者之

[①] 参见 http://legalref.judiciary.gov.hk/lrs/common/search/search_result_detail_frame.jsp?DIS=86145&QS=%24%28TING%7CHAO%29&TP=JU。

间的知识不对称。这也是银行热衷于推销此产品的原因，银行就是要利用这种不对称来攫取巨额利润。最后，产品风险和收益极其不对称，利润极少并且封顶但亏损无限。而销售人员的奖金往往是和银行利润挂钩的，在复杂衍生品上，银行赚得越多，销售人员拿的奖金也就越多。①

在收到一系列大陆投资人的维权抗议之后，香港金管局在 2009 年开始对 KODA 以及部分销售该产品的银行进行调查。监管部门认为资产高达 800 万港元以上的富豪投资者完全有经济能力聘请法律顾问，解决从开户到购买整个过程中的一系列问题。因此，虽然不断有案件投诉到香港金管局，但香港金管局的做法是建议客户和银行自己协商解决。随着此类案件的增多，有关监管部门提高了重视程度。

2009 年 6 月，香港金管局与香港证监会向多家银行发出改善金融产品销售体系的一系列建议，要求银行在出售理财产品时，明示风险，在销售过程中电话录音，并且不得将销售产品的数量与员工薪酬挂钩等。另外，香港金管局还对外资银行提出建议，投资专区职员可向客户提供全面银行服务，但必须在已取得客户同意的情况下才可查阅及使用其存款资料；而对于现有活跃投资客户，银行应通知客户新设分隔安排，并且他们有权选择拒绝银行使用其存款资料。建议还提及，投资者购买金融投资产品后，如果该产品风险程度提升，银行方面要及时通知投资者。②

这类风险极高的金融投资类产品，在某种程度上比"庞氏骗局"更可怕。"庞氏骗局"的主谋往往最终落入法网，难辞其咎。然而像 KODA 之类的高风险、极度不对等的金融产品，欺诈则更为隐秘，投资者实际上是在和银行对赌，即便输得一干二净也难以抓到银行的把柄，还会面临败诉的风险，因为他签署了难以仔细审查、连他的律师都看不懂的合同，如果要证明银行存在恶意和欺诈，更是

---

① 崔吕萍，孟凡霞. 外资行理财坑害内地富豪 港金管局提系列建议 [N]. 北京商报，2009 - 06 - 19. 该文中提及："曾在摩根士丹利任职 9 年的独立经济学家谢国忠透露，银行销售 KODA 产品的利润很大，2007 年是 KODA 养活了香港的国际投行。在杠杆的作用下，假设客户有 1 000 万美元，客户经理通常会让其购买 1 亿美元的 KODA 合约，按照 5 个百分点计算毛利，投行收入就有 500 万美元，而客户经理个人收入一般是投行利润的 30%，即 150 万美元。"
② 崔吕萍，孟凡霞. 外资行理财坑害内地富豪 港金管局提系列建议 [N]. 北京商报，2009 - 06 - 19.

难上加难。

(四) 做好风险控制

> 如果你真的看不懂，就学习巴菲特，看不懂就不要投。对于各种"机遇"，要有勇气说"不"。

既然很可能会重蹈覆辙，我们应该如何防范这样的悲剧在自己和朋友身上上演呢？其实，做法很简单，如果你真的看不懂，就学习巴菲特，看不懂就不要投。对于各种"机遇"，要有勇气说"不"。

那么是否"有经验投资者"就应该被骗呢？当然不是。上升到法律层面，这里就是如何界定"骗"的问题了。银行认为自己在销售产品时已经对产品风险进行了披露，而投资人在维权、诉讼中，反复强调的是自己被误导了，但是这一点很难获得法院和监管机构的支持。毕竟对于高风险的金融产品投资，投资者不能自己赔了钱就说别人误导和欺诈。

香港金管局在建议中提到了银行不得将销售产品的数量与员工薪酬挂钩。银行的销售经理之所以极力推荐此类对客户极为不利的高风险金融产品，就是被巨大的奖金和佣金所诱惑。而对银行来说，自己和客户玩"对赌"，存在利益冲突。而这种利益冲突，在华尔街、银行界或多或少都存在。所以，如果你是客户、投资人，你必须搞清楚，卖出这个（高风险）产品，银行会拿到什么好处，这个销售会拿到什么好处，这些是否和市场的通常情况并不一致？

银行专业人士也必须扛住短期的奖金和佣金诱惑，把客户的利益永远放在第一位，否则职业生涯将会非常有限。如果你是理财顾问，你必须要有专业能力去分析和评估客户对不同产品的接受程度。而如果你的公司或平台鼓励你通过误导甚至欺诈的手段牺牲客户的利益，那么我建议你尽快离开这样的地方，因为将来坐牢的可能是你，而不是你的老板。

因此，个人投资者在做出重大投资决策之前，应找专业人士包括律师、银行投资顾问和财富管理人士咨询。一方面，有些高风险产品只能销售给"有经验投资者"，那么你就拿出一副"有经验"的样子出来，找律师把把关，这是很关键的风控步骤。对机构投资者来说，花上投资额的1%～2%聘请律师和财务顾问再正常不过了。个人投资者若不对自己的风控负责，那么谁会负责呢？

当你想购买复杂金融衍生品时，虽然可能律师以及你的理财朋友也看不懂它的相关合同，但是他们很可能会给你介绍真正的专家，也许会建议你对产品协议进行一定的调整，或者要求进行尽调，甚至和你一起与银行的销售人员见个面或通个电话，这些都可能帮你发现产品背后所隐藏的陷阱和危机，大大降低投资风险。

3.4.2 陷阱之二：资产未能分散配置

（一）与资产配置有关的经济恐怖故事

在第 1 章我们讲述了"黑天鹅"事件对财富的巨大冲击。如果稍稍关注一下中国富豪资产状况的起伏，就会发现，不少红极一时的大老板最后落得负债累累、破产倒闭的凄凉下场。而常见的问题就是，他们专注于某个领域的投资，例如煤矿，通过大量举债来获得现金流，支持企业产能和规模的扩大，而一旦行业遭遇寒冬，资金链便迅速断裂，最终他们只能以破产收场。

香港的歌星钟镇涛曾经将大量的财产以及借贷的高额资金用于香港的房地产投资，直至遭遇金融危机，最终落得个人破产。在美国，很多中产阶层人士因为 2008 年的金融危机而净资产大幅缩水。2015 年股灾的发生，使许多中产阶层人士投入 A 股的资金在几天间蒸发。这些惨痛经历给我们带来的教训是什么？还是那句话，在进行资产管理时，一定要分散配置，"不要把鸡蛋放在一个篮子里"。

既然提到分散风险，那么风险究竟有哪些？我们如果连风险的种类都不知道，就非常容易被一些表面的收益所迷惑。在进行投资模式和策略的设计时，要考虑的主要风险如下：

- 币种风险：货币的升值和贬值带来的风险。
- 国别风险：不同国别资产受到当地政治、经济、文化等宏观因素的影响。
- 政治风险：居住在不同国家和地区的风险。
- 投资种类风险：投资不同类别产品本身承担的风险，比如投资股票、结构化产品、私募基金的风险各不相同。
- 市场风险：资产受到各个市场类别大环境的影响，是一种联动风险。
- 公司经营风险：涉及个体公司内部事务、财务、管理以及做空机构等因素的影响。
- 极端事件风险："黑天鹅"事件，例如"9·11"等难以预测且不寻常的事件，通常会引起市场负面连锁反应甚至市场崩溃。

（二）大师评判：鸡蛋应该放在一个篮子里？

我们都熟悉"不要把鸡蛋放在一个篮子里"这句话，但也有另外一句话，"应该把鸡蛋都放在一个篮子里，然后好好照管它"。这两句话究竟哪句正确？巴菲特说"只投资自己熟悉的领域"，但是股票投资大师彼得·林奇却说"你不应该投资于自己熟悉的领域"，究竟谁正确？

案例3-5 巴菲特与索罗斯的投资理念

马克·泰尔在其《巴菲特与索罗斯的投资习惯》一书中对比了两位投资界泰斗级人物的投资风格，发现了一些很有趣的现象。例如，巴菲特认准的股票（例如可口可乐）购买之后下跌了，他可能会进一步买入，因为巴菲特的目标是以低于企业真实价值的价格买入高质量企业的股票。而索罗斯的方法恰恰相反，如果他购入的某种资产的价格下跌，他可能会撤退；而如果价格上涨，他会买入更多，因为市场证实了他的假设。

鸡蛋是否要放在一个篮子里？马克·泰尔指出："分散化（资产配置）可以避免赔钱，但从没有一个人曾靠某种伟大的分散化策略进入亿万富翁俱乐部。"斯坦利·德鲁肯米勒接替索罗斯掌管量子基金后不久，开始用德国马克做空美元，当这笔交易显示出盈利迹象时，索罗斯问他："你的头寸有多大？""10亿美元。"德鲁肯米勒回答说。"这也叫头寸？"索罗斯敦促他把头寸规模扩大一倍。德鲁肯米勒回忆说："索罗斯告诉我，当你对一笔交易有十足信心时，你必须全力出击。持有大头寸需要勇气，用巨额杠杆攫取利润需要勇气。但对索罗斯来说，如果对某件事判断正确，拥有多少都不算多。"

而在巴菲特的伯克希尔－哈撒韦公司的投资和保险业务每年都会带来滚滚收益的情况下，巴菲特的主要时间和精力都用在了寻找符合他标准的高概率事件上，只要他发现了赔钱的风险很小，这时，巴菲特和索罗斯一样，不买则已，一买必是大手笔。

既然如此，分散投资是否就该从此靠边站，集中投资是否就应该人人掌握、广泛应用呢？这也不客观，分散投资虽然不能让人一夕之间获得巨额财富，但对于已有一定财富积累并且不以投资为主营业务的高净值人士而言，它可以避免赔钱，是保证财富持续和稳定增长的不二法门。

且看1993年巴菲特致股东的信是如何论述的：

"当然，有些投资，例如我们从事多年的套利活动，就必须将风险分散，若是单一交易的风险过高，就必须将资源分散到几个各自独立的项目之中，如此一来，虽然每个项目都有可能损失，但只要你确信每个独立的项目经过加权平均能够让你获得满意的报酬就行了，许多创业投资者用的就是这种方法，若是你也打算这样做的话，记得保持赌场老板进行轮盘游戏的心态，那就是鼓励大家持续下注，因为从长期而言，概率对庄家有利，但千万要拒绝单单一次的大赌注。

"另外一种需要分散风险的特殊情况是，当投资人对某个单一产业并不熟悉，不过却对美国整体产业前景有信心时，则应该分散持有许多公司的股份，同时将投资期限拉长。通过定期投资指数基金，一个什么都不懂的投资人通常都能打败大部分专业投资经理。

"另外，若你是稍具常识的投资人，能够了解产业经济的话，应该就能够找出5～10家股价合理并拥有长期竞争优势的公司，此时一般的分散风险理论对你来说就一点意义也没有。"[①]

斯蒂芬·M.霍兰在《私人财富管理》一书中建议，股票投资行业的从业人员不要把钱都投资到他们谋职的地方（即不要在股票市场上过度投资），而著名投资大师彼得·林奇也有这样的观点：不要投资于自己熟悉的领域。自己不熟悉的领域和自己的人力资本相关性较低，因此，投资于自己不熟悉的领域是一种对冲风险的方法。但我们有理由相信，这并不意味着可以毫无目的、毫无条件地瞎投，还是应该采用科学的多元化投资方法。

从财富管理的角度来看，"是否投资于自己熟悉的领域"，巴菲特侧重的是对投资目标的风险把控，而彼得·林奇则侧重于对冲风险，也就是应对"黑天鹅"事件相关风险。

---

① 参见《1993年巴菲特致股东的信》，载于http://finance.qq.com/a/20100501/000786_2.htm。

（三）不以投资为主业的财富人士如何理财

美国最有名的资产管理人之一、曾帮助建立管理2.38万亿美元资产金融帝国的查尔斯·施瓦布坦陈，采用分散投资模式的指数型基金长期以来给投资人带来了可观的收益，而他之所以能够投资个股，是因为他以投资为主业，拥有时间和专业知识，而98%的人都无法做到——他们毕竟有自己各自的工作，不可能像施瓦布、巴菲特那样专注于投资和股票。

你通过你的主业获得了财富，但是要让财富永续，就必须进行资产的多样化配置。资产配置应当是你一生中最重要的投资决定，比你进行的股票、债券、房产投资或其他任何一项单一投资都重要。托尼·罗宾斯采访了机构的专业投资人中最具权威的资产管理经理，耶鲁大学捐赠基金的管理人戴维·斯文森，他是使耶鲁的资产从10亿美元增加到239亿美元的投资界奇人。斯文森揭秘了他的投资理念，即要获得投资的成功，只要记住以下三点：

- 选对股票。
- 把握住市场时机（即根据市场走向押对短线）。
- 资产分散配置——长期稳健增长的策略。

"而在这三点中，最重要的就是资产的分散配置。"这位创造耶鲁投资奇迹的大师如是说。

现在我们知道了投资大师们的投资理念，他们的投资通常是集中化的，因为他们把精力与时间用于甄别正确的投资对象。一旦出现买入的好机会，他们就会大举投资。

而不以股票为投资主业的高净值人士，尤其是非专业的投资者，他们通常没有精力和时间认真挑选投资对象，更没有专业和精准的眼光找出最有价值的投资对象，更别谈此后还要花大量的精力和时间去照顾这个"篮子"，毕竟他们进行资产配置的最终目的并非获得极大的利润，而是保证资产能够长久保值，抵御通货膨胀和税负的过分侵蚀。

另一个角度，如我们前文所提出的，一些经历了疫情冲击以及楼市、股市动荡的投资者发现，不仅自己的投资打了水漂，更为危急的是，自己主营业务也难以为继，甚至面临资金链的断裂。而若进行资产的分散配置，尤其是做好"家企隔离"，在年景好的时候，就前瞻性地将一部分资产从主营业务中抽离出来，将有的优质资产（股权）装入企业的隔离仓，而将通过分红或者套现获得的现金类、金融类资产置入另外一个隔离仓，那么就能避免当债务危机发生的时候，所有个人和企业资产——作为"一个篮子"——被债权人"连锅端"。（当然，这个隔离的安排必须在法律的框架下进行，否则当事人将会面临对簿公堂的挑战，相关的安排可能会被法院认定无效或者撤销，当事人甚至需要承担严重的法律后果。）

（四）资产配置之谜：长期收益表现解析

资产配置不是一个非黑即白的问题，所以要把握好一个"度"：不要把鸡蛋都放在一个篮子里，也不要把鸡蛋放在几十个篮子里。我们要谨记，资产配置不是用来提高收益的，更多是用来降低风险的。

资产配置是投资管理的一个决定性因素，知晓和控制风险也同样重要。对资产配置推崇的一个基本理由是，不同的资产类别其收益也不同，我们可以采用多样化的投资方式降低整个投资组合的风险。

"一定要分散配置。"

当我们对比分散化投资组合和集中化投资组合时不难发现，分散化的投资组合不太会带来暴利，但同时，它也降低了投资风险。而高净值人士在积累了一定财富之后，其实更应当考虑如何保住胜利果实，在分散风险的前提下稳定获利。

暴利是诱人的，每当股灾发生时，往往几天前还有许多人在说市场好到"闭着眼睛都能挣钱"，随后就遭遇股市的崩盘，多年的财富积累瞬间化为泡影。所以，只有把资产在不同的品类间进行多样化配置，才可能跑赢市场。

我们知道，最基础的资产多元化组合包括三个要素：股权、固定收益和现金。所以，家族办公室或者私人银行在为超高净值人群设计投资组合时，往往会考虑在固定收益类、权益类、房地产、私募基金、期货和收藏品（如艺术品、红酒和汽车）等领域分散投资，保证即使某一领域的投资失利了，在其他领域的投资收益也可以弥补该亏损，从而使得客户总资产不会有太大损失。

最后，是否可以进行一些"天使投资"，或者对某个相对成熟的企业进行直接投资？如果所投资的金额在整体资产中占比很小甚至可以忽略不计，不影响资产配置的大局，那么可以考虑这样的投资。

"天哪，那是普雷斯科特！难道他晓得什么我们不晓得的东西？"[1]

风险投资（VC）界的朋友告诉我，一家成功的 VC 机构往往一年要关注超过 100 家企业，而最后真正进行投资的屈指可数。作为潜在的投资人，你应该问自己，是否有时间、精力和专业研究度做出较为成熟的判断？这家企业一定能够在未来上市或者以高价出售让你套现？这家被投企业是否在你熟悉的领域，你能够清楚地理解其竞争优势、准确地把控其投资风险吗？

---

[1] 选自《纽约客》漫画集，原作者是 Bernie Wiseman，创作于 1956 年。

3.4.3 陷阱之三：税务筹划失策

在财富管理世界，还存在着一个常常被忽视的隐形陷阱，就是税务风险。很多人对税务筹划存在误解，认为税收对资产的影响并不大，还认为可以通过资产的向外转移和分散来合理避税。

殊不知，在当今社会，随着全球经济一体化以及各国税收制度的不断完善，税务筹划大有可为，一旦缺乏通盘考量，就可能产生不必要的风险或者需要负担本可避免的沉重税务成本。从财富拥有者的角度而言，其当然希望负担的税务成本越少越好。然而，需要注意的是，科学、合理、合法避税与逃税是有本质区别的。

很多高净值人士在海外有资产配置，也进行了移民的安排，但是由于没有税务筹划，后来才发现，因为移民到了"全球征税"的国家，自己名下的财产都将面临巨额税款征收，自己如果不缴纳，将面临大笔罚款；如果在国外购置了房产，未来子女在继承时要先缴纳遗产税，有的地方遗产税税率高达40%。

目前，世界上大部分发达国家和部分发展中国家以及我国港澳台地区等都开征遗产税，而在中国其他地区，遗产税作为可以调控贫富差距、抑制财富过分隔代积聚的手段，其征收的时代似乎已经不远了。随着越来越多的高净值人士到国外置产以及移民，全球税务透明化时代下的税务筹划将越发重要。

有关税务风险和规划的内容，本书将在第7章进一步阐述分析。

3.5 家族办公室和私人银行的真正角色

在风险无处不在的时代，高净值人士完全依靠个人的知识和经验来管理财富并不靠谱，此时，私人银行和家族办公室的价值就显得重要了。私人银行和家族办公室提供的资产管理服务，不仅仅是资产的监管（简单地对投资机构的报告进行搜集、合并和解释），更多的是提供了一个集合了各个领域分析的宏观视野。家族企业设立家族办公室、选择私人银行是因为其相信选择专业的第三方投资和资产管理机构往往比聘用单一的投资经理或全盘依赖企业内部的投资部门会获得更大的收益。

3.5.1 财富管理专业机构的价值

第一,"创富"可能通过实业投资或者公司上市实现,虽然这创造了财富甚至创造了财富奇迹,但这样的财富奇迹是否可以复制、可以持续?第一桶金本身一般是不可再生、不可复制的,然而理财却使得财富实现可复制式增长。

第二,和创业相比,财富管理可能枯燥得多,如果把创业的激情用到财富管理和投资中,希望高增长、高收益,那么可能带来不该有的风险。用创业的激情来代替守业的严谨,本应看护城池却去冲锋陷阵,这样的"守业"可能很快就会变成"失业"。长期、稳健和安全的投资,常常是枯燥的,没有太多激情可言。实践中,确实存在"富二代"不愿意接班从事传统行业,而偏好来钱快的金融和投资,最后却把原本行业的老本也赔了进去。[①]

第三,无人能够准确预测市场,能够预判"黑天鹅"事件什么时候出现。而在对市场走向的判断、资产的配置和管理中,比拼的不是谁胆子大,谁更有"激情",甚至很难比较谁更专业。那么怎么来评估?专业和冷静的头脑、财富管理的经验以及背后的研究能力就变得很重要。在华尔街有一句被不断重复的话,"历史的教训告诉人们,人们无法从历史中吸取教训"。

科学的家族财富管理是将家族金融资产在全球范围内进行配置,而全球资产配置不是简单的资产多元化,而是需要在一个系统框架下进行决策与管理。财富管理的过程需要家族的密切参与,家族只有与专业机构和专业人士一起努力,充分运用专业投资者的智力资源,同时推进财富管理过程公开透明,方能实现长远目标。

3.5.2 "富不过三代"和家族的没落

"富不过三代"并不是一个狭义的、仅限于财富代际传承的问题,财富的管理、保护、守成和增值本身就是一代、二代、三代等需要共同面对的一个挑战。

当企业在发展中日具规模,风险管理和控制就会成为企业管理的优先目标之一。这一经验对企业、对家族都适用。

---

① 相关案例可以参见本书第 12 章提及的有关海鑫钢铁集团最终破产的讨论。

那些走向没落的家族，大厦已倾的家族企业，如果接受过专业的帮助，做了资产分散配置和隔离的安排，从主营业务中剥离一定的现金和金融资产，无论是通过保险还是通过信托配置资产，分散一部分风险，那么，也许今天仍然能够东山再起。

从家族办公室和私人银行的角度看，财富管理和传承的工作要为超高净值人士实现如下关键功能：（1）资产保值和守成；（2）保护财富安全和隐私；（3）财富传承；（4）资产配置。而大多数财富家族不具备这方面的专家，因此必须专门聘用专家或者寻求外包服务。个别的财富家族拥有私人银行或者家族办公室，能协助其选择信托工具、银行产品、保险产品、其他形式的金融产品以及非金融服务。

风险管理、资产配置的道理看似简单，但是实际操作还非得借助外在的、专业的力量不可。在瞬息万变的经济环境中，面对各类复杂的金融产品，如果没有强大的中台和后台团队的支持，那么家族成员或职业经理人往往也无力应对。

即便财富家族聘用了较为专业的财富管理团队，仍然需要外部专业力量的支持，这样才能帮助财富家族发现风险盲区，对接投融资渠道以及资本市场的有价值资源。

3.5.3　世界投资家时代的到来

如前文所述，中国财富人群面临三大资产配置局限，而突破这些局限的方法之一就是资产配置的国际化，这就少不了私人银行以及家族办公室的专业帮助。一些国内的私人银行（例如民生银行私人银行）已经开始为超高净值客户提供海外资产配置的服务，而国外的私人银行则将资产的国际化配置作为其吸引国内客户的一大亮点。一方面，资产配置国际化的重要特征之一便是充分利用不同国家法律的优势为家族发展创造更大的获利空间；另一方面，应通过时间和空间维度的筹划，达到人、财、物的最优化安排，化解"黑天鹅"事件可能给财富甚至是人身安全带来的折损风险。

以前人们常说，资产分散配置法是将资产分布在以下资产种类中：现金、房地产、股票等。但是，如今这个方法又有了新的维度，就是拥有人民币及外汇资产，拥有跨越数个国家和地区的资产。

《2021 中国高净值人群财富风险管理白皮书》指出，2020 年已经有 10% 且未来将有 23% 的企业家通过投资海外市场、购买海外资产的方式进行"家企隔离"。

在全球化时代，国际化的要求也体现在专业服务人员的素质方面。国际化的服务机构与人才，将越来越受到高净值人群的青睐。无论是资产配置，还是资产保护与传承，都需要既深谙本土文化同时又兼具国际视野和经验的复合型专业人才来提供最优的服务。

第 4 章　私人银行

在金融市场上生存，有时意味着及时撤退。

——乔治·索罗斯

在上一章，我们讲述了高净值人士会有什么样的财富管理需求，也谈及了专业的财富管理和投资服务对财富管理客户的重要性。本章，我们将从私人银行的角度探讨财富管理，通过揭开欧美私人银行的神秘面纱，了解私人银行应该拥有的本来面目。关于私人银行这个领域，可以单独著书立说，这里我们将省却那些"意义""作用"之类的赘述，只重点讲述一些"干货"——中国私人银行正面临什么样的挑战？中国的私人银行以及专业人士应当怎样获得（超）高净值客户的信任和青睐，而客户如何识别值得信赖的专业人士？想在财富管理领域深耕的职场人士，究竟具备什么样的学识、经历和智慧才能在这个金字塔顶尖的领域获得长久的成功？

4.1　揭秘私人银行

300多年前，私人银行起源于瑞士日内瓦，目前全球最成熟的私人银行市场也在欧洲。时至今日，那些历史悠久、有着深厚底蕴的知名私人银行，仍旧深藏于日内瓦朴实无华却充满历史积淀的古典建筑中。随着全球经济形势不断变化，世界金融市场频繁波动，私人银行的客户也发生了变化，此变化与越发严格和复杂的监管要求等因素融合在一起，共同推动了私人银行经营环境的根本性改变。

4.1.1 私人银行的历史溯源

起先只有欧洲的皇室贵族们才能享受的卓越金融服务，经过三四百年的发展历程后，现今已然发展成为向高净值客户提供定制化的、富有私密性的金融服务的现代私人银行。在这一章，我们希望通过讲述私人银行究竟提供什么样与众不同的服务，以及中国最近几年在私人银行领域的发展，帮助客户去遴选最适合自己的私人银行，同时也帮助银行了解中国的（超）高净值客户希望获得什么样的服务，银行如何定位才能成为成功的私人银行服务提供商。

和数百年前相比，当今世界经济发生了天翻地覆的变化，全球大环境的变化以及亚洲包括中国的崛起已经彻底改变了人们曾经熟悉的发源于欧洲的财富管理和私人银行模式。然而，与此同时，新兴经济所催生的客户，包括来自中国的（超）高净值客户，虽然对私人银行了解有限，但是他们希望也有机会获得世界财富人士所享有的顶尖服务。这就是为什么亚洲的财富个人会在本国国内以及亚洲其他国家的金融中心开立私人银行账户，但也会不远千里甚至万里飞往瑞士，享受让人感到舒适惬意的瑞士私人银行提供的尊享服务。现在我们有必要介绍今天私人银行服务通常包含的内容。

4.1.2 财富个人和家族离不开的财富定制服务

许多人解释私人银行的服务时都会用"从摇篮到坟墓"来形容。从客户服务的角度而言，私人银行的首要任务和目标就是为客户实现财富或资产的保值与增值。但这句话其实并不完整，从摇篮到坟墓后，私人银行还能提供"从坟墓到天堂"一切身后之事的相关服务。这表明私人银行不仅能够提供普通银行服务，也可以帮助客户进行一生的财富规划，从孩子的教育到家族移民规划、财富传承，甚至还能提供遗产管理的服务。从生命周期的角度而言，私人银行服务可能会跨越高净值客户的一生：在客户出生时，他可能已经继承了祖辈和父辈的资产；成年后私人银行会根据客户的需求量身定制资产规划；他有了下一代后，私人银行要帮助他考虑下一代的传承问题了。而很多高净值客户在拥有了巨额财富后，都希望能够利用财富为社会尽一份责任，例如通过成立慈善基金这样的方式。私人银行除了可以完成客户生前的愿望，还能够帮助客户一直延续他的梦想。

私人银行，是为（超）高净值客户提供资产管理与投资的高端金融服务的，通常针对拥有 100 万美元以上可投资资产的客户。与境外私人银行不同，我国境内私人银行属于商业银行的一个业务部门。

私人银行的客户有四大独特的核心需求，包括资产保值、安全和隐私保护、资产配置、财富传承。从这四个核心需求上就可以看出，私人银行客户与普通的零售银行客户、对银行理财关注的"卓越"客户的不同。例如，最普通的零售银行客户，如果资产只是以活期、定期存款形式存在，那么其难以期望银行为之提供资产保值的服务（主要指抗通胀）。而对于资产配置和财富传承，私人银行要在配备了相关的银行人才和服务团队并有充分的私密性保障的前提下，才可能向高净值客户提供这方面的服务。

> 私人银行的客户有四大独特的核心需求，包括资产保值、安全和隐私保护、资产配置、财富传承。

相应地，私人银行的客户在财富或资产方面主要关注以下问题。一是财富保值这个问题，这也是目前许多（超）高净值人士已经意识到的，就是如何保证财富不会缩水，一方面是抵御通胀，另一方面是力图避免财富管理与投资遭遇损失。二是财富保全，这个问题更侧重于资产的安全，也包含如何做好节税安排，规避各类制度和意外产生的风险。三是财富传承，即如何将毕生的财富传承给下一代以及慈善基金，如何在一定的法律制度环境下，对不同的受益人设置合理的传承模式。私人银行的目标是确保客户财富不是在几个季度内而是在几代人的时间内都能够实现持续稳定增值，不受损害。四是资产配置，通过专业的手段实现分散投资，以期获得稳定的长期回报。[①]

基于此，我们可以这样定义私人银行：私人银行是以个人、家族及其名下企业的金融和非金融资产为对象，以定量的资产组合管理和定性的财富规划安排为手段，以财富增长、财富保障、财富保全和财富传承为目标的全方位、多目标综合解决方案的提供商。私人银行既可以是一项业务，也可以是提供该项业务的机

---

① 鲍里斯·F·J·科勒迪. 私人银行：如何于竞争性市场上实现卓越 [M]. 张春子, 译. 北京：中信出版社, 2015.

构或部门。①

4.1.3 私人银行与个人理财的区别

为了更深入理解私人银行，有必要将其与经常会令人混淆的另外一项金融服务——"个人理财"服务进行区分。个人理财是指通过投资管理、风险管理、消费管理等一系列规划来保障财富安全。

首先，两者最大的区别是服务对象和范围不同。个人理财的客户没有太高的起点限制，而私人银行的服务对象往往是可投资资产达到一定标准的（超）高净值人士，根据国际惯例，该标准大约为100万美元。对于个人理财服务，银行和资产管理公司销售的是理财和投资产品，自己赚取手续费和佣金。而对于私人银行服务，固然也会向客户推荐各类投资产品，但是重心应该是根据客户个人和家族的需要来定制相关服务和产品，例如，进行资产配置的服务往往在私人银行服务中不可或缺，并以"全权委托"管理资产的方式呈现，私人银行按所委托资产的一定比例收取费用。但是，在银行面向普通客户的个人理财产品销售中，银行很难为客户提供资产配置方面的专业建议。

另外，个人理财的服务对象往往局限于客户本身，但私人银行的服务对象除了客户本身外，也会延伸到客户的家族甚至家族企业。因此，私人银行要提供财富保全、资产配置等定制服务离不开对客户的了解，包括他们的年龄、家族成员情况、未来对资产的需求、传承规划和安排。客户对私人银行专业人士的信任，甚至要超过其对某些家族成员的信任。由此可见私人银行专业人士的职业操守、专业度对于客户服务之重要性。

其次，两者的服务理念不同。个人理财主要是通过市场上已有的金融产品或理财产品，使客户的财富实现增值。而私人银行则是为客户量身定制资产配置计划、设计传承模式、规避税务风险等，从而助其实现财富的永续。

再次，两者的服务内容不同。个人理财服务通常局限在银行内部的传统产品领域，如资产、负债和中间业务等；而私人银行服务涉及范围非常广泛，在商业银行、投资银行、税收、法律和投资管理等以及孩子教育、移民、会计、艺术品

---

① 王增武. 销售之外私行还能做什么？[J]. 财富管理, 2015 (1).

收藏和投资、奢侈品鉴赏和购买等诸多领域都有涉及,甚至还会涉及客户所拥有企业的对公银行业务和投资银行业务。

最后,两者还有一个非常大的区别是对从业人员个人的素质要求不同。通常,对私人银行的服务团队人员素质要求比对一般的理财经理要求要高很多。私人银行的服务团队需要前台的"客户关系经理"和中台的"投资顾问"以及后台的 IT(信息技术)及其他支持,要能够胜任"客户关系经理"的职位,往往需要刻苦的专业知识学习、保持对市场的高度敏锐以及多年的历练和成长。

私人银行固然也有理财产品的销售,但不止于此。私人银行财富管理服务包括三个层次:理财产品销售、投资组合定制和全权委托资产管理。在西方私人银行领域,全权委托资产管理是最具有个性化投资价值的一项业务,将资产配置、财富保值增值、税务筹划、法律咨询、保险、财产传承等服务融为一体,是为(超)高净值人士打理资产的最常用方式之一。[①]

4.2　如何选择适合自己的私人银行

我们认为,(超)高净值人士在挑选合适且优秀的私人银行时,主要需要关注以下三点:

- 门槛;
- 客户经理;
- 服务重点、公司品牌、公司文化、产品方案、特长领域。

私人银行门槛的国际惯例是可投资资产达到 100 万美元,但根据国内(超)高净值人士的分布和资产情况来看,各地对于私人银行门槛的设置略有不同。私人银行的服务和产品优势也是(超)高净值客户需要着重关注的因素。私人银行最关键的环节是满足客户需求,并制定适合客户要求的解决方案,这有赖于高素质的客户经理及其背后的专家顾问团队。高素质的客户经理队伍和理财顾问团队是私人银行业务的核心,是私人银行业务经验的主要载体。优秀的私人银行客户经理需要具备良好的商业银行业务、投资银行业务、公司银行业务和其他咨询业务等方面的专业技能;除此以外,亦需要具备相当水准的沟通能力、协调

---

① 王奇. 全权委托:私人银行塔尖服务 [J]. 财富管理, 2015 (1).

能力和情商。客户经理是私人银行的关键因素,是保障客户资产保值、增值的重要依托。

目前我国基金销售的商业模式大部分还停留在美国早期"赚取产品销售佣金"的阶段,所以有些银行客户经理会频繁建议客户赎旧买新,甚至鼓励客户去炒基金和股票的短线,因为这样才能赚取产品销售的佣金与交易费用的提成。如果推荐投资产品的人或者机构的利益与客户不一致,甚至是冲突的,那么客户对他们的建议就需要大打折扣。客户可以从以下十个问题了解银行理财经理与自身的利益一致性如何:

1. 你从这款理财产品中可以获得多少佣金收入?

2. 这款产品的佣金和其他产品相比处于什么水平?你们卖的产品最贵的佣金和最便宜的佣金分别是多少?

3. 你自己或者家人有没有购买这款理财产品,为什么?

4. 能不能把这个产品的各种费用明细给我列一下?

5. 这款产品的主要风险有哪些?最坏的情况是什么?

6. 如果我赚了10%,你们会赚多少?如果我亏了10%,你们会赚或者亏多少?

7. 你销售的这款产品是来自第三方还是关联方?你与其之间有没有利益冲突?

8. 你的学历和职业资格是什么?

9. 你怎么管理自己和家人的储蓄?

10. 你在这家公司工作几年了?之前都卖过哪些产品?[①]

4.2.1 亚洲私人银行的类型与特点

对于(超)高净值客户来说,选择私人银行,既是选择客户关系经理,也是选择银行的服务以及银行平台本身。香港私人银行资深人士(KC Tew)在专著《亚洲的私人银行与财富管理》中将活跃在亚洲的私人银行分为五个阶梯。其中,

---

[①] 参见张潇雨的《利益攸关:如何选择投资顾问与第三方产品?》,载于得到网;另参见伍治坚的著作《小乌龟投资智慧:投资丛林生存法则》。

最大型的第一阶梯银行，其各自所管理的资产额超过5 000亿美元，拥有强大的投资研发和顾问团队，能为客户提供全面的投资产品和财富管理解决方案，能够帮助客户寻找到全球的投资机会；而在财富的安全和传承方面，这些银行也拥有强大的家族信托服务能力和资源。欧洲一些私人银行虽然规模有所不及，但在服务、理念和特点上却不输大型银行，例如瑞士和列支敦士登的一些老牌私人银行（精品银行），它们强调客户服务而不试图推销其投资产品，专注于私人银行和信托两项核心服务；而在产品方面，欧洲市场比较突出，主要包括固定收益类和权益类产品，但是往往没有投资银行产品。有的欧洲精品私人银行则有一定的专注方向和特点，例如，巴克莱银行善于服务那些从事贸易类行业的高净值客户，劳埃德银行则善于提供英国的投资和地产方面的机会和相关贷款。而新加坡的私人银行，则在产品上更为丰富，除了固定收益类、权益类产品，还会有投资银行产品。

如果我们换一个角度来看待不同的私人银行，还可以根据银行的服务模式对私人银行进行分类。服务模式决定了商业模式，也就是盈利模式。目前，私人银行业务的服务模式在西方发达国家主要分为两类，顾问咨询模式和经纪商模式；而其在新兴市场发展出了投资银行模式和综合模式。

顾问咨询模式：主要是德国、法国、意大利、瑞士等欧洲国家所普遍采用的模式。由于世代相传的资产造就了传统的富裕人士，该类人士非常注重私密性，投资风格也相对保守、谨慎，所以他们的特征和金融需求催生了以咨询为主的财富管理模式。这种服务模式将资产管理业务置于银行的核心，能够最好地实现客户利益与股东利益的统一。

经纪商模式：在美国，采用该模式的私人银行业务占了私人银行业务相当大的部分。该模式主要以投资领域为核心，着重于交易，主要为客户和公司自身进行证券和其他证券类产品的买卖。这种风险较高的服务类型比较适合美国一些随着资本市场发展应运而生的富裕阶层，这类客户非常看重私人银行提供的投资决策、投资战略，更乐于使用金融规划工具，也注重收益。

投资银行模式：逐渐在新兴市场兴起。伴随着亚洲经济的崛起，私人银行业务逐渐发展至东南亚的一些国家。比如新加坡，高净值人士大多是企业家，个人财富尚未从企业财富中抽离，他们需要的是以投资银行为主的服务模式，私人银行业务仅仅只是投资银行业务之外的一个辅助业务，财富管理仅是一个补充。

综合模式：随着私人银行业务在全球的发展，一些综合性且规模较大的金融机构，为了充分发掘私人银行业务与其他业务之间的协同，很多采用该模式。这种全能模式综合了个人信贷、公司信贷以及私人财富管理和投资银行咨询服务，盈利方式多样化。

目前，全球私人银行业的战略重点已经从销售、提供自身产品和服务，转向强调信任的顾问角色，并提供更宽泛的增值性解决方案。

私人银行的收费主要包括资产托管费、交易费用以及投资组合管理费。顾问咨询模式类私人银行的利润主要来自资产管理费收入，这是一种典型的佣金盈利模式。而经纪商模式类私人银行，其利润在发展初期主要来自股票债权基金类的交易手续费收入，这也是一种收费制的盈利模式；这类私人银行随着时间的推移，逐渐在产品方面推进银行业务。亚洲私人银行客户尚处于创富阶段，对管理费比较敏感，也没有形成为管理服务付费的习惯和意识，因此管理费收入占比较低，私人银行业务收入以交易手续费和存贷利差为主。

4.2.2 明辨两种风格的私人银行

虽然私人银行有那么多不同的类型，但（超）高净值客户可以根据银行的特点同时尝试使用数家银行以增加了解，最后选定一到两家重点合作伙伴。无论是客户为了鉴别合适的私人银行服务提供商，还是私人银行为了打造私人银行的文化和风格、培养第一流的私人银行客户经理，都有必要了解以下两种私人银行的服务风格："关系型"和"交易型"。

"关系型"的服务文化风格，更代表传统的私人银行服务模式，注重长远的客户关系维系，不为了短期业绩或者银行自身利益而向客户推送某个不适合客户的投资产品；在服务流程中会了解、发现并关注客户的需求。而产品主要是全权委托下的与客户商定的投资组合，可以有保守型、激进型和中庸型几种，银行收取一定比例的费用。

"交易型"的服务文化风格，则是指2000—2008年，为了快速扩张以及提升业绩，相当数量的私人银行转换风格，银行不仅雇用了非金融专业的销售人员，猛推投资类高风险产品，并且鼓励客户交易。这在很大程度上导致了高风险，会给客户带来损失。这种杀鸡取卵的方式因金融危机而使损失放大，最终也因香港金管局的介入而得以收敛和调整，使得银行重新回归"关系型"的风格，而其中很重要的一步，就是避免私人银行客户经理的收入（佣金）与销售产品业绩挂钩。

"交易型"的模式对客户来说是存在相当大的风险的。实际上，这很像内地的某些银行和理财机构向客户推销理财产品获取佣金的做法。所以"交易型"模式不可能销声匿迹，因此客户要时刻保持警觉，对机构所推荐的产品要有专业的判断，这一点就会引出第 5 章的内容——家族办公室。

银行以及银行的从业人员（包括客户经理）应当积极鼓励"关系型"的服务文化，并在中后台管理上提供足够的支持。

一方面，银行应当通过各类增值服务来增加客户忠诚度。有的私人银行为 VIP（贵宾）客户定制高端的国外旅游；有的私人银行如欧洲私人银行建立专门的艺术品投资和鉴赏团队，联手苏富比等艺术品拍卖公司，帮助亚洲的客户更好地进行艺术品购买和投资；有的私人银行提供奢侈品（例如游艇和私人飞机）购买和融资的服务；还有的私人银行瞄准了中国高净值客户重视子女教育，在帮助孩子海外求学方面提供相关的咨询服务。这些服务都属于银行自身协同银行的合作伙伴提供给高端客户的增值服务，银行能以此加深与客户的感情，巩固和客户之间的关系。所以，这也彰显了"关系型"的私人银行文化。

另一方面，银行应学会将"交易型"转变为"关系型"。往往被不少银行及专业人士所忽略的是，银行平台本身所具有的资源和功能。一位客户经理在和一位（超）高净值客户聊天的时候，了解到其家族企业经常合作的是另外一家商业银行，出于"好奇"，客户经理了解了有关的贷款条件、利率等。很快，客户经理安排其银行的商业银行团队高层和客户见面，希望客户能够尝试使用他们的服务，并为此能够提供多种优惠。这可以说是更高层次的"关系型"私人银行做法，其通过主动出击，找到客户的潜在痛点，不仅延展了自身的业务，也加深了与客户之间的互信和感情。

要做到这一点，对客户经理的素质要求很高，而银行也需要调整考评和激励机制去吸引这样的人才并鼓励这样的行为。他除了了解市场行情，深谙本行的产品和特色，还要拥有相当的沟通能力、情商和社交智慧。

4.2.3 私人银行客户根据什么决定下单

赢得私人银行的单子（客户）是具有挑战性的，但与此同时，成就感和收益也将是令人满意的。那么客户通常会根据什么因素做出决定？虽然我们在前文中提及，客户的核心需求是资产保值、安全和隐私保护、资产配置以及财富传承，但是几乎每家私人银行都会号称自己能够满足这些需求。

虽然私人银行与（超）高净值客户之间的沟通桥梁是客户经理，但其背后的资源即中台和后台的支持也非常关键。一般为客户提供的服务或者投资方案，并不是由一个客户经理决定的，而是在私人银行对客户资产情况和需求进行了了解之后，由包括投资顾问在内的整个专业团队通过协同合作来制定的。

如果看图4-1，你会理解（超）高净值客户通常会需要什么样的更为直观的服务。而看图4-2，你就会理解优质的私人银行服务需要什么样的中台和后台支持。

图4-1 客户对私人银行的需求

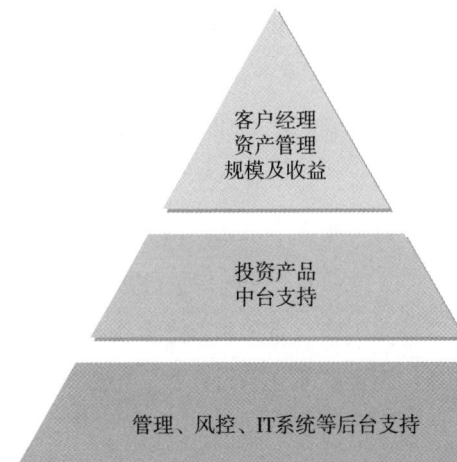

```
         ┌─────┐
        │客户经理 │
       │ 资产管理  │
      │  规模及收益 │
     └───────────┘
    ┌───────────────┐
   │    投资产品      │
  │    中台支持        │
  └─────────────────┘
 ┌─────────────────────┐
│  管理、风控、IT系统等后台支持 │
└───────────────────────┘
```

图 4-2　私人银行的前中后台支持

图 4-1 直观地体现了私人银行需要满足客户的各类需求。客户会在意银行的稳定性、品牌和具备的国际网络，投资产品与服务的全面性，客户经理本身的专业能力、素养以及私人银行的综合服务质量。针对具体的专项服务，例如家族信托、税务和传承的筹划，家族成员的需求（移民、孩子教育），奢侈品、艺术品收藏和投资，以及将私人银行和商业银行、投资银行的业务融会贯通、有机结合起来，任何这些方面的加分，都能够增大这个客户决定下单的机会，或者令其加深与这家私人银行的关系，增加委托这家私人银行管理资产的规模。

而图 4-2 则展示了私人银行要能够提供让高端客户满意的第一流服务所需要的软硬件条件，包括三个层次，前台——客户经理（作为私人银行与客户对接的纽带），中台——银行的投资产品研发和顾问团队，以及后台——包括管理、风险控制、IT 系统等的支持。要理解这样稳定和高效的私人银行架构体系，就需要了解通常私人银行服务的流程。

私人银行财富管理服务的一般流程是：

- 了解客户的基本信息，即"know your customer"，通常被称为 KYC；这不仅是出于合规的需要，也确实有利于了解客户，做好后面的工作。
- 了解客户风险偏好。
- 了解客户目前的资产配置情况。
- 提供个性化的财务规划方案及专业建议。

因为每个客户的风险承受能力都是不同的，并且这种能力会随着时间的推移而不断变化，因此私人银行会定期与客户沟通，评估客户的风险承受能力与偏好，以调整资产配置方案和投资策略。

实践中，不少国内的高净值客户并不满足于财富的安全和稳健增长，有的希望自己能够参与投资决策，进行一些资本市场的博弈，对于创富一代来说，这算是"小赌怡情"，而对于家族二代成员，经过投资的训练，也希望能在可控的风险范围内尝试专业化的资产打理工作。那么在资产全委托的模式下，银行可以对大部分资产进行稳健型管理，而将小部分隔出，并给予指导和咨询服务，由客户自己操作。

事实上，在高净值人士选择私人银行时，并没有所谓"最好的"私人银行之说。盲目地简单按照排名或者规模足够大来评判私人银行并非最明智的选择。

私人银行在赢得客户、扩大业务方面，固然要打造扎实可靠的后台、稳健专业的中台，并让一流的客户经理去进行客户营销和服务，但是需要根据当地和银行内部的文化、结构以及管理风格来进行调整和适应。虽然中国在财富管理方面蕴藏着巨大的市场潜力和机会，但是财富管理领域的竞争十分激烈，不仅私人银行之间存在竞争，还有来自第三方理财机构以及家族办公室的竞争。所以，对于银行来说，一方面，要发挥自己的优势和长处，并不一定为求得大而全做出巨大投入，可以先专注于某个方面来打开局面，让自己的竞争优势具有不可复制性。另一方面，则要关注自己的营销文化。管理层要首先学会尊重不同地方的客户群，他们所处人文环境不同，了解他们需要通过不同的交流和沟通方式，例如，除了普通话之外，使用方言、乡音确实在沟通上有利于拉近与客户的距离。虽然这可能只是营销方面的一个小细节，但它可能决定一个项目的结果。当年，台塑集团的王永庆是各大私人银行争抢的超级 VIP 客户，而最终能够直接和王永庆交流的是能够说闽南话的私人银行客户经理。

与此同时，管理层和客户经理都应该清楚认识客户群对营销方式的态度和文化，过于激进的推销方式和文化往往会让高端客户与你保持距离。笔者在与私人银行的专业人士沟通和对其的了解中发现，有的国际私人银行可能由于其总部并不了解国内市场或者亚洲市场而做出了错误或者不完善的计划和决策。其对中国高端客户谨慎、内敛的性格缺乏认知。另外，中国客户还有一个明显特点，就是重视"人情"因素，特别在意回报那些与之有过共同经历的私人银行从业人士。当然这需要时间的积累，以及业绩与丰富经历的考验。

这些因素在很大程度上仰赖私人银行客户经理的掌控。确实，在赢得客户方面，最关键的因素莫过于客户经理本身。

4.3 如何成就第一流的私人银行家

私人银行正面临各种各样的挑战，其中最大的挑战之一，就是人才的储备和培训。没有第一流的专业人才，不可能有第一流的私人银行服务。这也是中国各家银行要在短期内努力迅速提升的一个关键领域。图4-3描述了如何成就一位卓越的私人银行客户经理。

> 私人银行正面临各种各样的挑战，其中最大的挑战之一，就是人才的储备和培训。没有第一流的专业人才，不可能有第一流的私人银行服务。

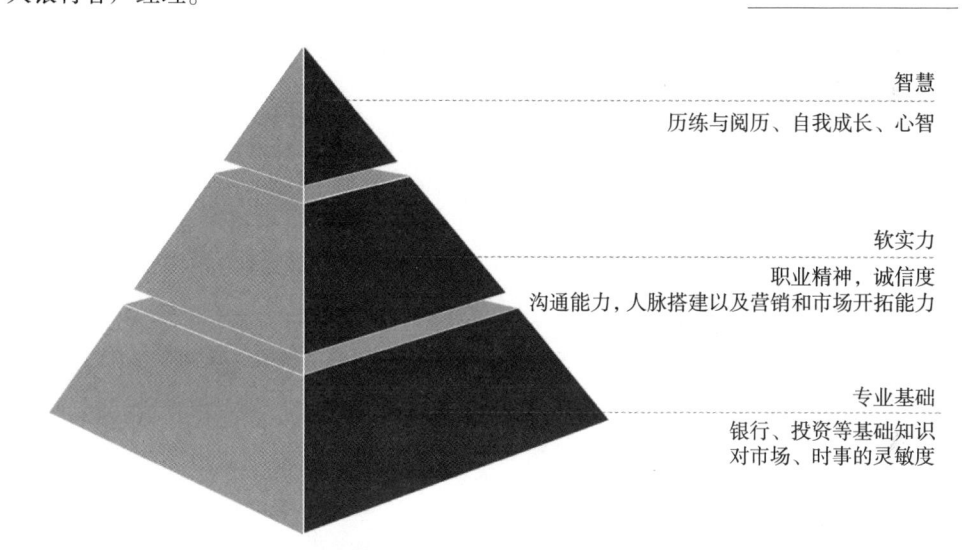

智慧
历练与阅历、自我成长、心智

软实力
职业精神，诚信度
沟通能力，人脉搭建以及营销和市场开拓能力

专业基础
银行、投资等基础知识
对市场、时事的灵敏度

图4-3 卓越的私人银行客户经理应具备的条件

4.3.1 扎实的"地基"：专业能力

首先，是金字塔的"地基"，这是指扎实的专业基础，包括银行、投资、财富管理和传承方面的基础知识，还有对银行内部的各种流程、需要客户签署的各类文件烂熟于心。任何差错或不自信，都会给客户造成不良印象。

与此同时，私人银行的客户经理必须注意保持对市场、时事的灵敏度，因为一个市场的变化或者政治事件，可能都会对客户的投资、配置造成影响，客户经理必须随时准备好应对客户的突然来电，解答客户的问题，而不是茫然不知所云。客户对于风险也许有一定的容忍度，但是对于客户经理的无能或者愚蠢却是"零容忍"的。所以，要做一位优秀的私人银行客户经理，必须下苦功夫打好坚如磐石的专业基础。

假如你是一位初入行的年轻人，笔者给你的建议是，请在专业基础领域投入大量的时间和精力，相信"功夫不负有心人"。你必须了解，你应对的是金字塔顶端的财富人群，他们在很大程度上都已经有了私人银行的服务，而你的人生阅历和智慧无法匹敌这些成功的长者，外加你脸上的青春痘可能都会给客户一个青涩的第一印象。你唯一能够做的是，依靠你的专业能力努力逐步改变客户对你的印象。你不仅仅要依靠死磕书籍和理论，而且要与银行的中台——投资顾问紧密协调，充分了解各类产品的利弊，反复琢磨推敲，能结合客户需求、风险承受度进行有效沟通。

当然，你若是一位漂亮的年轻女性，也许你会认为美貌会给自己加分。但你必须了解，私人银行对客户经理的综合素质要求非常高，外表固然重要，但可能和你想象的不一样。这一点我们会在下文中探讨。

4.3.2 段位的提升：软实力

第二个层级，就是"软实力"，即私人银行专业人士的职业精神及诚信度、沟通和协调能力（包括资源整合与协调能力）、人脉搭建能力以及营销和市场开拓能力，如图 4-4 所示。

（一）职业精神及诚信度

一个私人银行从业人士最常面对的问题就是，究竟是向客户推销一个理财或者投资产品以拿到自己的所谓"良好的业绩"以及佣金，还是帮助客户找到最合适的产品和服务，赢得客户的信任，建立更为长远和互利的关系呢？被问及这个问题时，很多从业人员也许会本能地选择后者，但是实际状况呢？除了道德风险因素之外，私人银行客户经理是否有能力鉴别和推荐合适的产品给客户？作为一个机构，私人银行是否配备了最合适的投资管理和研发团队呢？这个机构是否正向地鼓励它的员工（例如客户经理）做出正确的决定？还是在合规方面、利益冲

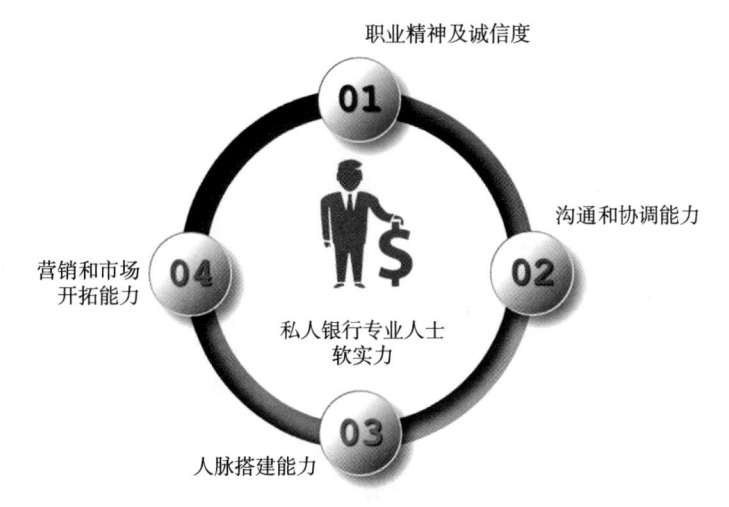

图 4-4　私人银行专业人士的软实力

突方面是一套,而在实际的利益和考评方面又是另外一套呢?作为客户,你知道这些业内的秘密吗?作为客户经理,你选对了合适的平台吗?

2008年前后不少私人银行向高净值客户出售高风险的金融产品KODA导致客户遭遇巨额损失。中国的不少富豪,也通过私人银行买过KODA,有的血本无归,有的由于产品对赌因素还倒欠银行巨款。为什么这些富豪会中招?这归咎于这些私人银行的客户经理因自身利益缘故,或者是为应付业绩压力,或者是为了获得高额的佣金奖励,将自己和银行的利益置于客户的利益之上。最终他们等来的是愤怒客户的起诉及其赔偿诉求。

然而,在那段时间,也有一些客户经理顶住压力(包括来自客户的压力)劝阻客户过多购买此类高风险的金融产品,一开始他们并不"讨巧",收入也自然受到影响,但是当金融危机爆发,客户在其他银行购买的产品损失惨重,便回过头来感谢这样的客户经理,而有过这样的考验和经历,长远的客户关系无疑会得到加强。

(二) 沟通和协调能力

对于金融、法律、咨询等领域的专业人士而言,沟通能力极为重要。私人银行从业人士要注意以下三点:第一,良好的第一印象;第二,善于倾听;第三,善于协调和驾驭资源。

关于第一印象,我在上文中提到,年轻的长相对于拍摄青春偶像剧获得粉丝会大有帮助，但是对于财富管理的高端客户来说并不适用。你作为客户经理，如果相貌显得很年轻，客户和你第一次见面，心里可能会想，这个乳臭未干的家伙怎么可能帮我管好钱？如果你一开口说话又显得很稚嫩，那么相信你们的会见会很短暂。

长相、颜值、外形是否会给你加分？答案是，既可以加分，也可以减分——取决于你如何打扮。如果你的外形符合私人银行从业人士的职业形象，那么就是加分；如果不符合，即便再漂亮、颜值再高，如果与财富管理专业背道而驰，那么就必然是减分。举例来说，彰显严谨、大方的正装很重要，不仅表示对客户的尊重，也能提升自信和气场。而对于女性来说，浓妆艳抹、低胸短裙的服装会给人轻浮的感觉，一般在见私人银行客户的时候，需要给人的印象是专业和庄重。

那么作为客户经理，你有时候是否会穿着过于正式，让客户或者自己觉得不自然？因为我们在见私人银行客户的时候，也许不在办公室，而是在酒店或者某个会所，而客户可能衣着休闲。除非你要陪着客户下场打球，否则无须刻意更换着装。如果客户和朋友调侃你穿得特别正式，你也可以半开玩笑地回应一句，"因为知道要见特别重要的朋友，我特意收拾的"，由此大家可能哈哈一笑，同时调节一下一开始紧绷的气氛。这些一点一滴都能彰显你的个人沟通能力。

第二点，就是善于倾听。人长了两只耳朵，一张嘴巴，就是说明"听"比"说"更重要。见面后往往是极为简短的自我介绍，加上寒暄和暖场，活跃一下气氛。之后，很多专业人士犯的最常见错误就是，开始滔滔不绝地讲述公司历史、人员数量、各类产品的配置如何齐全。或者拿出演示文稿，在客户面前介绍自己公司的产品。这就犯了沟通和营销的大忌。

相反，专业人士应该以提问的方式开始交流，倾听客户的想法和需求，并且在条件允许的情况下，打开笔记本，记好笔记。同时，客户的需求可能是多样的，但是由于其自身的局限性，其可能没有将各种需求发掘出来，所以客户经理如果不能从不同的角度提问，结果将是"只知其一，不知其二"，无法找到客户的痛点，发现客户真正的刚性需求。

当了解清楚这些内容后，在提供服务的过程中，私人银行客户经理要与客户建立相互信任的关系、建立有效的沟通机制，领导服务团队不断学习、更新认知，提高团队的服务水平和能力。

在心理学上，无论是追求异性，还是"追求"客户，对方都喜欢"懂我"的人。而这个"懂"来源于你的倾听能力。

另外，帮人打理财富，必然会遇到由市场因素或者其他因素导致的财富缩水、资产损失所带来的"磕磕碰碰"，客户自然首先找客户经理。应对客户的抱怨，自然依靠客户经理的沟通能力，而其中，非常重要的也是"倾听"，而不是急于寻找借口，为自己撇清关系，甚至和客户进行辩论，试图"把道理说清楚"，最后可能道理没有说清楚，客户就已诉诸司法手段。实践中，确实存在客户向司法机关举报，最终导致私人银行客户经理被炒鱿鱼甚至遭遇牢狱之灾的案例。遇到抱怨时，客户经理如果能够耐心倾听，并愿意积极努力帮助客户解决问题，最终大多数客户还是讲道理的，不一定会再去过多计较眼前的资产或者收入损失。

第三点，要善于协调和驾驭资源。私人银行客户往往有各种各样的要求，从财富的打理到孩子的教育、海外的置产、奢侈品及艺术品的购买和投资，再到传承规划、税务筹划。这些服务虽然都是通过客户经理的端口提供，但有的实际上是通过银行体系内的中台或者后台提供的，有的则是来源于银行的合作伙伴，包括法律顾问、信托公司、税务顾问、移民公司、教育咨询公司等。所以，私人银行的客户经理必须有良好的情商来处理好与各方的关系，善于统筹、协调，找到最专业、最合适的第三方为客户提供服务。这就涉及软实力中的第三种能力——人脉搭建能力。

(三) 人脉搭建能力

人脉搭建能力包含两个层面：第一个层面，就是与银行内部包括中台、后台之间保持良好关系，还有维护好与银行外部的第三方服务提供者之间的战略合作关系，例如法律、信托、移民、税务、教育、艺术投资等领域服务提供者。这些关系的经营都需要情商，也一样需要花费心力。银行专业人士要不时反省和警示自己有没有去经营自己的人脉，有没有过多地以自我为中心，有没有只是一味地想着别人给你介绍客户，一味地希望"高攀"大客户。如果你对于中台、后台，以及那么多在生态圈中的合作伙伴，只想"索取"，而不是"给予"，那么你的人脉资源将逐渐枯竭，你会发现你和别人合作越来越困难。相反，如果你一直善待他人，会发现财源会以你意想不到的方式源源不断地过来。笔者了解的一位财富管理领域的资深人士，在初创阶段，就是因为为人诚恳，善待周围同事，有同事因为移民而离开公司，就把资产规模达几个亿的客户转给她，让她继续提供服务，而又同样因为其真诚、守信，待人宽厚谦和，这些客户又介绍新的客户，雪球便越滚越大。

第二个层面，就是和客户及其他潜在客户人脉搭建的能力。同样的道理，在专业和服务之外，你是否能够让自己成为客户最信任的人之一？也许是人性使然，不少私人银行的专业人士都喜欢寻找大客户，以期帮助自己改变命运。这无可厚非，但是你可能并不知道，这也许是一种舍本逐末的方法，因为你的大客户、大贵人，可能就在你的身边。不少时候中国的高净值客户在关系建立的早期并不会告诉你自己的家产究竟有多少，也不会轻易向他财富圈子里面的朋友推荐你。他反而会与理财人士保持适度的距离，因为觉着理财人士可能随时会"卖东西"给他，或者他可能认为理财人士交他这个"朋友"是因为他的资产的缘故。因此，要提升和加强这样的人脉搭建能力往往难以通过简单复制实现，根据笔者自己的亲历，这往往需要一种"大象无形"的气场。

在中国的财富管理中，尊重和善待每一个人对于人脉搭建十分关键。一方面，客户的财富有多少你可能并不知道；另一方面，客户自身的财富可能会有很大的增长，所以千万不要忽略或者轻视那些资产量还不算顶级的客户。而在平时的待人接物中，也要发自内心地、由衷地去尊重和善待周边的每一个人，哪怕是在酒店帮你和客户开门、倒茶的服务生，因为你的态度客户都会尽收眼底，在潜意识里打上某个记号。

（四）营销和市场开拓能力

对于金字塔顶尖的高端客户来说，想要向他们推销产品或服务的人太多。这就是他们希望保持低调，希望银行以及其他任何服务提供方能够保护他们的隐私的原因。而与此同时，（超）高净值客户的需求是存在的，甚至是刚性的。那么对于私人银行或者财富管理公司的客户经理来说，了解客户需求与了解（财富管理）产品和服务是非常关键的一步。千万不要轻视这一点——你的产品或者服务的价值来自你对客户刚性需求的发掘程度，你需要问对问题，然后洗耳恭听！

针对（超）高净值客户的特点，要成功地完成销售，你的"腔调"、态度非常重要。如果你显得很像一个销售，喜欢滔滔不绝地讲述你的产品和服务如何全面、靠谱，那么即便你最终获得了客户的单子（可能客户刚性需求较为明显或者实在没时间货比三家），也不等于你赢得了客户的信任。

举例来说，在高端的社交场合，交流比递名片更重要，让客户享受轻松一刻比滔滔不绝介绍自己的公司和产品更重要。所以，那种一上来就到处发名片的做法，对普通公司客户来说，是一件很正常的事情，但是对于身处社交场合的（超）高净值客户来说，却会一下子让他产生距离感，因为这太像是一个可能会经常拿某个投资产品、房产来骚扰他的销售干的事。

再举例，对于普通客户来说，主动让他为你介绍其他客户，这再正常不过；但是对于（超）高净值客户来说，这也是你要保持谨慎和警惕的事情，因为你的客户可能会觉得你交浅言深，他与你的交情还没有到要为你"代言"的地步。他们不轻易推荐、代言，因为在圈子中的面子很重要。或者你会让客户猜测，你的业务能力并不怎么样，所以才那么着急地希望得到别人推荐的业务。

很多常见的营销方式，对于财富人群来说，其实是不适用的，甚至是错误的。而获得这方面的判断能力，需要历练，需要学习，需提升人脉搭建能力，这其实是"软实力"的最高层次。你只有掌握了这个层次的能力，才有望成为第一流的私人银行家。

4.3.3 炉火纯青：成就出类拔萃

在与财富管理以及其他领域的资深人士接触时，你会发现，他们言语可能不多，但是他们一举手一投足都有"气场"、魅力，让人倍感亲近，但又不失专业和权威。这来自多年的阅历和历练，也来自强大的内心磨炼，这超越了专业的能力以及沟通能力，是一种散发着人性光芒和智慧的力量，是一种神秘、无法用言语表达和难以捉摸甚至不可复制模仿的能力。

这样的能力也只是为财富管理界的少数资深人士所掌握，他们自然也成为这个领域最为成功的人。在他们身上，看不到"精明有余，厚重不足"的情况，他们善于倾听和观察，亲切有加，凡事能够举重若轻，对于事物的分析能够深入透彻、举一反三，具有超强的分析和逻辑思辨能力；他们也拥有超强的场面控制能力，总有让人折服的化解危机、解决各种问题的神奇能力。这种能力来自哪里？是否有方法学习并付诸实践？

你可能需要思考的是，你的人生定位是什么？你需要什么样的智慧和自我的修养达到自我的顶峰？这是本书希望真正引领读者去到达的人生彼岸，无论你是财富管理的专业人士，还是接受财富管理服务的（超）高净值人士。

要达到这个境界，一方面要通过向业内和业外的资深人士学习，学习"大音希声，大象无形"的智慧；另一方面，则须依靠自己坚持不懈学习。要让财富永续，不也需要不断地经营和管理吗？人生的智慧何尝不是如此。提升智慧包括自己的精神修炼，更包括自己孜孜不倦的学习和自我提高，尤其是在心理学、行为科学方面的学习和提升。如果你管理不好自己的情绪，可能也难以管理好客户的情绪和财富。

4.4 中国私人银行发展空间巨大

今天的私人银行业务要求客户经理必须在许多竞争性领域具有高水平的专业能力，职业水准必须大大超过客户的预期。由于市场越来越复杂，市场之间的联动性日益增强，投资者越来越老练，产品也越来越高级，所以遵守不同区域的监管规则显得日益重要，同时，今天的客户咨询师需要专业团队的大量支持。私人银行家必须通过内生成长、并购或合伙等方式重新聚焦市场，或者开拓新市场来保持竞争力。

在国外成熟市场，几十年前全能型的私人银行家已经被有专业团队支持的私人银行家所取代，这些专业团队服务范围广泛，从本地的银行产品服务，到国际市场的投资、汇率走向预测、房地产配置，以及传承规划、移民服务，再到具体国家的法律服务等，不一而足。随着机会的出现，风险也会到来。鉴于此，在开拓海外市场的过程中，私人银行家必须实施和严格遵守更广泛的规则和监管要求。

而国内的新兴市场，则有着巨大的空间和潜力，我们如果把握好机遇，也有可能实现跨越式的突破和成长。对于国内的财富管理行业，面对浮躁和激进的商业文化，严谨和审慎、放眼长远更为关键。

4.4.1 解决根本问题：风险管理与资产的保值增值

只要财富永不眠，财富就需要财富管理机构用专业的方式来管理。而这里面所需要解决的根本问题是，财富管理机构如何既做好风险管理，又能使财富在一个并不稳定的世界经济环境中长期保值增值。通常高净值客户面对和管理的财富风险包括：

- 信用风险，包括交易对手方的风险；
- 市场风险，市场波动带来的资产价值的高低起伏；
- 通货膨胀，会带来资产缩水，并且从长远来看，可能会给家族成员的生活带来影响；
- 法律风险，如法律诉讼或法律的不确定性风险；
- 税务风险，财富遭遇来自某些国家和地区的包括遗产税、所得税在内的税负侵蚀；
- 与家族相关的风险，如家族纷争以及家族成员患病、发生意外事故等；
- 欺诈和准欺诈风险，如前文提到过的麦道夫、e租宝、KODA等案例中欺诈行为带来的风险。

"我没想象力？哼，我的想象力告诉我——每天在这些舢板上划来划去让我损失多少钱！"①

只要这些风险存在，高净值人士对私人银行、家族办公室和其他财富管理机构的刚性需求就必然存在。最理想的情况是，私人银行可以为客户不断地进行风险管理，前文所提到的信用风险、市场风险都是可以被监控和管理的。而其他方

---

① 选自《纽约客》漫画集，原作者是 Harold Denison，创作于1927年。

面的风险私人银行也可以通过保险或其衍生品来对冲、缓和甚至化解，或者通过帮助客户建立家族治理架构来管理。

为了成功地掌控和管理风险，私人银行会对客户投资、信贷、资产与负债的情况进行宏观的了解。一些私人银行向客户提供包括托管业务在内的系统管理方案，这样可以就其整体财务和投资状况以及风险因素提供综合性意见并进行整体把控。私人银行也会对超高净值人士的投资风险以及个人风险进行把握和管理，以降低这些风险导致问题发生的可能性。

私人银行帮助客户进行风险管理的措施和手段之一，就在于前文我们所提到的资产配置。私人银行因其独特的组织性质，相较于其他一般财富管理机构，其可以直接接触更多元化的金融产品和投资方式，对于超高净值客户的资产能够更好地进行多样化配置，以达到收益风险最优平衡。

目前，在最理想的状态下，私人银行在财富管理方面需要做到帮助客户既能投资于国际市场，也能投资于国内市场，但如果短期内无法一步到位，也可以尝试首先专注自己最擅长的领域并进一步巩固和提升自己的地位。长期来看，一家好的私人银行会把客户的资产配置到国内、国际的可投资领域，并形成覆盖不同币种、不同投资期限、不同风险程度、不同经济区域、不同行业、不同标的物的财富管理产品体系。

4.4.2　起步不久的中国私人银行

根据《2021中国高净值人群财富风险管理白皮书》，高净值人群对财富的保值增值普遍有较高要求，"不进则退"是他们积极进行财富创造和财富管理的持久动力，但是缺乏满意的投资渠道也是很多人手持财富却仍然感到迷茫的原因。高净值人群尽管在意财富的增长，但不会贸然将资金投向自己认知范围之外的领域。该白皮书指出，保险产品、银行理财、房地产、朋友介绍的机会是被高净值人群提及最多的投资渠道。

2007年，中国银行与苏格兰皇家银行合作推出私人银行业务，在国内开启私人银行业务服务的新纪元。当下，除部分银行开展家族信托和全权委托的资产配置顾问服务外，多数银行的私人银行业务依然与传统的财富管理业务有重合，即以销售金融产品为主。事实上，私人银行的业务范围远不止于此。私人银行除真正实现资产的有效配置和保值增值外，还能够为客户提供税务规划、法律咨询、行政助理等综合性服务。

在中国的财富管理行业，当前各大金融机构业务相互交叉，都在积极谋求全牌照，打造综合的财富管理平台，出现了"泛资管"的趋势。而在资产配置方面，中国境内银行的储蓄低利率促使居民储蓄大搬家，中国呈现巨量储蓄流向其他资管市场的趋势。而银行能够向（超）高净值人士提供的投资产品、资产配置产品非常有限。

对于内资银行来说，其挖掘和开拓客户本身并不困难，只要在其现有的零售银行体系内完成"客户升级"即可，真正的挑战在于产品和服务的创新以及人才的培养。而对于人才的培养，内资银行也在陆续从外资银行招募有经验的私人银行专业人士。

在服务创新方面，非国有控股银行中的招商银行、民生银行、平安银行走在较前列，其他财富管理公司包括信托公司、证券公司以及第三方理财机构也在不断推出私人银行服务。

汇丰、花旗、渣打、瑞士银行（UBS）、德意志银行等外资银行在中国也有私人银行业务，与内资银行相比，它们的市场占有率较小，同时面临着较严格的监管。相关调查也显示，超过90%的（超）高净值人士主要还是选择内资银行，这和内资银行在全国分布着大量网点有密切关系。而活跃在境外的外资银行私人银行部门则为海外上市公司的创始人、重要股东以及生活、工作在中国香港、新加坡等地的（超）高净值人士提供财富管理服务。

4.4.3 中国私人银行未来发展和竞争态势

财富管理领域的市场很大，竞争也很激烈。要赢得客户，我们需要从了解中国客户的独特需求，以及产品和服务的特色、创新入手。

（一）资产配置需求

招行-贝恩发布的《2021中国私人财富报告》指出，2021年，"保障财富安全"与"创造更多财富"是高净值人群最重要的两个财富目标；"境内外一体化资产配置"是高净值人群的新增财富目标，位居第三。虽然全权委托的私人银行服务模式在中国尚不普遍，但是已经开始在国内的部分私人银行有所实践。而在资产配置方面，真正的发展和创新的瓶颈来自可投资的产品，无论是权益类，还是固定收益类，发展和创新都比较有限。而外资银行虽然在境外能够为各类客户提供更为全面的产品，且在人民币汇率下行趋势下，其在境外的美元投资产品具有相对明显的吸引力，但是境外银行无法在境内直接开展业务，境内银行通过和境外资产管理机构合作推出的产品也相对较少。

中国（超）高净值客户非常在意资产的增值和收益率，因此有的银行（例如民生银行）还为客户提供私募基金投资的产品、境外投资的产品，有的多家族办公室（亦称"联合家族办公室"）也为其客户推出了股权投资、电影投资等多类别产品。

对于客户来说，在信息对称的情况下，境内外财富管理机构之间的竞争将会首先集中体现在产品和资产配置上。如果在这些方面各家财富管理机构优势均不明显，那么就要在其他客户需求上进行比拼。而境内外的一体化资产配置，在近年来变得愈发重要，这一方面防止将鸡蛋放在一个篮子里，另一方面也使更多的超高净值个人看到了在境外更优质的资产以及更好的投资机会。

（二）传承需求

早在2014年，超高净值人群对于"财富传承"的关注度就已经仅次于作为首要目标的"财富安全"。在这方面，国内的财富管理机构在近几年开始充分了解客户关注的传承事宜，许多国内的私行都安排了相关的专业律师为客户就财富安全和传承进行宣讲。他们也开始尝试通过信托、保险等工具进行传承规划。中国的家族信托在过去的10多年间也有了长足的发展，包括资金信托、保险金信托、股权（股份）信托、房地产信托、慈善信托等。

然而，与具有悠久历史和丰富实践的海外信托相比，中国的信托仍然处在初步发展阶段，存在一些局限性。例如，作为传承的工具，信托是否真正在发挥其应有的作用？还是仅仅作为一种"另类"资产管理的形式在运作（而不是真正全面地帮助高净值客户有效地进行传承安排）？笔者甚至看到过有的信托协议，里面约定了委托人死亡之后，信托到期，信托财产作为遗产分配的条款——这样的"家族信托"能起到"传承"的作用吗？

同时，信托本来拥有的安全和隔离效果，是否能得到充分发挥，也有待时间和实践的考证。无疑，信托作为超高净值人群青睐的重要工具，其应当发挥出应有的更为重要的作用，而传承领域则是国内财富管理机构需要加速创新并赶上国外高水平的重要服务领域。

（三）资产安全需求和政府监管要求

针对资产安全，境内银行和境外银行各有优势。对于境内银行和大型信托公司来说，一个最大优势在于其对某些风险理财产品的"刚性兑付"，这与中国国情有一定关系，但是这种"刚性兑付"的可持续性如何、程度如何，尚不确定。对境外银行来说，资产配置在境外对于分散和对冲风险，例如汇率风险，安全性会更高一些。当然，针对资产是否一定在境外银行就能做到安全、保密这一点，视国际法律和政策的变化而定。

与各地监管当局共享有关纳税资产的信息仍是被广泛讨论的内容，全球资产和税务透明化的时代已经到来；现在有93个国家和地区已经承诺执行"共同申报准则"（CRS）；2014年10月29日，在柏林召开的"税收透明度和情报交换全球论坛"上，所有经济合作与发展组织（OECD）成员国代表、二十国集团（G20）成员代表和世界主要金融中心代表均签署了新的涉税信息自动交换OECD/G20标准。93个国家和地区承诺执行全球CRS；51个国家和地区签署了多边主管当局协定。而美国国税局（IRS）则早已积极寻找对外国银行施加压力的办法。2000年，美国国税局制定了一种资格认证程序（QI），2010年美国国会通过了《海外账户税收合规法案》（FATCA）。这两项措施都要求在美国外国金融机构提供客户在美国以外的账户信息。

虽然不能滥用，但是保密的确已经在保护客户资产方面发挥了重要的作用，并仍将具有重要价值。未来还会有离岸资产业务，但客户需要这种业务的动机不再是避税。客户仍将希望在不同的监管环境下实现资产配置的多元化。适应和遵守不同地方各种新的复杂的监管规定明显会增加银行的成本，从而要求私人银行能够寻找一种更经济、高效的服务。然而，银行唯一正确的方式就是通过预测监管规则的变化，确保建立正确的内部控制机制，按照监管要求及时向客户披露合规信息。

各地政府出于征税的目的，正在对私人银行施加压力，要求其披露有关跨境资产的信息，所以财富越来越难以藏身。这是全球（超）高净值人士所要面对的现实。而对于还不熟悉国际游戏规则的国内银行来说，会越来越需要应对国外政府针对中国客户资产情况的调查要求,如果拒绝合作,可能就意味着遭遇该地政府的处罚。这都是中国的私人银行所面临的挑战。

(四)海外投资需求

多元化的国际投资必然是中国财富管理的趋势,这也是中国和国际接轨的一个重要部分。然而,中国的私人银行为中国客户进行海外投资和资产配置还处在起步阶段,我们相信这方面的产品和服务将会越来越多。与此同时,在配套资源和服务质量上,中国的银行与国际银行相比还有一段差距。然而,我们也相信随着金融和监管方面进一步的改革,中国的银行会迎头赶上,缩小和国际银行的差距。

(五)孩子教育、海外旅游、奢侈品购买等特殊需求

在这些方面,国际的私人银行会推出帮助(超)高净值客户子女申请海外留学并制订暑期班学习计划、实习计划,以及建立艺术品品鉴和投资部门等吸引客户,或者以此来提升客户忠诚度。我们注意到国内的一些私人银行也通过特别定制的VIP海外旅游、高端信用卡服务、组织艺术品鉴赏等活动来提升客户满意度。另外一个值得一提的增值服务是建立企业家俱乐部。私人银行在综合自身平台的客户、产品、信息等资源的基础上,为企业家打造一个分享和合作的高价值平台。

继承人教育是海外私人财富管理服务的核心内容之一,具有较长的发展历史。当然,海外继承人教育的出现也与家族企业的传承困难密切相关。面对传承困难这种现象,海外私人财富管理机构在不断探索中,逐渐开始为家族企业提供世代延续的继承人教育服务,形成了较为完备的服务体系。不同的银行机构服务内容虽略有不同,但其内涵大体一致,主要包括财商教育、金融投资知识、实业投资运作、社交礼仪、信托服务等,有的还设有户外探险考察、开展慈善和初创企业培训等活动。①

在激烈的竞争态势下,客户不断增加的业务需求所带来的复杂性以及监管环境的变化,已经改变了私人银行的经营方式,并对其服务提出了更高的要求。没有一个投资顾问能够满足所有客户的所有需求,这就要求银行必须具备强大的中台和后台的支持,外加一流的前台——与客户直接接触和交流的私人银行客户

---

① 曹彤,张秋林. 中国私人银行 [M]. 北京:中信出版社,2011.

经理。

如今私人银行经营的焦点仍是客户，目的仍然是提供最好的个性化服务。但是，如何提供这种服务，客户对此的要求又相应抬高了客户关系经理应当掌握的知识和技能的门槛。缺乏所需要的技能、信息和人际沟通能力的财富咨询师已经没有任何新的发展空间。而与客户的定期见面交流是作为私人银行客户经理的你工作的重要组成部分。你需要全面了解客户，了解客户的期望、忧虑、所面临机会和挑战，以及这些方面随着生命周期和人力资本以及家族成员变化所发生的变化，并要同时确保你的能力和提供的产品能够匹配你所提供的私人银行服务。这些客户依靠银行来获得信息，保护自己的财富。

如前文所说，要成为"关系型"的私人银行，就是要作为个人理财和企业顾问，在为客户提供一站式、全方位金融服务的同时，为其企业投资、融资提供全面的商业银行投资顾问服务和其他银行服务。另外，还可以为企业的经营管理提供咨询、建议。在客户的企业需要时，法律、财务咨询以及投资银行服务等也是私人银行的重要服务内容。[①] 这在很大程度上需要私人银行客户经理搭建属于自己的资源网络，包括专家型的法律顾问、税务顾问、移民顾问、教育顾问，并能向客户推荐。

从服务范围来看，私人银行除了为高净值客户本身提供服务外，还会把服务对象延伸至为其家族服务。注重家族式服务，为客户提供财富传承规划的服务是私人银行服务有别于一般财富管理服务的一个重要特点。但这里需要注意的是，无论是银行专业人士还是法律专业人士，在帮助客户及其家族的时候，会遇到利益冲突问题。例如当家族某个成员向你询问家族资产情况时，你是否应该透露？这时就要自问，你的真正客户是谁？

4.5 私人银行和家族办公室的关系

私人银行和家族办公室之间主要是合作关系，其实两者在服务（超）高净值人士方面没有本质上的区别，都是为客户提供资产配置、财富传承等服务。若要说两者之间的差异，可能在于利益机制不同，即两者的盈利模式略有不同。例

---

① 曹彤，张秋林. 中国私人银行 [M]. 北京：中信出版社，2011.

如，家族办公室直接服务（超）高净值个人及其家族，作为家族的"金融管家"，向客户收取资产管理费用（如果是单一家族办公室，则是由家族领袖建立，设立和运营费用完全由家族承担）。而私人银行一般按照资产的比例以"全权委托"方式收取费用，或不向客户单独收取费用而是从客户认购的投资产品和服务中提取服务费用和佣金。

由于在规模、产品、投资渠道等方面存在优势，在制定投资策略与进行资产配置时，私人银行比家族办公室更专业；而在服务范围和服务内容上，家族办公室显得更加灵活。因不受组织形式的限制，在提供集资产配置、税务筹划、企业传承于一体的一站式服务时，家族办公室可能比私人银行更便捷和私密。

很多优秀的家族办公室管理人员、专业人员来自大型私人银行。也有大型私人银行在原有私人银行业务的基础上，建立了多客户家族办公室。在下一章，我们就会讲述家族办公室在财富管理中所扮演的角色。

中国的私人银行业，无论是对于国内的还是国外的金融机构来说，都具有巨大的发展潜力，潜藏巨大的商机。而与此同时，该行业又面临着严格监管、激烈竞争以及人才瓶颈等诸多挑战。

亚洲地区尤其是中国日益增长的对高素质财富管理人才的需求，为私人银行家发挥专长和能力开辟了新的市场空间。国内各类财富管理机构也纷纷抓住私人财富管理市场快速发展的契机，聚焦专业化资产配置的服务本质，以实现客户财富保值、增值与传承的阶梯式目标。（超）高净值人士在海外的财富管理市场上表现出了多元化资产配置需求，为此，许多中资银行私人银行部正积极进行海外布局，以更好地满足中国乃至亚洲（超）高净值人士在本国以外的投资需求。中国香港和新加坡已经成为能够与包括瑞士在内的西欧国家竞争的金融中心。期盼有一天，上海、深圳、北京也能成为世界财富管理中心。

第 5 章　家族办公室

回顾过去，从不同帝国的起落兴亡中，你能预见未来。

——古罗马皇帝，哲学家，马可·奥勒留

随着中国经济的快速发展，中国（超）高净值人群的财富规模和数量都在持续上升。对这些（超）高净值人士来说，其目光已经从创富阶段的让个人财富保值增值、个人或者家族的企业发展壮大过程中的投融资需求方面，逐渐延伸到更希望能在分散资金风险、跨境资产配置、财富传承等方面获得专业的帮助，家族办公室因此就有了生长的土壤和空间。数年前，家族办公室在中国还只是一个很陌生的概念，到今天却大有方兴未艾、风起云涌之势。然而，这个领域虽看似一片光明，实则可能暗藏荆棘。因为真正意义上的家族办公室运作并非只是聘请专业理财人士、组建一个负责投资加后勤的小型团队那么简单，背后的法律架构、治理结构构建才是潜在的难点。在中国，信托法律方面的不健全与外汇的管制等问题，给家族办公室的国际化和海外资产配置带来了不小的挑战。

5.1　家族办公室的前世今生

5.1.1　家族办公室的起源

家族办公室以各种各样的形式已经存续了很多年。在公元 1096—1291 年十字军东征后，渐渐地，美第奇等欧洲的银行业家族开始使用"类家族办公室"的形式管理家族财富。除了管理自家财富之外，这些"类家族办公室"也为其他富有家族提供财富管理和投资服务。在 19 世纪末 20 世纪初，这些"类家族办公室"的管理和运作已经与现在的联合家族办公室十分相似。

真正的最早的家族办公室并无详细确切的史册记载,通常认为其出现在19世纪的欧洲,一些抓住产业革命机会的大亨和把地皮出售变现的富有人士将金融专家、法律专家和会计专家集合起来,专门研究管理和保护他们家族的财富和广泛的商业利益。而在北美地区,促使家族办公室生根发芽的因素却完全是家族企业。在工业时代后期,家族企业是支撑美国和加拿大国民经济的中流砥柱,家族企业产值占美国国内生产总值的64%,占加拿大国内生产总值的45%。[①]

当家族企业发展到一定阶段,依靠企业本身的财务管理已经无法满足家族财富管理的需要。无论是从专业角度进行资产配置、分散风险,还是从家族的特点出发满足家族传承、家族成员发展的需求,以及出于财务管理的需要将家族企业和家族进行隔离以避免潜在的利益冲突,为家族的财富管理和传承而设置独立的部门变得十分必要,于是家族办公室应运而生。

5.1.2 工业时代的家族办公室

本书第1章就已提到,美国肯尼迪家族的财富来自老约瑟夫·肯尼迪当年进行的具有战略眼光的财富布局。该家族几乎所有的资产都由早在1927年就成立的肯尼迪家族办公室管理。在该家族事业鼎盛的时候,家族办公室甚至直接参与股市的投资,选择所投资的股票,而现在这类投资和资产管理工作由外部的财富管理咨询机构负责,但家族办公室仍对资产配置有最终的决定权,而日常监督则交给一个由六人组成的专家咨询委员会负责(其中包括普林斯顿大学捐赠基金管理人安迪·戈尔登)。下面我们介绍两个具有代表性的家族办公室。

(一)洛克菲勒家族办公室

洛克菲勒家族可以称得上是世界上最知名的超级富豪家族,而其创立的洛克菲勒家族办公室是美国成立最早且最具有代表性的家族办公室。洛克菲勒家族的财富积累始于1870年创建的标准石油公司,其在全盛期垄断了美国约90%的石油市场。1911年,美国最高法院判定标准石油公司违反了《保护贸易和商业不受非法限制与垄断危害的法案》(简称《谢尔曼法》),从而将公司拆分成34家小公司。其中的一

[①] 参见 *Family Business Review*,2003(16)。

些公司通过重组合并，逐渐演化成了如今的石油巨头，例如，埃克森美孚、阿莫科、雪佛龙等。家族族长约翰·戴维森·洛克菲勒持有的原标准石油公司的股份被平均替换成这34家小公司的股票，而这些股票就成为家族财富的主要组成部分。这些股票在1913年时估值约9亿美元，超过当时美国GDP（国内生产总值）的1.5%。如此惊人的资产价值还带来了更为惊人的收入，据称在1882—1906年的24年间，老洛克菲勒共从标准石油公司获得分红1.45亿美元，年均收入600万美元，是当时美国一个普通工人年均收入的8 500倍。

面对如此巨额的财富，除了设立家族信托进行财富保值和传承之外，老洛克菲勒早在1882年（标准石油公司拆分之前）就设立了洛克菲勒家族办公室。老洛克菲勒建立家族办公室的初衷是雇用一些专业人士来帮助他打理规模庞大的资产和安排慈善活动。由于他在很长一段时间内都拒绝将投资团队专业化，所以家族办公室一直非正式地运行着。直到1908年，他最得力的助手盖茨竭尽所能终于说服老洛克菲勒组建了一个四人委员会来管理其资产。这个委员会由盖茨全权负责，成员包括盖茨以及小洛克菲勒等。自此之后，多位来自各界的人才先后加入了家族办公室的核心顾问团队。根据1974年的记录，当时由知名金融顾问理查德森·迪尔沃斯管理的家族办公室设有3个投资部门，分别负责传统投资、房地产和风险投资。传统投资部门负责股票和债券投资，房地产部门负责家族成员的房地产管理以及投资，风险投资部门通过家族企业文洛克进行投资。①

1980年，洛克菲勒家族办公室在美国证券交易委员会（SEC）注册，成为一家名为洛克菲勒金融服务公司的投资顾问公司。② 这个原先只为家族成员服务的家族办公室开始为外部客户提供资产管理服务。截至2013年，洛克菲勒金融服务公司为来自全球的260个家族管理着231亿美元的资产，成为世界上首屈一指的独立联合家族办公室，客户包括来自全球各地的富有个人、富有家族、家族办公室和机构投资者。③

---

① 王翔，杨驷. 洛克菲勒家族（上）"六代帝国"的财富秘密［J］. 新财富，2012（9）.
② 同上.
③ 高皓，刘中兴，叶嘉伟. FO光谱模型：定位你的家族办公室［J］. 新财富，2014（6）.

（二）贝西默信托

服务了六代家族成员的贝西默信托是在工业时代设立的另一个家族办公室的典范。

创始人亨利·菲普斯曾是美国钢铁巨头安德鲁·卡内基的合作伙伴。在美国南北战争后的经济衰退时期，亨利主动承担起公司财务管理职责，成功削减了运营成本，并将99%的利润都用于企业再投资。1899年，卡内基钢铁公司拥有了自己的铁矿、煤矿和石场，并自行铺设了铁路，用于矿石的运输。由于全面控制了产业链，公司在1900年的利润达到了4 000万美元，钢铁产量超过英国全国。在J. P. 摩根提出将各家钢铁公司合并成美国钢铁公司的计划后，卡内基钢铁公司以4.8亿美元出售给J. P. 摩根。公司第二大股东亨利则收到了新公司价值5 000万美元的股票和价值1 750万美元的债券。[①] 1907年，亨利设立了名为贝西默信托公司的家族办公室，并由它管理亨利出售股票后获得的5 000万美元资产，以实现保值、增值。截至2004年，通过该家族办公室的打理，这最初的5 000万美元已经增值至10亿美元。[②]

在20世纪70年代初，贝西默信托已雇有约200名员工，菲普斯家族也已有50多名第三代家族成员。作为一个单一家族办公室，贝西默信托每年运营成本达100多万美元（约占资产的2%），而这对于单一家族办公室来说是一笔很高的费用。[③] 因此，菲普斯家族于1975年敲开贝西默信托的大门，开始接纳外部家族的资金，为其他家族提供资产管理和投资服务。自此，贝西默信托成功转型成为联合家族办公室。事实证明，为了保持家族财富的持续增长，转变财富管理模式并接纳外部富有家族客户是一个睿智的选择。如今，贝西默信托已经成为北美地区最大的联合家族办公室之一。通过北美17个分部以及设置在开曼群岛、新西兰和英国的国际办公室，贝西默信托为超过2 200家高净值家族管理着高达970亿美

---

① 高皓，刘中兴，叶嘉伟. 服务六世家族、两千名流 贝西默信托：家族MFO的典范I [J]. 新财富，2014（7）.

② 参见 Worth，2002。

③ 同上。

元的财富,同时提供投资、税务、传承规划等服务。①

5.1.3 解析家族办公室

(一) 家族办公室的定义和设立门槛

家族办公室是家族财富管理的最高形态。通常认为,家族办公室会针对(超)高净值家族完整的资产负债表进行360度的全面管理和治理。作为家族办公室的兴盛之地,美国为我们提供了家族办公室的法定定义。根据美国证券交易委员会通过的《1940年投资顾问法》以及美国2010年通过的《美国多德-弗兰克华尔街改革与消费者保护法》(简称《多德-弗兰克法案》),家族办公室的释义如下②:

- 除了家族客户以外无其他客户;
- 由家族客户全资拥有,并由其中一名或多名家族成员和/或家族实体完全控制;
- 不以投资顾问的身份为公众提供服务。

"家族客户"包括现在和过去的家族成员以及核心雇员。"家族实体"包括为家族成员或以慈善为目的设立的家族信托、家族基金会和家族企业。"家族成员"包括拥有同一祖先的10代以内的直系亲属以及他们的配偶。

从设立成本和维护成本角度来分析,若参考欧美的实践,按美国证券交易委员会2011年所提示的标准,设立一个单一家族办公室,家族可投资资产规模通常需至少达到1亿美元,行业内约有2 500~3 000家单一家族办公室管理着1.2万亿美元的资产。③ 而选择联合家族办公室的家族,可投资资产规模要求可降至2 000万美元到1亿美元。这个标准通常与所需设立家族办公室的规模和所需的人力资源成本有关。当然,投资资产并不是家族办公室准入门槛的唯一标准。一个家族办公室只要秉承着守护家族财产的愿望,即使只雇用少数具有资产管理投资能力的专业人士,在提供家族办公室核心管理职能的同时又为家族企业寻找合适的对外投资机会,也未为不可。当然,考虑到家族办公室的日常维护费用和聘请

---

① 参见 www.bessemertrust.com。
② 参见 https://www.sec.gov/rules/final/2011/ia-3220.pdf。
③ 参见 https://www.sec.gov/rules/final/2011/ia-3220-secg.html。

专业人士的费用，如果家族资产的投资收益不能远超过维护和运营成本，则其需要重新评估设立家族办公室的可行性。

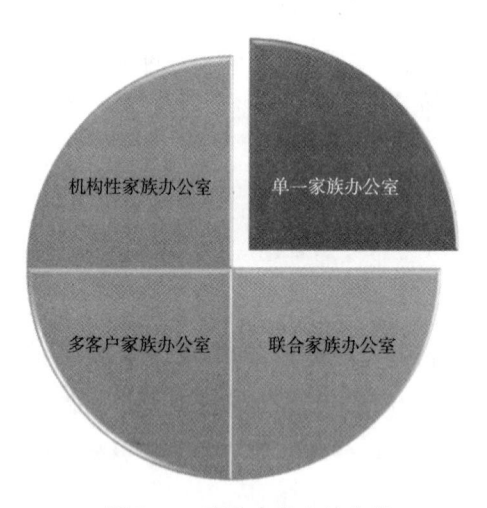

(二) 家族办公室的分类

> 家族办公室分为单一家族办公室和多家族办公室两类。后者又可分为联合家族办公室、多客户家族办公室和机构性家族办公室。

通常，家族办公室分为单一家族办公室和多家族办公室两类。然而，根据家族办公室的设立者和所有者来区分，后者又可分为联合家族办公室、多客户家族办公室和机构性家族办公室（见图 5-1）。由惠裕全球家族智库、坎普登财富、UBS 和中航信托联合发布的《2021 中国家族财富与家族办公室调研报告》显示，使用单一家族办公室的家族占受访者的比例为 38%，而构成家族客户等级的客户有超 70% 采用的是非单一家族办公室。[①]

单一家族办公室：由某一富有家族设立，仅为该家族服务且为该家族所有。考虑到作为一个单独实体的正常运营（包括招募专门的管理人员和普通员工）费用，单一家族办公室通常适用于可供管理金融资产金额较高（1 亿美元以上）的家族。除此之外，对家族私密性要求较高的家族也会选择这种模式。

图 5-1 家族办公室的分类

---

① 参见《资深人士披露行业痛点，泛财富的 ROR 服务模式开始流行了吗？》，载于 https://mp.weixin.qq.com/s/qL8oKvrhTVDtWKRKe-I2sw。

联合家族办公室：为多个家族服务且为该等家族所共同创立或所有，通常由接纳其他家族客户的单一家族办公室转变而来。加入该种家族办公室可以共享人力资源和投资机会，平摊运营成本和服务成本，因此，其对家族可供管理金融资产金额要求相较于单一家族办公室低。为便于管理运营和避免利益冲突，联合家族办公室的富有家族，其家族理念和投资理念都十分相近。

多客户家族办公室：由某些专业人士设立，为多个家族服务但不为这些家族共同所有，为独立于富有家族的实体。由于富有家族并非多客户家族办公室的所有人，因此无须参与家族办公室的管理和决策制定。相较于联合家族办公室，多客户家族办公室的家族之间出现利益冲突的可能性较小。

机构性家族办公室：近年来，大型投资公司、信托公司或者私人银行为了吸引（超）高净值客户，开始提供诸如礼宾安排、企业咨询和重组并购方面的服务。部分机构还会在机构之外设立一个独立的法律实体，将其作为机构性家族办公室，以单独提供投资咨询服务。

（三）单一家族办公室对比多家族办公室

对于（超）高净值个人和家族来说，选择接受家族办公室服务时通常会面临两个选择：一个是设立自己的单一家族办公室，而另一个是加入多家族办公室。

设立属于本家族的单一家族办公室的原因五花八门，而最重要的一点即为掌握控制权。对一个（超）高净值家族来说，特别是对该家族（事业）创始人来说，鉴于获得家族财富需要经历多年的辛勤积累和时时刻刻的风险控制，因此其对控制权掌握的向往也是人之常情。在大部分情况下，家族企业的出售或部分变现所获得的财富以及其他一些"意外之财"都可能成为可供家族投资或者二次创业的新财富。因此，为了更好地管理这些来之不易的财富，许多家族创始人会倾向于建立独立的单一家族办公室，以便在对既有财富实现保值和增值的同时，将家族办公室作为新的"家族企业"来用心经营。借助专业人士和顾问之手，家族创始人可以完全按照自己的偏好和需求量身定制最适合自己的家族办公室。[1]

---

[1] 柯比·罗思普洛克. 家族办公室完全手册［M］. 吴飞，傅真卿，译. 北京：线装书局，2017.

保护隐私是设立单一家族办公室的另一重要原因。由于家族办公室承载着家族财富的所有信息，因此不少富有家族希望"悄悄地"设立家族办公室，而并不希望昭告天下。在给家族办公室起名时，他们甚至会选择一个相对隐晦或者看上去与本家族毫不相关的名字。例如洛克菲勒家族设立的家族办公室名为"5600号房间"（5600，源于其在洛克菲勒大厦办公的房间号码），菲普斯家族设立的家族办公室名为"贝西默信托"。

由于只为一个富有家族提供服务，因此单一家族办公室之间几乎不存在同业竞争关系。相反，许多单一家族办公室之间甚至会分享投资经验和进行业务切磋，以便为各自的家族提供更优质的服务，比如相互分享服务费用情况、相互推荐优质的金融产品等。互相推荐优质的专业技术和资源如内部报表系统也是常见的例子之一，接受推荐的其他单一家族办公室可以因此节省一定内部运营成本。[1]

当然，就像其他财富管理模式一样，单一家族办公室也有其盲点和弱点。相较于多家族办公室更宽泛的服务范围和利益群体，单一家族办公室更难吸引或者留住投资和管理人才。考虑到家族利益至上，单一家族办公室在招揽人才时通常会将家族的特殊偏好放在首位。[2] 通常只有既拥有某些特殊经验又符合家族口味的人才才会收到单一家族办公室递来的"橄榄枝"。而暂时缺乏某些特殊经验却潜力十足的年轻才俊则会被拒之门外。考虑到运营成本，单一家族办公室的人员编制安排也会有很大限制，其不会像多家族办公室那样不时加入新鲜血液。这样一来，一旦某个家族办公室管理人员离职，势必会给该家族造成不小的影响，因为替换一个与家族已经建立了深厚感情和默契的人才绝非易事。此外，考虑到单一家族办公室并不像多家族办公室一般会提供一定的职业培训和晋升机制，很多

---

[1] 某些地域的单一家族办公室甚至在保守各自家族商业秘密的前提下建立起一种特别的信任关系。比如芝加哥的部分单一家族办公室之间建立了"应急计划"。当某一单一家族办公室的主要管理层人员因突发事件死亡或丧失了管理能力，其他单一家族办公室的管理层人员可以暂时代位帮助管理一些应急事宜直至该家族确定合适的代替人选。同时他们也会协助该家族进行代替人选的征集、推荐和遴选。虽然芝加哥的这个例子是一个比较特殊的行业内现象，但是在一定程度上说明了一些理念和目标相近的单一家族办公室之间的信任和合作关系。

[2] 柯比·罗思普洛克. 家族办公室完全手册 [M]. 吴飞，傅真卿，译. 北京：线装书局，2017.

人才也会更倾向于考虑加入多家族办公室。

单一家族办公室居高不下的运营成本也是让人头疼的问题。通常，一个单一家族办公室的成本支出主要涉及人才招募和人员工资、日常事务管理运作、投资、技术支持、文件保存、报表制备和风险控制等方面的支出。此外，资产管理费、托管费、外包服务费用（包括会计师、律师和其他专业人士的服务费用）等都是不小的开支。正如前文所述，家族在考虑设立单一家族办公室时必须关注和计算设立和运营成本。如果家族资产的投资收益不能远超过维护和运营成本，则其需要重新评估设立单一家族办公室的可行性。

多家族办公室通常为一个以上的富有家族提供服务，某些多家族办公室的客户甚至可以达到500个以上。近年来，越来越多的富有家族开始选择加入多家族办公室。多家族办公室的收费结构包括按照接受管理服务的资产金额收取服务费（一般资产金额越低，如低于1 000万美元，则所收取的服务费反而会越高）、按照投资项目收取项目服务费、按照服务时间如按小时收取服务费以及混合型收费机制等。

影响收费结构的主要因素包括金融账户的多少、法律结构的复杂程度、房产的多少、汇报结构的复杂程度、监管人的人数、需要配置的专业顾问人数、交易数量、受益人的人数以及资产的地域分布广度。[①]

多家族办公室拥有许多和单一家族办公室相似的优点，这也是近年来多家族办公室更显兴盛的原因之一。家族在享受同等类型的家族办公室服务的情况下，加入多家族办公室的成本更低。加入多家族办公室可以通过共享服务平台、投资团队等降低运营成本。一方面，由于不同家族联合起来便拥有在多个行业深耕的经验与更为广阔的商业网络，所以加入多家族办公室有可能获得更多的投资机会；另一方面，为了节约成本，单一家族办公室通常不会聘请全职员工开展组织家族会议、家族治理和家族教育方面的工作。然而大型的多家族办公室则会为家族提供一个甚至多个这些方面的专家，以提供专业化的服务。除此之外，多家族办公室可以为家族提供由多名分析人员、调研人员、经济学家和专业投资经理组成的明星团队，从而提供更全面的投资尽职调查服务。这都是单一家族办公室所

---

① 柯比·罗思普洛克. 家族办公室完全手册［M］. 吴飞，傅真卿，译. 北京：线装书局，2017.

不能匹敌的。

多家族办公室能够为专业人士提供良好的职业发展机会。通过总结和分析各类家族案例，多家族办公室的专业人士能够相对快速地摸索出各类套路以对症下药，更快更好地解决富有家族所面临的财富传承方面的问题。对于接受多家族办公室服务的家族，特别是在投资管理和财富管理方面欠缺经验的家族来说，这绝对是锦上添花的事。

当然凡事皆有利弊，不可否认多家族办公室也存在一些劣势。首先，由于多家族办公室通常可以归属为营利性机构，因此其在运营中多是以"盈利最大化"为目标，而不可能像单一家族办公室那样将某一个家族的利益放在第一位。这就意味着家族将丧失部分隐私，也不能享受完全定制化的服务和拥有绝对控制权。其次，专业人才的流动也会加剧利益冲突。如果一个家族跟随离职的专业人士将资产转移到新的多家族办公室，就需要与新的多家族办公室重新进行磨合。如果这个家族将资产保留在原多家族办公室，就需要与新的专业人士进行磨合。再次，虽然多家族办公室可以为每个家族配置相应的团队，但是由于每个团队都需要同时为多个家族提供服务，因此家族将无法像设立单一家族办公室那样享受随叫随到的一对一服务。此外，加入多家族办公室的家族除支付服务费以外，还需要支付如市场和业务拓展费之类的其他费用，而设立单一家族办公室则无须支付该种费用。

多家族办公室面临的最大挑战是，是否能在规模扩张和业务井喷的情况下保持原有的优质服务。对于由大型投资机构、私人银行和信托公司设立的多家族办公室来说，其通过收购兼并来进行快速扩张是业内通常的选择。然而扩张得越快，压力也就越大，顾问团队需要同时服务更多家族客户。这也意味着每个家族获得顾问团队的平均服务时间会相应减少。此外，面对这些被大型机构掌控着的多家族办公室，家族在一定程度上不能够自主选择投资机会和理财产品，因为家族能够做出选择的范畴仅限于这些上层机构的"推荐产品"。考虑到利益冲突，选择加入多家族办公室的家族往往不能像那些自主设立单一家族办公室的家族那样，通过专业人士"随心所欲"地比较各类产品和机会，以保证家族利益的最大化。

惠裕全球家族智库经过调研发现，非单一家族办公室在现阶段实际经营中，面临着一系列现实的问题：（1）盈利模式依托于规模效应，客户拓展性要求高，其需投入更多精力；（2）无论是聘用专家为内部人员还是和专家合作，成本与服务效率均难平衡；（3）依托营利性产品的家族办公室服务的公允性弱；（4）制定综合性统筹方案能力（全能型家族办公室以及境内外资产配置的能力）缺失。这些现实问题导致家族办公室在现阶段出现了对外能力受质疑，对内运营成本高企，盈利难以持续的局面。[①]

实用小贴士：对两种家族办公室模式的 SWOT（优势、劣势、机会、挑战）分析（见表 5-1、表 5-2）。[②]

表 5-1 对单一家族办公室的 SWOT 分析

优势（S）	劣势（W）
■ 家族直接控制力强 ■ 定制化的专门服务 ■ 私密性和保密性强，且家族利益第一 ■ 无同业竞争压力 ■ 更注重财富保值	■ 难以吸引和留住优秀人才 ■ 成本支出相对更高 ■ 知悉理财产品的渠道较少 ■ 运营效率相对较低 ■ 设定战略规划的时间较紧
机会（O）	挑战（T）
■ 开放式结构 ■ 共同投资 ■ 一流服务 ■ 业内合作 ■ 降低成本 ■ 协同效应	■ 急于寻求业务范围扩展 ■ 控制成本 ■ 家族利益冲突 ■ 传承筹划 ■ 专业人员与家族的理念冲突

---

① 参见《资深人士披露行业痛点，泛财富的 ROR 服务模式开始流行了吗？》，载于 https://mp.weixin.qq.com/s/qL8oKvrhTVDtWKRKe-I2sw。

② 柯比·罗思普洛克．家族办公室完全手册［M］．吴飞，傅真卿，译．北京：线装书局，2017．

表5-2 对多家族办公室的SWOT分析

优势（S）	劣势（W）
■ 规模大 ■ 业务综合性强 ■ 服务精简且高效 ■ 规模经济 ■ 资源广 ■ 容易吸引和留住优秀人才 ■ 数据集中管理	■ 私密性和保密性有所欠缺 ■ 机构利益第一而非家族利益第一 ■ 一对多的服务体制 ■ 流程式的服务体制 ■ 仅提供机构认为可获利的产品 ■ 群体思维 ■ 服务不够定制化
机会（O）	挑战（T）
■ 同样的成本享受更多的服务 ■ 获得投资和传承的学习机会 ■ 一站式服务 ■ 与其他家族分摊服务费用 ■ 研究经费充足 ■ 服务创新	■ 在飞速扩张中保持优质服务 ■ 给予客户过度乐观的预测和承诺 ■ 各类机构间的利益冲突 ■ 公司文化与家族理念的冲突

（四）家族办公室的功能和作用

西方国家有种说法叫作"more money, less problems"，译成中文大概就是"财多省心"的意思。从企业管理的角度看，企业若拥有充沛的资金，经营和财富管理自然会更为游刃有余。然而，换一个角度看，从家族财富管理、资产保护的角度看，资金的规模大到一定程度就会产生新的问题，带来额外的烦恼，变成"more money, more problems"，译成中文大概就是"钱多更费心"的意思。例如，从资产安全角度看，家族企业通过创业带来的财富，多少投入到再投资、再生产，而多少应配置到其他资产类别中才算明智？通过家族企业的财务部门或者董事长办公室下设一个"家族办公室"可能会给财富家族带来什么样的风险和问题？从企业家个人角度看，怎样才能"一心两用"，既管理好家族企业又处理好家族财富管理和传承？家族企业应该怎样进行股权类的投资并管理好风险？财富家族要如何才能做到公开公平，让家族成员参与到家族决策过程中来？

这些问题通常可以由家族办公室（在私人银行与家族法律顾问的协同下）来帮

助回答。图 5-2 显示了家族办公室的常见功能，而如此众多的功能并非均由家族办公室的人员直接提供，而是来自私人银行、法律顾问以及其他服务机构共同的努力。

对家族办公室来说，虽然没有确切的行业准则来规定哪些服务是必须提供的，哪些服务是其难以提供的，但是其必须深谙家族特点和需求，需要像先知一般超前考虑到家族成员应该需要的服务。通常来说，家族办公室会的主要服务范围如表 5-3 所示。

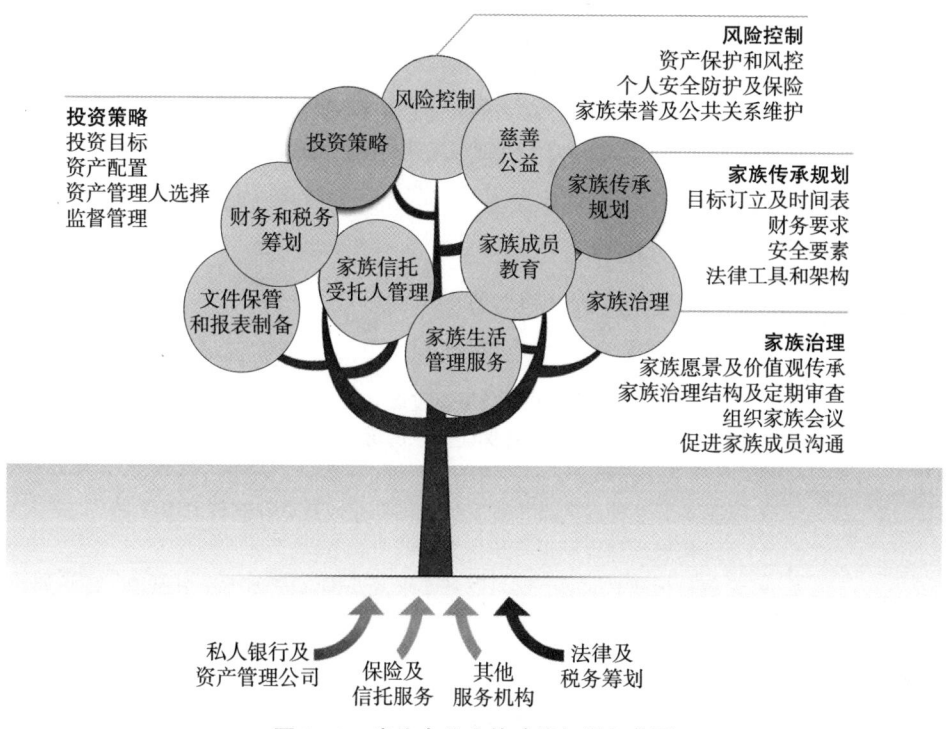

图 5-2 家族办公室的功能与服务范围

表 5-3 家族办公室的主要服务范围

服务	分类与说明
投资策略	此项为家族办公室提供的最核心的服务，通常包括： • 设立投资目标、规划资产配置、选择投资工具 • 聘请投资经理人以及选聘外部服务提供商（私人银行、离岸信托和家族办公室） • 监督管理资产和经理人 • 安排资产的托管

(续表)

服务	分类与说明
财务和税务筹划	高净值家族成员通常拥有的资产种类较多，资产地域分布较广，因此需要家族办公室提供财税筹划： • 聘请外部税务律师或者税务咨询师进行：整体资产安排税务筹划，单项的投资和收购的税务筹划，传承税务筹划 • 财务规划，包括：退休计划、银行理财，财务报表分析，收支和现金流管理 • 纳税申报
文件保管和报表制备	对家族成员和家族资产众多的高净值家族来说，此项服务可以起到良好的管理作用。需要保存和管理的文件和报表包括： • 投资业绩报告 • 收益分析报告 • 合并财务报表 • 可行性分析报告和比较分析报告 • 重要资产情况簿记和清单
家族传承规划	高净值家族通常需要家族办公室通过设立信托和基金会等方式将家族财富传承给下一代家族成员，且保证传承的可靠性和低税负，同时保证家族理念和价值观的传承： • 聘请家族法律顾问就传承安排提供专业性意见并制订方案 • 帮助家族法律顾问进行架构方案的实施工作 • 设置目标和时间表，制订财务要求及安排（含资产安全保护、传承架构），以及就家族治理安排开展筹备工作
家族信托受托人管理	家族办公室需要提供以下服务且同时保证其合规性与法律风险的防控： • 聘请家族法律顾问设计、建立家族信托 • 选择受托人，或安排成立私人信托公司（PTC） • 如适用，成立家族基金会 • 为家族信托或基金会的维护提供支持
慈善公益	慈善公益是家族积累社会资本的最佳途径之一，家族办公室需提供以下服务： • 设定慈善公益方向 • 信托和基金会管理、选择和培训受托人 • 个人捐助和慈善活动举办 • 监督善款使用情况

(续表)

服务	分类与说明
家族治理	家族办公室提供以下服务以保证决策程序的公平公正以及家族理念的传承： • 家族愿景和价值观传承 • 家族议会和家族理事会管理 • 家族治理结构构建及定期审查 • 组织家族会议 • 促进家族成员间沟通
家族生活管理服务	家族办公室提供以下私人服务以帮助安排高净值家族成员的私人生活： • 私人雇员和工资支出 • 旅行安排 • 资产管理、个人现金管理和账单支付 • 奢侈品管理
风险控制	某些家族办公室会聘请专门的风险防控专家以提供以下服务： • 投资和财务风险控制以及有形资产的保护 • 人身安全防护 • 人身保险、财产保险服务 • 家族荣誉和公共关系维护
家族成员教育	每个家族成员都需要进行继续教育以紧跟时代潮流，了解最新的金融工具和国际投资机会；此外，家族办公室还通过以下方式为年轻一辈成员传输基本的财富传承和理财知识： • 下一代教育 • 职业规划和监督 • 领导力训练 • 培训受托人 • 指导和教育受益人

一个值得（超）高净值人士以及家族办公室重视的领域是，人身安全的保护和相关服务。早在2010年的一项统计指出，全球绑架所导致的赎金约为15亿美元，给受害人家族以及企业带来巨大的精神创伤和经济损失。作为受到关注的特殊人群，（超）高净值人士及其家族成员往往很容易成为绑架等犯罪活动的对象，而（超）高净值人士在海外某些国家和地区的出游，也容易增加自己或者家人成

为恐怖分子或犯罪分子目标的概率。虽然发生此类事件的概率较低，但是一次事件所产生的创伤和破坏力往往难以为一个家族所承受。

家族办公室通常可设立风险管理小组（成员通常包括法律顾问、家族族长、安保经理、财务顾问、外聘专家顾问、旅行顾问等），全面评估财富家族各成员的健康安全状况以及其他各类薄弱环节。在与外部保险公司的合作中，部分家族办公室也会通过购买针对海外绑架的带有特别救援服务的相关保险产品、危机管理咨询以及安全培训等方式为财富家族成员提供更便捷高效的人身安全保障。

家族办公室有其他银行以及第三方理财机构所难以替代的功能，包括家族传承规划、风险控制、财务和税务筹划、家族治理（包括家族会议的组织和成员召集）、重要文件保管、家族成员教育、生活管家服务等。虽然其中很多内容仍然需要外包给外部服务提供商（例如私人银行、律师事务所等），但是家族办公室满足了家族获得这些服务时在中央控制、顶层管理、隐私保护等方面的要求。

5.2 家族办公室的定位

> 正如家族企业需要在市场的沉浮中不断调整商业战略以适应环境的变迁，家族办公室也同样需要与时俱进以配合家族企业的发展和变化。

正如家族企业需要在市场的沉浮中不断调整商业战略以适应环境的变迁，家族办公室也同样需要与时俱进以配合家族企业的发展和变化。基于家族企业和家族办公室之间的关系，可以将家族办公室的类型按照两个演进阶段进行划分。在第一阶段，家族财富的源泉为家族企业，即家族企业主导着家族办公室的定位和发展。在此阶段，家族办公室可分为"内置型家族办公室"（适用于家族企业创业期）、"外设型家族办公室"（适用于家族企业成熟期）和"分离型家族办公室"（适用于家族企业股权出售后）。在第二阶段，家族财富的源泉为家族办公室，也即家族办公室主导着家族财富的再生和延续，并逐渐发展成新的家族企业。在此阶段，家族办公室可分为"一体型家族办公室"（为"分离型家族办公室"的升级版，逐渐从单一家族办公室转变成联合家族办公室）和"控股型家族办公室"（适用于多代传承后成员人数庞大且家族企业事业类型较多的家族）。①

下面我们将选取最具有代表性且最适合亚洲富有家族的三种家族办公室类型进行分析和介绍，并选取海外名门望族的实践经验以供读者借鉴和学习。

5.2.1 内置型家族办公室

内置型家族办公室，顾名思义，就是该种模式的家族办公室以企业内部的一个分支或部门的形式而存在（通常表现为战略投资部/战略发展部或者家族企业下的投资公司），一般由家族企业的管理团队兼职管理，能够在强化家族对企业管控的同时又处理好家族传承等事务。

知名的内置型家族办公室可以以三星集团秘书室为例。三星集团的业务涉及电子、机械化工、金融、生活服务等各类行业。自三星集团创立以来，李氏家族风雨同舟的历史有目共睹，从创始人李秉喆开始，家族企业已经传到了第三代。在过去的八十几年中，三星集团秘书室在增强家族凝聚力以及协调企业和家族之间的利益方面功不可没。

秘书室在设立之初主要负责情报收集和分析、企划、日常事务管理等辅助功能，一度成为韩国最强大的情报分析组织。1999年，二代接班人李健熙将秘书室调整为"结构调整本部"（下设财务组、人事组、企划公关组和监察组）。到2006年，其又转型为"战略企划室"（下设战略支援组、人事资源组、企划广告组和经营诊断组）。秘书室不是法人机构，从组织架构上来讲，各小组分别隶属于集团各子公司，由子公司拨出经费。但从实际权力而言，秘书室一直都是三星的最高权力机构。正所谓"由室掌权，子公司掌财"，秘书室掌控人事任免实权，子公司掌控财务和投资决策执行。在管理企业的同时，秘书室也承包了李氏家族从礼宾护卫到衣食住行、从税务筹划到财富传承的方方面面。②

当然，在对公司治理透明度要求越来越高的今天，随着家族财富和企业资产日益分离的趋势渐显，这种家族企业内置型的家族办公室也呈现出了一些缺点。

---

① 高皓，刘中兴，叶嘉伟.FO光谱模型：定位你的家族办公室［J］.新财富，2014（6）.
② 高皓，刘中兴，叶嘉伟.解剖"秘书室"：三星共和国最顶级的中枢与大脑［J］.新财富，2014（2）.

一方面，像三星秘书室这类家族办公室由于高度集权，经营管理缺乏透明性，会削弱子公司的决策能力，也不利于激发其主动性。如果子公司的任何对外投资或业务调整都需要层层汇报至秘书室的财务组，由秘书室统筹决策，必定会阻碍其发展。随着家族企业在全球的扩张，企业本部也很难因地制宜做出最优的决策。另一方面，由于公私不分，很可能因为家族利益而牺牲了企业利益，尤其是中小股东的利益。因为像三星秘书室这一类的家族办公室在面临家族利益和企业利益的抉择时，会更偏向家族，从而不利于企业的长远发展。

作为深受儒家文化影响的东亚国家之一，当前中国大多数单一家族办公室都与三星秘书室有很多相似之处。因此，考虑到它们可以利用现有的家族企业的金融资本和人力资本，分析和研究家族企业内置型家族办公室的发展演化和优劣势对中国的富有家族来说是相当有意义的。但是，随着家族企业的发展和扩张，富有家族必须针对家族结构、企业所处产业和国际环境的变迁对家族办公室进行相应的调整，以因时制宜，扬长避短。例如，"外设型家族办公室"即可视为在家族企业资产与家族财富分离的大趋势下做出的对"内置型家族办公室"的改良模式。"外设型家族办公室"作为一个与家族企业平行的实体，虽然不直接参与家族企业的运营，但仍可以为富有家族提供家族财富的集中管理和优化配置，同时还可以通过多种投资组合熨平经济波动对财富的影响。

5.2.2 套现分离型家族办公室

当家族企业通过上市公开发行股票、出售资产高位套现时，家族财富就会因为该流动性事件而急剧膨胀。这时，家族就会产生大笔现金资产需要打理，套现分离型家族办公室就应运而生。例如，《华尔街日报》报道阿里巴巴执行副董事长蔡崇信将成立一个规模达数十亿美元的家族办公室，利用阿里巴巴 IPO 筹集的资金进行投资。戴尔公司的创始人迈克尔·戴尔在 1998 年以私人投资公司的形式设立了家族办公室 MSD Capital，以管理自戴尔公司 1988 年实现 IPO 以来通过股票变现累积的巨额家族财富。秉承着长期资产增值的理念，MSD Capital 的投资涉及证券、私募、房地产等领域，最知名业绩之一则是 2013 年联手银湖资本和微软通过杠杆收购实现了戴尔公司的私有化。①

另外，随着家族分支的增加，家族成员之间的利益冲突催生的家族离心力往往会导致家族企业被出售。很多情况下由于第二代不愿意接班管理家族企业，创始人最终都会选择出售企业的控股股权。然而，应当如何管理这笔出售家族企业控股权后所得的价值巨大的可投资金融资产呢？

案例 5-1　家族办公室演化为家族企业

皮特卡恩家族为这个问题提供了一个可借鉴的答案。1883 年，约翰·皮特卡恩与约翰·福特联合成立了匹兹堡平板玻璃公司（PPG），也即皮特卡恩家族企业。在进行业务扩张后，PPG 改名为 PPG Industries，跻身世界 500 强。到 20 世纪 80 年代，由于皮特卡恩家族各分支和成员的意见经常难以统一，创始人的离世也使家族后代不再与家族企业保持强烈的情感连接，因此 1985 年，皮特卡恩家族将持有的 PPG Industries 的股份以 5.3 亿美元全部出售，成立了名为皮特卡恩信托的单一家族办公室，专门管理家族的流动资产，并将家族可投资金融资产配置到多元化的投资组合中。如今，通过一系列的重组，皮特卡恩家族办公室已经发展成为全能型的联合家族办公室，旗下管理着 360 亿美元的资产。②

在皮特卡恩家族出售家族企业 PPG Industries 的控股股权后，家族办公室把分散的金融资本汇集到了一张资产负债表中并进行统一的财富管理，以家族财富管理顶层设计者的角色将家族成员紧密联系在一起。由此，家族办公室在功能上已经替代了原本的家族企业，在管理家族事务的同时，逐渐演化成为新的家族企业，甚至转型升级为联合家族办公室（即一体型家族办公室），从而实现了家族企业的永续发展。

---

① 参见 http://www.msdcapital.com/about.htm。
② 高皓，刘中兴，叶嘉伟. 皮特卡恩家族办公室：退出家族企业后的财富传承 [J]. 新财富，2014 (1).

5.2.3 控股型家族办公室

当家族面临家族企业创始人去世或者下一代不愿意接班而催生的离心力时，家族除了可以选择设立套现分离型家族办公室以管理出售家族企业控股股权后所得的可投资金融资产之外，还可以选择以控股型家族办公室来集中家族成员股权和巩固家族对企业的控制权。

控股型家族办公室与管理家族可投资金融资产的家族办公室的不同之处在于，其扮演了"家族控股公司"的角色，并通过对家族金融资产的再利用进行并购或者鼓励家族成员利用所持股权资产进行创业。这种管理家族财富并集中家族企业股权和控制权的方式特别适用于分支庞大、成员较多的财富家族。

案例 5-2 穆里耶兹家族的控股型家族办公室

控股型家族办公室最成功的案例莫过于崇尚"有福同享，有难同当"的穆里耶兹家族的控股型家族办公室 CIMOVAM。

穆里耶兹家族的第一代杰拉德·穆里耶兹为零售帝国欧尚的创始人，他有 10 个兄弟姐妹。到 2011 年，穆里耶兹家族共有近 800 个成员。在家族规模扩张的过程中，如何在投资新事业和发放足够的红利之间保持家族财富使用上的平衡？如何为家族内最具天赋的企业家提供足够的激励又不至于牺牲其他成员的利益？如何吸引新一代家族成员为家族的利益而从商？

为解决这些问题，穆里耶兹家族通过家族协会规定，所有家族成员在创立新企业或加入家族控股公司 CIMOVAM 之前都要经历严格的训练。只有通过培训并经家族协会监事会批准后，家族成员才能加入家族协会，并获得在 CIMOVAM 中的股份。当然，家族成员持有 CIMOVAM 的股票并非具体公司的股票，其对每一份 CIMOVAM 股票的持有都代表对家族企业股票的持有。这样使得每个成员的利益都与家族利益牢牢捆绑在一起。在新投资项目出现时，家族成员应当共同投资、共担风险、共享收益。此外，家族还设立了一只名为 CREADEV 的私募基金来支持家族成员的创新行为，为家族成员开创新的事业提供了资金支持。

穆里耶兹家族以 CIMOVAM 作为家族持股平台，有效实现了家族股权紧锁和家族内部股权流动，该家族已拥有 16 家公司，包括家族成员的创业公司和家族收购的外部公司。通过家族协会，穆里耶兹家族控制了家族企业 87% 的股权，传承了欧尚和迪卡侬等《财富》"世界 500 强"企业，财富规模排名法国第二位。①

通过以上分析可以发现，在中国，财富家族应当根据家族理念和目标、代际传承、家族企业的实业类型和发展阶段综合考虑，选取一种最符合本家族需求的家族办公室模式。此外，在家族办公室设立运营之后，财富家族也应当根据家族企业运作的情况和家族目标的变化对家族办公室的定位进行相应的调整，这样才能使家族办公室成为保护家族财富、延续家族价值观、凝聚家族成员的战略利器。在确定了家族办公室的定位后，接下来需要为家族办公室建立一套完善的股权架构和治理模式，尤其要考虑到如何兼顾财富隔离和保护与家族传承的需要，以及如何应对中国信托与外汇管制等制度性障碍所带来的挑战。

5.3 家族办公室的架构设计

在设立家族办公室时，财富家族不能简单地根据欧美家族办公室的实践照葫芦画瓢，或者将所有的功能和服务打包以求一劳永逸。相反，要根据家族企业的发展阶段和未来发展方向，考虑自身的实际需求和家族目标，同时参考欧美家族办公室的成功案例，为自己量身打造一个家族办公室。除了明确定位以外，还需要精心设计架构以及治理模式，以保证把握家族的控制权，做好风险防控，提升家族决策的民主性，保持家族成员的参与积极性和凝聚力。

亚洲的财富家族往往对隐私的要求非常高，很少愿意与家族以外的人进行人事讨论或给他们提供家族资产组合等方面的信息。因此，财富家族往往会选择以下个人或者实体来持有家族办公室所有权：

- 家族族长或某个家族成员；

---

① 范博宏，莫顿·班纳德森. 两个家族的传承故事 [J]. 财富管理，2014（3）.

- 家族成员和作为管理人员（顾问）的非家族成员共同所有的实体；
- 家族信托；
- 私人信托公司；
- 控股公司；
- 表决权信托①。

近几年来，受超高净值人士的投资需求、财富的安全与避险需要、疫情及地缘政治等多重因素影响，越来越多的超高净值人士将视野扩展到海外，以期实现财富的全球化配置。因此，家族办公室业务在全世界范围内迅速扩张，多个地区的家族办公室业务日益火爆。

其中，新加坡凭借其友好的家办及移民政策、税收优惠减免措施、地理位置及文化环境等优势，逐渐成为热门目的地之一。根据惠裕调研数据，截至2021年，新加坡家办已有453间，对比2018年的27间涨了近16倍；截至2022年4月底，新加坡金融管理局已接到了143间家族办公室的申请，光是来自中国的就有63间，总占比达到了44%。

超高净值人士，可以选择通过13U/13O设立家族办公室，一站式进行资产、税负筹划，并获得新加坡身份。超高净值人士通过在新加坡注册满足13U/13O条件的公司，嵌套家族信托安排，可以实现财富规划、资产隔离；同时，符合13U/13O条件的基金，其指定投资中所取得的特定收益将获得税收豁免。

另外，根据香港发布的2022年施政报告，2021年，香港家办及私人信托管理的客户资产规模超过17 000亿港元，政府会在2022年内提交条例草案，为符合资格的家族办公室提供税务宽免，目标是在2025年年底前推动不少于200间家族办公室在港设立或扩展业务。未来，在香港设立家族办公室有较好前景，相关业务也有进一步扩张的空间。

---

① 表决权信托是股东把股份对应的表决权转让给受托人，由受托人持有该股份并行使表决权。在表决权信托中，受托人持有的表决权与受益人所享有的股份所有权相互分离。受托表决权具有独立性，受托人在受托期间行使表决权不受原股东的干预，信托制度给予了受托人极大的权力空间。这使表决权信托成为获取公司控制权的重要法律手段。这种在美国产生的特殊制度，正在被大陆法系的一些国家（如日本）和地区（如中国台湾）认可和引进。

2023年中期，新加坡似乎已经呈现出"过度拥挤"的状况，而香港则在通过新的鼓励政策迎头赶上。另外，瑞士许多城市、伦敦、纽约也都是财富家族可以考虑的重要选择。超高净值客户，应该综合考虑各地的优势，并且避免两个误区：（1）"一窝蜂"式地选择某个地点设立家办。拥有兼听则明和独立判断的能力很关键。（2）把财富管理和投资移民混同。因为某个地方提供所谓"永居"而将自己的财富管理中心转移到该地——这是一个常见的错误。超高净值个人完全可以在一个地方或者多个地方获得永居，而在另外的地方设置自己的财富管理中心（家办）。这就需要根据自身以及家族情况（包括自己业务重心、孩子教育）等综合考虑和设计。这些都不是简单拍脑袋所能够进行的决策。

5.3.1　设立地点选择

很多人都认为家族办公室应该设立在一个离家族主要成员所在地比较近的地方。然而随着资产全球化配置的浪潮兴起，这个问题不可一概而论。一些西方国家的家族办公室甚至将家族办公室分设在几个不同的地区，而这些地区也许都与家族主要成员所在地相去甚远。比如，某些财富家族选择将伦敦或者香港作为家族办公室金融投资服务的所在地，而同时选择将家族信托中心设置于百慕大或开曼群岛。而另一些家族办公室也会出现管理人员居住在某一国家而家族成员分布在其他不同国家的情况。

因此，财富家族在选择家族办公室设立地点时，需要同时兼顾考虑家族族长和主要成员的生活地点、家族办公室顾问和工作人员的招募地点、家族主要资产所在地、政治金融稳定性以及税务等相关因素。当家族企业或者控制家族资产的实体分布在几个不同的国家或地区时，可以考虑在家族财富控制人所在地以控股公司的形式设立家族办公室，这样既方便家族掌控家族资产，又方便家族同步管理各地子公司的运营。当然，在这种情况下需要特别注意税务操作。如果作为控股公司的家族办公室设立在一个高税收地区而其他实体设立在低税收地区，那么在进行决策制定和运营管理时要采取措施做好隔离保护，以免低税收地区的实体与控股公司税收待遇一样，被"一视同仁"。许多家族选择将管理服务的实体设置在家族族长和主要成员居住地，而将投资服务的实体设置在税收相对较低的地区，但在具体落地操作中就需要进行复杂的法律和税务筹划。

这里需要特别提到的就是，家族办公室是应该设立在中国境内还是境外？如果家族的重要成员在境内，似乎设立在境内是一个方便、自然的决定；然而，如果充分考虑家族办公室将要充分发挥的各种功能，做出这个决定却并不简单。例如，若家族办公室仅仅承担后勤、咨询的功能，那么当然离家族重要成员越近越好。但是，如果家族办公室将作为家族资产管理的中心，重量级资产将置于其名下用于投资和自由调配，并同时辅以信托架构以解决资产的安全保障以及未来的财富传承问题，那么由于信托法律方面的不确定性、外汇的管制以及其他制度性障碍，仅仅拥有一个境内的家族办公室就不那么游刃有余了。

5.3.2 所有权模式

有的家族担心将资产委托授权给受托人，自己会丧失控制权，而万一因受托人过错或过失而家族隐私信息泄露，会给家族以及资产安全带来风险。因此，许多财富家族便自己成立了私人信托公司，让其担任家族信托的受托人，负责管理整个家族的资产。由于该种模式增强了家族成员对家族资产的管理控制能力（私人信托公司的董事会可以将家族成员列为受托人，在信托资产转让和利益分配时可以按照家族成员的意愿进行操作），同时，节省了本应支付给信托公司的信托管理费用，因此财富家族对纳入信托资产池的各类家族资产也更有掌控权。

私人信托公司除了被当作家族信托工具以外，往往还被囊括到家族办公室的架构中作为家族办公室的所有权人。在欧美国家，私人信托公司是家族控制家族办公室较常用的"工具"，但私人信托公司架构搭建的复杂程度以及成本也比传统信托更高。如果设计合理且运作得当，私人信托公司管理家族信托不仅能够惠及好几代家族成员，而且能够为希望成为受托人的家族成员"减负"（私人信托公司的董事会往往同时包括家族成员和受家族信任的顾问或专业机构）。

（一）合并所有权模式或"现有架构模式"

考虑到家族企业普遍早于家族办公室成立，为利用家族企业的现有资源，某些家族会考虑将家族办公室作为与家族企业平行的实体，将两者合并设立在私人信托公司和全权信托之下。从管理角度来看，由于家族办公室、家族企业和其他家族资产都由私人信托公司的董事会控制，因此这种将家族办公室和家族企业合并在同一架构中的模式看上去相对简洁，可以节省一部分管理费用，而且可以集中控制权。在这种情况下，家族族长只需要召集其信任的顾问和家族成员组建一个董事会，也就是私人信托公司的董事会，即可大功告成，而不需要"二次作业"。

然而，这种合并模式在某种程度上无法给家族资产予以有力的保护，很可能引发家族企业与家族办公室的"交叉感染"。在该种模式下，家族办公室和家族企业虽然分属于两个信托结构，但同属于一个所有者，也即私人信托公司。一旦家族办公室被调查或家族企业遭到第三方诉讼或索赔，私人信托公司势必会被顺藤摸瓜成为被调查的对象。如此一来，其他注册在私人信托公司名下的家族资产就会面临受牵连的风险。此外，假如家族办公室未来需要转型，例如从单一家族办公室发展为联合家族办公室并从事信托服务，那么家族办公室可能会需要取得相关的信托执照。而在申请执照的过程中，家族办公室如果需要向有关监管机构披露其所有权人或实际控制人，那么披露私人信托公司也就在所难免了。同样，其他注册在私人信托公司名下的本不需要披露的家族资产可能会需要一并进行披露，届时可能就需要进行重组来规避这样的曝光风险。

（二）独立所有权模式

为规避前述风险，可以将家族办公室独立出来，单独设立一整套所有权架构。如此一来，家族私有资产与企业资产完全隔离，即可以有效地减少与家族企业的"交叉感染"。

以下为两种常见的独立所有权模式：

第一种，家族族长或某一家族成员对家族办公室享有直接所有权。在这种最简单直白且所需成本最低的所有权模式下，作为所有权人（股东）的家族族长或家族成员可以直接控制家族办公室的董事会，以为其随心所欲地更换董事保驾护航。这种直接所有权模式还十分灵活，所有权人（股东）可以在将来任何合适的时间点将家族办公室转入任何一个信托结构。当然，直接所有权模式的弊端也是显而易见的。考虑到家族办公室的股东身份，家族办公室的股权和利益自然而然地会被视为所有权人的私人财产。当所有权人（股东）面临离婚或第三方索赔等重大事件时，这部分财产势必会被推到风口浪尖。除此之外，在所有权人（股东）死亡后，这部分财产也会面临被继承和分割。因此，如果家族办公室需要对家族财富进行投资以获得财富升值，那这种直接所有权模式是万万使不得的。

第二种，将私人信托公司控制下的家族办公室和家族企业的平行模式进行调整,把家族办公室从结构中独立出来,单独创建一套类似的信托体系,即其通过设立目的信托持有私人信托公司的所有股份,私人信托公司作为家族信托的受托人持有家族办公室管理的资产。这种所有权模式也同样具备简单且成本低的优点,资产所有权掌握在私人信托公司董事会(通常为家族信任的顾问或家族成员)手中,家族族长享有最终的间接控制权,有权随时更换受托人。这样一来,就可以在一定程度上规避直接所有权模式所面临的私人财产被分割的风险。

当然,一个家族办公室的所有权架构也不可能是亘古不变的。家族领袖需结合相关因素对所有权架构进行审视和分析,例如它是否与家族财富管理目标吻合,家族成员发生的变化,法律法规和全球税负的更新等。此外,十分重要的是,在建立家族办公室过程中,家族族长和其他家族成员应当不时向专业人士征询法律和税务意见,以保证自己期望采用的所有权架构能够合法合规。

5.3.3 家族办公室的决策与治理

家族办公室的治理结构往往在一开始并不会引起重视,这往往与家族的规模和需要相关。家族企业在创业和初期发展阶段,特别是在家族成员人数很少的情况下,似乎并不需要直接一步到位搭建正式的治理架构。因为在该阶段,所有权、管理权和财富传承都由创始人一手掌控。然而,随着时间的推移和家族的发展,家族成员会越来越多,家族族长过世后往往会出现群龙无首的治理状态,如果届时没有进行有关的传承筹划,家族办公室的股权可能还要面临在诸多继承人中进行切割分配,进一步产生"权力真空"的危险期。家族财富的所有权、管理权、治理权之间的矛盾冲突也会给家族财富带来不小的震荡。

因此我们认为,虽然在家族办公室创建的初期,治理问题似乎并不那么重要,家族领袖仍然应该充分考虑中长期的继承、传承的筹划因素,同时兼顾家族更长远的治理结构需求,避免在多代传承后家族财富的稀释和分散。治理架构向来与公司架构是密不可分的,然而作为一个专门为财富家族服务的特有产物,家族办公室有其特殊的治理架构。

财富家族建立一套完备的治理体系,需要考虑的最核心问题是决策程序。随着家族成员队伍日益庞大和家族情况日渐复杂,规范信息共享和决策程序势在必行。

通常来说,家族办公室的决策机构表面上与家族企业的决策机构并无大异。

例如，家族办公室一般都会设立董事会掌管家族办公室事务。此外，很多家族也会考虑设置家族大会（又称"家族议会"）或者家族理事会（又称"家族委员会"），将其作为家族治理和决策机构。与此同时，家族宪法或家族宪章也是常用的与家族议会和家族理事会搭档的家族治理工具。当家族办公室的职能不再仅限于家族财富管理，而扩张延伸到投资、慈善、教育等领域时，财富家族往往会根据实际需要考虑设立各种理事会来细化家族治理，例如投资理事会、审计理事会、教育理事会等。

> 当家族办公室的职能不再仅限于家族财富管理，而扩张延伸到投资、慈善、教育等领域时，财富家族往往会根据实际需要考虑设立各种理事会来细化家族治理。

一般来说，几乎所有达到一定年龄（18~25岁）且满足一定条件的家族成员都可以成为家族议会的一员。如若家族成员人数很少，则可以考虑将家族议会设置为家族的最高决策和权力机构以处理家族事务和促进成员间的交流。然而，针对跨越多个世代或者家族分支较多的大家族，考虑到家族议会人数过多，众口难调，很难高效运作，此时就需要家族议会通过选举产生家族理事会，由此家族理事会代替家族议会成为最高决策和权力机构。家族理事会的运作方式与议会或国会相仿。从欧美的实践来看，大约44%的家族理事会每年召开4次会议以投票表决家族议会提出的议题。

图5-3展示了家族成员人数众多的情况下常见的家族治理结构。

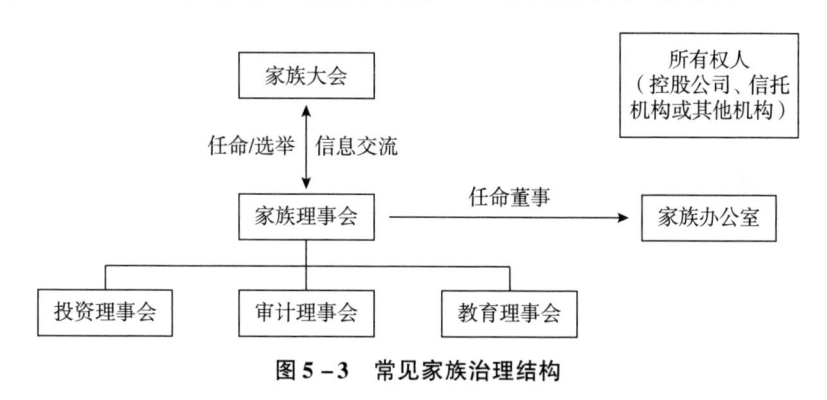

图5-3 常见家族治理结构

在设计治理结构的过程中，权力分配和利益均衡是重中之重。家族资产的所有权属于家族创始人和其他家族成员。从法律和股权架构上来说，家族办公室的所有权人（股东）又通常为控股公司、信托机构或者其他机构（例如家族基金会）。一般，从公司治理的角度来讲，董事会成员应由股东或股东会任命。然而，家族办公室的董事实际上是由家族理事会任命的（不设家族理事会的由家族大会任命），以维护家族成员的利益，并对家族办公室管理层进行监督。这些安排需要在家族治理的法律文件与公司治理的法律文件之间做到无缝衔接。

家族理事会是家族核心成员的沟通平台与家族最高决策机构和权力机构。没有家族的和谐永续发展，家族企业的长久存续就无从谈起。而设立一个家族理事会，有助于避免家族纷争内斗，避免某些家族成员利用自己在家族企业的管控地位谋取私利，还有助于家族通过家族治理不断巩固和发扬家族理念和价值观。

家族理事会还可以视家族情况和需求设若干个下属部门，例如：业务部（协调管理家族企业相关事务）、家族办公室（管理家族财产或进行对外投资）、家族基金（慈善基金或家族成员创业基金）、家族学习与发展中心等。每个部门的负责人均可以由家族成员担任。

然而，由于家族委员会通常都由老一代家族成员组成，除了被指定的继承人以外，其他年轻的家族成员很难有机会快速成为其中的一员。这种具有严格制度性的程序违背了家族决策程序最重要的特性——民主性和参与性。如果年轻的家族成员也能够畅所欲言，参与到决策程序中来，那么家族内不同的利益诉求和观点就能得到表达。此外，这样还能激励家族中的年轻成员积极参与家族事务，家族也不会因程序过于制度性而错失良才。

案例 5-3　附属理事会培养年轻一辈

在平衡家族族长的权威性和年轻一辈家族成员的参与性上，我们可以参考皮特卡恩家族的做法。为了改善封闭式的家族理事会结构，皮特卡恩家族建立了与传统理事会平行的附属理事会。传统理事会由家族 10 名资深家族成员和 4 名非家族成员组成，每人负责与家族不同的分支进行交流。附属理事会通过研讨会或金融培训课程来培养年轻一辈家族成员，为家族未来的领导人提供施展拳脚的空间。皮特卡恩家族办公室的首席投资官（CIO）里克·皮特卡恩说："当家族逐渐壮大时，年轻人没有能够进入理事会，我们想到，为什么不为年轻人设立一个理事会，来告诉我们他们在'干什么'和'目的是什么'？"而附属理事会就是年轻一辈家族成员告诉老一代家族成员他们在"干什么"和"目的是什么"的媒介。时至今日，附属理事会成就了一批有才华的家族成员，例如克里斯·克尔，他从 13 岁起就展露出了对家族事业的浓厚兴趣，36 岁就成为皮特卡恩家族正式的理事会成员。①

5.4 家族办公室如何进行投资和资产配置

家族办公室的主要功能之一是对家族财富进行投资管理，并为资产经理提供指导，以符合家族可接受的风险容忍度以及个人风险偏好，同时达到家族财富保值增值的目的。从某种程度来说，家族办公室获取和提供投资机会的渠道更广也更具特色。与银行、第三方理财机构提供传统理财产品相比，家族办公室不仅可以从银行和第三方理财机构获得理财产品信息，还可以通过直接投资、联合投资和俱乐部交易等方式为家族提供投资机会。

同时，随着新经济的崛起，家族办公室也持续跟踪高净值人士的投资需要和服务类型，众多银行已经围绕新生代家族办公室的需求和目标进行了调整，家族面临的挑战则是如何根据各家银行的特点、产品优势、收费模式等选择一家或者几家最合适自己的来管理家族财富。

"我正在找能够对冲我的对冲基金的方法。"②

---

① 高皓，刘中兴，叶嘉伟. 皮特卡恩家族办公室：退出家族企业后的财富传承 [J]. 新财富，2014（1）.

② 选自《纽约客》漫画集，原作者是 Robert Mankoff，创作于 1998 年。

5.4.1 家族办公室进行投资的特殊之处

同传统金融投资机构一样，家族办公室的投资计划和资产投资组合管理受到多种因素的影响和制约。从家族办公室的资产组合中，我们通常能够管窥到财富家族的投资意向和兴趣、资金需求、投资期限、投资目标等信息。在 2008 年美国次贷危机爆发之前，许多家族办公室借鉴传统金融投资机构的管理模式，通过捐赠基金的形式进行投资。捐赠基金早期主要应用于常春藤高校或其他研究性机构。洛克菲勒家族即通过捐赠基金的形式将一部分资产用于在全球经营以人文、医疗、教育为主的慈善事业，另一部分资产则用于设立在美国医疗研究领域极负盛名的研究性大学——洛克菲勒大学。随着金融市场的动荡，收益率波动剧烈，在经历全球金融危机后，许多家族办公室意识到，也许效仿传统金融投资机构的投资管理模式并非上策，因为与其他金融投资机构相比，家族办公室针对投资组合和资产配置有其不同的目标和限制条件。

> 在经历全球金融危机后，许多家族办公室意识到，也许效仿传统金融投资机构的投资管理模式并非上策。

第一，家族办公室的投资期限较传统金融投资机构更长。传统金融投资机构通常以季度、年度等对投资期限进行设定，最长也无非是客户的一生。而家族办公室的投资服务将延续至家族的好几代，因此，若无特别的风险容忍度或投资限制条件，该等特别的"投资期限"能够给予家族办公室更多的自由度和灵活度。与其他投资机构相比，家族办公室通常愿意花费更多的时间和耐心听取家族的实际投资理财需求，并为此量身打造适合本家族的投资计划。

第二，家族办公室着眼于长期的资本收益率而非短期的高收益。考虑到家族办公室较长的投资期限以及在该等投资期限内金融市场的波动性，其通常都不会以短期高收益率为目标。一项针对超高净值人群投资模式的调查研究结果显示，他们约 20% 的资产会以对冲基金和私募基金的方式进行配置且这些基金的周转率均较低。此外，超高净值人士通常会将资金锁定在某一个投资项目中，他们寻求的是资本在较长期限中的增值，而非短期的收益。

第三，每个家族各不相同的家族目标、价值观和投资期限给各自的投资计划带来的影响可以称得上是极其"戏剧化"的。突如其来的变故或变化，例如离婚、家族成员的出生和死亡，抑或是某些新增的奢侈的爱好都会在某种程度上导致家族的资金需求和投资收益率发生改变。对每一个理财顾问来说，评估客户的风险承受能力、合理投资期限、投资理念等事项是提供理财服务的必经程序。但是，家族办公室与其他投资机构的不同点在于，其需要评估的依据并不仅仅限于眼前的客户本身，而将延伸至家族的几代人。

"你妈妈来电让你记得分散风险。"①

第四，家族办公室不需要像传统金融投资机构那样严格遵循授权手续和持有期限以及保持一定的多元化和资金流动性。相较于基金会和其他金融投资机构，家族办公室向董事会或投资理事会进行通报的形式和程序也相对宽松。

5.4.2 家族办公室的投资组合模式

在实务操作中，家族办公室往往会采取家族实业生态圈（沙盒）模式、多元化机构模式和混合模式。

家族实业生态圈（沙盒）模式仅适用于服务特定行业客户的单一家族办公室和最小型的多家族办公室。在该种模式下，由于对某一特定行业（通常是为家族积累原始财富的实业所在行业）较为了解且对该行业的投资机会较有信心，家族

---

① 选自《纽约客》漫画集，原作者是 Mike Twohy，创作于 1987 年。

办公室会以风险投资、直接投资、天使投资、私募投资、保理等方式将家族大部分资产投资到该领域。

大部分家族办公室都采用多元化机构模式。这种模式与传统金融机构的投资组合模式最为接近，因此在很多情况下，家族办公室可以参照其他机构的现有模式并结合本家族自身资产情况、投资偏好和家族投资理念进行构建。例如，从实践经验来看，大部分家族办公室都会采用"核心—卫星"策略进行资产配置。具体来说，家族办公室会将家族整体资产分为核心组合和卫星组合两部分。其中核心组合在整体资产中所占的比重较大（一般占比60%~90%），对整体资产的风险水平和收益水平起到"保驾护航"的决定性作用。核心组合通常配置风险较低的传统投资项目，如股票、债券、基金等。而卫星组合在整体资产中所占的比重较小，以核心组合为基本依托，正如一颗颗卫星围绕着大行星遨游太空一样。在一定约束条件下，卫星组合享有更广阔的投资空间，相较于核心组合更为灵活主动，往往能在收益上让人获得惊喜。

混合模式，顾名思义，兼具家族实业生态圈（沙盒）模式和多元化机构模式的特点。在该种模式下，家族办公室通常会将15%~35%的资产配置给某一特定行业，同时将剩余的65%~85%的资产进行资产类别划分并配置到不同的投资项目中。理论上，通过这种配置方式，家族办公室可以在其熟悉的行业中获得固定的投资收益，同时又能分散风险。实践中，某些家族会选择将一部分资产自留并投入家族实业，而针对另一部分资产，或者交给多家族办公室进行打理，或者聘用家族外部投资顾问进行配置和投资。

5.4.3 直投模式的策略与风险控制

家族办公室，尤其是财富家族所直属的单一家族办公室，其直接投资所面临的挑战，就是由于所聘的专业团队能力有限而导致其投资领域受限和经验不足。这种局限决定了其无法像大型私募基金那样在多个不同的行业进行研究和投资，而只能专注于相对熟悉和富有经验的领域，就是巴菲特所称的"优势领域"。

2008年金融危机席卷全球之后，从欧美的情况来看，随着传统金融投资机构另类投资基金和非流动性基金资金流的干涸，越来越多的基金（包括对冲基金）

管理人在募集资金时开始将目光转移到财富家族或者他们设立的家族办公室上，而缺乏足够的优质项目源以及收紧的信贷市场也使得投行和私募股权专业人士将融资的注意力从机构投资者转向（超）高净值个人和家族。另外，金融危机后，虽然大型金融机构对中间市场投资的胃口有所缩小，在新的存款准备金规定和监管条件之下银行对中间市场借贷的热情也有所下降，但许多企业，尤其是家族企业，仍希望能够借助外部资本来捍卫其在国际市场上的地位或者抓住绝地反弹的机会进行适时扩张。

这些因素在一定程度上催生了"直接投资"模式的兴起。在直投模式下，财富家族通过家族办公室将资金直接投入目标公司或项目，通过直接购买而非公开交易的方式获得目标公司一定数量的股份并以期获得股利收益，或者以类似私募股权投资者的身份收购目标公司的全部股权，并将其置于家族办公室的投资组合之下进行直接运营管理。

家族办公室业内人士认为，相对于公开市场的投资风险程度，财富家族通过直投模式能更直接地管理资金流向和投资组合，因而能更有效地降低风险。换句话说，与其将大笔资金投入到波诡云谲的公开市场或者假手于人进行投资管理，不如亲力亲为直接管理来得实在。

前述直投模式主要包括债务融资、可转债融资、股权融资、天使投资、风险投资、私募股权投资以及通过投资银行进行直接投资等。欧美众多知名财富家族如洛克菲勒家族和瓦伦堡家族等均通过直接投资进行资产配置，以达到优化投资组合并降低系统性风险的目的。

（一）分散投资还是集中专注于某行业领域？

与私人银行不同，家族办公室在进行直接投资时，还有一些不一样的特点和优势，例如，它能够寻找到一些独特的与家族企业或者家族人力资源相关联的投资机会，或者在家族的主业上进行自然的延伸或者衍生，这些优势对私人银行来说只能是难以望其项背了。

那么，到底是选择追求资产配置组合多样化进行分散投资，还是专注于所熟悉的行业和领域，以提高收益率呢？由于大部分财富家族的原始资本积累是通过家族企业的成功经营实现的，因此为了降低投资风险，家族办公室在进行资产配置和投资安排时会优先考虑家族所熟悉的行业，即与家族企业所处行业相同或相似的行业。然而，从理论上说，集中的资产配置受市场波动影响较大，抗风险能力会较弱，在面对金融危机等灾难性事件时家族资产很容易极速缩水。

按照家族办公室业界人士的经验，解决前述问题可以遵行以下两点：第一，家族办公室应当将资产配置于家族所熟悉的领域；第二，家族办公室应当考虑选择前一领域之外的另一相对有竞争优势的领域进行资产配置。这两点都围绕着一个原则——把钱投到你熟悉的领域。当然，这只是针对家族办公室的"直接投资"策略，并不排斥致力于家族财富保值和对冲风险的多元化资产配置。

巴菲特就是这个原则的忠实践行者，与此同时，他也一直坚持着自己的一套称为"优势领域"的独有投资理念。所谓优势领域，用中国古语来解释就是"近水知鱼性，近山识鸟音"，就是投资者基于自身的知识水平和能力经验所熟知或相对有竞争优势的领域。

在"高科技泡沫"盛行之时，各大网络公司和计算机公司的股票在极短的时间内迅猛攀升到了前所未有的高度。在大众对一夜暴富的神话给予高度关注的同时，许多媒体和投资者都纷纷质疑巴菲特的投资决定，因为他始终都没有加入投资高科技产业公司股票的大军。当这个泡沫破灭，那些一夜暴富的投资人又遭遇惨败，大众才开始不得不佩服巴菲特的谨慎和耐心。在"高科技泡沫"中，巴菲特自始至终都坚持将资产配置在自己设定的"优势领域"企业里。这位被誉为"奥马哈的先知"的传奇人物在一次演讲中说："每个人都有与众不同的优势领域。这个领域的大小并不重要，重要的是待在领域范围内。"纵观那些知名的家族办公室，它们都或多或少借鉴了巴菲特的理念，它们从来都是在自己专精且乐于研究的行业配置资产，或者至少是对未来持续盈利能力有比较确定的预期的行业。例如保罗·艾伦直接投资电信高科技公司，张欣潘石屹家族在纽约投资商业地产。

（二）如何建立投资评估机制？

为防止做出贸然的决定，家族办公室应当利用投资政策说明书、投资评估程序、投资委员会等一系列工具在内部建立一整套完善的机制。① 除了遵照内部机制之外，在评估投资机会的过程当中需要开展审慎的尽职调查。按照业内人士的说法，尽职调查相当于"将现实与目标公司的商业计划进行比较的过程"。一个相对正式的单一家族办公室通常会设立专门的政策和程序以针对目标公司和公司幕后团队进行至少 40 个小时的尽职调查。

股神巴菲特在进行每一笔股票投资前都会进行尽职调查。例如在购买斯图德贝克的股票前，他花了大半个月时间在堪萨斯城铁路调车场数油罐车的数量。当油罐车装运量上升时，他果断入手该股票。后来，该股票从 18 美元一直涨到 30 美元。他也曾经说："如果我对一家公司感兴趣，我会购买它的每一个竞争对手的 100 股股票，以便得到它们的年报。"②

尽职调查的范围除了目标公司以外，还应当包括家族办公室聘用的外部基金管理人或专业投资人士。家族办公室通过直投模式进行投资的好处之一是能够以较低的价格收购还在起步阶段的公司的股权。然而这类公司往往缺乏完整像样的财务报告，且其不成熟、不稳定性可能带来各类投资风险和挑战，所以在直投模式下家族办公室更需要专业投资人士的火眼金睛进行甄别。因此，家族办公室需要就这些专业人士的项目搜寻能力与公司运作经验和能力进行详尽的调查。③ 当然，在将资产通过直投模式进行配置时，家族办公室不仅需要对投资项目和聘用的专业人士进行全面审慎的尽职调查，还需要在做出投资决策后的执行、后期监督和汇报过程中进行进一步的研究和评估。

（三）直投模式的风险

即使是投资于自己熟悉的领域，投资者也不应贸然在未经严格尽职调查的情

---

① 参见 http：//www.northwoodfami-lyoffice.com/investing/effectively-managing-direct-private-equity-investments。

② 马克·泰尔. 巴菲特与索罗斯的投资习惯 [M]. 乔江涛，译. 北京：中信出版社，2005。

③ 参见 http：//www.pepperlaw.com/publications/family-office-direct-investing-in-private-equity-deals-2015 – 08 – 10。

况下将100%的资产都通过直投模式进行配置。因为直投模式在某种程度上也是有风险的。①

以下为家族办公室直投模式中常见的五大风险以及应对方式：

技术风险。投资高新技术企业在当前市场的热度一直居高不下。但高新技术企业的超前和技术上的不成熟会带来较多不确定性。此外，高新技术的研究开发和市场的联系也非常紧密，在激烈的市场竞争中开发适销对路的产品本身就具有明显的风险性，而一项看上去不错的新技术很可能在资金和市场更为强大的对手面前显得微不足道。即便某一新技术产品在短时间内胜出，也有可能随时被另外一项新技术所取代，而人们对于某个技术或者App（移动应用程序）的兴趣可能并没有想象中的那么具有可持续性。因此，高新技术行业的企业成活率远远低于传统行业。若家族办公室想直接投资高新技术企业，建议用分期付款的方式投入资金。假如家族办公室计划将一笔资金投资到某目标公司，相比将所有资金一次性投入，更为保险的做法是建立一套具体的资金分期投入计划。在该计划中，可以为每个投资阶段的资金追加设定具体的条件。这类条件可以是新技术产品的开发成功，可以是达到一定的市场接受度（例如App的下载量），也可以是目标公司的收益达到一定金额。在每个阶段的条件成就时，才投入下一批资金。如此一来，就可以大大减少因高新技术企业的超前性和不确定性带来的投资风险。

市场风险。目标公司在推出某些新产品或新服务时，若不适销对路往往在市场接受度上会存在一定风险。新产品或新服务虽然能够吸引眼球，但是其劣势在于其诞生之初并非尽善尽美，需要较长时间来完善各种细节。近年来运用"互联网思维"在业界大红大紫的企业如雨后春笋般层出不穷，但遭受质疑的企业也是日渐增多。如果投资者对目标公司一次性投入大笔资金，当大部分的资金都被用于品牌推广和市场试水，而盈利模式问题却始终没有得到解决时，那么烧钱最终往往难以带来理想的回报。

为了降低这类风险，首先，家族办公室一定要确保将资金投入到自己相对熟悉并对其未来能有所预测的行业；其次，家族办公室在尽职调查过程中需要通过

---

① 根据美国新罕布什尔大学创业研究中心2011年的一项研究结果，从2011年的市场调查数据来看，仅有50%的天使投资是有回报的，而24%的天使投资以破产告终。

目标公司的同行业竞争者与潜在客户来验证新产品和新服务的可行性和适销性，同时也要对目标公司的管理团队进行重点调查，以确认其有开发新产品或提供新服务的相关经验和资历。

竞争风险。若目标公司推出的新产品或新服务市场反响较好，此时在市面上会层出不穷地出现"山寨货"。山寨货的极低成本往往会导致正牌的产品或服务的利润急剧下降以及市场份额的萎缩。为了降低竞争风险，通常建议目标公司事先对潜在竞争者进行调查并评估市场准入的"屏障"，以及考虑如何增设这种"屏障"，以便防患于未然。增设某些"屏障"可以帮目标公司树立在同类市场中的权威和领导地位，通常这类"屏障"可以被称为"领导资产"，比如专业的书作、简报、杂志等。此外，商标、域名和专利也可以成为"屏障"的一部分。

管理人风险。对于刚起步的公司来说，这是对其进行直接投资面临的最大风险。能够编出好程序的人，能够烘焙出美味面包的人，能够写出畅销书的人，往往并不一定是优秀的管理人员。而管理人员往往需要比公司成长得更快才能保证公司的健全运营。为了降低管理人风险，家族办公室在对目标公司的管理团队进行全面调查的同时，可以要求创始团队提供个人担保，比如在协议中添加部分条款以激励目标公司达到一定金额的收益，保留投票权或董事会席位。

融资风险。如果目标公司推出的新产品很畅销，则会需要进一步融资以扩大生产，进军新市场，或开发新的销售渠道。在某些协议中，早期投资者设定的一些条款会直接或间接导致将来其他投资者的进入困难。考虑到目标公司未来再融资对公司运营发展的重要性，早期投资者在设置协议条款时需要超前考虑并与专业律师合作，合理安排交易文件以防止出现这类将未来投资者拒之门外的情况。

面对以上投资风险，如果没有一套科学的投资评估和风险控制机制，再加上投资的领域以及被投资的企业、管理层并不属于投资人的"优势领域"，那么"中招"的可能性就会增大。任何投资模式都有风险甚至陷阱，直投模式也不例外，由于家族办公室配备的人力资源可能不及大型私募基金、风险投资机构、投资银行，如果其对被投资行业的深度和广度了解有不足的话，那么其鉴别风险能力就会更弱。因此，在直投模式中，较为常见的问题和误区包括：

缺乏外聘的专业人士提供帮助。外聘专业人士（包括进行商业尽调、法律服务以及财务尽调的顾问团队）的重要性在于，一方面，他们对行业的熟悉和了解能够帮助投资者发现和鉴别一些难以发现的问题和风险；另一方面，他们与项目是否投资成功并没有直接的利益关系，因此他们看待问题的态度更为客观。所谓"不识庐山真面目，只缘身在此山中"，当自己对某个项目投入了过多的精力以及情感，那么自己做出理性决定、说"不"的可能性就会随之降低。而外聘的专业人士这时可能成为你最为重要的高参，让你在最容易犯错的时候，保持清醒的头脑。此外，外聘专业人士在设计交易架构和处理交易文件方面也能帮助家族办公室防患于未然，交易文件中某些看上去似乎微不足道的琐碎的条款往往就会被忽略掉甚至从交易文件中剔除。而有时这些条款对交易文件签署后的后续交易架构调整却会起到四两拨千斤的作用。因此，聘请专业人士起草或审阅一套完整的交易文件是不无裨益的。

尽职调查不彻底。许多单一家族办公室的运营团队人数很少，以至于对投资机会做尽职调查的时间十分有限。在这种情况下，家族办公室往往容易陷入两种误区：要么使尽职调查走过场，要么过于依赖第三方机构的尽职调查结果（第三方机构虽然会承诺进行完整深入调查，但也会发生因为业务繁忙而导致调查工作"缩水"的情况）。尽职调查依靠外聘专业机构固然重要，但是自己当"甩手掌柜"也是非常危险的。正如前文所述，巴菲特会亲自花大半个月去数油罐车，这个先例足以说明亲自卷起袖子参与尽调的重要性。家族办公室在对投资机会进行尽调时需要考虑的因素五花八门。比如投资机会的市场波动性是否有违投资委员会设立的投资策略和原则？在购买了目标公司的股权后，是否存在相对高昂的管理费用？未来出售股权套现或者将目标公司装入其他的资产组合中需要多久的周期？

未了解退出机制即匆忙投资。作为直接投资者，每个家族办公室必须谨记未雨绸缪的原则。为了能见好就收或降低蚀本风险，家族办公室必须在投资之初就设立一套具体的退出机制以便将来收回本金。是长期稳健投资？还是以高回报为目的进行短期投资？投资期限，即持有目标公司股份的时间长度，是退出机制中最首要的一点。[1] 其次，在交易谈判之前就应当计划好退出的具体方式，是进行

---

[1] 参见 http://www.northwoodfami-lyoffice.com/investing/effectively-managing-direct-private-equity-investments/。

策略性并购还是IPO？有时候，找准退出的机会比找准投入的机会更重要。

资金投入，过犹不及。 为缓和技术风险和市场风险，采用试水性的分期付款方式能够有效地降低投资风险。这样一来不仅能够激励目标公司提高收益，同时也能保证一旦目标公司的经营状况出现恶化的前兆，家族办公室能够有足够的时间悬崖勒马，因为与其把资金投入一个无底洞，不如考虑将资金投入到其他投资项目以获得新的收益。

总之，相较其他模式，直接投资模式透明度更高，也有更多的机会以较低的投入获得较高的回报，同时还方便家族办公室省去多层资金管理费用，直接获得投资的决定权和控制权。然而，较低的投资成本和更强的控制权带来的也是更多的风险和责任，因此家族办公室必须在投入资金前进行深入的尽职调查，并亲自对投资组合进行监控和维护。

5.4.4 投资理事会

在"家族办公室决策与治理"部分，我们曾提到，当家族办公室的职能扩张延伸到投资领域时，富有家族往往会根据实际需要考虑设立专门的投资理事会或投资委员会或投资顾问理事会来细化家族治理并掌控家族办公室投资的全程。本节根据行业惯例，对投资理事会的设立和运作进行介绍。

家族成员和非家族成员都可以成为投资理事会的成员，某些家族办公室甚至会专门召集一批家族外的专业投资人士组成投资理事会。许多单一家族办公室并不会设有正式的投资理事会，家族族长通常会从外部聘请3~5名专业人士作为家族投资顾问。这些顾问会组成一个"理事会"对投资事项进行讨论和表决，然而对于家族族长来说，这些表决结果仅作参考，并不一定是终局性或决定性的。家族族长可以按照这些投资顾问的表决结果选择投资和资产配置的方式，也可以完全按照自己的想法做出决策。也有一部分单一家族办公室并不聘请外界专业人士作为投资理事会成员，而是由内部人员组成，每周开会一次以对投资组合进行例行审查，所有的决定权完全掌握在家族族长手里。

而大部分多家族办公室都会设有正式的投资理事会。理事会一般由5~12名专业人士组成，这些人同时也是家族办公室的团队成员。当然，也有极少数多家族办公室外聘税务律师或长期服务供应商担任投资理事会成员。在多家族办公室中，某些投资理事会甚至会承担家族办公室董事会的职责，例如，对某些特定投资政策进行变更或者为达成某种投资决定，甚至是选择投资者经理人，都需要投资理事会全体一致投票通过。个别家族办公室还会设立两个投资理事会：A 理事会在走访外部的基金经理或投资管理人并对投资项目进行尽职调查后会将相关意见以备忘录的形式提交给 B 理事会；B 理事会通过审核备忘录来决定是否要将资金投入到该等投资项目中去。通过清晰的职权分工，两个理事会通力合作，能够为家族办公室提供短期、中期和长期的各类投资项目的全面分析和审核服务。

关于投资理事会的设立和运作，需要特别注意以下几个事项：第一，针对投资理事会成员的资格问题，家族办公室应当提前制定具体的任职标准，例如需要具有哪些资历、懂得哪些知识、持有哪种证照或拥有哪种学历等。第二，投资委员会应当为首席投资官和其他投资顾问在选择投资机会和资产配置中的"自由裁量权"设定一定的限制。第三，为保证在执行投资决策时能充分利用短期投资机会，并保证决策与执行不脱节，家族理事会应当力求能够在相对较短的时间内做出相应的决策或反应。

此外，随着高净值人群需求的变化和细化，以及对统筹管理和专业度的要求提高，"泛财富管理"的概念逐步出现。长期以来，高净值人群常面临家族办公室无法满足其投资和管理要求的情形，这主要是由于家族办公室（尤其是非单一家族办公室）的运营团队在综合统筹、专业度以及服务效率层面存在局限性。"泛财富管理"模式，将拥有强大统筹能力的财富规划师，和各个领域具有广泛实操经验的专业人士结合起来，为高净值人群提供了新的思路和解决方案。其中，"ROR 模式"具有代表性，即客户选择某领域的机构作为代表（R），统筹规划管理信托事务；再由代表根据具体事项选聘专业领域的专家（R），提供专业意见。代表和专家两者相互配合统筹，为信托的具体投资落地提供专业、一站式支持。

正如惠裕全球家族智库根据调研得出的结论："以家族信托项目的 ROR 服务模式为例，国内家族信托主要通过 68 家信托公司设立，而国内信托公司办理家族信托的能力参差不齐，家族信托设立的核心本质除了合同文本设立仅是开始以外，未来还可能面临信托事务运营风险、事务决策风险、受益人保障缺失风险等一系列风险。信托公司作为家族信托中客户直面的'乙方'，如由'甲方'直接面对，可能由于专业上的缺失产生一定风险。这时需要客户的代表进行甄别与谈判，信托公司进行共同设计与协商落地，后续代表还可作为家族信托的保护人进行保护与监督。通过 ROR 模式可以大大降低客户未来可能面临的风险，从而让家族信托需求的完成提供更有力的支持。"①

5.5 变局中的家族办公室发展趋势及投资调整

家族办公室对于全球经济的发展和趋势始终保持关注和敏感，而经历过疫情的考验，面临全球进入经济衰退周期，同时受地缘政治的影响，如何应对"百年未有之大变局"？家族办公室的策略该有什么调整呢？

我们通过了解市场的变化以及目前家族办公室的做法和趋势，能够获得不少的启迪。UBS 发布了《2023 年全球家族办公室报告》，高盛也发布了《2023 年家族办公室投资洞察报告》，其中的数据和信息使我们能够管窥全球不同家族办公室的实践和最新变化。

1. 资产配置和投资组合的调整

根据 UBS 的调查，随着国际经济、政治形势的变化，家族办公室的资产配置计划将出现重大调整。除了一直以来对经济衰退、通货膨胀的担忧外，地缘政治也成为家族办公室关注的重要议题。

低利率时代的结束，导致家族办公室对于资产配置策略出现重大调整。UBS 调研显示，鉴于发达国家的经济增长呈现不确定性，贷款条件收紧趋严，以及地缘政治带来的风险，总体而言，家族办公室对于整体市场趋于谨慎。报告中提及的一家北美的家族办公室，2022 年退出清算的投资资产高达 1.8 亿美元，50% 的资产为现金。一家新加坡的家办的首席投资官表示，他们在 2023 年"将对一切保持客观中立，不在任何投资上进行大的下注"。

资产配置偏好的调整将主要体现在（见图 5-4）：

（1）增加对固定收益产品的投资（集中在发达国家），包括短线固定收益投资的比重——出于对风险保护以及收益的考量；接近 4 成（38%）的家族办公室

---

① 参见《资深人士披露行业痛点，泛财富的 ROR 服务模式开始流行了吗?》，载于 https://mp.weixin.qq.com/s/qL8oKvrhTVDtWKRKe-I2sw。

01　**提高固定收益产品配置**
包括短线固定收益投资的比重——出于对风险保护以及收益的考量

02　**减少直投比例，减少房地产配置**
逐步减少直接投资公司股权的比例，而选择通过私募基金等方式进行间接投资；减少房地产配置（与利率上调有关）

03　**区域投资偏好转变**
例如，美国仍然稳居受欢迎的投资地区之列，近1/3的家办表示未来5年会增加对该区域的投资；而有26%的家办预计在未来将增加对西欧国家配置，有31%计划提高亚太地区（除中国外）的配置，超过22%表示会提高在中国的投资配置

04　**预计现金持有量下降**
考虑未来随着机会的出现，部署现金资本进行投资；44%的受访家办计划增加发达市场的股票权益类投资，34%计划增加新兴市场的股票权益类投资

05　**投资主题集中在高科技**
从感兴趣的投资主体来看，兴趣点仍然高度集中在高科技、医疗健康等领域。有高达75%的家办受访者表示对"数字化转型"有投资兴趣，位居第一；之后的则是医疗大健康领域，有67%

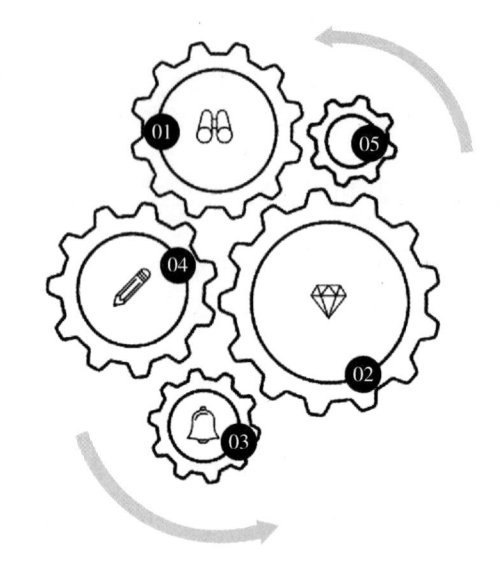

图 5-4　资产配置偏好的调整

表示将大幅提升或者适当提升固收产品的持有比例。

（2）提高对冲基金的配置份额，减少房地产配置（这和利率的上调有所关联），减少直接投资公司股权的比例，而选择通过私募基金等方式进行间接投资（但仍然有41%的家办表示计划增加直接投资，35%的家办表示计划增加在母基金中的投资）。

（3）区域投资的偏好发生转变，例如，UBS调研的家族办公室中，美国仍然稳居受欢迎的投资地区之列，近1/3的家族办公室表示未来5年会增加对该区域的投资；而有超过1/4（26%）的家族办公室预计在未来将增加对西欧国家配置，有约1/3（31%）的家族办公室计划提高亚太地区（除中国外）的配置，超过22%表示会提高在中国的投资配置，而高盛所调研的家族办公室中，41%的亚太地区家族办公室则预计在未来增加美国市场的股票配置。

（4）现金持有量预计下降，考虑未来随着机会的出现，部署现金资本进行投资；44%的受访家办计划增加发达市场的股票权益类投资，34%计划增加新兴市场的股票权益类投资；从未来5年的计划来看，近1/3的家办表示将降低持有现金的比例。

（5）从感兴趣的投资主题来看，兴趣点仍然高度集中在高科技、医疗健康等领域。有高达 75% 的家族办公室受访者表示对"数字化转型"有投资兴趣，位居第一；之后则是医疗大健康领域，有 67%。

总的来说，尽管经济形势和地缘政治等因素在近年来发生重大变化，但家族办公室仍保持着较为稳定的发展，仅做投资组合和配置的调整。根据调研数据，2022 年被调研的家族办公室的资产配置大致为：55% 的传统投资（例如，股权、债券等）及 45% 的另类投资（例如，对冲基金、房地产等）。

2. 区域差异：不同区域家族办公室的数据差异

从 UBS 发布的《2023 年全球家族办公室报告》（见图 5-5、图 5-6）中，我们也注意到一些家族办公室的地域性特点。

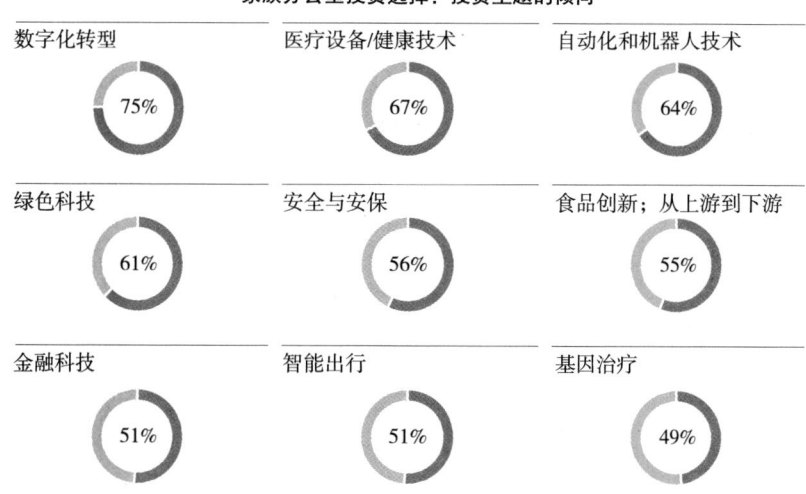

家族办公室投资选择：投资主题的倾向

数字化转型	医疗设备/健康技术	自动化和机器人技术
75%	67%	64%

绿色科技	安全与安保	食品创新；从上游到下游
61%	56%	55%

金融科技	智能出行	基因治疗
51%	51%	49%

图 5-5　《2023 年全球家族办公室报告》部分数据一

3. 管理制度和体系仍有待完善

除进行投资外，家族办公室也作为家族财富传承的工具，起到家族治理和传承的作用。然而，UBS《2023 年全球家族办公室报告》就此提到了一个"理想与现实"的明显差距问题：多数家办（63%）虽然认同它们的主要目标之一是帮助实现财富代际传承，但是只有少数的家族办公室在流程、治理以及风险管理上真正进行了实际的安排。根据报告统计，只有 42% 的家族办公室针对家族成员有传承安排，而拥有家族治理架构的，也只有 42%。资产在 1 亿美元到 2.5 亿美元的

美国家办的部分数据

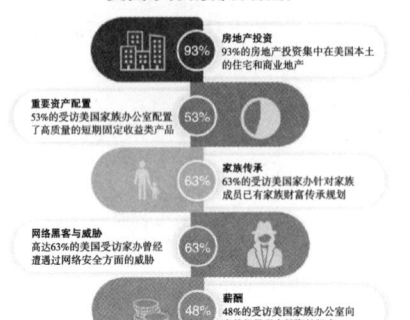

- 房地产投资 93%：93%的房地产投资集中在美国本土的住宅和商业地产
- 重要资产配置 53%：53%的受访美国家族办公室配置了高质量的短期固定收益类产品
- 家族传承 63%：63%的受访美国家办针对家族成员已有家族财富传承规划
- 网络黑客与威胁 63%：高达63%的美国受访家办曾经遭遇过网络安全方面的威胁
- 薪酬 48%：48%的受访美国家族办公室向高管提供联合投资的机会

欧洲家办的部分数据

- 首要关心 37%：37%说是地缘政治
- 分散投资 75%：75%认为流动性不足增加了回报
- 成本增长 73%：73%预期未来3年员工成本将净增长
- 服务管理 94%：94%由内部团队管理战略性资产配置
- 私募股权 70%：私募股权投资70%是投在基金或母基金上

亚洲家办的部分数据

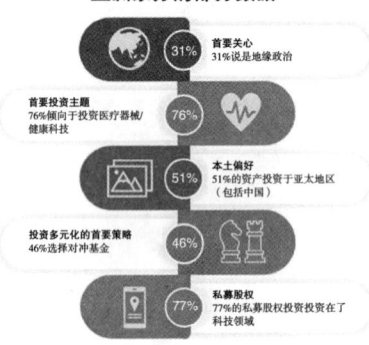

- 首要关心 31%：31%说是地缘政治
- 首要投资主题 76%：76%倾向于投资医疗器械/健康科技
- 本土偏好 51%：51%的资产投资于亚太地区（包括中国）
- 投资多元化的首要策略 46%：46%选择对冲基金
- 私募股权 77%：77%的私募股权投资投在了科技领域

图5-6　《2023年全球家族办公室报告》部分数据二

小型家族办公室在家族治理和传承领域尤其做得欠缺。而资产在10亿美元以上的大型家办，也只有43%拥有传承安排，66%有家族治理架构。究其原因，是家族在应对较为"软性"的家族治理等问题时，往往带有比较个人化且情绪化的因素，这并非擅长与投资和数字等"非情绪化"元素打交道的投资专业人士所擅长处理的，所以他们也会觉得这些问题处理起来具有很大的难度。

在这个方面，笔者认为，家族及家族办公室需要的则是，法律顾问和家族顾问的参与并及时提供解决方案。家族的长老、实控人，在家族传承和治理安排上，一方面应当不回避主要矛盾，能够认真和专业地面对，而不是觉得有难度，就不断拖延。另一方面，则要专业应对，而不是自己想当然地进行传承安排。

实控人的突然离世和丧失行为能力，往往会带来一连串的麻烦和问题。我们在实践中，已经碰到了多起实控人要么没有及时进行传承规划，去世之后，家族内部发生遗产争夺；要么自己想当然地提前进行传承安排，将公司的实控权交给二代，之后发生因与二代经营理念发生严重分歧而双方剑拔弩张甚至要对簿公堂的情形。

专注财务与投资的家族办公室 CEO 和 CIO 就需要针对这个领域加以关注，预见到在传承和治理方面家族存在的风险，在合适的时间和场合向家族的实控人提示。

另外，家族办公室也需要建立风险防控体系。例如严格的网络安全保护措施，以抵挡外界对家族办公室的网络攻击。这与家族的财富安全保护、传承安排与治理架构一起，都应该成为家族办公室风控管理体系的一部分。

家族办公室对中国富有家族来说是一个全新的领域，充满机遇，目前中国的家族办公室还面临一些制度局限。因此，在短时间内要将欧美数百年的家族管理精华完全掌握很难。同时，家族办公室要充分适应中国的法律环境仍具有一定挑战，尤其是在家族办公室的架构设计跨越资产管理和配置、股权结构、离岸信托、家族治理、传承和资产安全保护等多个领域时，需要法律和财务专家无缝衔接和高效协同，并与财富家族就其境内外资产布局、家族成员情况和未来发展的愿景进行深入沟通，了解其特殊需求。因此，在充分借鉴吸收既有经验的基础上，财富家族应当借助专业人士的力量，结合中国特色的政治、经济、文化、法律环境以及本家族特质，建立适合自己的家族办公室。

第三部分
资产保护与传承

PART 3

第 6 章　家族法律顾问

一些人并不喜欢律师,直到他们也需要律师的时候。

——美国作家,肯尼斯·伊德

6.1　家族法律顾问的角色

作为财富管理的成熟市场,欧美市场提供财富管理和传承的法律服务已有数百年的历史。那么对于中国的私人客户,他们面对的是一个什么样的法律市场?他们应该如何选择最合适的私人财富顾问或者家族法律顾问?而对于律师来说,面对这个具有巨大发展空间和潜力的新兴市场,又应该如何提升自己的能力和经验,为客户提供优质的服务?

6.1.1　财富管理和传承法律业务的起源

在现代法律的划分当中,有关财富管理的法律并不是一个独立的、界限明确的部门法(例如"民法""刑法""民事诉讼法"等),而是由几个不同的法律规范和框架(例如"继承法""婚姻法""信托法"等)共同构成的。同时,财富管理法律工作也并非业务初学者或者综合执业的律师所能轻松胜任的,而必须由拥有丰富经验的专家来处理、完成,而且需要的往往不止一位专家。

财富管理最早应用的工具是遗嘱或遗赠,其历史甚至可以追溯至 3 000 年前的古埃及,据说古埃及法老阿蒙涅姆赫特三世时期留下来的一份遗嘱是目前所知的世界上最早的一份遗嘱。当时财富人士仅可在保障法定继承的前提下,才能对部分财产订立遗嘱。

信托制度的起源——用益制（"Use"，又称尤斯制）由此诞生：某人（委托人）在生前将自己所有的财物（一般是不动产）转移到另一个人（受托人）名下管理，约定受托人将所得收益和财物交由委托人指定的受益人，而在自己死后，财产的受益人则又变更为自己的子女。① 这样既可以规避嫡长子继承制，又可以避免缴纳繁重的土地继承金。

1535 年，《用益法》终于诞生。1540 年，《遗嘱法》也相继颁布；涉及遗嘱和信托真实性的《反诈欺法》后来亦被制定出来；此外，未被《用益法》规定的其他用益行为则被认可为信托制（Trust）形式并存在于社会实践中（直至 1925 年，信托"Trust"和用益"Use"才被统一为信托"Trust"）。至此，关于财富管理的主要三部法案相继在英国诞生，财富管理进入一个全新的阶段。

6.1.2 财富管理中的"保健医生"

著名的经济学著作《黑天鹅》提及，人们往往忽视那些小概率事件，但是这些"黑天鹅"事件却会产生颠覆性的影响，这就告诉我们：预防比治疗更重要，但预防只得到很少的奖赏。这一点在两千多年前发生在中国的一则故事中就得到了印证。

魏文侯问扁鹊曰："子昆弟三人，其孰最善为医？"扁鹊曰："长兄最善，中兄次之，扁鹊最为下。"文侯问故，扁鹊曰："长兄于病，视神未有形而除之，故名不出于家。中兄治病，其在毫毛，故名不出于闾。若扁鹊者，镵血脉，投毒药，副肌肤间，而名出闻于诸侯。"

在"扁鹊之兄善医"这则故事中，魏文侯问扁鹊道："听说你家兄弟三人都是医生，哪一个医术最精呢？"扁鹊回答："大哥医道最精，二哥其次，就数我最差了。"魏文侯问："能具体说给我听听吗？"扁鹊说："大哥看病着重于神，病灶还没形成就被他除去了，所以他的名声不出家门。二哥看病是治于病情初起之时，那时症状很轻，所以他的名声不出四邻。而我看病比较繁复，要切脉、投药、针灸等，又是治于病情严重之时候，所以都以为我的医术最高明，连诸侯们都知道了。"

---

① 参见 http://www.zhongguoxintuo.com/xtcs/5180.html。

法律顾问也很像医生,当事人出现严重的"病症",需要"动手术",要找律师帮助对簿公堂,这样的法律顾问,是诉讼律师,也称"争议解决律师"。而家族法律顾问,就像扁鹊所描述的他的大哥、二哥,如同"保健医生",在财富的管理、安全保护和优化传承方面,帮助家族降低法律风险和争议风险,设计优化架构,保障家族财富的安全。

> 家族法律顾问,如同"保健医生",在财富的管理、安全保护和优化传承方面,帮助家族降低法律风险和争议风险,设计优化架构,保障家族财富的安全。

当然,财富管理法律顾问的价值远不只是"保健"功能,基业长青离不开担任重要角色的家族法律顾问。如果我们回顾本书第1章提到的一张图(见图6-1),我们发现,加粗文字所示的内容均与法律有关,家族企业顶层设计、传承工具与筹划、安全法律架构以及主业退出与套现等方面,都体现了家族法律顾问的重要作用。

- 主业经营和传承
- **主业退出与套现**
- 财富管理与传承

家族法律顾问

- **安全法律架构**
- **传承工具与筹划**
- **家族企业顶层设计**

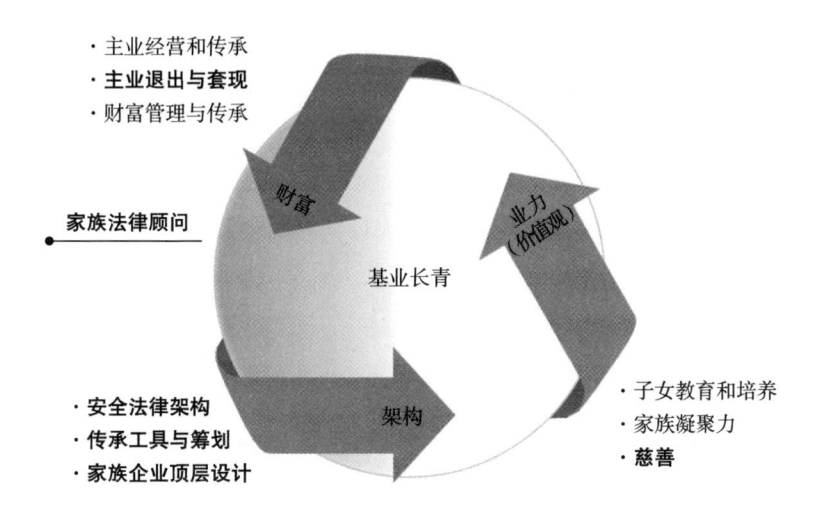

基业长青

- 子女教育和培养
- 家族凝聚力
- **慈善**

图6-1 家族法律顾问与基业长青

6.2 如何选择和聘用合适的家族法律顾问

高品质的法律服务是一个优秀的家族企业所必备的,对于私人财富管理和传承也是如此。那么如何选择和聘用合适的法律顾问?要回答好这个问题,首先是看客户自己的需求、家族的需求。然而,这里的"需求"往往是模糊不清的,因此较为常见的做法就是客户通过朋友圈或者其他专业人士寻找合适的律师。虽然这不失为一种有效的方法，但需要寻找律师的客户，尤其是要寻找家族法律顾问的客户，要认真思考自己的需求，这是非常重要的一步，因为这决定着别人推荐什么样的律师，自己要按照什么标准来选聘合适的律师，例如，需要什么样的专业特长，是否贴近自己的风格和家族企业的文化，以及律师费是否与自己的费用预算相匹配。

6.2.1 了解"显性"需求和"隐性"需求

没有一个律师是可以适应所有企业的，也不是每一个家族企业都需要国际性的律师事务所提供服务。有财富管理和传承服务需求的客户，更需要"量体裁衣"地根据自身需求来寻找合适的法律顾问。

一个家族企业要指导其法律顾问进行工作，就需要知晓自己的管理风格以及管理层希望顾问以何种方式参与管理。家族领袖必须经常评估自己需求的变化，现有律师是否还能够继续跟得上家族和家族企业的发展步伐和节奏，随着企业的成长和变化，企业是否需要具备其他业务技巧或风格的律师？一个由家族控制的企业，是应该寻找私人律所的支持还是内部法务人员的帮助？每个问题都会引发不同的回答，不同的回答对应不同的分析方法。

关于"需求"，包括"显性"的需求和"隐性"的需求。所谓"显性"需求，是客户已明确的需求，如需要对自己的财产如何传承做出安排，家族企业接班问题如何处理和股权如何分配，这些具体、明确的要求决定了其需要寻找有这方面专长和经验的律师。而"隐性"需求是指往往自己并没有意识到，但是一被点拨，就会觉得十分重要的需求。例如，对于有隐私保护和保密需求的客户，如果涉及多国资产，那么其需要具有一定国际化背景的律所的后台支持；如果是家族企业，由于传承安排的原因可能会需要重组或者出售套现，那么律师团队中就应当有具备相关经验的资深律师参与出谋划策。

对于这些需求，最为基本的莫过于保密方面的要求。实践中，确实有律师希望通过代理名人的争产诉讼获得知名度，但绝大多数客户都不希望自己的律师披露任何有关个人或家族财产或者家族其他方面的事务。对于已经签署了律师委托协议的法律顾问来说，受限于律师协会的纪律要求以及合同上的约定，其须严格履行保密义务。越是专业的律师事务所，在这方面越会注意、严于律己。律师在代理知名人士的财富传承业务时，就连该人士是否为自己所在律师事务所的客户都不应该披露，希望以此来加大宣传就更不应该了。

对于客户来说，在遴选、面谈律师的阶段，如果希望最大限度地保障私密性，也有一些实际操作的方法。首先，通过多方途径了解行业内相对有经验的、有专业水平的律师；其次，如果已配备律师但并非专长于财富管理领域（例如公司业务或者诉讼方面的律师），也可以让其在严格保密的情况下私下推荐；最后，可以让自己信任的助理先行联系律师，安排与潜在的候选律师私下约谈。

在解决保障私密性这个需求之后，就要考察候选人的专业水平、价值观、执行力。

6.2.2 如何衡量高品质的法律服务

首先，是专业的深度和广度的问题。毋庸置疑，客户当然会非常关注所选律师的专业能力、经验，但客户时常忽视的是，这位律师的背后是什么？是否有一个专业素质过硬的团队？与其他专业人士的合作情况如何？

因为财富管理方面的法律服务涉及多个业务板块，所以家事法律方面的服务只是其中的一个部分。一位律师是否能够提供专业的、高品质的服务，往往不在于他本人是否"看上去很专业"，而在于他的背后是否有一个专业的团队，是否能够提供"多专家会诊"的资源，因为这最终会影响到解决方案是否具有周全性与可执行性。就像面对病痛，患者并不希望找一个只会"头痛医头，脚痛医脚"的医生，而是希望找到一位医生，能够帮他统筹协调各个相关领域的专家医生的资源，给出一个全面、完整的方案。

那么客户在进行面谈的时候，就应该留心这位律师在多大程度上在谈他自己，有多少时间在谈他背后的团队和专家资源。如果一味地称自己有多能干，而又说不上来自己如何与他人合作，那么哪怕这个候选人再专业，客户恐怕只能委派给他非常具体、与他专业最关联的任务。相反，如果这位候选人在描述过往经历的时候，讲述了其如何与其他的法律专家协同，获得了最优方案，那么客户可以更进一步了解其在自己所需要的专业方面提供解决方案与高效执行的能力。

其次，是价值观的问题。这位候选人是一直在滔滔不绝讲述自己如何专业、如何"强大",还是愿意认真倾听客户的想法、了解客户个人和家族背景,家族企业的文化,并提出合适的问题。

对于不在专业范围内的问题,这位候选人是假装自信地给一个并不精确的答案,还是坦诚地表示这个问题需要进一步研究再给予回复?对于某些需要后续跟进的事宜,这位候选人是否如期给予了答复?

在面谈的时候,这位律师候选人是否认真地记笔记?这不仅仅能反映其是否有"备忘"的好习惯,更能体现其是否尊重客户(或者潜在客户)。

还有一个与"价值观"颇有关联的做法是,观察这位候选人提到的一些引以为豪的解决方案背后的道理、缘由,从而判断他是"技术型"的还是"智慧型"的。技术型的也许会和客户说某一个把对方逼到绝路、取得"完胜"的案例,这也许是在技巧上达到了"极致",这种"小聪明"虽然帮助客户获得了最大的经济回报,但是却让客户结下了一个大冤家,或者留下某种隐患,这样的候选人可能不是"智慧型"的专家或顾问。而如果客户是家族的领袖,需要对财富管理做出优化的、智慧的传承安排,那么他更应该寻找能够提出"超越法律"的解决方案的"智慧型"专家或顾问。

有了对家族企业任务、价值、管理和沟通方式的理解后,客户在如何选择家族法律顾问问题上的框架结构就有了。那么,面试的过程就是在候选人中选择在个人性格特征、职业水平方面与家族管理层及家族企业都能匹配的人。

6.2.3 如何管理好家族的法律顾问

(超)高净值人士,尤其是拥有大量资产的企业家,一定聘用过不止一位法律顾问。是否聘请新的法律顾问来替换现有的法律顾问?现有的法律顾问是否在专业上的深度、广度不够,或者响应速度不够快、反馈不够及时?还是对于某个细分领域没有相关的专业经验?

(超)高净值人士随着对高端服务需求的增长,获得高品质的法律服务是有必要的。除非原有的法律顾问存在服务质量、诚信方面的严重问题,笔者认为,不宜通过选聘新的律师来完全取代原有的法律顾问。就私人财富管理方面的法律顾问而言,他提供的服务应该是对原有业务需求的一个补充,而不是替代。

客户在和新的法律顾问建立了正式的委托关系之后,就要积极保持沟通,从一开始就对项目效果、潜在的障碍以及时间表等问题进行充分讨论，明确期望值。双方在时间管理上要商定交流时点，定期交流并及时反馈，避免在结果验收的时候出现"失之毫厘，谬以千里"的尴尬情形。客户也应就各类协调工作提供支持，不仅是支付律师费用的问题，更是一种对信任的管理。

如果所聘用的律师可以为家族企业提供服务，那么还需要关注的是，律师的作用在每个公司中都是不同的。在一定程度上说，这取决于董事会的治理结构。有的治理是着眼于公司的战略部署，将公司监管放在次要的位置，不少时候留给律师的就是执行，那么，律师就需要提供实施策略并提出实践中可能面临的法律问题及其解决方案。在这种情况下，就要求律师能够很自如地应付合规的要求及后续的诉讼程序。此时，律师的主要职责是履行协商事宜，完成预设的目标。

"看在老天的分上，你最好离法律条条框框越远越好——当然，除非你就是律师。"①

如果董事会希望律师能够积极参与，那么战略决策就是一个优先要考虑的问题。法律顾问的价值体现在能够整合大量有价值的企业内外部信息。如果该法律顾问扮演"战略性"的角色，那么他就可能需要能够将各类信息融合在一支有传承、市场、经济和法律元素的"交响曲"中，并给予企业家、董事会不同的思考

---

① 选自《纽约客》漫画集，原作者为 William Hamilton，创作于 1990 年。

角度和创新思维。

6.2.4 寻找家族法律顾问宜早不宜迟

在财富管理和传承方面，最重要的莫过于提前规划，而最忌讳的莫过于拖延，拖着拖着，就不需要规划了，因为再也用不着规划了。就像患者本来找保健医生病痛就可以解决的，拖着拖着，就只能找手术医生了。"保健医生"和"手术医生"，不都是医生吗？我们认为，找两者至少在3个方面有根本的不同。

第一，痛苦指数不同。如果及时找对了保健医生，也许通过食疗，健康习惯的培养，定期身体检查，就能避免大病灶的发生。这个过程，总的来说是轻松的，痛苦指数低的。而有些手术给人的身心带来的创伤和痛楚，是常人难以想象的。

对于需要管理财富安全和设计传承方案的超高净值个人、家族来说，其如果能够尽早地完成安全、优化的架构设计，使用合适的工具，那么就可以大大降低各类风险——例如，家族成员之间的争产内斗，资产流失，无法将资产传递给自己所爱的亲人，由于没有进行资产的安全隔离而财富大幅缩水或者破产，等等。

若进行了有效的规划，就可以更为从容地面对风险和无常，更自信和轻松地投入事业，享受人生，这也代表了对自己、家人和财富（包括家族企业以及家族企业的员工）负责任、有担当的一种态度。

第二，前后效果不同。虽然无论是"保健医生"还是"手术医生"，都无法包治百病，但是他们都会建议患者经常体检、尽早发现问题。同样，对于财富安全和传承的规划，"先做"还是"后做"效果是完全不同的。就像人得了重病或者年纪大了再去买人寿保险，一定是为时已晚了。下面略举税务筹划和传承规划两个方面的例子来说明两者的效果究竟会有多大的不同。

针对税务筹划，请牢记一点——在某个法律行为发生效力以后，所产生的后果往往是不可逆的。你是否会被征税，征多少税，这不是以你的主观理解和想象为转移的。无论是对于你某个投资退出的计划（涉及红利分派或者资本利得方面的所得税），还是海外置业（涉及海外遗产税），抑或是由移民"疏忽"导致的全部资产收入被全球征税，当你已经要被征税的时候，再去想怎么做架构以降低自己的税负，便几乎是不可能的了。但是，如果能够及早设计和搭建架构的话，你也许能减少10%、20%甚至40%的税负。那个时候，你真的会感谢曾经未雨绸缪的自己。

谈到传承规划，笔者想起一个案例。著名相声表演艺术家侯耀文突然去世，没有留下任何遗嘱。然而，其女儿却因为不了解父亲的资产真实状况无法有效继承财产，父亲所留下的资产也都不知去向，最后女儿不得不诉诸法律手段。虽然最后案件以和解方式结案，但是父亲的资产究竟是多少、是否仍然有资产被他人不当占有，便成为一个无法解开的谜。

我们知道，如果没有规划，传承（继承）当然也会发生，但是效果、结果很可能是继承人所不愿意、不希望看到的。就资产而言，也许很多并不为继承人所知晓，因此无法被找到，那就谈不上继承，或者有些资产被最接近、了解它们的人侵吞，那么继承人也无法获得该部分资产。而对于家族企业来说，如果没有任何妥当的、科学的传承安排，股权按照一般性的继承来处理，那么企业的命运就可能伴随着家族成员的内斗、企业非家族股东和家族股东之间的分歧而逐渐走向衰落。这样的情况一旦发生，后果不可逆转。所以，是否及时规划，结果可谓天差地别。

第三，代价和成本不同。人们往往在失去健康时，才知道它的重要性。就像《黑天鹅》的作者所说的，预防比治疗更重要，但预防只得到很少的奖赏，预防不被人们所重视。具有讽刺意味的是，对于预防和保健，人们往往吝啬时间和金钱，不愿意投入，但是当出现病灶，则一下子"慷慨"起来，对手术、各种治疗可以不计成本，因为到那个时候终于幡然醒悟，这些钱都不算什么，因为"生命诚可贵"。

当家族的矛盾升级为诉讼，无论是争夺遗产，还是在家族企业中争权夺利，成本和代价都是高昂的。香港著名的镛记酒家甘氏两兄弟起初由于企业战略方向分歧产生龃龉，最终一方要求分道扬镳，经过长达5年的多轮法律争战，最后香港终审法院做出裁决，对企业进行清盘分产。争执的代价可谓高昂。

而新鸿基背后的郭氏家族内部矛盾恶化，长兄郭炳湘举报两位弟弟行贿，导致香港廉政公署在2012年采取行动，拘留香港政务司前司长许仕仁以及公司联席主席郭炳江、郭炳联，受公司高层被香港廉政公署调查影响，香港新鸿基地产股价出现大跌，市值也发生巨额蒸发。2014年12月香港法院做出判决，许仕仁8项控罪5项成立；郭炳江3项控罪1项成立；郭炳联4项控罪均不成立。那么被称为香港"世纪贪腐案"的诉讼律师费是多少呢？辩方总花费接近10亿港元，控方亦达2亿港元。据悉，郭炳江一人的律师费就高达5亿港元。

有了这些前车之鉴，相信无须赘述提前规划、维系家族财富安全、家族治理结构健康的重要性了，不妨及时、果断行动——"要让未来的你感谢今天努力的自己"。

6.3 现代财富传承法律服务的构成

就像人们对于财富管理和私人银行缺乏足够的了解一样，财富管理和传承领域的法律服务究竟包括什么内容，即便对于中国大多数的法律专业人士来说，也还是新兴的范畴。与许多财富家族经历数代传承、拥有丰富财富管理法律经验的欧美国家相比，中国高净值人士虽日益涌现但是却几乎没有财富世家，中国在财富管理法律领域才刚刚起步。

笔者早年在纽约一家大型律所工作的时候就注意到，纽约曼哈顿的不少知名律师事务所，除了公司并购、资本市场、诉讼、税务、知识产权等业务部门之外，都有一个叫"信托和财产规划"的业务部门。一开始笔者认为，大型的律所还有这么一个和主流的公司业务沾不上什么边的部门，倒是颇为新奇。后来笔者才逐渐了解到，其设置的目的是帮助高端个人客户完成在企业上市、并购套现等流动性事件之后，能够为该客户提供信托和财富传承方面的法律服务，律所也能够以此加深与客户的感情、增强客户忠诚度。

6.3.1 中国财富管理法律业务的演进和发展

随着中国（超）高净值人士数量的增加，中国在财富管理和传承领域的法律服务有了巨大的需求和发展空间，而在这个领域的法律实践严重滞后。在满足该类客户的法律需求尤其复杂的财富筹划法律需求方面，专业人士极为稀缺。

图6-2描绘的是中国私人财富法律服务的演进过程，目前正从第一阶梯逐步迈向第二阶梯，即从原来的以《民法典》的婚姻家庭编、继承编为主的传统家事法律服务，向更高端和复杂的法律服务升级和转型，参与的法律专家不再局限于婚姻律师、继承律师，而是增加了具有国际化背景的税务律师、公司律师、信托律师，业务从单一化向多元化、国际化演变。而法律服务的提供商，从传统的开展小规模民事法律业务的小型事务所，逐步向大规模的、国际化的商事律所转型。

图 6 - 2　中国私人财富法律服务的演进

具体来说,在第二阶梯,随着现代传承工具的适用性增强,除了遗嘱、婚前协议、生前赠与之外,保险、信托、税务筹划等开始引起业界的关注、使用和推广;而到了第三阶梯,则包括更为复杂的家族和家族企业的治理、顶层设计、股权传承安排等,并且都带有跨境因素,法律服务人员要和其他国家或地区的法律专业人士进行协同与合作。而要提供这样全面的法律服务,单一的专业律师已经难以做到,客户需要的是由一位资深律师带队的数位不同领域的法律专家提供的"专家会诊型"法律服务。

图 6 - 2 所描述的三个"阶梯",反映出中国在财富管理法律服务领域的"进阶"过程,实践中,这三种不同阶梯、类型的服务,还会并存。笔者认为,也不宜做高端、低端的区分。毕竟并非所有的客户都需要复杂的架构设计和家族治理的安排;普通的、资产规模相对较小的客户,需要的主要服务仍集中在传统服务方面,并不一定会使用很多的传承工具,而了解不同的选项和可能性,却是有价值的。

从法律角度看,要做到"有效传承",搭建安全的架构,对家族和家族企业进行科学的治理,实现财富永续,必然将涉及多个方面的法律业务。

6.3.2　私人财富管理领域的法律业务

现阶段,私人财富管理的法律业务主要包括家事法律业务,与家族企业相关的法律业务,信托和税务方面的法律业务,具体如图 6 - 3 所示。

图 6-3 私人财富管理领域的法律业务

（一）家事法律业务

随着（超）高净值客户财富安全意识、法律意识的增强，我们会看到更多的人士寻找专业律师帮助起草遗嘱，准备婚前协议，并且都会涉及跨境因素。

（二）企业法律业务

绝大多数（超）高净值个人都有自己的企业，而家族企业的传承，尤其是股权的安排，以及对家族企业、资产进行顶层设计，是传承领域的难点。因此，若他们在公司和资本市场业务方面缺乏经验，就会在筹划和架构设计中存在"盲点"，难以发现问题，也就会在解决方案的设计上显得捉襟见肘。

相当数量的在境外上市的中国家族企业安排了境外的信托来持有上市公司的股份。2009 年 11 月 19 日龙湖地产正式在香港联交所挂牌上市交易，在此之前的 2008 年 6 月，创始人吴亚军及其配偶蔡奎分别设立吴氏家族信托和蔡氏家族信托，通过它们持有境外拟上市公司的股份。而在 2012 年 11 月 20 日，龙湖地产公关部发言人向媒体确认吴蔡二人已经正式离婚，同日，龙湖股价急跌超过 4%，总市值蒸发超过 43 亿港元。而当公众了解到两人在上市公司中的股份系通过两只家族基金分别持有，公司股权结构和管理将不会受到两人离婚的影响，股价在经过两天连续下跌之后止跌回升。这就是一个典型的涉及公司法律、家事法律和信托法律的安全架构安排。从公司曾经遭遇蒸发而后又"失而复得"的43亿港元市值来看，这个安全架构可以说值43亿港元！

另外，在探讨传承问题的时候，尤其当二代无心或者无力接班时，一代就必然需要考虑各种备选方案，例如，通过并购的方式退出套现，或者通过 IPO 建立更好的企业治理制度并且引进职业经理人来解决接班问题，或者通过管理层杠杆收购的方式，这时，在企业并购、资本市场和私募方面拥有丰富经验的律师将起到关键性的作用。在后面我们也会提到，如果要通过信托方式设立顶层控股结构，则必然涉及企业的重组，这也会需要公司律师和税务律师担当重要的角色。

再举一个例子，我们在帮助一位企业家进行传承方案设计时注意到，他所拥有的一家价值不菲的企业是与另一位企业家共同创立、经营的，两人持股比例分别为 60% 和 40%。任何一方去世就会引发股权继承问题。而由于该企业所处行业的特点，除非继承人对这个领域有着多年的经验，否则对企业的贡献将会非常有限，所以其采取现金清退的方式最为妥当。但是当一方股东意外去世，另一方股东却要出资从已去世股东的继承人手里收购股权，就会产生两大难题：一是股权的价值评估，如果各方对公司估值的方式未达成一致，对公司的运营、财务状况都不了解的继承人就难以准确知晓公司的实际价值，那么该继承人很可能在退出套现的金额上吃亏。二是公司的价值不菲，即便双方现在订立合同，明确公司价值以及未来退出的价格计算方法，要让收购方一下子拿出数亿元现金从去世股东的继承人处获得股权，其财务压力之大可想而知。

律师遇到这种情况，就需要有公司法律与并购业务方面的经验。最后我们的设计方案的组成部分之一，就是让两位股东互相购买人寿保险，由于人寿保险的保险金赔付（与缴纳的保费相比）具有数倍放大功能，所以这样可以缓解收购一方的现金压力。同时，我们在股东协议以及公司的章程文件中也都会进行特别的配套性安排。

（三）信托法律业务

目前，以现金、理财产品为标的的简单信托已经在国内开始了尝试，而对于公司股权、房地产等资产的信托，由于国内信托法律的发展滞后，尚无法在国内法律体系下有效实施，因此，境外离岸信托的使用则相对更为普遍。这就要求境内的家族法律顾问在境外信托方面有基本的知识，并有能力与境外信托公司、信托方面的法律顾问进行合作，做到无缝衔接。

为了确保信托的有效设立，避免将来遭遇法律合规性挑战，即便信托在境外设立，境内法律顾问的作用仍不可小觑。一方面，设立信托需要婚姻、家事方面的律师从境内法律的角度给予意见，避免未经配偶同意转移夫妻共同财产的情形导致置入信托的资产合法性存疑。另一方面，如果境外信托包含了境内资产，尤其是股权、房地产，那么必然涉及资产重组、跨境并购及外管部门登记等方面的问题，此时就需要熟悉跨境并购、重组方面的律师介入。与此同时，还需要税务法律专家对前述架构提出意见和建议。

（四）税务法律业务

如前文所提及的，无论是境外信托的设立，还是企业的重组、资产的置换，都需要税务专家的指导。另外，由于越来越多的（超）高净值人士在全球进行了资产配置，有的还进行了移民，这些都会产生涉及不同国家和地区的"税务后果"。如果没有这方面的提前设计和安排，那么未来所要支付的"学费"绝对不是一个小数字。以境外置业后继承人所需要承担的房地产继承过户税负为例，包括美国（取决于各州的规定）在内的不少发达国家对房地产所有人死亡而发生的继承，一般会征收高达40%的遗产税。而有的人士移民后才知道自己的所有财产存在被全球征税的风险，而银行也有法律义务披露其资产状况，财产即便在境外，也可能陷入无处藏身的境地，都有可能在未来被课税。

前述内容，只是对复杂的财富管理和传承筹划的法律服务所做的"管中窥豹"式的介绍。实践中，随着资产规模的扩大和复杂程度的增加，法律解决方案的设计和创新难度也会提高。而财富管理领域除前述四个板块之外，可能还需要其他细分领域的法律专家，例如保险、银行和地产金融等领域。

综上所述，专业化的分工、无缝的衔接和协同、国际化的团队和布局、高效的沟通能力、解决方案的设计能力，对于提供优质的私人财富管理方面的法律服务，当好一流的私人财富法律顾问或家族法律顾问，都是十分关键的。

6.4 如何成为一名卓越的私人财富法律顾问

根据财富管理客户需要的法律服务不同，可以将财富法律顾问工作分为两大类型：第一类是"任务型"工作，第二类是"战略型"工作。"任务型"工作可能是对于某个具体的需求或方案进行法律上的设计、论证、细化和执行，律师的工作围绕具体的任务展开；"战略型"工作往往界限不明晰，甚至需要家族法律顾问自己来界定，这明显更具有挑战性，也更具有价值，亦需要律师更多地了解家族事务。

很多时候，在律师成功完成"任务"后，客户也会提供给他一些更高难度的"任务"。或者，客户在逐渐建立对律师信任的基础之上，让律师承担更多的"战略性"职责。

笔者认为，卓越法律顾问需要具备五大素养（见图6-4）。家族客户交给律师的工作越具有"战略性"，律师就越需要在这些素养上进行深耕和打磨，方能为客户提供高效和出色的服务。

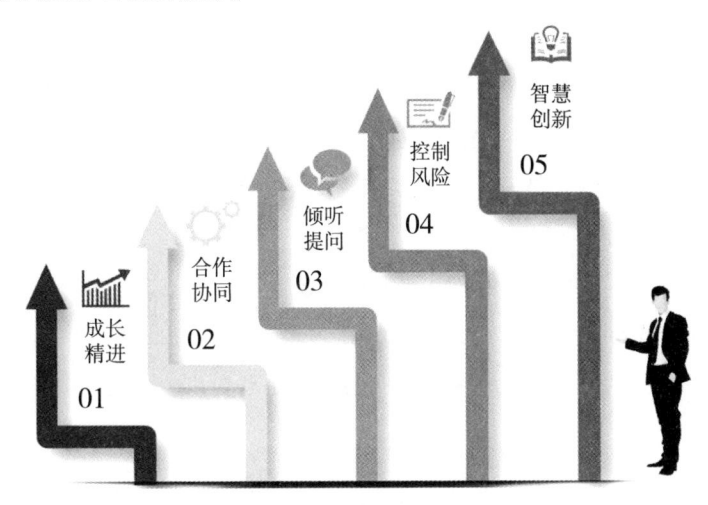

图6-4 卓越法律顾问需具备的五大素养

第一，必须不断成长精进。在现今这个快速发展的全球化信息时代，竞争日益激烈，法律顾问如果不能在知识的广度和深度上不断完善自己，那么往往难以满足客户的需求，因为客户遇到的问题往往是新问题，所以法律顾问需要掌握新知识以提供新的解决方案。

第二，必须学会合作和协同。人无完人，法律顾问一定要了解自己的短板和盲点，并且不时通过自己的合作伙伴、人脉网络，建立起自己的战略合作伙伴关系网，通过与他人合作为客户提供最佳的方案，而不是硬着头皮在自己并不熟悉的专业领域"硬扛"。

一个人可能在某些领域相当精通，但不可能万事精通。家族法律事务涉及公司法、税法、信托法、继承法、婚姻法等多个领域，聪明的家族法律顾问应该知道如何联合其他专家的力量（包括境内外其他律师、其他事务所，并把他们视为合作伙伴），来一起完成复杂艰难的项目。

不要不懂装懂，如果法律顾问试图不懂装懂，那么客户往往会识破但不点破，但是最终不会委以重任。相反，当法律顾问以包容、分享、给予和协作的态度，聘请、组建专家团队，客户只会对他认真、诚恳的态度倍加赞赏，而他也可以通过和专家的合作学习，掌握重要的知识和技能，提升自己的业务能力和水平。

第三，沟通能力非常关键，这包括善于倾听和提问的能力。第一步是了解，家族企业选择律师并不要求律师的知识储备量有多大，但他一定要和家族企业管理层秉持相同的价值观念，理解并尊重家族企业文化。律师需要了解企业的文化及创始人家族的核心价值如何在管理中发挥作用，包括家族与管理者沟通的方式。第二步是要善于提问，了解客户的想法，而不要急于把自己的工具、方案向客户兜售。第三步则是要善于把深奥抽象的法律原则转化成通俗易懂的日常语言，能够让客户充分理解，达到高效的沟通。

很多时候，客户的想法自己也不清楚，或者并不成熟，所以，我们往往还会通过问卷的方式与客户进行深入访谈。在为客户提供包括设计和起草家族宪法（亦称"家族宪章"）之类的服务时，通过问卷了解客户的真实意图是一个非常好的方法。

不同的家族，其沟通方式也会不同。有些家族习惯比较低调的沟通方式，比如私下的口头沟通（面对面，或者通电话等其他方式），很少会形成书面的文件。有些则喜欢使用大量的书面文件进行交流，例如邮件和备忘录，这些文件会清楚地列举事实情况、可供选择的做法以及起草人的意见。法律顾问应当对整个家族喜欢或者惯常的交流方式保持一定的敏感度。

如果法律顾问被邀请加入家族管理层（例如家族董事会），也就是担任战略性的角色，那么他就应当全方位、积极、深入地了解客户，企业内部的法律顾问尤其应当如此。

第四，风险控制。法律工作的核心内容之一就是进行风险管理和控制，这是家族法律顾问的基本工作。但是，因为财富管理和传承方面的工作较为复杂，法律顾问要能够发现和评估风险，并且能够将可能涉及的法律风险与可以考虑的解决方案都呈现在家族的决策者、董事会面前，所以这是一项富有挑战性的工作。

除此之外，家族法律顾问还要关注另一项风险，就是自身面临的风险，要知道如何保护自己。家族内部、管理层内部成员之间利益存在着差异，不同的家族成员都可能会向家族法律顾问示好，以获得一些保密的信息，或者要求其在帮派斗争中"站队"，或者家族成员可能会向这位家族法律顾问寻求"法律咨询"，这在表面上好像无可厚非，但是如果涉及家族整体利益，法律顾问一旦随便发表意见，就会给自己带来很大的麻烦甚至灾难。

第五，拥有智慧、积极创新。家族法律顾问要想真正成为家族领袖最为信赖的左膀右臂，甚至进入家族的核心圈，那么他的智慧必须超越法律本身。面对各类"清官难断"的家务事、企业事，家族法律顾问必须保持清醒和冷静的头脑，能够在法律之外，用智慧为客户创造价值。

与此同时，家族法律顾问需要谨言慎行，自己即便博览群书，见多识广，也可能无法像麦肯锡咨询公司那样直接为有发展及战略创新需求的企业提供商业和管理咨询服务，所以家族法律顾问应该及时与客户沟通，避免被过高期望，最终产生很大的落差而导致客户失望。

家族法律顾问要做得出色到位，就要善于倾听和观察，对事物的分析能够深入透彻、举一反三，具有超强的分析和逻辑思辨能力；还要为人豁达持重，凡事能够举重若轻，拥有超强的场面控制能力，以及似乎总能有让人折服的化解危机、解决各种问题的神奇能力。

要达到这个境界，家族法律顾问和财富管理方面的私行专业人士一样，一方面，要通过向业内外的资深人士学习，学习那些"大音希声，大象无形"的智慧；另一方面，则要依靠自己永不间断学习、锻炼来成长和进步，这包括自己的精神修炼，尤其是在心理学、行为科学方面的学习和提升。作为专业人士，你在格局、修养和情绪管理上不能输给你的客户。

第 7 章 财富保护与传承的法律工具

在事情没有完成之前，总是看起来不可能。

——纳尔逊·曼德拉

  私人财富管理与传承，顾名思义，财富管理之重要性应在传承之前，没有前者，就没有后者。而如果将"私人财富管理"切分为两个视角，一个是金融、投资和财务的视角，另一个则是法律的视角，但它们都有一个关键的共同关注点，就是财富的安全。从金融和财务的角度，将围绕投资的安全、资产的配置，最终达到分散风险、资产保值增值；而从法律的角度，则是围绕资产的隔离和保全，避免由离婚、失联、债务、担保、创业、意外责任，或是刑事案件，导致财富减损。

  这个问题的重要性，显而易见，因为唯有财富安全作为前提和基础，才能谈财富的传承。有意思的地方是，如果"读"法律的话，对于传承，《民法典》有继承编。但是对于财富的安全，却没有一部对应的法律，例如"私人财产安全法"之类。中国没有，据笔者所知，欧美地区也没有。这并不代表这个议题不重要。反而说明，法律和法律执业是两件不同的事情。就像治病靠的是医生的望闻问切、诊断和配药，而不是靠病人自己去读懂药典。

  的确不少人容易想当然地认为按照《民法典》继承编依法继承家产没

有什么好担心的。然而，相当数量的案例和教训表明，资产管理、保护、传承领域的风险不可小觑，当风险发生时，再拿着《民法典》按图索骥，发现自己或者家人面临一大堆的问题和麻烦，似乎法律并没有按照"对自己有利"的方向制定。财富安排的疏忽，不仅会导致资产灭失或被冻结、处置、侵占，还会带来诉讼、家族成员之间的争斗，让自己、家人精疲力竭。

本章将通过一系列的案例分析，探讨传承中最容易被忽视的问题和风险，同时介绍优化传承安排的一些方法和工具。

7.1 关于安全：建立财富的隔离仓

多项调研结果显示，超高净值个人将财富的安全放在首要、优先的位置。只是怎么样确保做到"安全"，对于大多数非专业的人士来说，并没有什么概念。许多企业家，尤其是房地产老板，在最近几年经历了疫情、宏观经济大变局的情况下，发现自己的企业面临债务危机，而一旦"爆雷"，则自己和配偶作为银行贷款的担保人，也要承担连带责任，而家庭财富又大多在自己或者配偶的名下，所以届时多年辛苦经营积累的家庭财富也都将面临被查封冻结、用于债务清偿赔付的结局。

而"临时抱佛脚"式的资产转移和腾挪，最终也将引发债权人及其律师的调查和质疑，并被法院判决撤销或者无效，这种伪隔离就像把现金藏于埋在地底下的坛子里或者墙缝里一样原始和荒谬。"简单粗暴"的资产保全行为，根本敌不过专业的推敲，当事人甚至还可能被认定为犯了"拒不执行判决、裁定罪"，将面临追究刑事责任，甚至难逃牢狱之灾。

与此同时，在欧美，财富的保护与隔离实际上属于有数百年历史的专业法律业务领域，相关的知识和方法、专有技术，为极少数的法律专家和大型财富家族所掌握，并不为大众所熟悉，就连法学院也没有这样的独立课程。笔者在国外工作以及和国际律所合作过程中，接触到了这个鲜为人知的领域，在此将其中的部分内容分享给读者。

7.1.1　缘起：为什么要进行财富安全隔离的设计？

19世纪，三件伟大的事情将英国的产业革命和资本主义发展推向了巅峰。第一件事情，瓦特对原始蒸汽机做出了重大改进，标志着产业革命的开始。第二件事情，斯蒂芬孙发明了蒸汽机车，是人类交通运输史上的一大里程碑。第三件事情，少有人知道，但是对于推动资本主义的发展却起了至关重要的作用。它就是1855年英国国会颁布的《有限责任法》，规定个人可以通过设立有限责任公司进行创业，债务责任将仅限于该公司的资产，而不波及个人。这就使得更多的人愿意投入到创业的洪流当中，而不必担心由生意失败、承担生意经营风险导致自己负债累累而陷入赤贫之境。这个法案大大促进了资本主义的发展，也帮助英国快速崛起成为不可小觑的资本主义工业帝国。

> 反观这段英国产业革命的历史，我们就不得不思考一个问题，中国企业所普遍采用的有限责任公司制度，理论上也是"有限责任"，并未将公司的债务波及股东的个人和家庭财产，但是实践中，真的是这样吗？

反观这段历史，我们就不得不思考一个问题，中国企业所普遍采用的有限责任公司制度，理论上也是"有限责任"，并未将公司的债务波及股东的个人和家族财产，但是实践中，真的是这样吗？银行以及小额贷款公司在给企业发放贷款的时候，普遍做法是要求公司的实际控制人签署担保函、承诺函，要求个人对企业（有限公司）的债务承担无限连带责任。VC机构、PE（私人权益资本）基金常常也会要求公司的创始人对公司的债务承担连带责任。这意味着什么？

这意味着所谓的"有限责任"对于企业主来说，已经名存实亡！自己创业，一不注意，实际已经在"裸奔"。所以，如果不进行个人财富的安全隔离，那么只要家族企业倒下，自己和家族的财富也会跟着"倒下"。

那么究竟有哪些风险？正如前文提到，"黑天鹅""灰犀牛"事件将给家族财富安全带来挑战。这很大程度上体现在资金链危机、债务危机以及企业运营和投资的风险方面。但是从资产安全与隔离的角度看，还有其他的风险需要关注。如果说前述风险是来自交易或者"合同"的话，那么还有三类风险需要关注。

风险类别之一，和家事与婚姻有关。越来越多的高净值个人及其子女在面临婚姻的时候，需要关注若未来离婚，是否会带来财富的折损，是否本该属于家族企业的股权要不得不分给对方。当然，大多数人会想到婚前协议，但是这只能在有限的程度上解决问题。例如，如果夫妻一方因为投资或者创业的失败而面对巨额的债务，夫妻另一方即便与对方存在婚姻财产协议，但仍然可能要对该等债务承担连带责任。或者，在婚姻关系存续期间，如果一方的父母死亡，在没有遗嘱的情况下，继承人要按法定继承人顺序进行遗产继承，该等继承的财产就会成为夫妻共同财产；而如果双方离婚，一半财产就很有可能要归属对方。从这个角度讲，夫妻之间有关财产的协议，即便能够签署，也并不能够解决财富安全隔离的问题。

比这个更为严重的，则是子女死亡的情形。网上流传过以下这个在《民法典》相关的培训课上分享的"让人吐血"的真实故事。

周女士前夫出轨，抛弃了周女士和女儿，周女士独自抚养女儿20多年，并挣得9套房产，分别在深圳和北京。她怕将来有遗产税问题，房子都写在了女儿名下，又怕女儿卖掉，于是写的产权占比为女儿99%，自己1%。女儿长大后看上了个"凤凰男"，周女士极力反对未果。婚后二人感情不和，整天吵架，一次她女儿夺门而出，出车祸而亡……她要把财产平分给她最恨的两个人（前夫和女婿）……

培训老师（律师）说，这是他亲手经办的案子，周女士当庭吐血。

这是一个和家事法律（婚姻继承）有着密切关系的典型案例，由此可见，未做到专业的法律安排，就会面临意外情况下的极端结果。财富安全隔离的设计之重要，可见一斑。那么这个"隔离"并不一定要通过信托、保险、公司架构等安排进行。但是咨询专业的律师则是必要的，因为只有专业律师才能够帮助你进行各种争议状态下的沙盘推演，并根据可操作性设计相应的合法合规的方案。

风险类别之二，就是高净值个人包括企业主面临的政商风险、强监管环境下的行政处罚风险以及刑事风险，都需要事前防范。

针对刑事风险，如果企业主被羁押或被限制人身自由，那么无疑其人身安全和财富安全面临重大风险，即便后来被释放，企业也会遭受重大打击。例如，企业、个人及其家族成员的银行账户被冻结，即便企业主个人最终幸免于被起诉或者仅仅被判处缓刑，企业遭受的打击以及蒙受的经济损失无疑也是巨大的。这些都将是围绕财富安全与隔离的重要法律挑战。

> 如果企业主被羁押或被限制人身自由，企业、个人及其家庭成员的银行账户被冻结，即便企业主个人最终幸免于被起诉或者仅仅被判处缓刑，企业遭受的打击以及蒙受的经济损失无疑也是巨大的。这些都将是围绕财富安全与隔离的重要法律挑战。

风险类别之三，则是面临巨额行政处罚和民事赔偿风险。过去几年，已经开始出现越来越多的巨额赔偿。2021年11月12日，广州市中级人民法院就康美药业股份有限公司（简称"康美药业"）在其公开年报中做出的虚假陈述行为做出一审判决，责令康美药业赔偿证券投资者损失合计24.59亿元（"康美案"）。康美药业的13名相关责任人按过错程度承担部分连带责任，其中5名独立董事均被责令承担上亿元的连带赔偿责任。独立董事拿到的酬劳十分有限，却要承担如此巨大的风险。假如他们无法从上市公司获得补偿、从保险公司获得理赔（基于董事高管责任险），又没有任何资产保护和隔离措施，那么个人名下和家族财产就将被用于支付法院判决的赔偿。

与责任相关的风险，并不仅限在中国发生，因为还有在域外发生的责任风险。例如，在美国上市的中概股企业，因为信息披露违规或者其他原因遭遇美国证监会调查以及被民事起诉，作为该中概股企业的实控人、董事、高管，其在美国的资产也可能被冻结并用于支付法院判决的赔偿。另外，违反美国贸易管制与制裁的中国企业及其实控人、责任人，在美国的资产也可能被法院冻结并用于在未来支付赔偿。

7.1.2 应对：什么是正确的财富安全隔离的架构设计？

面对未知的风险和潜在事件，对于高净值人士来说，未雨绸缪，从安全角度建立隔离仓至关重要。关于国美集团，有这么一个在坊间广为流传的故事。2010年5月18日，北京市第二中级人民法院一审判决黄光裕犯非法经营罪、内幕交易罪、单位行贿罪，三罪并罚，决定执行有期徒刑14年，罚金6亿元，没收财产2亿元。国美集团厂家纷纷来催账款，资金链一下子紧张起来。而黄光裕的钱已经完全被冻结，无法救急。就在国美集团命悬一线之际，夫人杜鹃挺身而出，她说："公司需要多少钱，我有！"三天后，杜鹃拿出7 000万元化解了公司的经济危机，之后又陆续拿出了1.3亿元，总共两个亿，带领国美重上正轨。据传杜鹃和丈夫黄光裕有一个约定，黄光裕每年要拿出净利润的2%打入杜鹃的个人账户，

杜鹃就用这部分钱配置了信托和保险。

虽然这个故事未经考证，但是从描述的情况来看，在一定程度上符合资产隔离的逻辑。这里有一个媒体报道中没有提及的小细节。就是如果将公司的净利润打入杜鹃的个人账户属实的话，这个资金是到其个人的境内账户还是境外账户？作为一家香港上市公司，大股东减持套现而获得的资金进入的应该是其境外的银行账户（除非之后又汇入了境内）。如果汇入境内的话，也不排除其境内账户也会被冻结的可能性。

外行看热闹，内行看门道。这个坊间故事也指向了另一个资产保护中的常见误区，即简单把资产保护与设立家族信托和购买大额保单混同起来。保单和信托，只是工具，而不是逻辑和方法论。个人名下的人寿保单也可以被法院强制执行，在强制退保之后现金用于偿债。如果信托在设立时就是以避债为目的，那么这个信托很可能会被质疑，最终被法院撤销。而即便不存在这个问题，信托设立有效，但是设立信托的委托人对于信托有很大的掌控力，最终信托被认为是"虚假信托"，就像张兰设立的信托那样，那么也无法起到资产保护和资产隔离的效果。

近期，新加坡法院判决①俏江南创始人张兰设立的信托被击穿，信托财产被穿透执行，再次说明了保持信托架构"独立性"的重要性。如果信托设立人对家族信托财产仍享有实际控制权，可以任意收取和处分信托财产，违背信托制度的底层逻辑和规则，那么一旦被债权人逼讨，则家族信托很可能被击穿，从而使"隔离仓"失效、资产保护的目的落空。

所以，财富安全架构的方法论和底层逻辑，对于所谓的"顶层设计"至关重要，就像高楼大厦如果没有扎实的地基，那么建得再漂亮有一天也会轰然倒塌。

> 保单和信托，只是工具，而不是逻辑和方法论。个人名下的人寿保单也可以被法院强制执行，在强制退保之后现金用于偿债。信托如果在设立时就是以避债为目的，那么这个信托很可能会被质疑，最终被法院撤销。

---

① ［2022］SGHC 278（elitigation.sg）。

7.1.3 关键：特有的安全架构设计模型

简单拼凑信托和保险工具并不能完全解决资产保护和财富安全的问题。从法律原理上，资产保护涉及公司法、民法、企业破产法、信托法、诉讼法等多个领域，同时还涉及跨境法律实践和域外执行的问题，以及架构重组所可能带来的税务筹划问题，只有对这些问题都能够"一盘棋"加以设计和考虑，并且加上一个"时间轴"（周期），才能起到良好的综合效果。

就拿前述两个案例来说，其中一个信托隔离设计"一击就破"，另一个资产保护则是成效显著，没有遭遇司法上的质疑。所谓"差之毫厘，谬以千里"，资产保护架构的风控设计就是其中的门道。

我们在理论以及实践中，设计了一套打造坚固的资产隔离架构的模型。这个模型包含了三个关键内容。第一，以终为始的核心方法论。第二，时间轴理论。第三，稳健的底层模型。

第一，所谓以终为始，就是要将时间穿越到未来的某一天，想想企业和家族遭遇危机的时刻，站在"进攻方"的角度，如何攻破所谓的"资产隔离"架构。这需要多名不同领域法律专家的参与，以"红蓝军"沙盘推演，分析安全架构的漏洞，以及进攻的流程、难度和成本。

第二，时间轴理论。设计资产保护和隔离架构，必须关注设计和执行落地的时间点。举例来说，如果企业已经负债累累，甚至存在资不抵债的风险，那么搭建隔离架构很有可能被法院判决无效或者可撤销。所以，在法律实践中，方案的设计与评估就需诉讼专家以及破产法专家的介入，避免发生相关的法律风险。这也意味着，法律层面的设计必须和财务相结合，须关注企业现在的资金链和未来的债务到期情况。

第三，稳健的底层模型。笔者在实践中总结了一个 WINS 底层模型，见图 7-1。

根据这个设计独特的模型，任何完整的财富保护和资产隔离规划，都离不开三个要素，即财物、人以及独特架构。从财物的角度，需要关注的是企业、个人及家族的资产负债，建立有效的区隔、防火墙，从而避免"火烧连营"，一损俱损，企业与个人陷入须承担无限连带责任的"裸奔"状态。而且，财物包括了最为宝贵的公司资产，这极为关键——因为割裂式地采用保单和家族信托的方式，

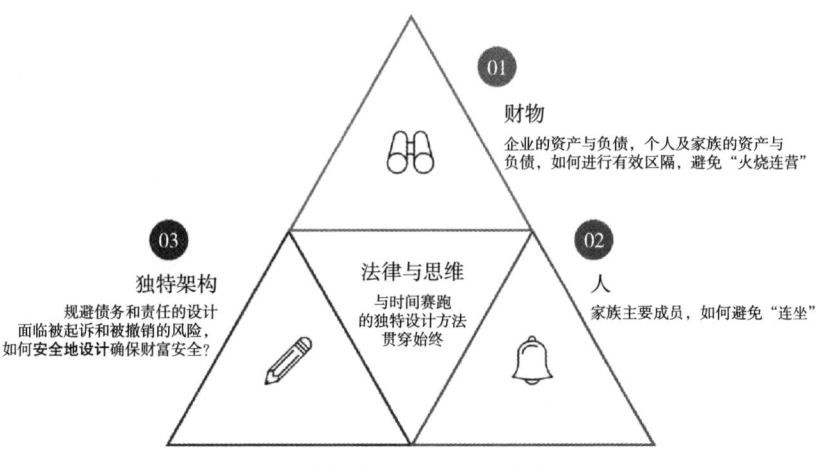

图 7-1 设计独特的 WINS 底层模型

最多只能通过该架构下的现金为企业输血，但是却无法帮价值最高的公司摆脱自身资产困局。所以，这就需要对公司资产本身进行区隔和阻断，进行独立安全舱设计。

针对"人"，就要看如何设计，才能避免出现家族主要成员"无限连坐"的情况，什么财产由"人"来持有，什么财产通过"架构"持有（例如信托架构、公司架构）。如果是由人来持有的，那么是否考虑了离婚、死亡、丧失民事行为能力、失联所带来的风险和不确定因素。

最后，独特的架构该如何设计，究竟是信托架构还是公司架构，是否为跨境的架构，这些在设计上有什么样的讲究和考虑因素？如何因人而异、因地制宜地进行设计，才能经得起时间的考验，以及诉讼对手的攻击和挑战？信托该如何设计，才能避免被击穿或被认定为无效？

7.1.4　小结（故事与启示）：死亡之旅的峭壁攀岩

我们处在 VUCA（波动的、不确定的、复杂的和模糊混沌的）时代，这意味着家族资产可能面临更大的风险。在过去的 10 年中，我们知道不少"首富"、知名的企业家跌落神坛，企业破产，个人被列入失信人名单，家族的房产被司法拍卖。这样的状况，他们在富甲一方之时，是根本想象不到的。如果能够居安思危，在企业以及个人的资产上进行科学的顶层设计和架构安排，那么他们在风险面前就不会那么"脆弱",遭遇风浪时就能够扛得住。

美国著名商业管理作家吉姆·柯林斯在《最伟大的商业决策》一书的前言中,描述了这么一个登山的案例。1978年,吉姆·洛根和他的登山伙伴穆格斯·施通普尝试从极度陡峭的 Emperor Face(皇帝之面)线路登上加拿大罗布森山山峰,他们面临极大的风险,因为之前尝试此线路的人不是失败放弃,就是悲惨坠亡。最后他们克服了极大的困难,脱离了极端险境,成功登顶。

当洛根被问及为何能够成功时,他回答:"因为我做对了一个最重要的决定,我找对了合作伙伴。"

他说:"一旦过了那段被称为死亡之旅的峭壁,就没有回头路可走。天气、地况随时会导致发生坠亡事故,唯一能让你应对这样的风险的,就是一位经验老到、能够随机应变的合作伙伴。"

> "一旦过了那段被称为死亡之旅的峭壁,就没有回头路可走。天气、地况随时会导致发生坠亡事故,唯一能让你应对这样的风险的,就是一位经验老道、能够随机应变的合作伙伴。"

就像登山,你需要配置最好的向导和最好的绳索,因为当你叫天天不应、叫地地不灵的时候,当你后悔得要扇自己耳光的时候,拯救你的就是最好的向导和最好的登山绳索——"专业"。所以,要真正长期拥有大富大贵,必须有敬畏之心,要做到"德能配位",要放低姿态,就像刘备对待诸葛亮那样,能够真正尊重专业,信任专业。

你是否拥有扛得住风浪的资本?你是否拥有抵御险恶环境的能力?你是否愿意未雨绸缪在风光无限的时候去投入,为自己、企业和家族建立一套安全系统?你是否能真正尊重和聆听专家的意见,果断地采取行动?这些决定了你的未来。

7.2 关于守护:海外追索的正义之剑

前文讲述的财富的保护,使用的工具是"隔离仓",是"盾"。而下面我们讲的是"剑"和"矛"。为什么这么重要?我们通过三个场景以及一个哲理故事来讲述。

哪三个场景呢？场景一，中国的高净值个人因为不懂海外金融产品，而在投资上被忽悠，损失惨重。该如何应对？场景二，中国的投资者到海外投资股权项目、房地产项目以及其他的"赚钱"项目，最终却被骗，导致竹篮打水一场空，是否有机会追回损失？场景三，中国的企业或者个人，因为网络包括邮箱被黑客袭击，有人冒名发送欺诈电邮，假冒正处于交易阶段的对手方，结果其不慎将巨额交易款错误划入了冒名顶替者所指定的境外账户，受骗方连报警都没来得及，被骗资金就早已被转走。这是否有机会追回损失？

7.2.1　场景一：海外金融"迷局"

近年来，中国高净值个人在海外金融产品投资上遭遇损失的现象越来越普遍。在这些失败的投资案例中，有不少投资者是被相关金融产品发售机构的不实宣传所误导，或者存在其他不合规的现象。目前，各个国家或地区的监管机构虽然不断出台新的规定对此类问题予以规范，但实践中我们发现仍然有不少的投资者面临这一类的困境。

分析背后的原因发现，虽然监管机构针对复杂金融产品有相应的管控措施，但实践中发售这些投资产品的金融机构（以银行为主）却"聪明地"采取了一些手段规避了监管。例如，有些金融产品在本质上是高风险的，但却可能很简单，并不属于监管文件中规定的受管控的复杂金融产品的范围，因此容易游离在监管之外。据我们了解，以往已经有大量来自中国、新加坡以及东南亚国家的投资者，因这方面的原因遭受巨额损失。

实践中我们发现，很多投资者在发生这种投资纠纷或损失的时候选择了"忍气吞声"或"自认倒霉"，而有的投资者虽然花了很多时间和金钱请律师去境外提起诉讼，可诉讼不但会拖延一两年的时间，甚至最终也会败诉。

我们在之前章节提及纳斯达克前主席麦道夫的惊天庞氏骗局，涉案金额高达650亿美元，不仅无数名人富豪被骗，受害者还包括将所有养老金都放在他的"篮子"里面的中产阶级。骗局败露，不少受害者无法接受痛失一辈子积蓄的残酷事实。然而，如果他们能够走对一步，那么他们会如何？

无数投资者被坑，其中不乏中国的高净值个人。"正义之剑"在哪里？

骗局中投资者损失的 650 亿美元的大窟窿，的确让很多人望而却步，想当然地认为，这些钱不可能再被追回来。但是，笔者在和一位了解案件进一步发展情况的境外律师聊天时才知道，不少投资者在律师的帮助下，起诉了"助纣为虐"的银行、会计师事务所，因为这些机构出具了具有误导性的陈述、财务数据或者报告，导致了投资者被骗，所以诉状要求这些机构对投资者承担连带责任。

这些机构自知理亏，更担心案件公开之后自己的声誉受到影响，最终以天价数字和起诉的投资者达成了和解，原告方得到了相当满意的结果。因为和解协议包含保密条款，所以媒体公众对此知之甚少。笔者之所以知道，是因为那位了解内幕的知情人——作为合作伙伴——和笔者喝咖啡聊天时说起来了。

7.2.2 场景二：海外投资"困局"

与前述金融争议求偿案例存在明显不同的是，在笔者处理的境外追索的一个项目中，客户投资了数百万美元到美国的一个房地产次级债项目中，结果却在投资到期后无法收回。在该案例中，笔者帮助客户组建了中美两地的律师团队并在两地同时开展维权的法律行动，给对方施加压力，取得了很好的效果。

与此同时，在该案例中我们发现了该金融机构存在诸多不合规之处，包括未经许可擅自在中国境内开展金融产品的宣传和兜售等业务、向投资者进行夸大和不实的陈述、在境外"借牌照"等，这些行为都很有可能让这家金融机构遭遇严厉的处罚。而在帮助投资者进行追讨和索赔方面，在掌握这些情况后，如果由在该类产品方面具备丰富经验的金融专家帮助客户和金融机构进行协商和沟通谈判，由于专家很熟悉该类金融产品及金融机构内部的做法，而金融机构的管理层人士也担心不合规之处被曝光，那么最终和解的可能性很大。

7.2.3 场景三：被"转移"资金的跨境"追击"

一旦资金被转移到海外，原所有者无论是由于被诈骗还是股东争议，抑或是在婚姻关系存续期间资产被另一方藏匿，不管律师还是司法机关，都会感到追索资金难度很大，因为一些刑事侦查手段无法越过国境线，所以他们必然需要海外当地法域的司法机关的配合，而这又会耗费大量的时间和精力，等查到线索，也许资金早已被转移，而骗子也已逃之夭夭，逍遥法外了。

然而，"正义之剑"始终存在。我们不妨以具体案例来进行阐述。第一个案例涉及个人财富的海外转移和藏匿，最终被成功追回。该案例中，一对小夫妻一同移居英国，资金支持来自女方的母亲，她将500万英镑汇给女婿，以便他们购置一处伦敦的居所。但这段婚姻并不幸福，女婿并没有用这笔钱购买房子，而是将钱转移到了自己名下位于根西岛的银行账户中，并抛弃了妻子，玩起了"消失"。律所受这位母亲之托，寻找这位女婿的下落以追回这笔资产。

律师通过调查这位女婿的手机使用情况而发现了他的下落，并获得了信息披露令，他不得不披露这笔资产存放账户的详细信息，然后律师在根西岛申请到法院的资产冻结令，冻结了存放在该银行的这笔资产。最后，律师通过协商和解程序，成功将资产追回。

第二个案例则涉及中国企业在海外被骗以及资金被转移、隐匿的情况。该案的"主角"是中国一家石油公司与非洲一家公司合资成立的在非洲进行勘探的企业。企业的业务开展非常成功，但中国公司发现，其非洲的合资伙伴"不太厚道"，编制的合资公司账目和资金流向存在欺诈情况，而这家合资公司曾向英属维尔京群岛（BVI）的一家公司转移了超过2亿美元的资金，而这家BVI公司的董事并不真实，是存在"代持"性质的董事。

律师通过查看合资公司的银行记录副本，找到了非洲公司在英属维尔京群岛使用的银行账户，通过一系列操作，成功获得了针对该银行账户的资产冻结令，以及针对该BVI公司"代持"董事的信息披露令。最后发现，这个董事的背后，就是那家"不太厚道"的非洲合资伙伴，其通过信托方式让人代持其实际持有的该BVI公司的股份。律师后来通过相关程序，再次获得了一项法院命令，将资金划转到英属维尔京群岛的法院账户，并通过和解谈判最终为中国企业挽回了损失。

另外，针对黑客通过移花接木、瞒天过海的手段骗取国内公司信任，使其将交易资金划入黑客指定的银行账户这样的问题，一样可以通过类似的方法和流程，即通过中国律师和海外律师高效的跨境协同，以"快准狠"的合法手段进行追击，从而帮助中国的企业、个人追索本以为不可能追回的损失。

7.2.4 小结：一个哲理故事

记得好多年前，我在纽约听过圣严法师的一个讲座，里面就提及，一个企业老板，因为非常相信他人，结果他的律师通过冒用签字和公章等方法把他公司的资金都卷走了。当时他觉得天昏地暗，因为律师不是一般人，跟律师"斗法"，他怎么可能斗得过——估计这笔钱是永远拿不回来了，顿时感觉万劫不复、万念俱灰。

他就跟圣严法师讲了这件事。圣严法师给他的开示，竟然如此简单——既然你的对手是律师，那么你也找最好的律师去对付他，不就好了？可谓"一语点醒梦中人"，这位当事人果然就找了专业的律师，最终成功追回了资金。

天堂，地狱，就在我们的一念之间。无论是自己资金被骗至海外，还是被凶恶的配偶（或者生意伙伴）讹诈，你认为的"走投无路"，并非真的走投无路。巴菲特说过，"风险来自你不知道自己在做什么"。而芒格则说过，"如果你搞不懂，你永远可以请教一位更有智慧的朋友"。

美国潜能激励大师安东尼·罗宾说过，"我们的生命是被一种力量所控制，这个力量就是我们的决定"。他还说："我们所做的决定，比我们所遭遇的外部环境更能决定和控制我们的命运。影响我们的不是外部的条件，而是我们自己的决策——决定去相信什么，决定去做什么，决定去给予什么……"

简单总结一下前述案例，我们发现，这些看似"不可能完成的任务"，最终却都能如此"神奇"地解决，被转移、藏匿在海外的财富，成功地被追回了。这些鲜为人知的案例，带给我们几个重要的启示：

第一，鉴于中国投资者购买海外金融产品的行为多发生在境内，而最终资金投向是在境外，投资者有必要在中国境内和境外相关法域内及时聘请律师开展维权的法律行动，且两地律师应相互协同采取一切措施以维护投资者的最大权益。

第二，"打蛇打七寸"——请最专业的律师，而不是最贵的律师；不是用最贵的法律手段，而是用最有效的法律手段。在此类跨境追索和维权行动中，成功的争议解决方法往往不是直接去报警或到法院起诉，而是找到有专业经验和特长并且有跨境资源的最合适的优秀律师。同时，也有赖于律师跨境和跨界的能力和智慧——例如懂得国际上银行及其他金融机构的内部游戏规则，投资者有必要请熟悉规则的"内部人""行业专家"帮其向金融机构维权，抓住对方的痛点，争取最大的利益和避免损失。

第三，投资者多数都是个人，面对金融机构要有勇气和决心，不能因为双方地位悬殊就没有信心应对，也不要觉得麻烦而退却，关键还是要找对专家，尤其是拥有跨境和跨界的能力和智慧的专家。

7.3 关于继承：应对财富的沙漏

> 留给孩子的财富足以让他们追求他们想要追求的任何梦想，但是却还不足以让他们完全闲云野鹤、无所事事。
>
> ——沃伦·巴菲特

遗嘱应当是最早的财富管理工具，起源于约 3 000 年前的古埃及，在中世纪的欧洲大陆开始进入鼎盛时期。那时大部分权贵家族都有自己的私人律师，订立遗嘱往往是这些律师工作内容的一个重要部分。产业革命以后，随着财富的快速增长和集聚，有关财富管理和传承的法律服务也随之得以发展和扩大，除了传统的内容之外，还派生出与税务筹划、家族办公室、家族投资有关的新领域。

到了今天，随着保险、信托等工具的出现，税务的复杂程度增加，以及移民、跨境居留等大量涌现，继承、传承的法律服务都不再是简单的遗嘱订立工作了。

7.3.1 以史为镜：让人扼腕的遗产之争

由于历史、文化、经济发展阶段等方面的原因，中国财富家族的传承法律意识相对薄弱，不少人士对遗嘱这样的基本法律文件，仍停留在不写或者不寻求法律专业人士的协助而自己"瞎写"的阶段。

（一）梦露遗嘱的启示

遗嘱、信托等传承安排一方面设计复杂，另一方面有法律所要求的形式要件（否则可能面临无效后果），所以，除非存在紧急情况，否则这些重要法律文件，都应请专业的法律人士起草。

玛丽莲·梦露的遗嘱。①

由于服用过量安眠药，好莱坞著名影星玛丽莲·梦露去世时年仅 36 岁。据说梦露的母亲和外祖母的晚年都是在精神病院中度过的。梦露在遗嘱中为"赡养我的母亲格拉迪斯和另一个亲属"而设立了一个资产规模为 10 万美元的信托。这笔信托财产的剩余部分以及梦露剩余全部财产的 25% 留给了她的精神疾病治疗专家玛丽安·克里斯医生，"这些财产将用于她所选定的精神疾病治疗所或机构进一步开展治疗工作"。

梦露在遗嘱中将个人物品以及资产中的相当部分留给了她最尊敬的人——富有传奇色彩的表演老师李·斯特罗斯伯格。她在遗嘱中写道："我把我所有的个人物品和衣物赠与李·斯特罗斯伯格，如果他先于我去世，那么就赠给以下署名的我的遗嘱执行人，而我的意愿即是，由他全权将我的遗产在我的朋友、同事和我热爱的人中分配。"

除此之外，梦露把主要的"账面结余"，或全部财产的 50% 作为礼物留给了她的偶像。

> 我剩余的所有财产……我计划做如下赠与：
>
> （a）赠给梅·瑞斯 4 万美元或我剩余总财产的 25%，以金额更少者为准。
>
> （b）按照我刚立下的遗嘱中的第五款（d），将账面剩余的 25% 留给玛丽安医生使用。
>
> （c）将整个资产结余留给李·斯特罗斯伯格。

显然这份遗嘱是经过专业律师把关而拟定的。一方面，针对没有行为能力的亲人（例如梦露的母亲），没有通过直接的财产继承、给付的方式，而是借信托来保证传承，足可见信托这一人性化工具的作用。另一方面，针对遗嘱中常见的

---

① 赫伯特．E．纳什．富人和名人的遗嘱［M］．董利晓，等，译．北京：东方出版社，2006. 同时参见 Marilyn's Will—Last Will and Testament of Marilyn Monroe, http://www.marilyncollector.com/legend/will.html。

资产和继承人、受遗赠人的不确定性，遗嘱的条款都有相应的安排。例如"赠给梅·瑞斯4万美元或我剩余总财产的25%，以金额更少者为准"，由于无法判断立遗嘱人（梦露）和受遗赠人的死亡先后，遗嘱中也规定了"如果他先于我去世，那么就赠给……"的内容，一看就知道出自律师手笔。

梦露的死因已经成为历史之谜。但是好在由于专业律师的帮助，通过遗嘱她对财富进行了适当的安排，免于死后财产所托非人。

（二）中国名人和富豪身后的继承风波

案例 7-1　侯耀文遗产纠纷案[①]

2007年6月，侯耀文突发心脏病猝死，由于生前并未订立遗嘱，所以身后发生财产分割纠纷。侯耀文长女侯瓒称，父亲去世后，所谓的遗产，自己仅见到一部车和一处含有欠贷的房产（玫瑰园别墅），对于父亲遗产究竟有多少她并不清楚。

2009年2月，侯瓒将其妹妹起诉到法院，目的是调查父亲名下的遗产情况。随后，侯瓒又提出申请，要求变更、追加被告。新的诉状中，侯瓒及其妹妹为原告；侯耀华为第一被告，侯耀文的生前好友牛某某为第二被告，侯耀文弟子郭某某则为第三被告。

侯瓒称，她从法院的调查取证中得知，牛某某取走其父名下多笔银行巨款，郭某某夫妇二人使用私家车辆和搬家公司，先后拉走了玫瑰园别墅的所有物品。侯瓒认为这种行为侵害了他们姐妹俩的财产继承权。

2010年5月27日，北京市西城区法院组织原告、被告双方，对侯耀文的生前物品进行了首次全面清点，法院查明的侯耀文银行存款仅有100多万元，而且大多都被牛某某取走。扑朔迷离的侯耀文遗产纠纷愈演愈烈。

最后侯瓒与开发商达成协议，将玫瑰园别墅退回开发商，由此了结与银行之间的债务纠纷。侯耀文购买玫瑰园别墅时的价格在800万元左右，而当时市值约

[①] 参见《侯耀文遗产纠纷案正式和解 遗产处理达成一致》，来源于《法制晚报》，转载于 http://ent.163.com/10/0820/14/6EHN82D900031H2L.html。

在 2 500 万元。关于这份协议的内容,侯瓒的律师陈旭表示,"保密,绝对不能说"。2010 年 8 月 20 日,僵持了 3 年多的侯耀文遗产案终于有了结果,侯耀华与侄女侯瓒在和解协议书上签字,就侯耀文骨灰何时安葬、遗产如何处理等关键问题达成一致。这场"热闹"了 3 年之久的"侯耀文遗产案",终于宣告结束。

之所以会有这么多错综复杂的人物关系和令人眼花缭乱的故事情节,最根本的原因在于侯耀文没有立下遗嘱,遗产范围不明确,给遗产继承带来了极大的变数。

由于侯耀文的两段婚姻都以离婚收场,而两个女儿又分别跟着母亲生活,所以身为法定继承人的女儿对父亲的财产情况知之甚少。坊间传闻侯耀文生前留下 8 000 万的遗产,但是侯瓒姐妹看到的只有玫瑰园别墅高额的房贷。放贷的银行在她们向法院提起诉讼后,更是把她们逼上了绝路……姐姐侯瓒只有通过起诉妹妹的方式请法院对父亲名下的财产进行调查,但在司法实践中,这样的调查能够取得的证据十分有限。

案例 7-2　王永庆家族的遗产风波

2008 年 10 月 15 日,王永庆因心肺衰竭去世,没有留下遗嘱。之后四年间家族中至少发生了六起和遗产有关的法律行动及诉讼。2008 年四房子女罗雪贞等要求认祖归宗继承遗产,同年,二房长子(亦是大房养子)王文洋要求公布王永庆全部遗产。

2009 年三房李宝珠提起诉讼,要求确立与王永庆的合法配偶关系,同年王文洋在美国新泽西州高等法院递状要求法院公布王永庆遗产总额,同时指定其为遗产管理人。

2011 年大房针对王永庆在美国的信托基金财产委托美国律师诉请将该笔基金约 400 亿元新台币列入王永庆遗产;同年 12 月,王文洋向香港高等法院提起诉讼,认为王永庆在港的资产合计逾 40 亿美元,也都应纳入父亲遗产中。

这难道是王永庆在企业传承上的百密一疏?从公开报道来看,在王永庆没有留下遗嘱的情况下,在台湾已公布的遗产(股票)为 570 亿元新台币。在美国,王文洋经过 7 个月搜集、查阅各项文件，终于拼出了一份父亲王永庆在美国留下的遗产：81 亿美元，相当于 2 648 亿元新台币，是留在台湾遗产的 4.6 倍。这笔庞大财产，在王永庆的精心安排下，从 2001 年开始至 2005 年，都已经交付信托，而王文洋不在信托的管理人名单中。从信托安排可以看出，台塑集团真正的接班人是他的两个女儿王瑞华（三房所生长女）、王瑞瑜（三房所生次女）及两名侄子王文渊、王文潮。这个布局的两大核心内容是：第一，传二女二侄，只问信任不讲亲情辈分。4 个管理人除了王永在一系的王文渊、王文潮，王永庆亲生子女中只传给长期待在身边能信任的王瑞华、王瑞瑜。第二，股权更集中，利用庞大的美国资产控制台塑"四宝"（台塑石化、台塑、南亚、台化）的股权。①

与此同时，王永庆又希望所有子女都放弃遗产。原本依照规划，10 个子女（含王永庆收养的王瑞纪）都必须签名放弃遗产，按照王永庆生前的心愿，所有财产都捐给公益事业，但尚不清楚在王永庆去世之前，究竟有几位子女签署了这样的弃权文件，而这样的文件在法律上又具有何等效力。②

遗憾的是，由于生前既没有留下遗嘱，也没有任何家族治理的安排，家族的资产究竟有多少，王永庆的真实想法究竟如何，都是谜。而被"蒙在鼓里"的长子（或者任何其他家族成员）只得通过诉讼的方式才能搞清楚实际为部分家族成员所控制的遗产究竟有多少，从而维护自己的正当合法权益。

所以王永庆的传承安排，不能说毫无筹划，但是他似乎只是做了一部分，还有一部分没有完成就已经仙逝。海外的信托是否为公益信托？这些指定的接班人究竟是否为受益人、继承人？他们签署的放弃遗产的文件究竟是否生效？多少遗产被置入信托，多少在信托之外而可继承？这些问题都留给人们无限猜测和想象。

基于以上两个案例可以看出，若没有遗嘱，结果便是：第一，在拥有较多资

---

① 参见《王文洋跨海发难争遗产 王永庆生前布局难阻家族内斗》，来源于《IT 时代周刊》，转载于 http://big5.huaxia.com/tslj/zjts/2009/07/1498174.html。

② 参见《王永庆遗产争夺战再开打 四房子女终获"承认"》，载于 http://news.qq.com/a/20110425/000853.htm。

第 7 章　财富保护与传承的法律工具　　199

产的情况下，如果没有对资产进行盘点，即便没有被恶意侵占，也会"说不清、道不明"，后代无法找到而导致事实上的"灭失"，这是非常遗憾的。第二，遗嘱的根本作用在于反映财产所有人的真实意愿，法定继承只是没有遗嘱的情况下"没有办法的办法"。如果没有通过书面形式反映真实意愿，轻则遗产分配违背原意，重则遗产遭人觊觎，亲友一无所获。第三，继承安排并不只是一纸遗嘱（当然没有遗嘱就更糟糕），最好还能设置遗嘱执行人。如果逝者早已安排律师（或者其他可信赖的遗嘱执行人）在其亡故之后的第一时间保护好资产，那么就可以避免发生绝大部分的继承风险。

（三）霍英东遗嘱背后掀起的巨浪

前文提到没有遗嘱酿成了传承的悲剧，那么有了遗嘱是否就可以高枕无忧呢？

案例7-3 霍英东家族的争产风波[①]

2013年10月28日，是霍英东逝世7周年之日。同一天，其家族争产案在香港高等法院进行聆讯。这应该是霍英东最不想看到的一幕，之前霍家人给外人感觉一直是平静和睦的，香港的名流们也认为霍英东的身后安排很稳妥。

霍英东同很多香港富豪一样，有3房太太13名子女。他也深知家族内斗产生的弊端，早在1978年他55岁的时候就立好了遗嘱，规定三房配偶、子女都是遗产受益人，在他死后20年内都不可分配剩余的遗产，而是按月领取定额生活费。遗嘱中，他指定霍慕勤（霍英东的妹妹）夫妇，以及长房两个儿子霍震寰、霍震宇作为遗产执行人。

霍英东看似妥帖的遗嘱竟未能阻止家族后人逐利争产。2011年年底，表面一直"风平浪静"的霍家曝出财产纷争。长房三子霍震宇在香港高等法院起诉其二

---

① 参见：《霍英东家族争产案今日庭审 维持去年和解判决》，载于 http://finance.sina.com.cn/money/cfgs/20140103/154517837720.shtml；《霍英东家族争产风波警示》，来源于《董事会》杂志；《霍英东去世7周年：财产纠纷不断 资产越曝越惊人》，来源于《北京晚报》，转载于 http://www.chinanews.com/cj/2013/11-03/5457163.shtml。

哥霍震寰，说他擅自分配父亲遗产并强迫家族其他成员同意，同时私吞遗产至少14亿港元，包括银行存款、公司股份、珠宝等。霍震宇要求撤销霍震寰以及年迈的姑姑霍慕勤的遗产执行人身份（另一遗产执行人已去世），改由已退休的法官罗志杰代替。

后来此事因为与霍家相熟的社会名流介入调停，官司没打起来，暂时和解。但没多久，战火重燃。原因是，毕马威会计师事务所获委任进行遗产调查时，发现霍英东曾将其持有的南沙项目约25%的权益，通过旗下有荣公司以1港元，象征性出售给做慈善事业的霍英东基金会，但有荣公司可在2007年6月底前回购股份。然而到期后，有荣公司并未行使回购权，这部分权益也就不归入遗产和解协议中。据称，该项权益价值约30亿港元。

霍震宇认为，霍震寰隐瞒此事，损害了自己的利益。2013年4月，他再次提起诉讼，申请撤销和解协议。争产案法庭聆讯于2013年11月初结束。法官押后裁定。直至2014年1月3日，香港高等法院法官潘兆初最终裁定霍震寰胜诉，霍震宇重启争产案的申请失败。潘兆初在64页判词中指出，霍震宇早在争产案和解商议中，已经清楚知道南沙项目的回购权已失效，因此事件中不存在隐瞒的说法。

霍家兄弟争产案的主要原因还是"账目不清"。中国有一个传统观念，认为"财不可外露"。霍英东采取的财富传承方式是"遗嘱＋信托"。霍家富甲一方，但是遗嘱中却没有一份清晰的账目，在执行的过程中继承人对遗产范围出现争执也就在情理之中了。霍英东指定了家族中的四人作为遗产分配执行人，分别是霍震寰、霍震宇兄弟二人和霍慕勤夫妇。但是霍慕勤夫妇一个年事已高，一个已经离世，实际的受托人只有霍震寰、霍震宇兄弟二人。而兄弟二人又是受益人，很难保证处事的客观性和公正性。既然当了"运动员"，怎么还能当"裁判员"呢？这给执行人留出太大的自由裁量权，又没有规范和束缚，也没有留出一些弹性机制去弥补。一旦矛盾累积到一定程度，又没有其他缓冲机制，冲突、诉讼就变得不可避免。

要避开"家大业大"带来的纷争，一方面，要尽可能在生前实施传承安排，通过"主动出击"的安排将资产的分配、管理、信托等变为既定事实。本书提及的李嘉诚的传承安排就很值得借鉴。另一方面，对大家族来说，家族治理是一个十分重要的步骤，通过建立能约束家族成员的行为准则、民主议事方式，相互能够形成监督机制，定期交换意见，凝聚家族成员的向心力，从而降低矛盾产生的可能性。

7.3.2 财富继承筹划的基本要素

（一）令人尴尬的法定继承：毫无筹划的代名词

也许有人会认为，继承其实并不复杂。在没有遗嘱的情况下，还可以适用法定继承，但是法定继承所带来的尴尬和风险往往让人始料未及。

1. 资产可能成为"无主物"

从侯瓒姐妹令人唏嘘的遭遇中不难发现明确遗产范围的重要性。如果没有一张清晰的财产清单，继承人可能连哪些是遗产都弄不清楚。如果侯耀文生前能够订立遗嘱，就势必会迫使他将自己的财产一一进行整理。专业的律师还将提醒他将各动产的保管情况也详细记录在档。据侯耀文身边知情人士透露，侯耀文向来有收藏的爱好，古董字画、珍宝异石、奢侈名表数量可观。这就更体现了将这些价值不菲的动产整理编档的重要性，否则就可能是一笔糊涂账，造成亲属好友间相互"扯皮"的情况。

上海一位私营业主去世后，其妻在整理其遗物时意外发现了两张保单，与保险公司联系后获得300万元赔偿。这位妻子是不幸的也是幸运的，由于亲人意外死亡很多财产都成了无主物，能被寻回的少之又少。还有一些财产的所有人尚未取得权利凭证，比如房产，如果他生前没有告知家人或亲朋，那么就无人去主张所有权了。但若能够及早做出安排，就能避免这种情况的发生。早早立下遗嘱并不代表要对家人公开财产，却能在意外来临时给家人一个"靠谱的交代"。

2. 海外继承步履维艰

资产配置全球化的潮流正在不知不觉中对中国的富豪、富裕阶层产生巨大的影响。小到海外买房置业，大到设立离岸公司，不同国家间的货币可以通用，但是不同国家间的法律却不能。如果没有事先的筹划和准备，面临巨额海外财产继承事宜的处理压力，继承人往往不知从何着手。如果被继承人的去世较为突然，对继承人来说，资产证明的取得都非易事。

这就要求（超）高净值客户事先得有准备，为继承人在海外执行继承手续提前扫清可能出现的障碍。提前准备遗嘱进行传承安排的好处就是，事先清楚将会面临哪些事后问题，是否会有遗产税，需要准备哪些材料及办理公证认证时可能产生的突发情况。

我们曾有一客户，在 BVI 设有两个公司，其为重要股东。因为资产在海外，所以首先要考虑的是满足当地的法律要求，而 BVI 的律师提出所订立遗嘱必须符合立遗嘱人国籍国法律，也就是《民法典》继承编。在我们和 BVI 律师商讨订立遗嘱事项的过程中，执行继承手续所需的文件也提前浮出了水面，如需要经过公证的结婚证、亲属关系证明、资产证明等。事先准备永远好过于"临时抱佛脚"，这位客户的未雨绸缪其实是对家人最好的关怀。

3. 平均分配就是真正的公平吗？

根据我国《民法典》继承编，同一顺序的法定继承人一般可以均等地继承遗产的份额。但是表面上的公平是真正的公平吗？

案例 7-4　公司股权继承风波

让我们假想这样一个案例：某公司的创始人兼实际控制人因突发疾病而英年早逝，因为没有遗嘱，其名下的所有股权就按照法定继承规定由其妻子、两个未成年的孩子以及依然健在的母亲继承。其实该公司是一个家族企业，其母亲、胞弟、胞妹在这家企业都参与了管理和运营，但是家人并没有想到会有这样的"飞来横祸"，因此也没有对股权做出任何安排。

根据法定继承规定，逝者名下的股权要在第一顺位继承人中进行平分，这第一顺位继承人包括其妻子、母亲和两位子女，由于两位子女未成年，实际的管理和控制权就自然交给"监护人"（遗孀），这就意味着这家公司实际控制权的四分之三就落到了这位对该企业既不熟悉也没有任何参与或贡献的遗孀手里，而家族其他重要成员母亲、胞弟和胞妹，最多能够分得的也就是四分之一的股权。

这样的安排从法律角度是"公平"的，但是是否符合逝者的意愿？这些我们无法揣测，但是没有事先安排传承事宜，就要服从法定继承一刀切的"公允"安排，这常常是一种无奈的选择。

法律规定只是针对遗嘱缺失情况的补充，具有普遍广泛的适用意义，但是缺乏个性和针对性，更谈不上反映逝者作为财产所有人的意愿。在继承、传承安排中，是否"公允"并不重要，重要的是，财产的安排和分配是否真正反映了逝者的真实意愿。

4. 如何证明继承人资格

在未留遗嘱而适用法定继承的情况下，证明继承人的资格，也就是证明亲属关系变得尤为重要。在适用法定继承的情况下，证明亲属关系这一步在全世界任何国家和地区都无法避免。这表面上看是再容易不过，但是在实际操作中却可能比想象中的复杂。

户口查询网络于 2005 年之后才设立，在此之前的户籍档案都以纸质档案存档，而由于历史原因，户籍档案也不一定是齐全的。另外，随着社会公共管理体系的不断完善，直到 1996 年左右，新生儿的落户才以出生医学证明为准，出生医学证明上明确显示孩子的父母姓名。至于以往，对于户籍登记上能直接显示父母子女关系的，派出所会直接出具证明。但对于经过多次迁移、户口跟父母并不在一起的，那么就要去查找曾经在一个"户头"上的原始纸质档案了，这给继承人带来了不少的麻烦。

除了要证明亲子关系外，还需证明逝者的配偶已故、逝者父母亲已故等其他亲属无法参与继承的事实。同时，逝者的子女情况及去世时的婚姻状况也需说明。如果是收养关系，可能还需查找民政局的收养关系档案才能证实。这对继承人来说，都是非常耗费心力和时间的。

对（超）高净值个人来说，其不少资产在国外，那么对国外这些资产进行法定继承的时候，类似的直系亲属关系证明同样需要，但更为烦琐，还会涉及相关文本的翻译、公证等。这些都会导致继承的速度放慢，甚至要两三年时间才完成流程，将资产过户。

（二）订立遗嘱的常见误区

1. 家族人员结构简单，不需要遗嘱

有些（超）高净值人士认为自己只有一个子女，不可能产生纠纷，根本没有订立遗嘱的必要。实则不然，原因有三方面：

第一，不订立遗嘱可能会导致传承功能偏离。根据《民法典》继承编相关规定，第一顺序继承人除子女外，还有父母和配偶。所以一旦财富创始人发生意外，能继承他财富的不仅有子女，还有父母和配偶。这样一来，子女实际能拿到的可能只有1/3甚至1/4，这恐怕是很多高净值人士始料未及的。年迈的父母也会分到相应的比例，若此后父母去世，那部分遗产就会由父母的继承人继承，那么，如果在没有遗嘱而适用法定继承的情况下，遗产就会在其第一顺位继承人中平均分配。

第二，遗产未经梳理，留给后人的是疑惑、猜忌和矛盾。如前文详述的侯耀文案例中，侯耀文就是因为生前没有对自己拥有的财产进行梳理和明确，其继承人根本不知道究竟有多少遗产，导致女儿侯瓒不得不通过诉讼的方式要求查明父亲的遗产，同时也导致侯瓒对大伯父侯耀华颇多猜忌，觉得他私下藏匿、霸占了父亲的财产。遗产账目不清，是导致诉讼发生的主要原因。如果能留有遗嘱，所有财产都能明确，就不会致使至亲反目、家庭不宁。

第三，"视觉盲点"未被发现。例如，某企业家有一个儿子，家族结构非常简单，但是因为儿子有一个与前妻生的女儿（未成年），这就又多了一层风险。虽然儿子还年轻，但是如果因为意外离世，他的女儿成为他的继承人的同时，他的前妻也会成为孩子的法定监护人，从而接手该企业家的企业和家族财富，这可能都是企业家及其家人所不愿意看到的。

2. "拖延症"作祟

这种情况，则是"有意识"但"欠行动"。虽然认为立遗嘱重要，但好像没有那么紧急，所以就一拖再拖，迟迟没有行动。究其原因，无外乎以下三点：一是传统观念对其有所忌讳，潜意识中认为早早立遗嘱不吉利；二是内心矛盾，认为过早地确立遗嘱可能会产生一些负面效果，例如对孩子不利（孩子了解自己家族财富情况后丧失学习和上进的动力）；三是没想好如何安排，对企业的管理和股权安排没有想好解决方案，所以也就订立不了遗嘱，或者，在家族方面，自己婚姻经历复杂，对该如何权衡子女间的利益得失拿不定主意。

3. 不请专业人士，简单起草即可

有些人认为家事不宜让外人参与，所以只是自己简单地起草了遗嘱。这不排除是对家族关系过于自信造成的，他们认为家族关系和睦，只需简单地分配即可。殊不知，大额的财产分割牵动每个人的利益神经，表面看似风平浪静，实则可能是暗潮汹涌。其实，绝大多数问题只要和富有经验的专业人士进行讨论和分析，就会有解决方案。

很多企业家一生中见过无数文案，会认为遗嘱其实就是自己对身后事的安排，清楚说明、描述，不就可以了？那么我们来看一下问题遗嘱的种种情形。

(三) 问题遗嘱的 8 种情形

针对遗嘱的起草，如果资产金额不菲，我们强烈建议在专业人士指导下完成遗嘱的制备工作，不要自己拿着一本《民法典》或是网上下载一个模板就想当然自己起草。还是那句话，你想让继承人继承财富，还是继承纠纷和官司？以下是常见的遗嘱存在瑕疵甚至导致无效的 8 种情形。

1. 形式要件不符合

《民法典》继承编规定的遗嘱形式有很多，包括自书遗嘱、代书遗嘱、录音遗嘱、口头遗嘱和公证遗嘱等。

前述形式除了自书遗嘱和公证遗嘱不需要他人见证外，其余三种都需要两个以上的见证人在场见证，并且下列人员不得作为见证人：(1) 无行为能力人、限制行为能力人；(2) 继承人、受遗赠人；(3) 与继承人、受遗赠人有利害关系的人。如果欠缺以上形式要件，会导致这三类遗嘱失效，所涉遗产依法定继承规定处理。

在曾备受关注的季羡林亿元遗产争夺案中，季羡林老先生在 2008 年 12 月 6 日写道："全权委托我的儿子季承全权处理有关我的一切事务。"季老的儿子认为这就是典型的自书遗嘱，但是这在形式和内容上似乎更像是一个授权委托书，而不是一个遗嘱。遗嘱有严格的形式和内容要件，如果有任意一项不满足，其效力就会受影响，若资产重大，那么对簿公堂的可能性就会陡增。

事实上，现在公证处在做公证遗嘱时也会拍照、录音，甚至还会录像。这为的是将立遗嘱人立遗嘱时的真实情景进行保存，使它们能够重现，以最大限度保证遗嘱的效力。

2. 最后一份遗嘱及公证遗嘱的效力优先

如果立遗嘱人签订了多份遗嘱，遗嘱的内容互不干涉且都符合遗嘱的形式要件，那么这些遗嘱可能都具有法律效力。如果多份遗嘱内容存在冲突，则以最后订立的一份遗嘱为准。而多份遗嘱中有公证遗嘱的，则以公证遗嘱为准。

《民法典》第一千一百四十二条规定："遗嘱人可以撤回、变更自己所立的遗嘱。立遗嘱后，遗嘱人实施与遗嘱内容相反的民事法律行为的，视为对遗嘱相关内容的撤回。立有数份遗嘱，内容相抵触的，以最后的遗嘱为准。"

在立有公证遗嘱的情况下，如需对公证遗嘱中涉及的财产重新进行分配，需要先将该公证遗嘱撤销；公证遗嘱中未涉及的部分，仍可以通过其他遗嘱形式进行处分。特别需要注意的是，遗嘱人在危急情况下可以立口头遗嘱。口头遗嘱应当有两个以上见证人在场见证。危急情况解除后，遗嘱人能够用书面或者录音形式立遗嘱的，所立的口头遗嘱失效。因此在危急情况解除后，应通过其他遗嘱形式对遗产分配进行确认。

3. 立遗嘱人主体不适格

立遗嘱人必须是完全民事行为能力人，一些老年人在病入膏肓之际所立遗嘱可能会被认定无效。所以，在订立遗嘱时需要判断立遗嘱人是否神志清醒，是否具备订立遗嘱的能力。

《民法典》第一千一百四十三条规定，无民事行为能力人或者限制民事行为能力人所立的遗嘱无效。订立遗嘱作为一种民事法律行为，行为人必须具备相应的民事行为能力，无民事行为能力人和限制民事行为能力人均不具有订立遗嘱能力，确定遗嘱人是否具有订立遗嘱能力，应以遗嘱人订立遗嘱时为准。这就是公证机关、律师在进行遗嘱公证、见证的时候，必须制备有关询问笔录，证明立遗嘱人的神志清醒、具备行为能力的原因。

4. 遗嘱应当尊重本人意愿

遗嘱应当尊重本人的意愿，即立遗嘱人的真实意思表示。这一点与《合同法》中意思自治的原则类似，一旦事后证明遗嘱乃是受胁迫或是受欺骗订立的，那么遗嘱将被认定无效。

在有条件的情况下，遗嘱如果能经过公证，一定程度上就能避免被认定无效的情况。在富有经验的律师的帮助下，在订立遗嘱的过程中，即便不通过公证，也可以通过询问笔录、拍照、录像以及安排见证人等方式，达到证明的效果。

5. 立遗嘱人处分的财产必须为本人所有

立遗嘱人处分的财产必须为本人所有。如果遗嘱生效时，遗嘱所列财产已经灭失或者所有权发生转移，则该部分遗嘱无效。虽然这一点看似简单，让人不以为意，但这是订立遗嘱时最容易产生误区的地方。

遗产的范围只限于被继承人生前个人所有的财产，根据《民法典》第一千一百二十二条规定，遗产是自然人死亡时遗留的个人合法财产。依照法律规定或者根据其性质不得继承的遗产，不得继承。可见，自然人立遗嘱时只能对自己的合法财产享有处分权，如果对不属于个人的财产进行处分，就属于无效处分，会引起与该部分财产有关的内容失效。

最常见的误区就是婚姻关系中的一方错误地将夫妻共同财产作为自己的个人财产进行处分。应当先将夫妻共同财产进行析产，或者签订婚内财产协议，再单独对属于自己的那部分财产订立遗嘱。①

6. 未安排"特留份"给必要的对象

"特留份"是一个很多人都不太熟悉的法律名词。假如订立遗嘱的时间较早，没有考虑订立遗嘱之后出生的孩子，那么财产的分配中就没有把这位家庭新成员考虑进去。也就是说，遗嘱中没有给这个孩子特别保留出必要的遗产份额，这个份额被称为遗产的"特留份"。

为了保障没有劳动能力又无稳定收入的继承人的经济利益，我国《民法典》对遗嘱继承做了限制性规定："遗嘱应当为缺乏劳动能力又没有生活来源的继承人保留必要的遗产份额。"

所以，一方面，考虑到家庭新成员的因素，要对遗嘱进行及时的更新和调整；另一方面，订立遗嘱时，对于法律上必须安排特留份的人员，应当为其保留必要的份额，避免发生遗嘱部分无效的情形。

---

① 另外，还有依据法律规定不属于遗产但是来源于立遗嘱人的财产，如抚恤金和保险金。抚恤金是国家在死者死亡后，发给死者亲属的费用。国家发放这种费用，是用以优抚、救济死者家属，特别是用来优抚那些依靠死者生活的未成年和丧失劳动能力的亲属，它体现了国家对劳动者的物质帮助，所以不属于遗产。而保险金的受益对象则是受益人，而非投保人本人，所以也不属于遗产范围。当然，如果保险没有指定受益人，那么保险金往往也是按照遗产处理。

7. 遗产先要清偿生前债务和税款

如果立遗嘱人生前有债务要清偿的，那么其所留下的遗产应当优先偿还这部分。如果用于债务偿还的这部分遗产被继承人通过遗嘱进行处理，则会导致该部分遗嘱无效。债务清偿完毕若还有剩余的，再按遗嘱进行分配。如果遗产不足以清偿债务，继承人也无须偿还不足的部分，以遗产的实际价值为限。富兰克林曾经说过："世界上只有两件事是不可避免的：死亡与税收。"然而，"只有一件事比死亡和税收的不幸更甚，那就是死亡与税收结合的产物——遗产税"。对于国外遗产税，也只有扣除遗产税后的财产才是继承人最终能够继承的部分。

8. 遗赠扶养协议优先于遗嘱

如果被继承人既签订了遗赠扶养协议，又订立了遗嘱，那么根据我国《民法典》第一千一百二十三条规定，继承开始后，按照法定继承办理；有遗嘱的，按照遗嘱继承或者遗赠办理；有遗赠扶养协议的，按照协议办理。可见，遗赠扶养协议的效力优先于遗嘱。

究其原因，就在于遗赠扶养协议是双务合同，必须以书面的形式订立。在遗赠人生前一经签订即发生法律效力，扶养人也需按照协议内容履行扶养义务，撤销需要经过双方的同意，未经一方同意不得随意变更或者撤销。而遗嘱是单务合同，所以订立遗嘱是直到立遗嘱人死亡时遗嘱才发生法律效力的单方面民事法律行为。在死亡前，立遗嘱人可以任意地修改或者撤销其所立的遗嘱。

（四）生前赠与

考虑到遗嘱有那么多不确定性，还有未来发生继承之时可能存在的遗产税因素，作为法定继承、遗嘱继承的替代和补充，生前赠与也是传承安排的重要工具之一。

生前赠与有以下优点：首先，规避遗产税；遗产税一直是悬在富豪头顶的一块砖，不知道何时就会突如其来地砸落，而且遗产税的适用范围，不仅仅是在中国，还可能包括海外。如果提早进行分配，就能够避免不必要的财富损耗。其次，避免突发死亡导致遗产未经梳理、丧失或被他人窃取；如果富豪能在生前对财产进行梳理分配，就可以避免意外情况给家人造成慌乱，也能够避免子女之间对优质财产的抢夺。

> 用"生前赠与"的方法让子女传承财富，从而规避遗产税，表面看似简单聪明，实际却有着巨大的隐患。这体现在至少四个方面。

但生前赠与同样存在以下四个缺陷：第一，无法避免子女不孝和挥霍。有些创一代担心子女一旦分得财产就不再尽孝，脱离掌控，或者对财产肆意挥霍，败家丧志。笔者曾经看到一篇2005年台湾地区报纸上的报道，标题为《流浪老妇露宿街头，子女涉嫌遗弃》，讲述的就是老妇为了规避遗产税，生前将所有财产赠与子女，没想到"人算不如天算"，这些子女知道老妇已经没有"利用价值"之后，就各自不再赡养老人，最终老人流离失所。

第二，无法避免由于婚姻变动导致财富流失。过早地将财产都分配给子女，子女的婚姻一旦发生变故，那么这些家产很有可能作为夫妻共同财产而被瓜分。

第三，难以防范外界对财产的觊觎。子女如果过早地掌握了大量财富，就可能会被有些"别有用心"的人窥伺，若子女年幼且缺乏处事经验，很有可能上当受骗导致财产流失，甚至遭到他人算计，面临被谋财甚至害命的风险。知名电影《消失的她》中，男主为了谋夺妻子所继承的大笔财产而对之痛下杀手的故事，让高净值人群不得不警醒。

第四，生前赠与可能无法达到规避遗产税的目的——因为赠与税的存在。赠与税和遗产税是一对"孪生兄弟"，现实中部分人群为规避遗产税，可能会采用提前赠与的方式，立法机关、税务机关也相应规定"赠与"也需要缴税。拿美国为例，根据联邦法律，美国人在做出生前赠与时需要缴纳赠与税，其税率和遗产税税率是完全相同的。同时，美国人享有所谓的终身遗产和赠与税免征额，该免征额的标准为500万美元，同时包括赠与税和遗产税，并根据通货膨胀逐年调整。在2023年，该免征额为1 292万美元。

> 从规划时间的角度看，在之前网络流出的2004年版本的《遗产税暂行条例（草案）》中，就曾提及"倒推5年"的规定，也就是被继承人死亡前5年对外赠与的财产，依然属于被赠与人的遗产，将被征收遗产税。

此外，美国联邦税法还规定，美国人每人每年向任意受赠人的赠与都享有一笔年度免税额，而无须缴纳赠与税。在2023年，该年度免税额是1.7万美元。这笔免税额设立的意图是为了便于美国人在家人间做小额物品赠与，例如圣诞礼物。如果日后中国开征赠与税，考虑到我国新年"送红包"的习俗，我国也很有可能采纳此类性质的年度免税额做法。

综上所述，"生前赠与"可能并不如预期中的有效，甚至可能是一个重大的误区和"陷阱"。随着税法的不断发展和税制的不断改良，遗产税的规划方案必然会越来越复杂，涉及的筹划工具会越来越多样，需要的不同背景的专业人士也会越来越多元，即使中国目前没有开征遗产税，这也必然是未来发展的趋势。

另外，从规划时间的角度看，我们注意到，在之前网络流出的2004年版本的《遗产税暂行条例（草案）》中，就曾提及"倒推5年"的规定，也就是被继承人死亡前5年对外赠与的财产，依然属于被赠与人的遗产，将被征收遗产税。因此，按照此立法思路，若我国开征遗产税，可能仍需要注意赠与时间的问题。

所以，生前赠与往往会带来这样的矛盾，给多了怕不安全，给少了又怕达不到传承的效果，只能逐步地少量赠与。究竟有没有更好的解决之道呢？请参见下文中7.3.3部分。

（五）遗嘱执行人：神秘而必要的存在

1. 遗嘱执行人的产生

遗嘱的执行，是指立遗嘱人死亡后，由特定人按照立遗嘱人在有效遗嘱中表示的愿望而最终实现遗产的转移。遗嘱一般由遗嘱继承人执行。立遗嘱人可以在遗嘱中指定继承人中的一人或数人执行遗嘱；如果立遗嘱人没有指定执行人，则全体继承人以平等的地位参加遗嘱的执行。

中国的社会现状是对遗嘱执行人普遍不够重视，立遗嘱人也很少在遗嘱中指定执行人，并且直到继承发生时，才临时由一个或几个继承人担任执行人。至于法律规定，有据可循的也只有《民法典》第一千一百三十三条：自然人可以依照本法规定立遗嘱处分个人财产，并可以指定遗嘱执行人。但这一宽泛的规定，几乎没有什么实质性内容。它既没有明确遗嘱执行人的法律地位，也没有明确遗嘱执行人的职责、权利以及遗嘱执行程序。

但事实上，随着个人财富的累积，人们对遗嘱如何执行越来越关心。至于遗嘱执行人的产生，现在世界各地流行的主要有四种模式：（1）遗嘱指定、遗嘱委托第三人指定、家事法院选任，比如日本。（2）遗嘱指定，并可以指定候补执行人、委托第三人指定、委托法院指定，比如德国。（3）只能由立遗嘱人指定遗嘱执行人及候补遗嘱执行人，比如瑞士。（4）遗嘱指定、遗嘱委托指定、由亲属会议选定、法院指定，比如我国台湾地区。

2. 遗嘱执行人的义务

（1）掌握遗嘱内容。首先遗嘱执行人应当全面客观地掌握遗嘱内容，查明遗嘱是否合法真实，这是遗嘱执行人的首要职责。同时，遗嘱执行人还需知晓立遗嘱人的真实意思，对遗嘱内容有无违法等情况做出判断。

（2）清理遗产，编制遗产清册。遗嘱执行人应当对遗产范围进行详细的梳理，包括遗产的名称、数量、所在地点、价值等情况。尽管遗嘱中一般会对遗产状况进行说明，但是此一时彼一时，等实际发生继承时，财产的状况可能已发生变更，这需要执行人了解。在遗产数量较多的情况下，遗嘱执行人还需要编排遗产目录，以防遗产的占有人隐匿遗产或者造成遗产的疏漏等。遗嘱继承人也有权请求执行人编造和交付遗产目录。

（3）管理遗产。遗嘱执行人有管理遗产的权利和义务，应妥善管理和保护遗产，以防止遗产被毁坏或出现灭失的情况。因管理遗产而发生的费用，应当从遗产中扣除或者由继承人直接支付。

（4）分割遗产。在清偿被继承人所欠税款和债务后或明确继承人分担被继承人的债务后，按遗嘱所指定的份额或数额，将遗产交付继承人和受遗赠人。在查明遗嘱确实真实合法，且厘清财产范围并扣除债务、税费后，遗嘱执行人应当着手按照遗嘱内容对遗产进行分配。部分遗产乃不可分物的，应当组织出售，将出售所得款项根据遗嘱中所列的比例分配给继承人或受遗赠人。遗嘱执行人应当忠实地履行自己的职责，不能随意改变遗嘱内容。如果因故意或过失给继承人造成财产损失的，应承担民事责任。

财富传承 2.0 实用小贴士之一：海外资产如何继承

随着中国的富有阶层在海外配置资产日趋普遍，在发生继承的时候，就无法仅仅依赖一份按照中国《民法典》继承编在中国订立的遗嘱来安排海外的资产继承。与中国的继承流程不同，海外通常都会有遗产的继承检验和认证的法定流程。这些流程所耗费的时间往往大大超过继承人的想象，几个国家的流程跑下来，可能要 2～3 年时间，最终资产才能转到继承人的名下。它们与中国《民法典》继承编中规定的流程有很大差异。关于这部分内容，限于篇幅，不再细述，请登录网站 www.wealthbook.cn，免费获取。

7.3.3 传承筹划2.0：为何富人的传承安排难以DIY（自己动手）？

为什么（超）高净值人士往往难以自己动手起草遗嘱以及进行传承安排？就像我们在第6章中所描述的，如果说以传统的《民法典》继承编为基础，能够给予的传承工具是"1.0版本"的话，那它已经难以满足经济发展之后（超）高净值人士复杂的定制化需求。因此，应运而生的就是超越《民法典》继承编本身的"财富传承2.0"。

财富的金额越大、种类越丰富、区域跨度越大，资产的管理以及传承方面的挑战也就越大。

首先，从资产管理上看，对于有些问题，传统的传承工具几乎无用。例如，对于有些资产，老人希望在其身后也能够一直延续，不是将它们传承给某一个家族成员，而是希望达到一个"家族共有"的目的。例如，某个特别的承载情感意义的老宅、别墅、农场，但家族共同拥有似乎又存在这样那样的法律障碍。

其次，从继承、传承的角度看，问题则更为复杂。财产的继承在很大程度上遵照属地管辖原则，如果资产在中国，继承适用中国法律；如果资产在澳大利亚、美国，那么就要遵照当地的法律。不同国家、地区关于继承的法律制度和法定流程都不同，各类要件如所要求准备的各种文件，需要继承人亲自到场办理的手续，以及可能需要缴纳的遗产税，就足以让继承人忙碌得不得了。

订立遗嘱，对于（超）高净值个人尤其是企业家来说，不是完成一次便可一劳永逸了。随着时间流逝，公司运营、管理决策、财富构成都会发生变化。这就需要企业家不时地结合资产配置情况、公司经营需求、投资及资产的变化、子女自身的诉求和性格发展对遗嘱进行调整。当然，这些都需要在专业人士的指导下进行，否则稍有疏忽便可能导致行文互相矛盾，从而影响遗嘱的效力。并且，还应当由专人对遗嘱进行管理和保护，从而避免发生遗嘱意外灭失的情形。

为什么"1.0版本"已经无法满足（超）高净值人士的需要了？首先，遗嘱固然重要，但是它存在以下短板，使得财富人群不得不寻找新的方法和工具。

（一）隐私无法在遗嘱的执行中得到充分保护

在中国，执行遗嘱的时候，形式要求往往非常严格。虽然没有具体的法律条文规定，但是在实践操作中，公证处一般会将所有继承人都召集到现场，需要所有的法定继承人做出统一的意思表示,即对遗嘱内容无异议,方能出具遗嘱已生效的公证文件。并且,在必要的情况下,公证处还会主动履行调查职责,查询被继承人的父母、配偶、子女等亲属情况,避免发生部分法定继承人刻意隐瞒其他可能存在的继承人的情形。

这样一来,无疑是将被继承人的隐私公诸天下。尤其对(超)高净值人士来说,其家族结构往往比较复杂,如果采用遗嘱的方式安排财产分配,那么生前试图保护和隐藏的关系都将曝光。比如生前私下赠与,有可能因为触犯《民法典》第一千零六十二条,而被法院认定无效或者可以撤销。

要解决赠与、遗赠中的隐私曝光问题,就需要采用额外的工具,例如人寿保险的保险受益人指派、信托等方式。

(二)遗嘱可能无法囊括所有资产,也无法解决财产代持带来的问题

一方面,财富家族资产庞大,不时会有新的收购、投资项目以及新开立的银行和投资账户,如果不经常更新遗嘱,那么可能有的资产就会在未来执行遗嘱时不被发现。另一方面,由于种种原因,中国不少(超)高净值人士的资产是由他人代持的。就这些代持的资产而言,即便在遗嘱中有所明确,如果代持人将来抵赖,否认存在代持行为,那么这部分资产的归属问题就会产生很大的争议。实践中,如果要进行遗嘱公证,对于不在立遗嘱人本人名下的财产,即便确实属于立遗嘱人,代持人也确认了财产的真实归属,公证机关一般来说也不会同意进行公证。因为公证遗嘱中所列的财产均需至少满足两个条件:一是财产由立遗嘱人直接持有,且不属于夫妻共同财产;二是需要出具财产凭证。如是房产,需要出示房产证;如是银行存款,则需出示存款证明。

对于遗嘱中不能囊括的由他人代持的财产,实践操作中一般较多采用代持协议的模式。代持协议采用书面形式,由实际持有人和代持人双方签署。即便有合法有效的代持协议,代持还有其他风险。例如,如果代持人死亡,那么其继承人就可能会对被代持的财产进行继承。实际持有人如果想要追讨回被代持的财产,途径无外乎两条。一条是与代持人的法定继承人进行协商,如果法定继承人对代持的事宜事先知晓也予以认可,那么实际持有人便可顺利主张权益。否则,唯有通过另一条途径——诉讼才能将财产追回。但是,既然是诉讼,就可能蕴含不可预测的风险,因为胜诉不是必然的。

除此之外，还有一些资产虽然属于立遗嘱人所分得的遗产，但尚未进行具体分配或过户，也不能在公证遗嘱中一一体现。例如，属于被继承人继承的遗产份额，在未完成分割前，被继承人就已去世的，那么待分割的遗产仍然处于被继承人和其他法定继承人共有的状态，遗产产权尚未明晰，所以按照公证遗嘱的要求，也不能加入遗嘱中。

（三）担心后辈肆意挥霍财产

如果通过遗嘱进行财富继承，则每个继承人一次就可获得一大笔财富。父母对此非常忧心，是不是能"富过三代"完全依赖于继承人对自己手中的财富是否善于经营和管理，因此不能排除个别子女短时间内将财富挥霍一空的风险。

香港著名艺人沈殿霞在去世之前，担心其女郑欣宜获得大笔财产后，挥霍殆尽或者遭人欺骗，因此将自己的遗产置入了信托。每当女儿面对大额资产处置事宜时，最后的决定都要由信托受托人负责审批、协助；同时设置信托监督人，也就是所谓"保护人"，即沈殿霞的前夫、郑欣宜的生父郑少秋，其他人选包括沈殿霞的大姐及生前好友。郑欣宜只有等到有人生重大事项时（如结婚等）才可以领走一笔固定金额的钱，从而避免她大笔不当消费而导致资产枯竭。由于资产在信托管理之下，动用它必须经过保护人的同意，这样也可以避免别有用心之人觊觎财产而故意接近郑欣宜。关于通过信托、保险等工具进行财富传承的安排，请参见本章后续内容。

（四）遗嘱不足以解决家族企业的传承和"永续经营"的问题

遗嘱最多只能解决财富传承的问题，而解决不了继承人的培养、家族价值观的传承等问题。

（1）家族企业的传承是一项长期计划，不可能通过一纸遗嘱就能确定企业的接班人。在我们后续的章节中会提到，企业的接班和传承往往需要相当长的时间，就拿国内著名的方太集团的案例来说，父亲茅理翔的"带三年、帮三年、看三年"的交接班安排，就需要9年时间。所以企业股权的继承、传承安排，无法简单通过遗嘱进行。

家族企业的传承，表面上是财富和权力的传承，实质上是精神、文化、理念、人格魅力的传承。而企业的传承更需要后代接班人的雄心、热情以及魄力。

（2）除了资产的传承以外，家族企业还需要领导力的传承，领导力的传承才是真正的传承。领导力传承需要通过长期的业绩来证明，否则难以服众。家族企业的所有权掌握在以血缘、亲情为纽带的家族成员手中，家族成员在企业担任不同的职务，各种远亲近戚关系极其微妙。当制度和亲情发生冲突时，如何取舍才能避免矛盾的爆发也是新一代领导人亟须掌握的一门学问。处理不当，威信可能扫地。

（3）订立遗嘱的时候，是否考虑到了继承人个人的意愿？继承人如果本就不想继承企业，那么一纸遗嘱给其带来的烦恼可能远远大于幸福。守业和创业一样，同样需要激情和对企业本身的热爱，如果二代子女不愿意接班，那么强加于他们也是有违人性的。要做好企业传承，不仅涉及保险、信托等工具的运用，还包括整体架构的搭建、公司治理、家族治理、二代心理以及代际沟通等交叉学科内容，这就是"财富管理和传承3.0"所要详解的内容，这部分内容我们会在本书第10章、第11章展开介绍。

7.3.4 超越法律的思考：留给孩子多少财富才合适？

上文主要谈到的是法律层面的问题，那么对于跨界性强的"财富传承2.0"，就必须考虑一下法律之外的因素，在实践中，究竟如何分配资产？留给孩子多少财富才合适？

巴菲特曾经说过："留给孩子的财富足以让他们追求他们想要追求的任何梦想，但是却还不足以让他们完全闲云野鹤、无所事事。"真正的礼物不单是财富，还有赋予后代选择的机会和机遇，帮助他们成就自我。但是在错误的时机，错误地赠与过多的金钱，可能会起到相反的效果。这可能滋长依赖心、贪婪心，也可能导致家族成员间相互嫉妒。

如果孩子离成功还很远，最好的方法是为他们创造更多的机会，而不是让他们在收获可能的成功前提早退休。家族创始人与后辈分享的不应当仅仅是财富，更应该是成功的心得和经验。给予奢侈的物质生活和优越的社会条件，以为是给孩子幸福，但是可能恰恰剥夺了孩子作为正常人所本来可以获得的成就感。因此，父母必须谨记，来得太多、太快的财富对工作的动力、积极性乃至工作态度都会产生负面的影响。

优质的财富规划师不能仅仅懂得推荐理财产品，而高质量的家族法律顾问也不能只知道按照《民法典》继承编提供基础、呆板的法律服务，懂得客户需要才是第一要务。举例来说，针对给后代留下多少财产的问题，可以参考以下的方法。

（1）如果子女还在学校读书，那就必须考虑将来有足够的资金保障子女的生活、健康和教育。有些财富家族称之为"基本保障资金"。这不是为了成年子女的舒适生活而设立的，主要是为了养育未成年子女，覆盖他们基本的生活开销及必要的物质条件支持。有可能子女到了 25 岁左右，这项资金就基本被消耗殆尽了。

（2）子女成年后，或许还要留有用于他们继续教育的费用。千万不要认为上大学学习是 18 岁到 25 岁干的事，学习是一辈子的事情。很有可能人到中年仍会选择接受教育，进行第二次创业或为自己的事业做进一步提升。

（3）对于家族掌权者来说，充裕的资金对家族生意的正常运作及发展都至关重要，所以也需要为此留出一笔可观的资金。

（4）健康对每个家庭都很重要，对财富家族尤其如此，所以需要单列资金作为储备。

（5）家族成员之间的感情交流对于家族凝聚力的提升很重要，所以还有一项"聚会基金"。设立它主要是为了促进成员之间的感情交流，资金可以用于成员娱乐活动，也可以用于成员学习或者分享经验等。

（6）父母都希望子女有能力拥有一个自己的小家。但是这对年轻人来说是一个不小的挑战，尤其是对刚结婚的年轻夫妻来说，恐怕筹齐房屋的首付款都很困难。这时候就需要考虑划拨出一笔专门的款项用于帮助年轻的一代成家立业。

（7）还需要考虑到，有些第二代或者第三代并不在家族企业工作，他们可能对其他事业更有热情。但是这些事业并不能使他们在退休后享受舒适的物质生活。这就需要为这类情况预留一部分资金，使他们能够安享晚年。

（8）如果家族财富积累到一定程度，以至于满足所有需要后仍有很多剩余，那么就可以考虑成立一个社会性质的基金。整个家族在社会中可以扮演一个正面积极的角色，一方面有助于提升家族的社会形象，另一方面也有助于团结家族核心成员，培养良好的价值观。

以上方面或许并不能完全涵盖每个家族的实际需要，但是却提醒了财富掌门人家族成员可能存在的潜在需求。需要注意的是，如果设立用于特定目的的基金（例如教育基金、健康基金等），那么要做到专款专用并且同时实现资产的安全隔离，传统的遗嘱订立、赠与等方法就不再奏效，而是要仰赖信托将这部分基金交给受托人管理，而不是让某个家族成员"代管"。设计传承架构，就成为家族法律顾问的责任了。

财富传承2.0实用小贴士之二、之三：如何处理代持股权和代持房产？
如何传承不宜分割的财产？

我们还有一些非常实用的小贴士和大家分享，针对代持股权和代持房产，以及一些特定的财产（例如度假别墅、农场、其他不动产、飞机和游艇），如何让下一代的家族成员共同拥有、控制、分享收益？限于篇幅，我们无法将所有的潜在备选方案在本书中一一讲解，通过登录网站 www.wealthbook.cn，可以免费获取。

7.4 关于婚姻：夫妻交恶的财富博弈

我最凶悍的一战是和我的第一任太太。

——美国拳击冠军，穆罕默德·阿里

7.4.1 婚姻—财富规划

和"家"有关的风险，主要包括分家（财富代际传承后财富的分散）、败家（后代的无能）和拆家（离婚）。就对财富的冲击来说，离婚的破坏力不小。美国前总统、地产大亨唐纳德·特朗普身家达几十亿美元。他在《如何致富》一书中，就专辟章节说明订立婚前协议的重要性："我要对所有要准备求婚的人士再次强调：订立婚前协议不等于你将来不再爱你的配偶，不等于你对自己的配偶不信任或者怀疑双方的感情关系。它仅仅只是说明，你认可这么一点——在人生中，尤其是涉及爱情和事业的那些部分，可以变得很复杂。人们有权利保护他们的财产。如果你拥有自己的产业，你面对一场艰难的离婚，但是却又没有一份婚前协议，那么你的这种疏忽会让你的员工遭受损害。我认识很多女性支持她们的丈夫，而这一条建议对于男女都同样适用。

"如果我没有婚前协议，我很可能将会从另一个角度来写这本书了——作为损失惨重的失败者；我的前妻所聘请的离婚律师数量之多甚至需要用一辆大巴来装。那简直是一场灾难，但是由于我有一份婚前协议，我挺住了。

"我的另一个朋友就没有那么幸运了……他有过四次失败的婚姻，但是他还是跟我说'我这次是真爱，所以不需要婚前协议'。一年以后，这段婚姻也宣告终结，他经历了地狱般的离婚过程，我再次见到他时，他看上去像是受了惊吓的木偶……"①

（一）财富人士因离婚付出的昂贵代价

离婚的破坏力不仅在于对身心的打击，受到波及和损害的也不限于离婚双方。2012年11月20日，香港上市公司龙湖地产的公关发言人确认了公司的实际控制人、创始人夫妇的离婚消息，同日该公司股价下挫4%，此后连续两天下跌，蒸发市值总计43亿港元。② 视频网站土豆网由于创始人的离婚诉讼导致上市进程搁浅，之后虽然赴美上市，却错过了融资和发展的最佳时机，最终被竞争对手优酷收购。餐饮连锁企业"真功夫"的创始人夫妻离婚事件最终引发的不仅是上市的无限期搁置，双方争斗不休，最终一方还被另一方举报进了监狱，而企业也在双方的争斗中元气大伤。

富有远见的财富家族掌舵者，即便自己的婚姻稳固，也需要为家族的财富和二代以及未来家族成员的福祉筹划考虑，防范家族成员被"盯上"的风险——因为，成功与富豪结婚并且在不久之后通过离婚获得一半家产是一个让所有成功学人士都望尘莫及的火箭式致富方法。这就是为什么不少财富家族在家族宪法中都会要求晚辈在结婚之前必须订立婚前协议，以防止婚姻失败导致财富流失。

---

① Donald Trump and Meredith Mclver. *Trump—How to Get Rich*. Random House，2004.
② 幸运的是，由于夫妻双方之前分别设置了两个家族信托，离婚不会对上市公司未来控制权产生不利影响，该消息传出之后，股票止跌上扬，11月23日，股价强势反弹，基本恢复到事前水平。

> 富有远见的财富家族掌舵者，即便自己的婚姻稳固，也需要为家族的财富和二代以及未来家族成员的福祉筹划考虑，防范家族成员被"盯上"的风险。

在开始探讨如何避免离婚对财富和家族企业的冲击和破坏之前，让我们从一个有趣的角度探讨离婚和离婚补偿制度。

（二）离婚与财产分配的法律经济分析

美国芝加哥学派的法律经济学家、联邦上诉法院法官波斯纳在《法律的经济分析》一书中，饶有兴趣却又不乏哲理地探讨了婚姻制度以及离婚补偿的经济学原理。

女性在遭遇离婚、遗弃时会处于相对弱势的地位，而如果法律不能给予女性充分的保障，那么会加剧女性的弱势地位，会有悖法律的公允和正义要求。首先，从社会因素角度看，一些人认为女性离婚之后魅力和适婚指数会下降，而且社会上许多人对于二婚的女性（相比男性）有更多的歧视。其次，从生理因素角度看，一般地，女人的颜值（其吸引力指数赖以维系的重要基础）不会随着时间的推移而增加，相反，只会存在更多的"折旧"，甚至因为怀孕生子、劳累等因素而加速折旧。

在时间游戏中，男性和女性在魅力指数上的"权力反转"以及力量对比上的悬殊导致女性在很大程度上是输家。美国的法院在处理离婚案时，除要求分割婚姻财产外，还可能要求离婚后男方向女方支付扶养费和抚养子女的一部分费用。波斯纳认为，扶养费有三大独特的经济功能：（1）它是对违反婚姻契约的一种损害补偿；（2）它是在传统婚姻中向妻子偿付其婚姻合伙财产份额的方式；（3）它最重要的经济功能是向妻子提供一种离职补偿金或者失业补助。①

婚姻好比是一种自愿的商业合伙，带有契约性质。法律不可能让离婚的女人向政府要求申领一个新的配偶。一个比较经济的做法就是给予女方家庭财产的一半，并且男方在离婚后要给已经离异的女方扶养费。那么分割一半财产是不是法律经济学上最有效率的安排呢？

当婚姻关系濒临瓦解时所要面对的婚姻财产分割问题，就好像合伙人要对合伙财产进行分割。但是如何进行分割一直是困扰双方的一个问题。如果妻子只有很少的工作收入，家庭的大部分或者全部的有形财产都是丈夫得来的，但是他赚取收入的能力在很大程度上又得归功于他妻子对家务及孩子教养的操持。由于资

---

① 理查德·波斯纳. 法律的经济分析（第七版）[M]. 蒋兆康，译. 北京：法律出版社，2012.

"你能想象他若没钱的话看上去能咋样吗?"[1]

助丈夫接受教育,妻子在承受了机会成本的同时又提高了对方赚取收入的能力,所以她有权利像债权人一样获得补偿。当然,笔者倒是觉得从合伙人、投资人角度看待获得份额的赎回补偿可能更为确切,因为债权人只能收回本金和利息,而合伙人、投资人则是获得财产的一定份额。

即使双方是在男方完成了职业培训以后才结的婚,婚后妻子专门从事"家庭生产",而将全部财产的取得归因于丈夫的工作也是错误的。妻子的非货币贡献价值可能等于或超过丈夫贡献的价值。[2] 前者对一个家庭来说永远是重要的。如果丈夫不得不将大量的时间耗费在家庭生活和杂事上,那么他的收入就会减少,从而导致累积的财富减少。因此,有些家庭的财产其实是以妻子的家务劳动换来的。

美国有的州采用夫妻共同财产制,这个制度规定婚姻存续期间积聚的财富离婚时50%都要归于妻子(这和我国的《民法典》婚姻家庭编夫妻财产分割原则基

---

[1] 选自《纽约客》漫画集,原作者为 William Hamilton。

[2] Reuben Gronau. Home Production—A Forgotten Industry. *The Review of Economics and Statistics*, Vol. 62, No. 3(Aug., 1980).

本一致)。如果丈夫婚后积累了数十亿美元的财富，妻子的贡献和牺牲固然值得尊重，但是能抵得过这些巨额财富的一半吗？所以波斯纳认为，用它来分割夫妻共同财产也未必就是科学的，甚至可能是武断的。因为这个时候，更妥当的方法就是，假如丈夫在结婚之前，真的订立了婚前协议，他会怎么规定这个财产分配条款（或者是离婚发生时的补偿配偶条款），然后基于这个来做出裁定。①

对此笔者持不同观点。就像两个股东创业，一开始双方说好50/50的股比，当时谁都不知道将来谁的贡献会更大，所以企业在这样的情况下发展壮大，一个合伙人管研发和后勤，另一个管销售。结果管销售的合伙人因为找到了大订单使得公司的价值飙升了100倍，在这个时候，双方要分家。这个管销售的合伙人说，公司的价值之所以翻了100倍，是因为自己的销售能力强；另一个合伙人则认为，如果没有后勤和研发，根本不可能有大订单。如果法院进行裁定的话，不会纠结于贡献大小。如果当时的持股配比是50%对50%的话，无论各自贡献多少，只要合同没有另外的规定，那么50/50的股比就应该得到尊重。这个是否构成不公平问题，自然存在博弈的成分，双方既然订立了契约，自然要"愿赌服输"。而婚前协议本就旨在进行有关的调整，把规定描述清楚。

7.4.2 离婚大战背后的家族财富涅槃

对明星、富豪、知名企业家来说，婚前协议是一个非常熟悉的词。但理念和行动往往存在很大的距离。如果没有进行财富的保护和规划安排，对拥有相当数量财富的个人、家族来说，离婚的代价和痛苦既可以登上报纸的头条，也可以创造纪录。

案例7-5　俄罗斯寡头离婚被判需支付45亿美元，创世界纪录①

艾琳娜因为离婚，一跃成为《福布斯》榜单上的富豪。她的前夫是俄罗斯亿万富豪德米特里·雷波诺列夫。在长达6年的离婚诉讼中，雷波诺列夫通过各种信托

---

① 理查德·波斯纳. 法律的经济分析（第七版）[M]. 蒋兆康, 译. 北京：法律出版社, 2012.
② 参见《俄罗斯寡头离婚被判45亿美元赔偿创历史最高》，载于 http://world.huanqiu.com/exclusive/2014-05/5001939.html。

机构和公司动用夫妻财产购置了大量资产,希望借此把财产转移出去。但是最终瑞士法庭判决雷波诺列夫需要向艾琳娜支付48亿美元,其中包括45亿美元的现金和价值3亿美元的不动产、艺术品以及子女的抚养费。艾琳娜的律师团发表声明称,此次裁决是一次"彻底的胜利",因为艾琳娜获得了雷波诺列夫一半的财产。

尽管雷波诺列夫为了拖延时间,大费周章地折腾法院的管辖权问题长达6年,但最终仍未逃过公正的审判。当然,所谓的"公正"是相对的。光是豪华不动产,就占据了雷波诺列夫88亿美元的资产。加之其他股权、债权等,相信他的资产并不止90亿美元。而且45亿美元的现金代价也足以让雷波诺列夫捶胸顿足、悲伤一阵子。

之所以会有这个判决结果,据笔者推测主要基于两方面的原因:其一,雷波诺列夫和前妻之间并未签署婚前协议,夫妻财产也没有加以区分;其二,在离婚诉讼期间,雷波诺列夫转移夫妻共同财产,频繁的交易行为也使众多财产暴露在公众视线范围内。而且其动机非常明显,在法官面前自然丧失了可信度。法官在判决时也必须考虑,这样判决也有利于彰显法律的公平和公正。

案例7-6 传媒大亨默多克前两次离婚支付近30亿美元[①]

传媒大亨默多克和第一任妻子离婚支付了10多亿美元,第二次离婚时则支付了17亿美元的分手费,他的两起离婚案都被认为是当时最昂贵的离婚案。

2013年,第三次离婚的传言始于妻子邓文迪和英国前首相布莱尔之间的绯闻。默多克与44岁的妻子邓文迪在纽约达成了"友好"的离婚协议。根据婚前协议修改基础上的离婚协议,邓文迪仅分到两套房产,而无法分得默多克在新闻集团的资产,两人离婚也不会改变默多克家族信托基金的继承规则。

---

① 参见《默多克仨瓜俩枣打发邓文迪》,来源于《钱江晚报》,转载于http://news.xinhuanet.com/overseas/2013-11/22/c_125743258.htm。

默多克通过设置家族信托这道屏障把新闻集团的股票隔离在个人和家族财产之外，此外，默多克和邓文迪婚前签订了协议。婚前协议在纽约州最受保护，被法院认可的概率更高。因此，默多克将离婚申请地选择在纽约的曼哈顿，也是出于此考虑。虽然婚前协议的内容并不为外人所知，但是从最终两人达成的离婚协议内容来看，婚前协议对默多克财产的保护是毫无疑问的，然而默多克的完胜绝不仅仅是依靠一纸婚前协议，还包括复杂的信托架构以及公司的股权安排等诸多设计。

7.4.3 躺着也中枪：离婚对家族企业与股东的冲击

对普通人来说，离婚所带来的冲击往往仅限于家庭，即夫妻双方和他们的孩子。而对财富人士来说，离婚所产生的影响超越他们自己的家庭，还包括一批"躺着也中枪"的无辜者，包括企业的其他合伙人、股东、投资人、管理层，以及企业的员工等。

（一）离婚导致上市公司股价暴跌

大股东的婚姻情况直接关系到公司经营和管理的稳定性，是普通股民判断是否继续持有该公司股票的重要参考因素。大股东离婚的消息一旦被坐实，往往会引起外界的纷纷猜测，股价顺势下滑也就在所难免。

> **案例 7-7　沃华医药董事长赵丙贤离婚案**[①]
>
> 2010年沃华医药董事长赵丙贤先生的离婚案就曾引起一时轰动，当时堪称"国内最贵离婚案"。赵丙贤有"中国巴菲特"之称，其投资成立的中证万融集团公司帮助了多家公司成功上市，而中证万融集团公司也成为多家上市公司的股东，其持有的沃华医药的股份更是达到了50.27%，它是沃华医药的

---

① 参见：《沃华医药董事长赵丙贤离婚20亿财产难分》，载于和讯网；《沃华医药：控股股东离婚 股价跟着掉价》，来源于《法制晚报》，转载于 http：//finance.jrj.com.cn/2011/11/02151211472899.shtml；《沃华医药临股权分散风险 控制人离婚案风波再起》，来源于《经济导报》，转载于 http：//finance.sina.com.cn/stock/s/20120115/220811206466.shtml。

第一大股东。

2010年4月，赵丙贤的妻子陆娟因发现赵丙贤秘密转移夫妻共同财产而起诉离婚，并要求分割财产。因为赵丙贤是在婚后开始创业的，所以中证万融集团公司的股权全部属于夫妻共同财产，其中赵丙贤占股80%，陆娟占股20%。实际上，除沃华医药外，赵丙贤夫妇还拥有上市公司罗莱家纺和同仁堂科技以及数十家正在运作上市的公司股权，资产总值或达20亿元。在陆娟看来，赵丙贤的成功也凝结着她几十年的艰辛付出，因此完全有理由要求"依法分割财产"。

但是赵丙贤一直未现身，导致案件无法正常审理。案件陷入僵局后，为了逼赵丙贤出现，陆娟拿走了公司装有重要文件的保险柜，但是还没有走出公司大门，就被员工拦下。结果陆娟非但没有达到目的，还因涉嫌"抢夺罪"在看守所被关押了一段时间。

陆娟并没有因此作罢，虽然赵丙贤动用了刑事手段想让妻子偃旗息鼓，但是网上接二连三出现的"讨伐"赵丙贤的博文是陆娟对赵丙贤一连串举动最有力的回击。调查发现，每次"赵丙贤闹离婚"的报道以及陆娟的"讨伐"博文发出后，沃华医药的股价都会下跌，在离婚风波持续被媒体曝光的2010年12月到2012年年初，沃华医药股价累计下跌10.28%。

为何上市公司某个股东的婚变会对股价产生如此大的影响？原因包括以下几个方面。

1. 离婚可能造成董事会格局变动

由于我国默认的夫妻财产制度是共有制，也就意味着在没有特别书面约定的情况下，夫妻财产是一体的。中证万融集团公司的全部股权都是夫妻共同财产，虽然名义上赵丙贤持有80%，陆娟只有20%，但工商登记的股权比例并不等同于夫妻之间财产的约定。这也就意味着在离婚案件尘埃落定之前，中证万融的股权究竟如何分配，不得而知。从理论上说，赵丙贤和陆娟应该各能分到公司50%的股权，谁都有可能最终成为中证万融的实际控制人。同时，根据《公司法》规定，对于公司重大的决策事项，必须经代表2/3以上的表决权的股东通过。中证万融一共就两个自然人股东，如果将来双方各持一半的股权，在重大事项上不能达成一致意见，那么公司运营很容易陷入僵局。

董事会需要对股东会负责，股东会的决议直接影响董事会的运作方向。虽然表面上赵丙贤是控股股东，按照资本多数决的表决方式，赵丙贤在中证万融应当是最有话语权的，但是也不能排除经过一系列诉讼之后大权旁落的可能。届时，董事会将由新的股东主导，董事会人员可能发生重大的变化。这一格局的变动对公司上下都将产生不小的影响，所谓牵一发而动全身，公司或将经历一轮洗牌。作为沃华医药的控股股东，中证万融面临如此大的震荡，也难怪股价会应声下跌。

2. 离婚会动摇投资人和股民的信心

在离婚案曝光之前，赵丙贤夫妇在广大民众心中就是"白手起家""有智谋""有远虑"的模范夫妻。赵丙贤和陆娟1992年从部队转业，夫妻二人经过多年共同打拼，创建了中证万融集团公司。通过投融资方面的不俗表现，赵丙贤在行内声名鹊起。但是随着陆娟对赵丙贤一篇篇"讨伐"博文的发出，他们的公众形象便自然受到不利影响。

公众在购买股票时，除了分析基本面和历史交易价格外，公司运营的策略、管理层的个人影响力和社会形象，都是股民考虑的因素。上市公司的任何负面新闻都可能会让投资人、股民用脚投票，快速脱手解套。

3. 离婚之诉只是跌下神坛的开始

从2010年开始，关于赵丙贤的一些其他负面新闻也陆续出现。从2013年赵丙贤儿子起诉要求赵丙贤支付抚养费开始，到后来涉嫌挪用资金被调查，赵丙贤一直处在舆论的风口浪尖。雪上加霜的是，2014年3月，时任世纪盛康药业公司董事长的赵丙贤被曹凤君、金恩淑、蔡孟杰、吴芳、舒满平以不能履行职务为由，提请召开董事会，做出免去赵丙贤董事长职务，选举吴芳为新任董事长兼总经理的决定。

成功来之不易，但从盛转衰或许只需短短几年。赵丙贤突如其来的人生巨变就是从其离婚开始的，这无疑给广大上市公司和企业家敲响了警钟。离婚看似是家务事，却牵连到整个上市公司的股价和其他大股东的利益，不由得让人不警醒。

（二）离婚导致上市搁置或进度放缓

案例 7-8　差点烂在锅里的"土豆"[①]

2010 年 3 月，视频网站土豆网的创始人王微和妻子杨蕾经三次诉讼由法院做出终审判决，准予双方离婚。至于王微所持有的上海全土豆公司的股权，因为涉及公司与第三人，所以法院要求双方另案处理。

2010 年 11 月 9 日，土豆网向美国证券交易委员会（SEC）提交了上市申请，计划筹集 1.2 亿美元。

而次日，杨蕾向徐汇区人民法院提起离婚后财产纠纷诉讼，要求分割王微名下 3 家公司 38% 的股权，诉讼标的为 500 万元人民币，杨蕾同时对全土豆公司股权申请了财产保全，保全标的为 200 万元，其中包括被称为土豆网"核心"资产的上海全土豆公司。土豆网上市步伐立刻放慢，面临搁浅。

经过法院调解，杨蕾与王微最终调解结案，关于调解金额双方都保持了沉默。2011 年 8 月 17 日，也就是自 2010 年 11 月首次递交 IPO 申请的 9 个多月之后，土豆网经历了重重波折终于修成正果，在中国概念股遭遇"寒冬"的当口，逆市登陆美国纳斯达克。

1. 控股股东离婚导致错失上市"好时机"

王微 2005 年创办土豆网，到 2011 年上市，中间不过 6 年的时间，王微就从"文艺青年"，摇身变成"亿万富翁"。但其间由于和杨蕾的婚姻触礁，也让企业遭受了巨额的损失。有媒体认为，离婚导致土豆网市值缩水或达 20 亿美元之巨！

[①] 参见《土豆赶集创始人离婚诉讼背后：IPO 放大婚变效应》，载于 http://tech.sina.com.cn/i/2011-03-22/00235313021.shtml。

案例 7-9 赶集网总裁杨浩然离婚案[①]

2009年1月9日，赶集网的总裁杨浩然的妻子王红艳向美国加州圣克拉拉县高级法院家事法法庭递交了诉状，要求离婚并分割他们在美国的存款和房产。

2010年3月，双方即将签署离婚协议时，杨浩然突然提出要在协议上加一句话：鑫秀伟烨公司的股权系杨浩涌赠与杨浩然的，归杨浩然个人所有。鑫秀伟烨公司正是"赶集网"的运营公司，股东为杨浩然和杨浩涌，二人分别持股50%。可见，早在两人离婚诉讼尘埃落定前，杨浩然为防股权被分割，早已将股权转给弟弟杨浩涌。至此，王红艳才意识到，两人夫妻财产的重大部分早已被对方暗度陈仓转移了。

2010年8月17日，美国法院准许离婚，判决在同年的9月25日由河北邯郸市中级人民法院裁定认可。随后，王红艳诉杨浩然、杨浩涌的股权转让无效案也拉开了帷幕。正当王红艳集中火力准备以"擅自处分夫妻共同财产"为由给杨浩然沉痛一击时，却在开庭当天被告知，杨浩然已于开庭前6天向北京市西城区人民法院起诉要求判决两人婚姻无效，并要求海淀法院中止审理。

一系列的闹剧暂告一段落后，最终在2012年，王红艳起诉杨氏兄弟的股权纠纷案由北京市海淀区人民法院重新开庭审理，北京鑫秀伟烨科技发展有限公司作为第三方也参加了诉讼。最终，海淀法院认为，杨浩然与杨浩涌于2009年6月15日签订的《出资转让协议书》无效。

随后，杨浩然因不服一审法院判决而上诉至北京一中院，在二审的诉讼过程中，双方最终达成了一致的调解方案，这场持续3年多的纠纷才终告一段落。

---

2. 股权变动频繁导致上市进程搁浅

从2009年王红艳和杨浩然的离婚诉讼拉开帷幕开始，赶集网发生的多次股权变更都被指是针对诉讼而发起的。就在王红艳与杨氏兄弟股权转让纠纷诉讼开展得如火如荼之时，公司的核心资产正在悄悄发生转移，鑫秀伟烨逐渐变成一个空

[①] 参见《赶集网夫妻离婚风波再掀波澜，前妻网上状告丈夫是负心汉》，来源于《经济导报》。

壳。这是杨浩然为了应对王红艳一系列的诉讼而使出的金蝉脱壳之法。

赶集网如果有上市计划的话，股东、实际控制人的重大变动对其影响肯定不小。如果公司将来在国内上市，根据《证券法》、《股票发行与交易管理暂行条例》和《首次公开发行股票并上市管理办法》等，国内上市的主要条件包括：发行人最近三年内主营业务和董事、高级管理人员没有发生重大变化，实际控制人没有发生变更；发行人的注册资本已足额缴纳，发起人或者股东用作出资的资产的财产权转移手续已办理完毕，发行人的主要资产不存在重大权属纠纷；发行人的生产经营符合法律、行政法规和公司章程的规定，符合国家产业政策；最近三年内不存在重大违法行为。

果然，在 2012 年股权发生重大变动后，赶集网一直没有传出上市的消息。直至 2015 年 3 月，赶集网 CEO 杨浩涌才对外称，赶集网的上市工作已经开始，在寻找合适的时间点上市。这比它当初最大的竞争对手 58 同城至少晚了 3 年。

7.4.4 沉着应对婚姻中的暗礁

从上面这些案例来看，离婚不仅会对当事人的财富产生冲击，同时也会对股东、企业甚至第三方的财富造成不小的影响。正确的做法应当是，通过科学的统筹、合理的安排提早进行规划。总体而言，为应对婚变离异情形进行的财富安全优化，绝不仅仅是一纸婚前协议书那么简单。对（超）高净值人士来说，优良的财富安全规划会在婚前协议基础上增加跨境维度，还会包括有关遗嘱的安排，并有可能使用信托工具。而最为重要的，莫过于进行合理、及时的规划。因为在规划过程中一个决策失误或者律师一个建议错误，导致的损失可能是几亿甚至几十亿元。

（一）策略性失误："捡了芝麻，丢了西瓜"

对（超）高净值人士或企业家，尤其是所拥有企业准备在境内或者境外上市，或者已拥有上市公司，在国内和海外都拥有资产的人士来说，婚姻方面的法律筹划很有必要请具备跨界知识和背景的律师（包含婚姻家事法律和资本市场法律）参与进来，否则有可能"捡了芝麻，丢了西瓜"。

上文提及的土豆网创始人离婚案，就是一个典型例子。其实，熟悉资本市场游戏规则的人会理解，IPO 的时机非常重要。投资银行（券商）作为 IPO 的承销商都希望选择在市场高点的时候帮助企业完成 IPO，一旦错过高波段时点，就无法获得高的发行价格，损失以亿元计算。

笔者本人并没有参与土豆网案件的处理，无从知晓当事人为何选择花那么长时间，支付了区区 700 万美元来换取一份和解协议，却错过了上市的最佳时机，损失可能达几十亿美元。笔者猜测，在整个离婚诉讼、谈判策略制定过程中，很可能配备的离婚律师乃一流律师，但是他甚少懂得资本市场的游戏规则，殊不知离婚赔偿事小，错过 IPO 黄金时点事大。面对 IPO，若当事人及其律师还是按照传统离婚争产的打法，虽然达成了表面上看占了便宜的和解协议，实际上却在资本市场遭遇了几百倍的损失。

如果离婚在所难免，且婚前和婚后都未来得及筹划，那么如何机智应对呢？国内"公关第一股"蓝色光标的创始人孙陶然就以实际行动告诉世人，和平（且迅速的）分手实乃上策。2011 年 5 月 14 日，国内"公关第一股"蓝色光标发公告称，董事孙陶然因离婚将其所拥有的蓝色光标 4.59% 的股权分割给前妻胡凌华，合计市值 1.68 亿元。此次权益变更后，孙陶然还剩余蓝色光标 5.03% 的股权。①

孙陶然婚变曝出后，虽然直接导致他持股比例下滑，但是由于胡凌华将受让股份的表决权都交由孙陶然行使，所以并未影响孙陶然的表决权。当然即便胡凌华没有将表决权交由孙陶然行使，五人团（孙陶然、赵文权等五人以合计 47.02% 的控股权作为公司的共同控制人，江湖人称"蓝标五君子"）的持股比例也只是从 47.02% 下降至 42.43%，并不会导致公司的实际控制权发生变更。但是，双方能通过协商的方式将这宗大额的交易进行妥善处理，无疑是双赢的做法。

所以，需要强调的是，哪怕是处理"家事"，夫妻离婚导致公司股价、公司实际控制人以及普通投资人被捆绑受牵连的情况不在少数，内耗时间越长，结果越只能是两败俱伤。所以，财富人士的高参和顾问的全局观念、战略眼光和格局非常重要，其视野和能力要涵盖资本市场、公司治理、公共关系等领域，贡献价

---

① 参见《蓝色光标董事孙陶然离婚被分走近 2 亿》，来源于《北京晨报》，转载于 http://finance.qq.com/a/20110517/003231.htm。

值超过了婚姻法律条文和实践本身。

（二）婚前协议：财富面前的浪漫与真实

婚前协议曾经是一个让人颇为尴尬的字眼，但是随着富豪阶层法律意识的增强，他们开始懂得如何用法律武器保护自己，对法律的接受度也越来越高。订立婚前协议确实可以避免婚姻带来的经济恐慌，抵御未来潜在的婚姻危机。如果有婚前协议，诉诸法庭不再是解决夫妻之间矛盾的唯一途径。对离婚可能导致的财产变化进行提前约定，在一定程度上有助于维持婚姻关系。

在笔者接触的财富人群，尤其是富二代人群中，对于婚前协议的认同度趋高。即便如此，我们还是发现有相当数量的超高净值人士认为婚前协议内容简单，可以自己起草。我们也看到不少自己起草但是效力存疑甚至可能无效的婚前协议。以下是订立婚前协议需要关注的一些方面。

第一，对婚前、婚内财产归属约定不明。婚前协议到底可以约定哪些内容？根据《民法典》第一千零六十五条，男女双方可以约定婚姻关系存续期间所得的财产以及婚前财产归各自所有、共同所有或者部分各自所有、部分共同所有。也就是说，关于财产方面的权利双方是可以通过婚前协议进行约定的，但是协议必须是书面形式。

从法律专业人士的角度，我们看了不少当事人自己起草的约定不明、模棱两可、效力存疑的婚前协议。例如"公司财产与某某（指配偶）无关"这样的语言，旨在约定家族企业的所有权、受益权都和配偶没有关系，配偶将不享有任何权益，但是这样的语言也可以被解释为"公司本身的财产"与配偶无关——而这可能被视为一句"废话"，因为公司自己的财产当然是属于公司自己的，只有在分红、清算之后获得的财产才能够归属股东及其配偶。

第二，限制一方人身权利的协议效力存疑。"婚姻中，如果一方'出轨'，那就得净身出户"之类的条款似乎是很多女性都较为偏爱的，更将其视为保障自己婚姻的"尚方宝剑"。但是丰满的理想照不进骨感的现实，此类协议在实践中统称为"忠诚协议"。"忠诚协议"是很难受到法律保护的，通过约定夫妻忠诚义务而限制了对方的离婚自由是有悖我国《民法典》婚姻家庭编结婚、离婚自由原则的，法院往往不会支持和执行这样的条款。

第三，带有惩罚性质的协议无效。婚姻中任何一方都难免犯错，可不可以用婚前协议约定犯错后的惩罚措施？例如"如果晚上超过12点回家，就得跪上一小时"，有法律效力吗？答案是否定的。这种违背公序良俗或社会常理的条款一般不会得到法院的支持。

第四，子女监护权不能约定取消。一种错误的观点就是将婚前协议和离婚协议混为一谈，前者将孩子抚养权的归属、探视权的履行以及抚养费的数额都加以约定。更有甚者，剥夺过错方对子女探视的权利，这都行不通。因为在我国，通常婚前协议并不涉及人身权利，更不能将离婚协议中子女抚养问题牵涉其中。父母对子女有法定的探视权利，更不能通过约定的形式加以限制。

第五，请具有丰富经验的专业人士帮助草拟婚前协议，还出于几个方面的考虑：(1) 流程管理和把控。如何签署，是否代表了双方的意志，协议是否真实有效，这些都不是外行人士所能够知道和理解的，但是有一步没有做好，就会导致合同效力存疑，未来谈判被动。(2) 整体财富安全筹划和布局。真正要做好资产的安全保护和隔离，往往一纸婚前协议并不足够，还要选择配备遗嘱、信托、保险等工具，这样的全局观念，只有精通财富管理的专业人士才能够帮助扫清视觉盲点。(3) 国际化因素。当（超）高净值人士希望订立婚前协议，如果其在中国的律师只是负责中国法律项下的事情，而不告诫客户其在海外的资产需要通过海外律师严格依照海外法律法规进行筹划和安排，那么将来客户如果真的离婚，有可能这份中国的婚前协议在海外司法管辖地不会被认可，那么倒霉的还是客户自己。

(三) 国外的婚前协议（美国）

既然讲到了国际化因素，我们不妨简单介绍一下美国婚前协议起草的基本注意事项。美国的婚姻制度按照各州法律各有不同，所以具体的法律适用问题则需要和各州的执业律师进行确认。本部分则是就美国婚前协议的一些共性部分进行简单介绍。

1. 美国婚前协议的基本要求

针对婚前协议，法律的原则性规定通常是，其应当保证公平性和充分性。

公平性指的是，第一，内容上的公正。条款内容必须是从双方的利益角度出发的，而不是只有一边获利。第二，形式上的公正。双方在平等的基础上，要有充分的交流和沟通，任何一方在被威胁或者胁迫下签署的协议都是无效的。

充分性意味着双方必须开诚布公地把婚前财产及婚前债务都给披露出来，包括前一段婚姻遗留下的孩子抚养费及赡养费。事实上，美国每个州都要求婚前协议必须用书面的形式将双方的财务状况完整地披露清楚。

2. 美国婚前协议的基本内容

在美国，婚前协议一般都会简要概述双方的基本情况，诸如年龄、职业、子女情况、双方接受的教育及未来可能从事的工作。婚前协议会将双方大部分的经济状况都披露清晰，也就是说，资产、债务和收入都会包括在其中。这些一般都将作为单独的列表信息附在婚前协议最后。

通常来说，婚前协议一般包括以下内容：

（1）一方在婚前所有的财产在婚后是否仍然为个人财产（通常指的是一方婚前所得的财产，但有时候也包括婚后所得，如来自他人的赠与或继承所得的财产）；

（2）一方是否愿意承担配偶婚前的债务；

（3）一方在配偶死亡时是否做出放弃继承其遗产的声明；

（4）婚姻期间所得的财产是否只为一方的个人财产，在其死亡或者离婚时不被作为共同财产进行分割；

（5）一方对配偶在进行某项特定支出时是否做出放弃该财产主张的声明。

值得一提的是，虽然婚前协议包括了大部分财产性约定，但是美国很多州的法律却都不允许协议免除任何一方支付子女抚养费及配偶赡养费的义务。

如果某位（超）高净值人士即将结婚，其在中国、美国以及其他法域地区都有重要财产，那么婚前协议起草往往就要中国律师协调美国以及其他地方的律师共同拟制。这样的协调工作往往就会耗费额外的时间及精力，但是对确保协议在这些所涉地区的有效性有着举足轻重的意义。

（四）配偶同意函：隔离夫妻财产与公司股权的屏障

对投资人来说，将要上市的公司主要股东在上市前夕曝出婚变，绝对是让人难以入眠的重磅"黑天鹅"事件。因此据传不少投资人把项目创始人的夫妻关系稳定与否也当作项目尽调的考察因素之一，以防范公司因"内部核裂变"导致不可控情况的发生。

由于土豆网创始人的离婚案，保护投资人的"配偶承诺函"就应运而生了。配偶承诺函，一般是指控股股东或者主要股东的配偶出具的，针对股权及其收益

第 7 章 财富保护与传承的法律工具

的放弃承诺函。针对可变利益实体（VIE），比较典型的表述为："本人特此确认并同意，（VIE名称）股权并非本人与（股东姓名）之共同财产，本人对于该等股权不享有任何所有权或受益权利。本人进一步承诺并保证，不得出于与前述安排相冲突之意图采取任何行动，包括主张该等股权构成本人与本人配偶之间的财产或共同财产而影响或者妨碍本人配偶履行在控制性协议下所承担的义务。本人在此无条件地并不可撤销地放弃任何适用之法律可能授予本人的对该等股权的任何权利或权益。"

就常见的VIE结构的互联网类企业（包括当时的视频网站公司土豆网），境内VIE公司虽然股东登记在创始人名下，但是其实际权益却为境外拟上市公司所控制，所以就该等公司的股权，其实本来也并不归属创始人个人，因此也不能算作夫妻共同财产。所以要求配偶签署承诺函，实质上也并不侵害该配偶的权益。

鉴于我国《民法典》婚姻家庭编允许夫妻双方对夫妻财产的范围进行自由约定，配偶承诺函的法律效力并不存疑，功能上也起到了确权和防火墙的作用，所以它对公司股权的稳定有益无害。

实践中，要以夫妻共同财产设立信托，有许多方法，例如：夫妻双方作为信托的共同委托人，均同意将夫妻共同财产注入信托，则该夫妻共同财产的注入有效；也可以由夫妻一方担任委托人，由配偶向信托机构出具《配偶同意函》，表明其了解且同意将夫妻共同财产注入信托。这也就意味着，在国内设立信托，基于信托公司的要求，高净值人士要将夫妻共同财产设立家族信托并绕开配偶的同意变得困难重重。而在实践中也的确存在这样的难题，即夫妻中的男方希望设立信托并将其与前妻所生子女作为信托的受益人，但是遭到女方的坚决反对，无法拿到配偶同意函，也便无法设立信托。

相比之下，海外信托中，有的信托公司对"配偶同意函"并没有严格的要求，而只是明确如果未来遭遇配偶的挑战，信托公司不承担责任。

7.4.5　财富安全2.0：为何你需要国际化的离婚律师？

中国财富的国际化以及中国（超）高净值人士对于国际标准服务的需求，意味着中国法律界在财富安全保护方面，正从之前的纯粹国内的家事法律服务（财富安全1.0）迈向更为复杂、国际化和跨界的"财富安全2.0"。

前述与婚姻有关的典型案例在一定程度上告诉我们，在帮助财富人士和家族科学、安全地搭建财富架构时，不能仅仅依照婚前协议、配偶承诺函来解决财富问题，还需根据财产的所在地，采用国际化的方法和工具确保财富安全。

（一）意想不到的风险因素

之所以说"财富安全2.0"非常复杂，是因为一些特殊的风险因素，考验律师对继承、婚姻以及公司法律的知识和实践的融会贯通能力。例如，如果家族企业的创始人希望确保家业不落入姻亲之手，那依靠一纸婚前协议是不够的，因为婚前协议无法防止家族成员死亡而导致的资产继承，而配偶则是第一顺位法定继承人。如果去世的家族成员还有未成年的孩子参与继承，那么该配偶作为孩子的监护人自然还能够代行其权利。

如果家族成员奉行单身主义，是否就可以高枕无忧，不用担心离婚的风险了？如果你生活在中国，那么同居配偶间的财产是各自独立的，各自名下的财产归各自所有，相互之间也没有经济和道德上的义务。但是在国外，却并非如此。因为国外同居现象非常普遍，以美国为例，美国将其称为"非正式婚姻"。

所谓非正式婚姻，顾名思义，就是指欠缺一些法律要件的结合。美国的非正式婚姻主要包括普通法婚姻、推定婚姻、同居婚姻和不容反悔的"婚姻"。它们都存在一个共同点，就是不满足婚姻应该具备的至少一个以上的法律条件。不过出于公平角度，法律认定有瑕疵的"夫妻"伴侣之间并非完全不享有普通配偶的权利。

在美国，除了少数几个州完全排除了同居配偶的权利外，其余大部分的州都给予了同居配偶不同程度的保护，包括财产权利和人身权利。有的州无须经过任何形式要件，法官将综合考虑各方面情况，例如双方共同居住的时间、同居的目的、相互照顾等情况，以及双方本人的意愿来认定这段关系，例如基于公平合理的原则进行处理，以合理的方式对处于（被视同为）婚姻关系中的个人的财产进行分割。

由此可见，这些都是一些意想不到的风险因素，不能误以为不结婚就可以解决问题，还需公平客观地看待各类风险。单纯靠婚前协议不能完全排除风险，要综合考量，通过信托、股权架构、遗嘱等多种途径和工具来进行设计

第7章 财富保护与传承的法律工具　　235

和安排。

（二）资产配置国际化

随着中国高净值人群的财富规划及投资意识的增强，他们对多元化配置的需求日益增加，全球市场的资源配置和管理拥有巨大的机遇和发展空间。

《2022 意才·胡润财富报告》显示：截至 2022 年 1 月 1 日，中国的"高净值家庭"（拥有 1 000 万元人民币及以上资产的家庭）数量达到 211 万户，在这个人群中离岸资产配置的主要形式是房地产。（超）高净值客户进行海外配置一般有四个理由：首先是做资产的组合配置，其次是子女的海外教育，再次是移民需求，最后是家族传承。资产配置的国际化除了带来更稳健、更合理的投资布局和收益，在财产处置上也对律师提出了更高的要求。不同国家的动产及不动产处置流程和所需文件均不相同，不少国家还有高昂的遗产税，这不仅考验律师的专业知识，也对律师在实务操作方面提出了更高的要求。

所以，要提供国际化的优质法律服务，就必须了解客户需求的变化，并能够顺应时势，在服务内容上与时俱进。

（三）人员结构国际化

一方面，（超）高净值人群中，家族成员赴国外移民、留学、工作相当普遍，因此人员结构上的国际化特征、趋势都很明显。另一方面，涉外婚姻在我国大、中城市开始越来越普遍。以上海为例，半数以上的涉外婚姻都通过诉讼解除。究其原因，是多数的涉外婚姻双方只有一方在国内，或在国外登记结婚，或婚后已经变更了国籍，这种情况下民政局均不予受理离婚登记。

起诉离婚时，在有多国可以选择的前提下，当事人需要专业的国际化律师给出综合的意见。尤其是在对女性和儿童权益保护方面，中国和发达国家尚有不小的差距。但这些差距在个案中的体现又不尽相同。所以，一旦涉及跨国婚姻法律事务，对于律师的要求就不仅限于熟悉本国法律，还必须具备良好的外语水平和沟通能力，以及项目管理能力、与海外律师的协调能力，同时还要具备全局观念和战略统筹能力。

（四）不同法域的选择

在跨国离婚案件中，选择诉讼地往往也很重要。一个优秀的国际化律师，应当从人员、财产多角度出发，不能纠结是否在某一个法域采取法律行动，也不应该仅仅为了追求案件的胜诉结果而忽略案件执行上的便利与否。例如，虽然在国外法院打赢了官司，却面临在国内申请执行的不确定性，反之亦然。虽然我国的《民事诉讼法》中有关于申请承认和执行外国法院判决的相关规定，但也不排除对方当事人在国内另行诉讼的可能。一般来说，在不同国家中选择诉讼地时，财产所在地应当是首选，尤其是对于非直接持有财产的一方而言，更是如此。

（五）跨国律师的合作

越来越多的离婚案件中，当事人财产分布在世界各地，所以离婚诉讼自然很有可能同时在多个国家进行。这个时候，客户需要的不仅仅是一两个当地的律师，而是一支专业的国际化律师团队。看似司法独立的各个法域之间，其实又有着微妙的联系。虽然从理论上说，每个国家的案件都是独立的、互不干涉的，但是实际上，每个法官对于他国正在审理的同一个案件会同时关注，这种关注或多或少会对案件结果带来影响。

跨国律师间较为常见的合作包括：共同筹划和协调诉讼战略；提供己国国内的证据；提供法律条文、依据以及判例；出具法律意见；协助进行公证、认证；控制案件进程，避免程序上的冲突。

而对于能够提供"财富安全2.0"服务的法律专业人士来说，对于这样的项目，他需要扮演一个引领的角色，通过了解不同国家的相关制度，问对问题，不被他国的律师牵着鼻子走，从而最终把控大局和整体节奏，而不是被动地和他国律师合作——仅仅停留在为彼此提供诉讼程序的便利上，应通过互相影响、推动，从而取得全面的优势。

7.5 关于遗产税务风险：财富传承中的"万万没想到"

有人说人生中只有两样东西是肯定的，税和死亡。两者的唯一区别是，死亡并不会因为每次国会开会而变得更糟糕。

——美国前参议员，斯帕克·M.松永

不论是家族财富的管理还是传承，都不可避免会涉及国内和国外的税务问题。站在财富拥有者的角度，一般都是希望其负担的税务成本越少越好。然而，需要注意的是，合理合法的避税与逃税是有本质差别的。

在中国，遗产税的到来可能只是一个时间问题。而对不少（超）高净值人士来说，其部分资产已经要面临遗产税的征收，自己还并不知道。为什么？很多（超）高净值人士在海外配置了资产，也有移民的安排，但是由于没有进行税务筹划，直到后来才发现，因为移民到了"全球征税"的国家，自己名下的财产都将面临自己一年都不会去几次的国家的巨额税单，如果不缴纳，将面临大笔罚款；或者在国外购置的个人名下的房产未来在继承人继承的时候需要事先缴纳遗产税，有的地方遗产税税率高达40%。一个小的疏忽，交出去的"学费"可能就是数千万美元，甚至更多。

案例 7-10 五代传承的悲剧性终结

这是美国《福布斯》报道的一个案例，经历五代传承、有着140多年历史的家族企业，面临高达40%的遗产税，因家族成员无力支付而面临悲剧性的终结。家族第一代积累下巨额财富（主要是土地和家族企业），历经140多年的传承后，后代成员对于家族企业没有太大兴趣，仅维持股东身份并收取分红，大部分人寻求变现退出。此时家族企业已经传承到第四代的一位女士（持有家族企业一半的股权）和另外三位第五代家族成员（持有其余一半股权）手中。

由于该女士在生前已经用完了赠与免税的额度，因此当她去世时，她的家族企业股权作为遗产需要缴纳40%的遗产税。然而，并没有其他遗产（资产）用来缴纳该笔巨额遗产税。同样的情况也存在于第五代的另外三位家族成员身上。这就意味着，继承人需要出售家族企业股权才能缴纳这些遗产税。而出售股权还将产生一笔巨额收益，这些收益需要额外缴纳30%～40%的所得税。对于继承人来说，能够拿到手的财富已经严重缩水，一个半世纪以前的家族梦想在接下来的时间里将不得不面临破碎的窘境。

所以，如果未及时进行税务筹划，那么等来的就是这样的"万万没想到"。相反，据《福布斯》报道，老约瑟夫·肯尼迪将肯尼迪家族资产借助家族信托和税务筹划避免了家族财富的缩水，不仅少缴了大笔遗产税，而且在1998年以3.03亿美元售出其最重要的家族资产之一的芝加哥标志性建筑商品大厦，通过巧妙的税务筹划，使得家族足足延迟缴纳或者可能完全避免了该次交易大约一半价值的资本利得税。

7.5.1 全球税务透明化时代的家族财富规划

什么是"税务透明化"？通俗地说，就是你的资产无论在世界上哪个国家或地区，都会由银行汇报给你的所属国家（无论是中国还是美国）。如果制度完全建立，那么你的财富将完全无处藏身，将在阳光下接受相关税务机关的审查。

自 2013 年以来，全世界主要国家和地区签署了越来越多的双边税收协定和税务信息交换协议。2013 年 9 月，二十国集团（G20）在俄罗斯圣彼得堡发表声明称，为打击全球范围内的逃税行为，G20 将全力支持经济合作与发展组织（OECD）建立自动情报交换（AEOI）标准，并承诺在 2016 年开始实施。[1] AEOI 标准实施后，OECD 成员国将开始自动交换纳税人在世界范围内的所有信息。以《多边税收征管互助公约》为法律依据，所有国家将被要求签署公约，不得延误。此外，OECD 将设计统一的信息交换规则，跨国集团将在其获得盈利的地点缴税。2014 年 7 月，OECD 宣布了金融账户涉税信息自动交换标准，该标准以多边主管当局协议为自动情报交换的法律依据，并制定了共同申报准则（CRS）以及相应的具体报告规则。2014 年 10 月 29 日，在柏林召开的"税收透明度和情报交换全球论坛"上，所有 OECD 成员国代表、G20 成员代表和世界主要金融中心代表均签署了新的涉税信息自动交换 OECD/G20 标准，93 个国家和地区承诺执行全球 CRS，51 个国家和地区签署了多边主管当局间协议。[2]

2015 年 12 月 17 日，中国正式签署《金融账户涉税信息自动交换多边主管当局间协议》，这也就意味着，我国已经加入了全球税务信息自动交换的情报系统。到 2017 年 9 月，中国个人及其控制的公司在 56 个国家和地区开设的银行账户信

---

[1] 参见《二十国集团圣彼得堡峰会领导人声明（全文）》，载于 http://www.chinanews.com/gn/2013/09-11/5274531.shtml。

[2] 参见《国际反避税风起云涌 51 方签自动交换信息协定》，载于 http://www.ctaxnews.com.cn/xinwen/dujia/201411/t20141119_27619.htm。

息将会自动呈报给中国税务机关；到 2018 年 9 月，将有另外 40 个国家和地区加入前述行列之中。

另外，美国为推行其《海外账户税收合规法案》（FATCA）而在全世界范围内采取的一系列措施也使得全球范围内税务信息更加透明化。根据 FATCA 的要求，外国金融机构必须向美国国税局上报其美国客户所持有金融账户的信息，或美国人拥有实质性所有者权益的非金融外国实体所持有金融账户的信息。

与此同时，随着中美双边税收合作的深化，美国政府将同意把中国公民在美国金融账户的信息提供给中国政府。这将影响那些在国内拥有非法所得并试图把这些资产藏匿在美国的中国人，甚至可能波及那些违反中国外汇管理规定，一年内转出转入资金超过 5 万美元的中国人。

基于前述措施，可以预见，个人要想藏匿资产将变得几乎不可能，那么现在的解决路径就是在全面撒网之前，采取合规的架构安排资产。①

在这方面，有大量的实践操作案例可供参考，最常见的操作就是搭建海外红筹架构并将海外控股公司转移至信托名下。这样就在以下方面均达到了合规要求：一是所有实体应当满足全球税务透明化的合规要求；二是所有实体均完全遵守其所在辖区的税务规则；三是所有最终受益人完全遵守其所在辖区的税务规则。设立架构的目的，除了实现税务管理之外，还兼具实现以下功能：一是资产保护（降低政治风险、经济风险）；二是代际传承（实现平稳过渡，规避遗产税）；三是突破投资壁垒（包括国家的政策管制、资金规模限制、投资经验限制、投资资质限制、技术壁垒、行业准入政策、外汇管制等）；四是运营便利（搭建架构可顺利实现投资退出和文化融入、维护政府关系和市场形象、降低运营成本、克服融资障碍等）；五是保护高净值个人及家族隐私，使其能相对比较隐蔽地进行各种投资及重组操作等。

2015 年 7 月 31 日，《中国税务报》上发表题为《四类个人避税行为被重点关

---

① 例如，美国自身到目前仍没有签署 OECD 关于税务信息的国际披露标准，并且也缺乏执行外国税收法律的资源，导致美国在打击那些帮助美国富人将其财产隐藏在海外行为的同时，自己也成为避税和保护财富秘密的新目标。将财富放在美国某些地区（内华达州、怀俄明州和南达科他州）不仅免税，还能规避本国政府的监管。

注》的文章，文章指出，北京市税务局负责人提醒公众，上市企业股东、境外取得收入的中国人、在京长期居住的外籍人士和非居民个人要注意，今后取得收入如果不及时申报纳税，不仅要补缴税款，缴纳罚款和滞纳金，还有可能被限制出境或入境。北京市税务局国际税务管理处负责人同时表示，"借助越来越密的情报网络，在京高净值个人的境内外收入都将纳入我们的监控范围"。

随着各个国家和地区之间的全球性税务信息交换网络的建成，那些拥有海外所得的中国高净值人士如果仍然采取过去心存侥幸的做法，就很有可能面临补缴税款及缴纳税务罚款的切实风险。这并不是危言耸听，就在2015年年初，相继有媒体报道，广东、北京等地的政府与当地有海外投资的大型企业举行座谈，讨论的核心问题就是如何就这些企业海外公司员工的所得征收所得税。由于中国税法规定工资形式的个人所得税实行代扣代缴制，因此该种收入的所得税征收的难度并不太大，相信这也只是中国政府就公民海外收入依法征税的第一步。随着全球税务信息逐步实现透明化，中国公民除工资以外其他形式的收入所得也必将纳入中国税务机关的征税范围。

除此之外，全球政府间金融账户信息共享，也将帮助中国政府了解中国公民拥有的巨额财富金额及其去向。中国一直是非法资金外流的受害者。总部位于华盛顿的全球金融诚信组织表示，在截至2011年的10年间，前三大非法资金流出国依次是中国（1.1万亿美元）、俄罗斯（8 810亿美元）和墨西哥（4 620亿美元）。FATCA为中国政府首次提供了一个了解中国人海外资金运作情况的工具。①

7.5.2 遗产税时代的到来

自英国1694年开征遗产税以来，世界上大部分发达国家和部分发展中国家都相继开征了遗产税。当下，中国政府越来越注重通过社会财富分配的方式缓解贫富差距巨大的问题，在一定程度上实现了社会公平。从这一角度来说，遗产税是一个非常有效的工具。

遗产税的征收方式有三种：第一种是总遗产税制，特征是"先税后分"，即先就死亡者遗留的财产净值课税，再把税后财产分配给法定继承人。第二种是分

---

① 参见《美国全球查税恐波及中国富人》，来源于华尔街日报中文网。

遗产税制，特点就是"先分后税"，纳税人是继承人，因而分遗产税制也被称为"继承税"。第三种则是混合遗产税制，即在遗产分割前征税并就分割后继承财产征收继承税。

我国在20世纪40年代曾征收过遗产税，1950年颁布的《全国税政实施要则》对遗产税税种给予保留，但同年规定薪给报酬所得税和遗产税暂不开征。1994年我国税制改革方案中的18个税种中又包括了遗产税。由此可见，遗产税虽然在新中国成立后的税收实践中没有开征过，但在我国税制体系设计中却始终占有一席之地，并被寄予了调节贫富差距的厚望。①

2013年，国务院在有关文件中明确提出，"加快健全以税收、社会保障、转移支付为主要手段的再分配调节机制。……研究在适当时期开征遗产税问题"②。2015年年初，《人民日报》刊发题为《一些贫者从暂时贫困走向跨代贫穷》的文章，指出："贫富差距已具有一定的稳定性，并形成了阶层和代际转移，一些贫者正从暂时贫困走向长期贫困和跨代贫穷。如果不想办法改变这一情况，贫富差距便会趋向稳定化和制度化，成为一种很难改变的社会结构，社会阶层流动通道也将被严重堵塞。"该文章的刊出被认为是中国推进实行遗产税的前奏。

虽然中国具体何时推出遗产税尚未可知，但是可以看到与其相配套的不动产统一登记、中国公民海外资产申报制度等目前都已经逐步建立，相信中国推出遗产税是迟早的事情。

从世界主要国家和地区来看，遗产税也是比较常见的税种。中国公民到这些实行遗产税的国家和地区置业或者移民到这些地方，日后发生遗产继承时如果没有及时进行纳税申报，就可能面临补缴税款甚至缴纳一笔不菲的滞纳金。③ 相比

---

① 陈岳琴，谌生文. 关于遗产税立法的若干问题 [J]. 法学家，2001（3）.
② 参见《国务院批转发展改革委等部门关于深化收入分配制度改革若干意见的通知》（国发〔2013〕6号）.
③ 针对移民家庭的财产传承，与遗产税相关的注意要点是：一要设计好财产转移的时间，以美国为例，两种最常见的财产转移方式是赠与和继承，分别涉及赠与税和遗产税，这两者的征税方式不同，所以需要多方考虑后综合评估到底是生前赠与还是去世后继承。二要善于运用多种财产持有形式，合理配置生前财产，不必全部直接持有，信托、大额保单、公司股票等形式都可以通盘考量，以合法节税并实现财产的顺利传承。

之下，那些没有实行遗产税或者取消了遗产税的地方，则相对来说更具吸引力，比如我国香港地区[①]、新加坡以及澳大利亚等地。

值得一提的是，我国香港地区在 1915 年到 2006 年之间都是实行遗产税的，而关于香港明星张国荣的案例则从一个角度解读了香港的（超）高净值人士合理规避遗产税的方式。2003 年 4 月 1 日，香港一代巨星张国荣与这个世界告别，终年 46 岁。张国荣生前积累了约 3 亿港元资产，按照当时香港的税法，张国荣的遗产受益人应为此财产上缴 4 000 多万港元的遗产税。好在张国荣生前考虑周全，先后累计购买了数张人寿保险，保单价值高达 4 000 多万港元，数额刚好可以抵缴其遗产税，从而避免了通过拍卖其遗产来缴税。

据了解，早在 1990 年前后，张国荣先后认购 4 张保单，其中 1 张保单的最高赔偿额高达约 780 万港元。张国荣去世后，其继承人可获得总价值在 3 000 万 ~ 4 200 万港元的人寿赔偿，此中并未计算张国荣可能向其他公司购入的保单。据张国荣生前的保险代理人说，张国荣和好友唐鹤德保险意识很强，并高度认同保险理财规划的重要性。身故前的张国荣除最后一笔保险金无效外，其他寿险赔付金额可以充分抵缴遗产税。可以想象，如果不是因为张国荣购买了保单，其继承人将面临遗产税缴付困境。

7.5.3 到海外置业时必须考虑的税务成本

目前，中国（超）高净值人群到海外置业尤其是购买房地产已经成为热潮。根据胡润百富中文网公布的研究数据，高达 80% 的受访（超）高净值人群表示在未来有海外投资需求，超过半数已有海外投资经验，而房地产成为他们最热衷的海外投资标的，占海外投资标的最大比重，该比重超过四成。投资目的国中，澳大利亚、美国、加拿大等国家最受中国投资者欢迎。然而，需要注意的是，中国高净值个人到海外投资置业，应对投资目的国的税收制度有充分的了解，否则就可能会产生预料之外的税务成本。

以澳大利亚为例，虽然该国并不征收遗产税，但是对外国人而言，如果其需要受让在澳大利亚的遗产，仍然需要缴纳一笔资本利得税。除此之外，澳大利亚

---

① 香港于 1915 年开始征收遗产税，于 2006 年 2 月 11 日取消征收遗产税。

的主要税种还有所得税、印花税、土地税及货物劳务税等。就所得税而言，外国投资者投资澳大利亚房地产所取得的租金收益为所得税应税收入，而外国居民出售澳大利亚房地产或房地产的间接权益时亦须缴纳资本利得税。投资者身份不同，应缴纳的所得税税率亦存在差异，非居民企业适用的所得税税率为30%，而非居民个人适用的所得税税率可高达45%。因此，通过信托方式持有房地产，在财务规划以及向投资者支付回报方面都会更具有灵活性，并且能够避免不必要的税负。

值得关注的是，由于澳大利亚在征税时将投资房地产的信托机构视为"非纳税实体"，因此投资者往往通过信托机构而非公司购买并持有房地产。因此，信托收入分配中的非应税部分一般无须缴纳包括预提所得税在内的税项（称为"税收递延分配"）。信托机构向投资者返还资本亦具有很大的灵活性。这些优惠旨在鼓励外国居民利用管理投资信托结构的投资工具，将资金投入澳大利亚，尤其是澳大利亚的房地产。然而，信托机构如果要取得管理投资信托资格并因此而享受前述税收优惠，必须满足一定的要求。除了所得税、交易印花税，以及针对未开发土地的土地税之外，在澳大利亚投资房产可能还需要缴纳货物劳务税。但是，直接购买房产可能可以满足货物劳务税免税的规定。类似地，通过收购企业或者信托而间接购买房产属于货物劳务税免税或者不应税项目。股息收入及信托收益分配所得则不用缴纳货物劳务税。

中国公民海外置业的另一大目的地是美国。在美国，税款由联邦政府、州政府及地方（市及市以下）政府征收。其中，联邦政府主要征收联邦所得税、财产税及赠与税。具体来说，联邦政府的总税收包括个人所得税，社会保险税、公司所得税，以及其他税，如遗产税、关税等。州政府及地方（市及市以下）政府征收税包括州所得税、特许规费（也称"特许经营税"）、消费税、使用税及财产税等。

（超）高净值人士到美国购买房产的话，涉及的税种主要包括房产税以及在未来财产发生转移时可能需要缴纳的所得税、遗产税、赠与税。关于房产税，相信不少人已经知道在美国有"买房容易养房难"的说法。美国房产需要缴纳房产税，这毫无疑问会增加房产的持有成本。

当然，海外置业也可以通过灵活运用所在国家的一些制度合法节税。例如在美国，有价证券投资产生的回报需要缴纳所得税，但是如果将这些金融投资装在一个人寿保险产品中，所产生的投资收益将可能免于或递延缴纳所得税。

7.5.4 移民带来的税务影响

遗产税的适用，与税收居民身份以及财产的所在地有着密切的关系。这就是财富规划的"人"与"物"两大元素。不考虑这两大元素，就谈不上真正意义上的"财富规划"。

单纯税收居民身份这一点，就是一项关键筹划要素。而若对此误判，就会面临重大的财富折损风险。对不少高净值个人来说，他们往往会进行全球身份规划或在全球范围内活动，从而可能会取得母国以外的税收居民身份。但是，他们在取得了新的税收居民身份后，对相关国家/地区的遗产税制度其实往往是非常陌生的，因此可能存在知识上的"盲区"与认知上的"壁垒"。这些（超）高净值人士往往不会主动进行税务申报，或者申报不充分、不完整，而在完成移民之后，把这样的习惯带到移民入籍的国家，后果可能就会很严重，不仅可能遭受经济上的损失，严重的可能还有牢狱之灾。

以移民到美国为例，根据美国国税局发布的《海外账户税收合规法案》，美国公民和绿卡持有者海外资产超过 5 万美元的，须向美国国税局如实申报。否则，将可能面临高达 1 万美元甚至 5 万美元的罚款，情节严重者将面临刑罚。此外，从 2014 年起，外国金融机构必须向美国国税局提供美国公民、绿卡持有者，或者 3 年累计往来美国超过 183 天的美国税收居民的海外账户资料，否则将被处以其在美国所得 30% 的罚款。美国银行客户向海外金融机构转账，如果银行无法获得客户依《海外账户税收合规法案》所需提供的资料，客户的金融转账金额将被预扣 30%。[①]

---

① 据有关报道，2014 年 5 月，针对有关瑞士某知名银行协助美国公民逃税的指控，该银行已表示认罪，并将向美国司法部、美国国税局、美联储以及纽约州金融服务监管局支付逾 25 亿美元的巨额罚款。此案是美国政府强力打击外资银行协助美国公民海外逃税行动的一个实例，该银行由此成为近年来在美国就刑事指控认罪的最大银行类金融机构之一。美国检察官表示，该银行通过将资产隐藏在非法且未申报的银行账户中，帮助客户欺骗美国税务当局，这种做法已有数十年之久。具体而言，该银行主要以两种方式协助美国客户从未申报的账户中提取资金：一是直接将现钞运送至美国，二是利用自身在美国的对口银行账户。

以媒体公开报道的娃哈哈创始人宗庆后先生的税务风波为例,由于其持有美国绿卡,因此应就其全球收入向美国国税局进行纳税申报。有媒体报道:"根据宗庆后的长期税务顾问,位于加州的一家会计师事务所向美国国税局所提供的信息,宗每年申报纳税的收入都相当少,并未就其全球收入报税。"[①] 不出所料,后来美国税务部门果然向其送达文件,要求补交 1 600 万美元的税款。宗申辩其多年来在美国居住时间不足法定时间,其绿卡已经失效。殊不知,除非经法定程序并经正式宣布,所持有的绿卡不会自动失效。因此,绿卡持有者仍需就其全球收入进行纳税申报。另外,如果绿卡持有者在过去 15 年中持卡时间超过 8 年,则可能需要遵守美国的弃籍规定,缴纳一定的所得税方可"脱美"。

那些以投资移民方式(通过 EB – 5 投资项目或其他途径)取得美国国籍或绿卡的人士,可能也没有意识到,如果没有经过事前的筹划,身份转变的那一刻,他们在全球的收入和资产同时也立即成为美国的征税对象。有些中国(超)高净值人士可能对此怀有侥幸心理,认为即便其移民美国,只要不报告给美国其在中国的收入和资产,美国政府就无从了解到其在中国的收入和资产情况,正如中国政府也没法了解其在美国的资产一样。

然而,随着中国政府在 2013 年签署《多边税收征管互助公约》,签约国之间可以交换纳税人信息并开展联合税务检查。目前,包括美国、欧盟、澳大利亚等所有二十国集团成员以及英属维尔京群岛、开曼群岛等传统上被认为是避税天堂的国家或地区都已经加入该公约。

另外,随着 FATCA 的实施,那些与美国签署了政府间协议的国家的金融机构必须向美国国税局报告美国公民或绿卡持有者的资产信息,这当中就包括中国。针对这种情况,目前有一些应对的安排,例如,(超)高净值人士自己并不移民,而是安排家属移民。这样做的主要好处是:在生前,该(超)高净值人士并非美国国籍,因此不在 FATCA 约束的范围之内;身故后,其家属继承资产,在美国税法制度下无须就该等继承所得缴纳所得税。并且,由于被继承人并非美国公民或绿卡持有者,因此其家属继承资产也无须缴纳遗产税。

这里还有一个鲜为人知的专业知识要点,即美国税收居民身份的判定标准在

[①] 参见《宗庆后再涉美国税案调查》,载于 http://www.caijing.com.cn/2008 – 06 – 26/100071691.html。

所得税角度和转让税角度（即赠与税和遗产税角度）并不相同[①]，即在底层逻辑上存在一定差异。理论上说，也许客户拥有绿卡或在美国居留了一定的时间，就因此属于所得税角度的税收居民，但可能并不构成赠与税和遗产税角度的税收居民。如果对此存在误判，也可能会多缴一大笔"冤枉税"。专业的顾问可以通过这些鲜为人知的专业知识要点，在财富规划中为客户创造价值。

但是如此安排只是从税务的角度进行考虑，如果从整个财富管理的角度来看，则需要统筹规划，考虑因素包括移民目标国家的选择、家族企业的传承安排、婚姻和继承因素、保险和信托工具的运用等。

人们往往会低估跨境继承程序的复杂性。笔者有这样的一位客户，她自己曾是早年赴美的学生，后来拿了绿卡留在美国。这位客户早年离异，没有留下子女，亦不打算再婚，家中亲人只剩下国内的老父亲，如果她突发意外离世，老父亲可能会完全不知道怎么处理她留下来的美国的遗产（考虑到继承美国遗产有一套复杂的流程），即使她请律师写了遗嘱，老父亲也可能找不到这些美国遗产的具体位置。因此需要笔者帮助她设置遗产对应的联系人，并给老父亲留下一份详细到可以直接对照一步步办理的手册，帮助老父亲完成跨境继承。所以说实践中，跨境继承遗产可能遇到的问题千奇百怪，尤其对于没有外国生活经历的继承人来说，其实是非常困难的。专业的顾问需要对这些问题有专业的"预见"能力，成为客户的"先知"。

7.5.5 放弃美国绿卡涉及的税务问题

移民美国后，（超）高净值人士就应该适用美国税法的相关规定，就其在全球范围内的财产向美国政府缴税。很多人在移民后意识到了这一点，尤其是那些拥有巨额资产的人，他们意识到拥有美国绿卡反而成为一种累赘。不少人因此打

[①] 从所得税角度看，满足绿卡测试标准或实际居住测试标准中二者之一的即构成所得税角度的税收居民。因此，持有美国绿卡直接构成所得税角度的税收居民。而从转让税角度看，是否构成遗产税或赠与税角度的税收居民取决于是否满足事实情况测试标准，该测试需要综合考虑纳税人在美国居住的期限、居留意图、是否持有绿卡、生活状态等多个因素，因此即使持有美国绿卡，也不绝对等于属于转让税角度的税收居民。

算放弃美国绿卡。

然而正如前述提到的宗庆后案例一样，很多人对放弃美国绿卡存在误区，认为只要自己不是经常在美国居住，不满足法定居住时间标准，绿卡就会自动失效，自己就不再是绿卡持有者，因而无须再依照美国税法缴税。事实并非如此。按照规定，放弃绿卡应当向美国在世界各地的大使馆或领事馆申请备案，并提交符合要求的相关材料以及绿卡。另外，还有非常重要的一点是，如果弃籍者拥有相当身家并符合一定条件，则面临申报弃籍税要求。[①]

一般来说，放弃绿卡以后，只要履行完毕正常的税务清缴程序，当事人便不再承担美国联邦所得税法项下的缴税义务。然而，那些富有并且持绿卡时间较长的人士的情况并非如此。根据美国税法，如果当事人过去15年中至少持有绿卡8年，且其名下资产达到一定价值，则在其申请放弃绿卡时，必须就其全球资产以其假设离境时的公允市场价出售所得的利润缴纳出境税，也称弃籍税。因此，税务问题是在进行移民美国规划时就应考虑的，但这并不等于因此就不考虑移民美国。通过专业人士的提前筹划，当事人可以优化安排，从而合理降低税负。

7.6　关于保险：财富传承不可缺少的工具

人寿保险含有两种人生常识：第一，"人无远虑，必有近忧"，所以壮年要做老年的准备，强健时要做疾病时的计划。第二，"日计不足，岁计有余"，所以微细的金钱，只需有长久的积聚，可以供重大的用度。保险[②]的意义只是今天做明天的准备，生时做死时的准备，父母做儿女的准备，儿女幼小时做儿女长大时的准备，如此而已。今天预备明天，这是真稳健。生时预备死时，这是真旷达。父母预备儿女，这是真慈爱。不能做到这三步的，不能算作现代的人。

——胡适

---

① 吕旭明，林清吉，孙美兰. 赴美国移民、投资税务与财产披露实务指南 [M]. 北京：法律出版社，2014.

② 此处"保险"一词在胡适的《容忍与自由》原文中为"保寿"。——编者注

7.6.1 为什么要买保险？

保险圈内人士有这么一种观点："一个人一生起码要有四张保单。"第一张保单，一个孩子从上小学培养到大学毕业，需要父母付出很多时间和心血，所以找到工作时最好买份保险，以防不测时给辛苦的父母一个保障，也算尽一份对"养儿防老"的父母的孝心。第二张保单，相当于给爱人的钻戒，在结婚时你肯定会对爱人说：我会一辈子保护你的。怎么兑现？应该买份保险。第三张保单，在孩子出世后，你对孩子说：这辈子我要好好照顾你。这时自己应再买份保险。第四张保单，自己将来年纪大了，为保证退休后体面地生活，那么就该及早给自己买份养老保险。

图7-1就能很直观地反映在人生不同阶段，保险能够给予我们什么保障。

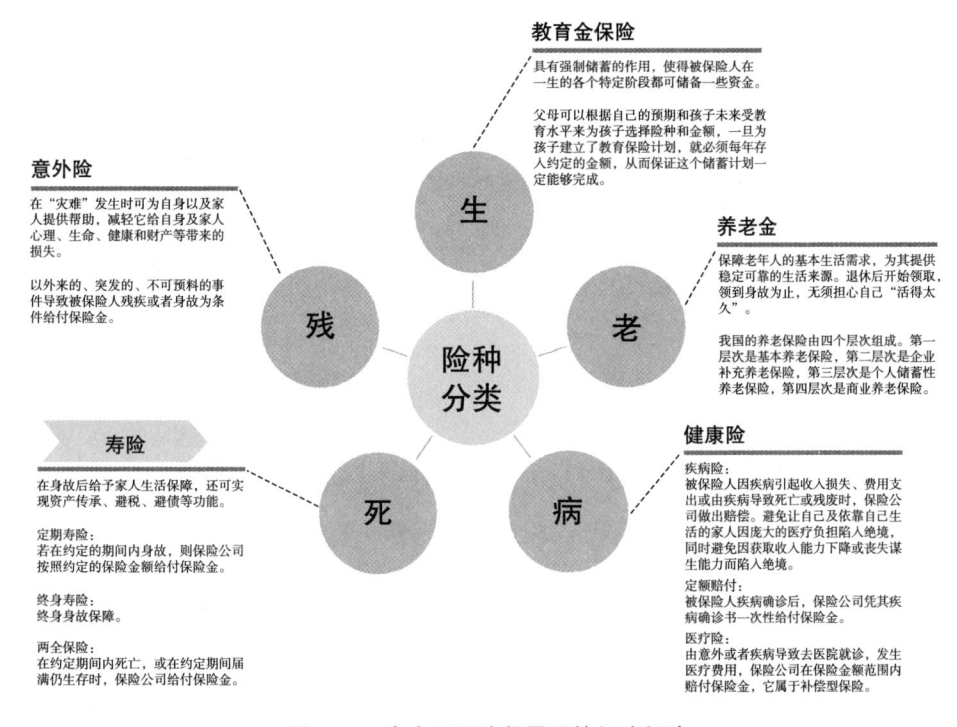

教育金保险
具有强制储蓄的作用，使得被保险人在一生的各个特定阶段都可储备一些资金。
父母可以根据自己的预期和孩子未来受教育水平来为孩子选择险种和金额，一旦为孩子建立了教育保险计划，就必须每年存入约定的金额，从而保证这个储蓄计划一定能够完成。

意外险
在"灾难"发生时可为自身以及家人提供帮助，减轻它给自身和家人心理、生命、健康和财产等带来的损失。
以外来的、突发的、不可预料的事件导致被保险人残疾或者身故为条件给付保险金。

养老金
保障老年人的基本生活需求，为其提供稳定可靠的生活来源。退休后开始领取，领到身故为止，无须担心自己"活得太久"。
我国的养老保险由四个层次组成。第一层次是基本养老保险，第二层次是企业补充养老保险，第三层次是个人储蓄性养老保险，第四层次是商业养老保险。

寿险
在身故后给予家人生活保障，还可实现资产传承、避税、避债等功能。
定期寿险：
若在约定的期间内身故，则保险公司按照约定的保险金额给付保险金。
终身寿险：
终身身故保障。
两全保险：
在约定期间内死亡，或在约定期间届满仍生存时，保险公司给付保险金。

健康险
疾病险：
被保险人因疾病引起收入损失、费用支出或由疾病导致死亡或残疾时，保险公司做出赔偿。避免让自己及依靠自己生活的家人因庞大的医疗负担陷入绝境，同时避免因获取收入能力下降或丧失谋生能力而陷入绝境。
定额赔付：
被保险人疾病确诊后，保险公司凭其疾病确诊书一次性给付保险金。
医疗险：
由意外或者疾病导致去医院就诊，发生医疗费用，保险公司在保险金额范围内赔付保险金，它属于补偿型保险。

险种分类：生、老、病、死、残

图7-1 人生不同阶段需要的保险保障

在保险中，"万能寿险"（俗称"大额保单"）是财富管理、保全和传承中最为常见的工具。它是人寿保险的一种，而人寿保险是以被保险人的死亡或生存为给付条件的保险，性质上属于人身保险（保险分为人身保险和财产保险，人身保险又分为人寿保险、健康保险和意外伤害保险等）。万能寿险除了同传统寿险一样给予生命赔付保障外，一个非常鲜明的特点是，其投保人比普通寿险保单投保人多支付了较大金额的保费，这部分"多余"保费就立刻使得保单本身具有了现金价值。该保单因此就有了"有价证券"的性质，这部分多余的现金就可以由保险公司来进行投资，帮助客户获益。

《2021中国高净值人群财富风险管理白皮书》显示，保险类产品已成为高净值人群的首选，71%的高净值人群选择配置保险产品，48%选择配置有利于资产传承的相关保险，如终身寿险等。《2022意才·胡润财富报告》显示，从资产配置结构上看，高净值人群境内保险的配置比例为39%，境外保险的配置比例为24%。由此可见，保险作为最直接与"保障"紧密相连的金融工具，普遍受到高净值人群的偏爱。

7.6.2　你所不知的保险五大额外功能

（一）财富传承

《2021中国高净值人群财富风险管理白皮书》指出，保险产品以其特有属性，给予高净值人群更多保障和安全感，45%的高净值人群认为商业保险也可以做到财富传承。2021年麦肯锡金融系列白皮书《全球领先的家族办公室的成功之道》提出，家族财富传承问题日益凸显。当前中国家族财富掌门人平均年龄50~60岁，很快面临未来如何保护财富，以及如何将财富分配和传承给下一代及其他家族成员的挑战。

若高净值人士购买了大额保单，就相当于锁定了大量资金，可保障在其发生意外或突然身故时，家人或者指定的受益人可以获得保险公司偿付的一大笔保险赔偿金，能够在一定程度上为自己及亲人挽回损失、保全资产，最大限度保障家人的生活质量。

（二）资产隔离与保护

与欧美企业家不同的是，现在许多中国企业家通常将家庭与企业资产混淆，个人或者作为重要合同的签署方，或者以个人资产为融资做担保，本来有限责任公司的隔离屏障被打破，而个人或家庭资产与企业之间并没有建好防火墙来进行风险隔离。这样，如果公司经营不善或者破产，企业主自己的资产也可能受到牵连。一个关于海外企业家使用大额保单隔离企业与家庭资产的经典案例是这样的：2001年，曾经是世界上最大的能源商品和服务公司之一的美国安然公司宣布破产，但是，其董事会主席兼首席执行官肯尼思·莱在前一年花400万美元购买了多种类型的人寿保险。按保险合同约定，从2007年开始，肯尼斯·莱夫妇每年将可以从保险公司领取年金约90万美元。所以，虽然由破产导致公司以及个人的所有资产被清算，但这些人寿保险金即年金的给付受法律保护,[1] 债权人无法以此为由向肯尼斯家人追偿。因此两人按保险合同每年仍然可从保单中领取90万美元的年金安享晚年。[2]

按照《民法典》继承编的规定，如果一位父亲生前有债务未还清，去世后，儿子在继承父亲遗产的同时必须一并继受父亲的债务，这就是"父债子还"。但是在人身保险上，这或许是一个例外。

最高人民法院此前就人身保险金是否纳入遗产的问题给出过明确意见，只要被保险人指定了保险受益人，在被保险人去世后，保险公司支付的保险金将不属于被保险人的遗产。[3] 所以，在被保险人欠下债务且已身故的情况下，受益人获得的保险金因为不属于被保险人的遗产，也就无须用来清偿被保险人生前所欠的税款和债务。简而言之，如果投保人的父亲生前还有债务没有付清，而受益人拿到保险公司赔付的保险金后也不需要用该保险金来还债（当然父亲留下的其他遗产仍然需要用于偿还债务），该笔保险金在保险合同指定受益人时，保险金的索赔权就已明确为归受益人所有。

人寿保单也不属于被查封罚没的财产。根据我国《保险法》的规定，任何单位和个人不得非法干预保险人履行赔偿或者给付保险金的义务，也不得限制被保险人或者受益人取得保险金的权利。企业家一旦发生债务纠纷或发生债务诉讼，

---

[1] 白琳. 玩转大额保单 [J]. 中国外汇, 2014 (20).
[2] 需注意的是，并不是所有国家和地区的法律都允许年金保险具有免债功能，美国也只有部分州规定可以享受一定额度内的免债。
[3] 《最高人民法院关于人身保险金能否作为被保险人的遗产进行赔偿问题的批复》指出："根据我国保险法规有关条文规定的精神，人身保险金能否列入被保险人的遗产，取决于被保险人是否指定了受益人。指定了受益人的，被保险人死亡后，其人身保险金应付给受益人；未指定受益人的，被保险人死亡后，其人身保险金应作为其遗产处理，可以用来清偿债务或赔偿。"

资产就面临被冻结或强制执行的可能。如果他购买了人寿保险，资金从个人资产中剥离，划归到保险公司，就算他出现债务问题，保险的受益人仍然可以得到保单中约定的权益保障，债权人不能对保险受益人的保单利益提出权利主张，法院也不得查封客户的人寿保险。

当然，这并不意味着保险如同"免死金牌"，可以完全隔离一切法律责任。例如，如果购买保险的资金存在问题，系违法所得，或者其取得违反了反洗钱方面的规定，或者投保人是在负债或公司财务恶化后投保，也会有非法转移财产的嫌疑，保险合同仍然有被判无效的可能。①

此外，2015年浙江省高级人民法院执行局下发的《关于加强和规范对被执行人拥有的人身保险产品财产利益执行的通知》（以下简称《通知》），也给财富传承的理论界和实务界带来困扰。《通知》主要规定：投保人购买的传统型、分红型、投资连接型、万能型人身保险产品，依保单约定可获得的生存保险金，或以现金方式支付的保单红利，或退保后保单的现金价值，均属于投保人、被保险人或受益人的财产权；当投保人、被保险人或受益人作为被执行人时，前述财产权属于责任财产，人民法院可以执行。这使得大家对大额保单是否还具有资产隔离之功效打了一个大问号。

业界一部分专家认为下发《通知》的主体仅为浙江高院执行局，是省级人民法院的内设执行机构，并不具有司法解释权，更不具有立法权，其颁布的任何规定或通知，均不可以逾越法律法规的规定，也不可以曲解立法本意和立法宗旨。

而另一部分专家学者则认为，市场上关于保险债务隔离功能的宣传大多言过其实，并且在《通知》下发之前，就已经出现了法院判决否定人寿保险债务隔离功能的案例。例如，广东的何女士夫妇因为没有履行法院的生效判决，名下房产等财产被法院冻结，法院还查明其持有八份保险单，于是冻结并强制退保该等保单，扣划现金价值。对此法院的理由是，强制退保后保单的现金价值归投保人所有，属于投保人的财产，保单的现金价值不属于不得查封、扣押、冻结的财产的范围，所以可以执行。

---

① 参见《富人利用保险避债避税 触犯刑法损失更多》，来源于《广州日报》，转载于www.chinanews.com/fortune/2012/06-28/3991738.shtml。

笔者认为，根据《保险法》的相关规定，投保人有任意解除合同并获得保单现金价值的权利，可见投保人对保单的现金价值拥有完整掌控权，所以应当将其判定为投保人的财产。但问题在于，除了前述浙江高院的《通知》，除非投保人自愿配合退保取得现金价值，否则别的地区法院暂时无明确法律依据直接要求保险公司退保并执行现金价值。因此，在没有更加明确的规则出台之前，能否强制解除保险合同，否定人寿保险债务隔离功能，在法律上存疑，可能这在一定程度上取决于法院对相关法律规定的解释。无论如何，前述的不确定性，使得高净值人士对财富管理中的债务风险隔离安排不可简单化，应当根据自身的实际情况，在专业人士的指导下，多角度、多层面综合进行。

（三）以小博大

寿险的一个重要特点就是资金的放大功能，今天投保人投入的保费，换取的是未来某个时点即被保险人死亡后保险公司支付的数倍于保费的保险金。这当然是寿险最基本的"以小博大"功能。

我们不妨看一下图7-2中"富爷爷"和"穷爷爷"同样拥有100万美元的资产，由于筹划安排不同，经过三代，结果却大相径庭。

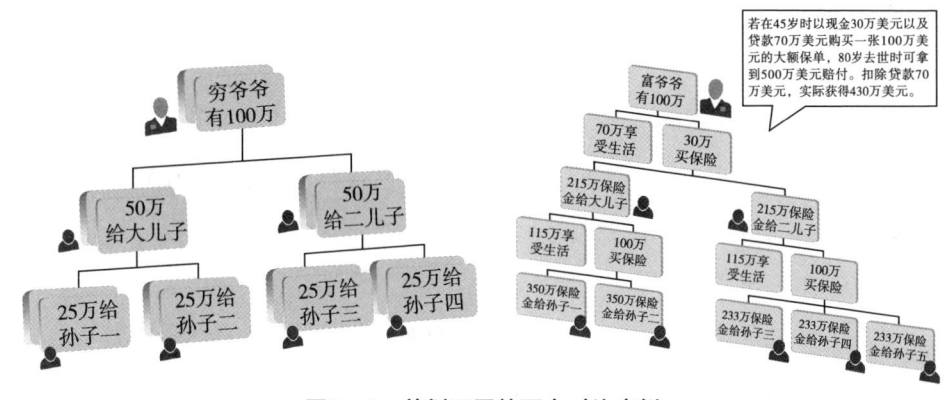

图7-2 筹划不同的两个对比案例

虽然两位爷爷都有100万美元的资产，但是"穷爷爷"只是将资产平分给两个儿子，两个儿子又将资产平分给各自的孩子，最后资产越分越少。而"富爷爷"则使用了财富管理的工具——万能寿险，并通过保费融资的方法，仅仅支付30万美元的保费，同时贷款70万美元，买了一张100万美元保费的保单，如果购买的时候在45岁以下（身体健康），在发生死亡事件之后，保险公司赔付保险金的数额将在500

万美元左右，减去 70 万美元贷款，那么最终可以由继承人分配的就是 430 万美元，两个儿子各自可以获得 215 万美元，和原来自己投入的 30 万美元相比，放大倍数约为 7 倍。而相比之下，"穷爷爷"的两个儿子只能拿到 50 万美元。

同样，"富爷爷"的大儿子和二儿子也各自配置了万能寿险保单，在情况条件大致相同的前提下，放大倍数也在 7 倍以上，那么孙子辈就能获得总金额约 700 万美元的保险金赔付。欠缺理财经验的"穷爷爷"这边，孙子辈则只能在 50 万美元的遗产池里面分配，与 700 万美元的保险金相比，确实相形见绌。

保险以小博大的这个功能还包括：投保人可以通过保单融资，例如通过保单质押贷款获得紧急资金，也可以在投保很多年之后保单现金价值不菲的时候，提取部分现金用于养老。

1. 保费融资

通常很少有人想到"借钱买保险"。那么假如寿险保单像房子一样贵呢？按揭买房的概念为何不能用在购买大额人寿保险上呢？确实，实践中，对于购买数百万、数千万美元高保额的高净值人士，从银行获得贷款确实可以成为一个选项，而不需要将自己的大量资金锁定在高昂的保费里。这就是我们所说的保费融资。

这种方式可以帮助投保的客户在无须筹集大量现金的情况下也能获得所需的保险保障额度。例如，100 万美元的人寿保险保费，其中自己可能只需要支付 30 万美元即可，而另外的 70 万美元可以通过银行贷款取得，而银行贷款的本金可以等到被保险人死亡发生、保险公司赔付保险金时从保险金中扣除，而贷款利息可以通过保单本身每年所产生的利息分红来进行冲抵。而当保单的利息分红高于贷款利息成本时，投保人还能享有利息收入，可谓保障与回报兼得。

当然，这样的保费融资只适用于大额的寿险保单，而购买大额寿险保单，并非出钱就可以，而是要通过保险公司和银行的双重核验方可以进行。为什么呢？一张 100 万美元的保单，赔付的保险金可能高达 500 万美元甚至更高，如果投保人本身并不属于高净值人士，那么保险公司就面临一个重大的投保人"道德风险"问题：如果投保人收入水平偏低，那么就不排除其为了让家人解决生活拮据问题而自己铤而走险的可能，这是保险公司所不愿意看到的。另外，（超）高净值个人的大额保单的赔付金额与投保所支付的保费相比放大倍数较高，其中一个原因就是（超）高净值个人的死亡率相对偏低。而对于提供保费融资的贷款的银行来说，其也会核验投保人的资产状况，评判是否可以批准投保人的申请贷款。

2. 保单融资（变现功能）

对于（超）高净值个人来说，其购买多张寿险保单根本"不差钱"，因此在年景好的时候，如果有大量的现金不知道如何投资，不妨先给自己购买一些大额保单，而遭遇经济和财务寒冬时，还可以通过将这些保单抵押给银行获得资金，以解燃眉之急。当然，保单持有人如果有更好的投资机会，能够获得超额回报，而向传统的银行申请贷款比较麻烦，或者利率偏高，那么也可以通过质押保单获取现金，以用于投资。

（四）合法节税

保单的节税功能主要体现在遗产税和个人所得税方面。

1. 遗产税

驱动（超）高净值人士开始考虑财富传承的一个直接动因是关于遗产税征收的政策信号。虽然我国尚未出台有关加征遗产税的相关法律法规，但就遗产税相关问题，已经进行过内部调研并征求专家意见。另外，2013年发布的《国务院批转发展改革委等部门关于深化收入分配制度改革若干意见的通知》中提及"改革完善房地产税等。……研究在适当时期开征遗产税问题"。实践中，即使现在遗产税尚未开征，遗产继承过程中也需要通过专业的金融工具进行整体性的筹划。其中的工具之一就是保险，通过保险传承财富，是一种性价比非常高的传承手段。

在征收遗产税的情况下，往往出乎继承人预料的是，大笔现金资产在银行中不能动用——因为需要经过冗长的遗产继承流程才能提取，而高昂的遗产税却近在眼前，继承人需要先缴纳，才能完成资产的过户。那么继承人哪来的现金用于缴税？这是否意味着继承人需要变卖或抵押家产、进行资金拆借，才能履行缴税的义务？

例如针对境外的资产，不少欧美国家都规定，遗产的继承需要先支付高额的遗产税，如果继承人没有先行以现金方式缴纳高达资产价值40%、50%的遗产税，那么资产是无法完成继承和过户的。笔者也曾了解到，有国人在美国购置豪宅后，没有进行提前规划而突然离世，子女由于没有大笔现金支付高达房价40%的遗产税，不得不低价打折出售豪宅。例如，王永庆的家人当时也面临着不得不抵押家产贷款缴纳遗产税的情况。

另外，大额保单可能可以起到合法避税的作用。

在征收遗产税的情况下，往往出乎继承人预料的是，大笔现金资产在银行中不能动用——因为需要经过冗长的遗产继承流程才能提取，而高昂的遗产税却近在眼前，继承人需要先缴纳，才能完成资产的过户。那么继承人哪来的现金用于缴税？

如上文所提到的，最高人民法院此前就人身保险金是否纳入遗产的问题给出过明确意见，只要被保险人指定了保险受益人，在被保险人去世后，保险公司支付的保险金将不属于被保险人的遗产。不属于遗产范畴，自然也就不需要缴纳遗产税。但需注意的是，保单是否可以起到免征遗产税的作用，最终还是需要根据保单适用的法律来判断。

2. 个人所得税

即使现在遗产税尚未开征，遗产继承过程中各项费用也并不低，而投保人通过保险传承财富，受益人在领取财产时无须缴纳任何费用，税费成本几乎为零。

根据我国《个人所得税法》的相关规定，保险赔款免纳个人所得税。以保单形式传承的财富将以保险金的形式发放给受益人，而保险金并不属于个人收入的范畴，大额保单可以因此帮助继承人避免缴纳个人所得税，从而避免了可获得资产的大幅缩水。

保险对于降低和延缓投资收入所得税支出也有帮助。例如，如果你已经成为美国公民或者税收居民的话，那么你的所有投资收入就要在美国缴纳个人所得税，无论收入来自中国、美国还是新加坡。那么你每年因个人所得税对收入的侵蚀，其实损失不少。很多美国的财富家族采取的方法就是，用大笔本来用于投资的资金购买保险，这样获得的投资收益，可以暂时不用缴纳所得税，因此其达到了税负递延的目的。

(五) 保护隐私

在法定继承和遗嘱继承中，公证处需要将所有法定继承人和遗嘱继承人叫到同一现场，如果被继承人有私生子女，想要通过法定继承或遗嘱继承将财产分割给他们，这一关肯定无法逃避。而以寿险保单形式传承财富中，保险公司让受益人接受财产时，只会通知受益人（及其监护人），不会通知其他任何人到现场。所以，若企业家想在分配财产时特别照顾家族中的某一人，或不想公开自己具体的财产传承名单、份额时，保单无疑是一种具有良好保密性的形式。

如果对将高昂的赔付一次性给予继承人，尤其是未成年的继承人之后，其是否能够妥善处理大笔财富存在担忧，那么还可以将保单置入信托，即将保单的受益人设定为信托，将自己的家人或者其他指定受益人设置为该信托的受益人，并且就信托收益的领取方式及金额通过信托协议、意愿书加以规定。将寿险保单放置在信托下面的做法，主要集中在离岸信托。由于国内信托法律在家族信托、民事信托方面还不成熟，国内对于保单信托的实践可行性仍然存疑。

7.6.3 购买大额保单时需注意的四个问题

然而，保险本身并不可以"万能"地应对传承的挑战。就拿超高净值个人购买大额保单应对未来的遗产税问题来说，一方面，保险带来的是赔偿金，可以用于遗产税的缴纳，解决的是"现金流"的问题，避免继承人抵押或者出售资产用于缴纳遗产税的情况，但是这并不等同于减少或者降低了遗产税，更不等同于财富与传承的规划；另一方面，包括香港、台湾等地的案例均显示，拿到大额保单赔付的二代子女因为一下子继承巨额财产，在数年内将家财挥霍殆尽的情况并不少见。因此，筹划需要综合运用一系列专业工具，达到节税、增加现金流、保障财富安全及传承有序的多重目的。

（一）险种的选择

高净值人士在选择购买大额保单时，需特别注意的是，我国只有人寿保险能"避债避税"。诸如年金保险（含养老金保险、教育金保险等种类）、健康保险、意外伤害保险等险种，均不属于人寿保险范畴。此外，财产保险也不具备"避债避税"等功效，不存在指定受益人的问题。

（二）保险合同的设计

在人身保险合同的设计中，受益人的指定非常重要，这将决定将来保险金支付给谁。被保险人在投保时应做好规划，一方面要避免发生保险金的继承纠纷，另一方面也要避免保险金成为遗产，使其不必用于偿还债务也可免征遗产税。

1. 必须指定受益人

最高人民法院此前就人寿保险金是否纳入遗产的问题有过明确意见：人寿保险金是否列入遗产，取决于其是否指定了受益人，如果没有指定受益人，则要列入遗产。所以，在制订保险合同或填写保单时，必须指定受益人，否则赔偿金只能算作遗产,将被作为遗产分割继承或被做其他处置。

需注意的是,被保险人和投保人均有权指定受益人,但投保人指定受益人需经被保险人同意,投保人无任意指定受益人的权利。此外,保险金的指定受益人既可以是一个,也可以是多个,多个的受益顺序可以是并列的,也可以是前后排列的,受益份额可以是等份的也可以不等份。①

2. 妥善安排受益人

高净值人士在具体指定保单受益人时,还需考虑资产保全的因素,往往稍有不慎就会使保单无法起到保全资产的作用。笔者在此以最近广为流传的一个案例为例:刘先生是一位收入颇丰的企业老板,其妻子是家庭主妇,没有固定收入,夫妻两人有两个孩子。此外,刘先生欠银行贷款 3 000 万元。不幸的是,刘先生于去年发生车祸意外死亡,银行在对其债务追缴的过程中发现,刘先生的企业和家庭主要资产全部执行后不足以偿还银行的全部贷款,尚欠 1 000 万元。随后银行发现,刘先生生前购买了两张寿险保单,其身故后保险公司支付的保险金共计约 800 万元,于是银行将妻子诉至法院,主张该保险赔款必须用于偿还银行贷款,但最终败诉。

若刘先生对受益人的安排稍有改变,都会使得判决产生完全不同的结果,见表 7-1②。

表 7-1 保单受益人的安排不同,结果也完全不同

	对受益人的安排	保险赔款的归属	评论
错误安排 1	未明确指定保单受益人;原保单受益人死亡后,未及时重新指定受益人	800 万元必须全部用于清偿刘先生欠银行的债务	800 万元保险赔款将作为刘先生的遗产,适用法定继承,由妻子和两个孩子平分。但法律规定,继承的遗产应当先用于清偿被继承人(即刘先生)生前所欠的债务及税款,缴纳的税款和清偿的债务以他的遗产实际价值为限。这意味着,800 万元必须全部用于清偿刘先生欠银行的债务

---

① 参见《保单不填受益人 巨额保金变"遗产"》,载于《广州日报》,转载于 http://finance.sina.com.cn/money/insurance/bxdt/20070727/07253825893.shtml。

② 表格部分观点参见刘长坤的《避免寿险偿债的秘密》,来源于《财富管理》。

(续表)

	对受益人的安排	保险赔款的归属	评论
错误安排2	指定妻子为第一顺位受益人,未指定第二顺位受益人	妻子必须将800万元用于清偿其自身负有的连带债务	刘先生所欠银行债务,除非生前进行过明确有效约定,否则属于夫妻共同的债务,妻子对该笔债务负有连带清偿责任。因受到《保险法》的保护,"任何人不得非法干预保险人履行赔偿或者给付保险金的义务,也不得限制受益人取得保险金的权利",故而作为受益人,妻子不需要先偿还刘先生的债务,将直接取得800万元保险金。但在妻子取得800万元保险金后,这800万元即属于妻子个人财产,此时银行可以主张要求妻子承担连带清偿责任,偿还丈夫刘先生所欠债务。这意味着妻子必须将800万元用于清偿其自身负有的连带债务
不推荐安排	指定妻子为第一顺位受益人,指定其两个儿子为第二顺位受益人	存在被法院判决800万元需用于偿还刘先生欠银行债务的可能性	为保全资产,妻子可以放弃其自身的受益权,由其两个儿子直接取得保险金。但是,妻子放弃受益权的行为,可能会被认定为"滥用权利",损害他人的利益,造成了对债务人即银行的损害,可能会被法院判决撤销妻子该行为的效力
正确安排	指定两个孩子为受益人	800万元由两个孩子直接取得,不需承担其父亲所欠的银行债务	800万元不作为刘先生的遗产,保险公司直接将保险金赔付给两个孩子,孩子在取得保险金后,不需要承担其父亲生前所欠的债务;并且妻子作为两个孩子的监护人,可以拥有对该财产的实际掌控权。这种安排可以达到资产保全的目的

(三) 怎样看保单

通常,购买保险,价格和收益往往是客户首要关注的内容。然而,针对回报率的高低,不能简单地认为,回报率高的产品就好于回报率低的产品。举例来说,有的保险产品会在保险合同中约定该产品的保证回报率,这个金额可能看上去并不高,而有的保险产品可能给了一个高很多的年回报率,但是保险公司明确这是"非保证"的回报率,也就是说,也许达得到,也许达不到。我们直觉上也许就会首先选择后者，但是保险界的业内人士往往选择有"保证"回报率的产品，因为保险合同具有法律约束力，如果"保证"的回报率没有实现，是可以向监管机构投诉，甚至起诉保险公司进行索赔的，而"非保证"的回报率只是"仅供参考"而已。

有的产品把各类不同的保险混在一起，看上去保障丰富，既可以作为保障保险，也可以作为养老保险，还可以有投资作用，但如果出现欠缴保费或者其他原因导致保单失效，那么所有的保障功能就会因为这一张保单的失效而丧失。因此，还不如根据不同的险种和自己的保险需求，购买不同的保险产品，在每项分类中选择性价比最高的产品。

同时，若购买带有理财性质的保单，在计算回报的时候一定要懂得复利的概念，而不要被保险营销人员给出的一个看上去诱人的未来现金回报或者现金价值所迷惑。例如，交纳100万元人民币的保费，产品承诺20年之后除本金外还可给予额外30%的现金回报，即届时一共可以取得130万元，这看上去似乎是一项非常具有吸引力的投资——尤其是在保险营销人员进行电话销售的时候——不仅可以"免费"获得保险保障，还可以通过保单达到投资理财的目的。但懂得复利计算的人就会知道，100万元，就算按照每年投资回报利率5%计算，20年后可以获得的最终金额应该是本金的2.65（1.05^{20}）倍，即高达265万元。

此外，除了保单费率条款，投保人拿到保单后还需要仔细查看的是保单的保障范围、保单要求及与免保事项相关的条款，以确保自己将来不会因不符合保单条款要求而被保险公司拒绝赔偿。

(四) 资金来源合法

大额保单具有避债功效，但这并不代表只要将资金转换成保单，就可以高枕无忧、避免债主追偿了。只有在满足一定的条件时，保单才有助于降低投保人的债务风险。例如，投保资金必须来源于合法的个人收入，如工资、分红等，而不能是非法所得。如果购买保险的款项为非法所得，对于非法所得，无论转移到何处，根据我国法律规定都应被追缴，法院也可裁定保险公司强行退保。不能因为进入保险公司，非法所得就可以合法化。因此，保险避债的前提是购买保险的资金来源合法。

7.6.4 判断和评估购买（大额）保单的金额

是否购买大额保单，应以自己资产的规模和流动性作为衡量标准。如果购买保单是为了使得身故后家人的生活有充分的保障，就更应谨慎考虑究竟购买多少金额的保单才合适的问题。因为如果设立的赔偿金太大，就等于把自己的性命拿来作为投资，换取配偶和子女高额的回报；若太少，又可能无法保证自己家人的生活得到足够的保障。

（一）大额保单是一种隐含利益冲突和道德风险的安排

从财富传承的角度看，大额保单其实是一种隐含利益冲突和道德风险的安排，因为配偶和孩子只有在被保险人去世的前提下才可以获得财产。进一步讲，被保险人去世得越早，大额保单这笔投资收益率就越高。先生在购买保单后5年就去世，或先生在购买保单后50年才去世，妻子所能得到的赔偿金都是3 000万元。懂得财产的时间价值的人都明白，5年后的3 000万元同50年后的3 000万元，是有天壤之别的。

所以，究竟配置多大的保险金赔付数额，是需要科学设计的。一方面，需要财富管理专业人士基于生命周期的规划、可能需要缴纳遗产税所需要的现金额度以及资产安全隔离和传承分配的考虑，计算出所需要保险金赔付的大致数额，以此来决定购买多少金额的大额保单。另一方面，如果自己存在对前述"道德风险"的忧虑，那么建议不要"超额购买"保单，还是以保险金赔付数额足以保障家人生活质量不受影响为限。

（二）大额保单与家族信托的共同设计

在海外，"信托+大额保单"往往是（超）高净值客户的标配，这类模式已经发展多年，较为成熟，也非常值得国内高净值人士关注和借鉴。简单来说，家族财富交班人可以在与保险公司签订协议时，将大额保单的受益人指定为他所成立的一个家族信托，同时，将他的家族成员设定为这个信托的受益人。被保险人去世后，赔偿金将直接支付给家族信托，然后由家族信托按照信托安排（"意愿书"）将赔偿金分配给信托受益人。这样一来，保险受益人与被保险人之间的利益冲突得到了控制，即被保险人的去世并不一定会立即给受益人带来直接经济利益，反而可以通过家族信托将经济利益分配规划为长期的或者有约定条件的支付，这样更加符合投资人的意愿，投资人可以实现在身故后仍然按照其意愿进行保险赔偿金的分配。

7.6.5 内地和香港的大额保单之比较

近年来，自内地赴香港购买保险的人数呈现大幅上升的趋势。香港保险业监理处的数据显示，2010—2013 年，来自内地的保费收入分别为 44 亿港元、63 亿港元、99 亿港元及 149 亿港元，[①] 不仅逐年上升，而且年均增幅超过 30%。香港的保险服务能够在内地人士当中大行其道自然有一定的原因，而对有意向通过大额保单的形式来实现家族财富传承或是有投资、资产保值等目的的内地高净值人士来说，对比分析内地和香港的大额保单之间的异同，从而趋利避害，这尤为重要。

（一）香港成为购买大额保单的最佳去处

1. 寿险保额高？

对（超）高净值人士来说，内地的寿险产品当然也有"大额保单"，但是实践操作中，一般来说，金额最高也只是数百万元人民币，而香港的大额寿险保单金额则可以高达数千万美元，所以（超）高净值客户会首选香港作为其高端寿险配置的境[②]外所在地。这倒并不是因为在境内，保险公司的承办存在限制或者客户无从购买大额保单，而是一些客观因素导致大额保单在境内相对不普遍。一方面，由于保费融资、保单融资这样的重要工具在内地适用并不广泛，尤其是央行规定的贷款利率明显高于在境外可以获得的贷款利率；另一方面，由于境内大额保单的操作并没有境外那么成熟和普遍，境内司法制度对于保单不一定能够完全起到资产隔离的作用，客户信任的因素也使得这个领域的巨大潜力没有得到充分的开发。但相信在不远的未来，这方面的差距会逐步缩小。

2. 保护多，限制少？

从理论上来说，保险公司在整个保单合同有效期内随时都有理由拒绝客户的

[①] 梁志达. 买香港保险非人人都合适［N］. 温州商报，2014 – 04 – 21.
[②] 此处指"关境"，本部分余同。——编者注

索赔。试想一下，原来自己所投保依赖的保险合同突然变成了一张张白纸，那一刻投保人会有什么样的感觉？

在对被保险人的保护方面，笔者曾经在媒体宣传中看到过"香港规定保险公司不能以任何理由，宣布生效两年以上的寿险保单作废"这样的报道，也曾听某保险公司的人员表示，与内地相比，香港保险的"不可争议"条款为投保人或被保险人提供了最大限度的保护。例如，李先生在签下保单两年之后因患有某种受保疾病不幸过世，他的家人想要申请理赔，如果在内地，保险公司有可能以"受保人当时隐瞒疾病状况"为由拒绝赔偿，但在香港，一旦过了两年的可争议期，"不可争议"条款就能促使保险公司的这种理由被驳回，从而保障投保人权益。前述内容似乎有点过于夸大香港保险了。

表 7-2 比较了内地与香港保险公司较为常见的责任免除条款，我们能非常直观地发现内地与香港保险产品在对被保险人保护方面的差异。

表 7-2 内地与香港在责任免除条款方面的比较

	内地	香港	比较
"不可争议"条款	投保人故意或者因重大过失未履行如实告知义务，足以影响保险公司决定是否同意承保或者提高保险费率的，保险公司有权解除合同。自合同成立之日起超过两年的，保险公司不得解除合同；发生保险事故的，保险公司应当赔付	保单生效一段时期（通常为期两年）后，即使保险公司发现保单持有人/被保险人没有披露所知范围内任何对签发保单有影响的重要事实，如果其并无欺诈成分，则保险公司不可以就保单提出争议或抗辩	☞内地保险胜 与香港保险对比，内地的"不可抗辩"条款似乎对被保险人保护更多，因为合同订立两年后，就算被保险人是"故意未如实告知"保险公司相关情况，内地保险公司也必须赔付。而香港保险公司则要求被保险人"没有欺诈成分"，才赔付

第 7 章 财富保护与传承的法律工具   263

(续表)

	内地	香港	比较
免责条款	（以下为内地保险公司常见的免责条款） 因下列情形之一，导致被保险人身故的，我们不承担给付保险金的责任： （1）投保人或受益人的故意行为； （2）被保险人故意犯罪或拒捕、故意自伤； （3）被保险人服用、吸食或注射毒品； （4）被保险人在本主险合同生效（或最后复效）之日起两年内自杀； （5）被保险人酒后驾驶、无合法有效驾驶证驾驶，或驾驶无有效行驶证的机动交通工具； （6）被保险人患艾滋病或感染艾滋病病毒期间； （7）战争、军事行动、暴乱或武装叛乱； （8）核爆炸、核辐射或核污染。 发生上述第（4）项情形，本主险合同终止，我们退还本主险合同的现金价值。 发生上述其他情形，本主险合同终止，如果您已交足两年以上的保险费，我们退还本主险合同的现金价值；如果未交足两年的保险费，我们在扣除手续费后退还保险费	（以下为香港保险公司常见的免责条款） 假如受保人于保单生效日或任何复效日期（以较迟者为准）起计一年内自杀，不论当时神智正常或失常，身故赔偿将只限于退还阁下已交的保费（不附利息），并扣除就本保单曾支付的任何赔偿。 注：香港法例注明以下行为导致被保险人身故，已经触犯法律，保险公司不用赔付。 （1）投保人或保险金受益人故意造成的； （2）被保险人因自身的犯罪行为而导致的	☞香港保险胜 与香港保险对比，通常来说，内地保险的免责条款确实多于香港保险。但是高净值人士还是应该在购买保险前，仔细对比各家保险公司的免责条款，避免因触发免责条款使得保险公司以此为由拒绝赔付。 此外，内地属大陆法系，习惯将所有除外责任全部写明列在条款里面；而香港沿用英美法系的判例法，很多除外责任是基于行业惯例和历史判例，条款除外责任不会写在保单中，如犯罪导致身故等

此外，在对购买保险的限制方面，出于风险考虑，内地保险公司对保单的限制可能会更多一些，客户购买高额保单的门槛规定通常非常严格。相比之下，香港虽然也采取"严格核保"的经营理念，但是较之内地更为成熟，流程相对更为标准化。

3. 费率低，收益高？

内地的保险公司基金投资渠道相对有限，香港的保险公司基金可以在全球范围内自由流动，自身获取的投资回报高，所以不仅保障范围广阔，而且收取的保费也相对较低。

同样保额、同样销售渠道的寿险，香港的保费比内地便宜5%~10%。分红率根据公司经营状况而定，一般为5%~10%。相比之下，内地近年来多款分红险投资收益不佳，传统保险的预定利率[①]通常为2.5%~4%；标准万能险的保证利率为2.5%~3.5%，实际结算利率为4.5%~4.9%；而分红险则为2.5%~3.0%的预定利率。不少内地投资者认为，在通货膨胀预期影响下，内地不足3%的年利率实际上已经为负值了。

但是，具体到特定的保单时，投保人还需要仔细对比不同保险公司的保险条款。比如重疾险，香港的保单可能看起来保费便宜，保险责任广，覆盖的疾病保障比较多，但很可能每年缴费9 000元，只能获得其中35种重大疾病保障，保单中其余列出的保障都属于扩展责任，投保人若想要获得更多的保障，除基本费用外，还需要再支付额外的费用，这样加起来的总费用或许就与内地的保单相差无几。此外，在收益率方面，香港保单可能会给出一个比较低的"保证"年收益率，以及一个高达8%抑或是更高的"非保证"年收益率，这个数字看起来可能会比内地保单诱人很多。但如果保险公司运作得不好，年收益率只能按照很低的"保证"收益率进行实际给付。

（二）购买香港大额保单时需注意的三个问题

1. 小心"地下保单"

按相关法律规定，香港的保险产品需要投保人到香港签署投保协议。而现在有人在内地推销香港保险产品，在内地填写投保书、缴纳保费，再由推销人员将投保书、保费携带到香港的保险公司签发保单，俗称"地下保单"，这是违法的，

[①] 预定利率指保险公司在给产品定价时，根据公司对未来资金运用收益率的预测而为保单假设的年化收益率，通俗地说，就是保险公司提供给消费者的回报率，主要是参照银行存款利率和预期投资收益率来设置的。

如果发生意外，该等保单不受法律保护，保险公司可能会拒绝赔偿。[1] 因此，内地人士在第一次购买香港保险或缴纳相关费用时，应亲自到香港办理，并要选择专业的保险经纪人和最佳性价比的产品组合。

2. 需注意分红率与汇率风险

分红率是内地人士考虑购买香港保险的重要指标。作为金融中心，香港的保险投资标的更为广泛，因此收益率更高。尽管保险公司每年的分红是浮动的，但部分保单的分红率是有最低保证率的，如果分红最低保证率高于借贷成本，投保人就可以锁定风险。

此外，在看分红率的同时也需要关注汇率风险，因为香港保险产品是用美元或者港元计价的，而港元与美元挂钩，一旦出现人民币相对美元大幅升值的情况，就会造成投保人的资产贬值。港元与人民币的兑换价曾从1.2元跌到0.8元，相当于以港元计价的保险产品本金亏损40%。因此，投保时应注意保险金是以港元结算还是以人民币或美元结算，目前香港保险公司已开始提供人民币计价的保单，内地人去香港买保险可以选择用人民币计价。

3. 出现纠纷要去香港打官司

虽然自2013年5月1日起香港保险索偿投诉局将服务范围扩展至非香港居民，只要投保人所持有的保单是由投诉局会员公司按香港法律发出的，则不论其居住地是否为香港，皆可获得索偿投诉局的免费服务。[2] 这为那些有意前往香港购买保险产品，但又担心因其并非香港居民而得不到法律保障的内地人士消除了后顾之忧。但是，将来一旦发生纠纷需要进行诉讼，因香港保单理赔是受香港特区法律管辖的，所以内地客户必须亲赴香港，在香港当地进行诉讼，并且聘请香港律师，而香港律师费用非常高昂，内地客户处理这样的纠纷显然会增加时间、金钱成本。

由于人寿保险具有避税、避债以及融资功能，所以它在家族财富传承等方面越来越受到国内高净值人士以及家族企业的青睐。同时，将大额保单置于家族信托之下，可以充分发挥这两种工具的优势，扬长避短，使得家族财富可以在相当

---

[1] 陈博. 香港保险产品更受内地客青睐 [N]. 北京日报，2013-05-21.

[2] 参见保险索偿投诉局2013年4月30日新闻稿。

长的时间内在家族后代中延续。但是，由于我国对保险等金融资产的相关法律和解释还不是很完善，相关业务尚处在不成熟的阶段，以至于保单的各项利益、产权界定、法律实践还存在模糊和有待完善的地方；再加上高端客户身份的复杂性，如拥有外国身份而受他国法律约束等，更增加了保单判定的难度。

> 由于人寿保险具有避税、避债以及融资功能，所以它在家族财富传承等方面越来越受到国内高净值人士以及家族企业的青睐。

因此，高净值人士或家族企业在尝试购买大额保单时，不能简单地判定只要是保单就能免税、避税、避债或者避免财产纠纷，而是要根据自身的情况以及所购买的保单来具体分析。而在这一过程中就需要有财富规划及传承方面的专业人士，包括理财师和律师提供专业意见与协助，这样才能将保单资产隔离、以小博大、合法避税、保护隐私等各类功能最优地加以配置和体现。

7.7 关于家族信托：大亨与名人的财富管理

> 我们生活的质量不在于生活中是否存在矛盾和冲突，而在于我们如何面对这些矛盾和冲突。
>
> ——美国知名作家，托马斯·卡拉姆

信托在财富管理和传承方面，有着不可撼动、不可替代的重要作用。可以说没有信托，要想做到"富过三代"将会非常困难。

虽然信托来源于英国，但是它却早已与人们耳熟能详的名门望族、财富新贵以及诸多名人结下不解之缘，从洛克菲勒家族到肯尼迪家族，从默多克到李嘉诚、邵逸夫、王永庆，从玛丽莲·梦露、戴安娜王妃到香港已故歌星梅艳芳，这些人士的背后都有着信托的身影。而不少家族控制的知名企业也早已置于家族信托之下，如李嘉诚的长江实业、李兆基的恒基地产。家族信托也逐渐获得在海外上市的中国企业的青睐，早在 2008 年，龙湖地产搭建境外结构时就设置了信托，商业地产商 SOHO 中国的潘石屹家族在开曼群岛建立了家族信托，而雅居乐的陈氏家族则在英属维尔京群岛建立了家族信托。

随着我国人均收入不断提高，家族信托也出现了不断增长的趋势。《国际金融报》于 2022 年 4 月 9 日登载的文章《发展呈现"三增一显"，如何深耕 2.0 时代的家族信托?》指出，中国信托登记有限责任公司（以下简称"中国信登"）相关数据显示，截至2021年末，家族信托存量规模已达3 494.81亿元。此外，中国信登于2022年2月9日发布的公众号文章《开年首月超五成新增信托规模投向工商企业和基础产业》指出："1月份，行业新增家族信托规模128.99亿元，较上月增长33.54%，创近一年内新高。随着2021年我国人均GDP接近高收入国家门槛，达到1.25万美元，我国居民财富管理需求在持续提高，加之行业回归本源、加快转型等多重因素影响，家族信托作为具备信托本源特色的服务信托业务之一，已成为行业转型的重要方向。"

下面我们一起揭开家族信托的神秘面纱。

7.7.1 家族信托揭秘

所谓家族信托，就是（超）高净值人士（委托人）将家族资产（现金、不动产、股票、家族企业股权等）转移给受托人（可以是自然人也可以是信托机构）持有，并同时指定信托的受益人，受托人根据信托协议的要求、按照委托人的意愿，为受益人的利益或特定目的，管理或处置信托财产，实现财富的有效管理及传承。

有的信托其设立目的是防止二代奢侈浪费或者被他人坑骗，这种信托被称为"限制挥霍信托"或"节俭型信托"；有的则是避免家族成员因继承分家而将家业越分越少，通过信托实现顶层控制，把家业集中在信托之下，能够保证子孙后代衣食无忧；而有的信托则是为了让未成年人、丧失行为能力的残障人士、生活无法自理的老人，在监护人没有能力或者去世的情况下，能够有可靠的第三人（即受托人）来掌管资金，负责支付有关的护理费用。

所以，信托是一个人性化和具备灵活性的工具，而这样的"制度创新"本身就和它的历史渊源分不开。

（一）信托的历史和发展

信托的原型最早可以追溯到古罗马法律中的用益权，但信托的真正发展乃是源于英国封建时期土地所有权制度，并最终导致土地的法律所有权与英国衡平法项下所有权的分离。[①] 中世纪十字军东征时期，开始出现贵族、骑士出征之前通

---

① Simon Jennings, Joseph A Field and Anthony Travers OBE. *Planning and Administration of Offshore and Onshore Trust*. Bloomsbury Professional Limited, 2016.

过信托的方式将资产托付给教会,将自己的家人作为信托受益人的情况。英国衡平法院在司法实践中将信托制度不断发展,并逐渐界定了受托人和受益人在信托中的权利义务。中国的信托法历史相对较短,2001年4月28日,第九届全国人民代表大会常务委员会第二十一次会议通过了《信托法》,自此信托法律制度正式引入中国。

根据信托法律原理,一旦有效、合法地设立了家族信托,投入信托的财产即具备独立性,不论富豪(委托人)离婚、破产还是死亡,家族信托内的财产都将独立存在。委托人可以在信托设立协议中设定多样化、个性化的传承条款,以满足不同的目的。同时,只要信托架构科学合理,不但委托人的债权人无法对投入信托的财产主张权利,在很多国家或地区,受益人的债权人同样也不能对信托财产主张权利。[①]

需要注意的是,针对信托中的资产是否一定能够起到隔离而避债、规避遗产税、防范二代和三代挥霍的作用,我们的回答是:不一定!用非专业的思路,简单地将资产转移到他人名下,提前赠与子女,或者听信销售人员的话术狂买保险、将资产转入信托,这些简单、非专业的方法,往往都经不起时间的考验。这些方法的有效性虽然在信托理论上存在可能,但非常依赖信托架构的设计、信托设立的所在地以及相关的法律法规,绝不能想当然地一概而论,更不能轻信营销人员的误导,否则可能会酿成大错。

(二)家族信托对比(投资性)信托产品

家族信托是关乎家族企业及家族财富传承的重大安排。值得注意的是,仅就中国市场而言,似乎一提到信托就让人联想到了某种理财产品。事实上,家族信托与普通(投资性)信托产品有本质区别,见表7-3。更为严重的是,如果习惯购买"信托理财产品",签署信托的格式化合同,在设立有数十年期限的家族信托的时候也不聘请专业的律师帮助设计架构的话,那么未来出现问题、对资产丧失控制的风险会很高。

[①] Jay D. Adkisson and Christopher M. Riser. *Trusts for Asset Protection of Asset Protection*. McGraw Hill Education LLC., 2004.

表7-3 家族信托与投资性信托产品的比较

主要区别点	家族信托①	投资性信托产品
可投入信托的财产	现金、企业股权、有价证券、不动产、艺术品、古董②、保险单等,是财富管理和传承的重要工具	现金,用于投资第三方的标的项目,性质是投融资工具
信托条款	由委托人根据自身特点与需求进行设计和定制	信托公司设计的统一格式化条款
设立信托的地点	可以在境内设立,也可以在境外选择离岸地按照当地信托法律(如英美法系法律)设立	境内
信托的期限	较长,常见的为几十年甚至不设期限	较短,一般为数月到几年
财富传承功能	作为家族财富传承的工具,家族信托在保障私密性的同时具有资产隔离以及避税功能	以理财和投资为目的,无财富传承功能

> 家族信托是进行传承安排的一个极为重要的工具,其具备人性化、便利性特点,是民法下的传统财富传承安排所无法取代的。其功能主要包括传承规划、资产隔离、私密性保障、慈善事业打理以及合理节税等。

因此,与信托理财产品不同,家族信托建立以后,其本身并不会产生信托收益,因为作为家族信托受托人的境外信托公司是不做投资业务的。在英美法系体制之下,信托的基本职责是财产规划、资产保障和财富传承,若要做好资产保障工作,受托人就必须最大限度地降低风险,因此自己不会擅自(也不被允许)对资产进行投资和操作。若委托人对设立的信托内的金融资产有增值需要,受托人可将该信托内的资产投资权利保留给委托人,委托人可自行决定其设立的信托内的资产如何增值,也可委托家族办公室、私人投资顾问、私人银行、资产管

---

① 家族信托包括了离岸家族信托、境内家族信托。对于企业股权、不动产,在现阶段,将它们置入境内的信托尚有一定的难度(包括税负、登记问题)。

② 古董、艺术品如果置入信托,在理论上可行,但是如何保管,在实践操作中颇为重要。如果只是名义上放在信托下面,实际保管人是某个家族成员,或者将它们放在委托人自己家里,那么在委托人去世之后,如果"遗失",最终究竟落入何人之手往往就很难证。

理公司等专业投资机构的专业人士作为该信托的投资经理。受托人会对信托内资产进行年度会计核查，其结果使得委任的投资经理业绩表现一览无余，投资回报低于委托人预期的，委托人有权更换投资经理。

7.7.2 功能和作用：为什么"富过三代"离不开信托？

为何连亚洲的财富人士、财富家族也如此青睐信托这个来自欧洲的舶来品？为何信托可以帮助创一代企业家、财富人士在很大程度上解决财富管理、保护与传承的一系列问题和苦恼？家族信托真的能够防止"富不过三代"？这一点虽然要经受历史的检验，但信托因其存在便利性等特点，是民法下的传统财富传承安排所无法取代的。

（一）传承规划作用

第一，针对下一代"败家"的风险，信托能够避免发生传统的法定继承行为所导致的一次性将资产、企业的所有权交给继承人的情况。笔者帮助客户进行财富管理和传承的法律筹划的时候，注意到不少（超）高净值客户都有这样的隐忧，即自己的孩子在未来一旦继承如此巨额的资产，会因此失去进取心，甚至走上歧路，这对于其健康成长不利；此外，孩子身边也可能会有一些心怀鬼胎的朋友，人们的行为无论是赌博还是借款抑或是所谓的"投资""交友"，都让家长倍感担忧和焦虑。简单通过一份遗嘱来进行传承似乎难以解决创富一代在这方面的顾虑。

第二，避免"分家"导致资产（尤其是企业股权）无法集中而使家业败落。当家族企业传承到二代、三代甚至四代时，若通过分割家族企业股权进行传承，松散的股权可能令企业的所有权集中面临极大的挑战，财富家族设立家族信托，持有家族企业股权，有助于保护家族对企业的控制权。

上市公司创始人离世后，家族成员分别继承股份将很可能导致上市公司股权结构分散，从而使得家族逐渐失去对上市公司的控制权。相反，设立家族信托后，即使发生创始人离世的变故，上市公司股权结构本身并不会因此发生变动，家族成员仍作为信托受益人享有权益，可以有效避免创业一代突然身故或丧失行为能力而给上市公司带来冲击。

(二) 资产隔离作用

家族资产的法律所有权归属信托,而不是某一个人,这能在一定程度上起到资产隔离的作用。

国内不少企业家对家族企业资产和家族资产并没有做严格的区分和隔离,一旦发生突然变故,资产混同的风险就会给自己和家族的财富带来巨大的冲击,可能所有的资产都会被查封、冻结、抵债,甚至被罚没。另外,内地不同于香港,没有个人破产制度,个人的债务是无法清零的,个人一旦背负大额债务无力偿还,自身又没有做资产隔离的安排,基本上就很难再翻身。但是,如果有了家族信托的防护,那部分归属信托的资产,性质上不再属于个人资产,一道有效的资产隔离墙被筑起,提升了家族的抗风险能力。

(三) 私密性保障作用

传统的继承,无论是法定继承,还是遗嘱继承,在执行遗产继承的时候,所有的继承人、财产都要"浮出水面",继承人若对遗产分配无法达成一致,就会导致对簿公堂,传承的安排没什么私密性可言。若使用信托这个工具,受益人并不需要互相知道各自收益的分配情况,便可以保护大家的隐私。

但在 2017 年 8 月 25 日,中国银监会发布了《信托登记管理办法》(以下简称《办法》),主要规定了信托登记的定义及流程、信托登记信息管理、监管要求等内容,构建了我国信托业统一的登记制度。《办法》的实施可能会给家族信托业务的发展带来一定影响。一方面,信托通过登记,有助于"确认信托各项要素、厘清各方权责关系";另一方面,这种登记和公示似乎对信托的私密性提出了挑战。其实施可能会增加人们对本就不甚健全的国内资金类家族信托发挥其所应有的私密性保障功能的担忧。考虑到这些不确定性因素,在《办法》实施以后,针对信托登记制度所造成的关于信托私密性保障功能的担忧可能会变得较为普遍。这也就需要律师等专业人士针对如何在信托登记制度下继续实现家族信托的私密性保障功能进行特别的架构设计与筹划。①

---

① 参见《家族信托邂逅登记新要求|银监会〈信托登记管理办法〉出台》,作者为龚乐凡,载于 https://mp.weixin.qq.com/s/J2ULeJSyus3jMsYPD1WxGQ。

（四）慈善事业打理作用

委托人可以通过专门设立信托基金用于慈善和公益，这样，当二代或三代继承家业后，即使管理不善，慈善基金也不会因此而中断。举例来说，我们曾经向客户建议通过信托的方式设立家族教育基金，这样，企业家就能够通过这样的信托基金为所有符合条件的家族成员永久性地提供教育助学金，通过教育泽及后世、兴旺家族。由于基金是通过受托人和资产管理公司打理，所以这样的善业不会因为企业家的去世而中断。

另外，在美国已有通过普通民众捐赠的善款而设立的专项信托。随着中国社会老龄化的加剧，对于孤老、失独家庭，以及孩子年幼或者成员无法生活自理的家庭，委托人可以将自己的资产以信托的方式交给受托人，受托人能够负责管理好这些资产，用以支付信托受益人（如孤老或者生活无法自理的家庭成员）的生活开支。

（五）合理节税作用

针对境外的资产，不少欧美国家都规定了遗产税，在要进行遗产继承的时候，如果继承人没有先行以现金方式缴纳高达资产价值40%甚至50%的遗产税，那么资产是无法完成继承和过户的。信托的使用，也许可以起到规避当地遗产税的作用。

7.7.3 酌情信托

（一）酌情信托的概念

在国内，我们并没有对已经开始试点的家族信托进行特别种类区分，而笔者认为之所以有必要将英美法系常见的信托种类在此进行讨论，就是要澄清一个认识或者宣传的误区——只要是叫"信托"的就自然具有"资产隔离""避债""节税"等神奇功能。

可撤销信托：委托人可以在不丧失行为能力的前提下修改或者终止的信托。从税务及所有权等角度来看，该信托的委托人被认为是信托财产的实际拥有者或控制人。也就是说，这种信托，不具有资产隔离的功能，无法避债。

不可撤销信托：委托人将信托财产的所有权转移给受托人，委托人和信托财产之间建立起了一道屏障，无论从税务角度还是从所有权的角度，委托人都不再是信托财产的所有权人。只有不可撤销信托才有可能具备资产隔离、避债、节税等功能。

固定信托：由委托人在信托协议中确定受益人分配方案（例如用于受益人的教育、健康、日常生活开支等），受托人遵照执行，不能任意更改。但当受益人的债权人要求司法执行受益人在信托中可以获得的、未来的收益时，法院很大程度上会支持该债权人的请求，除非该固定信托被定性为限制挥霍信托。

"限制挥霍信托"或"节俭型信托"：委托人由于担心没有能力管理继承财产的家族成员因被骗、败家等行为损耗财富而进行家族资产保护安排的信托。在该信托下，受托人根据信托契约和意愿书拥有信托资产的支配权，受益人获得收益，但无法触碰信托资产本身。受益人的债权人可以就已经分配了的收益进行追债，但无法针对信托财产本身进行索偿。

全权信托：也叫酌情信托，是由受托人来决定受益人的分配方案以及信托财产的管理和处分等事务，而委托人则向受托人提供一份意愿书，给予受托人一些有关收益分配的指引，受托人依据其信托责任，按照意愿书的精神向受益人派发信托收益。酌情信托的一个最大特点在于，由于受益人无法获得任何"固定"的信托收益，此相关事由是由受托人全权决定的，所以债权人无法判定受益人在信托资产之下究竟拥有什么样的权利，也就无法行使债务追偿的权利。在有的国家或法域，委托人和受益人也可以利用此特点规避遗产税。

鉴于此，在进行信托设计时，委托人务必要和信托方面的专业律师进行深入讨论，选择最合适的信托类型和架构。

（二）酌情信托的风险

在欧美地区、中国香港地区，酌情信托被广泛使用。在酌情信托之下，信托的受托人（信托公司）得到授权，有权酌情决定如何分配家族信托的收益给各个受益人，包括决定谁可以成为受益人、每个受益人可以分得多少收益、什么时间进行收益分配以及分配什么资产等重要权利。也就是说，信托中的受益人及受益人能够从信托中获得的权益并不确定，这么看来，受托人的权利似乎非常之大。其实，信托的委托人在设立信托之时，可以对受托人的权利做出限制，通过信托的条款约定受益人选择范围、信托资产管理方式、收益分配方式等，也可以通过意愿书就如何确定受益人、分配的时间和分配的多少做出大致的约定以供受托人参考，而且还可以通过增设保护人的角色来规制受托人的权利。

该信托同时也可以佐以家族宪法，对于二代、三代以及后代的成长和发展都设立一定的目标和规范，他们能否享有信托的受益权将仰赖自身对于家族宪法的遵守情况。如果委托人或受益人有实行高税率的其他国家的国籍，酌情信托的保护性相对来说会比较高。如果委托人希望资产分配的意愿一定要被受托人执行，而不是只写在没有法律效力的意愿书中，委托人就需要将意愿明确地写在信托协议里。

酌情信托之所以受到青睐，主要在于其灵活度。富豪在身故以后，虽然无法再根据实际情况的变化对信托方案进行调整，但有了酌情信托，受托人可以对信托的受益安排做出调整。例如，对于家族中年纪相对轻的或者存在挥霍浪费倾向、身染赌博等恶习的成员，无论是出于对其健康成长的考虑还是保护家族资产不被肆意损耗的考虑，设置酌情信托，可以防止其在信托下的受益权被"固化"最终发生流失，有些信托条款甚至允许受托人基于家族成员的不当行为减少、限制乃至剥夺其受益权。

硬币都有两面。如果赋予信托委托人/创设人最大限度调整和处置信托受益权的权力，这个安排固然"灵活"，但是却在法律上存在风险，因为其实质上限制了受托人的权力，而这样的限制如果过多、被视为不当，那么信托的有效性就有可能受到挑战，最坏的情况甚至可以导致信托无效。[①] 从法理上看，这样的信托安排几乎就是委托人"一手遮天"地把控资产，导致受托人对于信托资产的所有权、控制权沦为空谈，这样的信托就变成了所谓的"虚假信托"。

另外，除了上文提到的对受托人过多的限制可能导致信托无效以外，酌情信托最典型最常见的风险是，在信托委托人身故以后，受托人在决定或改

[①] 香港即发生过类似真实案例。2014 年 7 月，香港终审法院在一起离婚案件中做出裁决［Final Appeal No. 21 of 2013（Civil）］，认定男方设立的酌情信托无效，信托资产应作为夫妻共同财产进行依法分配。法院做出信托无效认定的依据是：男方作为该酌情信托的委托人同时也是保护人，拥有的信托项下的权利不受任何限制，其已经完全取代了受托人，信托名下的资产及收益分配完全受到男方支配而根本不具有信托财产所应有的独立性。因此法院认为，该信托的资产应当被视为男方直接可用的财务资源，并最终判决男方须向前妻支付数亿港元的巨额赡养费用。

变信托收益的分配时，很可能会让家族成员不满，一旦让家族陷入内部的纷争和不信任，这一灵活的信托安排更有可能因其独有的隐蔽性和不透明而放大纷争。

所以，针对这些风险，家族信托需要充分考虑信托条款的精心设置、家族宪法的配置、安排德高望重的信托保护人、对于家族企业领导权传承的特殊重视、传承过渡期安排等细节，以让其经得起法律和时间的双重考验。

7.7.4 家族信托的常见问题

（一）应当将哪些人列为家族信托的受益人？

实践中，委托人对家族信托协议的修改最好在自己心智尚佳、健康状况恶化之前完成，例如70岁之前。趁自己身体健康、思路清晰、记忆清楚、情绪稳定的时候做出决定，避免子女或者照顾自己的人为了获得更多利益来实施不当影响，甚至误导和欺骗自己。因此，委托人最好在适当时机将家族信托受益人设置为不可更改，这样才会最大限度保障家族传承秩序。

那些拥有一个以上子女及后代的委托人更应注意，应尽量避免不停地做出一些令子女相信委托人会变更他们分配比率的行为，避免以此换取他们的关心和爱。这样对受益人的制衡不是家族所应有的爱的传承，反而易导致子女失和，很有可能增加委托人过世后家族企业分裂的风险。[①]

（二）设立家族信托后，受益人的利益能否得到完全的保障？

如何保障受益人的利益？如何确保受托人能尽心履行信托责任和义务而不侵害受益人权益？这个问题应该是身为信托委托人的家族创始人在设立家族信托时最应该关注的，却并非一个特别容易解决的问题。由于家族信托的期限普遍较长，创一代（委托人）去世以后，在受益人的知情权被无视的情况下，就可能发生信托受托人擅自变更信托条款或者隐匿财产，导致受益人利益受损的情况。

---

① 吕元栋. 传承人格：哈佛也学不到的传承力 [M]. 成都：四川科学技术出版社，2016.

案例 7-11　家族信托期限

澳大利亚已故矿业巨头朗·汉考克在 1988 年设立了家族信托,并指定其唯一女儿的 4 个孩子为家族信托的受益人,该家族信托条款还规定受托人由汉考克的女儿吉娜·莱因哈特担任,直至其最小的女儿至 2011 年年满 25 周岁时止。然而,就在信托期限届满之前的数日,吉娜·莱因哈特秘密更改了家族信托的期限,将其延续到 2068 年。同时,吉娜·莱因哈特掌管家族信托,已经数年没有向受益人支付信托收益。在此情形下,3 名子女提起诉讼,认为受托人损害了他们作为受益人的利益。经过长达 4 年的诉讼,2015 年澳大利亚新南威尔士州的最高法院终于做出裁定,将澳大利亚首富吉娜·莱因哈特作为受托人所管理的价值高达 30 多亿美元的家族信托交由其女儿比安卡·莱因哈特管理。法院认定,吉娜·莱因哈特管理家族信托的时限过长而不再适合继续担任受托人。[1]

通过上述案例我们可以看到,即便指定亲属担任受托人,仍然无法保证受益人的权益不被侵犯。所以,设计信托架构必须严谨。如果委托人在家族信托架构中没有科学引入制衡和监督条款,就会导致受托人缺乏足够的约束,当委托人离世,受益人在受托人面前易处于一种非常弱势的地位。

有几种方式来保障受益人的利益。例如,委托人可以设置"保护人",当受托人可能存在侵犯受益人权益行为时,保护人就有权撤销受托人的资格。[2] 如果没有设置保护人,或者保护人已经去世或丧失行为能力,那么受益人自身也可以通过法院起诉违反信托责任的受托人,要求其赔偿损失直至撤销其受托人资格。而在受托资产包括公司股权时,也是有方法对受托人的权力加以制约的。而实践

---

[1] 参见 http://news.china.com/international/1000/20150529/19765217.html。
[2] 如果保护人同时也是受益人之一,则需要注意:一是可能出现利益冲突的情况,如保护人因为自身利益而影响受托人,使之做出有利于自己的决定;二是保护人因为家族整体利益做出的决定影响了受益人之中长辈或同辈利益,从而导致家族关系非常紧张。因此,一般不宜将受益人或受益人的晚辈指定为信托保护人。

中，受托人担心因为犯错而被认为违反信托责任，所以往往也不愿意参与公司业务的管理和投票。这时，就会出现委托人去世之后企业的管理如何安排的问题。前述内容都需要律师在设计信托架构以及草拟信托协议文本时加以充分考虑。

(三) 企业的传承与信托有关吗？

与现金、不动产、有价证券等资产不同，对于家族企业的传承，信托在设置上需要考虑的因素更多，在设计定制上也更为复杂。例如，香港某知名房地产上市企业的创始人在离世之前设计了家族信托，家族拥有的股份由信托持有，股份不会拆散，家族成员只能成为受益人，以确保家族对上市企业的控制权。然而在创始人离世的几年后，家族成员（包括创始人的太太、三个儿子）之间就家族信托的受益权分配产生了冲突，事件闹得沸沸扬扬，导致家族企业的股价大幅下跌，家族财富也大幅缩水。

有学者认为，在设计该家族信托时没有考虑到受益人未来对企业经营理念和管理权分配存在的分歧，也没有设置矛盾产生时可能的"退出机制"，导致置入信托的企业资产成为一潭死水。企业与其他资产的不同在于，其需要得到良好的治理才能维持并发展下去，继而为家族创造财富。在将家族企业设计成信托持股时，除了信托本身的架构设计之外，一个非常复杂且需要精心设计的环节就是家族治理制度，如争议解决机制、企业的管理权分配、董事的选任及投票权和收益权的安排等内容，这些内容的相关条款往往需要信托律师和公司律师相互配合制定。

(四) 信托是否会导致家族丧失对家族企业的掌控？

如果受托人在酌情信托中拥有如此大的酌情权，那么家族是否会因此失去对企业的控制权？这样的担心实际上不必要。以香港著名家族企业如李嘉诚的长江实业、李兆基的恒基地产等为例，企业创始人以家族企业股份作为信托资产设立家族信托时，通常会在信托契约中通过一定的条款及结构设计保留家族对家族企业的经营管理权（例如任命家族成员继续担任公司的董事、在信托契约中明确约定信托的受托人不得干预公司的日常经营，中国香港、英国等地的法院也都肯定了这种安排的有效性），从而使得家族企业实际上仍处于家族的控制之下。

一般来说，受托人行使权利和履行义务都必须遵守信托契约，其若通过所持有的股份表决权对家族企业实施不当控制或影响，则将构成对信托契约的违背，有可能要承担相应的赔偿责任，甚至因此被撤销受托人资格。

在设置信托时，也可以增加保护人的角色，原股东（即信托委托人/创设人）担任信托的保护人，享有撤换信托受托人的权利，这样也能实现对信托资产的控制。

另外，我们还可以同时通过设置投资公司架构的方式来达到原股东仍然实际控制企业的目的。例如，私人信托公司的操作模式，如图7-3所示。委托人可以设立一个目的信托，而由其下的离岸特殊目的公司作为置入家族资产的不同家族信托的受托人，这个公司就叫作私人信托公司。委托人及其家族成员担任私人信托公司的董事会成员，从而间接控制了持有家族资产的控股公司。该架构避免了信托公司（目的信托受托人）需要参与管理控股公司业务及其名下资产的麻烦，同时也是对信托公司作为受托人的有效制约。

需要注意的是，这样的安排，往往更为复杂，费用也会更高。首先，目的信托只有部分国家或司法辖区允许；其次，这样的安排确实给信托的委托人（创设人）更大的资产控制权，但也有可能被认为存在虚假信托。

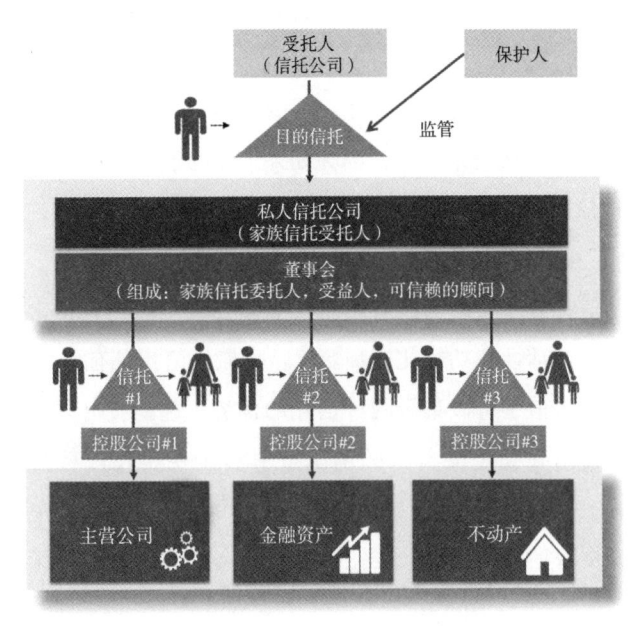

图7-3 私人信托公司操作模式

（五）信托能否帮创设人成功躲债？

近年来家族信托逐渐成为热门话题，实践中，不乏在宣传信托好处时夸大信托作用的现象，这也间接导致大家对信托产生一些误解。最常见的说法是，通过信托的"资产隔离"功能可以躲债，而实际上这个论断并不准确。

在内地法律背景下，如果背负债务后再以个人资产设立信托，则债权人有权依据《民法典》合同编关于债权人撤销权的有关规定向法院申请裁定信托契约无效，甚至参与其中的中介也有可能因为"恶意串通"损害第三人合法权益而被要求承担连带责任。我国《信托法》第十二条也明确规定："委托人设立信托损害其债权人利益的，债权人有权申请人民法院撤销该信托。"这个撤销权能否行使并没有以信托设立和债务发生的先后为前提条件。

即使设立信托在先，背负债务在后，如果这些债务在信托设立之时属于明显的"可预见"的债务，那么能否通过该信托躲避这些债务仍然存在不确定性。例如《破产法》规定，债务人在破产前一年无偿转让财产的行为属于可撤销行为。由于设立信托一般被视为无偿转让信托财产的行为，因此，如果委托人在设立信托以后的一年内背负债务，则债权人申请撤销该信托获得法院支持的可能性较大。

在信托领域，确实存在可撤销信托，可撤销信托一般来说没有"资产隔离和保护"的功能，也就无法用来避债。因为如果信托的创设人（委托人）可以随时创设一个有"避债"功能的信托并把资产装进去，之后又解除该信托，那么这个工具就会被滥用，这对债权人不公平。

但是可撤销信托并不会因为没有避债功能而丧失价值，它常常作为传承工具被使用，因为它的灵活性和功能比遗嘱更优：可撤销信托具有更多控制权。

有一种操作办法似乎可以集合两种信托的优势。起初，可以采用可撤销信托的模式，主要是为了在指定受益人的情况下依然让委托人自身拥有财产的控制权。等到委托人上年纪以后，可以将信托改为不可撤销信托，避免出现委托人状况不佳导致随意更改信托的情况；委托人身故后，家族信托将继续保持不可撤销信托的法律形式。

看似全能的酌情信托如果用于躲避债务，很有可能在法律上被宣布为"虚假信托"并被击穿，英国也通过立法规定，纯粹为躲避破产债务追索进行的交易或以不正常价格转让财产的交易均属无效。① 在大洋彼岸,美国各州规定,自行设立的信托不能用于规避债务,当事人(政府)就诸如抚养费和赡养费、联邦税收、侵权案件赔偿等均可以向限制挥霍信托中的相关权益主张追索等。

就未来信托的设立而言,要精确设计信托条款、通过选择不同的设立地点和信托架构来尽可能保留委托人对信托资产的控制。同时,要避免信托被宣判无效,就需要对不同离岸地的信托法律进行甄别,并且充分考虑信托创设人所在国法律(如中国法律)的相关规定,定制化地进行法律分析和信托方案设计,以避免信托被认定为无效或遭遇击穿。

(六)信托能否帮你在离婚时让对方"净身出户"?

既然信托有资产隔离的功能,那么婚姻中的一方是否可以通过信托来达到逃避财产分割和赔付,让对方"净身出户"的目的呢?关于这一点,香港的一个案例可以说明这一想法可能过于简单天真了。

案例7-12　信托隔离和离婚财产分配

香港工程界大亨潘某在离婚前,通过在海外设立公司控制自己在香港的公司,又以海外公司的股权设立信托。该信托方案的主要条款如下:(1)受托人在选择受益人和对信托资产进行处置上拥有绝对的决定权,但在剔除现有潜在受益人和对信托契约进行修订时必须征得监督人的同意;(2)潘某同时任命自己为该信托的潜在受益人和信托监督人,拥有更换受托人之权利;(3)明确规定受托人在行使股东权利时不应干预公司的运作,要充分信任公司管理层的运营。在每次受托人需要行使投票权时,潘某都会向受托人发出指示性的意愿书,载明其希望受托人如何进行投票,而受托人每次都严格地遵照了意愿书上的指示来进行投票。当潘某与妻子W进行离婚诉讼时,W请求法院将丈夫在海外设立的信托作为丈夫的"经济来源"进行分割。

香港终审法院首先认可了受托人严格遵照委托人指示行事的惯例,认为这是

---

① UK Insolvency Act 1986 s. 339, s. 423.

在信托界相当普遍并且已经获得认可的一种模式，并不必然导致受托人违背自己对受益人绝对忠诚的义务。特别是此案中当委托人本人是受益人时，其发出的意愿书构成了受托人判断受益人利益最大化的重要（如果不是唯一的）标准。因此，尽管委托人仍保留对资产的实际控制，原告还是放弃了挑战信托的有效性。然而，判断信托资产是否构成"经济来源"的依据并非所有权，而是英国 Charman（查曼）一案中形成的标准：假如该方要求受托人将资产转交给自己，受托人是否会在信托条款和法律的规则下遵照这一指示。此案中潘某通过将自己设立为信托受益人、信托监督人并保留替换受托人以及透过意愿书传达指示的重要权力，成功地获得了对信托资产的高度控制，因此一旦潘某要求受托人将资产转移给自己，受托人很有可能照办。鉴于此，Charman 标准已经满足。即使信托已经有效隔离了所有权，此处信托资产仍然构成了婚姻法下的"经济来源"。最终，潘某被判应支付妻子高达 7 亿多元的离婚费。

由此可见，信托资产本身有可能被认为是夫妻共同财产，在此情形下，即便保留委托人灵活处置信托资产的能力，也会面临隔离无效的法律风险。当然上述案例是基于离婚诉讼的所在地法律和婚姻关系的缔结地法律（均为香港法）来分析的，如果涉及多个法域，案件结果就会有更多悬念。然而，不管怎样，这是否意味着信托完全不能应用于规避婚姻失败的风险呢？也不尽然。传媒大鳄默多克与邓文迪的离婚一案则是从另一角度说明了由专业人士精心设计的信托是可以达到保护家族财产免受婚姻失败影响的效果的。

人们往往熟知数年前默多克与邓文迪离婚，家族财产却几无损失的经典案例，殊不知默多克的未雨绸缪也是建立在惨痛教训之上的。在与邓文迪结婚之前，默多克曾陷入终结自己与安娜 32 年婚姻的法律泥潭。美国当地法律规定，若 30 年以上夫妻申请离婚，则任何一方均有权获得一半财产，而这意味着默多克将损失新闻集团一半的股份，默多克不能承受这样的后果，便只能在答应 17 亿美元的天价赡养费之后，向安娜许诺邓文迪及其所生子女将永不得涉足家族对新闻集团的控制管理。为实现自己的承诺，更是为了不再遭受婚姻失败对家族企业带来的致命威胁，默多克高价聘请了专业人士为其精心筹谋规划。

在听取专业建议后，一方面，默多克与邓文迪签署了两份婚前协议和两份婚后协议以约定婚姻中财产的安排；另一方面，根据新闻集团向美国证监会披露的材料，默多克设立了 MFT、GCMT 和 MRT 三只信托来管理新闻集团 A 股（不含投票权）和 B 股（含投票权）。其中，MFT 信托是真正的默多克家族信托，持有默多克几乎全部带投票权的 B 股和部分不带投票权的 A 股，并规定默多克百年之后该信托的控制权将仅由默多克与前妻所生的四位子女取得；GCMT 信托是专门为邓文迪的两个女儿设立的信托，持有部分 A 股，但未持有或只持有极少量的 B 股；MRT 信托是默多克个人的私人信托，只持有极少量的 A 股、B 股。与此同时，默多克遵守承诺，并未将邓文迪列为其中任何一个信托的受益人。婚后，默多克曾将其与邓文迪所生的两个女儿添加到家族信托 MFT 受益人名单中，与安娜所生的四位长女共同列为受益人，但仍然未给予这两个小女儿任何信托控制权。

最终，邓文迪与布莱尔的丑闻败露，默多克果断选择与邓文迪离婚，而离婚谈判也毫不拖泥带水——由于婚姻财产协议和巧妙的信托设计阻绝了邓文迪对默多克财产的索求，其只得到区区两处房产作为离婚补偿，而这相对默多克巨额的财富而言只能算是九牛一毛，更无法触及新闻集团这棵默多克家族的"摇钱树"。

由此可见，信托确实能够达到保护家族财产免受离婚影响的效果，但这需要法律人士根据每个家族的具体情况，结合相关国家和地区的法律量身定制。

在中国内地，通过设立信托，是否可以达到逃避或者减少离婚赔付的目的呢？要达到该目的，并没有简单的解决方案。根据中国内地的法律，在婚姻关系存续期间，如果夫妻一方未经配偶同意转移和处置夫妻共同财产，则日后发生离婚时，配偶仍然可能有权主张该转让行为无效。实践中，考虑到设立信托的委托人转入信托的资产很可能是夫妻共同财产，海外的受托人有可能会要求委托人在转入资产时提供其配偶同意转让该资产的"同意函"。

（七）信托能否帮你规避遗产税？

信托能否成功规避遗产税？这在理论上是有可能实现的，但实践中则受限于所涉及国家和地区的税法规范。因所涉及国家和地区不同，法规更新状况便也不同，所以依托信托规避遗产税可能存在巨大的处理难度。理论上，将财产转移到信托名下后，信托财产所有权将属于信托公司，不再属于委托人，因而在大部分情况下无须缴纳遗产税。但是如果一国法律本身已经对其税收居民使用信托来规避遗产税进行了较为严格的限制和制约，例如美国，那么他们可能就需要相当复杂的避税安排才能达到利用信托规避遗产税的目的。

很多人对信托一直有一个简单但错误的印象，好像财产放到信托里，这部分财产就可以"高枕无忧"，免于缴纳遗产税了。但是"想法很美好，现实很骨感"。假如这个信托是可撤销信托，那么信托随时可以由信托的设立人"撤销"，而其下的财产便"返还"给他自己。这样的信托实际完全由设立人控制，其下的财产从税法的性质认定上看，仍然属于设立人的财产，应当缴纳与设立人有关的所得税、遗产税。这只是一个最简单和基本的例子，说明设立了信托，不等于免除了遗产税。

再以美国为例，美国国税局多年以来和纳税人的斗法可以说是"道高一尺，魔高一丈"，由此才演变出了多种类型的信托。这些信托由美国的税务律师巧妙设计，通常需要严格符合美国税法对具体信托的规定，才能真正起到税务筹划效果。

例如 Facebook 的创始人扎克伯格在 Facebook 上市前，曾将 Facebook 的股票部分放到了所谓的委托人保留年金信托（GRAT）中，以实现规划遗产税的效果。GRAT 的规划逻辑简单来说，是由委托人设立一个家族信托，将预期未来会高速增值的财产注入信托中，并同时就注入信托的这部分财产保留收取"年金"的权利，以降低资产注入信托时需要使用的免税额度。待 GRAT 存续期结束后，资产增值"跑赢"美国国税局就年金规定的最低利率（"7520 利率"[①]）的部分，传承给美籍受益人时将免缴遗产税。（关于委托人保留年金信托的详细介绍，我们将在后续推出美国遗产税规划系列专题文章。）

那是不是美国的 Pre-IPO（预上市）公司创始人也都可以简单"照葫芦画瓢"——和扎克伯格一样，在 IPO 之前设立一个 GRAT，这样就能在日后实现完美税务筹划的效果呢？但是事实上，针对到底设不设立 GRAT，还是采用另外的

---

① 美国国税典第 7520 条规定了委托人保留利益价值的计算方法，所涉利率标准由美国国税局规定，每个月都会进行更新，被称为 7520 利率。2023 年 7 月，美国国税局公布的当月 7520 利率为 4.6%。

工具（例如 IDGT①），能达到怎样的预期节税效果等问题，需要考虑很多因素，甚至可能需要进行复杂的数学运算。

例如，要考虑目前美国的终身免税额是多少金额，创始人又剩下多少免税额度？目前规定的 7520 利率是多少，而公司日后上市股票表现是否一定能跑赢 7520 利率？GRAT 的期限定多少合适，是否需要做连续滚动的 GRAT（即 Rolling GRATs②）？甚至连创始人的身体状况，其是否足以健康度过 GRAT 的存续期？这些都需要考虑进去。③ 否则前述任何一个因素出现纰漏，轻则导致遗产税的规划效果不如预期，重则导致信托里的资产被全部带回到委托人的遗产中，仍然面临遗产税征收问题，起不到任何规划效果。

在中国内地，虽然遗产税尚未开征，但一方面，这很可能是迟早的事情；另一方面，（超）高净值个人在海外置产，或者在海外形成"税收居民"身份，很可能会因身后留下的资产迫使继承人缴纳高额遗产税（当然还有资产出租、出售所得所应缴纳的所得税）。因此，针对实行遗产税的国家和地区进行的投资、置产或移民，（超）高净值人士必须事先进行严密的税务筹划，可以考虑通过信托、基金会、投资公司架构等进行不同程度的节税规划。

（八）家族企业如何"定制"信托并实现家族信托的最优筹划？

无论是"资产传承"还是"企业传承"，都要避免产品"标配化"，否则还是把复杂的问题留到了被继承人身后。针对资产传承，需关注的要点包括：一是充分使用好各类金融工具，无论是信托工具，还是大额保单；二是要考虑到如何设计信托受益人的利益分配，以及如何相对灵活自由地设定有关条件，例如把信托与家族治理和后代培训结合起来；三是充分进行税务筹划，决定要把什么财产转移到信托下面可以达到避税目的。

企业传承，不仅是财产分配问题，更是家族治理问题。因此，必须把它和企

---

① IDGT，指故意保留缺陷授予人信托，我们将在后续推出的美国遗产税规划系列专题文章中做进一步的介绍。
② Rolling GRATs 的核心规划逻辑是同时设立多个短期的 GRAT，将前一信托的年金作为设立下一个信托的启动资金，如此循环往复。
③ 若委托人在 GRAT 存续期间去世，可能导致 GRAT 中的全部资产被带回到委托人的遗产中。

业未来发展，例如是否上市、融资等方面问题结合在一起考虑。如果二代确实无力或者无意继承家族企业的衣钵，那么家族领袖确实可以考虑企业的退出安排，包括通过上市、并购、管理层收购等方式在企业经营业绩尚佳之时实现套现，然后将现金资产置于信托之下，并交托家族办公室或者私人银行打理。另外，对于提供服务的律师和信托公司来说，其必须对家族企业的需求及理念有深刻的认识，能够以通俗易懂的语言向家族领袖阐释信托这个工具以及相关条款，并说明如何通过信托设计的灵活性帮助家族解决传承的具体问题。

7.7.5 同是信托，结果各异

（一）梅艳芳的信托安排

案例 7-13　梅艳芳的信托安排

2001 年梅艳芳在被诊断出身患癌症以后，委托香港某知名银行于 2003 年末设立了家族信托来处理其名下不菲资产，并将其母亲作为信托主要受益人之一，而其设立信托所考虑的重要因素之一便是其母亲不善于理财并有赌博的不良嗜好，通过信托规定其母亲只可每月领取固定的一笔 7 万港元的生活费直至去世，从而避免巨额资产被母亲挥霍殆尽而无法颐养天年。

这样的安排看上去天衣无缝，然而她的母亲覃美金不断地在法院挑战信托安排的有效性，声称其应该得到所有的遗产，不断地控告信托公司、为其服务的诉讼律师甚至控告让其败诉的法官等，前后共打了 10 多个不同的官司。由于梅艳芳母亲本人并没有大量资产支付律师费，所有的费用几乎都来自其从信托收益中的"透支"，最终她无力支付，便只能宣告个人破产，沦落到穷困潦倒的地步，而信托所管理的资产也因此大幅缩水。

扼腕之余，我们似乎只能以"事后诸葛亮"的方式来评析这个案例，揣测这个悲剧发生的几个原因。

首先，从法律角度看，梅艳芳母亲覃美金旨在否定信托有效性的诉讼理由较为牵强。她声称是信托公司设局欺骗了身患绝症的梅艳芳，却提不出什么有力的证据，覃美金认为，信托安排中规定受托人不必告知潜在受益人是剥夺了受益人的知情权，强调受益人如果连自己有何权利都不知道，如何去监督信托的运行？然而法官认为，信托安排中只是说不必通知"潜在"受益人，而"潜在"受益人在变成真正受益人之前原本就不是信托的任何一方，因此在法律上也没有什么权利可言。覃美金于是又向法官控诉，设立信托只是信托公司串通诈骗梅艳芳遗产的骗局，并非梅艳芳生前的真实意愿，但却无法举出证据来证明这个惊人的观点，最终其上诉被法官驳回也就在意料之中了。

如果没有足够的智慧去应对人性之叵测，再完美的计划也只是一个可以被人颠来倒去的工具。所以，即便梅艳芳母亲质疑信托有效性所提出的理由牵强甚至荒唐，但是，由于涉及资产规模较大，就像所有其他豪门遗产争讼案件那样，自然会有中介、诉讼律师愿意接手案件，甚至不惜误导当事人。这一点，是所有拥有大额资产并需要进行传承筹划的人士所必须警醒的。

其次，虽然历史没有假如，但是假如梅艳芳及其律师在设立信托时能充分考虑到其母亲（信托受益人）的性格特点，能够在其生前充分做好解释，并根据母亲的诉求合理地设计信托，那么也许母亲最终不至于陷入如此局面。

最后，考虑到梅艳芳母亲的特殊情况，如果存在一个在感情上、心理上能够"镇得住"她的信托"保护人"，而不是仅仅有一个陌生的金融机构担任受托人，受托人也许可以更容易通过"保护人"的协调，与其母亲进行有效沟通，从而避免采用诉讼这种昂贵、耗时的争议解决手段。

（二）沈殿霞的信托安排

案例 7-14　沈殿霞的信托安排

同为遗嘱信托，香港另一位知名艺人沈殿霞的信托设计似乎更为科学和人性化。

因为女儿郑欣宜时年刚满 20 岁，沈殿霞担心她被人欺骗，同时更希望将来女儿的生活有保障。去世前，沈殿霞将名下的银行账户资产、市值 7 000 万港元的花园公寓、投资资产和首饰转以信托基金方式运作。去世后每当女儿郑欣宜面对任何资产运用的事宜，最后决定都要由信托受托人负责审批、协助，而首选信托监督人（保护人）就是沈殿霞的前夫、郑欣宜的生父郑少秋，其他人选包括陈淑芬、沈殿霞的大姐和好友梁丽嫦（张彻太太）。

针对资产的用途，信托的安排多样，例如，等到郑欣宜结婚时可以领走一定比例的资金，或是一笔固定金额的资金，如 1 000 万港元等。这样就可以避免女儿大笔资金使用不当而导致资产枯竭。由于资产在信托之下，动用时必须经过信托监督人的同意，这样可以避免别有用心人士觊觎女儿继承的巨额财产，或用欺诈或其他不当方式谋取女儿的资产，有效保障了女儿的未来生活。

对比之下，沈殿霞的信托则似乎更人性化，虽然也是让金融机构担任受托人，但是同时让可信的亲朋好友作为信托的保护人、监督人。而信托保护人的人数设置为 3 人，如果保护人之间意见发生不一致，还可以投票决定。如果人数为偶数的话，就会产生平局，不利于做出决定。

（三）结语——信托的利弊之辩

这里值得介绍的是，为了使得保护人的权利得到约束，通常需要在信托协议中禁止保护人自己或与其有利益关系的其他人担任受托人。如果受益人的后代和上一代指定的保护人之间发生冲突怎么办呢？因此需要设计针对此种情况的解决机制，这样信托各方才能明确并正确行使自己的权利。如果保护人决定退出，应及时商定一个退出方案，以免影响信托的有效执行。

7.7.6　中国家族信托的实践：障碍、挑战及局限性

在中国，虽然《信托法》早在 2001 年就颁布实施了，但中国信托公司在从事信托服务业务上的创新和发展并不顺利。中国信托公司长期以来对"受人之托，代人理财"的本职业务并未大力拓展，而其各种变相的投融资业务的无限发展受到多次行业整顿。2014 年，在经济下行和竞争加剧的双重压力下，信托业结束了自 2008 年以来的高速增长势头，步入了转型发展阶段。由于种种原因，包括利率进入下行通道、信托公司诸多弊端显现、违约事件频发等，政府也在推动中国信托公司角色的转变，使其转变为资产运营和财富管理者的角色。

2014年4月8日,《中国银行业监督管理委员会办公厅关于信托公司风险监管的指导意见》发布,首次明确提出"探索家族财富管理,为客户量身定制资产管理方案"。这是近年来金融业主管政府部门首次在正式法规文件中提出"家族财富管理"的概念。

就国内的情况而言,家族信托服务业务的主要特点为,目标客户应该是名下资产价值超过 5 亿元人民币且金融资产价值超过 1 亿元人民币的超高净值客户,他们中大部分为私营企业主。家族信托的类型一般是不可撤销信托,信托的存续期限为 5~50 年。置入信托的财产的价值应至少为 3 000 万元,且受目前中国法律制度体系的限制,信托财产只能是金融资产,不动产及有形资产作为信托财产的有效性尚存在一定的法律不确定性。通常,作为信托的投资顾问,信托的托管银行在信托的投资决策过程中起着重要的主导作用。

《信托法》虽然在 2001 年 4 月便颁布了,但是对于信托的民事、家事应用已经做了考虑,进行了规定。例如,《信托法》第十三条规定了遗嘱信托,第二十四条规定了受托人应当是具有完全民事行为能力的自然人、法人。对于家族信托,国内也已经开始了试水和探索。① 关于家族信托的设立,目前既可以在境外设立(相对更为普遍、资产隔离效果也比较明显),也可以在境内设立,但设立时需根据资产的特点和属性,在律师和咨询师帮助下进行严密的可行性论证。例如,对于现金、股权股票、房产、保险权益等资产,由于它们属性和特点不同,就要进行不同的安排。

中国家族信托、民事信托的实践开始并不久,《信托法》与欧美的信托法律还有差距,这就导致在司法实践中存在以下一些值得关注的问题。

首先,信托财产所有权归属、酌情信托、保护人等概念的缺失。按照《信托法》的原理,委托人将信托财产放进信托后即不再享有信托财产的所有权,信托财产与委托人之间实现了隔离。但是在《信托法》下,信托财产所有权到底归谁并不十分明确,只是在《信托法》第十四条中规定"受托人因承诺信托而取得的

---

① 早在 2013 年,中国就有三家信托公司与合作银行尝试推出家族信托服务,分别是平安信托联合平安银行、北京国际信托联合北京银行、中国外贸信托联合招商银行推出的家族信托产品。自此,更多的信托公司表示将推出家族信托服务,包括中信信托、上海国际信托、中融信托等中国主要大型信托公司。

财产是信托财产",第十五条和第十六条提到"信托财产"应与"委托人未设立信托的其他财产"及"属于受托人所有的财产"相区别,却回避了信托财产的所有权是否归属受托人的问题。另外,关于英美法系下常见的、被广泛应用于家族传承安排的酌情信托、信托保护人等概念,《信托法》都没有给出明确定义。

而在离岸信托中,保护人对维护受益人的权益非常重要,尤其是当创设信托的委托人已经去世,受托人又对信托财产有着相当的支配权力并有损害受益人利益的行为或者倾向时,或者在受益人比较年幼或难以用法律武器有效捍卫自身权益时,保护人可以制衡受托人的权利。

其次,境内信托尚存有一定制度障碍。资产置入信托的税务处理在法律上没有明确(究竟是转让还是赠与?是否要征税?),以及如何进行"信托登记",这两者可能是对以房地产和公司股权设立民事信托的最大障碍。如果这被认定为一般的转让,所需要缴纳的交易税可能十分高。而上市公司股份置入信托,法律上也没有直接的禁止性规定,但是实践中,尤其是在公司上市前,证监会严格禁止拟上市公司实际控制人通过信托、代持等安排进行利益输送,这也导致至少在短期内信托安排在境内公司上市时比较敏感。

如果要将非上市的有限责任公司的股权置入信托,则需要面对工商登记这一实际操作问题,现有的工商登记规定尚不允许"信托产品"作为有限责任公司的股东,如果让信托公司作为股东,那么即使登记问题得以解决,该股权从委托人向受托人"转让"所导致的税负承担问题仍然存在。

另外,相对于现金、金融资产,信托公司往往对担任一家公司的受托人不感兴趣,一个很大的原因来自信托公司往往无力、无心管理公司的经营,其操作不当还会引发法律上的责任。那么我们是否也可以像海外信托那样设立"私人信托公司"呢?此问题在中国法项下虽没有明确或禁止性的规定,但是在实际操作中则需要进行严谨、仔细的论证。

再次,需要登记的信托或缺失私密性保障。信托在本质上应当是私密的。家族信托成立后,信托财产的管理和处置都是以受托人的名义进行的,受托人无权擅自向外界披露信托财产的运营情况。然而根据《信托法》的规定,一方面,信托财产应当办理信托登记;另一方面,《信托法》第四十九条规定,受益人可以像委托人那样有权了解信托财产的管理运用、处分及收支情况,并有权要求受托人做出说明。这个规定固然出于对受益人的保护，但忽视了实践中的一个问题，尤其是当存在多个受益人以及委托人出于保护隐私目的并不希望受益人了解信托财产的收益分配以及其他受益人的情况时。

虽然海外信托（例如英国法下的信托）允许受益人查看信托管理文件（如信托账目等），但是也有非常重要的例外，例如在酌情信托中，任何涉及信托财产分配决定的文件（如委托人的意愿书）都是不予公开的，除非受益人能向法院提供正当的理由，因为不公开受托人的决定是对委托人隐私的尊重，而且公布这类文件往往会给家族带来各类纷争。当然，如果委托人并不介意让受益人查阅、了解信托财产分配决定的文件，那么这就不是问题。

而信托私密性的另一个问题则是，如果信托涉及上市公司股份，那么是否所有的信托安排和文件都要向证监会以及社会公众公开？证监会的关注焦点是信托安排是否导致了实际控制人变更、是否成了利益输送的工具。

最后，中国信托专业化服务尚待创新和提升。目前，中国信托公司提供的主要是融资类的信托产品，[①] 而针对非资产管理类的信托计划，则需要国内信托机构根据高净值客户需求为其量身定制财富管理方案，为中国家族企业财富管理与传承提供更高端和更复杂的信托服务。

过去数年，中国国内的家族信托已经有了长足的发展，相信未来会有更多的传承信托工具被创制。在大潮中需要警惕避免的情况是：律师以及信托公司仅仅仰赖区区几条《信托法》中的原则性规定，就过于"大胆"地创设信托产品，起草信托协议。在设计科学的国内信托协议条款时，嫁接海外信托的成熟操作非常重要。如上文所述，信托是否具有资产隔离、避税、保护隐私、财富传承等功能，要看具体情况，一种产品不是名字叫"信托"就可以自动实现这些功能的。所以，借鉴欧美信托的最佳实践，预判未来可能遇见的信托风险，针对信托关系中的矛盾点来设计中国的信托产品架构和条款，对创设优化的信托架构、避免未来发生纠纷和诉讼，是至关重要的。

[①] 目前中国信托公司推出的主要信托产品为集合资金信托、单一资金信托和管理财产信托三种。其中，集合资金信托是面向大众投资者的标准化产品，单一资金信托则是为机构客户定做的专属产品（例如通道业务），管理财产信托则主要针对现金资产的管理而设立。

> 实用小贴士：设立家族信托
>
> 针对设立家族信托，我们还有一些非常实用的小贴士和大家分享，例如，如何为家族信托制定"退出机制"？如何设置"反败家条款"？对于昂贵的收藏品，如何有效地设置信托进行安排？对于传承的安排，如何处理好"透明度"与私密性之间的平衡？对于企业股权的信托，应该如何加以统筹规划？如何选择海外信托的设立地点？
>
> 限于篇幅，这些内容无法在本书中详细分享。请登录网站 www.wealthbook.cn，免费获取。

7.8 关于家族基金会：慈善更需要智慧

> 在任何公司里，任何东西最终都会消亡，只有人的良知会永垂不朽。
> ——美国约翰逊家族第二代传人，赫伯特·F. 约翰逊

与信托相比，对于（超）高净值家族来说，基金会可以同时帮其实现参与社会慈善、资产保护与传承、家族传承等多重目的，具有一举多得的作用。在西方超级富豪家族中，有不少家族基金会，较为有名的有比尔及梅琳达·盖茨基金会、洛克菲勒基金会、卡内基基金会、福特基金会等。在中国，有香港的李嘉诚基金会，台湾前首富王永庆创办的台湾长庚医院（非营利性医院），除港台地区外的其他地区家族基金会为数不多，有福耀玻璃创始人曹德旺的河仁慈善基金会、蒙牛创始人牛根生的老牛基金会以及马云公益基金会等。万达的王健林、百度的李彦宏等也在不同场合表示过将建立家族基金会。

7.8.1 基金会和家族信托有何不同

信托是指委托人（也就是财富持有人）将其名下的资产作为信托财产转移给受托人持有、管理，并且由受托人按照委托人的意愿将由此产生的收益分配给委托人指定的受益人。与此不同，在家族基金会模式下，企业家或财富人士将用其名下的财产成立一个独立的法人组织（基金会），由这个组织持有这些财产，并

按照组织章程的规定对财产进行管理、处分，包括对因管理财产所取得收益的处分。也正是由于基金会拥有独立的合法身份，依据所在地法律它往往要经过一套行政性的注册程序，而这是信托所不需要的。另外，由于所在地法律对基金会和信托的规定不同，所以基金会的章程可能属于公开文件，而信托文件则是私密性的。总体而言，除上文提及的以外，信托和基金会在家族财富管理和传承上的功能和作用基本上别无二致。

相对于信托，基金会有两大显而易见的优势。在信托关系中，受益人的利益毫无疑问是最重要的。但信托中的受托人却是相对独立的第三方，换句话说，受托人并没有完全执行委托人指令的义务，即便委托人提供一份"意愿书"来确保他的意愿能够被受托人执行。但这个问题在基金会模式下能够得到妥善解决，因为创始人的意愿在基金会章程内有详细的阐述，而且创始人自己也是基金会理事会成员，这就保证了他的意愿得以被清楚地理解和执行。基金会的另一大优势是它也能作为传承的工具，理事会成员能从创始人的家族成员中指派，因此，理事会得以成为家族成员们对共同目标进行讨论和合作的一个平台。家族信托与家族基金会的比较见表7-4。

表7-4 家族信托与家族基金会之比较

主要差别	家族信托	家族基金会
组织性质不同	非独立实体，属于契约关系	独立的法律实体，可以创始人自己的名义持有财产
设立程序不同	无须经过行政注册手续	视适用法律而定，通常要办理注册登记手续
公开程度不同	信托契约无须向社会公众披露	基金会章程可能需要公示
参与主体不同	委托人、受托人、受益人、保护人	创始人、理事会、监察人、受益人
财产的管理者不同	信托财产的大部分控制权在受托人手中；在信托财产为家族企业股权的情况下，通过架构设计也可以使得委托人拥有相当的控制权	理事会对基金会的财产拥有绝对的控制权

(续表)

主要差别	家族信托	家族基金会
财产权属不同	信托财产所有权属于受托人	基金会的财产所有权属于家族基金会
受益人法律地位不同	受益人对信托财产拥有受益权	受益人不对基金会财产拥有受益权或者任何权益，只有当基金会决定向其分配资产时，受益人才会得到利益

在英美法体系下，私人基金会是指个人、家族或组织为了慈善或者某些特定经济目的而成立的法人实体。比尔及梅琳达·盖茨基金会是美国最大的私人基金会，拥有价值超过 380 亿美元的财产。然而，大部分私人基金会的规模要小许多。在美国国税局登记的超过 84 000 家基金会中，大约有 2/3 持有的财产价值低于 100 万美元。总体而言，美国的私人基金会大约控制着价值超过 6 280 亿美元的财产，并且每年大约捐出 400 多亿美元用于公益及慈善。①

不同于专门的慈善基金会，私人基金会更多由个人或家族发起设立。慈善基金会更多时候被划归为一种非营利性组织，旨在资助其他组织或人士，或者为公益组织提供资金支持。而私人基金会的目的一般则是多种多样的，并不是所有的基金会都仅致力于慈善事业，有些私人基金会则以财富传承为主要目的。另外，与其他形式的慈善基金会不同，私人基金会一般不向公众募集资金，并且也不像慈善基金会那样须遵守某些运营要求及承担一定的披露义务。

7.8.2 国外家族基金会的实践

（一）IKEA 家族基金会

大多数人都没有想到，作为世界上最大的家具公司，宜家（IKEA）竟然是一家"致力于提升建筑与室内设计领域内的创新的非营利机构"（后来又增加了帮助发展中国家儿童的有关内容）。数据显示，宜家集团在全球数十个国家有 300 多家门店，每年销售额高达 300 多亿美元。因为其非营利机构的性质，宜家的适

---

① 参见 https://en.wikipedia.org/wiki/Private_foundation。

用税率是3.5%，而非家具行业通用的为18%，这让该公司每年节省下数十亿美元。

1982年，宜家的创始人，瑞典亿万富翁英格瓦·坎普拉德在荷兰创立了斯帝廷·英格卡基金会，这是世界上最大的慈善基金会之一，同时也是全球最大的非营利组织之一。基金会章程中申明基金会"致力于提升建筑与室内设计领域内的创新"。斯帝廷·英格卡基金会拥有设立在荷兰莱顿的公司英格卡控股公司，旗下拥有300多家宜家品牌折扣店。

在解释为何设计如此复杂的宜家公司架构时，坎普拉德说节税是宜家所一贯倡导的低成本企业文化的一部分。同时，基金会也为宜家提供了一项反收购保护的实施方案。斯帝廷·英格卡基金会的章程规定，基金会应"获取并管理"英格卡控股公司的股份，并应通过该等控股权确保英格卡控股公司的持续发展。同时章程还规定，英格卡控股公司的股份只能被卖给与斯帝廷·英格卡基金会具有相同目的及理事会成员的基金会，并且斯帝廷·英格卡基金会只有在破产时才能被解散注销。①

2006年，国际知名媒体英国《经济学人》杂志发表文章指出，斯帝廷·英格卡基金会大约拥有价值360亿美元的财产，是（当时）世界上最富有的慈善机构之一。然而，该基金会也是"不怎么大方"的机构之一，宜家的整个公司组织架构使得公司承担的税务及披露义务最小化，较有利于作为创始人的坎普拉德家族，并使宜家免于被收购。②

2011年，斯帝廷·英格卡基金会捐出了大约6 500万欧元。同年，该基金会又宣布将提高其捐赠金额至每年1亿欧元，其中包括将在3年时间内每年捐赠4 000万欧元给肯尼亚的达达布地区，其余资金将分别用于联合国机构和救助儿童。

据报道，斯帝廷·英格卡基金会的章程规定，基金会的资金只能用于两个目的：一是用于宜家的投资运营，二是用于慈善。同时，该基金会章程规定，这一宗旨不得被改变。

---

① 参见 http://www.economist.com/node/6919139/。

② 同上。

（二）比尔及梅琳达·盖茨基金会

与斯帝廷·英格卡基金会资产规模相当的全球另一大私人基金会便是闻名世界的比尔及梅琳达·盖茨基金会。与宜家神秘而结构复杂的家族基金会相比，比尔及梅琳达·盖茨基金会已经为公众所熟知。2000年，世界首富比尔·盖茨与其当时的妻子梅琳达·盖茨作为创始人设立了该基金会。据媒体报道，比尔及梅琳达·盖茨基金会现在已经是世界上最大的公开运营的私人基金会之一。该基金会的目标是帮助发展中国家，重点任务是改善人们的健康状况，使他们有机会摆脱饥饿和极端贫困。在美国，该基金会致力于保障所有人——特别是资源匮乏的人——的基本生活并获得所需机会以完成学业。[①] 该基金会总部设立在西雅图，由三个理事控制：比尔·盖茨，梅琳达·盖茨，以及沃伦·巴菲特。

根据美国国税局发布的信息，比尔及梅琳达·盖茨基金会是非营利性质的慈善机构，享受联邦所得税（税率为15%~39%）豁免和州所得税及地方（市级及以下）所得税（税率为12%以下）豁免的待遇，即其属于美国税法项下的501(c)(3)所示组织。根据法规，任何享受该等税收豁免待遇的机构做出的捐赠，均可在缴纳所得税时予以扣除，从而使得捐赠人可以因其捐赠而少缴一部分所得税款。作为一个慈善基金会，比尔及梅琳达·盖茨基金会需每年捐出相当于其资产价值5%的财产。根据基金会官方网站上公布的数据，基金会现有员工1 500余人，自成立以后资助发放总额已经超过了700亿美元。

2006年10月，基金会的理事设立了一种双实体结构：比尔及梅琳达·盖茨基金会（基金会）和比尔及梅琳达·盖茨信托基金（信托基金）。这两个实体均为慈善信托形式的免税私人基金会。每个实体都有其明确的目标：减少全球范围内的不平等现象。在发展中国家，其侧重于改善人们健康状况，减轻赤贫。在美国，其为与教育相关的计划提供资助。在其设立的当地，其积极推广那些为低收入家庭带来好处的战略和计划。基金会总部位于华盛顿州西雅图市，在华盛顿特区、印度新德里、中国北京和英国伦敦设有分支机构。信托基金持有比尔·盖茨与梅琳达捐赠的投资资产，并持有来自沃伦·巴菲特的捐助。

[①] 参见 http://www.gatesfoundation.org/Who-We-Are/General-Information/Foundation-Factsheet。

7.8.3 慈善事业与家族基金会

总体而言，大多数家族（私人）基金会都将慈善作为其目的之一。对于（超）高净值家族的传承来说，设立家族慈善基金会，能够改变家族成员对巨额家族财富分配的预期。创一代的这种安排会让二代意识到，家族的财富并不当然地留给二代，二代应该自己开创事业。同时，这种安排也会让家族后代产生一个心理预期：每一个成员都应该为自己的生活方式和经济状况负责，而不应指望家族财富的分配。这是慈善和家族基金会相结合产生的"化学反应"，能够在很大程度上解决目前层出不穷的"金钱惯坏下一代"的问题。以亚洲最富有的大亨之一李嘉诚为例，被他称为"第三个儿子"的慈善基金会，将分得与他两个儿子同等份额的遗产。另外，家族发展至第二代、第三代后，成员众多，基金会也能用来安置那些不愿加入家族企业的家族后代，让他们仍然是家族事业（慈善基金会事业）的一分子。基金会也可以用来培养那些希望在未来加入家族企业的家族后代。很多创一代认为，让家族后代成员参与家族慈善事业使他们获得的发展，比将财富直接交给他们，有更大好处。在一些基金会创始人看来，如果家族财富无法（或者说很难）全部得到继承，那么至少应该保证家族对这些财富的控制。[①]

（一）慈善事业的时代背景

现代慈善事业的发展历程表明，政府为鼓励巨额财富拥有者做慈善，将大幅降低慈善捐助的相关税率，如英国减少了针对捐赠的资本利得税，加拿大政府自1996年起大幅修订了所得税条例，为促进捐赠推出多种刺激政策。做慈善是一种利用财富发挥个人影响力的有效途径。诸如比尔·盖茨、沃伦·巴菲特和李嘉诚等，对于此类具有影响力的名人来说，参与慈善事业是发挥其个人价值并为时代发展做出持续性贡献的最好途径。虽然人们对做慈善有不少争论，但是"慈善资本主义"的概念已经产生，并将长期活跃在公众视野中。同时，毫无疑问，大量低调且传统的以做慈善为目的的私人基金会将会产生。以上这些因素促使慈善捐赠得到了空前的发展。

---

① Lee Hausner & Douglas K. Freeman. *The Legacy Family*. Palgrave Macmillan, 2009.

（二）做慈善的时间

做慈善之时其实就是转变的时刻，是资源被释放出来重新进行配置的时候。通常，创业一代建立私人基金会做慈善是在其 55 岁（或者更晚的年龄）以后。过去 10 多年世界范围内慈善事业的发展主要受益于企业资产的配置。私人基金会一直伴随着家族企业而存在，家族企业经常将每年产生利润的一部分捐赠给私人基金会。然而，这种细水长流式的捐赠近年来正在被一种新的方式所取代：财富所有人通常在获得超大额资产收入的时候（比如出售企业）会向慈善机构进行一次较大金额的捐赠。有时此类捐赠金额过于巨大并不适合一次性进行，因此需要成立一个控股实体以在未来循序渐进地进行。

（三）关于私人基金会的问题清单

（超）高净值人士在决定做慈善后应该考虑的问题有哪些？以下清单可用来评估一个私人基金会，它审视了一个成功的私人基金会（或家族基金会）的关键要素，以及基金会创始人着手从事慈善的准备程度。

私人基金会问题清单

问题	是	否
您是否有已经想好或正在打算的慈善目标吗？		
您会将年净收入的 5% 或者更多部分用于慈善捐赠吗？		
您想参与慈善事业吗？		
您的基金会最终能够达到资产价值 400 万美元的级别吗？		
您想亲身参与您支持的慈善活动吗？		
您想让自己的家族成员参与慈善事业吗？		
您的私人基金会会存续/活跃 25 年吗？		
您拥有开展一项慈善事业的技巧、天赋和爱好吗？		
您享受身处组织有序的状态中吗？		
您认为慈善组织应该向资金捐助者负责吗？		
总计：		

关于这份问题清单，只需回答"是"或者"否"就可以。如果10个答案中有7个或者更多的"是"，则说明私人基金会对于答题者个人或家族来说是比较合适的选择。如果答案低于6个"是"，则说明答题人还需要再好好考虑一下。

（四）创建基金会的地址

选择在哪里设立基金会，对于中国客户来说，一个重要的因素在于将捐赠给基金会的主要资产在哪里。如果该资产（无论是现金还是A股上市公司的股票）在国内，那么选择离岸地设立基金会就存在难度，因为这意味着要将人民币现金转移到境外，将A股上市公司的股份转到境外的基金会名下。如果标的资产在境外，那么离岸管辖区的选项很多，例如开曼群岛、泽西岛、马耳他岛等地。在开曼群岛设立基金会有着显著的优势。基金会创建后，其本身就是一个法律实体。要在开曼群岛设立基金会，需要"创始人"（即组建基金会的个人或者组织），一个"保护人"（以确保基金会运作管理规范），一个（或者一群）像信托中一样的"受益人"，最后还需要有"理事会成员"。

与开曼群岛不同，在泽西岛设立基金会则融合了私营公司和信托的概念，且基金会能以诸如遗产规划、充当慈善工具、持有家族资产等其他目的来创办。在向基金会注入资产时，创始人可以避免所在国的遗产管制并能使家族财富向一个免税的环境中无缝转移。在泽西岛设立基金会能保证私密性，这也是它的一大优势。[1]

根西岛也是一个具有悠久历史的信托中心，这里的信托服务业值得信赖。它也许是信托法和信托管理业最为著名的"金融岛"之一，在行业内比较有名，并在为适应国际客户不断变化的需求和不断更新的国际法律法规而持续发展。基金会依据章程和规章运作，和公司不同，除非出于目的之需要或者必要，它不进行商业活动。因此基金会是根西岛一个全新的法律实体：看起来和公司相似，但运作却和信托有些类似。[2]

与境内基金会只用于公益活动相比，离岸基金会可以同时用于公益和私益

---

[1] 参见巴伦·劳德米尔克的《信托与基金会——中国家族和高净值人士的财富管理新手段》，载于约翰·扬主编的《中国离岸——信托和基金会年度指南第六辑》。

[2] 同上。

（即私人利益）活动。另外，由于离岸金融辖区的专业服务机构更为成熟，并有良好的基础设施（包括法律制度），所以离岸基金会实体架构能够被正确设立且完全合法。

（五）设立慈善基金会应当关注的主要法律问题

从中国法律角度看，设立一家慈善基金会主要有三个阶段：筹备规划、正式设立、获得政府部门关于慈善组织的认可。第一个阶段所应该考虑的主要是模式选择、慈善目的等。而在正式设立和获得认可这两个阶段，必须充分考虑政府部门认可的慈善组织所应具备的条件。举例而言，目前我国《慈善法》规定，慈善组织所应符合的条件包括：（1）以开展慈善活动为宗旨；（2）不以营利为目的；（3）有自己的名称和住所；（4）有组织章程；（5）有必要的财产；（6）有符合条件的组织机构和负责人；（7）法律、行政法规规定的其他条件。也就是说，一个组织只有符合上述条件要求，才能向民政部门申请登记为慈善组织，获得慈善组织的合法身份。

在筹备规划阶段，需要确定做慈善想要达到的目的。这很重要，直接决定了慈善基金会的设立和日后的运营方向。要想把这个问题想明白，需要回答以下问题：

- 为什么要设立一家慈善基金会？
- 谁来负责基金会的设立工作？
- 谁来出资设立？
- 基金会如何维持运作？
- 谁来做基金会的董事会成员和管理者？
- 你是否想要亲自负责基金会的行政和管理工作，还是委托他人代为处理？
- 你对基金会的资金是否拥有管理权，相应的税务后果是什么？

回答上述问题，将有助于选择一种正确的慈善基金会模式。

在正式设立阶段，首要的关注事项是基金会章程的起草。基金会章程规定了基金会的设立及活动，是基金会的组织性文件。具体的文件起草工作一般是由律师协助完成，但是捐赠人需要在此之前决定基金会的组织形式：法人组织还是非法人组织。在我国2016年颁布的《慈善法》中，也规定了可以选择慈善信托的方式从事慈善事业。

所谓慈善信托，是指委托人（即捐赠人）依法将其财产委托给受托人，由受托人按照委托人意愿以受托人名义进行管理和处分，开展慈善活动的行为。慈善信托的受托人可以是委托人信赖的慈善组织或者金融机构，也可以是具有完全民事行为能力的自然人。这里值得一提的是，虽然我国《信托法》和《慈善法》都规定公益信托或者慈善信托的信托财产及其收益不得用于非公益目的，但在实践中仍出现了信托财产中的部分财产用于公益目的和非公益目的的情况。[①]

在慈善组织设立以后，其需要向有关政府部门申请获得关于慈善组织的认可，从而享有针对慈善组织的待遇。在美国，慈善组织设立后需要向美国国税局申请并获得认可，才能成为享有税收豁免的慈善组织。这意味着慈善组织无须就其收入所得缴纳所得税，并且捐赠人还可以享有将捐赠支出在应纳税所得额中予以扣除的税收优惠政策。对于大多数组织而言，这个过程主要是向美国国税局提交"税务豁免认可申请书"，该申请书可在美国国税局的官方网站（www.irs.gov）上获得。美国国税局收到申请书后，将在以下方面进行审核：（1）该组织是否为致力于开展慈善活动的慈善组织；（2）该组织应当是私人基金会还是慈善机构；（3）如果符合成为慈善机构的条件，它的法律组织形式是什么。事实上，有大量的享有税收豁免的组织并未从事慈善活动，因此也不属于慈善机构。这些组织通常为社会福利组织、劳动者保护组织、某些政治组织、社会俱乐部等。

在中国，只要符合《慈善法》要求的条件，就可以递交申请设立慈善组织。根据《慈善法》第十条的规定，设立慈善组织，应当向县级以上人民政府民政部门申请登记，符合《慈善法》规定条件的，民政部门应当自受理申请之日起三十日内做出准予登记的决定。

7.8.4　中国家族基金会的实践

根据国务院于2004年颁布的《基金会管理条例》，基金会是指利用自然人、

[①] 2008年8月，中信信托设立"中信开行爱心信托"，委托人是招商银行理财客户，初始资金为10亿元，其信托收益超过预期收益的部分即960万元全部捐赠给了宋庆龄基金会，用于四川灾区重建，该信托属于收益捐赠型信托。

法人或者其他组织捐赠的财产，以从事公益事业为目的，按照本条例的规定成立的非营利性法人。目前，我国的基金会分为可以面向公众募捐的基金会（公募基金会）和不得面向公众募捐的基金会（非公募基金会）两种。

谈到中国的基金会，就不得不提到曹德旺和他的河仁慈善基金会。这是全国第一家也是唯一一家经由国务院批准、以金融资产（上市公司股份）创办的全国性非公募基金会。创办人是我国著名企业家、福耀玻璃董事长曹德旺先生。该基金会由曹德旺先生以他父亲曹河仁的名字命名，捐出其家族所持福耀玻璃3亿股股票，总价值35.49亿元人民币。从家族的角度来讲，也可以称其为曹氏家族私人慈善基金会。河仁慈善基金会是以国务院侨务办公室为主管单位的涉侨基金会，成立之前，曹先生捐赠股票成立基金会支持社会公益慈善事业的想法面临诸多体制上的障碍，为促成此创新之举，国侨办做了大量的协调推动工作，股捐形式得到了多位领导的关注和支持，促使河仁慈善基金会在资金注入方式、运作模式和管理规则等方面开创了中国基金会的先河。[①]

从公开的资料以及管理条例的规定来看，河仁慈善基金会的设立和运作流程是，先捐出200万元货币资金，成立基金会，之后再经过多方沟通协商，完成价值35亿多元的上市公司股份捐赠。所有捐赠的财产，其所有权与曹家分离，属于基金会所有。由于国家对基金会每年的慈善捐赠资金的年度使用和管理有一定比例上的要求，河仁慈善基金会的资金运作应当有两种形式：一种是用价值30多亿元的股票分红所得开展慈善活动，另一种是用抛售一定股票获取的资金进行项目运作。

河仁慈善基金会成立后，其持有上市公司福耀玻璃近15%的股份，上市公司的另一大股东是曹德旺先生控制的香港三益发展有限公司，持股近20%。从公司治理的角度来看，以上市公司股份设立家族慈善基金会后，如何继续保持家族对上市公司的控制呢？这就需要通过基金会章程等进行制度设计。家族成员担任基金会理事会成员，可以使得基金会参加股东大会行使表决权，从而保证企业按照创始人家族的意愿运营。

除河仁慈善基金会之外，中国另一比较知名的私人基金会是蒙牛创始人牛根

---

① 贾明军，王小成. 三大家族基金会运作模式 [J]. 财富管理，2015（6）.

生发起成立的老牛基金会。牛根生携家人将所持蒙牛乳业的全部股份及大部分红利捐赠给了老牛基金会。基金会是于2004年底在内蒙古自治区民政厅登记成立的从事社会公益慈善活动的非公募家族基金会，以"发展公益事业，构建和谐社会"为宗旨，主要业务活动面向环境保护、文化教育、医疗卫生和救灾帮困等公益慈善事业。①

　　牛根生携家人将所有股份捐出后，除小部分股息用于本人和家庭生活外，其余收益全部用于慈善事业。这里值得关注的安排是，牛根生及其家人所持蒙牛股份有境内和境外两部分。受限于下文提及的中国家族基金会目前所遇到的体制障碍等原因，境内股份是直接转让给了老牛基金会，而境外的部分则进行了一定的设计。2010年10月28日，牛根生在香港宣布将其所持蒙牛公司境外股份以设立公益信托的形式转让给瑞士信贷信托公司旗下的信托，价值近54亿港元。该信托为不可撤销信托，信托受益人除老牛基金会之外，还有中国红十字会等数家公益慈善组织。牛根生及其家人作为该信托唯一的非慈善机构受益人，有权获得所捐出蒙牛股份约1/3的股息。在境外做出此类安排，一是为了避免将境外资产捐给境内慈善机构所涉及的税收等法律程序，二是在境外设立公益信托也允许捐赠人获得一定比例的信托收益，以维持自身和家人的生活。公益信托则通过向作为受益人的慈善组织拨款的方式开展公益慈善工作。

7.8.5　中国家族基金会的现状及未来

　　在中国现行法律制度体系下，家族基金会的功能和作用还相对有限，设立家族基金会以及家族基金会接受捐赠都面临一些体制上的障碍。

　　从税务角度来看，对于受赠人来说，根据目前所得税法的相关规定，接受捐赠的一方要就其受赠所得缴纳所得税。在上文介绍的曹德旺先生的案例中，从河仁慈善基金会官方网站上公布的组织章程中可以发现，基金会接受曹德旺家族捐赠股票的所得税，"在过户手续完成后，由基金会缴纳"。据《京华时报》报道，经与相关部门反复协调，经特批后，价值35亿多元的股票捐赠涉及的税款金额高达5亿元，分5年缴纳。就全世界的基金会而言，这样的税务负担无疑是较重而

---

①　参见老牛基金会官方网站http://www.lnfund.org/cn/about.php?id=94。

且不合理的，不利于慈善基金会募集资金，开展慈善活动。

除了税务负担的问题，摆在中国家族基金会面前的另一大难题就是功能限制。根据现行《基金会管理条例》的规定，基金会"以从事公益事业为目的"，"基金会依照章程从事公益活动，应当遵循公开、透明的原则"。也就是说，中国家族基金会的目的受到法规的严格限制，它只能以从事公益事业为唯一目的。

2012年，民政部正式印发《关于规范基金会行为的若干规定（试行）》，进一步规范基金会接受和使用捐赠的行为，其中明确规定，基金会接受捐赠应当确保公益性，附加对捐赠人构成利益回报条件的赠与和不符合公益性目的的赠与，不应确认为公益捐赠，不得开具捐赠票据；基金会不得资助以营利为目的开展的活动。鉴于上述法律法规的限制，目前实践中我国尚未出现以从事公益事业为主要目的、兼顾家族财富传承等部分私益目的的基金会，或者纯粹以获取私益为目的的西方式的私人家族基金会。

正如财富传承和管理这一主题在西方的发展脉络所显示的那样，随着中国的发展和社会进步，家族财富管理的理念在中国社会将进一步得到普及和应用。2014年4月8日，《中国银行业监督管理委员会办公厅关于信托公司风险监管的指导意见》发布，首次明确提出"探索家族财富管理，为客户量身定制资产管理方案"。这是近年来中国金融业主管政府部门首次在正式法规文件中使用"家族财富管理"的概念。未来，随着政府鼓励超高净值人士参与慈善事业，相信关于基金会的法规政策会进一步调整，包括税收法律和基金会管理的相关条例的进一步完善，从而使得中国慈善基金会的设立和运作不再面临体制上的障碍。

第 8 章　企业传承的特殊问题与应对

没有比拥有大量的金钱更能够给人以智慧的假象了。

—— 约翰·盖布利斯

中国的企业家在家族传承尤其是企业的代际传承方面常常遇到难题，且往往束手无策，本章将逐一探讨传承中常见的路障与症结，并分享一些实践中的案例故事和解决方案。

家族企业传承的核心内容乃是家族企业的无形资产，最为重要的莫过于企业的灵魂人物所特有的雄心、热情和能力，代表人物包括苹果公司创始人乔布斯，微软创始人盖茨，伯克希尔－哈撒韦公司的巴菲特，和记黄埔的李嘉诚等。其他无形资产或特殊资产包括：家族的传统、价值观，祖传秘方，政商人脉，基于联姻关系的人脉网络，企业品牌等。[1] 因此，在交接班之后企业能否继续创造辉煌、永续发展，取决于这些特殊资产能否得以继续发挥优势，或者在该优势不可持续的时候企业能否成功转型，通过其他优势弥补某些特殊资产的丧失。

除了盘点、分析、保有家族企业的特殊资产或无形资产之外，企业传承还会遇到各种"路障"。这些路障，有的来自外部，例如宏观环境包括政商环境、法律制度、市场的变化等，比如，曾红极一时的行业可能风光不再，例如外贸、纺织业等。有的来自企业内部，包括家族内部的矛盾等，这类路障更难克服。如果能够克服它们，那么家族企业在传承方面便与成功更近了一步。即便在特殊资产难以传承的情况下，企业仍然有希望通过转型帮助自身永续经营，做

---

[1] 范博宏. 交托之重：范博宏论家族企业传承 01 [M]. 北京：东方出版社，2014.

到基业长青。

8.1 新生代的人生坐标与人格定位

据《新财富》杂志统计，中国目前的上市公司中有家族企业700多家，在这700多家家族企业中，有60多家的董事长或者总经理职务已经从一代交到了二代的手上，大多数家族企业在未来5~10年面临接班和传承问题。然而，家族企业所面临的最大问题也是传承。据麦肯锡的统计，全球范围内家族企业的平均寿命只有24年，其中仅有约30%的企业可以传承到第三代。同样，美国一家咨询机构——家族企业协会的研究显示，美国家族企业在第二代的存活率只有30%，到第三代就只有12%，能传承到第四代及以后的只有3%。

如果你是创一代企业家，希望本章能够给你带来启发，让你更宽容地对待正在努力工作、在接班道路前行的孩子，多些鼓励与理解而少些苛责。而如果你是那位在家长面前时时碰壁、被纠错的创二代，希望本章能够让你多一些耐心和尊重，让你相信挫折将会是你人生中不可替代的财富；在经受挫折过程中收获成长，进一步成熟，你最终会赢得父母的信任。

一般，创一代的成功使得他们极度自信，也容易对自己的孩子及其他家人比较强势，把自己作为成功的标杆，让还在成长道路上的孩子向自己学习。但传承不是打仗，不是完成业绩指标；它是需要给予智慧、耐心、关爱、尊重和倾听的一项挑战。

为什么家族企业传承如此艰难？原因大致可以归为内因与外因两个方面，内因包括：子女不愿意接班；子女没有能力或者不适合接班；子女虽参与了家族企业的相关工作但与父母之间存在经营理念、性格、观点等方面的冲突。外因则包括：制度环境不确定，企业在宏观环境下的转型升级成功概率不高，家族企业创始人与"其他关系人"（例如家族其他成员、职业经理人、家族老臣等）之间存在微妙博弈关系。

8.1.1 接班与激情：谁来决定新生代的人生坐标

中国民营经济研究会的一项研究显示，在被统计的近2 500家家族企业样本中，表示愿意接手家族企业的子女只占16%。对浙江省103位第一代企业主子女进行的调查问卷也反映，愿意进入家族企业的子女只占被调查者的36%。[1] 新生代不愿意接班，已经成为家族企业传承的一道难题。到底是什么阻碍了新生代接班？

（一）新生代为何不愿接班？

让家族企业新生代纠结的一个问题是，是担当起接班的重任，还是先满足自己的理想追求与激情？中国的计划生育政策推行了几十年，这几十年也正是中国经济腾飞的时期，而由此所产生的直接结果是：许多要进行财富传承的高净值家族往往只有一个孩子。而这些新生代成员从出生开始就可能面临着个人的兴趣爱好乃至人生理想与父母对其的人生规划相矛盾的问题。

创一代们要思考为什么子女不愿意到家族企业。二代对于接班犹豫不决或者索性不感兴趣的原因至少包括：第一，对管理企业本身就没有兴趣，希望有自己的追求、梦想、生活态度和方式，这既可能是性格使然，也可能是物质的丰裕使之习惯了现有的优越生活。第二，也可能是不希望和父母一起工作，父母的行为方式和沟通方式使得他们对在自己父母身边工作——被监督和苛责产生不了多少期待和向往。第三，对家族企业所在的行业没有兴趣，他们希望能够进入更符合他们专业的行业，或者自己创业。就像新希望集团刘畅刚开始不愿接手家族企业一样，恐怕没有一个女孩子一开始会对养猪、饲料生产这些农业产业有兴趣。[2]

2009年，苏州一个家族企业的第三代传人，为拒绝接班，"特立独行"，砍掉了自己的四指以向家族抗议。这名"富三代"一直以来钟爱漫画，对家族的传统产业根本不感兴趣。而他的爷爷为了保证家业的传承，曾一再劝说其放弃漫画爱好，回家族企业接班，最终这名23岁的"富三代"为了追求自己心爱的动漫，而对自己实施了自残的行为。[3]

（二）激励二代接班的路径

一开始二代成员无意接班，并不等于我们不应尝试去寻求激励二代接班的路

---

[1] 中国民（私）营经济研究会家族企业研究课题组. 中国家族企业发展报告［M］. 北京：中信出版社，2011.
[2] 参见《刘畅：一个养猪的白富美》，来源于《现代快报》。
[3] 参见《调查称八成富二代不愿接班 一继承人曾砍掉手指抗议》，载于新华网。

第8章 企业传承的特殊问题与应对　　307

径，我们这样做即便最终二代并没有完全做到子承父业，至少也帮助二代找到了人生的方向。正如香港吕氏家族第三代成员吕元栋先生所说："如何捕捉一只蝴蝶？用手去直接捕捉，或用网和笼子？或许还有更好的方法：建造一座美丽的花园，吸引蝴蝶，让蝴蝶不愿意离开。"

在以下两个案例中，虽然新生代起初对家族企业并没有兴趣，但最终他们还是回到家族企业中继承了家业。

案例 8-1　刘畅的接班之路

新希望集团董事长刘永好，已经将旗下上市公司新希望六和交给了女儿刘畅，而刘畅在媒体面前也表示希望能够胜任新希望六和董事长的职务。

刘畅的顺利接班，既缘于刘永好长达十几年的规划，也缘于刘永好对刘畅个人意愿的尊重。对刘永好而言，女儿接班与否最重要的是她自己的意愿。他表示："有时你刻意去要求，反而不行。当然，我会给她创造条件，甚至有意引导，但更多的是她自己选择，我会充分尊重她，这非常重要，因为她很聪明，也很敏感，而且对很多事情有自己的看法。"

从 21 岁初入职场到 33 岁正式接班，除了在北京一家广告公司有不足两年的历练外，刘畅绝大部分时间都以"李天媚"这个名字在新希望的各个岗位上低调地积累着经验。

刘畅最初积累的是市场营销方面的经验。2001 年，刘畅在父亲的授意下进入北京金锣广告公司，从事品牌宣传和项目策划工作，参与了汇源果汁、伊利、完达山集团等相关市场营销项目，建立了对品牌的最初认识。之后，刘畅正式进入家族企业，负责乳制品相关业务，先后担任办公室主任和乳业事业部副总经理。在此期间，她全面负责乳业品牌的整合、定位、策划、营销和广告等相关事项。2004 年，刘畅开始担任四川南方希望实业有限公司董事、副总经理。

在此期间，刘畅也曾萌生过自主创业的想法。刘永好的做法是支持，他拿出 150 万元为刘畅在成都春熙路上开了一家时尚服饰店。然而，她的创业并不理想，最终以服装店关门告终。这段挫折经历让刘畅有了更多的思考。正是这段经历促使她去北京大学深造，系统学习企业经营管理。

2006年，刘畅回归家族企业，担任新希望集团房地产事业部副总经理，负责上海的房地产业务。这次，她在家族企业内部的锻炼较为顺利。两年后，刘畅把工作重心转移到海外业务扩展上，组建集团在新加坡的海外投资总公司并出任董事长，全面负责海外投资事务。刘畅在这个领域得心应手，集团海外业务取得积极进展。2012年，集团海外业务获得盈利1亿多元，海外工厂也已扩展至24家，遍及越南、柬埔寨和埃及等国。①

刘永好在把家业交给刘畅的同时，他还努力向刘畅传递新希望集团实践多年的核心价值观"正向、阳光、规范"，并关注公司治理、企业发展、创新变化等，这一切都体现了刘永好的深思熟虑和良苦用心。②

新生代成员起先对家族企业没有太大兴趣的案例不在少数，不妨让我们来看下一个案例。

案例8-2　宗申集团的交接班

宗申集团于1992年由左宗申一手创立，总资产已经超过40亿元，销售额居中国摩托车民营企业之首。创始人左宗申非常希望将女儿左颖培养成宗申集团的接班人。左颖自小就在国际学校念书，后来就被送至美国直至大学毕业，在美国待了整整10年。2007年，左颖回国，并被委以董事长助理之职，然而，在过了仅仅一年之后，左颖就辞去职务回到了美国迈阿密，理由是不喜欢"重庆的天气"。2009年，左颖又被请回宗申集团，这一次她负责打理宗申集团旗下的子公司"宗申进出口公司"。其职位是宗申产业集团有限公司董事、重庆宗申高速艇开发公司董事长、总经理，以及宗申进出口公司总经理。

---

① 参见《新希望：探索"混合制"传承模式》，载于 http://www.hbrchina.org/2015-10-15/3475.html。
② 邓勇兵，李武. 新希望集团董事长刘永好：探索混合制家业传承[J]. 哈佛商业评论（中文版），2013（9）.

对于女儿的接班，左宗申在股份上也做了安排，他先是将旗下的"宗申进出口公司"51%的股份让予左颖，之后又将"宗申高速艇"50%的股份让予左颖。这使得左颖在年仅25岁就有了8亿元的身家。而在出走事件之后，左宗申的态度也发生了变化，他允许女儿从事她感兴趣的职业，而左颖对这样的安排似乎也挺满意。她以宗申集团的名义将业务拓展到新能源投资领域，并且基于自己的兴趣在重庆开设了某汽车品牌的4S店。① 而从左颖近几年的接班情况来看，其似乎对于接班并不感冒，但也乐于为家族企业贡献力量。

中国民营经济的发展肇始于20世纪80年代初，当时许多下海经商人的最初愿望或许只是生活过得更好一点，他们并未考虑自己的兴趣，因此，哪里只要有商机，他们就奔向哪里。一代企业家凭借远超常人的毅力和努力，渐渐有了自己的产业。

然而，新生代的境况则要比一代好得多，他们从小衣食无忧，获得了优质的教育资源，他们有的就读于重点学校或者国际学校，也有的直接出国。相对于普通家庭孩子来说，他们有更多的机会接触绘画、音乐、歌剧等艺术领域，也有更多的资源培养个人的兴趣。对于父辈来说，经商有时候是不得不选择的路；而对于二代来说，他们的选择面更宽，兴趣或许真的不在于经商。

究竟应该让孩子自由地追求幸福和梦想，还是应该要求孩子回报父母、承担起接班责任？这是传承中常见的冲突。

在欧美财富家族的传承教育中，一代会刻意培养二代对家族财富的"看护者"意识和情怀，即承担起帮助家族以及后代管理和照看财富的责任，而一代同样崇尚自由和自我价值的实现，那么他们是如何调和责任与自由之间矛盾的呢？

简言之，一方面，父母需要尊重子女的兴趣爱好，如果子女想投资，想进入其他行业，父母也应该给予鼓励。另一方面，父母的尊重会换来子女的尊重，等到子女人生经历充实以后，意识到自己需要去承担某些责任的时候，或许就会重新考虑接班的问题。高压态势下强制子女接班反而可能导致适得其反，实践中确

---

① 参见《左颖："不想接都得接"的接班人》，载于http://www.infzm.com/content/65174。

实存在这类的案例，孩子咬牙接班之后实际上却意欲出售或者毁掉企业。

如图 8-1 所示，新生代的个人梦想和追求可能暂时与"看护"家业的责任并不交融，但是对家族领袖来说，应该积极通过各种努力和机会，使得两者能够部分"兼容"。如图 8-2 所示，两者相交集的部分，则正是新生代能够拥有接班热情并愿意担当的部分。

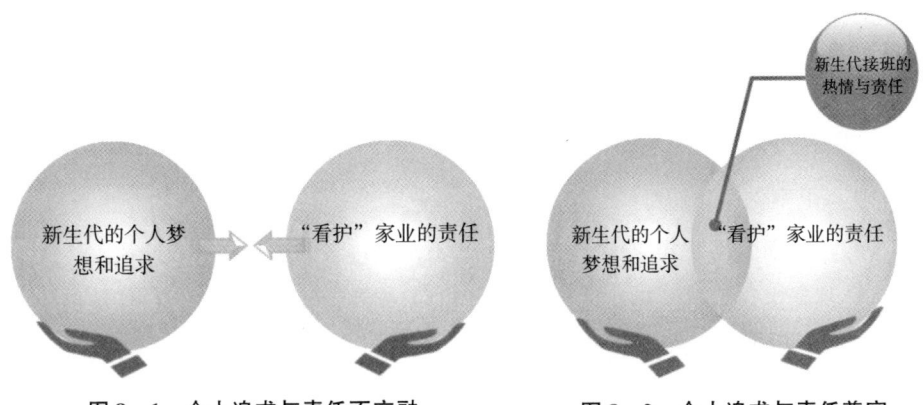

图 8-1 个人追求与责任不交融

图 8-2 个人追求与责任兼容

两代人的沟通、换位思考、耐心与忍让，都能够起到很重要的作用。此外，对新生代关于家族企业及其所在行业的兴趣培养与温和引导，对于增加新生代接班的热情也至关重要。

（三）如何培养二代对家族企业的兴趣

兴趣的养成不能一蹴而就。对创一代来说，培养子女对家族企业的兴趣，是一项需要长期熏陶的工作，培养二代对家族事业的认同感、兴趣和责任感更是传承计划的重中之重。

玖龙纸业集团张茵女士对于儿子的兴趣培养，或许值得我们思考和借鉴。

案例 8-3　张茵如何培养儿子接班的兴趣

为了培养儿子的兴趣，张茵做出了很多努力，如在其大儿子刘晋嵩很小的时候就带着他参观各省市的国营造纸厂，帮他树立起对未来事业的愿景。张茵曾经跟两个儿子说，家族未来要建的工厂会比这些还要大，还要壮观。她还引导两个儿子观察老一辈人是如何勤奋工作的，让他们领会"力不到不为财"的说法。为了培养儿子的责任感，张茵在很多场合强调玖龙不只是自家的玖龙。在刘晋嵩的结婚典礼上，张茵对他强调不要只把玖龙看成自己家的公司，而要考虑未来如何带着一万多人奋斗，所做的事情应该有益于社会。

为了能够让孩子尽早积累企业管理经验，在刘晋嵩上学期间，张茵就让他到玖龙的工厂实习。① 正是因为有了这些准备与经历，两个儿子在长大以后，对于家族企业也有着一种特殊的感情。

从以上案例，我们可以总结一些值得企业家思考、关注和重视的经验与做法：

- 给予新生代充分的教育资源，但是不提供过多的超越同龄人的物质享受。
- 从新生代小时候起就有意培养他们对家族和家族企业的认识，让他们明白家族的历史和成就以及责任。
- 允许甚至帮助新生代从事其感兴趣的其他工作或者职业。
- 将最终的决定权交给新生代，让他们在深思熟虑后决定是否接班。
- 在设定底线的情况下，允许孩子犯错，鼓励孩子从失败中站起来。
- 提升自己的沟通能力，不时给孩子赞许，增加孩子的自信，正向引导孩子尊重长辈。
- 让新生代明白，在最终交接班之前，企业仍然是一代的，而不是他（她）的，划清"开车人"和"坐车人"的界限，这也是培养一种"担当"精神。最终的交接班决定将是围绕最有利于企业永续发展这一核心做出的，而没有什么基于血缘或者先天的"应得"成分。

8.1.2　二代传承人格定位：李嘉诚的"分家"智慧

接班人选本身的能力素质也是家族企业传承必须考虑的因素。中国有俗语"富不过三代"，西班牙有"酒馆老板—百万富翁—乞丐"的说法，德国亦有"创

---

① 孙海法，黄玉梅. 领导力与粤港澳家族企业的经验［M］. 北京：社会科学文献出版社，2013.

立者—继承者—破坏者"的谚语。[1]

家族企业的传承问题，在全世界都是一个难题。其中，很重要的原因在于接班人选的问题，相对于非家族企业的公众公司，家族企业挑选接班人的难度更大，因为家族企业的接班人一旦确定，在未来的很多年内可能都不会更换，这就使得家族企业对接班人的能力要求更高，这也说明了家族治理在纠偏、纠错以及冲突解决方面的重要作用。关于能力，许多家族企业的关注点都是新生代后天能力的培养，比如让他们上更好的学校，选择更有前景的专业。实际上，新生代本身的人格特点这类带有些许先天属性的部分（也代表能力），对于传承同样非常重要。

(一) 传承人格分析：李嘉诚的分家智慧

案例 8-4 李嘉诚的分家智慧

李嘉诚有两个儿子——李泽钜和李泽楷。在企业传承上，李嘉诚表现出了与其他家族所不同的智慧，李嘉诚将旗下超过40%的长江实业及和记黄埔的股份、超过35%的赫斯基能源权益全部交给李泽钜管理。对于李泽楷，李嘉诚笑着说："我会全力帮助他收购心仪的公司、拓展新业务，资助金额会是他所拥有的资产的数倍。"实业部分交给李泽钜，资金部分交给李泽楷，即李泽钜得股票，李泽楷得现金。这表明李泽钜成为李嘉诚的实际接班人，而李泽楷将继续自己的创业之路。[2]

李泽钜、李泽楷两兄弟虽然年龄只差两岁，但是性格却大不相同，李泽钜与李嘉诚关系亲密，从小便是按照父亲的安排求学，行事低调，已婚并育有三女一子。其因具备稳健的作风也适合运作低风险、体量大的公司。相反，李泽楷与父亲的关系就没有那么亲密，并且多因与明星的绯闻见诸娱乐报刊，但是，其早早就创立了自己的门户，并且进军通信等新兴行业。李泽楷是一位喜欢创新的商业天才。

---

[1] 约翰·L.沃德.家族企业治理：永续经营[M].陈宁，高皓，译.北京：东方出版社，2014.
[2] 李光斗.李嘉诚"分家"：传长不传次[J].中国经济周刊.2014 (21).

对于二代的传承人格问题，吕元栋先生在其《传承人格：哈佛也学不到的传承力》一书中做了如下分析：李泽钜属于托管型（看护型）的传承人格，以稳健发展作为主要经营策略；而李泽楷则属于自主型为主、挑战型为辅的传承人格，其需要更多的创业机会，也倾向于在高风险投资中获得收益。因此，李嘉诚并没有让两兄弟同在家族企业中任职，而是让李泽钜负责家族企业长江集团、和记黄埔等的经营，而李泽楷则负责外部的投资和创新。

链接　传承人格的分类

根据传承人格的理论，传承人格可以分为：魅力型、自主型、挑战型、托管型和安逸型，不同的传承人格在风险偏好、投资策略以及创新上都会有不同的态度。

魅力型：所对应的生物为孔雀。对于自己的能力不是很自信，和父亲的关系一般，在某种程度上喜欢炫耀财富，同时倾向于高杠杆、高风险、高回报的投资。

自主型：所对应的生物是鹰。一般不接受家族潜规则的限制，与父亲不太亲近，愿意接触高风险创新和高回报投资，以自主创业与不依靠父亲而自豪。

挑战型：所对应生物是狼。希望接班后比父亲更有成就，与父亲的关系平淡，倾向于高风险创新，积极进取，坚信高风险、高投资、高回报，以被称为创二代而自豪。

托管型：所对应生物是狮子。对家庭有责任感，与父亲也比较亲近。在投资上，希望风险可控、合理创新，认为稳健的回报更有效，以被认为稳健发展而自豪。

安逸型：追随自己的梦想或成为专家，与父亲比较亲近，秉持稳健的投资策略，信任职业经理人和家族成员，以被称为慈善家、专家或收藏家而自豪。[1]

不同的人有不同的传承人格，适合不同的行业和家族企业。因此，一代在做出传承安排之前，要对子女的传承人格有一定的了解，比如，若其喜欢高风险、高杠杆的投资，让其接班主业，可能其并不喜欢，甚至可能采取冒进的"创新"手段毁掉家业，那还不如给其一笔资金由其进行管理，并设定止损线、风控底线。

---

[1] 吕元栋. 传承人格：哈佛也学不到的传承力 [M]. 成都：四川科学技术出版社，2016.

（二）特殊资产的安排：李嘉诚的传承计划

值得一提的是，家族企业的特殊资产往往具有关键作用，包括一代企业领导人的价值观、政商人脉以及企业的品牌和文化等。对于李嘉诚而言，其最难以传承的可能就是政商人脉。政商人脉对于家族企业的传承很特殊，尤其在中国内地获得成功的商人，或多或少都会具有一定的政界人脉。许多企业家都会悬挂和政府官员的合影，比如李嘉诚先生，他有与多位国家领导人的合影。但是，这样的人脉资源可以在多大程度上传承给孩子，主要取决于孩子的意愿、秉性以及交际的能力。

案例8-4 李嘉诚的分家智慧（续）

曾多次登顶"华人首富"的李嘉诚，一直以来都被认为是一个商界的传奇，他旗下拥有长江实业、和记黄埔、长江基业、电能实业等，产业触角遍及全球50多个国家，横跨通信、基建、港口、石油、零售等多个领域。

李嘉诚能够取得如今辉煌瞩目的成就，除了拥有精准的投资眼光之外，还有一个鲜为人知的原因就是他作为改革开放初期最早进入内地投资的香港投资者之一，支持了内地"利用外资"政策，得到了国家领导人的关注，他曾经数次获得几届国家最高领导人的接见。他将资产撤离内地内心颇有苦衷，虽然两个儿子一个低调沉稳一个颇有才名，但是却没有任何一个能够继承"李超人"在政界辛苦积累数十年的人脉资源。

长子李泽钜作为李嘉诚事业的继承人，从小就低调沉稳、听话懂事。上学期间，李泽钜的成绩也好过李泽楷，婚后李泽钜家庭稳定，很少有绯闻，深得李嘉诚的喜爱。然而鲜为人知的是，李泽钜早年曾经遭遇过严重的心理创伤。

次子李泽楷既没有心理阴影也颇具经商天分，然而却由于性格原因注定不可能成为一个出色的"红顶商人"。李嘉诚曾对外说"他十四岁我就管不了他了"，话语之中透露出无奈。[①]

[①] 参见《揭秘李嘉诚撤资内地的真实原因》，载于http://money.163.com/15/0211/18/AI6-OMNE5002551G6.html。

对中国的企业家而言，政商人脉是传承中需要特别考量的问题。所以，李嘉诚先生将资产从内地撤走的真正原因并不是担心内地经济崩盘，而是担心自己的儿子不会经营政商关系而导致业务走下坡路。①

8.2 难控的接班"火候"与节奏

除了先天的传承人格因素以外，后代能力尤其是领导力也至关重要，本书第9章会详述传承过程中的领导力传承，本章我们着重从交接班障碍的角度——接班人是否适合接班、接班"火候"是否达到——来进行分析判断。

8.2.1 几个失败的接班案例

案例 8-5　连锁服装店的传承

皮尔特·拉蒙特是一家连锁服装店的创始人，曾因身患严重冠心病差一点丧命。他的妻子忧心忡忡，坚持让他任命独生子卢卡斯担任企业高级管理职务，这样儿子可以为父亲分担一部分责任，从而减轻皮尔特自己打理企业的压力。卢卡斯一直闲在家里，没找到合适的工作，因此也很乐意接替父亲的一部分职务。

不幸的是，卢卡斯过分高估自己，他之前没有任何高级管理经验，还曾经因为考试不及格不得不从商学院辍学。他的自大和无能恶化了企业内部的氛围。他最糟糕的缺点就是很容易指责他人，还拒不为自己的错误承担责任。假如哪笔生意没有谈成，他会认为那是因为有人没及时跟进客户；若采纳新产品理念没能迅速带来利润，他会给产品研发人员降级。于是，企业中一些非常有才能且前途无量的员工相继辞职。作为父亲的皮尔特对儿子的缺点熟视无睹，而企业的生产线已陈旧不堪，机器设备也早已过时。最终，忧心忡忡的CFO（首席财务官）想方设法提醒了皮尔特危机近在眼前，他才重新收回了控制权，但企业的前景早已不妙。②

---

① 参见《揭秘李嘉诚撤资内地的真实原因》，载于http://money.163.com/15/0211/18/AI6-OMNE5002551G6.html。

② 弗里斯，卡洛克，特雷西. 家族企业治理：沙发上的家族企业 [M]. 钱峰，高皓，译. 北京：东方出版社，2013.

虽然家族成员对于家族和家族企业的历史、家族企业的愿景和未来可能有更为深刻的理解，但是，若家族成员没有相应的打理家族企业的经验，或者"火候"未到，传承败局还是极有可能发生。

国内另一个案例生动地说明，家族企业的接班人、掌门人必须具备领导力、高效的执行力和远大的目光，不然，家族企业同样可能面临不得不被出售或者崩盘的局面。

案例 8-6 海翔药业的传承

1997年，年仅20岁的罗煜竑大学毕业后就进入海翔药业，历经生产车间、研发中心等多个部门。2004年4月，罗煜竑入选公司董事会。可以看出，海翔药业创始人罗邦鹏已有意培养儿子接班掌管企业。

由于身体状况不好，罗邦鹏2004年后一直没有参与公司管理决策，也没有过问公司财务状况。2008年起罗煜竑担任总经理，2009年4月全面执掌海翔药业。2010年9月，罗邦鹏将其所持3 480万股（占总股本的21.68%）海翔药业股份转让给罗煜竑，后者以24.67%的持股比例，成为公司实际控制人。

在经济、行业状况不佳情况下，与众多浙江民营企业家一样，年轻的罗煜竑还面临公司转型发展的艰难课题。于是，罗煜竑率领海翔药业加大扩张力度。①然而，罗煜竑的反应速度被业界认为实在太慢。"罗煜竑2008年当了公司总经理，虽然当年首次提及公司转型，但到2011年初，提了3年之久的转型仍没有实际动作，只停留在纸面上。2011年，罗煜竑真正开始推动转型，筹备成立浙江普健制药有限公司，进军'制剂环节'，但该公司筹建期长达3年，至2014年仍未实现投产。"

而在对外收购上，罗煜竑的战略眼光也不禁让人唏嘘。2012年6月，海翔药业以总额1.2亿元（首期出资5 600万元）、溢价率高达453.07%的代价，获得持有制剂批文的苏州四药70%的股权，以加速转型。然而，高溢价收购而来的苏州

---

① 参见《海翔药业创始人澄清"嗜赌"传言 儿子：关你什么事呀》，载于 http://finance.ifeng.com/a/20140522/12386580_0.shtml。

四药，不仅没有帮助海翔药业实现转型，而且还连续亏损。更在 2013 年底，其生产的 3 种原料药的 CEP 认证（欧洲药典适用性证书）被欧洲药品质量管理局取消，而这 3 种原料药在 2012 年的营收占苏州四药总营收的 38.25%。最终，在连续减持公司股份 5 次之后，2014 年 6 月 5 日，大股东罗煜竑将其持有的海翔药业 5 940 万股，以 3.8 亿元的价格转让给王云富，将父亲苦心打造 40 年的企业，拱手"让给"他人。①

从传承人格来看，案例 8-5 当中的卢卡斯比较接近魅力型传承人格。虽然表面上他对自己的能力"非常自信"，但是由于之前因考试不及格而辍学，同时在出现错误的时候，又完全将责任推给其他人，所以实际上卢卡斯对自己的能力非常不自信。而另一方面，他又想通过某些方面来证明自己的能力，急于求成的心态导致了最后的失败。

案例 8-6 中的罗煜竑则偏向于挑战型传承人格，在进行传承的同时，努力开发新的产业，开始整合企业，类似二次创业。但是由于行业不景气以及其执行力不足等因素，所以最终计划失败了。这说明除了传承人格以外，企业家还需要重视以下两个方面的问题：

第一个方面是性格。有一项针对国内家族企业的企业家性格研究发现，那些成功的家族企业的企业家往往有如下性格特征：有影响和控制他人的欲望，执着于自己的决策，不习惯听命于人，有很强的自信心；充满了对时间的紧迫感，不喜欢也不会把宝贵的时间浪费在琐碎无聊的事情上；脚踏实地；有崇高的理想并不断为之努力；有良好的职业道德，诚实守信；喜欢迎接挑战，从克服困难中获得无穷乐趣；喜欢承担责任，但不盲目乐观；采取客观对待人际关系的态度；能随机应变，有谦让、柔性的处世态度。而失败的家族企业的企业家往往在企业发展到一定规模以后，具有如下性格特征和行为表现：妄自尊大、独断专行，不尊重员工的合理要求和建议；目无法纪，投机钻营，偷税漏税；违反职业道德，欺

---

① 参见《海翔药业易主：富二代欠赌债 4 年败掉 40 年家业》，载于 http://finance.ifeng.com/a/20140509/12297827_1.shtml。

行霸市，不注重社会效应；在个人生活方面腐化堕落，虚荣和追求享乐。

另外，还有一份针对绍兴家族企业的企业家个性研究表明，成功企业家的个性特点为：低调、理性、内敛、外圆内方，做事专注不浮躁；独立而又善于利用资源；自强不息，工作敬业，讲道德；极具善心。①

西方有不少著名家族企业在挑选家族接班人时，也会偏好选择具有正直品质的人，如果家族后代身上表现出更多的诚实、谦虚、热心等美德，那么他们就更有可能被挑选为家族企业未来的接班人。

第二个方面与二代后天能力培养以及接班的成熟时点有关。新生代在面对家族企业的庞大局面时，往往感觉心有余而力不足，无法在员工当中树立威信，更难以在元老面前发号施令，领导力自然遭受质疑和挑战。从对某个问题的决策角度看，新生代犯错是可以理解的，但如果其"修炼未成"即接班，时机尚未成熟即获得管理大权，最终将会铸成大错。

实践中，有些创一代会直接将刚从学校毕业的新生代安排在总公司高层岗位或者子公司的领导岗位上。结果经常是新生代"大事做不来，小事不想做"。而家族企业当中的元老和其他员工，都知道这位年轻气盛的新生代会成为未来的领导，也就不会在他面前提出真正的好建议。

案例8-7　二代传承转投他业

温州新丰集团老板缪存良的儿子缪新颖在传承过程当中遇到了这样的境况。缪新颖从加拿大留学回来后，被安排在家族企业下的一家公司担任人力资源总监。然而，民营企业那种慢节奏的工作模式，让这位新上任的小缪总看不下去，他制定了一系列的政策希望进行改革，但是这些新制定的政策却完全执行不下去，老员工们当面从不和他冲撞，唯唯诺诺，一转身却自行其是。而公司内部还有很多裙带关系。比如，一对夫妻，丈夫是一个厂的总监，其妻子则是这个厂管财务的。

第一次的改革宣告失败，缪新颖转而从外部招揽年轻的人员，希望组建自己的团队，但是这些年轻人和老员工同样格格不入，一年之后，这些年轻人都选择

---

① 裴蓉，王勇，艾凤义. 家族企业原理[M]. 北京：北京理工大学出版社，2013.

了离开。

第二次的改革又宣告失败。两次改革之所以失败在某种程度上也是因为缪新颖没有得到父亲的支持，当缪新颖表示希望开除公司中不配合的老员工时，遭到了父亲的拒绝。在经历了两年的僵持后，缪新颖离开了公司，转而去上海独自创业，从事与公司没有任何关系的业务——期货。①

缪新颖离开公司，实际上对公司、对自己乃至对父亲都是当时较合适的选择。缪新颖学成归国后并没有过多的管理经验就被委以重任，这可能超出了其能力和经验范围，他是很难在家族企业当中有作为并建立威信的；如果他能在外部获得一定的人脉、经验，然后再回来接班，那么由于经过多年的历练，接班之路也许会更好走。

所以，创一代应该允许新生代成员去创业、去投资，即使他们因此碰壁，投资失误，血本无归，也可以让他们真正思考什么是最适合自己的，并且这段失败的经历也有助于他们今后在家族企业更好管理和决策。而若他们创业能够小有所成，这不仅是对他们个人能力的认可，对家族企业来说更是锦上添花，而对那些需要进行转型的家族企业来说，该创业甚至可能是一次难得的转型机会。

李嘉诚鼓励两个儿子在学成以后先到其他企业工作。在欧美的一些家族企业中，也有这样的做法，创一代不让后代成员从学校毕业之后即回到家族企业工作，而是让他们在外面历练来提升自己的能力，甚至有的家族宪法会规定，家族后代成员必须在家族企业以外取得一定的成就以后才能回到家族企业。这也是在给予新生代成员思考未来职业生涯的机会和时间。

那么，除了让新生代接班人获得高等教育、到家族企业之外的企业历练，还能如何培养他们的能力，培养到什么时候他们接班的"火候"才到了呢？

8.2.2 方太集团的"三三制"

方太集团的"三三制"九年传承计划实际上也是管理权逐步下放给二代、创

---

① 参见《"富二代"接班》，载于南方周末网。

一代分阶段交付企业的过程，即"带三年，帮三年，看三年"。

第一个三年，即"带三年"，这是一个逐步磨合的过程，既是家族两代人之间的磨合，也是二代继承人与企业之间的磨合。在这个过程中，需要第一代创业者以"带"为主，同时结合二代继承人自身的特点将一部分权力交予二代来行使，涉及与外界交往的事项，如与政府机构的接触、与媒体的沟通以及与合作伙伴的谈判等还继续由一代负责。

第二个三年，即"帮三年"，是一个放手、铺路的过程。此时二代继承人经过三年的历练已积累了不少企业管理的经验，创一代可以开始将营销权下放给二代，放手让他建立起自己的营销团队和营销理念，而且此时也是企业改革的大好时机。

最后一个三年，即"看三年"，是一个最终完成交接的过程。在这一阶段，创一代应当将企业的管理权彻底交给二代继承人，要"大胆交、彻底交、坚决交"，二代继承人也可以开始对企业进行大刀阔斧的改革，将自己对企业文化、愿景、经营哲学的理解注入企业之中，最终完成家族企业的代际传承。

当然，并非每一个企业都必须或者有条件按照这种"方太模式"来进行交接班，更不是二代一定要过了九年才可以完全接班。那么对这个"火候"该如何判断？在不少创一代眼里，可能孩子的接班"火候"永远都到不了。福特汽车的创始人，固执的老福特就是这么看自己儿子的，最终儿子即便获得公司高层的一致好评也未被扶上正位，并因郁郁寡欢而英年早逝。而也有的二代"火候"没到，就匆忙上马，最终导致家族企业败落。

如果说企业永续经营的根本在于竞争力、创新的话，那么也许将传承和创新结合起来，是一个培养二代领袖以及判断接班"火候"是否已到的重要方法。本书第2章已分析过，物质财富的传承只是传承的三个根基之一。要让企业发展和财富永续，就必须关注价值观、精神财富的传承。那么创一代就有必要投入精力关注和培养接班人的"企业家精神"、创新精神，而不是简单地、不经思考地随便安排二代成员在家族企业的某个岗位进行历练。如果这种安排无助于二代成员创新精神、开拓精神的培养，那么也许就是在浪费宝贵的资源和时间。

> 如果说企业永续经营的根本在于竞争力、创新的话，那么也许将传承和创新结合起来，是一个培养二代领袖以及判断接班"火候"是否已到的重要方法。

8.2.3 丰田的"一代一业"

日本丰田的"一代一业"模式,为面临创新转型与传承双重压力的中国企业带来极大的启迪。

案例8-8 日本丰田"一代一业"模式

丰田公司是世界上最成功的汽车公司之一,作为一家典型的日本家族企业,其在约百年的创业历程中,从丰田佐吉1918年创办丰田棉纱纺织公司开始,在四代家族成员与七任职业经理人的共同努力下,成就了今天庞大的丰田集团。在丰田家族的百年传承中,最值得学习与借鉴的是"一代一业"理念的传承与践行。丰田家族事业的第一代创始人是丰田佐吉,其个人的兴趣是织布技术的发明与改良。经过若干年的努力,他成功研制了自动换梭织机,该织机成为日本织机制造技术赶超世界先进水平的标杆。

丰田喜一郎是丰田佐吉的长子,是家族的第二代。他在织机公司负责织机产品开发的同时,也以一个发明家的精神稳扎稳打地逐步引领着家族事业向汽车制造领域挺进。他于1937年成立丰田汽车工业株式会社,成为丰田汽车的创始人。

丰田章一郎是丰田喜一郎的长子,是家族的第三代。章一郎把丰田的业务拓展到住宅业。丰田住宅在"彻底改变日本的居住条件"这一口号的引领之下,先后开发了钢架单组、钢架轴组以及钢结构等相关施工方法,并形成了以公寓为代表的住宅商品格局;此外,丰田住宅根据人们生活方式以及各地地形特点和气候的不同,精心设计符合顾客需求的住宅方案,开展了丰富多彩的住宅事业。

丰田章男是丰田章一郎的长子,是家族的第四代。他开创了丰田的网络通信事业,并于1998年创立Gazoo.com网站,后来该网站成为e-TOYOTA(丰田电商)系统的基础。其实,早在丰田章男做课长的时候,他就借用信息技术优化代理销售业务,大大提高了整个价值链的运营效率,使得将成品汽车配送到经销商的时间从一周缩短为三天。

丰田家族企业传承中最成功的模式为什么是"一代一业"？一方面，每个产业都有其生命周期，所以，家族事业的接班人必须有开拓新业务的使命感和责任感。另一方面，对于二代、三代企业领导人的培养，最重要的方法莫过于培养其创新意识和企业家精神。

所以，传承离不开创新以及企业的转型和升级。在今天这样一个充分竞争的全球化时代，家业靠"守"是守不住的，家族只有培养具有创新意识、开拓精神的新一代企业家，才能以不变应万变，将企业推向一个新的高度。而对于接班人的培养，丰田家族采取的也是将新生代成员放到某个部门，让其带领团队进行创新，如果其做出了成绩，就可以考虑将其作为企业未来的候选接班人。新生代是否具有创新和带队能力成为判断其是否到了接班"火候"的重要标准之一。

关于创新，新生代是在现在基础上"继续创新"还是"另创新业"呢？这也需要具体判断，如果家族企业能够有相对独立的空间让二代去尝试，无论是让二代凭借家族企业的内部"孵化器"进行创新创业，还是让其到家族企业外部进行创新，都是不错的方法。

8.3 代际冲突

创业一代在通过自己的辛苦打拼创造财富后，往往很果断很自信，习惯了自己在战略制定和执行方面运用的"方程式"，容易用自己的标准去衡量尚稚嫩的家族二代，这样矛盾和冲突就会难以避免。我们不妨先看一下福特家族传承的案例。

案例8-9 福特家族的代际冲突

福特家族以制造汽车而闻名于世，然而福特汽车创始人亨利·福特与自己的儿子和孙子之间的冲突，曾经差点毁掉整个福特汽车公司。

1903年，福特汽车公司成立。1908年，福特推出T型车，获得了巨大的成功。1908—1927年这些年里，福特卖出了1 500多万辆T型车，甚至在1918年底，全美国的汽车有一半都是T型车。然而，在巨大的成功背后，亨利·福特和其继承者之间的矛盾和冲突也格外引人注目。

20世纪20年代，由于通用汽车公司"雪佛兰"品牌的迅速崛起，福特的市场地位受到严峻的挑战，此时，作为福特公司的接班人，老福特的儿子埃德塞尔提议对T型车进行重新设计以适应市场。然而，老福特认为，T型车本身就是廉价产品，不应该往上面增加任何其他技术，否则会使得其价格上涨而失去竞争力。这正好与通用"不同的钱包、不同的目标、不同的车型"的经营战略相反。埃德塞尔在公司高管中口碑甚好，但是一直遭遇老福特的打压，老福特认为其远没有达到接班的"火候"。最终，埃德塞尔对于父亲只能屈服。忧郁和压力之下，埃德塞尔养成了酗酒的习惯。郁郁不得志的埃德塞尔在年仅50岁的时候就离开了人世。而T型车最终也因为没能适应市场而在1927年被迫停产。

此后，福特家族的第三代埃德塞尔的儿子小亨利·福特和本森先后加入公司。小亨利比本森更有才干，老福特看出了这个孙子身上的潜能，但他神经质的老毛病又犯了，担心自己在家族的至尊地位会受到威胁，因此对小亨利又是不断地否定，处处阻碍。福特家族的第三代开始也都避免与老福特发生冲突，然而当老福特将他的所有股份交由一家信托机构掌管，让他的宠臣、和他一样暴戾守旧的哈里·本内特（Harry Bennett）任信托机构秘书时，福特家族后代成员认识到是需要做出重大改变的时候了。于是，小亨利不再忍辱负重，而是联合其母亲即埃德塞尔的遗孀加以反抗。其母亲通过继承掌握着福特集团超过40%的股权，她对老福特下了最后通牒，如果他执意设立信托，则将自己手中的股份全部出售。而老福特的太太此时也站出来劝说，如果继续反对孙子接班必将"摧毁家族和睦、团结的最后希望"。最终，82高龄的老福特非常不情愿地辞职卸任，将手中的权力全部交给了其孙子小亨利。①

如果福特家族第二次冲突仍以老福特胜利告终，我们不知道现在的福特会怎么样，是否早已成为历史？我们将在第11章有关培养家族未来领袖的内容中再次探讨父子冲突对于优秀继承人培养的不利影响，并从心理学角度探讨相关的误区。

---

① 格兰特·戈登，奈杰尔·尼科尔森．家族战争 [M]．何晓智，译．海口：南海出版社，2008．

同样的问题在国内家族企业也存在。有的时候，在创一代的眼里，孩子永远是孩子，他（她）一直不会长大，既然长不大，那么接班自然还早。有时，在要给予新生代褒奖和鼓励时，创一代变得不善言辞，惜字如金。创一代习惯用自己的标准居高临下地审视新生代，他们之间在理念上起冲突成为家常便饭。

企业家们时常在退与不退之间徘徊，一方面，他们因自身年龄、风格以及周边环境的迅速变化，时常觉得力不从心，必须在合适的时机将家族企业交给下一代；另一方面，出于一些个人的原因，"自我"的原因，他们并不愿大权旁落。于是，经常出现创一代已经垂垂老矣却还把持着公司大权，而新生代早已过了而立之年却在公司中没有最终决定权的现象，这种现象在华人掌管的企业中普遍存在。

"在某个地方，那里一定有提高企业业绩的秘诀，你去把它找到，然后给我。"①

当然，这不仅仅只出现在华人掌管的家族企业，根据一项针对欧洲企业的调查，当一代企业家们（被调查者）被询问退出企业经营后打算做些什么的时候，

---

① 选自《纽约客》漫画集，原作者是 Robert Weber，创作于 1986 年。

他们中仅有20%选择退休，而40%选择继续在公司兼职。① 然而，毕竟"一山不容二虎"，对于任何一个组织来说，如果存在两个领导人，矛盾和冲突肯定难以避免。

化解两代人之间的冲突是一门大学问。这一方面是一个"家族治理"问题，通过培养两代人良好的沟通习惯、建立有效的沟通平台，来解决纠纷和冲突，往往需要专业人士的帮助，例如制定"家族宪法"。但是对于小家庭来说，家族宪法似乎有些大材小用，那么这就会涉及另一个方面，即二代改变自己的心态、情绪和格局，也有利于缓解冲突。

在有的案例中，我们发现，二代最终领悟到，事业现在还是父亲的事业，掌控方向的还是父亲，如果父亲选择一条坑坑洼洼的道路，自己坐在车后排妄加非议甚至发号施令并不是一个特别明智的选择。

有的案例中，二代在经历了一些特殊事件（例如目睹生死）之后，突然顿悟，放眼未来，所有的和父亲的争执，从长远发展和成长的维度看，其实真的不算什么。自己完全可以放慢节奏，学会放下，而当自己放下了，父亲也改变了态度。

直面冲突、化解冲突对家族成员来说往往是最重要的考验之一，而回避冲突虽看似容易，却是在把家族中的问题和矛盾不断地隐藏起来，直到有一天局势如同火山爆发，则难以挽救。这往往发生在创一代去世之后，其他家族成员之间由于争产、夺权或者各类事宜爆发冲突，他们错过了进行家族治理的黄金时段。历史没有假如。

所以，笔者时常给新生代朋友的建议是，一方面，通过交流、沟通、折中、妥协的方式解决问题，而不是隐藏冲突，而这需要家族建立健康和科学的治理方式，而且要尽快建立，不要错过进行家族治理的黄金时段，一旦创一代去世群龙无首，二代要进行改革，则是难上加难；另一方面，二代也要学一点心理学知识和沟通技巧，是否能做到成熟和老练，这也是判断自身领导力、接班"火候"是否已到的重要标准之一。

---

① 范博宏. 关键世代：走出华人家族企业传承之困[M]. 北京：东方出版社，2012.

8.4 与其他关系人的博弈

接班如同一场障碍赛。新生代闯过包括激情、性格、能力、火候、冲突等在内的一道道关口后,最后还需要面临和其他"关系人"的博弈。所谓"关系人"包括家族的一些其他成员以及职业经理人,尤其是已经在家族企业工作多年、习惯摆"老资格"的家族成员,而这些人员还可能不乏营私舞弊、损害企业利益的情况。

> 接班如同一场障碍赛。新生代闯过包括激情、性格、能力、火候、冲突等在内的一道道关口后,最后还需要面临和其他"关系人"的博弈。

8.4.1 来自元老的无形藩篱

元老们对于新生代经常有着一种相当复杂的情绪,名义上新生代是他们的上司、领导,而他们在内心深处可能对此有所保留。而他们中不乏企业的骨干或中坚力量,获得他们的信任、尊重和支持,将是新生代接班的一项重要任务。

案例 8-10 力不从心的接班人[①]

蓉盈灯具是一家以生产灯具为主要业务的传统制造企业。公司创业之初,基本的分工由 E 董(在家排行老二)与其三弟共同分担内外不同业务。E 董负责蓉盈灯具的外部业务、生产关键技术取得、上游原料取得以及销售,而其三弟负责内部生产管理事务以及模具开发维护等。当蓉盈灯具的生产技术与业务逐步扩充后,他们陆续找了其他家族成员来出任各部门主管,包括大哥,以及各兄弟的子女、配偶等。

接班人 S 君是 E 董的长子,E 董按照交接班计划将 S 君送出国留学,E 董对于他的培养可以说是不遗余力,除了让他学习外语以外,还希望他在所在国家为蓉盈灯具建立新的人际关系网络,以助力日后企业国际布局。接班人 S 君回国后,随即被安排在其他转投资企业中任职历练,后来回到公司担任副董事长一职。接

[①] 李志华. 接班人——台湾中小企业存亡关键 [M]. 台北:大块文化出版股份有限公司,2013.

班人S君回公司一年后，E董即卸下董事长的职位并交给接班人S君，接班人S君开始掌握蓉盈灯具的法定经营权。

至此，蓉盈灯具公司的交接班看似顺利完成，然而接班之后的S君却在公司经营和发展过程中遭遇重重困境。

在S君回到蓉盈灯具任职之时，第一代与第二代的家族成员在公司任职的已经多达十名，而且大部分在家族中的辈分与资历皆长于S君。因此，S君接班后在公司的经营管理上所面对的并非单纯的公司管理，无法简单照章行事，经常得顾虑家族辈分以及彼此亲疏关系，隔三岔五还得面对家族人情包袱、利益冲突。S君虽有心建立公司制度与作业准则，摆脱人情包袱，但还是不断引起家族成员的质疑与反对，很多家族成员都在背后批判S君冷酷无情，对S君的许多决定也做出消极抵抗，甚至引发公开的冲突。

另外，S君虽然是公司领导者，在公司决策方面有最高决定权，但在家族中却还是晚辈，面对众多长辈，自己并无E董当初一言九鼎的地位。事实上家族还是以E董为首。任何公司的重大决定都会影响到经营团队以及股东权益，而蓉盈灯具的经营团队核心人员以及股东都是家族成员，因此，公司重大决定几乎都不是在公司会议中做出，而是在家族会议中经大家讨论做出，公司会议等同家族会议。有时候S君在公司会议上已经做出了裁决，大家碍于他在公司董事长的身份没有表示任何异议，但是等到家族会议时还是会有人旧案重提，众口纷纭之下有些提案甚至推翻了当初在公司会议中新董事长的决议。久而久之，S君在公司决策的时候必须先将想法禀明E董，待E董召开家族会议并组织讨论后才将最终决策交给S君执行，对此S君深感无奈。

正如蓉盈灯具这个案例所显示的那样，在新生代成员进入家族企业之后，人情和其他方面的压力使得他们很难真正贯彻自己的想法，而若家族企业元老不配合，他们除了获得父辈的支持将其开除以外，也确实没有其他比较好的办法和方案。

创一代应该如何协调新生代和企业元老的关系？刘永好的做法值得我们思考：一方面，为了刘畅顺利接班，刘永好力主在公司推进年轻化，自己带头退出新希望六和股份有限公司的管理层,让出位置,并说服第一代创业元老集体退居二线。公司高层的平均年龄从60岁降到40岁,而公司部门经理的平均年龄则从50多岁降到30多岁,同时要求公司1 000名基层干部,每年必须有20%在30岁以下。另一方面,对于公司的元老,则给予创业基金,或让他们做顾问,做一些专项的特派员、传帮带的工作。同时聘请曾担任山东六和总裁的陈春花女士担任新希望六和联席董事长兼CEO,辅佐刘畅继承家业。另外他任命陶煦出任公司总裁,稳住老团队,确保传承顺利过渡。①

8.4.2 劣币驱逐良币:与核心管理层的博弈

创一代、新生代要处理好与企业核心管理层的关系,十分重要。但由于每家企业的情况不同,方法也不可能那么容易复制。

所有家族企业可能都有一个共同的问题,即如何兼顾家族成员的谋生与企业的发展两方面。表面上看,这两方面是一致的,但是实践中却很可能是一对深层次的矛盾,家族企业究竟是要把为家族成员创造就业机会作为首要考虑的目标,还是要把企业发展作为头等大事?

当家族成员不能胜任在企业的岗位和工作时,鉴于"劣币驱逐良币",容忍他们留任只会挤走企业发展所真正需要的一流管理人才——遭受最大损失的还是家族企业和家族自身。

因此,创一代如果要让自己的家族成员(例如准备接班的二代)尝试承担企业的重要岗位,那么建议通过让他们出外历练、匿名实践、分步试水等方法,隔离风险,而不要把整个企业、其他股东以及员工作为陪绑的试验品。

案例 8-11　王安电脑的传承败局

王安电脑曾经叱咤电脑业,年营业收入逾30亿美元,旗下员工超过3.1万人,该公司要是能保持20世纪80年代初的增长步伐,今天可能已经超过美国国

---

① 邓勇兵,李武. 新希望集团董事长刘永好:探索混合制家业传承 [J]. 哈佛商业评论(中文版),2013 (9).

际商业机器公司（IBM），成为年营业收入逾千亿美元、全球首屈一指的电脑公司。公司创始人王安生于上海，1945 年赴美进入哈佛大学攻读博士学位。很快，他在科技发明上崭露头角，成为华人中第一个被美国 IBM 聘请的技术顾问。王安还是第一个进入美国"名人堂"的华裔科学家，与发明电话的贝尔、发明留声机的爱迪生等人齐名。

1955 年，王安创建了王安电脑有限公司。王安是电脑天才，他把小型电脑系统应用于办公室，在适当的时候，开拓了办公室自动化的市场。20 世纪 70 年代初，王安电脑成为世界办公电脑领域的先驱，业绩蒸蒸日上。直到今天仍然畅销的桌上型计算器，也是王安多年前的心血结晶。

然而，在公司治理上，王安深受中国传统观念的影响。即使身处日新月异的美国电子行业，王安也没有接受"专家集团控制，聘用优才管理"的现代企业治理模式，而是沿用传统的中国家庭式管理。"因为我是公司的创始人，我要保持我对公司的完全控制权，使我的子女能有机会证明他们有经营公司的能力。"

20 世纪 80 年代初，长子王烈被王安指定为公司的接班人，这使得被很多人认为能够引领王安电脑迈进 21 世纪的最佳人选——卡宁汉不得不"让位"离开。在他离开之后，王安麾下"三剑客"之一的考布劳和王烈的冲突也日趋白热化。当时考布劳想做一个新项目，王烈却把该项目计划交给三个不同的研发小组来完成，而不是交给一个部门来负责到底。考布劳气愤难当，决定辞职。之后，"三剑客"中的其余两位也于三年内离开了王安电脑。之后，公司又陆续流失了大批优秀人才。

王烈并不是一名优秀的企业管理人员，甚至不是一名优秀的技术人员。王烈在出任总裁三年前曾宣布推出十余种产品，后来却无一兑现。他出任总裁后仅一年多时间，公司财务便急剧恶化，亏损额达 4.24 亿美元。三年内，公司股价下跌了 90%。王安不得不抱病复出，主持大局。他做出了一生中最令他痛苦的决定，亲自宣布免去儿子董事长的职务。即使后来外聘有拯救濒危公司成功纪录的 GE（通用电气）前总裁爱德华·米勒为公司第三任总裁，情况虽暂时好转，却也只是回光返照。米勒并没有使王安电脑在这个高速发展的行业中推出新产品，因为他根本不了解电脑行业。

最终，王安电脑宣告破产保护，逐渐在历史舞台销声匿迹。今天，当人们大谈特谈中国电脑业务走向国际时，已很少有人记得，数十年前，一位叫王安的华人在美国领土上曾缔造一家可以问鼎全球的电脑公司。

王安电脑的传承败局，既可以从二代的能力和接班"火候"上找问题，也可以从接班人和核心管理层的冲突上找症结。如果王烈和管理层的冲突没有在那么短的时间内激化，或者王安能够及时、有效地做出客观公允的判断，并能够安抚好企业的中坚力量，那么王安电脑也不至于在短短数年内崩盘。

8.4.3 共赢：对职业经理人（员工）的激励

对于职业经理人来说，家族领袖在领导权安排上的决策失误、忽视高层管理人员的意见和建议、在传承人选的选派上明显偏颇，只会让职业经理人彻底丧失信心，最终用脚投票。而没有了职业经理人这样的企业中流砥柱，企业崩盘则是迟早的事情。所以传承不仅是应对"员工激励"这样的简单问题，更是关乎企业生死存亡的大问题。

欧美的家族企业在对职业经理人的激励上发明了很多的手段：股权激励，虚拟期权激励，以及给予高额退休金等。很有意思的是，学者在研究史料（关于晋商的较为科学的商号管理、治理和人员激励的记载）时发现，早在两百年前中国的晋商就有了类似的股权激励、退休金制度。晋商除了给掌柜（职业经理人）薪金之外，还有股俸（相当于股权激励）；财东（股东）和掌柜（职业经理人）之间也有正式的合约。①

为什么要进行高薪激励？正如欧美从事家族企业管理的人员所说：不论职业经理人多么优秀，他都不是家族成员，他并不一定认同（或者即便认同也无法共同拥有）家族的愿景和价值，因此只有在经济上满足他们，才能让他们好好地与家族成员一道为家族企业工作。

---

① 蔡洪滨，周黎安，吴意云. 宗族制度、商人信仰与商帮管理：关于明清时期徽商与晋商的比较研究 [J]. 管理世界，2008（8）.

那么同样的职位，家族成员的工资与非家族成员员工的相比应该保持持平，还是更高或更少？研究表明，如果家族成员在企业担任重要职务，并拥有股权，那么少拿薪酬，更有利于激励其他员工，因为其作为企业股东未来可以获得手中股权增值的好处。

有些家族企业的领袖并不愿意直接采取股权激励的方式来激励职业经理人，除非职业经理人做出了特别大的贡献，他们认为，那样做会对股权造成稀释，影响家族对企业的控制权。但是事实上，如果那样做也可以通过股权协议和公司章程进行设计，保障家族对企业的控制。

需要注意的是，如果使用股权激励方式，那么必然会涉及优先购买权、强制股权转让以及员工股权信托等问题，这些都需要在聘任被激励人时就明确。欧美家族企业不少运用的是虚拟期权激励方式，其在国内被不少企业家称为"干股"或者"身股"，实质上是一种现金补贴协议。这种虚拟股权将经理人的薪酬和企业的资产增值相联系，若企业在相应的年限内净资产获得了增长，那么经理人就会获得相应比例的现金激励。这种模式的优点在于并不会对家族企业的股权造成稀释。由于在某些国家，针对退休金是有减免税负政策的，所以给予高额的退休金这种激励方式也受到了不少家族企业的青睐。

综上所述，我们认为，家族企业领袖在聘用、管理职业经理人时应关注以下几点：

- 担任重要岗位的家族成员是否成熟并经过历练？
- 与职业经理人的交流、沟通是否顺畅和平等？是否能够倾听忠实能干的职业经理人的意见和建议，让他们感觉受到了尊重？
- 是否给予了职业经理人具有竞争力的薪酬？给予家族成员和非家族成员的待遇是否公允？是否向一方倾斜？
- 是否让仅仅凭借血缘关系而非个人能力上位的人来领导、管理能力更强的职业经理人？
- 是否认清了家族企业内部可能存在的来自一些家族成员、老臣的障碍？
- 能否妥当地处理好家族成员和职业经理人之间的微妙关系？传承的安排能否有效地缓解或避免两者之间的冲突？

案例 8-12 福特：创造历史的员工激励改革

福特公司由亨利·福特于 1903 年所创立，是世界著名的汽车制造厂商。在创立之初，亨利·福特就制定了一个工资发放模式，这一模式使得员工的工作效率大增，同时让福特的业绩也得以大幅提升，并且影响了之后 100 多年企业雇用员工的政策。

1913 年，福特公司推出的 T 型车取得了前所未有的成功，为了增加产能，福特引进了一条高产能的生产线，使产出增加了一倍，然而工人的人数却并未增加。工人们每天高强度地重复相同的工作，导致离职率高企，工人的年流动率达到了 360%。作为一个有远见的企业家，福特在其副手的建议下，采取了三项重要举措：第一，将员工每天的工作时间由 9 个小时减少到 8 个小时；第二，将原本每天 2 班轮休的制度更改为每天 3 班轮休，这使公司产生了很多新的工作机会；第三，也是最重要的，将员工的工资由每天的 2.5 美元增长为 5 美元（其中 2.4 美元为基础工资，2.6 美元为绩效工资），这意味着公司每年会多出大概 1 000 万美元的支出，而在 1914 年这是一个天文数字。

实行这三项举措后，福特公司在当年的业绩非常喜人：员工流动率由 360% 下降到 16%，生产力提高了 40%~70%，而公司利润也从原本的 3 000 万美元暴涨至 6 000 万美元。

福特公司的成功在于真正了解员工需要什么，其通过高薪调动起了员工的积极性。福特深知这一奥秘，他不但给员工涨了工资、设置了奖金制度，同时还设立了一个医疗部门专门处理员工的工伤。

福特曾在回忆时提道："只要我还活着，我就会为汽车工业支付最高的工资，如果一个工人为了获得一份满意的工资而为我们全心全意地工作，我们又有什么理由不支付给他呢？每一个人都需要足够的钱去组建家庭、获得土地及一辆汽车。"

台湾的"经营之神"王永庆也有着独特的用人之道，对部属的奖励极为慷慨。

案例 8-13　王永庆的用人与激励之道

除公开奖金之外，王永庆私下给企业管理人员发的奖金（被称为"另一包"）非常丰厚，早在 1986 年，业绩突出的经理每年薪水加红利可达四五百万元新台币，少的也有七八十万元新台币。此外，企业还设有成果奖金。对于一般职员，企业则采取"创造利润，分享员工"的做法。员工们都知道自己的努力会有回报，这极大地激发了他们工作的积极性。

另外，王永庆非常体恤员工，关心下属。曾经有位主管红着脸到王永庆办公室报告公事，见到王永庆他先坦白，前一天晚上与客户喝酒，残酒未消，加上受到腮腺炎影响，脸才会红红的。王永庆不悦地说，不会喝酒就不要喝，但仍询问这位主管到长庚医院哪个科室就医，这位主管答道："脑神经科。"王永庆说："那样看不好，科室不对。"随后王永庆拿起电话，打给台塑集团控股的长庚医院的高层人员，要求其马上为这位得腮腺炎的主管挂号。[①]

总之，在家族企业的传承过程中，诸多因素将阻碍二代接班。家族企业创一代要成功完成代际传承，需要激发新生代的接班热情，对其进行准确人格定位，把握好新生代接班的"火候"，尽力解决两代人之间的冲突，处理好新生代与其他家族成员、企业元老、职业经理人等之间的关系，这都需要智慧、耐心与信心。

8.5　不可忽略家族中的女性力量

也许是出于偏见，女性家族成员往往不会被当作接班人的首选，女性力量的重要性也因此被忽略。女性家长本身的魅力和智慧对于整个家族的成长至关重要，而随着观念和时代的转变，女性也越来越有意识和能力直接接手家族企业。

---

① 参见《王永庆小故事：到客户家"巡视米缸"》，载于 http://www.chinanews.com/tw/kong/news/2008/10 - 16/1414282.shtml。

8.5.1 有女无儿的传承安排：船王包玉刚的传承选择

日本三井集团创始人三井高俊曾说过："宁愿生女儿，因为这样就可以挑选好儿子。"这里的"儿子"其实就是入赘接班的女婿。在只有女儿的情况下，创一代如何进行传承安排，还可以借鉴以下华人家族的案例。

案例 8-14　包玉刚家族的传承安排[①]

包玉刚先生是世人公认的世界船王，曾是世界上拥有 10 亿美元以上资产的 12 位华人富豪之一。然而包玉刚只育有四个女儿（陪庆、陪容、陪丽、陪慧），没有儿子，这在中国传统文化中难免被视为人生一大遗憾。包玉刚在这个问题的处理上，既有传统保守的一面，亦有开明灵活的一面。

包玉刚十分注重对女儿的培养，除了关心她们的成长，还经常告诫及鼓励女儿们要为人正直、独立自主。他在她们长成后招贤纳婿，将四位女儿分别嫁给了四个不同领域的男士，并让女婿们也参与家族企业的管理。在家产继承方面包玉刚采取了家族信托的方法，同时也采取了"分家"的做法，不执着于子孙团结一致，硬性规定他们不能分拆家族在企业中的控股权。

包玉刚在给各女儿的家族信托中加入重要条文，规定股权留在女儿手中，企业管理则全权交由女婿负责，这符合"男主外、女主内"的传统，也是西方管理学所强调的"控股权和管理权分家"。让女儿有最好和最实质的保障，女婿则像女儿的专业管理人般，代其统管业务，女儿不干扰丈夫的管理，只是获取权益，这样的夫妻一体模式，实在可以发挥巨大效果。

他的"分家"也并没有强调数字上的均等，并非将家族控股权平均分成四份给予四对女儿与女婿；而是按企业的性质，结合女儿和女婿的专长、兴趣以及他们曾在相关企业中参与管理的情况，将各个企业分配给各个女儿和女婿。这样做

[①] 郑宏泰，高皓. 有女无儿的包玉刚新式传承 [J]. 家族企业，2015（8）.

一方面让每个人都有自己全权管理的企业，避免将全部家族成员集中于同一集团内易生摩擦和矛盾的问题，另一方面各自必须承担各自的责任和投资风险，也可提高各自的积极性。从较高的层面看，还可以进一步促进家族的多元发展并分散风险，实在是一举多得。

当然，包玉刚仍如传统大家长般渴望延续自己的血脉和姓氏，所以他要求长女的长子（长外孙）"过继"为"长孙"，并将其作为接班人培养。

包玉刚所采取的设立家族信托，结合各自专长分家，长外孙"过继"等措施不失为较好的传承规划，对于"有女无儿"的财富家族来说是一种很好的借鉴。但是我们也看到，他没有直接让女儿来接班参与公司经营管理，随着时代的发展，女性接班担任企业的领导者角色已经成为家族企业传承不可回避的选项。

8.5.2 女家长的智慧和魅力

来自美国的一项分析指出，导致一个家族王朝最终走向崩溃的，常常是家族中母亲的死亡，而不是父亲的死亡。① 而哈佛大学的研究发现，童年时与母亲有良好亲情关系的人士，一生的平均收入比来自母亲"冷漠"家庭的人士的平均收入约高出 87 000 美元；男性在童年时和母亲的关系（而不是与父亲的关系）与其在未来职场中的工作有效性存在正向联系，而童年时和母亲关系较差的，在上了年纪之后患老年痴呆的可能性徒增。② 一位优秀的"母亲"（包括其他承担母亲角色的人）通常能够培养孩子相互协作、互帮互助的习惯，同时能够在家族内部进行协调，促成子女彼此之间的合作，而且母亲往往情感非常细腻，不会与他人产生剧烈的冲突。而一旦母亲死亡，兄弟姐妹之间以及姻亲之间的缓冲便不复存在，他们彼此之间的竞争甚至会导致亲情的破裂。以下故事能让我们对此有更为深刻的理解。

8.5.3 女性接班逆风飞扬

（一）女性接班呈上升趋势

"2015 DWEN 女性企业家峰会"发布的一组数据显示："女性担任首席执行

---

① 裴蓉，王勇，艾凤义. 家族企业原理[M]. 北京：北京理工大学出版社. 2013.
② 参见本书第 11 章，哈佛大学 75 年跟踪实验的发现。

官、高级经理和董事会成员导致女性员工拥有更高的薪酬和更好的条件，从而支持女性获得更出色的业务发展。在受访的 31 个国家中，只有中国、巴西、马来西亚和尼日利亚这 4 个国家最大的上市公司中有 5% 为女性担任首席执行官；还有 6 个国家没有任何上市公司是由女性担任首席执行官的；只有波兰、牙买加和俄罗斯这 3 个国家，女性高管的比例在 35% 以上；法国是唯一一个女性占公司董事会 30% 席位的国家。"① 就现状而言，一方面，女性在商业领域获得成功的机会比男性少很多；另一方面，可能是女性本身就不太想担任高级职务。麦肯锡在 2012 年对《财富》杂志"世界 500 强"企业的 4 000 多名员工的一项调查发现，男性中有 36% 的人想要成为首席执行官，而女性只有 18%。②

美国相关机构专门针对家族企业所做的一项调查显示，女性将在家族企业当中承担越来越重要的责任，而由女性担任家族企业 CEO 的比例也呈上升趋势。

在中国，也已经有许多女性承担了企业领导人的角色，涌现了像格力集团总裁董明珠，长城汽车总经理王凤英等一大批女商界精英，未来 10~20 年女性接班人的比例可能大幅上升。

根据《福布斯》发布的"2022 中国杰出商界女性"排行榜，100 位商界女性所管理的企业总市值超过 11 万亿元。

在商业领域，女性所展现出来的领导力更加细腻、严谨和柔性，给企业的发展带来了一股新的力量。而这种力量，有时候恰恰是家族企业基业长青不可缺少的因素。

案例 8-15 中南集团的"动漫王国"

以工程建设起家的中南集团，经过 30 多年的发展，如今已经扩张到文创、能源、商贸和股权投资等领域，实现跨界多元发展，其旗下中南卡通涉猎范围从动漫影视作品、舞台剧、童装，到玩具、游乐设备、动漫主题购物中心、中南卡通

---

① 参见《2015 DWEN 女性企业家峰会发布创业环境报告》，载于 http://gb.cri.cn/44571/2015/07/02/7872s5016818.htm。
② 谢丽尔·桑德伯格. 向前一步 [M]. 颜筝，曹定，王占华，译. 北京：中信出版社，2013.

城……中南卡通董事长吴佳正致力于打造中国人自己的"迪士尼"集团。

2007年吴佳从加拿大留学归国后加入父亲的商业帝国中南卡通,从父亲的私人助理做起,一年半后,她接手中南卡通旗下的动漫制作和海外发行两大板块。吴佳从小喜欢漫画,出国后更是交了很多懂创意设计的朋友。所以,吴佳在接班过程中,并没有太大的负担,她更多的是从自己的兴趣出发,这样的传承既是事业的合伙,又是爱的接力。现在中南卡通已经成为国内最大的原创动画公司之一,吴佳和父亲共同打造的"动漫王国"已然形成。[①]

除了这种类似和子女共同创业的模式,一代将家族企业中女性成员所感兴趣的部门转交给二代女性打理,也受到一些女性接班人的欢迎。

案例8-16 新高姿集团陈丹霞

新高姿集团的董事长陈丹霞,是立白集团董事长陈凯臣最大的女儿。2008年,在国际金融危机期间,陈丹霞从悉尼大学学成归国,进入两年换了三任总经理的高姿集团。陈丹霞在高姿集团做了两件事情,第一是让高姿原来的大部分老臣都留了下来,第二是让高姿全面铺开网点,实现了连续三年每年营业收入百分之百的增长。[②]

像这样进入家族企业并接班的中国女性其实并不在少数,比如娃哈哈集团总裁宗庆后之女宗馥莉也已经就任娃哈哈集团的总经理,碧桂园集团创始人杨国强之女杨惠妍则拥有碧桂园集团一半以上的股份。

---

① 参见《中南集团:"1.5代"爱的接力——他们如何共同打造属于中国人自己的"迪士尼"?》,载于http://mp.weixin.qq.com/s/QJMMQPLnd/5SDFiVdeQNTFA。
② 参见《新高姿董事总经理陈丹霞》,载于http://news.c2cc.cn/pic/data/201205/547430.htm。

(二) 女性更能平衡家庭与事业

女性遇到的常见问题是：应该如何平衡家庭与事业？常有人认为，如果女性在商业上取得了不小的成功，那么对于家庭的贡献自然就会减少，对于孩子的成长也似乎不利。

也许这根本就是一个带有偏见并用保守观念强加于女性头上的"伪命题"。难道对于男性来说，就不需要平衡家庭和事业吗？

其实，父亲对家庭投入的重要性也早已得到证明。2009年，莎伦·密尔兹和乔安娜·斯特罗布在《两性相处》这本书里，全面回顾了来自政府、社会科学领域以及一些原始资料的研究，得出的结论是，当父母都拥有属于自己的事业时，孩子、父母和婚姻三方面都能得到极大的发展。有数据清楚地揭示，分担经济压力和抚养下一代的责任感会减轻父母的负疚感，若父亲加大对家庭的投入，孩子也会更加开朗和健康。①

而布兰迪斯大学的罗莎琳德·查特尼巴特教授以"工作—生活如何平衡"为主题进行了研究，她发现担任多个角色的女人焦虑感更少，其心理上也更为成熟。家庭与孩子固然会给女性造成一部分的压力，但这并不会与女性自我发展产生矛盾。女性接手家族企业，获得事业上的成功，能让孩子耳濡目染自己的经历和智慧，这对于孩子同样是不可多得的财富。

另外，有研究发现，性别多样化也有助于公司业绩的提升。麦肯锡曾在2012年发布了一项针对担任公司高管女性的研究，该研究发现，公司执行委员会女性成员比例最高的前四分位企业在净资产收益率（ROE）以及息税前利润（EBIT）上的表现都优于同级别职务中没有任何女性的同行业企业（见图8-3）。那么，为什么会产生这种差异？为什么公司高管团队女性成员较多，绩效就会比较好呢？麦肯锡的报告指出，在某些领域，男性比女性更擅长，而在另外一些领域，女性比男性更擅长，这些领域包括：人才培育、界定期望与奖励、以身作则等。因此，女性和男性不同的领导行为可为组织体制带来不同维度的改善。

---

① 谢丽尔·桑德伯格. 向前一步 [M]. 颜筝, 曹定, 王占华, 译. 北京：中信出版社, 2013.

执行委员会女性成员比例与公司财务绩效的相关性分析
■ 执委会女性成员比例前四分位的企业   ■ 执委会没有女性成员的同行业企业

各行业分析			
已验证 ✓	无资料 ⊖		未验证 ✗
行业	公司数	ROE	EBIT
消费品和零售	38	✓	✓
工业	65	✓	✓
能源、基本材料和环保	75	✓	✓
银行	35	✓	⊖
电信公司、媒体和娱乐、科技	38	✗	✗
运输、物流、旅游	15	✓	✓

2007～2009年平均年ROE[1]：22%，15%，+47%
2007～2009年平均年EBIT[2]：17%，11%，+56%

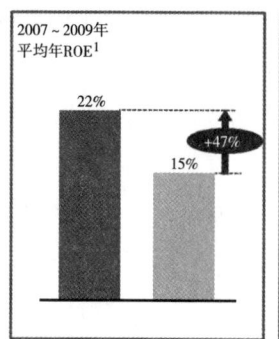

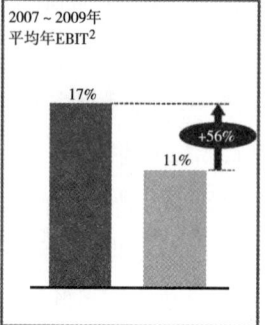

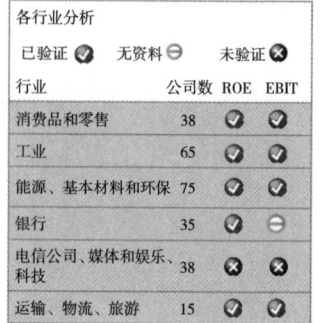

图 8-3　麦肯锡关于女性高管的研究分析

注：1. 2007—2009 年平均年 ROE 为同期 228 家公司年 ROE 的平均值。
　　2. 样本包含 193 家公司，不含银行、保险及其他金融服务公司，来自 6 个欧洲国家（英国、法国、德国、西班牙、瑞典、挪威）与 4 个金砖国家（巴西、俄罗斯、印度、中国）。
资料来源：各公司网站，金融数据库 Datastream；麦肯锡。

以上数据并不是说企业家应当把家族企业交给女性而不交给男性。笔者认为，如果家族中的女性成员喜欢并且愿意打理家族企业，而同时又有能力掌控家族企业，那么，将家族企业交给她未尝不是一个好的选择。

亨利·福特说过，"无论你认为行或是不行，你都是对的"。无论面对家族企业的管理还是传承，创一代需要做的不是为自己的孩子是女性而懊恼，而是要避免自己的"傲慢与偏见"。每一个人都具有潜能，应该给予其公平的机会，也许你的孩子能够给你意想不到的惊喜。

第 9 章　家族企业的领导力传承

盲目把家业交给孩子来管理就像"让 2000 年奥林匹克运动会金牌获得者的长子组队参加 2020 年奥林匹克比赛"一样荒谬。

——沃伦·巴菲特

面对家族企业传承这道难题，我们的目光不应该仅仅盯在所有权的划分和筹划上，领导力的传承与移交，同样值得关注与重视。那些举世闻名的家族企业，在传承的长河中，总会涌现杰出的领导者将家族企业带向另一个高峰。这些人或许来自家族内部，或许来自外部，然而，正是这些家族企业甄别和培养人才的方式，让他们脱颖而出。因此，家族企业的领导力传承，同样是为了维系家族企业的命脉，使之不至于分崩离析。

> 面对家族企业传承这道难题，我们的目光不应该仅仅盯在所有权的划分和筹划上，领导力的传承与移交，同样值得关注与重视。

本章将围绕家族企业领导力的传承展开。什么样的领导力培养方式最佳？如何培养领导力？如何授权？如何避免陷入领导力培养的陷阱？对这些问题的解答都会在本章——展现，而其中的案例与故事，有的或许会让人感觉如芒在背，有的甚至让人惊心不已。

9.1　基业长青与领导力：权力分配与亲情的尴尬

在没有一套有效且可操作的领导力传承方案的情况下进行所有权的传承，简直就是本末倒置。在传承中摆正领导力和所有权的位置，对于确保家族企业和家族财富的未来至关重要。然而，在领导力传承的问题上，许多家族企业仍然一筹莫展，而交权给谁、何时交权、如何交权等问题对它们来说更是不能触碰的话题。领导力的传承更多讨论的是对接班人能力的认可问题，能力需要后天的培养，在培养过程中也需要家族长者不断倾注精力。下面两个案例，均是领导力传承不当而导致家族企业一蹶不振的例子。

9.1.1 脱离现实的权力传承败局

案例 9-1　领导力传承败局一

有位父亲是一家家族企业的创立者，69 岁时仍然全身心地投入到工作当中，管理着家族企业中的大小事项。然而，这位创始人由于突发心脏病而离世。父亲去世后，他的 4 个子女发现父亲已经做好了信托安排，受益人是母亲和 4 个子女。该信托规定，母亲是家族企业的领导者，在母亲去世之后，信托里的股权再分成 4 部分由 4 个子女各自继承。由于父亲安排妥当，传承过程很顺利，但在所有权传承结束之后，领导力方面的问题却接踵而至。

首先，就是这 4 个子女不确定他们能被授予多少权力，能管理多大的范围，因为大部分股份实际上在信托当中。其次，母亲也没有准备好要来掌管这个家族企业，她在企业中的权威也并未树立起来。

由于领导权力分配不清晰，这家家族企业在本地的很多业务不得不停止，企业的关键员工也相继离开。而 4 个子女则一直只顾各自的责任、权力等级、商业规划以及个人利益。父亲去世 18 个月以后，企业的营业收入下降了 50%，企业的估值则下降了 70%。[1]

从案例 9-1 看，创始人虽进行了某种传承安排，而且还是通过先进的信托工具，但是忽略了权力交接的特殊性——领导力传承的特殊性，最终导致传承的败局。所以，企业传承的安排绝不是起草一份遗嘱、签署某个信托协议那么简单。

而这种情况并不只是在国外存在，国内的家族企业同样会遇到类似的情况。方太集团原董事长茅理翔曾提到一个非常值得关注的案例。

---

[1] Ronald P. Smyser. *Family Business*: *Practical Leadership Succession Planning*. Aboot Press, 2014.

案例9-2　领导力传承败局二

有一个民营企业老板，他儿子大学毕业后，一直在他的分公司当经理，已经36岁了。这个分公司是给总公司加工零配件的，儿子不需要到市场当中摸爬滚打就可以拉到生意，而且因为是老板的儿子，其产品也常常以免检产品进总公司，所以儿子一直没有在市场中得到锻炼。有一天，老板病了，赶快让儿子做总经理，但是中高层都不服，因为儿子压根不懂市场经济，不懂企业管理。最后，一半高层人员都离职了，企业就此垮了。①

以上两个案例的症结都是领导力传承的问题。一旦企业需要传承，即便继承人是扶不起的"阿斗"，被继承人也只能硬着头皮将企业交给"阿斗"管理，结果可想而知。因此对于创一代来说，家族企业接班人的培养越早计划越好。首先，如果太晚进行领导力的培养，恐怕候选人早已经在自己喜欢的领域有了建树，对他而言，要做出如此重大的选择实在是非常痛苦的，而若两代人之间本就对接班没有默契，那么关于接班与不接班的问题有可能导致一场家族危机。其次，对于接班人来说，其需要有更多的时间来培养领导力和管理才能，如上一章所列举的几个案例，许多没有任何管理能力的接班人由于意外原因而接手家族企业，最终家族企业倒闭或者被低价收购兼并。同时，对于创一代来说，其也有更多的时间去考察子女是否适合接班，若家族成员中的确没有合适的接班人，那么其也有时间考虑其他传承方案。最后，是计划执行的现实性问题，对于任何一个企业家来说，交班在某种程度上意味着"权力"的丧失，执行的优先性想必会低于其他计划。

为何要让领导力的传承先于所有权的传承？这是基于时间和心理的考量。若接班人没有获得掌控家族企业的领导力，那么即使创一代将股份传给他，最后企业也有可能陷入四面楚歌之境。此外，领导力传承计划是一项长期计划，没有十几年的时间恐怕难以成功落地。它并不同于所有权架构，后者在几年之内就可以

---

① 茅理翔. 家族制企业如何交班——家族制企业管理模式探讨（2）[J]. 宁波经济（财经视点），2006（4）.

搭建完成。

虽然领导力的传承是家族企业传承中非常重要的环节，但这个环节通常会被忽略。因为在中国传统文化下，"子承父业"似乎是天经地义的，企业领导人的子女会被想当然地认定为接班人，而企业领导人也会避免去谈"未来有一天我不坐这个位子了"这类话题。

同时，在这种传承模式下，创一代还必须面对的终极问题是：希望企业迁就孩子，还是孩子迁就企业？有些企业领导人认为，领导力的培养只要通过让接班人胜任真正的技术工作就可以完成，比如负责产品的制造销售或者售后服务等，这样自然而然接班人就能够成为一个合格的领导人，而忽略了企业愿景、个人意愿、领导风格对企业的影响，最终使企业败于接班人之手。所以，领导力传承模式很重要。下面介绍几种常见的传承模式。

9.1.2 五种领导力传承模式

家族企业领导人可能会根据企业资产规模、接班人的年龄、企业所处的行业来安排子女以及其他家族成员来接班。然而通过我们的观察和研究，传承模式基本可以归结为以下五种。

（一）完全不提

这种模式是指企业的创一代一直掌控着企业的领导权，直到他逝世或者因其他客观原因不得不交出领导权。这种情况下，二代总是突然走马上任，而且在接班时心情也非常复杂。一方面，总为家人的离世感到悲伤；另一方面，却又不得不打起精神来管理企业，为企业设定新的架构和蓝图。当然，这种模式也是有优点的，传承会比较迅速发生和结束。

从短期来看，二代的其他家人和企业中的元老也会比较支持新上任的二代。然而，这种模式存在许多缺点，刚上任的领导者没有任何时间去做充分的准备，如果这位二代又非常年轻，其可能无法获得企业员工的信任和董事会的支持。更为关键的是，如果新上任二代有多个兄弟姐妹，而创一代又没有制定详细的遗产规划，那么一场争夺遗产的大战就难以避免。

人生无常，这种几乎让大家听天由命的传承模式欠缺前瞻性，也是对二代个人意志、意愿的不尊重，其不确定性也是较为明显的。

"米勒，现在全靠你了，唯一能够拯救我们的，就是你在做账上取得突破。"①

（二）一拖再拖

创一代已经答应要做若干的决定，然而，实际的执行却迟迟未到，控制权仍然掌握在创一代的手中。这种情况实际上跟第一种类似，只是这种情况更让二代郁闷，因为二代已经获得口头上的允诺，而且在心理上也做好了接班的准备，但是真正的接班却迟迟不来，这更可能导致二代信心不足而选择离开企业。甚至在创一代退休时，其真正让二代回来接班，二代也不见得会回来，因为二代在心理上已经对家族企业产生了厌恶。正如上一章福特家族的案例，老福特虽然名义上已经将企业的经营管理权给了埃德塞尔·福特，1919—1943年埃德塞尔也确实担任了福特公司的总裁，但是在是否设计新型车的问题上，老福特仍然具有最终决定权，实际上在埃德塞尔担任总裁的20多年里，老福特一直把持着公司的关键决策权，这也使得埃德塞尔非常郁闷，常常通过酗酒来排解苦闷，导致其年仅50岁就撒手人寰。②

---

① 选自《纽约客》漫画集，原作者是 Robert Weber，创作于1991年。
② 参见《车名的秘密 Edsel 留给福特的历史教训》，载于 http://news.bitauto.com/cxls/20130520/1706118744-2.html。

（三）往返流转

创一代已经将权力交到了二代手中，但是涉及具体的决策时，又总是害怕二代做得不够好，不断从二代手中收回权力。有时候，创一代自己在潜意识中甚至希望看到二代失败，这样才彰显自己对于家族企业的重要性；而有时候，创一代可能出于善意却主观的判断，认为二代犯了错误，即决定让其"下课"，使其没有机会再回来。

案例9-3　台塑集团接班布局被打破

王文洋身为王永庆的长子，原来是台塑集团最有希望的接班人，20岁大学毕业，24岁在英国获得化学工程博士学位和MBA（工商管理硕士）学位，回到台湾后，他加入台塑集团并从基层做起。不过，1995年他和学生吕安妮一场轰动全岛的师生恋同时又是婚外情，不但导致台塑集团股价不断下跌，而且打破了王永庆的接班布局。一怒之下，王永庆解除了王文洋在台塑集团旗下南亚公司的职务，王文洋被迫远走海外。①

当然，对于二代来说，他（她）确实在传承中获得了一些经验，但是正如第二种模式所示，二代可能会因此受到打击，认为一定是自己做得不够好才被收回某些权力。然而，事实上，可能仅仅是因为一代已经习惯了几十年每天都在家族企业"运筹帷幄之中，决胜千里之外"，一旦自己放权卸任，退休的生活让他感到不习惯。

然而，一些已经做出的决定，往往是不可逆的。历史没有假设，历史也无法推倒重来；家族企业错过了重要的交接班时期，也就延误了重要的传承。

（四）循序渐进

创一代在不同的时间段逐渐将控制权和责任传给二代，在若干年之中，二代经过创一代的考验、观察和认可，最终就会获得企业的全部控制权。这种模式的

---

① 参见《王永庆长子王文洋与吕安妮的婚外情》，载于 http://finance.ifeng.com/a/20090606/754689_0.shtml。

优势是明显的，不仅能够让传承变得十分平稳，二代也有更多的时间去构建自己的管理团队，同时慢慢决定是否接手家族的事业；李嘉诚、方太集团的茅理翔都采用了这一模式。

但是，循序渐进的方式也存在一些风险和不确定性，一些事情也可能会在传承过程中发生，比如一代领导人突然死亡，继承人离婚等。

方太的传承案例在中国的民营企业中被奉为经典，但是往往被忽略的是，这个模式的成功，是存在一些重要前提的，包括：家庭成员的年龄适当，父子间关系和谐，二代为独生子（女）而不需要在兄弟姐妹之间进行接班人资格对决，家族企业在多年交接班过程中没有重大意外事件发生，等等。因此，如果这些前提发生变化，方太传承模式就可能不可复制。

（五）"传承"给非家族成员（"混合制"传承模式）

在这种模式下，外部人员作为临时的辅助人员，可能会在真正接班人成长之后退居二线。刘永好将新希望六和的大权交给女儿刘畅的时候，就已经邀请了曾担任山东六和总裁的陈春花女士担任新希望六和联席董事长兼 CEO，辅佐刘畅继承家业。同时，他任命陶煦出任公司总裁，稳住老团队，确保继任者顺利过渡。这就是刘永好践行的"混合制"传承模式。[1]

无独有偶，另一家伟大的全球性家族企业——沃尔玛也采用了这种模式。

案例 9-4　沃尔顿家族的"双轨"传承模式[2]

在 2014 年、2015 年《福布斯》的"美国最富家族"排行榜上，沃尔顿家族连续两年名列榜首。在家族代际传承方面，当年沃尔玛的权杖由山姆·沃尔顿的长子罗布森·沃尔顿接下，其自 1992 年担任沃尔玛董事长起 20 多年间，公司净销售额增长超过 4 000 亿美元，营业利润增长超过 220 亿美元，员工总数从 37 万人增加到 138 万人，门店从 1 700 家增到 4 400 家，年销售收入增加了 5 倍。

---

[1] 邓勇兵，李武. 新希望集团董事长刘永好：探索混合制家业传承 [J]. 哈佛商业评论（中文版），2013（9）.

[2] 甘德安. 沃尔玛缔造者沃尔顿家族如何传承三代？[J]. 中国慈善家，2015（8）.

二代成功完成传承后，2015 年 6 月 5 日，沃尔玛又迎来家族第三代传承。在沃尔玛股东大会上，70 岁的罗布森·沃尔顿宣布，公司董事会选举 45 岁的山姆·沃尔顿的孙女婿格雷格·彭纳为公司新任董事长，该决定从宣布当日起生效。彭纳在电商、财务、零售等方面经验丰富，尤其重视电商业务，而这正是处于转型期的沃尔玛所需要的。

山姆·沃尔顿与其他企业领袖的区别不在于他的所谓领袖魅力，而在于他更像一个钟表设计师与建筑设计师。他把一生大部分时间都花在努力培养和发展沃尔玛的组织调整能力上，而不是自己领袖性格的塑造。

沃尔顿家族传承特点是把家族代际传承与引入职业经理人有效地融合在一起。据称，山姆·沃尔顿花了 12 年时间说服职业经理人戴维·格拉斯加盟沃尔玛，而格拉斯于 1984 年出任沃尔玛总裁后，山姆·沃尔顿一直只担任董事长。1992 年，山姆·沃尔顿去世，罗布森·沃尔顿接手，但他只担任沃尔玛的董事长职位，家族其他成员也没有一人担任企业经理人。在沃尔玛服务 20 年的李·斯科特被委任为格拉斯的接班人，继续辅助管理沃尔玛。

在沃尔顿家族传承中，我们看到家族传承和企业领导力传承的"双轨"模式，一方面，是家族传承，从山姆到其长子罗布森，再到山姆的孙女婿格雷格，他们的职位仅限于董事长；另一方面，公司的总裁则由职业经理人担任，从山姆力邀的格拉斯到服务公司 20 年的斯科特。

沃尔玛的成功传承，既是山姆在领导智慧上的成功，也是其企业治理结构之大格局的成功。

无论是刘永好的"混合制"传承模式还是沃尔玛"双轨"传承模式，都把交接班可能带来的震荡以及冲突风险降到了最低。这既说明了传承中领导力要素的重要性，也说明了制度和架构在传承中的关键作用。

这一点在丰田的传承模式中也可以得到印证。自 1937 年创立起至 2011 年，丰田汽车的 11 任总裁中有 6 位丰田家族人和 5 位外姓人，形成了一种交替：家族人（1937—1950 年，2 任）——外姓人（1950—1967 年，2 任）——家族人（1967—1995 年，3 任）——外姓人（1995—2009 年，3 任）——家族人（2009

年开始）5 个阶段。[①]

也就是说，如果家族成员在领导力上无法满足企业的要求，那么家族宁可寻找非家族成员来担任企业总裁。与此同时，通过构建科学的公司治理架构，即便在家族二代当中没有人想接手家族企业，家族也可以聘用外部人员来打理企业，之后等到家族第三代成长起来再从中寻找对家族企业感兴趣之人。

9.2 失败的土壤：领导力传承失败的教训

对接班人领导力的培养，实属一个教育和管理相互叠加的问题，西方的家族企业研究者发现，诸如不合适的授权、强制性的职业路线规划、挑选对家族企业无兴趣的人继承、家族成员仅仅将家族企业当作收入的来源等行为，极有可能导致家族企业领导力传承的失败。

9.2.1 过多的津贴

家族中的成员，一般都会从家族企业当中获得或多或少的津贴。这种做法可能是由信托受托人通过家族信托方式每月支付给家族成员，也可能是由家族企业股东以现金方式给予家族二代成员。也有些一代以公司名义购买房产、车辆，但是它们实际的使用者则是家族的二代成员。随着家族接班人年龄的增长，这些津贴会越来越多。在成长过程中，他们甚至会觉得获得这部分钱是理所当然的，他们不会如同一代一样对家族财富有着特殊的感情。在物质得到满足之后，他们可能会对家族企业失去兴趣，转而寻觅其他的追求。

这对于家族企业来说，影响是巨大的。在这个问题上，港台地区财富家族的做法值得我们思考和借鉴。

案例 9-5　王永庆严控女儿生活费

作为王永庆的女儿，创立 HTC（宏达电）集团的王雪红，早年在美国求学时经常跑到所寄宿小区的图书馆，原因就在于家里寄来的生活费覆盖日常支出刚刚

---

① 仲继银．"既家族又现代"的丰田接班人 [J]．董事会，2011（12）．

好，她不太可能有余钱补习英文。既要省钱又要提升英文水平，顺便还要排遣寂寞，泡在免费图书馆里就成了王雪红最好的选择。① 王永庆还要求王雪红写信报告生活状况，尤其是报告花了哪些钱，"连买只牙膏也要写上去"，这样才继续寄生活费。②

与经营之神王永庆相对应，李嘉诚在给儿子李泽楷生活费问题上也相当"吝啬"。

案例9-6 李嘉诚对儿子的"吝啬"

去美国读书之前，李泽楷心中充满了向往；到美国之后，他才真正体会到生活的艰难。

没有佣人在身边，他不得不学习自己照顾自己。有了闲暇时间，他就去打工。李嘉诚虽然很有钱，但在儿子身上却"吝啬"至极。李泽楷如果不打工，就生活不下去。

他找到的第一份工作，便是到麦当劳做夜间兼职。他的工作几乎无所不包，从前台到后台，从里间到户外，他"永远"没有轻闲的时候。老一点儿的员工见他是新来的，还是亚裔，就想办法让他多干活，使唤他成了家常便饭。除了在麦当劳做夜间兼职外，他还在高尔夫球场当过球童。③

在子女零花钱的问题上，王永庆和李嘉诚都异常严格和苛刻。这样的"铁石心肠"正反映了父辈企业家的用心良苦，而这一点也反映了新生代多大程度上能

---

① 张甄薇. 王雪红传 [M]. 北京：华夏出版社, 2013.
② 范博宏. 交托之重：范博宏论家族企业传承01 [M]. 北京：东方出版社, 2014.
③ 赵忠心. 家风正，子孙兴：听赵忠心教授讲优秀家风故事 [M]. 北京：北京理工大学出版社, 2015.

够继承创一代所拥有的最重要"特殊资产"——优秀的企业家精神和拼搏的价值观。

9.2.2 强制性的职业规划

企业家时常禁不住对孩子说"将来这些都是你的",但是却忽略了这说法可能引发的后果。核心管理人员如果听到此言,往往产生"听者有意"的效果,会觉得在这家企业里工作没有任何前途,从而心生去意。如果子女听到,也许不是感到荣耀和兴奋,而是感到压力重重。而最具讽刺意味的是,父母往往是最后一个知道他们想法或决定的人。其中原因可能在于他们并不想伤害父母的感情,也觉得父母不会支持他们的决定,甚至最后会削减他们的津贴。

一位在家族企业中工作多年的女性家族成员本已经打算去其他公司,重新开始一份工作,并且已经准备入职。然而,父母和客户的一段谈话透露出将来会把她作为接班人来培养的意思,这让她改变了跳槽的想法,也让她最终没有选择自己喜欢的行业,而是留在了家族企业继续工作。但是对于家族企业,她可能并不是作为真正的"守护者"而存在的,在未来某天若家族企业遇到了困难,她首先可能想到的是如何出售而非如何守护。[①]

另外还有一个原因是,新生代对于创一代的产业并没有太多的兴趣。他们想在另外一个行业证明自己的实力,进而得到父辈的认同。

案例 9-7　二代另投他业

2005 年,在浙江理工大学经管学院上学的金津休学,开始创业,成立了杭州渡口网络科技有限公司,经营 3D 游戏业务。金津的父亲为精功集团董事长,身家不菲,主营钢结构建筑等。

2008 年,人民电器集团董事长的儿子郑纬宇从人民电器离职,随即在杭州召集了一些人,开发一款名为"足球风云"的游戏。谈到创业的动机,郑纬宇说只想证明自己,给父亲、给家族里的其他人看。

[①] Ronald P. Smyser. *Family Business*:*Practical Leadership Succession Planning*. Aboot Press,2014.

同样，也有一些新生代成员进入创投、新能源等行业。据相关调查，有61.8%的创业者，其创业的领域与家族产业无关。①

如今，金津和郑纬宇在所从事行业已经风生水起。有时候，一代强制性的职业规划会起到事与愿违的效果。如果二代对于家族企业所处行业真的没有兴趣，那么即使被硬拉去接班，也是谈不上什么"领导力传承"的，最后的结果未必会如一代所设想的那样。

案例9-8 山西海鑫钢铁集团传承悲剧

2015年，山西海鑫钢铁集团破产重整进入法律程序。这意味着，作为董事长的李兆会已经败光百亿身家。因为海鑫钢铁集团此时负债及对外担保金额约为104.59亿元，而他的资产也不过只有100亿元，明显他已资不抵债。

2003年海鑫钢铁集团已经发展成为资产规模超过40亿元的地方性支柱企业。在该年的农历新年之前，掌门李海仓在办公室突遭枪杀。然后在爷爷的主持下，对接班没有丝毫准备、年仅22岁的李兆会成为海鑫钢铁集团的董事长。②

然而，接班之后的李兆会似乎对钢铁行业并没有兴趣，偏向投资领域，当然这并没有错。但在继承责任之下，他不得不将实业挑在肩上，却又疏于打理，任由其无序发展，最终溃败。③

当创一代不幸离世，新生代是会像创一代那样对家族事业充满热爱和激情，

---

① 陶涛，于一. 财富们怎么想：中国富二代调查报告 [M]. 北京：中国友谊出版公司，2012.
② 参见《山西前首富李兆会经营百亿公司10年后致其破产》，来源于《中国新闻周刊》，转载于 http://money.163.com/15/0713/10/AUD99MFV00253B0H.html。
③ 参见《山西富豪李兆会并非"炒股败家"：炒股十年赚42亿》，来源于《新财富》杂志，转载于http://stock.hexun.com/2014-10-28/169792168.html。

仍然经营家族企业所延续的事业，还是会转战其他个人感兴趣的领域，而顾不上管理家族企业？试想乔布斯的孩子接班苹果公司，是否能够拥有和乔布斯一样的热忱和天赋，其领导力能够超越现在的苹果公司 CEO 库克吗？

9.2.3 失当的分权与授权

在领导力传承过程中，创一代有时候也存在某种"恋权"的心理，因此不愿把关键的权力交给新生代。更重要的是，一代不知从何开始交接权力；而二代也无法领悟到家族企业中的一些核心关键点。

对于传承来说，最重要的是一代能够将企业的控制权以"循序渐进"的方式交给二代接班人。而有效的授权行为，一方面能够提高公司的运转效率；另一方面，能够让企业的领导人抽出更多的时间应对其他事情，包括为企业设计未来的蓝图、拓展新的领域以及筹划企业转型等。那么，一代应当如何进行有效的授权？通常而言，步骤包括[1]：

- 准备一份对目前工作的详细描述，针对工作的内容按不同的部门进行划分，例如，销售、维护、人力资源、市场规划等，其中的核心工作可描述得尽量翔实，应当优先完成的工作尽量写在前面，可按重要性进行排列。
- 将第一步的工作，与下属的工作内容通过图表的方式相连接。例如，将销售方面的工作与销售经理各个区域的销售计划相联系。
- 将下一级工作的内容与其上一级工作通过结构图的形式进行描述。
- 从工作内容的角度，挑选最适合该工作的人，同时就工作岗位进行调整；挑中的候选人既可以是接班人，也可以是公司的员工。
- 将手中的一些工作，从较边缘的部分开始，逐渐分配核心部分给下属。比如有些会议，就可以安排下一级的部门主管代为出席。
- 当专注于其他活动时，可以就一些事项临时要求其他人来代为决策，同时应当就这些事项提供具体的指导。
- 就下放给下属的工作内容，要求其进行及时反馈，以备做出后续的调整。

在这些步骤当中，需要注意一些问题。首先，所挑选的部门领导并不一定就

---

[1] Ronald P. Smyser. *Family Business: Practical Leadership Succession Planning*. Aboot Press, 2014.

是未来家族企业的领导人,当发现其并不能够很好地适应领导岗位时,可以撤换;其次,只有当二代真正愿意参与家族企业经营时,才可考虑将一些关键工作内容授权他们去负责。最后,如果家族成员能够适应岗位的要求,但是其对家族事业并不感兴趣,那么笔者建议还是挑选符合其兴趣的岗位。

9.2.4 亲中选"熊"?

在挑选接班人的时候,在"亲中选贤"和"贤中选亲"之间,企业家可能会更倾向于前者,即从家族内挑选,而且是从家族男性成员中挑选。而这种倾向性的风险在于,由于家长的偏爱和偏见,"亲中选贤"没实现,反而变成"亲中选'熊'"。

作为所有者,家族企业领导人希望家族企业的所有权能够牢牢地控制在自己的大家族,最好是自己的直系亲属手里,即便其能力不及外人。

案例 9-9 创一代锁定四岁接班人

一家经营运动品牌的家族企业,由于二代中没有合适的继承人,创一代就把接班的候选人锁定在三代身上,他认为第三代中那位仅有四岁的长孙,应该来接手家族企业。然而,他并没考虑到,四岁孩子的想法不确定,在未来十几年、几十年内是否会改变。

他在董事会提到,家族企业必须由他的直系亲属来接管,同时不能让女性来接管。但是,他却未考虑到自己年事已高,急需一位人才帮他打理家族企业,他也不愿意把大权暂时交给非家族成员的 CEO。[1]

显然,这位创一代想通过自己的意志、主观愿望来决定自己后代成员的未来职业走向。到底应由谁来决定接班人是否"有能力"接手家族企业?不妨看下一个案例。

---

[1] Ronald P. Smyser. *Family Business: Practical Leadership Succession Planning.* Aboot Press, 2014.

案例 9-10　传承委员会推动传承计划

Abarta Inc. 是一家位于匹兹堡的家族企业，专门从事无酒精饮料、能源产品以及冷冻食品生产，成立于 1933 年，如今已经传至第三代和第四代的手中。在第二代传承人约翰实施领导力传承计划时，他遇到了阻碍，发现单独由他这个 CEO 去推动传承计划会导致执行效率非常低下。

于是，约翰成立了传承委员会，企业的董事和外部咨询人员成为这个委员会的主要成员。传承委员会认为，应当对三个候选人进行全面的测试，以了解他们各自的优点和弱点。然而，在若干年的评估后，他们发现这三位接班人尚不十分适合接班，于是约翰又继续担任了几年公司的 CEO。最终，其中一名接班人成功通过评估，并成为家族企业的第三代传承人。公司生产的冷冻食品在美国占据了 60% 的市场。[1]

不同行业、不同规模的企业需要的是不同的领导者。而谁能够决定一家家族企业需要何种领导者呢？

笔者在为家族企业担任董事或者提供咨询服务时发现，不少企业家会倾向于从"便利"的角度为自己已成年的孩子"创造"高管的角色，而不是根据岗位需求来明确岗位候选人。这样的主观行为会在实践中引发问题，而在这个时候，对家族企业最了解的莫过于家族企业董事等高层人员，他们熟悉家族企业真正需要什么样的领导者，能够相对中立和客观地给予解决问题的意见。而一旦获得他们的支持，接班人后续的工作开展也会更加顺利。此外，家族企业可以引入外部独立咨询机构，借助它们更加科学地培养和考察接班人。

9.2.5　家族信托计划过于僵化

不可否认的是，家族信托在税务筹划、资产保护以及减少家族变故方面有着

---

[1] Kelly Lecouvie & Jennifer Pendergast. *Family Business Succession—Your Roadmap to Continuity*. Palgrave Macmillan, 2014.

特殊的优势，很多家族企业都曾经将家族信托作为股权传承的工具。但是，信托只是一个工具——就像一名武将佩的刀，但是佩了刀不等于就可以打仗。

信托所解决的问题并不包含领导力传承问题。首先，信托计划主要解决的是资产的传承问题，而对于家族企业的愿景、家族的精神以及领导力传承，信托是难以解决的。其次，领导力、家族治理和企业治理实践对于家族企业成功传承很重要，而信托架构在这些方面作用有限，所以必须配备其他工具和筹划安排才能优化效果。最后，信托的设计和执行相对保密，下一代成员很少能够在信托设立时提出自己的看法，更多只能被动接受信托计划。信托计划一旦制订，即使家族成员未来发生不可调和的矛盾和冲突，信托也无法安排"退出"（除非在设立信托时进行了考虑和设计）。所以，如果信托计划没有个性化设计，只是套用了常规化设计，那么其弊端就会在未来由于家族矛盾而被放大。

因此，家族信托固然有帮助，但家族领袖也应充分考量企业的"权力"安排、接班人的领导力水平，更好地将企业、家族的治理（包括领导人的考评和更换）和家族信托的文件相结合。

9.3 赢在执行：领导力传承规划路线图

> 作为企业的创一代，首先应该清楚自己的家族到底需要一位怎样的领导。

仅仅知道以上领导力传承可能遇到的"盲区"，对于真正执行领导力传承计划而言，可能还远远不够。作为企业的创一代，首先应该清楚自己的家族到底需要一位怎样的领导，之后，方可更加有针对性地执行传承计划。如果一代对这问题都没有想清楚，那么最终结果很可能是"南辕北辙"。

9.3.1 一代制订传承计划之前必须回答的关键问题

- 家族对于家族企业领导人是否有某种期待？如果在家族成员中并没有满足这种期待的人该如何处理？是否可以考虑由非家族成员暂时接班，直至家族成员可以胜任？
- 若商业环境的改变导致目前的管理层人员都不具备相关经验和技能，是否考虑从外部聘请符合条件的人员？如果下一代没有合适的接班人，是让这一位置空缺还是从第三代中挑选接班人？

- 如果对接班人能力和经验的要求非常高，是否考虑接班人以团队形式呈现？团队中是只包括家族成员还是可以同时容纳非家族成员？
- 家族企业的传承在家族当中是否有一些明示或者暗示的规则？家族成员是否都知道这些规则？之后的传承是要修改还是要维持这些规则？若要修改，又通过何种方式进行？

需要注意的是，一代是为家族企业的未来挑选掌门人，所以，要对未来的变化有预判。一方面，一代采用的粗放型增长模式及其个人风格曾带来企业的成功，而今随着法制的健全和环境的改变，政商合作日趋规范，领导力因素也在变化，之前的领导模式并不太适合将来10~20年的企业发展；另一方面，随着企业规模的增长，过去的领导管理方式可能并不适合现在和将来的家族企业。

9.3.2 领导力传承的要素和流程

（一）角色定位：父亲？董事长？股东？

作为父母，一代帮助儿女成才是分内职责。但是，作为企业家，一代更多需要考虑的是企业的问题，此时，企业家应该用公平的眼光看待所有的内部和外部接班人。有一位在家族企业工作的新生代，担任客户经理。根据公司的规定，他必须每天早上7点向他的父亲报告工作计划。然而，他每次都是10点钟以后才去上班。为了避免和儿子发生冲突，父亲默默地容忍了他这种行为，最后导致整个客户服务团队工作低效，经常被客户投诉。[1]

显然，这位父亲没有分清楚自己的角色，在公司，他是董事长，他儿子是部门经理；在家中，他是父亲。在公司当中，为了避免矛盾，不让彼此难堪，他选择了慈父般的容忍；而在家中，他又因为儿子在公司表现不尽如人意而大发雷霆。

管理企业不能"儿女情长"，企业应该遵循的最根本原则就是发展，而从发展的角度出发，企业就必须上进，内部就必须引进竞争机制，大家不能把企业当成一个真正意义上的家是必然的。在家里，子女可以有各种缺点，犯各种错误，父母最终都是宽容的，在企业则不可能这样。

---

[1] Alexander Koeberle-Schmid. *Governance in Family Enterprises*. Palgrave Macmillan, 2014.

（二）对企业现状进行评估

1. 前景光明的企业

企业成员（包括家族成员、非家族成员）大部分了解家族的愿景、使命、价值、战略以及目标。他们参与、执行家族企业运营，保护家族企业，尽他们所能为家族企业工作。创始人、企业其他股东、员工等对企业前景充满信心。

2. 可能陷入泥沼的企业

企业员工只是偶尔表现积极，经常坐等某些事情发生，他们更加关注从其他地方赚取钱财，而企业的绩效也并不稳定。

3. 濒临危机的企业

家族成员虽然在家族企业工作，但是都有副业，甚至有侵害企业利益的情形，例如，收取回扣，或者跟竞争对手有千丝万缕的关系。家族企业的资金流向不明，财务制度不健全。

如果家族企业还处于第一种或第二种情形，那么它还是值得传承的，当然这还要结合其他因素（包括领导人员梯队、二代能力和接班意愿、外部环境）进行综合考虑和评估。而如果家族企业处于第三种情况，那么企业主显然有比传承更紧迫的事情，因为这样的企业需要进行"大手术"才能度过危机。

（三）时间节奏把控：领导力传承与所有权传承

本章反复强调，在进行传承规划时，首要考虑因素是领导力传承安排，在此基础上再进行所有权的传承安排。这并不是说所有权的传承就不紧迫，而是因为没有考虑领导力因素的所有权传承安排往往会失败。过早地将企业的全部所有权交到二代手中，这个行为本身可能不可逆——既不利于其摆正心态学习，也可能给企业带来不可挽回的损失。然而，对于领导力传承和所有权传承安排，不要认为前者"重要"，所以就忽略后者，因为人生无常，如果没有任何所有权传承安排，企业家的突然离世就会完全打乱领导力传承的完美布局。所以，从此角度看，两者必须双管齐下。

领导力的传承通常需要投入较长的时间和大量的精力，一代不能"坐等"领导力传承完成再去想股权安排。所有权的传承同样需要严谨和审慎的评估和考量，并且要结合企业家对领导力传承的想法，涉及继承、股权架构（含公司重组）、税务筹划、信托、套现退出等问题。

对于面对传承决策的企业家来说，在相对短的时间内做出一系列正确的判断，是极具挑战的。因此，借助专业顾问的力量就变得极为重要。

（四）为候选人确定职位

一代在确定候选人时，首先，要对家族企业各个部门的岗位、各个负责人的职责以及高层领导者的职责进行描述。其次，客观评估候选人的能力、精神、特殊的才能、弱点、专业技能及其对家族企业未来愿景的期望等。基于这些信息，挑选合适的候选人进入相应的岗位进行锻炼。在确定候选人时，应当明确候选人的范围，诸如只能在直系亲属中确定，还是允许旁系亲属、姻亲以及非家族成员成为候选人。

在这个过程中，企业家应该首先从企业的需求出发来判断企业需要什么样的人才和领导力，再思考自己的家族成员中有谁具备相关能力或潜质，而不能倒过来。只有这样，自己的判断才能真正客观。

（五）确定激励政策

不仅公司的员工和高管需要激励，新生代同样需要激励。对新生代的薪酬安排应当尽可能依据市场竞争规则来进行，而不应该过多地考虑其家族成员的身份而给予特殊待遇。而在心智层面的培养和激励上，则要刚好相反，创一代应给予新生代家族成员额外的关注，包括增强他们的家族荣誉感、责任感和凝聚力，这是领导力传承的重要组成部分，而这种激励的价值远胜过薪酬上的激励。

（六）确定所有权的架构

在完成以上步骤之后，其实已基本能看出来候选人中谁可以真正接班掌管企业，这时候所有权的传承计划就应该进入执行和实施阶段。如何给予真正的继承人足够多的股份，而又避免未来其"一股独大"而侵害家族其他成员利益，这也是传承筹划中的一个考量重点。在所有权的传承中，综合运用家族信托、多重股权架构、金字塔架构等工具进行安排优化，同时兼顾时间节点把握和领导力传承，是一项艰巨的任务。

9.3.3 传承的生命周期

在本书的第 3 章，我们介绍了"生命周期"在人力资源管理和资产配置中的重要作用。而在领导力传承时，创一代同样也要关注"生命周期"因素，通过投资和培养二代的"人力资本"来达到提升家族成员综合能力以及接班水平的目的。因生命周期管理往往具有"不可逆性",即一旦错过某个时段、节点,要再回过头调整和改变,就会付出更大的代价。

(一)心理准备(0~25岁)

在这个阶段,是候选人的性格和能力初步形成期。在这当中需要关注的是:首先,少儿时期(0~13岁)的经历非常重要,在这一时期,候选人能够形成对商业的初步认识,同时也能够从父母身上习得家族的价值观。然而,在现实中,有的家族过于强调通过商业熏陶培养孩子商业方面的能力,他们早早地就让孩子到公司工作学习,让孩子认识客户,期许孩子能够将家族的价值观传承下去。实际上,一起参与非商业的活动往往更能传递家族的价值观与企业家精神。例如,周末两代人一起去医院当义工,或者参加慈善活动。其次,接受"教育"。这个教育并不仅仅是说拿到MBA学位或者其他学位,而是形成一种终身学习的习惯,这种习惯从小就需要培养。创一代通常并没有获得很高的学历,但这并不是说,教育就不重要,相反,他们往往一直都处于不断学习和成长之中,李嘉诚就是一个典型例子。那么这种自学的模式是否也适用于新生代?相关研究发现,在家族企业中,任职的家族成员学历普遍要比外来人员低,这需要引起家族企业的重视。[①] 最后,积累工作经验。3~5年的工作经验对于候选人来说非常重要,它可以让他们认识自我,更为重要的是,他们有犯错的机会,能够因此开阔眼界并得到成长。

(二)进入企业(20~30岁)

候选人在20~30岁这段时间可以进入家族企业接受更多的训练和能力培养。在这一阶段,同样也有几个方面要注意。首先,候选人应该通过正式的聘用程序进入家族企业,而非通过非正式的渠道,后者无法使其跟家族企业形成任何的法律关系。候选人不应该给人产生高人一等的感觉,最好就自己的私人身份对企业其他成员保密。其次,进入家族企业并非强制性选择。候选人应该有权选择最适

[①] 莫顿·班纳德森,范博宏. 家族企业规划图[M]. 陈密睿,付兆琪,译. 北京:东方出版社,2015. 根据对丹麦11 026名家族企业的管理者以及3 739名家族企业的所有者所做的调查,在这些角色当中,家族成员获得硕士学历的比例为22.7%,而非家族成员取得硕士学历的比例为38.6%,远远高于家族成员。而其他关于担任CEO、董事的调查也表明,家族成员的竞争力似乎并不如外部人员。

合自己的岗位和职业。候选人自己应该清楚："这是否是我想要的职业，这个职业能否实现我的目标，我是否有更好的选择，我能否和家族其他成员一同工作等。"许多创一代仅仅把接班计划装在自己的脑子里，而忽略了与接班人之间的沟通和交流。这使得新生代成员完全不了解接班计划。最后，候选人应从基层开始做起，这样，一方面，有助于自身更加熟悉家族与企业的雇员，并帮助自身习得特定的技能；另一方面，也有助于自身在员工当中树立威信。

（三）商业技能培养（25~35岁）

在候选人进入家族企业之后，要对其进行商业技能的培养。一方面，候选人需要从具体的部门岗位开始做起，以此获得真正的基本的技能，同时，也要有评价者对其表现进行客观评价和比较；另一方面，挑选一位导师来帮助候选人进行技能的培养也很重要，这位导师可以是家族企业中的董事会成员（非家族成员），也可以是外部咨询顾问。

（四）领导能力培养（30~40岁）

在30~40岁这个阶段，候选人最重要的任务就是在员工中树立威信。这就要求候选人在获得基本技能之后在不同部门之间换岗以培养领导力。《纽约时报》的小阿瑟·苏兹贝格在从他父亲手中接过董事长职位之前，用了16年的时间进行传承，其中有9年时间是在家族企业轮岗，他担任过记者、广告员、销售员及公司策划等职务。[1]也有些家族企业会把候选人置于一个全新的领域，让其进行锻炼。此时应注意，在其开拓新领域时，应当设立止损线，包括金钱和时间的限制。

（五）婚姻和家庭的重要性（25~35岁）

这里需要补充的一点是，婚姻和家庭对于接班的重要性，这是创一代、新生代都不能忽视的问题。一方面，婚姻更像是一种荣辱与共的合伙关系。匹配的婚姻会使得夫妻双方的分工更加明确和有效率，美满的家庭生活会让人更专注于工作和事业而不被个人问题拖累。另一方面，从心理上来说，婚姻和家庭所带来的稳定感和幸福感，能够给予新生代的事业更强的支持。

从创一代为领导力传承所做的各项准备来看，代际传承所经历的时间较长，

---

[1] John L. Ward & Craig E. Aronoff. *Preparing Successors for Leadership: Another Kind of Hero*. Palgrave Macmillan, 2011.

而其核心在于创一代如何在不同阶段，通过耳濡目染、循循善诱，对新生代进行教育和启迪，见图9-1。只有这样，家族企业的核心价值观和代表核心竞争力的无形资产才可能得以传承。

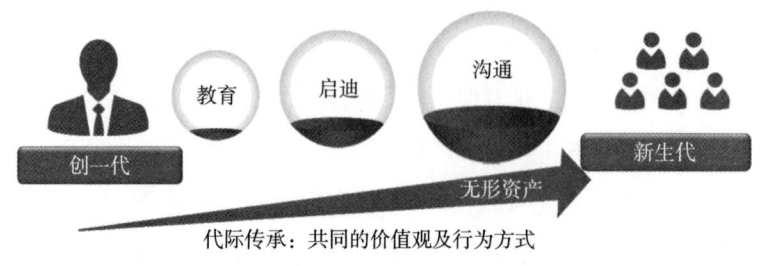

图9-1　代际传承示意

如果两代人通过上述努力使代际传承获得了成功，那么即便企业遭遇经济大环境的影响，接棒的新生代也会通过自身的努力和智慧，通过创新、转型等引领家族企业再创辉煌。

第 10 章　家族企业的股权设计

管教再严的家庭也会发生意想不到的情形。

——狄更斯

在家族企业传承过程中，无论是要"分"，还是要"合"，股权架构设计都不简单。处理不当，就会导致家族企业的大权旁落，家族丧失对企业的控制，或者由于家族成员的内斗，企业丧失本有的核心竞争力，甚至亲人将家族纠纷上升到法律纠纷，要求法院对企业进行清算分割——从本来的"水乳交融"发展到了"水火不容"。

大多数的家族企业希望维持"合"的局面，而家族企业股权的分配和安排是家族企业传承中极为关键的一步，因为这可能涉及未来十几年甚至几十年整个企业的走向。没有一套完善且量身定制的股权传承计划，家族企业很可能在完成代际传承之后举步不前，资产大幅缩水，很快在市场竞争中被淘汰出局。

本章围绕传承中股权的"分""合"问题，分析家族企业所特有的矛盾，探讨各种可能的传承架构与传承路径。

10.1　控制之重：家族企业股权设计的挑战

2011 年毕马威对澳大利亚 658 家家族企业所做的调查显示，在家族企业所面临的问题中，最重要的是"如何保持家族对于企业的控制"。超过 60% 的受访者认为这是一个"重要的"问题，其中约一半认为这非常重要。而紧随其后的两个问题则是"如何平衡家族事务和企业利益"以及"如何培训家族企业的接班人"。

第一个问题，实质上指的是企业控制权和股权设计密切相关，而后两个问题则指的是家族治理。家族企业股权设计的重要特点，就是它与家族治理安排密不可分，家族需要对二者同时兼顾。

具体分析，家族企业面临的股权控制和股权传承方面的挑战主要体现在以下几个方面：一是基于外部原因，家族企业由于扩张、融资、上市等原因股权遭受稀释，从而产生企业控制权丧失的风险，或者由于除企业领导人外的其他股东死亡而发生继承影响了股权结构及企业治理；二是基于内部原因，家族企业因为代际传承发生股权分配而出现股权分散或者企业治理冲突；三是采用家族信托等中央控制和顶层设计模式所带来的冲突和治理失灵问题。

10.1.1　家族企业的典型冲突

家族企业所独具的一些特质或特征，包括前文所提及的"特殊资产""无形资产"，一方面构成了家族企业的核心竞争力，使其不断焕发活力，拥有相比非家族企业更高的效率和利润率；另一方面，家族企业的优势却很可能因为家族成员的冲突而减弱，并迅速转化为企业的包袱和劣势。

所以，在分析如何设计股权之前，必须理解家族企业的典型冲突。首先，是家族企业"控制人"与"投资人"之间的冲突。其次，是来自家族的股东之间的冲突，它将家族内部本来具有的非常强大的凝聚力，"核裂变"成为巨大的破坏力，其所造成的伤害要远远大于同类冲突对非家族企业造成的伤害。最后，是家族企业股东和职业经理人之间的矛盾冲突。如果我们进一步细化分析，可以发现，因为角色和定位不同，企业成员之间所产生的矛盾和冲突还有很多。

图10-1显示了耶鲁大学教授盖尔西克所描述的家族企业和关联人员各自角色和关系的三环模型，该模型揭示了家族企业、家族资产和家族之间的联系与区别。家族企业在进行股权设计、控制权分析时，了解图中7种身份所处的位置（家族成员，家族企业股东，还是家族企业的职业经理人，抑或是他们之间的结合体），是非常关键的。

#2：家族企业外部股东，如家族企业的公众投资者

#4：家族成员，家族企业股东，但不在家族企业任职

#5：家族企业股东，在家族企业任职，但不是家族成员

#1：家族成员，非家族企业股东，也不在家族企业任职

#3：家族企业的"职业经理人""核心员工"

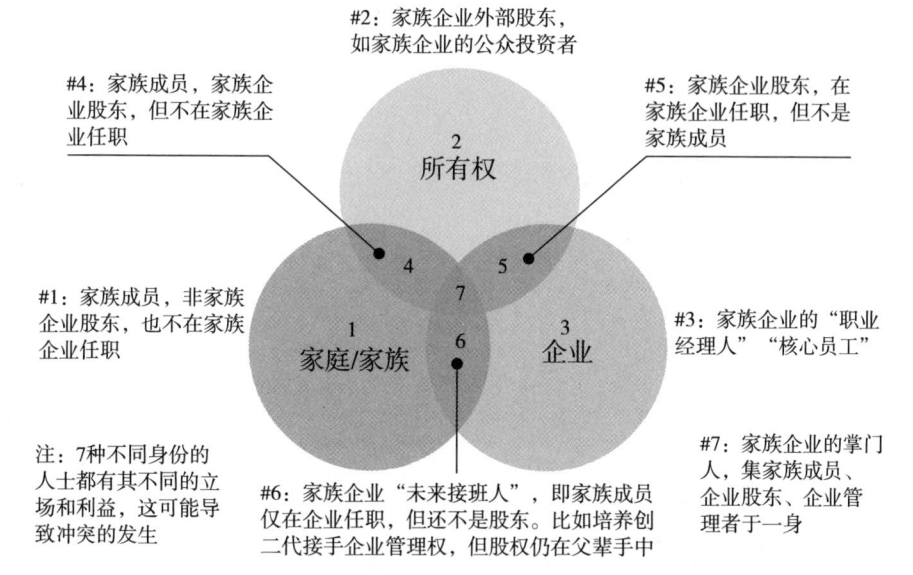

注：7种不同身份的人士都有其不同的立场和利益，这可能导致冲突的发生

#6：家族企业"未来接班人"，即家族成员仅在企业任职，但还不是股东。比如培养创二代接手企业管理权，但股权仍在父辈手中

#7：家族企业的掌门人，集家族成员、企业股东、企业管理者于一身

图 10-1　耶鲁大学盖尔西克教授的三环模型

据此，我们就能够描绘出家族企业各方存在的潜在冲突及其相应的解决方案，否则，很容易被家族企业表面上的平静所迷惑，而平静湖面之下的暗流会在大家长去世之后加速涌动。下面我们将举例说明家族企业中常见的三种典型冲突。

（一）家族企业的所有权人和外部投资者的冲突

家族企业凝聚着创一代乃至几代人的心血，因此家族成员对家族企业有着一种特殊的感情，这种感情常常促使家族企业在长远的发展和愿景、承担合理的风险、善待员工等方面胜过非家族企业。

案例 10-1　IBM：创业者和投资人的"长期利益"博弈

小沃森在接班后不久，开始了一个总共耗时 5 年、花费 50 亿美元、雇用了 6 万多名新员工、建立了 5 座新工厂、投入甚至超出"二战"时制造原子弹计划的投资的巨大项目，研发生产 IBM360 主机，让计算机首次具有兼容性。

这一举动被当时的《财富》杂志称为"50 亿美元的冒险"。当时正值 IBM 巅峰之际，总裁小沃森却将整个公司的命运豪赌在计算机兼容性这个概念以及这个

将取代自己已有产品的新产品上。如果失败，IBM 已有的计算机业务将很快被竞争对手赶上，并且将其面临高昂的负债，这一切都充满了风险。然而，这一豪赌获得了巨大的成功，奠定了 IBM 在计算机领域不可撼动的地位，1965 年，数百台 360 型计算机出厂交付使用，到 1966 年底，已有 8 000 台 360 型计算机出厂，使 IBM 年收入超过 40 亿美元，税前利润高达 10 亿美元。这个具有远见卓识的举措让 IBM 公司成了史无前例的大赢家，小沃森和 IBM 将竞争对手远远地甩到了后面。

然而，在被职业经理人和华尔街影响的今天的 IBM 公司中，这样的家族企业传奇似乎再也没有延续的土壤。2016 年发表在《福布斯》的一篇文章，提到了上市公司陷入被华尔街短期逐利意识绑架、长期发展难以为继的困境，而 IBM 成为一个反面的例子。2006 年，时任 IBM 全球董事长兼首席执行官彭明盛开始了一系列"大刀阔斧"的改革，主要是砍掉各类开支并且进行大规模股票回购，每股收益在 5 年内翻了一番。这也使得巴菲特在 2011 年对 IBM 追加投资 100 亿美元。当彭明盛在 2012 年离任时，他获得的净收入总额高达 2.25 亿美元（包括股票、期权、养老金等）。然而，这种通过砍掉成本的方式给公司带来短时间业绩翻番的结果是什么呢？根据《商业周刊》的评论，IBM 业绩增长背后实际上是总收入的下降、失败的收购、逐渐丧失竞争优势的技术、日益沮丧的员工以及存在瑕疵的商业模式和暗淡的未来发展前景。

所以，在彭明盛离任之后，IBM 的收入连续 15 个季度下降，股价缩水了 35%，而标普 500 指数却在同期上涨了 40%。当然这样的问题并不是发生在所有的美国上市公司身上。《福布斯》这篇文章作者指出，Google（谷歌）、苹果、亚马逊、联合利华等同样是上市公司，其管理层的目标则是为客户提供价值，而为股东提供价值回报只是结果，不是目标。

我们想象一下，如果小沃森仍然担任 IBM 的董事长兼 CEO，他是否会采取这样杀鸡取卵的措施，通过压缩开支，将公司的未来押在华尔街投资人的好评与公司的短期股价表现上？

这就是家族企业所要面对的家族与投资人、职业经理人之间的矛盾。也许正是基于这方面的原因，一些跻身《财富》"世界 500 强"的家族企业选择不上市，例如家居产业巨头宜家，其不想在投资人面前公开家族的产业，更不想使家族丧失企业控制权。

历经五代传承的美国庄臣公司愿意牺牲短期盈利，一直把化工产业的环保和消费者健康放在首位，走在法律和工业标准的前面。[①] 也有企业家付出了行动，在上市之后又退市，戴尔电脑的创始人戴尔在其家族办公室 MSD Capital 的帮助下，完成了退市。国内也有不少家族企业上市之后也想退市，像俞敏洪多次在不同场合提到，自己非常后悔上市。早在 2005 年，新东方的创业元老们开始在董事会上逼迫俞敏洪接受风险投资，走上市之路，俞敏洪拒绝了。他的理由是，怕上市破坏了他一直追求的"做事情的从容和理想"。在僵持了半年之后，俞敏洪才最终妥协。[②]

他们或多或少地感觉到，外部投资者的关注点，仅仅在于企业的估值、每股收益以及股票价格是不是高。同样，非上市公司也会遇到这些情况。那么，家族企业所有权人和外部投资者的不同到底体现在哪些方面？

就外部投资者而言，他关注的是资金回报，而家族企业所有权人所要关注的问题非常多。首先，家族企业所有权人当然也要关注资金回报，但是这种关注相对于外部投资者的关注是更加长期的，时间可能会是两年、三年甚至更久，而外部投资者更多是以年度财务报表等作为参考依据。其次，家族企业所有权人会关注企业的荣誉、无形资产（含领导力）的维护和传承、后代（接班人）培养以及员工情况等诸多外部投资者较少会关注的要素。对于企业愿景，外部投资者更多关注的可能是如何将其和投资回报进行一个转换。最后，家族企业所有权人对于家族企业会有一种使命感。这种使命感来源于其对家族企业的归属感。

综上，家族企业所有权人对家族企业存在着更多感性上的考虑，其不仅仅希望从家族企业当中获得资金回报，还希望能够保护家族企业，进而将家族企业世代传承下去。所以，一方面，家族成员有一种使命感，这种强烈的使命感促使家族成员想方设法地将家族企业经营下去；另一方面，家族成员希望能够牢牢地将家族企业的控制权掌控在自己手中，让家族企业听从家族的安排。

---

① 美国庄臣公司案例请参见本书第 11 章。

② 参见《俞敏洪上市之悔》，来源于《中国企业家》杂志。

> 家族企业所有权人会关注企业的荣誉、无形资产（含领导力）的维护和传承、后代（接班人）培养以及员工情况等诸多外部投资者较少会关注的要素。

那么反映在股权的设计和安排上，对于创一代和（或）家族领导人来说，其就要关注：自己未来是否可能会因股权被稀释而权力旁落？在吸引外来资本投资的时候，应该如何关注股权的比例，避免家族丧失对企业的控制？在签署投资协议、股东协议的时候，哪些条款应该特别关注？如何创设股权架构才能避免未来大权旁落或者企业遭遇恶意收购？为了可持续发展，在上市与否问题上应如何选择？这些问题都将在本章的后面部分谈及。

（二）股权分散导致的群龙无首和众口难调

另一种典型冲突来自家族成员股东因代际传承而股权过度分散。代际传承之后，家族企业的股东增多，股权开始出现越来越分散的趋势，虽然家族企业可调控的"人力资本"增多了，但是这并不等于家族企业的平均"人力资本"相应得到了提升。相反，沟通成本的增加，"搭便车"现象的增多，诸多股东之间众口难调，将导致企业管理成本徒增，发展可能停滞不前。

案例 10-2　利丰集团的重组与重生[①]

香港的利丰集团最早由冯柏燎先生和李道明先生于1906年在广州创立，第一代创始人冯柏燎先生去世后，李家就退出了利丰。冯柏燎去世之前，将利丰的控制权交给了次子冯慕英，股权分给了他的十几名子女。冯慕英去世前又将公司的控制权交给了三弟冯汉柱，并把手上的股权分给了自己的七个子女。而冯汉柱生重病后，将其在美国的两个儿子冯国经和冯国伦兄弟叫回来继承家业。兄弟两人放弃在美国的事业回到家族企业，他们发现了两个棘手问题。

第一个问题是，利丰的股权非常分散，经过三代的分配，已经散落在35个堂兄弟姐妹手里，而他们兄弟两人的股份加在一起只是少数。此时传统贸易生意已经开始走下坡路，企业面临转型，要大刀阔斧进行改革，让诸多股东步调一致支持他们俩实在是阻力重重。

第二个问题是，家族内部股权分散使家族企业内部产生了一些腐败问题，如

[①] 范博宏. 交托之重：范博宏论家族企业传承01 [M]. 北京：东方出版社，2014.

一些家族成员利用自己的职位收取回扣，还携带自己的亲戚朋友一同收取回扣。对这些问题进行整顿，小股东是难以做到的。

冯氏兄弟凭借父亲的声望和人脉，向香港的好几家大银行贷款，共计80亿港元，在市场上收购公开流通的已经在香港联交所上市的利丰集团股票，最后完成了利丰的退市，再按照退市的股价追加80%的溢价从亲戚们那里将股票全部买回。整个回购过程持续了两年，冯氏兄弟终于从35个家族股东手里购得家族企业的股权。事后，他们回忆说，这是他们一辈子最受煎熬的两年。

之后，两位兄弟推动利丰再度上市，用发行股票获得的资金归还银行贷款，同时推动企业进行转型，从传统的贸易公司转型为供应链管理公司，使利丰成为香港最受人尊敬的家族企业之一。

上述案例说明了股权分散所带来的管理低效、人浮于事甚至系统性腐败问题，而利丰集团第三代的这两位兄弟在完成了公司的股权重组收购和企业转型后，也吸取了上一辈的股权分配教训。从现阶段的安排来看，冯国经已把他手上的企业股权转移到了信托之中。

这种不再将股权直接交给下一代成员，而是把将要传承的公司股权安排在信托中的方法，也被称为"顶层设计"架构，即家族企业的主要股权集中由一个信托或者基金会持有，而家族成员只能够作为"受益人"，而无法直接处置公司的股权，这样就确保股权一直集中在一个"实体"中，也避免家族成员在直接拥有了股权之后将家族企业的股权抵押、出售给外人，导致家族企业落入他人之手。

这种"顶层设计"的股权传承模式具有明显的优势，而且为香港不少大型家族企业所采用。但是这种通过信托持股的方式也存在潜在风险，并暴露出了严重的问题，我们在后面的章节中会提到。

（三）家族凝聚力悖论

虽然家族成员之间由于存在血缘关系而有天然的凝聚力，但是他们仍要经受"利益"引诱的考验，经受不住，就会如火山爆发成为吞噬家族企业的岩浆。

一方面，家族企业与其他类企业的一个重要不同之处在于，凡是家族企业的所有权人，一般情况下都是所谓的"一致行动人"，能够将分散的股权进行集中，进而进行投票表决时即使在有外部投资者的情况下也能满足《公司法》下的股东多数决标准。在 LVMH（酩悦·轩尼诗-路易·威登集团）恶意收购爱马仕的案例中，爱马仕控股家族通过成立控股母公司的形式，将家族股权悉数装到了控股母公司当中，成功挫败了 LVMH 的收购。① 这种强大的凝聚力无疑能够让家族和家族企业同时受益。另一方面，家族企业又存在着一系列内部角色冲突，它们很容易演变为家族矛盾。

下面我们分析在本书第 1 章提到的科氏家族案例。其所拥有的科氏工业曾被认为是世界上最赚钱的非上市家族企业之一。早在 2008 年，科氏工业年销售收入达到 980 亿美元。然而，作为一家家族企业，它也曾遇到家族企业股权和管理权问题带来的兄弟互斗、企业分崩离析的问题。

案例 10-3　科氏家族的兄弟之争

科氏工业由弗雷德·科赫创立于 20 世纪 60 年代，当时主要经营炼油业。而如今经过一百多年的发展，其产业已经扩展至化肥、原油开采、炼化、贸易、管道运输、农业和畜牧业、金融服务、道路沥青等领域。创始人弗雷德·科赫育有四子，分别是长子小弗雷德、次子查尔斯以及双胞胎兄弟大卫和比利。四个儿子从小就在老弗雷德的严格教导下长大，在节假日，他们都要到公司里帮忙，并且不得反抗，威权主义在科氏家族中盛行。小弗雷德虽然和父亲同名，但是却不被父亲喜欢，父亲老早就明确表示不会把财产传给他。第二个儿子查尔斯最像老弗雷德，具有雄心，同时工作努力。比利则从小对父亲偏爱查尔斯耿耿于怀，同时由于年龄较小经常受到查尔斯欺负。

在老弗雷德去世之后，权力的真空显现。由于四个儿子之间的嫌隙已久，家族战争瞬间爆发。先是比利秘密地想要将查尔斯移出董事会，查尔斯发现后，联合了大卫，将比利清除出了董事会并将其开除。此事之后，查尔斯和大卫将比利和小弗雷德的股份全部收购，收购的价格在当时（1983 年）高达 11 亿美元。

---

① 参见《"并购大王"LVMH 并购路上的滑铁卢》，载于 http://fashion.sina.com.cn/s/in/2013-09-06/095021784.shtml。

比利被开除以后，他仍然没有停止斗争，比利认为在这次收购中，自己收到的钱太少了，他应该获得更多的财产，因此将查尔斯告上了法庭，为此他花费了10年的时间以及上百万美元的诉讼费，而结果却是败诉。

虽然经历了两次失败，但是比利还是未放弃。最后，他将矛头对准了公司，比利控告科氏工业用不可靠的计量方法来计量油量，借此从印第安原住民那里窃取原油。这场诉讼持续了将近20年，最终以双方和解收场。[1]

虽然科氏工业最终幸免于难，但是另一家兄弟相争的中国香港企业就没那么幸运了。

案例10-4 镛记酒家股权风云[2]

人称"烧鹅辉"的镛记创办人甘穗辉生于香港，由在中环经营烧味大排档起家，先后娶四房太太，共有11个儿子和7个女儿，第二代接班人甘健成（原名琨胜）、琨礼以及琨歧，都是第三房太太麦少珍所生。开始，甘穗辉买下"镛记"茶档，主营烧腊，吸引了一班食客。1964年，甘穗辉买下现在的威灵顿街铺，开始大展拳脚。镛记在1968年被美国《财富》杂志选为世界十五大食府之一，也是唯一一家入选的中式食府。

甘穗辉生前设计的"均衡"经营权分配对于酒家早期的发展功不可没。在发生股权纷争之前，家族第二代三个儿子"兄弟同心，其利断金"，协助父亲打造了一块金字招牌。甘健成1973年已获父亲首肯担任酒家总经理，后来琨礼、琨歧加入，他们一直以来都遵循着"权力均等，重要决定集体征询意见"的原则。

然而，这种平权式的传承机制没能使镛记在后续的经营上一路乘风破浪。据代表甘健成的律师透露，后来经股权调整，甘健成和甘琨礼两兄弟各持有镛记

---

[1] Grant Gordon & Nigel Nicholson. *Family Wars*. Kogan Page Limited, 2011.
[2] 范博宏. 交托之重：范博宏论家族企业传承01 [M]. 北京：东方出版社，2014.

45%的股权，余下的10%由妹妹甘美玲持有。但是在甘健成不知情的情况下，甘琨礼取得胞妹所持有的10%股权，使自己的持股比例由45%增加至55%，成为镛记控股的最大股东。之后甘琨礼安排儿子进入董事局，影响了甘健成的控制权，更令甘健成对甘琨礼失去信心的是，他被限制处理集团的财务文件，因此他希望将股权出售给甘琨礼后退出董事局，并据此向香港法院申请清盘。

所以，上述两个案例反映的共同点是，家族"战争"都在父亲去世之后爆发。而问题都缘于家族企业创一代对二代（兄弟）"股权和控制权"的"分配和设计安排"上的疏忽与瑕疵。相对于非家族企业，内部"核裂变"对家族企业造成的创伤更大。对于非家族企业来说，股东的意见分歧可能只是"在商言商"，各方"不打不相识"；而对家族企业来说，纠纷和争斗则很容易被认为是"对家族的背叛"，伤痕常常难以修复、无法完全愈合。

10.1.2 企业治理、股权结构和股东协议

当家族成员组成比较简单时（例如独生子女家庭），大家对于谁可以获得股权、获得多少股权以及哪些成员可以进入企业工作往往不太有争议。然而，随着家族人口的增多，创一代就会面临一个关键而且复杂的问题——家族哪些成员可以在什么时候获得家族企业的股权？是在孩子中平均分配股权，还是将企业的控股权交给一位自己特别信得过的孩子？如何设计股权架构以保障那些只拿到非控股股权的家族成员利益？

（一）典型案例透视与分析

案例10-5　股权继承与公司治理之争

赵老是一家制造业企业的创始股东、董事长，年过六旬，在企业中占股48%。持续10多年，企业面临产能过剩、市场竞争加剧以及成本上升等多重压力，但是在企业二股东兼CEO李总（占股约20%）和管理层的共同努力下，它成功转型成为一家高科技生产型企业，并引入了VC，企业最近几年业绩有了显著

增长，并有望在未来的2～3年内上市。

赵老和李总并没有矛盾，然而赵老的一些家事开始让李总感到忧虑：一方面，赵老年事已高，但是李总从来没听说赵老有什么传承安排，如果赵老离世，那么继承人将会是年轻的第二任太太以及赵老与前妻所生的刚大学毕业不久的儿子。李总心里认为，如果赵老离世，无论谁来继承股权，享受股权带来的一切权益，都是天经地义的，但是如果让毫无管理经验的年轻女士或纨绔子弟中的任何一位来接班担任董事长，对公司的管理和运营指手画脚，那么将可能给公司带来致命的打击，而李总作为CEO在过去数年呕心沥血的苦心经营将都可能付诸东流。

对于赵老来说，烦恼其实比李总更多。虽然他自己觉得让儿子来接班似乎顺理成章，但是他儿子对于接班掌管一家制造业企业一没兴趣，二没经验，儿子更喜欢投资，但是儿子的"投资"大都打了水漂。与此同时，儿子还考虑马上与一位并不门当户对的女友结婚，这遭到了家里人的一致反对，而且赵老觉着儿子一向主意很大，不排除其瞒着家里办理婚姻登记的可能性。

而赵老的年轻太太则也有自己的想法。她认为这个赵老与前妻生的大儿子接班只会把企业搞砸，而自己和赵老生的小儿子虽然没有成年，倒是聪颖乖巧，假以时日，应该会是接班的好苗子。如果企业被大儿子搞砸，自己和小儿子两人相依为命，即便分到公司股权也都变成了废纸，想到这里，她就坐立不安，所以觉着还不如趁早把公司卖了，分到现金，找人理财更为靠谱。

赵老和李总也各自找过律师朋友，但是他们除了建议应当订立遗嘱或者通过信托来进行传承筹划外，并没有提出更可行的建议和方法。

让我们看一看上面这个故事背后所隐藏的风险。

从赵老的角度，他开始意识到交班和传承的重要性，想把股权交给自己的大儿子，同时也分给自己现任的太太和二儿子，这看上去都天经地义。但是，他没有意识到，他的传承计划如果没有做好，将直接影响公司最重要的股东即CEO以及管理层的积极性，并且可能毁掉自己拥有一半权益的公司。如果儿子真的像友人提醒的那样刚愎自用，一旦掌权，很有可能把公司的未来当作赌注押出去，后果更不堪设想。那样的话，赵老便无颜再见一起奋斗过来的合作伙伴、公司核心员工以及家族的其他成员。

另外，赵老也没有意识到，如果自己的大儿子真的瞒着家里在外面结婚，一旦两人将来离婚，那么女方很有可能就会分走自己留给大儿子的一半股权。届时公司很可能已经上市，这些股权可能在那时已经价值几亿甚至几十亿元，这个风险对于赵老和其他家人来说是不可想象的。

从李总的角度，他能将原来企业辛苦改造、转型成功为现代高科技企业，也得感谢赵老的默契配合与信任放权。但是这一切平衡可能会随着赵老年事渐高或意外变故而被打破。李总虽持有20%的股权，但仍无法撼动掌控48%股权的赵氏家族，除非自己能够联合其他所有股东。对于赵老的家事，他实在没有权利进行任何的干涉。他也在考虑，是否应该提出辞职，让赵老买断自己20%的股权，在外另起炉灶。他如果做的是公司本行业务，那么就有违反竞业禁止条款之嫌；如果做的是完全不同行的产品，那么自己的胜算如何？如果李总真的走出了这一步，就必然会和赵老甚至公司的其他股东（包括VC投资人）产生矛盾，甚至发生诉讼，而公司则也可能因为管理层震荡而业绩下滑，甚至错过上市的最佳时机，导致永远无法成功上市。这似乎是一个并非"共赢"而是"共输"的情况。

案例10-6　决策权与分红权的分开尝试

有个家族来自中国闽南地区，成员包括企业创始人、他的妻子、五个女儿和一个儿子。创始人已七十多岁，打算退休，于是将企业的股权做了分配。因为自己年纪大了，创始人没有为自己留任何股权，他将股权中的投票权和分红权做了不同的安排。就投票权来说，妻子分到17%，唯一的儿子分到48%，五个女儿各分到7%；而分红权跟投票权完全不同，妻子分到5%，儿子分到20%，其他的女儿各分到15%。

根据2021年12月24日向社会公开征求意见的《公司法（修订草案）》（以下简称《草案》），其第一百五十七条规定，股份有限公司可以按照公司章程的规定发行与普通股权利不同的类别股。同股不同权的情况在国内的上市公司推行难度较高，但是在非上市公司则可以通过约定实现。同时结合《草案》第六十条（也就是原《公司法》第四十二条）规定，"股东会会议由股东按照出资比例行使表决权；但是，公司章程另有规定的除外"，因此实践中可以采取"同股不同权"的治理安排。① 这种股权分配模式的优点在于，给予儿子的侧重在经营权，给予女儿的侧重在分红权。关于经营投票权，五个女儿各 7% 的投票权加在一起，也没有儿子 48% 的投票权高，但是如果他们的母亲站在了女儿这边，母女联合起来投票权就达到了 52%，就可以胜过儿子 48% 的投票权。

这是范博宏教授提及的一个案例，该家族企业的创始人在设计这个方案的时候，并没有聘请专业人士进行设计和规划。所以这个表面上看来十分考究精细的方案，似乎有其值得称道的地方，但是却难以经受实践的检验。

这种安排的最大问题是经过一段时间就要调整：只要其中任何一个人发生意外身故，整个平衡就会被打破。例如，假如父亲去世，本来看起来完美的平衡将会失去。果然，在父亲去世不到一年，母亲还健在的情况下，子女们就开始闹矛盾。最小的女儿一直质疑哥哥为了少分红而在公司的财务上做手脚。她觉得公司这么赚钱，但是分红却少得可怜。而哥哥觉得小妹无理取闹，只有 7% 的投票权却要对公司的经营管理指手画脚。

（二）股权传承的关注要点

1. 家族企业股东协议的核心要点

关于家族企业的股权传承，除了架构设计和搭建之外，很重要的工作还包括企业治理和家族治理方面的制度建设，因为单纯的股权代际传承，本身并不能解决未来家族成员之间的龃龉和冲突。因此，除应对公司治理的重要文件——公司章程之外，还有一份非常重要的规范股东权益的文件，就是股东协议。股东协议是公司股东之间围绕股权做出的约定。只要没有违反相关法律的强制性规定，股

---

① 目前境内上市公司，已有设置"AB 股"的实例：2019 年，优刻得科技股份有限公司是科创板第一家获得证监会同意注册的设立差异化表决权的发行人。差异化表决权具体内容是：每股 A 类股票拥有的表决权数量为每股 B 类股票拥有的表决权的 5 倍；根据 2021 年 12 月发布的《公司法（修订草案）》，股份有限公司已明确可以设置"AB 股"，截至 2023 年 8 月，此草案虽还未获得通过，但体现了国家在法律层面对公司合理利用股权设置的肯定倾向。

东协议在股东之间就具有效力。

在传承中，企业家是应该将自己的股权平均分配给所有的继承人还是应该倾向性地给予将参与实际管理的继承人呢？如果后者在掌握管理权之后侵害其他家族成员（继承人）的权益，如何处理呢？是否有的成员应该有投票权，而其他成员则只享有受益权而没有投票权呢？

所有配合企业传承、遗嘱、家族宪法等进行的统筹安排，都应在公司章程或者股东协议中加以适当反映，以确保各类安排无缝对接。

家族企业的股东协议与非家族企业的股东协议不同，前者需要考虑家族治理等因素，因此可能会规定很多内容。家族企业的"人合性"① 比非家族企业要强很多，有些家族企业甚至不允许外姓自然人股东的存在。因此，如何维护家族企业的人合性，是家族企业股东协议设计的一个重要内容。

设计股东协议时，首先要关心的问题是谁能够拥有家族企业的股权。就股权分配而言，企业家比较关心的是到底哪些人可以拥有这些股权，如除了直系亲属以外，姻亲成员（企业家配偶的除企业家自己与孩子以外的家庭成员）是否可以获得股权，子辈的姻亲成员（俗称亲家）是否可以。此外，还需要关注领养的子女及其后代是否可以获得股权，而对于非家族成员的股权激励，其中的额度控制同样是非常敏感的问题。

> 设计股东协议时，首先要关心的问题是谁能够拥有家族企业的股权，还需要关注领养的子女及其后代是否可以获得股权。

其次是股权和决策权的分配关系。正如前文所述，实践中可以采取"同股不同权"的治理安排，以实现决策权的特殊分配，满足家族企业的管理需要。

《公司法》第四十二条规定：股东会会议由股东按照出资比例行使表决权；但是，公司章程另有规定的除外。因此，就家族企业的决策权而言，股东可以在持有较少股份的情况下行使较大的决策权；或者就部分股票可以设定一票否决权，抑或将部分股票的决策权配比进行调整等，但这就需要确保家族宪法的内容与企业章程的内容能够匹配，并进行了《公司法》方面的合规安排。

---

① 人合性，是指组织的形成以人与人之间的相互信任为基础，一般而言较为排斥外部人员进入组织内部。在有限责任公司中，向外部人员转让股权，需要经过内部股东的一致同意，并经具有优先购买权的股东放弃股权购买方可进行。

最后是家族企业的股权流转和回购问题。对于创一代来说,股权流转不是问题,因为本身手里就有大量的股权,是卖是买,都由他一个人说了算。但是,到二代及以后更多代,股权的分布更加分散,家族内部与外部之间的股权流转也会更加频繁。创一代如果能提早筹划,后代到时候会省去很多不必要的麻烦。

在欧洲,家族企业经过数代的发展,制度已经形成。就拿家族企业的股权流转来说,当亚洲的家族企业二代或者三代还在为股权转让的估值争执不休的时候,欧洲的许多家族早已设立了在家族内部购买和出售股权的交易市场,该市场每年在家族年会期间短时间开放。[①]

因此,一些规定应该着重体现在股权协议中,包括:第一,公司何时可/应回购股权。比如在股东成为无民事行为能力人的情况下,是回购其股权对其做出其他的补偿,还是让其保有股权但是给予其更多的分红,或者是将其股权设立成为一个信托基金;再比如在家族成员离婚的情况下,一方成为非家族成员,那么是不是就必须购回其股权?第二,公司流转和回购股权的比例。公司每年回购股权应该具有相应的限额,否则会对公司的经营造成很大的影响。同样,对于股权的流转限额也可以做出规定。第三,关于股权的估值问题。许多家族企业在股权转让和回购的时候,由于买卖双方对于股权估值难以达成一致,最终家族企业元气大伤。如果涉及的股权价值较高,公司或者其他的股东很多情况下无法短时间获得过桥贷款或者其他融资以支付转让款/回购款。例如,香港镛记酒家案例中,就是因为兄弟二人对估值难以达成一致,最终对家族企业进行了清算。早年李锦记也曾估值过高,导致家族企业被抽去很多现金而经营艰难。究其原因,是家族企业没有事先预估和预判,甚至从来没有对家族企业的股权进行过估值。因此,在每一个会计年度,对家族企业进行一次估值,会减少后期很多麻烦。在进行股权估值的时候,家族企业要考虑更多的因素,比如持有人是否是家族企业的员工,是否是家族企业的管理层,是否在重大事项中为家族企业做出了贡献等。

2. 股东寿险

较鲜为人知的是,保险也可以作为企业传承中的一个工具。公司作为投保人

---

① 莫顿·班纳德森,范博宏. 家族企业规划图 [M]. 陈密睿,付兆琪,译. 北京:东方出版社,2015.

支付少量的费用为股东投保，在该股东发生死亡的情形下，保险公司将支付高额的保险金，那么如果公司作为保单的受益人，就可以通过获得的保险金来回购辞世股东的股权，这样既满足了股东继承人退出套现的需求，也缓解了公司现金流的问题。这个方法的好处是，保险费统一由公司承担，在税务上还可能实现节税。但是有一个问题是，公司获得的保险金并不独立于公司的资产。也就是说，公司的债权人如果要就公司债务偿还义务申请法院强制执行，该保险金就会被冻结用于债务清偿，这会导致回购安排的落空。

另一种方法则是股东相互购买寿险，当一方死亡，另一方股东将以获得的赔付保险金来收购辞世股东的股权。但是如果公司的重要股东超过三名，操作起来就比较复杂。另外，作为受益人的股东，其是否要就获得的赔付保险金缴纳个人所得税，在法律上还有不确定性。

前述安排，一方面仰赖股东协议以及公司章程中的约定（包括发生特殊情形下的转股或者回购价格），另一方面则是要充分考虑购买保险产品本身的可行性、公司的未来现金流状况、不同选项的税负因素等。

3. 关键人保险

如果企业是上市公司，那么其股东之间互买保险就缺乏可操作性。但这并不意味着不需要人寿保险产品，还有另一个很重要的人寿保险产品便是"关键人保险"。

关键人保险，也称"要员保险"，是指公司为其关键的股东、雇员购买的人寿保险，这些人员往往对公司有着至关重要的作用，他们的去世对公司来说是重大损失，所以，无论是上市公司还是非上市公司，只要有这样的关键性人物，就必须为之购买寿险，以此对冲其突然发生意外对公司造成的巨大经济损失。虽然说人的价值不可估量，但是实践中，公司如果能够从保险公司获得一笔可观的经济补偿，那么就可以弥补所遭受的损失，缓解可能的短时间的现金压力（来自向银行加速还款和债权人催账等），聘请猎头高薪招募高级管理人员，而不至于面临业绩迅速下滑、管理出现混乱、资金吃紧等情况。在国外，有的银行在给企业办理贷款时，甚至会要求公司购买关键人保险，以确保即使公司的关键人士发生意外也不会对公司造成致命一击。

4. 股权分配和传承

虽然股东协议、回购安排、股东寿险以及关键人保险都是应对股东发生不测的选项，但采用这些选项似乎还没有完全解决企业传承的问题。商业传承课程可能会讲述有关传承需要时间和传承过渡的道理，也很可能会提到方太集团茅理翔先生"带三年、帮三年、看三年"的理论和实践，但是对于多子女家族股权如何处置的法律问题，却少有提及。如果老一代企业家在"带三年"的阶段就撒手人寰，继承人有数位，股权、管理权究竟应该如何分配呢？三个年龄不同的孩子均分吗？谁来负责经营管理？若接班人未来不适合执掌大权，其可否被替换？企业应该"分"还是"合"？从法律的角度看，其实这才是传承的难点、矛盾的焦点。

所以，在股权分配上，还有一个难点问题有待解决，就是谁来占大股并对家族企业进行管理。这似乎难以通过股东协议或者公司章程加以解决，而需要根据家族和企业的实际情况进行传承安排。

（三）被忽略的传承盲区

家族企业传承的盲区之一，就是把传承的注意力过度局限于企业家本人与其直系亲属范围内。其实，企业家发生变故和不测，影响的范围要比想象的广泛和深远得多。一家上市企业发生这样的重大变故，短期内会导致股价的下挫，可能意味着数亿、数十亿元市值的瞬间蒸发，而此时如果对如何进行股权继承、谁来接班、谁来掌权等问题无法快速明确，或者其他重要股东以及管理人员对接班的继承人缺乏信任，则可能导致企业管理层不稳、重要成员离职，经营业绩会随之大幅下滑。对于非上市企业，其受到的影响和波及面虽然没有上市公司受到的那么广，企业价值缩水短期内也不见得明显，但是这样的重大变故对公司的其他股东、重要投资人、核心管理层同样可以产生相当深远的负面影响。

未上市的有限责任公司，既具有资合性又具有人合性。所以，如果继承人在公司的运作、理念等方面与其他股东不合拍，此类变故确实会对公司产生很大负面影响。更有甚者，将直接影响公司最重要的其他股东如 CEO 及管理人员的积极性，并且将有可能毁掉公司。如何防范这些风险？我们先看一下如果没有做任何财富传承安排，第二代是如何继承股东资格的。

根据法律规定，只要公司章程中未对股权继承做出其他相关规定，未成年人（包括外籍人士）可以继承股东资格，继承亦无须获得其他股东过半数的同意。《公司法》第七十五条规定："自然人股东死亡后，其合法继承人可以继承股东资格；但是，公司章程另有规定的除外。"

除此之外,《北京市高级人民法院关于审理公司纠纷案件若干问题的指导意见（试行）》（京高法发〔2004〕50号）第十二条规定："如果公司章程规定或股东会议决议同意该股东的继承人可以直接继受死亡股东的股东资格,在不违反相关法律规定的前提下,法院应当判决确认其股东资格,否则应当裁定驳回其起诉。"这反映了北京高院的态度：股东资格并不是当然继承,仍然可能受制于事后的股东会决议。

同时,也有实操案例佐证上述规定,在"北京市宣武炊事食品机械有限公司与徐佳、李英俊股东资格确认纠纷上诉案"中,北京市第二中级人民法院认为："在不存在公司章程已有约定的前提下,公司的股东会决议,不能对抗现行法律的明文规定,限制股东的继承人的合法继承权。"

同时,也有法院在相关案件中指出,在股东过世后形成的章程修正案对已过世股东无约束力。在"龙口市供销贸易中心有限公司、殷琪请求变更公司登记纠纷案［案号：(2022)鲁06民终635号］"中,审理法院认为："本案中,被上诉人父亲殷德永持有上诉人公司2.2%的股权,其去世后,被上诉人作为合法第一顺序继承人有权继承其股权,且殷德永系2012年1月去世,其去世时,上诉人公司的公司章程对股东资格没有特别约定,被上诉人应因继承享有上诉人单位的股东资格。……即使上诉人公司2019年8月11日公司修正案真实,该修正案系殷德永去世后形成,仅对当时的股东具有约束力,对于已于2012年1月去世的殷德永无约束力。"①

实践中还经常遇到的问题包括上市公司股权的继承问题、有限责任公司股权或代持股份遭遇继承的问题,还包括外籍人士继承境内有限公司股东资格是否需要变更企业性质,其能否要求公司为其办理股东变更登记。值得注意的是,相当数量的（超）高净值人士的子女和家族其他成员已经改变了国籍或已经取得了国外的永久居留权。他们以外籍身份继承境内公司的股权是否会触发外商投资企业的审批要求？这些问题都处于《公司法》以及相关法规并不明确的灰色地带,企业在进行传承安排时,都需要根据实际情况结合股权架构一并加以考虑。

---

① 参见《公司股权继承应当注意的3大问题》,载于 http：//www.govgw.com/show-m.asp?id=30582。

10.2 常见股权架构与方案：从 LVMH 的金字塔架构到王永庆家族的交叉持股

在家族企业创立初期，股权往往是由个人直接持有，而随着家族企业子公司与家族成员的不断增多，同时考虑到传承的因素，家族企业需要对其股权进行顶层设计和规划，本部分我们将着重探讨世界不同地区家族企业的股权架构模式与优缺点。

在开始这部分内容之前，让我们先来讨论一下家族传承到底是要"分"还是要"合"。日本的家族企业大多采用单一继承制的模式，即家族事业只会传给后代中的一位成员，其他家族成员则自谋生路，而且一般情况下均是选择男性来继承。当家族当中没有男性成员继承时，其就会采取"养子与婿养子"的做法。根据《经济学人》报道，2008 年日本收养人数达到 90 000 人，其中 98%是二三十岁的成年人。家族进行收养的其中一个目的就是：鼓励内部竞争，通过招赘女婿、收养养子等做法，将没有血缘关系的外部人立为继承人。根据笔者和日本财富管理专业人士的交流，在日本一些大型的企业（包括已经上市的）中，企业管理人家族当中有两个以上子女对家族都有贡献的，家族仍可能会将股份传承给多位子女，但日本企业传承较为常见的仍是单一继承制。

这里以《财富》杂志"世界 500 强"企业之一的日本铃木公司掌门人铃木修为例，来介绍一下日本成人养子在家族企业中的成长历程。铃木修自 1953 年从日本中央大学毕业以后，被铃木家族的家长看中并收为养子，1958 年与家族长女结婚。在岳父安排下，铃木修逐步进入铃木家族企业核心层，直至继承掌管整个家族企业，担任该家族企业的首席执行官、主席及家长。后来铃木修也采用同样的方式收养"婿养子"，将家族企业传承给他的女婿小野孝，只是由于女婿 2007 年早逝，铃木修便继续担任铃木家族主席和 CEO 双重角色。[1]

采用单一继承制度的一大好处就是家族企业不会因传承分家，能够让家族中一位保持对家族的控制，但是这在很大程度上受限于文化、传统，无法简单复制。

---

[1] 付兆琪. 日本家族企业的传承密码 [J]. 财富管理, 2014 (7).

10.2.1 顶层设计（金字塔）架构

家族企业在传承安排上是"分"还是"合"，最终的结果取决于采用何种架构。在财富的代际传承和保有增值方面，美国的肯尼迪家族与范德比尔特家族几乎有着截然相反的命运。就肯尼迪家族而言，家族资产能够保有到今天，得益于老约瑟夫所走的最关键一步——将绝大部分资产放在信托之下，避免了他那些能力并不算卓越的后裔触及家族资产的主要部分，这些信托的受益人无法触及信托资产本金10%以上的资产。与此同时，这样的安排也在很大程度上规避了美国的遗产税。

在范德比尔特家族，其虽在创一代阶段积聚了巨额的财富，但由于第二代家族族长在传承时对家族财产进行了分割且没有对接班人进行管理培训，所以家族财富无法完整传承。在经历130年的一代一代分割后，家族财富几乎散尽。这是由于家族成员生活奢靡，大量的资产通过现金、股票、房产等税负高且容易流通的方式进行了传承，但他们始终未聘用任何专业团队对家产进行管理。假若范德比尔特家族设立了家族基金会或者家族办公室，通过专业人士的帮助进行资产合理配置并培养家族领军人物，结果可能会全然不同。

所谓金字塔结构，首先是将家族在各家族企业以及各类投资中的权益都集中到一个家族控股公司名下，而家族控股公司则由家族成员持有。家族在分配资产（遗产）时，就很可能自然地将不同的资产板块分别分配给不同的家族成员。

金字塔结构最经典的例子当属奢侈品公司LVMH，公司实际控制人通过间接持股形成一个金字塔式的控制链，实现对该公司以及关联公司的控制。在这种方式下，公司的实际控制人只要控制第一层公司，就能通过公司控制链取得对下属所有公司的最终控制权。金字塔结构是一种形象的说法，就是多层级、多链条的集团控制结构。

金字塔股权架构目前被不少家族企业所运用。李嘉诚家族等均采用了这种多层控制的模式。金字塔的最上一层，为家族控股的公司或者家族信托、基金会，而中间一层则是诸多下一级公司，同时，它们还间接地持有若干上市公司的股份。

案例 10-7　LVMH的股权架构

20世纪初，许多家族企业仍然通过贷款或者增发股份的形式来获得外部的融资，然而就贷款而言，一般是选择抵押贷款，贷款金额很难超过企业本身的价值，如果企业本身就是负债运转，那么通过贷款所获得的资金就更加捉襟见肘；如果增发股份，那么家族所持有的股权难免会被稀释，最终很有可能导致丧失大股东的地位而不得不出售公司股份。在1854年成立之后的100年间，LV（路易·威登）一直由威登家族打理，1977年其营业收入为1 200万美元。[1] 这可能仅仅是今天其销售收入的一个零头。

1977年，亨利·拉卡米耶从他的岳母手中接过了LV的大权，LV是一家以制造奢侈品箱包和配饰闻名的家族企业。当时，其盈利模式是向零售商收取一定的授权使用费，亨利·拉卡米耶发现零售商所赚取的利润似乎比他们还要多。于是他有了一个大胆的决策，那就是绕过零售商，由LV直接开零售店进行销售。LV先是在东京开了5家专卖店，进而在全球范围内开启了扩张之举，1984年，LV的销售收入达到了1.43亿美元，利润率也从原来的20%暴涨到了40%。

之后，LV并购了酒类奢侈品牌酩悦·轩尼诗，更名为LVMH，并分别在法国巴黎证券交易所和纽约证交所上市。作为一家上市公司，在1987年巴黎股价大跌之时，LVMH被迪奥集团的控制人伯纳德·阿诺特收购了大部分股权。阿诺特的入驻，更加推动了LVMH的发展，他试图打造一个奢侈品帝国，但并购那些具有悠久历史的奢侈品品牌，需要一大笔资金，同时如果通过增发股份的方式去并购，那么控制权的稀释显然会是一个严重问题。此时，一种新的股权架构被引入，利用它可达到控制和收购扩张的双重目标。这就是金字塔股权架构产生的初衷。[2]

LVMH的扩张非常成功。2005年，LVMH拥有的品牌已经超过50个，雇员近6万人，店铺数达到1 700余个，其中68%分布在法国以外。该年它的销售收入

---

[1] 参见《从LV到苹果店的距离有多远》，载于http://money.163.com/13/0310/11/8PJQKVUS00253G87.html。

[2] 莫顿·班纳德森，范博宏. 家族企业规划图［M］. 陈密睿，付兆琪，译. 北京：东方出版社，2015.

为 139 亿欧元，净利润达 16.68 亿欧元，约为 GUCCI（古驰）集团的 4 倍；总资产为 280.53 亿欧元，股票市值高达 368 亿欧元。

对于家族传承来说，金字塔架构的一个优势在于，家族无须对旗下的上市公司或者其他公司进行股权的转移，就可以在顶层实现控股公司层面的股权转让或调整，这有利于家族内部的股权移转和流动。

金字塔架构的优势还在于，一方面，家族仍然可以引进外部投资者对企业进行投资，只要公司的控股股权掌握在家族的手中；另一方面，家族可以获得产业多元化发展的路径。在此架构下，每一项业务都对应有独立的子公司（项目公司）。如果其中某公司进行债务融资或者引进投资人进行股权融资，就在该公司层面进行，风险相对隔离；如果该公司经营状况不佳，甚至家族丧失对该公司的控制权，也不会伤及家族企业的其他分支，动摇家族控股公司的根本。

10.2.2　包含信托的顶层设计架构

家族在设计顶层控股架构时还要考虑，究竟是让家族成员各自持股，还是由信托作为股权的所有人，家族成员作为受益人？如果将企业的股权及其他资产放置在一个信托（或者基金会）下面，当一代企业家去世，资产仍然为该信托所有，剩余家族成员则是该信托的受益人，而不是所有权人。这样，一方面避免了家族成员在获得股权或者家族其他资产之后浪荡败家的风险，另一方面有利于避免股权因"分"而"散"，家族通过信托得以"集体"掌控家族企业的控股权。

在美国，包括沃尔玛、福特汽车、《纽约时报》等在内的大型企业都有家族信托的安排设置。而在中国香港，在一项调研所选取的 216 家抽样上市公司中，有三分之一的企业为家族信托所控制，① 包括李兆基的恒基地产，李嘉诚的长江实业，杨受成的英皇国际，以及新鸿基地产等知名企业。

---

① 莫顿·班纳德森，范博宏. 家族企业规划图 [M]. 陈密睿，付兆琪，译. 北京：东方出版社，2015.

虽然这种方式有其可取之处，然而，新鸿基的案例让人重新审视这个模式在家族治理方面的有效性。1990年，新鸿基创始人郭得胜因病去世，其生前把新鸿基约42%的股权存入信托当中，受益人为郭家三兄弟。郭家第二代长子郭炳湘、次子郭炳江及三子郭炳联执掌新鸿基，其中郭炳湘担任董事局主席兼行政总裁。其后18年，郭氏三兄弟一直联手经营新鸿基。然而，兄弟同心的和谐表象在2008年骤现裂痕。先是郭氏老大被踢出董事局，之后又被剥夺信托受益人资格，为此郭炳湘进行了长达6年的斗争，最后甚至闹到了香港廉政公署。[1]

新鸿基家族纠纷导致：一位兄弟遭受牢狱之灾，各方支付超过10亿港元的律师费[2]，上市公司股价缩水超过60%。而如果当初在家族信托中做出允许大哥退出的安排，那么最终的结果也许不至于如此。

因此，如我们在第7章中所反复强调的，家族信托的定制性非常强，我们在设计时必须充分考虑家族的特点，并且同时兼顾家族治理和企业治理的要素，能够将家族宪法、股东协议和信托文件有机结合起来，而绝不是简单修改信托文件，就自以为达到了家族财富科学传承的目的。

10.2.3 双层股权架构

双层股权架构是指公司发行两种类别的股份，即A类股份和B类股份，这两类股份在投票权上的配置不同。例如，A类股份就股东会的决议可以投10票，而B类股份仅可以投1票。那么，持有A类股份的股东就能够在获得较少股份数量的情况下获得对公司的控制权。这对于想要保证对企业拥有控制权的家族来说，具有很明显的优势和吸引力。

家族企业可以在企业内部发行具有较大投票权的A类股份，对外则发行具有较小投票权的B类股份。这样，家族就能够在获取融资的同时保持对家族企业的控制权。运用这类双层股权架构的企业并不在少数，Google早在2004年上市时，就发行了两类股份，A类股份相对于B类股份有10倍的投票权，因此Google的创

---

[1] 参见《新鸿基豪门内斗 千亿家族基金重组始末》，载于 http://stock.hexun.com/2010-10-14/125123653.html。

[2] 参见《香港世纪贪污案宣判 12亿港币律师费创司法史纪录》，来源于《北京晚报》。

始人在仅持有约 30% 的公司股份时，却仍然能牢牢控制着公司。

2014 在美国纳斯达克上市的京东集团也运用了双层股权架构。根据此次披露的 IPO 文件，刘强东持有京东约 20% 的股份，但是依靠所持有的 A 类股份（1 股拥有 20 份投票权）以及代理投票权，控制着京东约 84% 的投票权。有关股份代理投票权的具体做法是，京东在进行股权融资时，向员工配发了大量的股票，配发股票的同时，员工还签署了一份股东投票权代理协议，协议的主要内容就是员工股东须将投票权、代理权委托给京东集团首席执行官刘强东。①

但是，双层股权架构在中国内地存在诸多限制。中国内地的上市公司绝大多数要求同股同权。双层股权架构目前应用比较多的是在美国上市的公司。但是，美国对在美上市的公司的高管监管比较严格，高管或者实际控制人如果有违规行为，则会比较容易遭到中小股东的起诉和监管机构的调查。

双层股权架构，可在有限的条件下保证创始人股东通过约定投票权翻倍的方法维持其控股和主导地位。而从股权传承的角度来说，国内的未上市有限责任公司，也可以通过章程、股东协议约定的方法尝试将投票权和分红权分开，按"同股不同权"的方式进行安排。

与双层股权架构安排相类似的是优先股。中国证监会在 2014 年制定并发布了《优先股试点管理办法》，其中对于优先股的定义为："在一般规定的普通种类股份之外，另行规定的其他种类股份，其股份持有人优先于普通股股东分配公司利润和剩余财产，但参与公司决策管理等权利受到限制。"② 除了以上两类安排以外，PE 投资人也经常在所投资企业中运用优先清算权、强制回购权等类似于优先股股权的协议安排。

那么在无法进行海外信托、顶层设计安排的时候，家族企业可以尝试使用双层股权架构或者投票权和分红权分开处理的方法，但是要非常谨慎，必须考虑某

---

① 马永斌. 公司治理之道：控制权争夺与股权激励 [M]. 北京：清华大学出版社，2013.
② 参见《国务院关于开展优先股试点的指导意见》。而关于优先股与普通股的区别，该指导意见也进行了详细的规定。一方面，优先股股东按照约定的票面股息率，优先于普通股股东分配公司利润。而公司应当以现金的形式向优先股股东支付股息，在完全支付约定的股息之前，不得向普通股股东分配利润。同时在公司进行清算时，优先股股东有权优先分配剩余财产。另一方面，除公司合并分立等重大事项以外，优先股股东不出席股东大会，所持股份没有表决权。

一方去世或者丧失行为能力的情况对于原来投票机制的影响,还要综合考虑是否传承该股权安排。

10.2.4 合伙制架构

2014年阿里巴巴经辗转多地,最终在美国成功上市,当初被香港证监会拒绝,主要原因就是其首创的"合伙制"架构被认为不符合香港证交所"同股同权"的原则。

阿里巴巴的合伙制架构,实际上并不是法律意义上的"合伙",而是一种特殊的公司章程安排,即由一批被称作"合伙人"的人提名董事会中的大多数董事人选,而不是按照持有股份的比例分配董事提名权。因为一般而言,大股东肯定不仅仅想当"甩手掌柜",而是希望能够进入管理层直接影响到公司的决策。阿里巴巴的合伙人虽然不能直接任命董事,但却完全掌握了董事的提名权,即使股东们否决了提名方案,合伙人仍可以继续提名,直到董事会主要由合伙人提名的人选构成。也就是,最终被提名的董事,肯定是合伙人所推荐的人。

阿里巴巴赴美上市之时,合伙人数量为30名,其中24名是阿里巴巴集团的管理层,包括马云和蔡崇信,另外6名来自与阿里巴巴关系密切的小微金融服务集团等。另外,选任新的合伙人,也有一套标准:(1)在阿里巴巴工作5年以上;(2)具备优秀的领导能力,高度认同公司文化,并且对公司发展有积极贡献,愿意为公司文化和使命传承竭尽全力;(3)每年选一次;(4)要获得3/4以上的现任合伙人同意;(5)无任期限制,直至离职或退休为止。[①]

合伙人架构对于家族企业来说可能并不太适用,但是这种模式却值得家族企业借鉴。如果家族企业设立了家族委员会,而家族企业中所有董事的任命,均需要经过家族委员会的同意,那么实际上也等于家族委员会能够掌控家族企业,这种模式比阿里巴巴的合伙制更加全面和有力。

---

① 参见《阿里合伙人制并非"专供上市"》,载于 http://news.xinhuanet.com/tech/2013-08/28/c_125261150.htm。

10.2.5 交叉持股架构

交叉持股是一种企业之间互相持有对方股权的方式。比如 A、B 两家企业的注册资本都为 100 万元，A 企业向 B 企业投资 50 万元，持有 B 企业 50%的股权，而 B 企业同时又向 A 企业投资 50 万元，持有 A 企业 50%的股权，这就称为交叉持股。

交叉持股被认为最早起源于日本，当时主要是为方便银行对贷款企业进行股权控制。1952 年，一次恶意收购事件成为日本出现大规模交叉持股的导火索。当年，阳和房地产公司 35%的股权被一个名叫藤纲久次郎的人收购，其母公司三菱集团就此开始在子公司之间实行交叉持股，以防止被收购。①

交叉持股的类型非常多，可以呈现放射状、环状以及网状结构，可以说有多少家关联公司，就可以有多少种交叉持股的模式。随着结构越来越复杂，交叉持股中的股份也越来越扑朔迷离。当然，在法律层面，除了证券公司以外，我国的《公司法》等法律也并未明确禁止交叉持股。

王永庆的台塑集团，就有比较明显的交叉持股情况（各公司持股百分比见图 10－2）。

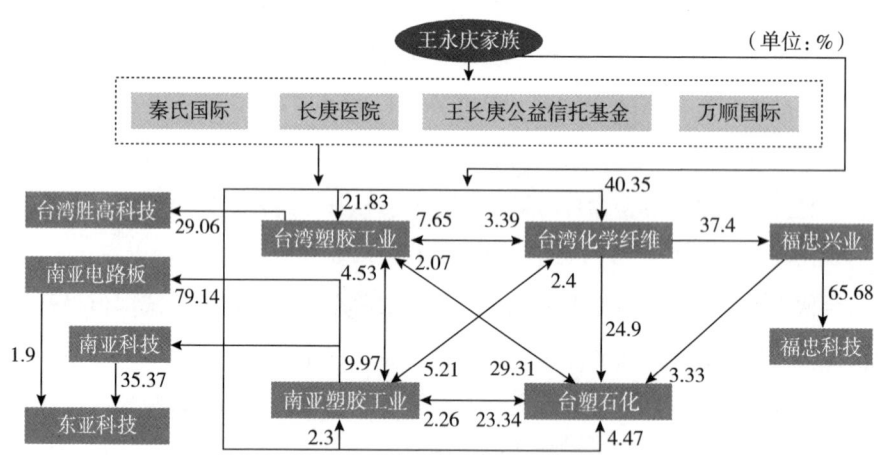

图 10－2　台塑集团的股权架构

注：王永庆家族持有台湾塑胶工业、台湾化学纤维、南亚塑胶工业、台塑石化股份的比例分别为：21.83%、40.35%、2.3%、4.74%。

---

① 林靖. 日本：走出交叉持股"泥沼"[J]. 财经, 2007 (B12).

那么，交叉股权架构具有什么特点呢？

企业通过交叉持股在一定程度上能够实现以较少股份取得较大控制权的目的。韩国历史上的财阀集团即是这样，一般来说，在韩国最大的 30 个财阀集团里，所有者及其亲属仅仅拥有大约 10% 的集团公司股份，超过 30% 的股份都是被财阀集团内的其他成员公司所拥有，然而，这些股份是他们彼此之间相互投资的。如 A 公司向 B 公司投资 100 万，B 公司向 C 公司投资 100 万，C 公司再向 A 公司投资 100 万。这 100 万并不能代表真正的资产，而仅仅是存在于账面上的"纸质"资产，然而，这"纸质"资产却可以用于控制成员公司的股份。公司的控制人通过交叉持股，就可以通过最初的少量资金控制更多的资产，虽然实际控制人出资的数量非常有限，但由于在每一条链上都存在控制权和现金流权的分离，他却能够牢牢地控制整个集团企业。①

交叉持股的另一个好处是更好地保障家族对企业的控制权。当 A 和 B 两家公司互相持股，如果 C 公司要购买 A 公司的股份，那么必须从外部获得 A 公司的股份，可能是从 B 公司手中购买，也可能是通过其他途径。但是，此时 B 公司应该考察的是，如果 A 公司被 C 公司控制了，那么 C 公司也会反身控制 B 公司，C 公司实际上可能间接成了 B 公司的大股东。因此，B 公司一定会力图防止自己被同时收购。另外，还需要关注的是，目标公司存在交叉持股的情况下，一般外方投资人并不大愿意进行收购，因为目标公司过于复杂而使得收购的成本增高，从而使得投资人再行考虑。②

实践中，尤其在中国法律项下，以上描述的优势是否能够实现，需要进行个案分析。例如，如果是国内 A 股上市公司，其若和子公司或者母公司之间存在交叉持股，通常需要在上市前进行股权结构清理。如果是非上市公司，那么交叉持股在法律上若无明确禁止则有操作的可能性，但是投资人在对该类公司进行投资时还是要对公司进行估值，如果发生转股，要进行计税，对这部分循环持股如何计价就会是一个要面临的问题。

从股权传承的角度看，交叉持股的一个优势是，如果家族没有采用中央控股

---

① 李晓春. 交叉持股下公司治理的困境及出路 [J]. 暨南学报，2013 (4).

② 同上。

的顶层设计模式,而是准备将家族企业按照板块不同分别分给几个孩子,但是与此同时希望几个孩子仍然能够互相支持,那么可以采取"分""合"相融的模式。假如家族企业有四个业务板块,分别分给四个孩子,每个孩子拥有、掌管一个板块,这就是传统的"分"家模式,这个模式不见得一定不对,如果四个孩子的性格迥异,无法在一起共事,那么分家可能是一个更务实的选择。与此同时,如果创一代觉得四个孩子应该互相帮衬,那么也可以通过交叉持股部分地实现"合"。例如,每个板块75%的股权由一个孩子持有,而剩余25%则由另外三个孩子持有。这样,既保障了每个孩子对于自己分到板块的控制权,同时每个板块又能有除控制人之外的家族其他成员持有部分股份,大家能够互相帮助。

同采用其他模式一样,采用此模式仍然需要家族在公司治理和家族治理上投入精力和心血,因为光靠这种股权架构仍然无法从根本上避免未来家族成员之间的冲突。

10.3 从宜家到戴尔:家族企业的上市之辩

在资本市场中,是上市还是不上市,或者已经上市的是否应当退市,都是博弈。虽然上市公司中有相当数量是家族企业,但我们在本节中还是选取了两家著名企业——宜家和戴尔,它们最终都选择了成为非上市的私人有限公司。其中利弊,值得我们思考。

10.3.1 家族企业上市之利弊

对于一家企业来说,上市最具有吸引力的是"融资"。一方面,企业可以通过在公众市场发行股票,获得融资,还可以通过定向增发进行再融资,如果担心股权遭到稀释,那也可以通过发行债券进行融资。在未来的扩张过程中,可以通过现金加股票购买的方式收购其他企业,这对于具有高成长性、资金需求迫切的企业来说,无疑是具有吸引力的。这样,企业就不需要仰赖附有苛刻条件的银行贷款,也就无须将其作为主要融资渠道。另一方面,一家具有高成长性的企业需要现金进行扩张,若还没有上市,应该也有不少VC或者PE基金想要投资该企业,而这些投资机构(除了少数能够接受长期投资的以外,例如家族办公室),一般都希望能够在短期内退出、高倍套现。而投资机构要做到这样,上市退出是最主要的路径之一。

除较强的融资功能以外，企业上市的好处还在于：

第一，价值翻倍。不少企业上市的动力来自上市之后企业的价值将会翻倍。如果企业没有上市，那么股东的主要收入就在于企业每年的利润分红，并且要先扣除各项运营成本；而企业上市以后，投资者看到的并不仅仅是企业每年的利润，同时还关注企业的发展计划以及未来的投资计划和扩张计划，由此会使得企业的价值并不仅仅是账面上的数字。投资者所看重的是未来的股价和整个市场的发展。正如京东2014年在美国上市，每股发行价格高达19美元，其实从其财务报表来看，虽然京东在2013年出现了盈利，但是整体仍然处于亏损的状态，只不过亏损已经在大幅度地减少。

阿里巴巴上市时，整体市值更是达到了千亿美元，开盘价92.7美元/股，较发行价上涨36.3%。截至收盘，阿里巴巴股价相较于发行价暴涨25.89美元/股，报收93.89美元/股，涨幅达38.07%，市值达2 314.39亿美元，超越Facebook（脸书）成为仅次于谷歌的第二大互联网公司。①

通过上市，企业将从股票溢价当中获得非常高的融资收入，而且，通过收购其他的资产，利用翻倍和溢价效应，能够让企业的价值进一步基于市盈率翻倍增加。而这种溢价效应还为企业带来了额外的好处，尤其是在人才吸引方面。

第二，吸引人才。企业在上市之前，一般都会给为发展做出贡献的员工配发股份。采取"职工优先认股计划"能够让那些具有能力的员工选择留在企业，而不会轻易跳槽，以至于对企业的治理产生积极影响，尤其是那些掌握关键技术、关键部门的核心人员，有时候企业甚至会为其提供贷款以让其购买企业上市之前的股份。企业一旦上市成功，他们的身家也将大涨。例如2004年6月腾讯挂牌港交所时，其每股发行价是3.7港元。按照这一价格，腾讯高管层诞生了5个亿万富翁，7个千万富翁。腾讯CEO马化腾持有14.43%的股权，身家8.98亿港元。而阿里巴巴集团2014年9月19日在美IPO之时，其股票每股发行价已经高达68美元。高价发行，意味着持股员工身家也将水涨船高。按照每股开盘价92.7美元

---

① 参见《阿里成第二大互联网公司 仅次于谷歌》，载于http://finance.sina.com.cn/world/20140920/032220367182.shtml。

计，阿里员工要想成为百万（人民币）富翁，只需持股超过 1 756 股。由于阿里员工普遍持股，阿里可谓"遍地"百万富翁。据阿里内部员工介绍，持股超过 2 000 股的员工非常多。另外，包括京东、奇虎 360 等在内的互联网公司，在上市之后也瞬间诞生了大量的"富翁"。① 上市的巨大诱惑力自然让许多人才选择留在拟上市企业。

第三，股票流通性佳，容易实现退出。企业上市即成为公众企业，这就意味着企业的可流通股可在市场流通，包括创始人手中的股份。在我国，高管减持企业股份受到一定的限制。但是，这些限制仅仅针对发起人、董事和其他高管，而且主要是在出售股份时间方面的限制。如果家族企业已上市要退出，那么，交易灵活性、股票流通性自然更好。当然，当企业出现负面新闻，无论是家族企业内部的纷争，还是重要股东或者高管的离婚事件，都会导致股价的迅速下滑与市值的快速蒸发。

第四，企业治理更加规范。企业要上市，如果是有限责任公司，那么首先就得改制为股份有限公司。这有利于企业治理架构更加规范，也有助于企业治理和管控水平的提高。

当然，上市也会给企业带来一些弊端，包括：

首先是失去隐私。上市往往要求企业披露信息，包括实际控制人的情况，企业的核心竞争力，详细的财务报告，关联交易的情况，家族成员获得的利益等。另外，不少企业家在财富方面比较低调，但是一旦上市，家族成员的财富就会基本暴露在阳光下。而企业无论发生何种状况，都会搞得路人皆知。

其次，家族企业的愿景可能要臣服于资本市场。如我们在前面的章节中所举的 IBM 的例子，家族企业的愿景是在家族成员的引领下，可以牺牲短期利益，获得最大的长远回报，然而，一旦上市，迫于资本市场业绩压力和成长性要求，企业就要在扩张和增长方面疲于奔命，以获得资本市场的追捧。

最后，家族对企业的控制权遭遇稀释。上市后，一方面，家族控制权会遭稀释，根据一项对数百家日本家族企业的研究，原始股东在上市初期平均会保留

---

① 参见《互联网公司谁最慷慨：阿里上市后"遍地"百万富翁》，载于 http：//tech.ifeng.com/a/20141009/40831190_ 0.shtml。

35%的股权,而在上市后的 10 年,家族股权会下降到不足 20%,20 年后降至 10%,而 40 年后则降至 7%。另一方面,长寿的家族企业似乎并没有选择上市。根据《家族企业》杂志对世界 100 家最长寿的家族企业的调查,其中仅有 3 家公开上市,而且排名都比较靠后。

对家族企业而言,究竟是否应该上市,并没有标准答案,家族企业需要根据自身特点、所在行业、成长性等因素加以综合评判。下面举两个选择不上市的大型家族企业的例子来进行深度分析。

10.3.2 宜家:永不上市的家族企业

案例 10-8　宜家的基金会架构

创建于 1943 年的宜家是目前全球最大的家居产品零售商,截至 2013 年,宜家在全球 20 多个国家和地区拥有 300 余家商场,所售产品近万种,年营业收入超过 280 亿欧元,拥有超过 13 万名员工。一手创建了宜家集团的英格瓦·坎普拉德,起初以贩卖小商品起家,那时的他绝不会想到,有一天自己会成为这个世界上最富有的人之一,其曾以 310 亿美元的身家跻身《福布斯》富豪榜前十。

1982 年,一家名为斯帝廷·英格卡的基金会在荷兰成立。这一年,坎普拉德将宜家集团捐献给了英格卡基金会。根据《经济学人》杂志的报道,作为英格卡控股公司和宜家集团的所有权持有者,该基金会 2006 年总资产达 360 亿美元。

英格卡控股公司是整个宜家集团的母公司,控制宜家集团的运营权。英格卡控股公司的最高决策层是监督委员会,共有 6 名成员,其中包括坎普拉德的二儿子约纳斯·坎普拉德。

英格卡基金会则包含两个部分:一是慈善机构斯帝廷·宜家基金会,二是资产管理机构斯帝廷 IMAS 基金会。在斯帝廷·宜家基金会的五人董事会中,坎普拉德家族占两席,分别是坎普拉德本人和他的长子彼得。该基金会有一份运作章程,记载着基金会的运作目标和规则,只要不违法,坎普拉德可以随心所欲制定及修改章程内容。如此一来,坎普拉德控制了基金会,也顺理成章地掌控着基金会内的资金流向。

在坎普拉德王国,另一个具有重要地位的机构是英特宜家公司,这是宜家集团品牌的所有权持有者。所有宜家商场每年均需向英特宜家公司支付其总营业收入3%的费用，用于租借"宜家"品牌；且经营者只能以宜家卖场标准经营，不能擅自改动。

2013年，宜家集团总营业收入为285亿欧元，这意味着品牌使用费高达8.5亿欧元，同时，英特宜家公司经过巧妙的所有权设计，帮助坎普拉德将这笔资金稳妥地收入囊中。英特宜家公司的母公司为英特宜家控股公司，其所有权人是安的列斯群岛的一家同名公司；后者的所有权又属于位于库拉索（荷）的一家信托公司，根据库拉索当地法律，信托公司不必对外公布所有人姓名。这样一来，英特宜家公司每年所收取的高额品牌使用费流入了所有权人未知的信托公司。在英特宜家控股公司的董事会中，创始人坎普拉德的小儿子马修斯担任董事长，掌控着整个英特宜家公司及其资金流向。通过环环相扣的精妙设计，坎普拉德牢牢掌控着宜家的控制权和现金流。身为全球的隐形富豪，坎普拉德行事低调，生活极其俭朴，甚至对外宣称家族并未拥有宜家一分钱。但此言论却引人质疑。因为坎普拉德兢兢业业付出毕生心血于宜家，三个儿子也都在宜家工作，却不求得到任何回报，这是不合情理的。[1]

宜家为何不上市，一方面是家族希望保持低调而不被其他财团窥伺，另一方面也是出于避税的考虑。从图10-3中，我们可以发现，坎普拉德家族所直接持有的两家机构，一家为基金会，另一家为设在加勒比海地区的库拉索的信托公司。由于这里关于信托持有人的信息是保密的，并不披露信托公司的最终受益人，因此征税机关可能最终并不能找到真正的受益人，使得受益人可以免交一大笔税。宜家如果上市，极有可能向监管机构披露这些信息。而宜家现在这样的架构，也使得坎普拉德家族名下实际上没有任何的财产，这也有效规避了遗产税。

---

[1] 参见《IKEA宜家——永不上市的家族企业》，载于http://www.xcf.cn/tt2/201506/t20150609_750676.htm。

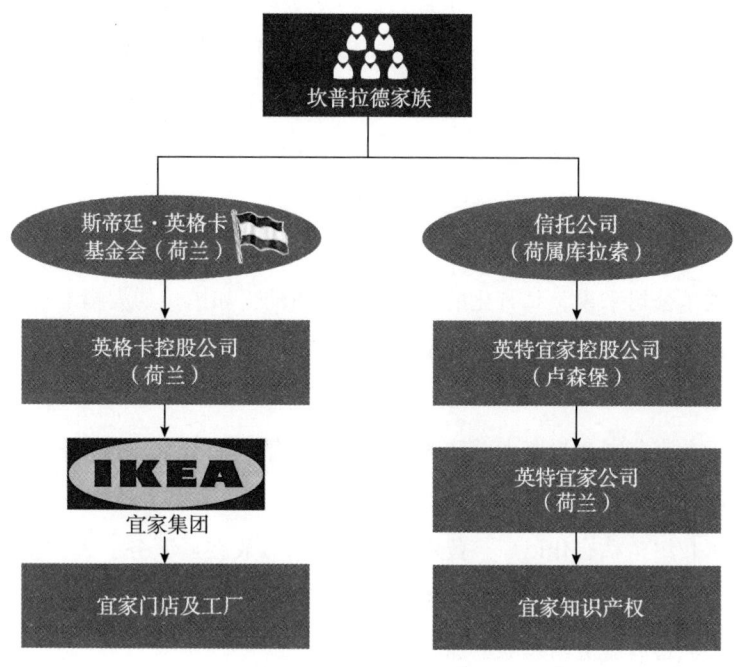

图 10-3　宜家集团架构

10.3.3　戴尔：为什么上市后又选择退市？

案例 10-9　戴尔电脑的退市安排

美国时间 2013 年 10 月 31 日，戴尔 CEO 迈克尔·戴尔、戴尔家族办公室 MSD Capital 与私募基金银湖（Silver Lake）携手，以 249 亿美元的价格将这家苦苦挣扎的个人计算机（PC）厂商私有化，随着私有化交易的完成，戴尔正式从纳斯达克证券交易所摘牌。当时戴尔每股股价收报 13.86 美元，市值定格在 243.3 亿美元。

戴尔曾短暂登上全球最大 PC 厂商的宝座，但随着苹果公司产品 iPhone、iPad 的横空出世，全球 PC 销量连续大幅下滑，戴尔也未能幸免，其股价从 2000 年时每股逾 50 美元的高点一路下跌，最终的私有化价格为每股 13.75 美元，外加每股 13 美分的特别股息。亿万富翁、激进投资者卡尔·伊坎等大股东曾激烈反对这项私有化交易，要求上调要约价格，但最终未果。

1984年，迈克尔·戴尔在大学宿舍里创办了戴尔公司，并引领戴尔公司成为电脑生产和供应链管理的模范企业。而2013年，迈克尔·戴尔欲尝试让戴尔公司转型成为一家企业计算机服务提供商。他认为，这样的彻底转型若完成，公司最好远离公开市场的审查。[1]

对于戴尔公司来说，私有化的原因是多方面的，如销量的大幅下滑，整个PC市场的饱和等，这些使得戴尔不得不重新考虑整个集团的战略问题，他需要长时间的调整期。

而对于上市公司，投资者关注的都是每年的年报和分红，这使得戴尔本人无法按照自己设定的长期目标来进行公司转型和经营，这也是公众公司的一个弊端。据戴尔介绍，私有化以后，戴尔公司将把精力放在云服务、大数据、手机与安全领域，同时还要着力于售后服务，显然，资本市场更喜欢的是直接并购，而不是通过长期售后服务所积累的品牌效应。[2]

究竟上市与否，企业家需要认真仔细地分析和判断，既要结合企业所处行业特点、未来发展、资金需要，也要考虑上市所需要付出的代价，同时也要兼顾未来企业代际传承所需要的公司股权设置、交接班筹划，不宜简单判断。

通过宜家和戴尔的案例可以看出，家族企业并非只有上市这一条发展道路，关键还是要找到一条适合自身发展的道路。

10.4 以退为进：家族企业如何实现高价套现

世界上许多优秀的家族，在面对行业变化时或者出于其他战略考量，也会选择从家族企业中退出，比如日本的KENZO（凯卓）集团、意大利芬迪集团。而在国内，一些家族企业创始人也选择了退出，例如牛根生从蒙牛集团退出，靳羽西女士将羽西化妆品公司出售给欧莱雅等。

---

[1] 参见《戴尔昨日正式摘牌》，载于http://www.ycwb.com/ePaper/ycwb/html。
[2] 参见《戴尔已是私营公司》，载于http://www.dell.com/learn/us/en/uscorp1/secure/acq-dell-silverlake。

如前所述，中国家族企业面临诸多传承困局，例如没有合适的接班人、二代不愿接班、企业发展面临瓶颈、与职业经理人矛盾重重等。

如果这些问题得不到好的解决，那么企业走下坡路的可能性就比较大，从而导致企业价值大幅缩水，因此创一代应当充分重视这个风险，考虑在企业处于价值高点时出售套现。

当然，出售一家自己苦心创立并经营多年的企业对一代创始人来说，往往是一个非常艰难的决定。但是，我们发现，心存侥幸或者听之任之最终导致的是企业业绩的滑坡、人才的流失，最终企业有可能坐失良机甚至关门倒闭。

10.4.1 谋定而后动：家族企业并购交易之准备

企业家往往简单地认为并购是一个单一的、独立的事件，而不了解，这是一个要耗时 2~3 年才能完成筹划、设计、执行、谈判、签约、交割的流程。市场的机遇往往存在不可复制性。一个 3 年前可以卖 5 亿元的公司，现在可能只能卖 3 亿元了，因为市场环境发生了变化，公司业绩发生了变化，行业发生了变化，本来有兴趣的买家发生了变化。所以，是否能够高价售出，公司最大的对手可能就是时间。欧洲工商管理学院莫顿·班纳德森教授采访了 2 800 位 10 年内欲退出家族企业的所有者，相关数据显示，在准备未来两年里退出的企业家中，有 10% 的人还没有开始做准备，有一半的人制订了退出计划，有 40% 的人依然还在规划中。在未来 2~5 年面临退出的企业家中，几乎 1/3 人还没有为退出做准备，只有 1/4 的人制订了退出计划。[①]

实务中，有经验的并购专业人士是最好的帮手，因为他们能够充分利用资源和专业技能（包括谈判心理的掌控）提高资产出售价格。道理很简单，这些专业人士拥有丰富的买方资源，也了解潜在买方的投资意愿，了解私募风险投资机构和战略投资者（比如产业收购方）的商业意图和心态，知晓目标公司的资产和业务对谁最具有吸引力。

而对企业家来说，除了找财富传承和融资并购方面的专业人士外，也可以找一家合适的 PE 基金合作，将企业部分股权出售给 PE 基金，再由 PE 基金主导企

---

① 莫顿·班纳德森. 当家族不得不退出企业 [J]. 家族企业，2015（10）.

业的经营，提升业绩之后，由 PE 基金帮助寻找更高出价者对企业进行全资收购，这种做法被称为"PE recapitalization"（由 PE 助推的资本结构调整）。企业家先出售部分股权给 PE 基金，数年之后自己再全身而退获得高额现金回报，这对企业家来说也称"二次退出"，在华尔街此说法就叫"second bite on the apple"，中文意思就是"一鱼两吃"。

（一）厘清问题，选对方向

家族企业如决定通过出售退出，那么企业家需要首先思考以下问题：从并购的角度，是否已制订了一个退出或者交班的五年计划？是否试图站在收购方、投资方的角度来看待自己的企业？什么样的企业会被收购方认为是具有"高价值"的企业？是否已建立了一套运营的制度让自己可以不需要凡事亲力亲为？公司的现金流管理是否能让企业在五年以后达到最佳状态？出售以后自己的安排是什么？自己是否愿意留任公司一段时间，还是要马上重新创业或者投资一个新的领域？自己将会如何管理自己的财富？如何将出售企业的计划与自己未来的财富管理和传承有机地结合起来？

（二）分析企业的价值标杆和驱动力

对于企业家而言，并购策略与公司所处的行业及其趋势有着密切的关系。例如，公司处于具有高成长性的新兴科技行业，例如包括移动互联、电商在内的 TMT（高科技、媒体和电信）行业，若抢对"跑道"，便能够快速占据足够大的市场份额，具有创新性和颠覆性，会被认为具有高价值，而盈利是一个相对次要的考量因素。当然，运营和现金流管理一样很重要，因为资金链的断裂直接危及企业的生存——为救急而出售企业几乎不可能获得理想的出售价格。

而在传统行业，则是另一套规则：如果想要将企业卖个高价，企业目前的财务状况则更为重要，体现在企业的规模、业务收入、现金流以及利润率等方面；企业的规模越大，从收购方的角度看，往往意味着其商业风险相对较低。对于收购方、投资方而言，其在评估收购、投资企业的风险时，一定会将该企业的风险进行量化并反映在收购、投资价格上，如果这家企业的风险较高，那么收购方、投资方必然会压低价格来对冲这些风险。

同时，收购一家企业最主要的还是看这家企业未来的发展潜力，也即企业的收益增长率。如果目标企业收益增长率比较理想，即使现阶段的财务状况不尽如人意，仍可能吸引投资者。

此外，若目标资产对收购方、投资方而言可以产生协同、整合效应，他们就很可能愿意以高价购买或投资目标资产。对于同一目标企业，如果 PE 基金/风险投资机构和战略投资机构同时竞价，战略投资机构的报价可能会更高，因为对它来说，目标资产所带来的直接和间接回报可能远远超过其本身的价值。

（三）了解企业估值和退出预期

同样一家企业，什么情况下可以有更高的估值？实践操作中，除了改善上文提及的成长性、收入和利润的增长性、现金流情况等，还可以通过进一步提升自身在行业内的地位和排名，扩大客户群，使客户组合多样化，以应对市场波动或下行所带来的风险，来提高估值。因为收购方在尽职调查中，可能会调查了解目标公司与前十大客户及前十大供应商的合同，分析目标公司对这前十大客户及前十大供应商的依赖程度。

还有一个重要因素就是法律方面的合规性。企业家在自己经营的时候，由于良好的政府关系、宽松的地方监管，对于证照、环保、劳动等方面存在的这样或那样的不合规情形，往往不在意，但是这些都会被严谨的收购方在尽调中发现，并根据潜在的风险和成本因素反映在收购价上，在收购协议中也会设置相应的赔偿条款，确保收购方不会因为公司过往的违法违规而遭受损失，若有损失则全部由出售方负担。更有甚者，则是收购方觉得潜在风险很大而放弃整个交易。这往往也是企业家所始料未及的，所以，出售方如何把握在合规性改进方面努力的程度，则要和富有经验的专业人士进行沟通讨论，获得指导意见。

（四）企业对企业家的依赖性

除了提升企业的价值，降低企业所面临的风险，优化企业运营体系和治理、内控制度，还有什么能够让买家对企业感兴趣？这个问题的答案可能也会让企业家出乎意料，那就是企业对创始人较低的依赖程度。也就是说，企业在离开初创企业家后是否可以正常运营？

巴菲特说过，最值得购买的企业，就是连傻瓜都能来管理的企业。确实，如果站在收购方、投资方的角度，一家企业严重依赖创始人，脱离这个人企业将无法按照预计的轨迹健康、可持续发展，那么除非将创始人和这个企业绑定，否则就会存在企业管理失效和业绩下滑风险，企业最终无法卖出高价。因此，为了使企业更具有市场价值，更具有对投资方或收购方的吸引力，企业家要敢于放权，给自己放假，培养或聘用专业人才，优化管理制度，完善绩效考核体系，使得各部门在没有企业家及其家族成员参与的情况下均可独立运作甚至运作得更好。

一方面，这能够提升企业在收购方眼中的价值；另一方面，企业家会发现，自己放手后，不仅给了手下提升和发展的空间，同时也能够把更多的时间留给自己和家人，甚至可以开始考虑在新的行业进行创业和投资。

而从传承角度看，如果企业不再依赖企业家事必躬亲，那么也就能够通过职业经理人来打理，即便二代、三代不愿意或者无法接班，家族成员仍然可以做股东，让职业经理人担任企业的 CEO，让企业通过采取健全和科学的制度来规范运行。

（五）税务筹划、财富规划与架构设计

税务筹划和财富规划与企业家个人及其家族密切相关。然而，要精通这个领域，就需要有投资银行、私人银行和法律等几方面的经验。

对于税务筹划，企业家往往在快要签署股权转让（出售）协议时才想到，因为拿到大笔交易对价款要缴纳一大笔所得税，而在这个时候通过合法的手段进行筹划，降低税负又很难。所以，出售股权前要合理筹划税务。

企业家应该综合考虑企业并购与家族的财富规划问题。真正的财富管理专业人士，应当理解客户的生命周期、主营业务的收入、整体财富规划与资产配置的关系。企业家要找到合适的财富规划顾问，定制出符合自己和家族需要的方案，包括：预估在不出售企业情况下未来的可预计现金流；预估在出售企业情况下，获得多少对价款，此时扣除税负和成本之后的净收入能够支持家族多少年的消费。这些都要和家族企业的出售规划进行协同安排，这样企业才能够实施最优化的方案，如通过传承规划工具（包括信托、保险等）来更为高效地利用流动性事件。

为达到上述规划目标，企业家很可能需要重新调整公司的股东架构，尽早进行公司重组和税务的优化安排。如果是出于传承或者境外融资或收购的需要，也可以考虑搭建境外的股权架构。

10.4.2 退出方式的选择

一般而言，企业主要通过出售股权退出，出售股权又可以分为 IPO 模式与并购模式。通过 IPO 成为上市公司，是企业提升信誉度、获得融资、赢得包括 PE 基金在内的战略资源支持和吸引高端职业经理人的一大"利器"。但是 IPO 自然有它的门槛，对于传统制造业企业，如果没有高科技、高增长以及热点行业（例如医药及医疗设备）等相关卖点，没有相关的行业领先地位及规模效应加以佐证，无论是在国内还是海外，IPO 都是有困难的。

除了 IPO 和并购之外，还有一种模式常被国内的家族企业所忽略，那就是在欧美较为普遍的管理层收购（MBO），即由管理层通过借款的杠杆模式来向创始人和其他主要股东收购企业，具体又可以细分为由目标公司本身管理层发起的 MBO 和由外部管理层发起的管理层换购（MBI）。前者的优势在于，管理层对于企业比较熟悉，对企业风险及未来的发展的认知度很可能比其他收购方要高。而出售方，在相同或者相近的条件下也会更倾向于将企业卖给自己信赖的、与自己一起打拼过的管理层。管理层通过银行或者 PE 基金获得贷款，也能够以现金方式支付大部分乃至所有的购股款项。

根据资金来源不同，管理层收购可以细分为：（1）由管理层自筹资金的收购，即管理层成员通过自筹资金直接向所有者购买股权，这种模式下管理层成员通常与创一代保持着良好的长久合作关系，而且企业的规模以及价值相对有限，否则如果企业规模较大，管理层即便通过银行贷款也无力承担高昂的收购费用。这种模式下，管理层能否筹到款项将会决定整个交易成功与否。（2）由 PE 基金等投资机构承担主要收购义务的管理层收购，是指 PE 基金向所有者表明购股意愿后单独收购公司的股权，并且 PE 基金往往寻求控股地位，而管理层（或/和所有者）通常留任并持有少量的股权，也可能通过高额奖金的形式获得回报。决定管理层所分股权多少的因素包括其融资能力、交易的规模、其对收购的推进程度以及对企业的贡献等。由于涉及三方甚至多方利益，这种收购模式对于企业估值、资金筹措以及风险管理的要求都非常高。

管理层收购对于想要高价退出的家族企业和要寻找机会的并购型 PE 基金来说，都是一个重要的战略合作切入点。一方面，家族企业寻找转型、退出的路径，管理层却无力承担高昂的收购费用；另一方面，PE 基金所掌握的广泛行业资源、技术资源和对资本市场的深入了解，能够帮助企业在被收购之后进行升级和转型，并能够凭借资金优势以有吸引力的价格收购企业，并为职业经理人提供同样有吸引力的股权和奖金激励。如果新的商业愿景在收购之后能够按计划实施，绩效和业绩实现快速增长，对于 PE 基金而言，其就可以在未来将该企业重新包装，推进企业的上市或者高溢价出售给战略投资机构，实现成功退出，从而形成多赢的局面。

这方面的成功案例有许多，如方源资本战略收购科华生物、PE 基金 TPG 投资化妆品包装供应商 HCP 等。科华生物为 A 股上市公司，系国内医疗诊断行业的龙头企业，排名前三位的股东均为自然人，该企业有许多股东同时担任公司高级管理人员。由于年事已高，其中多位股东萌生出售股权的想法，最终他们和一家 PE 基金方源资本通过协议转让的方式，出售手中共 15.35% 的股权，而方源资本则成为公司第一大股东。不久之后，科华生物制定并推出了管理层激励政策，为企业的管理层制定新的激励方案。而另外一起成功案例则是 TPG 全资收购由陈氏家族控股的 HCP，此次收购的金额达到 5 亿美元。交易完成后陈氏家族成员仍可担任公司的高级管理人员。

综上所述，如果新生代确实无力或者无意继承家族企业的衣钵，那么家族领袖确实可以考虑企业的退出安排，包括通过上市、并购、MBO、MBI 等方式在企业经营业绩尚佳之时完成套现，然后将现金资产置于信托之下，并交托家族办公室或者私人银行打理。

第四部分
财富价值与文化传承

PART 4

第 11 章　财富家族的后代教育

经济上的繁荣一向起起伏伏，唯有人的价值观是最稳健的货币，它为我们赚得自尊，赢得心灵的安宁，带来最丰厚的回报。

——彼得·巴菲特

金钱、地位、荣誉，在信仰和价值观面前，在奔腾的历史长河之中，都会显得渺小和苍白。与财富相比，生命更宝贵；与生命相比，事业更长久。为延续家族事业，世世代代殚精竭虑，能将其维系的纽带，不是金钱，而是信仰。

在这一章，我们将揭示：什么样的精神、信仰和价值观能够成功维系财富家族的基业长青，信仰和精神的传承是如何在爱马仕、洛克菲勒等财富家族中彰显的，慈善事业对财富家族的后代培养与精神传承究竟起到了什么样的作用，等等。

本章分为三个部分，第一部分基于心理学实证研究，探讨如何帮助财富家族的孩子找寻人生的坐标和生命的激情，并帮他们克服常见的心理障碍；第二部分阐述个人、"看护者"责任与家族的关系，从而培养新生代的使命感，提升家族的凝聚力；第三部分则讲述家族未来领导人的锻造与培育。

11.1　"我"的使命：从巴菲特教子看富二代的人生定位

如前文所述，在美国富裕家庭中，高达 30%~40% 的青春期孩子存在不同程度的心理障碍。其中，此类家庭处于青春期的少女中高达 22% 患有抑郁症，该比例是美国七年级少女患抑郁症比例的 3 倍。此类家庭的女孩到了八九年级有三分之一出现了显著的临床焦虑症状。据一项调查显示，中国有将近 28.67% 的富二代认为，他们身边家境优越群体中有人存在不同程度的违法犯罪问题。① 无论是飙车导致车毁人亡，还是吸毒，本书无意一一列举并评价心灵空虚所呈现出的各类让人担忧的现象。我们的主旨主要集中在问题的应对和解决上。

那么，为什么许多物质丰裕的孩子会觉得如此空虚，为什么许多"富二代"时常感到迷茫与无助？他们该如何找到自己的人生定位？

罗伯特·布鲁克斯博士在其《培养有韧性的孩子》一书中提到了孩子的三个最基本需求：第一，有归属感以及与家人的亲密感；第二，有自我决定的自由；第三，拥有能力。这些需求对于孩子的成长甚为重要。

11.1.1 是成就伟大，还是甘愿平凡：如何让孩子设定人生坐标

（一）巴菲特之子的人生定位

彼得·巴菲特也许大家有些陌生，但你一定听说过彼得的父亲——沃伦·巴菲特，曾名列《时代》杂志 2009 年全球最具影响力人物排行榜、富可敌国的"股神"。然而，身为"股神"之子，彼得·巴菲特却没有继承父亲衣钵成为华尔街金童，而是选择用音乐谱写属于自己的人生乐章。他曾赢得美国电视界最高荣誉"艾美奖"，美国 MTV（音乐、电视）频道刚开播时令人惊艳的片头配乐是由他编曲的。彼得从

巴菲特父子

父亲那里获益最大的是其人生哲学：人一生最大的财富，就是能做自己！那么，就让我们从巴菲特的教子之方中来探寻财富家族后代如何找寻自己的人生定位。

---

① 陶涛，于一. 财富们怎么想：中国富二代调查报告 [M]. 北京：中国友谊出版公司，2012.

案例 11-1　巴菲特的教子之方[①]

作为一个富家子弟，彼得·巴菲特并没有觉得当富二代是一件多么特别的事情。在他看来，没有人可以选择自己的出身，在生命伊始，一切都是随机的。一个人最终能获得什么，与出生环境无关，而只与如何利用环境相关。他认为，父母对孩子的关爱和经济上的保障，其实是一种恩赐，一种孩子已经享受到的、未经奋斗便获得的恩赐。但是，这份恩赐意味深长，能否真正拥有，取决于孩子用何种方式对待它以及如何回馈世界。就像老巴菲特所说，留给孩子的财富足以让他们追求他们想要追求的任何梦想，但是却还不足以让他们完全闲云野鹤、无所事事。

彼得从父母身上学习到的最重要的三个价值观是：宽容，崇尚教育和有属于自己的工作态度。彼得说："我的父母都积极参加民权运动，特别是母亲一直都在向我们灌输"宽容"的理念；崇尚教育，并不是强调狭隘的、以目标为导向的学习，而说的是由自己打造自己的人生。如果我们希望生活得充实、多姿多彩和有价值，那么我们就应该尝试什么都去学学，不只包括必要的谋生技能，还包括专业以外的知识。"至于工作态度，彼得说，"我要感谢父亲让我认识到它的重要性"。

那么，巴菲特家族的工作态度是什么呢？在老巴菲特看来，良好的工作状态首先就在于勇于发现自我。当从事自己喜欢的工作时，即使异常艰辛，仍然可以在工作中享受快乐，甚至产生一种神圣感。是什么秘诀让他面对长时间乏味的工作还能持续保持激情？答案是工作的"实质"——激发他无限的好奇心，验证他对实际业绩的预测能力，让他体验发掘价值和新机遇的可能性。

老巴菲特时常鼓励儿子："如果你想人生多彩多姿，就试着学所有感兴趣的事。"父亲激励彼得多审视自己的内心，寻找自己的热情。在彼得看来，自己在洛杉矶的那场音乐会也正是因为父亲的参加而有了特殊的意义。那是父亲第一次在公开场合听彼得弹唱，父亲不只是来当观众的，还加入到了演出当中，父亲带来了那把小有名气的夏威夷吉他，父子二人以一首合唱作为音乐会的开场节目。

[①] Peter Buffett. *Life is What You Make It*：*Find Your Own Path to Fulfillment*. Three Rivers Press, 2010.

事实上，彼得的音乐之路也是在父亲的鼓励下越走越好的，最初，彼得总是学习一阵后又放弃，这样反复过四次，慢慢地，他最终找到了自己的热情和志向所在。

老巴菲特非常支持儿子为世界做贡献与帮助他人，并说："彼得的人生全凭他自己打造，他衡量成功的标准不是个人财富或荣耀，而是对世界所做的贡献。彼得和我持相同观点，即这个世界并不亏欠你，而你应该最大限度地发挥自己的能力来为这个世界做些事情，尤其是为受苦的人们做些事情。"

的确，彼得的成长很大程度上归功于父母给予的支持与自由选择空间。除此之外，还有一个重要的因素，那就是，作为一个生长在巨富家庭的孩子，彼得没有沉溺于奢侈浮华的生活，也没有被物质财富所诱惑。彼得曾说："让我在儿时获得安全感并学会信任的，既非金钱，也非物质上的帮助。我们的房屋大小并不重要，重要的是里面爱心满溢；周围的邻居富有与否并不重要，重要的是邻里间可以倾心交谈、彼此照料。"

这段话映射出了彼得·巴菲特的"幸福观"与"金钱观"。在彼得看来，"我们生活在一个极度迷恋成功的社会，但成功并不必然与高薪、金钱相关"。金钱只是成功的副产品和附加价值，而不是衡量成功的标准。彼得认为，"真正的成功是由内而外的，并由我们的特质和行为所决定"。还认为："它来自我们的能力、热情、拼搏以及坚持所产生的神秘化学反应。或许外界可以对我们施以金钱奖励，但不能代替、也不能同化我们在心灵深处获得的那份成功。"

巴菲特是以言传身教的方式影响着自己的孩子。他在接受《福布斯》杂志采访时说："孩子们的成长经历没有特殊的，我们一直住在我1958年买的房子里面。孩子们没有随着我的财富的增长而搬进越来越奢华的住宅，也没有坐私人飞机。他们也是坐着大巴车去上公立学校——和他们的母亲上的是同一所公立学校，我们所住的社区也是普通社区。"后来，当巴菲特的名字出现在《福布斯》富豪榜上时，孩子们都很吃惊，但是"孩子们在那个时候已经基本成年了，而朋友们是因为他们本身而喜欢他们，而不是由于他们家的财富"。

如果对巴菲特的教子之道进行解析，我们可以将其分为两个核心部分：一是引导孩子找寻属于自己的人生坐标，因为只有拥有了属于自我的成长空间和自我意识，才会拥有快乐和充实人生。二是家长通过言传身教让孩子树立正确的金钱观和幸福观。

(二) 探寻属于孩子自己的人生目标

是让孩子成就伟大，还是让孩子甘于平凡？这也许是富有家庭的最大困惑之一。对普通家庭来说，寄希望于孩子出人头地完全可以理解。而对富有家庭来说，一方面，家长确实也希望自己的孩子能够有高人一等的能力，并且将来能够继承家族事业；另一方面，有的家长又不忍让自己的孩子吃苦受累，只希望孩子享有该有的幸福和快乐。

美国斯坦福大学教育研究所教授威廉·戴蒙在其《目标感》一书中指出，如今这一代年轻人普遍漂浮不定、不想做任何承诺，他们生命中缺乏的是动机的来源，是目标感。财富家族的子女普遍过着物质充裕的生活，很难产生匮乏感，也很少思考人生，从而容易忽略自己奋斗的价值和目标。

目标，是驱动我们每天大部分行为的一个动机。而明确目标，就能清楚回答"为什么我正在做这件事？""为什么这件事很重要？"。我们如果没有更长远的目标，短期目标和动机通常会徒劳无功，而且很快就在我们毫无方向的活动中消耗殆尽。戴蒙指出，有目标感的孩子，都有高度动机性，会自动自发地学习要达到目标所需的技能和知识，也展现出少见的务实性和效率。

此外，目标影响人生的快乐和满足。但父母不能直接给孩子一个人生的目标，否则又会陷入为孩子限定人生道路的误区，而必须通过引导性对话和言传身教，帮助孩子迈向实现目标之路，找到他自己的人生追求。此外，目标可以有很大的改变，尤其在人生早期。因为一件能激发目标感的事，会让人学习另一件能激发目标感的事。例如，年轻人会对成为运动员很有目标感，但不能一辈子都是运动员，因为年纪大了就无法参赛。但他作为运动员的那种自律习惯，会发展出另一个目标。一个真正的人生目标，至少要持续一段时间，时间长到我们必须兑现一些承诺，至少完成一些事情。我们从中学到经验并获得了一定能力后，就可以开始追求实现另一个目标。

因此，父母要帮助孩子设定属于自己的目标，让他（她）通过自己的努力去实现目标（无论是游戏、学习还是创业上的），不要耐不住性子去"越俎代庖"，最后剥夺了孩子应有的成就感和达到目标的快乐。

例如，有的孩子由于受到父母的溺爱以及无微不至的"管理"，反而在不知不觉中被剥夺了内在成长的机会。不断干预孩子的父母，与支持孩子自行解决问题的父母相反，前者会阻碍孩子完成成长过程中最重要的任务——发展自我意识。不仅是"富二代"，所有青少年在摸索自己的个性和未来的自我时，会获得来自父母两个方面的反馈：干预和支持。干预往往代表着父母的需求，支持则代表孩子的需求。

因此，请帮助孩子们冷静下来，让他们用喜欢自己、接纳自己和自我管理的心理打造一个属于自己的"内在家园"；请试着放慢脚步，给予孩子安静、没有压力的时刻，让他们向自己的内心深处探索，展现发展自我过程中最脆弱、细腻的一面；请试着为孩子有特别的兴趣而感到高兴，就是在这种内在激励、父母支持和发展兴趣的交互作用下，孩子的自我感才会逐渐形成。

从巴菲特的教子之方我们可以看到，财富家族的子女要想找到自己的人生定位，必须首先"找到自己"，审视内心，发现自己的兴趣，与此同时，父母在这一过程中扮演着重要的角色，父母给予孩子的关怀与指导是他们形成人生目标的至关重要因素。

对于青春期的孩子来说，父母如果盲目地让孩子坚持某个特别的兴趣爱好，可能会抑制孩子的成长和对未来空间的探索。有心理学家认为，这时父母应该更多提倡刻苦、坚韧的价值观，因为这些是孩子在未来取得成功需要具备的品质。

案例 11-2　卡尔森家族的二代教育

以下是《福布斯》杂志报道的一个案例。与巴菲特家族不同，玛里琳·卡尔森·纳尔逊以家族二代的身份从父亲那里接过家族企业的指挥棒，成为以房地产、酒店为主营业务的卡尔森家族的掌门人。她在接受《福布斯》杂志采访时谈及自己以及自己的孩子（家族第三代）是如何受其父亲影响的。

"小时候，家人一起去吃晚餐，父亲会问我们，是否需要餐后甜点？我们说要，他就开始给我们讲关于复利的课（笑）……父亲、我妹妹和我，三家人相邻而住，父亲会经常到我家门口，问：'你们在开 party（派对）吗？'我回答说：'没有啊，怎么了？'父亲就说'嗯，你们开了很多灯呢'。"

"父亲对于事业的热忱让我们印象特别深刻。每个周末,父亲会开车带我们到一处家族的酒店,让我们进行考评,环境是否整洁,服务人员是否友善,有没有什么值得注意的地方,并强调从事服务行业是多么让人愉快的一件事。而每次新开一家酒店,他就会说,创造新的就业机会对于他来说特别有价值和意义。家人一起坐车去实地考察,感受一家新的酒店如何从无到有,并且了解其所能够创造的价值,很有意义,而这些让家族成员感受到了使命感。"

(三)寻找人生的"点"和"线"

已故的苹果公司创始人乔布斯说,人生的真谛之一就是把过去的"点"连成"线"。而很有意思的是,把点连成线,只能是对于过去的"点"而言,你无法知道如何把未来的"点"连成线。

无论是达·芬奇还是巴菲特,都堪称他们各自领域的"大师",他们的人生是否一帆风顺?他们如何找到自己的人生定位?他们的经历对于普通家庭以及富裕家庭的孩子有什么样的启发?

案例 11-3　隐秘的力量:是什么使达·芬奇成为达·芬奇?[①]

1519 年 4 月末,经历了数月病痛折磨的 67 岁的画家、自然科学家、工程师列奥纳多·达·芬奇越来越感到自己的生命即将走到尽头。在生前的两年里,达·芬奇一直住在法国的一座小镇上,他的许多朋友包括国王都曾来探望他。他们发现达·芬奇一改常态,处在一种追忆和思考的状态,喜欢和大家分享他过往人生的每一段经历,从童年到青年再到当下。

达·芬奇始终有一种很强的宿命感,他被这样一个问题困扰了许多年:是否存在一种隐秘的力量推动着所有的生命提升和转变自己?如果这种力量是存在的,他希望能够发现它,并且他一直在寻找这种力量。这是一个令人痴迷的事情。在生命的最后阶段,当独自一人时,他开始认真思考这一问题,这种神秘力

---

① Robert Greene. *Mastery*. Penguin Group,2012.

量是如何推动自己成长，指引自己一步步走到当下的。

达·芬奇回忆起他在离佛罗伦萨 20 英里（1 英里＝1.609 3 公里）的芬奇镇生活的那段童年时光。父亲是新兴的权贵资产阶级成员，也是一位公证员，然而由于达·芬奇是私生子，在那个年代里，他无法上大学，也和任何高端的职业无缘。由于小时候父亲经常外出工作，达·芬奇常常一个人在村子里生活。小达·芬奇对大自然充满好奇，喜欢在橄榄树林中漫步，喜欢沿着一条小径走到一片森林之中，那里有小溪、瀑布、野花，所有这些奇妙的自然景象都令小达·芬奇十分着迷。

一天，小达·芬奇偷偷来到父亲的办公室，带走了一些画纸。他就这样拿着画纸，没有老师，没有可供参照的图画，凭借自己的眼睛，把大自然当模特，用心观察、作画，他发现绘画让他更能发现事物的细节，甚至赋予它们生命。有一次，他素描一朵白色的鸢尾花，竟然被花朵独特的形状所震惊。他想，是什么样的神奇力量让一颗种子长成形状如此与众不同的花朵。

接着，病床上的达·芬奇想到了自己 14 岁时，因出众的绘画才能在安德烈·德尔·韦罗基奥画室被选作学徒的经历。韦罗基奥希望他的学徒可以学习所有的科学技能——工程、机械、化学和冶金。开始，达·芬奇非常渴望能掌握所有这些技能，但是他很快发现他必须找到属于自己的东西或者说自己的特色，而不仅仅是模仿韦罗基奥。正因如此，达·芬奇在一次被安排画韦罗基奥设计出来的天使时，暗下决心一定要成为第一个能画出最具现实主义的有翅膀天使的人。为此，他观察了许许多多的鸟，用大量的时间素描各种各样鸟儿的翅膀，最终真的实现了他的目标。

1481 年是达·芬奇的人生低点。教皇让人推荐佛罗伦萨最优秀的画师参与其刚兴建的大教堂的装饰，然而达·芬奇的名字没有出现在被推荐的名单上。这次打击让他厌倦了艺术家向权贵讨生活的生存模式，他做出了一个改变他一生的决定，他来到米兰，为人生制定了一项新的规划，他将超越绘画，而追求一切让他感兴趣的东西，如建筑、军事装备制造、水利、解剖、雕塑等。他担任王公贵族的高参、艺术家，获得不错的报酬，以此作为生活来源。他喜欢同时做几个不同的项目，而项目之间又有着千丝万缕的联系。

回顾自己的人生历程，达·芬奇洞察到确有一股神秘的力量在发挥作用。在他还是一个孩子的时候，这股力量把他引到田野乡村去近距离观察自然百态；同样是这股力量让他偷走父亲的办公画纸，他把所有的时间都投入到素描中。这股力量推着他走进了韦罗基奥的画室，也是这股力量给了他巨大的勇气，指引着他从众多画家中脱颖而出，独树风格。

指引达·芬奇的这股神秘力量，事实上就是他整个人生的方向与目标。也正因有了人生的目标和动力，达·芬奇才会不断地提升、转变与升华。

从达·芬奇的成长故事我们可以看出，人要有所成就，必须找到人生目标，发现那股隐藏在内心的神秘力量。这种力量不是某种外在的东西，而是内在的指引你逐步发现并实现自己人生目标的力量。在童年时代，这种力量就已经伴随着你的成长，直到你认识到它，它便开始发挥更为强大的力量。而这种神秘的动力源几乎伴随着达·芬奇的一生，并促使他的人生轨迹不断发生微妙神奇的变化。如果他没有偷偷拿父亲的画纸去素描，他不会有机会展示他的艺术天分从而在14岁时被大画家韦罗基奥收为学徒；而当处在人生低点，他如果也趋炎附势地紧跟罗马教皇以获得更多世俗的荣誉和认可，就无法实现关键转变，成为历史上伟大的画家、自然科学家、工程师。

很多历史上伟大的大师都承认，他们感觉到了某种力量的呼唤或某种宿命在人生路上引领着他们。这种感觉可以说是一种难以解释的神秘力量，也许是一种幻觉。但还有一种说法，就是我们每一个人都是一个独特个体，这种独特性让我们想要表现和展示自我，而对于有些个体来说，这种感觉更为强烈。对于大师来说，这种力量是如此强烈，以至于它像一种外在的现实，一种能量、声音、宿命。当你出生的时候，一颗种子被播下了。而这颗种子就是你的独特性。这颗种子要成长、转变，开花结果，它自己就有一种与生俱来的能量。你感受这种力量越强烈，那么你成就人生大业以及成为大师的可能性就越高。①

巴菲特在20岁时，未能被哈佛大学商学院录取。他立即前往图书馆查阅，希望申请其他学校商学院。一查才知道，他最敬仰的两位商学院教授都在哥伦比亚

---

① Robert Greene. *Mastery*. Penguin Group，2012.

大学执教。巴菲特赶在截止日期前递交了申请，最后成功被哥伦比亚大学录取，其中的一位教授成了巴菲特的导师，帮助他在商界站稳了脚跟。正如巴菲特后来所说："我这辈子最幸运的事情大概就是没被哈佛录取。"①

达·芬奇和巴菲特都在经历了表面上看似挫折的遭遇后，踏上了更为宽广的路途。挫折—努力—成就，可以说是获得满足感的必经过程。

如果说达·芬奇明确地感受到了神秘的力量指引着他人生的方向，那么有没有可能这样的力量会变得微弱呢？可能！那发生于你开始怀疑它的存在时，或者你屈服于生命中的其他力量——某种"反作用力"时，例如面对来自社会的压力、来自家庭的压力，你被迫去做别人希望你做的事情。很多时候，这种"反作用力"可能来自你的父母。他们希望你去做体面、光鲜、更有前途的工作，却让你失去了你宝贵的独特性和天赋，断送了你本可以获得的成就和幸福。

（四）如何找到目标背后的原动力

父母是否可以"有所为"或者"有所不为"，来帮助孩子去探寻人生的目标以及原动力？难道让孩子"放羊吃草"或者让他们自己经历各种"挫折教育"吗？如果希望孩子长大成人后能够继承家业，又应该如何进行正向的引导呢？

哈佛大学教授克莱顿·克里斯坦森和另外两名作者在《你要如何衡量你的人生》一书中，诠释了引领我们事业成功与生活幸福的动力源泉。首先，该书发现，存在这样一种理论和思维模式，即"金钱和物质是最为有效的激励方式"，这在企业管理中体现为通过薪酬激励体系来使高管和员工努力工作、提升绩效；在家庭教育中，体现为家长通过零花钱来激励孩子学习成绩拿"优"。然而，该书发现，这种激励理论无法解释一些非常明显的"异常"现象，例如，那些服务于慈善机构和其他非营利机构的工作人员，他们可能在极端艰苦的条件下从事例如灾后重建、抗击洪涝、应对饥荒等艰辛的工作，而他们的酬劳却极为有限甚至为零。

所以该书提出了一个问题：如果钱不是他们行动的动力，那么他们行动的动力究竟是什么呢？

就像我们在前文提及达·芬奇的经历那样，推动其成就伟大的不是金钱、地

---

① 理查德·怀斯曼. 正能量2：幸运的方法 [M]. 符泉生，何金娥，译. 长沙：湖南文艺出版社，2013.

位和世俗所认为的那种"成功",而是其内在的追求和目标。而克里斯坦森教授在前述书中提到,物质激励不是真正的动因,人们做某件事的真正动因是,"发自内心地想去做"。对于事业如此,对于孩子教育也是如此。

其实,工作让人能够满意并能够拥有幸福感要基于两个因素:基础因素和动力因素。基础因素包括地位、薪水、安全保障、工作条件、公司政策等,如果这些基础因素无法达到我们的预期,我们就会感到不满。然而,如果基础因素得到改善,我们不会立刻爱上这个工作,最多只是不再讨厌它罢了。请注意,"不讨厌"和"爱上"是性质不同的两码事。而想要"爱上"工作和事业,那么就需要动力因素,那就是,有挑战性、从中获得认可和个人成长、激发责任感。

因此,针对职场的发展,克里斯坦森提及,面对金钱压力,不少哈佛大学的毕业生选择了高收入的工作,在基础因素方面暂时得到了满足,然而,当追求仍然停留在赚更多钱的层面时,问题就出现了。他们开始抱怨自己的工作,但他们维持高品质生活方式又需要他们维系高收入水平,而自己真正想要追求的梦想似乎与自己更加遥远。

"我知道我此生将钟爱马术,所以我的未来职业目标将定位在银行业、保险业和房地产业。"[1]

---

[1] 选自《纽约客》漫画集,原作者是 Warren Miller,创作于 1988 年。

当你遇到此种情况时，动力因素就变得非常关键，不管你的工作是否满足前述动力因素，工作都将对你获得成就感和幸福感起到关键性的作用，并且为你继续努力提供无尽的原动力。

对于孩子来说，虽然还没有到达职场阶段，但"基础因素""动力因素"二因理论对他们一样适用并会产生神奇的效果。克里斯坦森在前述书中描述了这么一个和孩子共处的故事。有一年他的家庭购置了第一套房产，他决定在后院为两个正处于喜爱游戏年龄的孩子搭建一个儿童游戏屋。他们花了数周的时间挑选木材，拾捡屋顶板和墙面板，最后的工作由孩子完成，有的地方要用锤子敲，有的地方要用锯子锯，孩子们对他们的工作自豪无比，这让父亲十分开心。每当他回到家里，孩子们问他的第一件事就是什么时候可以"继续开工"。

而有意思的是，游戏屋建好之后，孩子们倒很少在里面玩。克里斯坦森指出，"他们的真正动力不在于拥有游戏屋，而在于建造游戏屋这件事，以及做这件事给他们带来的满足感。我原来以为重要的是完成目标，现在才发现过程更重要。"

正是在这个过程中，成就感、责任感、个人成长得以彰显。对于富裕家庭的孩子，也许这样的"游戏屋"可以直接购买，或者外包给工程队完成，因为钱不是问题，然而，这会让孩子失去学习、享受的过程以及探寻自我实现的机会。

那么家长如何帮助孩子寻找原动力呢？可以从两个层面来着手：第一个层面是，帮助、引导孩子找到兴趣点，这些兴趣点可能最终会向孩子的人生目标方向发展，也可能相反，这些兴趣点和孩子未来的"接班"或职场工作并没有什么直接联系，但是这不重要，因为关键是让孩子享受获得成就感、责任感、个人成长的过程，因为这个经历有助于孩子在未来长大成人、心智成熟之后，面对同样的"基础因素"和"动力因素"抉择时更有效地做出判断。第二个层面，也是与富裕家庭或财富家族孩子更有关联的一个方面，即适时地向孩子讲述创一代艰辛创业、家族企业成长和壮大的故事，把家族的核心价值观逐渐传递给孩子，让孩子慢慢建立对家族和企业的自豪感、荣誉感、归属感。

那么要用怎样的方式与孩子（特别是青少年）讨论人生目标呢？很重要的一点，不要告诉他们人生目标应该是什么，而是要提问题。以下三组问题是可帮助孩子提升目标感的重要问题：（1）我对什么有兴趣？我做什么最享受？什么会让我发光，是音乐、文学、数学还是体育？（2）我最擅长什么？我的才能在哪里？

(3) 这世界需要什么？世界有哪些问题、机会可以发展成我帮助别人的所在？[1]

案例 11-4　星巴克奇迹背后的教育智慧[2]

将星巴克推向辉煌的霍华德·舒尔茨出生于一个平凡的家庭，他在布鲁克林区的政府公寓里长大，与其他 4 位家人挤在一套两居室的公寓里。他 7 岁时，父亲摔断了脚踝，丢掉了运输司机的工作。舒尔茨就读的学校也略显荒凉，孩子们在铺满沥青的操场上做各种游戏，如果一支队伍输掉比赛，再轮到该队伍上场就要一个小时后了，所以舒尔茨想方设法让自己队伍胜出，他回家时肘部和膝盖总是伤痕累累，母亲则用湿布为他温柔地擦拭伤口，并鼓励他说："不要放弃。"

20 世纪 80 年代早期，舒尔茨就职于一家塑料生产公司，他注意到，西雅图一家不知名的零售商订购了大量的咖啡滴漏，两年后，当听说星巴克将出售仅有的 6 家门店时，他立刻向所认识的每一个人借钱，盘下了门店。那还是 1987 年的事情。之后的 3 年内，星巴克门店增加到 84 家；2012 年，星巴克已在 50 多个国家和地区拥有超 17 000 家门店。

为什么舒尔茨能脱颖而出，成为 20 世纪最成功的 CEO 之一？促使他摆脱贫穷的意志力从何而来？舒尔茨说，"我自己也不清楚，只记得我母亲常说，'你将成为上大学的第一人，有一份体面的工作，光耀门第'。她总会问我这样一些问题，今晚的学习计划是什么，明天准备做什么，考试已经准备好了吗，这些问题促使我不断设定目标。""我真的很幸运，"他说，"而且我由衷地相信，如果你告诉别人他具备走向成功的条件，他就真的会成功。"

从这个例子我们看到，舒尔茨的母亲正是通过引导式的提问与鼓励，让舒尔茨找到了人生的目标与成功的动力。这种意志力一旦养成，将会是引导个人走向

---

[1] 参见《斯坦福大学教授戴蒙：父母如何帮孩子找到目标和动力》，载于 http://www.gospeltimes.cn/news。

[2] Charles Duhigg. *The Power of Habit*: *Why We Do What We Do in Life and Business*. Random House, 2012.

成功的关键阶梯。

舒尔茨的母亲可能没有学过心理学或者管理学,但是却深刻地影响了儿子的童年,结果可能大大出乎她的意料,这个引导式的做法奠定了星巴克成功的基础。

至于如何让孩子进一步探寻人生目标,进行各类尝试是必要的。当孩子说想要当作家、画家、音乐家、演员时,家长不妨先给予鼓励,毕竟未来的路还很长,还可以不断地调整。乔布斯也没有在孩提时就立志要创立苹果公司,而他曾经热衷学习的英文美术字体却在他设计苹果电脑的时候发挥了他意想不到的作用。

(五) 发现你的天赋

寻找自己的目标和定位时,还有一种方法是,在学习、工作中,关注自己那些"灵光一现"的时刻、那些让自己激情闪烁的"思想火花",也就是说,自己也好,孩子也罢,在做某一件事情时,特别专注、忘我,不需要任何的物质奖励,不在乎有没有加班费、奖金,完全沉浸在所做的事情中,并且经过不知疲倦的努力之后,在"大功告成"的一刻,特别兴奋和快乐。而这些"思想火花"和"灵光一现"时刻,值得一一记下来,记录在自己的笔记本中,自己不时拿出来看看。因为这也许就是你的热情和天分所在,是平时被忙碌和杂务所埋没,或者因为别人的偏见而被忽略的宝贵财富,这正是连成未来事业或人生成功之"线"的"点"!

另外,我也建议大家读一读肯·罗宾逊和卢·阿罗尼卡的《发现你的天赋》一书,里面讲述了不少探寻自己天赋和热情的方法。而该书中最发人深省的部分是作家布兰妮·威尔的感言。

布兰妮曾经照顾身患绝症而垂死的病人多年,陪他们度过生命中最后的几周或者几个月。她发现,人们在临死之前,会有许多的成长和感悟。每个人都几乎经历了一连串的情绪变化,从不愿承认恐惧、愤怒、后悔,到有些不愿承认,再到最终接受。最后每个病人都在离世之前找到了平静。当她问及这些临终的病人在他们的人生中是否有任何遗憾,或者他们本可以过如何不同的人生时,以下回答最为普遍,但也让人感觉震撼:[1]

---

[1] Ken Robinson and Lou Aronica. *Finding Your Element*. Penguin Group (USA) Inc., 2013.

"我希望我曾经有勇气过一个真正忠于自己的人生,而不是别人期望看到的我应该过的人生。"

这是临终前的人们最为常见的遗憾。当人们意识到自己的生命行将终结,回首往事,他们经常遗憾有那么多自己的梦想没有实现。"绝大多数人连一半的梦想都没有实现——往往由于他们的选择,无论是选择做了,还是没有做。"几乎每一个她照看过的男性病人都有这样的表示。他们想念他们孩子的幼年时光以及伴侣陪伴的时刻。虽然妇女也会有类似的遗憾,但是"所有的男性病人都深感遗憾自己投入了太多的时间在工作上"。

"我希望我曾经有勇气表达自己的情感。"

很多人在一生中压抑自己的情感。最后,他们过了他们并不真正想要的一辈子,没有过上他们本可以过上的人生。"不少人因此而感到苦楚、焦虑,并且患上了疾病。"

"我希望我和朋友们一直保持联系。"

很多人临终前的几周才开始真正感恩朋友所带来的价值,而在这时已经很难再找到这些朋友。很多人都忙于他们自己的生活而无暇顾及曾经拥有的金子般宝贵的友谊。"很多人因为没有给予友谊足够的时间和努力而感到深深的遗憾,每个人都在临终前想念自己曾经的朋友。"

"我希望在过去能够让自己更加快乐幸福。"

很多人直到临死时才发现,幸福可以由自己决定!他们被陈旧固定的生活状态和模式所禁锢。所谓熟悉的舒适充斥了他们的情绪以及他们的实际生活。对于变化的害怕让他们总是假装满足,而内心深处,他们却渴望能够开怀大笑,甚至淘气一下。

布兰妮看护临终病人的可贵经历和体验告诉了我们一些人生中重要但又简单的道理:

忠于自己的梦想

在人生的道路上,应该努力去实现自己的部分梦想。自己把握好机会,尤其是当自己的健康状况还理想的时候。

给自己减压

简化自己的生活,过有意义的一生,你其实并不需要挣那么多钱。给予自己更多的空间和时间，你会发现你的幸福感增强了，而展现在你面前的机会也更多了。

重视属于你自己的人生和情感

你无法控制别人的反应。当你坦诚地表达你的意见时，有可能一开始别人会不愉快，但是最终它会将人与人之间的关系提升到一个新的、更健康的层次。要么这样，要么放弃那些不健康的关系，两者随便选哪一个，你都是赢家。

重视你所爱的人

当人们面对即将到来的死亡时，他们希望把财务后事料理好，往往是为了他们所爱的人。但是最终，金钱或者地位都不重要了，在最后的日子里，一切都没有所爱的人重要，所爱的人是在最后关头唯一留下的。

看完上面的内容，也许我们对如何对待自己的人生以及孩子的人生会有新的视角和感悟。

帮助孩子找到人生目标和定位，是否就大功告成了呢？也许所谓的某个喜好，无法成为真正意义上的人生目标，而且对于接班人来说，它和未来的接班相距甚远。对于还在成长阶段的孩子，除了帮助、引导其确立目标之外，还能做些什么呢？也许孩子还需要某种动力，促使其不停地进步。那么这种原动力从何而来呢？

11.1.2 应对财富带来的悖论：原动力不足怎么办？

财富给孩子成长带来的悖论是：一方面，财富可以为孩子自由地追寻其人生目标提供物质和社会条件；另一方面，丰厚的物质条件使得孩子没有"匮乏感"，从而导致孩子努力精进的原动力不足。

星巴克的创始人舒尔茨虽出生在一个非常普通的家庭，但只要获得积极的引导，一旦找到了人生的目标和方向，其丝毫不缺乏努力精进和积极向上的动力源泉。达·芬奇作为私生子遭遇歧视，不被教皇看好，这成为其提升意志力的源泉。也就是说，在有了人生目标之后，要实现它，仍然需要意志力、自制力，而生活中的匮乏感会成为磨炼意志的朋友。

> 提升意志力的最佳途径，就是把锻炼意志力培养成一种习惯。通过习惯培养起来的意志力对于帮助孩子成功实现目标至关重要。

2005年，宾夕法尼亚大学的研究员选取了164名八年级生作为样本，测量了他们的智商和其他一些方面水平，如通过自律性测验测量他们的意志力水平。意志力水平较高的学生在学习中会获得更好的成绩，他们通常不会缺课，会花更多时间来做功课。

研究还表明，提升意志力的最佳途径，就是把磨炼意志培养成一种习惯。宾夕法尼亚大学的研究员解释道："有时自制力强的人看上去工作并不努力，但实际上他们已经把意志力变成了一种自发意识，已经不用刻意去激发他们的意志力了。"可见，通过习惯培养起来的意志力对于帮助孩子成功实现目标至关重要。

对于富裕家庭尤其是财富家族的孩子，他们没有生活的压力，缺乏原动力和意志力，怎么办？对物质和社会地位没有任何"匮乏感"，这是否会成为成才路上的障碍呢？

（一）王石：短缺的环境下，才会懂得珍惜

如何让富裕家庭孩子找到充实感与幸福感，著名企业家王石提出这样的理念："当你处在短缺的环境中，才会懂得珍惜。"热爱登山运动的王石还以自己的亲身经历来说明这一点，他说，如果你在登山的环境下（荒野之中）生活，一个月、两个月都没有地方洗澡，你会觉得世界上最美好的事情就是能洗个热水澡。再比如，平常出差在宾馆，那里一定有鲜花水果，你习以为常，根本不会注意到它们，但如果是在喜马拉雅登山营地，你的同伴掏出个苹果给你，你都会觉得这个苹果太诱人了。[①]

王石的登山感悟告诉我们短缺创造幸福感——至少是暂时的幸福感。延伸到"富二代"的人格培养，如果能够有机会通过这样的经历，让孩子懂得自己经过努力获得的成功来之不易，只有努力才会拥有人生的充实感和成就感，他就会更加珍惜家族努力奋斗得来的成果。

要有智慧地创造"短缺感"。对于财富家族来说，家族成员几乎可以不受任何限制地进行消费，因为孩子迟早会知道，家里的财富可以买得起世上几乎一切的东西。一直瞒着孩子家里的财富状况可能并不是一个可持续的明智之举。而随意满足孩子物质方面的任何需求，对孩子培养健康的财富管理习惯以及体验通过

---

① 王石. 王石说：影响我人生的进与退［M］. 时代记录, 整理. 杭州：浙江大学出版社, 2012.

努力获得物质财富上的成就感都是不利的。所以，有的财富家族就选择了这样的模式，孩子要买车，父母亲只提供一半的资金，另一半资金则要孩子通过自己的努力挣出来。

> 让孩子懂得自己努力获得的成功来之不易，只有努力才会拥有人生的充实感和成就感。

然而，制造"短缺"环境也会有矛盾：一方面，毕竟孩子只能经历短暂的"短缺"环境训练，无法一天到晚参加登山、支边或者"吃苦夏令营"等活动；另一方面，对创一代来说，他们既希望自己的孩子能够吃苦耐劳，又不希望或者舍不得自己的孩子重走弯路，经历痛苦。这似乎是富裕家庭在二代教育上最常见的矛盾。我们不妨先通过心理学理论以及相关实验来分析富裕家庭在孩子教育方面的常见问题。第一，给孩子奖励是否会产生正向激励？第二，斯坦福大学的"延迟满足"实验和对孩子意志力的培养。

（二）奖励产生负能量？

美国的财富咨询专家对多个财富家族进行访谈后发现，成功和健康的财富家族有一个共同点，他们十分注重培养家族成员的正确人生态度：

- 拥有一家成功的企业所产生的满足感不是因为获得了金钱，而是来自把事情做到尽善尽美。
- 设立家族基金会是为了能够在这个世界上产生积极的影响。
- 任何工作都带给人荣誉感；对公司来说，清洁工的工作也是很重要的，要尊重每一个人。
- 要谦和低调，获得成功和财富是因为上天的眷顾，要勇于承担责任。
- 要感恩上天的眷顾，所以必须回馈社会。[1]

把事情做到尽善尽美，这本身会让人产生成就感、满足感和幸福感。如果再给予额外的物质奖励，会产生什么样的效果呢？

延伸阅读　奖励产生负能量？[2]

心理学家爱德华·德西将志愿者们请到实验室，让他们花30分钟玩拼图游戏。

---

[1] Courtney Pullen. *Intentional Wealth*. The Pullen Consulting Group, 2013.
[2] 理查德·怀斯曼. 正能量[M]. 李磊, 译. 长沙：湖南文艺出版社, 2012.

志愿者分为两组，一组被告知会得到金钱奖励，另一组则被告知没有任何奖励。30分钟过去后，德西找了借口故意离开实验室，但其实他在偷偷观察实验室里的情况。在他离开的10分钟内，一个有趣的现象发生了：那些没有奖励的志愿者继续在玩拼图，而被告知获得奖励的那一组志愿者则无所事事，少有人继续玩拼图游戏。

这就是心理学中所谓的"表现"原理，那些有物质奖励的实验参与者会不自觉地认为："别人之所以付我钱，是因为他们想让我做我不想做的事情……都要付钱给我玩游戏，所以这个游戏肯定不好玩。"德西的"奖励"似乎把有趣的游戏变得让人感觉枯燥。所以获得奖励承诺的人在德西离开实验室之后立马把游戏丢在一旁，奖励促使参与者"被迫"做出了逆反行为，也抑制了正能量的产生。

另一个著名的实验来自斯坦福大学心理学家马克·莱珀及其同事。他们来到一所学校，让学生们画画。在拿出画笔和画纸之前，莱珀告诉一组学生，如果他们画画的话，他们就会得到一枚"好孩子"奖章；而另一组学生则没有得到相应的允诺。

根据"表现"原理，那些得到奖章承诺的孩子会下意识地认为："只有当大人们想让我做我不喜欢做的事情时，他们才会给我奖励；画画会得到奖章，所以我肯定不会喜欢画画的。"同样，另一组孩子会想："当大人们想让我做什么事情时，他们会给我奖励；我画画，他们没有给我奖励，那么我肯定会喜欢画画的。"

几周后，莱珀及其团队回到这所学校，又向孩子们分发了绘画的颜料，并且仔细观察孩子们是如何利用它们绘画的。几周前得到"好孩子"奖章的孩子绘画的时间明显比其他孩子短很多。

奖励学生、吸烟者、开车者，实验者其实是在鼓励他们表现得仿佛自己本来不喜欢读书、不想戒烟、不想系安全带一样。结果呢？一旦不再有奖励，他们往往也停止了相应的曾经被奖励的行为。

对于财富家族的孩子，物质奖励是不缺的。然而，奖励却产生了负能量。孩子坚持兴趣爱好，认真学习，取得优异成绩，这些都可能被不当的奖励所"误导"。而我们基于克里斯坦森的理论，对于富裕家庭的孩子，充分开发"动力因素"就变得非常重要。

如果"奖励"可能产生负能量，与本来善意的愿望背道而驰，那么有什么正确的教育方法可以给孩子带来积极的影响呢？

（三）如何进行"正向影响"？

1．"角色扮演"

在哈佛大学莱昂·曼的一个实验中，邀请了26个重度吸烟成瘾者参与实验，并将他们随机分为两组。第一组实验参与者扮演肺癌患者这一角色，为了产生"淋漓尽致"的效果，该实验还特意布置了一间假的医生办公室，还会有医疗器械以及穿着白大褂的演员——而这个"医生"会拿出一张假的X光片，告诉"病人"情况不妙，还有一些看上去像是医疗记录的东西显示实验参与者已经患上了肺癌。然后"医生"和"病人"开始讨论戒烟计划。而第二组实验参与者也会假定被诊断出肺癌，但是没有任何角色扮演，也没有什么关于戒烟计划的讨论。

实验结果显示，"角色扮演"产生了巨大的正能量。实验开始前，每个参与者平均每日吸烟25支，实验开始后，第二组参与者平均每人每日抽烟量减少5支，而第一组平均每人每日抽烟量减少了10支。随后的几年，哈佛大学又对这些实验参与者进行了跟踪，发现这一影响是长期的。

对于孩子，我们也同样有类似实验。学校对智商测试结果没有明显差异的孩子进行了分组。第一组，老师明确告诉他们，他们是学校的佼佼者，他们被抽选出来是因为学校要对他们进行特别的培养；第二组，则没有这样的额外说明。经过之后的跟踪调查，第一组学生进步明显，表现越来越出色，第二组则没有明显的变化。

2．承诺的力量

美国加州理工学院的心理学家肖恩·伯恩进行了一个实验，意图改变人们在垃圾分类和废品回收方面的不良习惯。伯恩的团队首先进行了秘密的观察，锁定了200多个不对垃圾进行分类处理的家庭。然后开始了他的行动计划。

伯恩先得到了当地"童子军"的支持和帮助，花了三周时间对"童子军"进行培训。"童子军"三人一组，由实验人员带到当地的不同地方。敲开门之后，"童子军"就会训练有素地进行他们精心准备过的演讲，宣传垃圾分类和废品回收的重要性。之后，他们会给被访的居民一张承诺卡以及一张贴纸。承诺卡上简单地写着："我，_____，承诺支持克莱尔蒙特的垃圾分类处理计划。我愿意献出一份力量，反对浪费。"而贴纸上也简单直接地写着"我支持分类处理垃圾，反对浪费"。

"妈妈通常会给我讲个故事,然后留下 20 美元给我。"①

在接下来的 6 周时间里,实验人员进行了秘密的跟踪观察,效果相当显著:那些签过承诺书、有贴纸的家庭,对垃圾进行分类处理的新增了 20%。相反,未曾承诺但对垃圾进行分类处理的家庭只增加了 3%。②

这个实验对家长有很大启示:一方面,家长应该把说理的工作做到家;另一方面,"承诺书"有魔术般的效果。如果让孩子在听懂道理之后,自己写感受、写承诺,让其觉得做出相关举动出自他自己发自内心的想法,效果就会好。

(四)斯坦福大学的"延迟满足"实验

延伸阅读　斯坦福大学实验:儿童未来行为预测

20 世纪 60 年代,美国斯坦福大学心理学教授沃尔特·米歇尔设计了一个著

---

① 选自《纽约客》漫画集,原作者是 Matthew Diffee,创作于 2004 年。
② 理查德·怀斯曼. 正能量 [M]. 李磊,译. 长沙:湖南文艺出版社,2012.

名的关于"延迟满足"的实验,这个实验是在位于斯坦福大学校园里的一家幼儿园开始的。研究人员找来数十名儿童,让他们每个人单独待在一个只有一张桌子和一把椅子的小房间里,桌子上的托盘里有这些儿童爱吃的棉花糖。研究人员告诉他们可以马上吃掉棉花糖,或者等研究人员回来时再吃,那样便可以再得到一颗棉花糖。他们还可以按响桌子上的铃,研究人员听到铃声会马上返回。

对这些孩子来说,实验的过程颇为难熬。有的孩子为了不去看那诱人的棉花糖而捂住眼睛或是背转身体,还有一些孩子开始做一些小动作——踢桌子,拉自己的辫子,有的甚至用手去打棉花糖。结果,许多孩子坚持不到3分钟就放弃了。"一些孩子甚至没有按铃就直接把糖吃掉了,一些则盯着桌上的棉花糖,半分钟后按了铃。"大约三分之一的孩子成功控制住了自己对棉花糖的欲望,经过15分钟,他们等到研究人员回来兑现了奖励。

从1981年开始,米歇尔逐一联系已是高中生的653名参加者,给他们的父母、老师发去调查问卷,针对这些孩子的学习成绩、处理问题的能力以及与同学的关系等方面提出了问题。

米歇尔在分析问卷的结果时发现,当年马上按铃的孩子无论是在家里还是在学校都更容易出现行为上的问题,学习成绩也较低。他们通常难以面对压力,注意力不集中,而且很难维持与他人的友谊。而那些可以等15分钟再吃糖的孩子在学习成绩上比那些马上吃糖的孩子平均高出210分。

实验并未就此结束。米歇尔和其他研究人员继续对当年的实验参加者进行研究,直到他们35岁以后。研究表明,当年不能等待的人成年后有更高的体重指数,并更容易有吸毒方面的问题。①

在米歇尔看来,这个棉花糖实验对参加者的未来有很强的预测性。"如果有的孩子因为可以控制自己而得到更多的棉花糖,那么他就可以去学习而不是看电视,"米歇尔说,"将来他也会积攒更多的钱来养老,他得到的不仅仅是棉花糖。"

人们一直误认为智商高低是一个人能否成功的决定因素。米歇尔则认为,智

---

① 参见《预测孩子未来从吃糖果开始》,载于《科学与文化》。

商能否起作用关键在于自我控制能力如何,就算是最聪明的孩子也要完成家庭作业。这就需要意志力和自控力。

"我们通过棉花糖实验测试的实际是自我控制能力,"米歇尔说,"这项实验迫使孩子们去寻找对自己有利的解决问题的方法,他们都想得到第二颗棉花糖,但怎么做才能得到呢?"所有孩子都急切地想得到第二颗棉花糖。那么,究竟是什么决定了自我控制能力呢?米歇尔通过观察得出结论,秘诀就在于"转移注意力"。愿意等待的孩子不会一直盯着棉花糖,他们捂住眼睛、玩捉迷藏或是唱歌,他们对棉花糖的渴望不是消失了而是暂时被忘记。

如果我们不停满足孩子的各种需要,将来他们一旦意识到自己的欲望得不到满足,就会无法自我调节,因为他们没有"延迟满足"的能力。

"延迟满足"不是对快乐说"不",而是帮助我们达到短期快乐和长期收获的平衡,让生活更美好。所以"延迟满足"的能力是意志力和自控力。

这个著名的"糖果实验"对富裕家庭的后代教育有着特别的意义。在物质条件极为充裕的情况下,要培养孩子自我调控情绪和行为的能力,让他们可以对物质、物欲说"不",哪怕是暂时说"不",这对他们将来拥有更健康的心理和更大的成就十分有益。

(五)遭遇任性的独子"富二代"

案例 11-5 任性的二代,无奈的父母

韦伯和梅耶合著的《超高净值银行家手册》一书提到了这么一个真实案例。一位富豪委托银行雇用其独生女,目的是通过这份银行的工作来培养和锻炼这位独生女,作为交换,富豪将大笔资产交给银行管理,银行同意了这个安排。富豪希望银行能够给其女儿多一些压力,让她变成一个勤勉、敬业、有担当的人。银行自然敬谨遵命,但是这位大小姐却摆出一副桀骜不驯的样子——她很清楚,父母已经上了年纪,亿万家产可能数年之后就将归她所有,父母没有别的选择。

银行做了很多尝试,包括展示一些努力精进的"富二代"案例以"正向"引导她,期望给她带来积极影响。然而她依然我行我素、不断违纪,最终银行不得

不痛下决心请她走人。而她的富豪父母表现出对银行的极大不满，认为银行没有做好工作，也将交托给银行打理的资产抽走了。

在这种情况下，独生子女的父母难道就真的没有其他选择而只能被任性的孩子"玩于股掌之上"吗？从心理操控、谈判和博弈的角度看，让对方觉得自己只剩下一手烂牌而只有用"亲情"来求饶的份，自然是作茧自缚。所以，对父母来说，策略在于"反其道而行之"，就是避开对方（孩子）心理操控的锋芒，了解孩子的弱项和短板。其实，最简单的方法，就是关掉零花钱的水龙头，停掉家里的"自动柜员机"。当任性的孩子发现，自己在被剥夺了经济来源之后其实与普通人无异的时候，他就得面对冷冰冰的现实——一个成人，需要挣钱糊口，需要建立责任感和担当意识。

除了控制零花钱之外，父母也可以着手成立不可撤销的信托，逐渐将资产装入信托，并且让任性的孩子知道，将来资产的受益人可能是这位独生子女，也可能是公益慈善基金，还有可能是其他人。

父母也确实可以开始将一部分资产用于公益，例如，捐助给那些需要帮助的贫困山区孩子、孤儿院，让孩子参与其中，逐渐学会感恩、学会给予和反哺社会，最终建立自我认知和责任感。

这些工作也可以通过和专业的人士共同策划来进行——冷静客观地看待问题，同时富有专业经验的第三方会在这个过程中起到很重要的作用。

11.1.3 "优越"带来的痛苦：特权意识所带来的心理障碍

一方面，专门研究财富家族子女教育的心理学家发现，并非一定要通过制造逆境、剥夺所有优越的物质条件才能让孩子真正成才；相反，财富能够支持、加快孩子实现他们的理想。另一方面，如果对于财富家族子女有关财富的教育不当，则优越感意识对他们未来健康成长更具有破坏性。

（一）当优越成为成长的敌人

关于许多富家子弟，心理学家发现他们的一个共同问题就是，由于家庭条件优越，他们形成了与生俱来的"应当属我"的特权意识，对所拥有的一切都认为是理所当然的，自己对此心安理得。如果前文讲的是帮助富裕家庭的孩子找到自我，并且磨炼意志，那么接下来我们就得讲一个"优越"所伴随的心理问题。一方面孩子让父母感到骄傲，另一方面父母却隐隐觉得孩子"冷血"，问题出在哪里呢？

美国心理学家塞耶·奇塔姆·威利斯在其《家族财富传承：驶离财富阴暗带》一书中提到这样一个案例。

案例 11-6 "优越"带来的痛苦

贝蒂是一位年近60、衣着考究的女士，她来到塞耶的办公室"就诊"是为了她已经年满30的大女儿特里西亚。特里西亚心高气傲，主要的爱好是养马和赛马。而母亲因观察到一件事情而让自己坐立不安，最终到心理咨询师这里来寻求帮助。

女儿特里西亚的朋友不多，而且似乎并不急于嫁人。她酷爱骑马，并且执迷于拿名次，而且竞技水平不错，已经斩获不少奖项。最近母亲陪女儿参加比赛，在比赛后台注意到的一幕让母亲瞠目结舌——当特里西亚和披着第二名荣誉丝带的爱马一起出来的时候，边上的一位女孩热情地打招呼表示恭贺，然而特里西亚却冷冷地骑马而去，没有理睬那位友善的女孩。这一幕让母亲倍感震惊和尴尬，与此同时，她马上意识到背后的原因——就像以往一样，女儿无法容忍失败，而第二名让特里西亚感到的是耻辱和愤怒。因为在特里西亚心目中，基于她家庭背景、财富和社会地位，在她所从事的领域，她必须表现卓越，容不得任何失败。

对于财富家族的子女来说，一方面他们顶着巨大的压力要表现卓越，另一方面他们有一种"贵族"意识，也就是所谓的特权意识，对于他们所拥有的一切都认为是上天所赐、理所当然的，因为他们是接班人，家族荣誉的继受者。他们给自己设定了某些无形的成功和幸福的标准——他们必须表现卓越，不允许失败和失误，绝不接受"普通""平庸"。

这种"卓越"的意识，换一个角度看，就是与生俱来的"优越感"，会导致子女产生以下问题：一方面，他们可能会有强烈的自尊心和自豪感，从而产生无形的压力和焦虑感；另一方面，他们会对特殊的待遇和地位习以为常，这种态度很容易转变为"唯我独尊"的高傲和无视他人感受的冷漠。如果他们接班，就容易把业绩当作唯一的衡量标准，而把企业中"人"的因素搁置在一边，这恰恰是阻碍领导力发挥的一项致命伤。

我们所了解的一个香港财富家族，掌舵的父亲最终决定不让大儿子接班，就是觉着其虽然优秀，但是性格孤傲、待人冷漠，担心其如果掌权迟早会把管理层的所有核心成员气走而可能导致家族企业的大厦崩塌。父亲采取的方法是，给予大儿子足够的资金支持其创业。如果经过创业的历练，其在性格上能够有所改善，那么仍然有可能回来接班，不然，父亲就让两个小儿子来继承家业。

那么如何应对这种"理所当然""本应属我"甚至"唯我独尊"的优越感和特权意识呢？首先当然是家长要给予充分重视，要向孩子不时地传输他们和别人没有不同，不存在孰优孰劣的思想；告诉孩子在能力、知识上要追求卓越，但是在"待遇"、地位上，则要保持一种中庸态度。其次，要让孩子学会感恩，用亲情让孩子感受爱的温暖，培养孩子的财商，通过挫折教育让孩子不轻易在苦难面前低头，培养孩子坚毅的性格特质。对于这些内容，我们会通过一些财富家族的成功教育案例来进行探讨。

实用小贴士：你不应该和孩子说的 12 句话

国外有儿童心理学家基于对财富家族的长期研究，发现家长在日常生活中不经意的甚至自以为正确的善意言论，对孩子正确财富观的培养可能会产生重大的误导，而对孩子未来的心智健康也会产生潜在的不利影响。我们将其归纳为 12 句话，和读者分享。

限于篇幅，这些内容无法在本书展开。请登录 www.wealthbook.cn 网站，免费获取。

（二）让孩子学会感恩

感恩是战胜优越感的最重要方法。人们习惯于将自己的注意力一直放在不满上面，而不是感恩和珍惜自己所拥有的，无论是物质生活条件还是亲情、友情、健康的家庭关系和社会关系。

> 感恩是战胜优越感的最重要方法。

案例 11-7　让孩子有感恩之心

迈特已年过四十，是一名"富三代"，他的财富来自代际传承，因为这样的背景以及自己的成长过程，他充分意识到了自己在教育两个儿子和一个女儿方面的特别责任，尤其在避免孩子们产生想当然的特权意识方面。经过专家的指导，他采取了一系列措施，其中最为重要的就是培养孩子们的感恩之心。[①]

他与孩子们一起在接济贫民的爱心食堂提供志愿者服务；他为孩子们精挑细选一些电影和图书，告诉孩子们外面的世界有何不同，尤其是那些没有他们那么幸运的人是如何生活的；他要求孩子们在收到礼物或者受到帮助的时候，一定要写感谢贺卡或者便笺；还要求孩子们在过圣诞节或者生日的时候，一件一件逐次打开礼物，打开每一件礼物的时候，走到送礼物的人面前，真诚地说"谢谢"；晚上睡觉之前，他鼓励孩子们说出至少五件他们各自觉得感恩的事情。

与此同时，他故意让孩子们经历挫败和失落，包括有时拒绝给予孩子想要的某些优越物质条件，这是需要勇气的，但是他觉得，痛苦、失望、不幸并不可避免，与其让他们在将来经历的时候毫无准备，还不如现在就培养孩子们应对的能力和素质。

私立（贵族）学校、乡村会所、豪华旅游以及其他可以提升孩子生活质量的物质条件，是否也要一概放弃才能培养孩子的能力和素质呢？这些条件可以有，但前提是，孩子们必须学会感恩，谦和与低调，而不能高傲地具有特权意识。

对财富家族来说，经过代际传承之后的一个常见问题是，新生代对于所继承

---

① Thayer Cheatham Willis. *Navigating the Dark Side of Wealth*. New Concord Press, 2003.

的财富的本源没有什么概念。而家族祖辈留传的重要价值观也可能和历史一样变得很遥远。因此，年轻的孙辈、曾孙辈对于所获得的财富和物质条件自然也难有多少感恩之心。

创一代如果能够与家族后代成员分享创业的酸甜苦辣，不仅可让他们对自己所拥有的引以为豪，怀有感恩之心，还会通过这些励志故事背后的价值观启发和激励他们，帮助他们在人生道路上获得成功和幸福。

（三）揭开优越与成功的谜底：哈佛大学75年跟踪实验的发现

哈佛大学从1938年开始了一项长达75年的实验，其跟踪当时大学二年级的268位哈佛大学学生一生的成长，通过心理、生理、集体特征、个性、饮酒情况、家庭关系等方面的调查，来了解成就人一生成功和幸福的因素。这个实验被称为"格兰特研究"，而完成这项研究任务的是心理学家乔治·维兰特。这项实验的对象是美国男性白人，家境良好、体格健美，这些年轻人被看好，将成为未来的成功人士。后来这268人中确实不乏卓有成就的成功人士，例如美国总统约翰·肯尼迪。

基于此实验出版的《那些比拼命努力更重要的事》一书披露了这项实验的一些重要发现。研究显示，良好的亲情关系与健康和幸福（尤其是年老时）存在重要关联。例如，选出的58名在"良好亲情关系"评测指数得分最高的人士，与在这方面得分最低的31位人士相比，同为收入巅峰时期，前者年平均收入要高出141 000美元。前者在事业上功成名就的概率比后者高出3倍。与父母之间的亲疏对人生成功与否有着直接的影响：

• 童年时与母亲有良好亲情关系的，平均收入比来自母亲"冷漠"家庭的人士高出87 000美元；

• 童年时和母亲关系较差的，在年老之后患阿尔茨海默病的可能性大增；

• 职场男性童年时和母亲的关系（而不是与父亲的关系）与工作中的有效性存在正相关关系；

• 童年时和父亲的关系良好则会降低成年后的焦虑程度，这类人更能享受度假的时光，在老年时期（以75岁为样本），对于人生的满意度较高。

这项长达75年的实验得出的结论用通俗语言来概括就是，幸福就是爱。

维兰特认为，充满爱的童年是中年和老年幸福的最重要的风向标。他说：

"被测试者对于人生的满意度与其父母的社会地位或者其自身的收入没有任何关联。关联度最为显著的则是童年时所处环境和氛围的温暖程度,该满意度与自身和父亲之间的亲密程度也有着非常重要的关联。"一个人即使有成功的事业、健康的体魄,但是如果没有充满爱的亲情关系,他不可能感受到幸福。用维兰特的语言来说,"幸福只是车,而爱才是(在前面拉动车的)马"。①

维兰特认为,幸福的两个关键支柱,一个是爱,而另一个则是抗挫折能力,即缺少爱时的自我调节能力。维兰特举了特蕾莎修女的例子,她的童年十分不幸,但是她通过将自己的一生奉献给帮助和关怀别人成功地调整自己。财富家族主动培养孩子的挫折承受能力以提升其未来的抗压能力,与后文提及的"逆商"培养,都有着异曲同工之妙。

(四)培养"逆商"

为什么在智力、资本、机遇相同的条件下,有的人能克服逆境,触底反弹,而有的人却从此一蹶不振?归根到底,这都是由一个人乃至一个家族的"逆商"所决定的。20世纪90年代中期,美国著名学者、白宫知名商业顾问保罗·史托兹在《逆商:我们该如何应对坏事件》一书中提出"逆商"这一概念,其将逆商定义为"人们克服不顺境遇时的应对智力及应对能力"。史托兹认为,逆境不会产生不可逾越的阻碍,每个困难都是一次挑战,每次挑战也都是一次机遇,战胜了困难也就同时抓住了困境中的机遇。高逆商者尽管面对的是似乎不可战胜的逆境,但他们总是努力设法不停止前进的脚步,总能将障碍转化为机会。因此,从小培养孩子的逆商至关重要。逆商能够帮助他们在前进的道路上应对突如其来的变化和挫折。

在摩根写给儿子的 32 封信中,② 第一封信里他便告诫儿子,要学会"迎接挑战"。他告诉儿子小约翰,"当你进入五光十色的社会大家庭,你将在一个看不见硝烟的战场上迎接挑战"。他希望儿子在进入社会一年之后,向自己反馈成绩。他告诉儿子,"任何事情都是复杂的,我们并不排斥失败的反馈作用,虽然失败会挫伤人的斗志,但对一个信念坚定的人来说,失败往往能激起更大的斗志"。

---

① 参见 http://www.huffingtonpost.com/2013/08/11/how-this-harvard-psycholo_ n_ 3727229. html。
② 摩根. 摩根写给儿子的 32 封信 [M]. 林望道,译. 上海:立信会计出版社,2012.

> 心理学家认为，在青春期这一关键阶段，孩子犯错几乎是必然的，他们必须通过自我的反思和沉淀找到更好的方法和应对策略。

成功者应当学会利用失败，应当有勇气接受挑战。学会利用失败，事实上就是高逆商者的能力体现，而这种逆商锻炼不仅体现在人从小的教育与培养中，更在于其进入真实社会后的外部历练与亲自战胜逆境的经历。

就拿青少年来说，通过培养其"自我责任"意识来让其学会自控，以提升其应对挫败的能力，非常重要。心理学家认为，在青春期这一关键阶段，孩子犯错几乎是必然的，他们必须通过自我的反思和沉淀找到更好的方法和应对策略。但要注意，千万不要通过金钱、资源、关系来帮助犯错的孩子逃避应承担的责任。如果今天孩子因为酒驾遭遇驾照被扣，而其因为父母的关系和地位轻松免责，那么以后孩子就有可能面对的是车毁人亡或者过失杀人。如果父母用自己的"捷径"帮助孩子逃脱自然法则中的因果定律，那么自律就无从谈起。孩子必须学会对自己的行为及由此产生的后果负责。

这里需要注意的一点是，对于抗挫能力和逆商的培养，不是简单粗暴地给孩子制造"逆境"和"挫折"。在二战刚结束时，有英国心理学家注意到，与父母分离时间较长或者在孤儿院的儿童患心理疾病的概率显著比其他儿童高，他经过研究得出结论，对于儿童的心智健康来说，他们与照料看护他们的人之间有温暖、亲密和持续性的关系非常关键——他将此称为"安全附着"，而照料看护者则是"附着人物"——无论是父亲、母亲还是祖父母、阿姨，关键是必须时常陪护在孩子的身边，持续地给予孩子情感、身体上的安全感。[①] 如果孩子建立了"安全附着"感，那么他会认为自己所处的环境是安全的，这样他就会培养出一种健康的情绪，心理学家称之为"自我控制"。能够有这样素质和能力的孩子，未来在情绪上的抗挫能力就会较高，而且在逆境应对、人际关系处理方面都会更胜一筹。

所以培养孩子"逆商"，不是简单地制造"逆境"或者故意剥夺其生活中的快乐和舒适，而是首先建立和孩子之间的亲密感，让其有安全感，这是为孩子一生的情绪稳定和心智健康奠定稳固的基础。因此，有心理学家建议，家长应该每

---

① Eileen Gallo and Jon Gallo. *Silver Spoon Kids—How Successful Parents Raise Responsible Children*. McGraw Hill, 2002.

天找出半小时到 1 小时的时间来陪孩子，或阅读或做游戏。如果自己精力和时间实在有限，也可以找其他"附着人物"替代。孩子对周围世界是否有安全感，对孩子是否能提高财商、建立健康的金钱观也有着重要的作用。

11.1.4 财商：学校中无法学到的重要能力

许多财富家族的家长都担忧的一个问题是，在财富极为充裕的家族里长大的孩子可能永远无法理解金钱的真正价值，并且很可能形成挥霍败家的习惯。简单说，这些孩子缺乏理财能力，"财商"不足。那么，如何才能扭转这一局面呢？我们在此和读者分享一些培养孩子财商的理念和方法。财商的获得既需要全方位的知识，也需要相应的实践，我们将之称为"财富支柱"。财富家族的家长必须学会引导孩子逐步提升理财的能力，在培养和提高孩子的财商时，父母要关注以下内容。[1]

（一）财商的四个基本面

1. 管理财富

管理财富主要侧重于培养孩子对于金钱的管理和支配能力。这就意味着财富所有者必须树立起一个与自身所拥有的财富相对应的理财目标，这个目标既有短期的，也有长期的。父母给子女的零用钱既不能太少，导致子女觉着没有管理的必要，也不能太多，以致让子女觉得金钱可以买到一切东西。因此，父母可以把零用钱分为三部分，一部分让孩子用于日常花销如在学校的午餐费等，第二部分是结余下来的"存款"，第三部分则用于做慈善。此外，还应当教会孩子使用活期存款并学会平衡每个月的花销，可以将少量股票作为礼物赠与孩子。总之，要让孩子在实际操作中学会如何做出正确的理财决定，学会做预算并依照该预算使用财富。

2. 创造财富

创造财富指的是让自己所拥有的财富不断增长。财富的增长一方面能够保障自身长期的生活需要，另一方面可以让传承给后代和用于家族公益事业的财富最大化。消费需要，财富所有者的意愿追求，市场风险以及通货膨胀都会影响财富

---

[1] Lee Hausner & Douglas K. Freeman. *The Legacy Family*. Palgrave Macmillan，2009.

的增长。作为财富家族的家长，你如果是通过企业发展积累财富的，你也会希望你的子女及其后辈继续走这条道路；投资是促进财富增长的一个重要方式，引导孩子掌握有关股票、基金、债券、不动产的投资知识，学会多元化的投资方式并了解投资风险，是必要的。当然，在财富创造的道路上，不能孤军奋战，你同样需要一批专业的顾问。

3. 保护财富

保护财富，应着眼于处理好有关财富的各类风险，包括明显的灾难事故、突发疾病、个人或商业上的债务、家族变故以及不那么明显的收入变动和财产税的征收。人生从人出生开始便面临各种变数与风险，既可能是自然灾害也可能是人为灾难。要想避免风险的发生，首先必须了解在哪些方面最容易发生风险——比如身体疾病、死亡、自然灾害、商业受挫等。要想进一步控制住已经发生的风险，还必须学会寻求和考虑专业律师、会计师和金融顾问的建议。

4. 转让财富

> 不管我们在财富方面取得了多大的成功，我们只是财富的看护者。因此，帮助子女成为可靠的财富看护者是财富代际传承的基础。

转让财富是指有计划的财富转让，如在有生之年或临终前将财富赠与亲人、朋友或者用于慈善事业，以及一些无计划的转让，如离婚时财产的分割。人生的现实是，不管我们在财富方面取得了多大的成功，我们只是财富的看护者，财富生不带来死不带去。所以，每个人不可避免地要面临财富的转让。因此，最好对自己财产的转让进行一定规划。因此，必须了解将财富转让给他人包括配偶、子女或其他受益人的法律规定和操作程序，帮助子女成为可靠的财富看护者是财富代际传承的基础。

当然，培养孩子的"财商"，仅仅了解应当教会孩子哪些提升财富管理能力的相关内容还不够，还必须知道教孩子这些内容时所应当采用的方法。教育方法必须符合学习者个人的特点，与其年龄相适应，与其学习方式和能力相匹配。我们知道，青少年与成年人的学习路径并不相同，刚刚从大学毕业的青年人与工作很多年的人相比也有不同的学习方式。青少年需要知道如何获得、使用、分享和结存他们的零用钱，但成年子女需要学习的则是如何管理、创造、保护家族的财富。此外，教育方法还必须是量身定制的，因为每个人都有自己的学习方法。有的人是听觉型学习者，他们通过听别人讲授获取知识；有的人则是视觉型学习者，他们必须看到图片、实物才能有深刻的印象；还有人是动觉型学习者，这些人必须通过实践行动来学习和获取技能。事实上，我们中的大多数人都是这几种类型的结合体。所以，培养孩子财商最好的方法就是发现最适合孩子个人的学习方式，这样不仅可以提升其学习的质量，同时也能提高其学习的效率。

（二）富养而不宠坏孩子的四个方法

虽然国内有"男孩穷养、女孩富养"的说法，但是对于"富养"的标准如何界定，却少有深入的细究。给予孩子过多的物质会产生副作用，除了阻碍孩子财商的培养，也可能会剥夺孩子正常的人际交往。

一位犹太裔父亲、《纽约时报》个人理财栏目专栏作家罗恩·利伯在《反溺爱》一书中阐述了这样一个观点：孩子会不会被宠坏，与穷养还是富养无关，其根本在于孩子是否树立了健康的金钱观；这跟钱的多少也无关，而与钱背后传递的价值观和品格有关；最重要的是，将孩子与钱隔离，会让孩子失去学习正确的金钱观的机会。也就是说，对孩子财商的培养同样重要。利伯认为，宠坏的反面并不是穷养，也许有些家长认为，只要限制孩子接触钱以及克扣孩子的花销，就能将不良的价值观（物质至上、贪得无厌、自私自利等）扼杀掉，孩子就不会被宠坏。利伯通过研究来自美国多地的大量家庭案例发现，将孩子与金钱隔离并非有益的教育之道。

要想孩子不被宠坏，关键在于对孩子从小培养与钱有关的优秀价值观与品格，也就是孩子的财商，例如勤俭节约、理性消费、自控、感恩、慷慨等，而这些价值观与品格必须以"钱"为工具来进行培养，富养有道是不会宠坏孩子的。当然，富养并不意味着要放纵娇惯、让孩子随意挥霍。利伯在该书中提出了富养而不宠坏孩子的四个方法：

1. 和孩子聊聊有关钱的事

3~4岁的孩子就已经认识了钱，并且开始对钱产生好奇心与兴趣，父母可以与孩子简单说说钱是怎么来的，该怎么花。当孩子大一些，可以主动和孩子分享家庭日常开支的状况以及为每项事物所支出的实际金额。针对一些家庭购买计划，可以试着和孩子一起讨论预算和购买方案，帮助孩子理解钱是如何流转的、如何聪明理性地花钱、省钱有什么好处。

另外，从培养孩子财商和有效沟通的角度看，你应该如何与孩子沟通未来的资产传承呢？这里的两个核心关键词就是"计划"和"交流"。第一，你的计划是什么？你计划把所有或者大部分财富留给孩子呢，还是计划将主要部分捐给慈善机构，留一小部分给孩子呢？第二，你了解孩子的人生"计划"吗？第三，你和孩子交流过你的资产传承"计划"吗？

美国的传承问题专家塞耶·威利斯发现，正是父母和孩子对这些"计划"缺乏交流，导致出现很多家庭矛盾、误会以及财富的损失。如果你准备将所有的或者大部分资产留给孩子（包括通过信托的方式控制后代浪费和挥霍的风险），那么你应当留出足够的时间及时和孩子交流，讲述你的方案和想法，因为这对于孩子未来的计划也许至关重要。

与此同时，必须告诉、教育孩子：第一，如此多的财富是家人交给孩子的"安全保障网"，是为了让孩子能够无后顾之忧地去做自己喜欢做的事情，而不是将财富随意挥霍，坐吃山空。第二，给予这些资产不能让孩子觉着是"中了彩票大奖"，而要告诉他应该如何做好守护者，把它们再交给下一代——这是他的责任。财富意味着责任。

如果没有给孩子交代这样的"计划安排"，其实对父母来说，其便错过了一个培养孩子财富观与责任感的极为宝贵的机会。因为对孩子来说，无论他成人与否，在获得大笔遗产的时候，如果在心理上并没有准备，那么效果无异于"中了彩票大奖"，而这样的心理效果正是父母希望避免的，并且孩子会有抱怨——为何不早一点告诉他？他本来可以更好地安排自己的人生，现在却错过了时间、机遇！

当然，还有一种可能性，就是你希望像巴菲特和盖茨那样，把主要的财产都捐给慈善和公益事业，把少量资产留给自己的孩子。如果是这样，你更有必要和孩子沟通。孩子可能早已猜测到家里的巨额资产，因此对未来没有任何的计划或者规划，因为孩子觉着有这么多家产自己根本不需要工作！如果孩子迟早要到社会上去工作、去经历挑战（因为资产几乎都会被捐），那么给孩子一种将来要继承大笔遗产的错觉是会酿成大错的，并且对孩子也是不公平的。因此，应让孩子及早知道，并且早做准备。

2. 教会孩子利用和管理零用钱

利伯建议，把零用钱分装在三个透明罐子里，分别贴上三个标签，分别是：

奉献，储蓄，消费。这三个罐子模拟了一个成长型的预算系统。财务状态健康的成年人一般将收入的约80%用来消费，15%~20%用来储蓄，剩余用作慈善捐赠。所以，放入"消费"罐子的是用于日常消费的钱，放入"储蓄"罐子的是暂时存起来以备未来之需或购买大件的钱，而放入"奉献"罐子的是用于慈善捐赠的钱。通过"消费"教育，可以教导孩子谦逊、节俭、审慎做决策，避免冲动消费；通过"储蓄"教育，可以培养孩子为实现长远目标而延迟满足；而通过"奉献"教育，则可以引导孩子生出懂得付出与感恩的慈善之心。一开始，父母可帮孩子决定每个罐子该分配多少钱，随着孩子年龄的增长，可以给他们更多自主权去分配零用钱。

3. 教孩子学会分辨"想要"和"需要"

利伯建议在纸上创作一个"想要与需要"的表格，即画一条横线，再从这条横线中间往下画一条竖线，竖线的左边代表"想要"，竖线的右边代表"需要"。"想要"还是"需要"的判断标准并不固定，每个家庭可以根据自己的实际情况进行设置。重要的是，这个模型能够训练孩子的思维方式，帮助他们分辨自己的欲望，从而学会通过理性判断进行购买决策。

塞耶·威利斯也认为，父母可通过和孩子一起购物，选择质量相同、价格更为优惠但是并非一线奢侈品牌的产品，以此言传身教，说明高价格并不等于高品位和高质量，让孩子明白不要成为奢侈品的奴隶。

4. 放手让孩子到外面去锻炼

孩子进入大学后，父母可以鼓励他们去外面打工。在外面的工作历练可以让孩子从中学会遵守职业道德，懂得取财有道，体验通过自己努力获得回报的满足感。

例如，让孩子打扫院子、修理杂草挣钱，这样的过程比得到金钱本身更为重要。与此同时，如果孩子要购买什么东西，例如汽车，就可以考虑让孩子一起出钱，这样孩子也会觉得自己通过劳动或者节省至少"挣"到了部分的资金。这对于培养孩子的理财意识以及工作意识、自立意识，都是有百利而无一害的。

我们认为，家境殷实的孩子成长有几个关键要点（见图11-1）：从找寻自我、明确人生目标开始，要培养意志力、自制力，在挫折面前不轻易放弃，父母要关注对孩子"逆商"的培养；另外，要树立正确的金钱观、避免沉溺于奢侈的物质生活，因为这些会分散专注力，腐蚀意志力。对于财富家族孩子或自认有特权的孩子，要让他们摆脱"理当属我"的傲慢意识，就要通过一系列举措让他们拥有感恩之心，如从帮助他人和给予中获得幸福感，实现卓越与平和的完美结合。

图中六个要点围绕"核心关注点-正确提问"：个性和目标、意志力和自制力、树立正确金钱观和避免沉溺于物质享受、摆脱"理应属我"的傲慢意识、帮助和给予（获得爱、和谐关系和幸福感）、卓越与平和的完美结合、如何提升自我和改善环境？

图 11-1　孩子成长的关键要点

围绕图 11-1 六个关键要点，人们应该每天都不时问自己一个关键问题："我如何变得更好？"也就是："我如何通过自己的努力改善、提升自己以及改善周边的环境？"人们应当以这样的心态对待一切，包括财富家族家长对待孩子的教育也应用此心态。

11.2 "我们"的使命：爱马仕家族和庄臣家族的核心价值观

前一部分，我们通过巴菲特儿子彼得的经历探讨如何帮孩子建立独立的意识，让孩子实现自我价值，做到"富贵不能淫"，不因物质财富而丧失自我。这解决的是孩子的"我"的问题。然而，对财富家族来说，即便解决了孩子的"个人幸福""个人心智健康"问题，却也还没有解决接班和传承的问题。如果孩子都去追求自己的梦想，那么谁来接班呢？

在我接触的不少（超）高净值客户中，有些孩子喜欢读书（不想工作、不愿接班）反而成了父母的隐忧。所以，下面我们就要谈如何引导孩子重视"我们的使命"。

11.2.1　个人追求与家族责任

要做到基业长青，寻找和培育下一代接班人，让孩子能够拥有对家业的热情和责任感，培养孩子的"看护者"精神至关重要。"看护者"精神意味着负责任、有担当、认真严谨地照看和托管家族财富，这里有一个关键词是"托管"，说明财富并不属于同一代的几个孩子，而是属于整个家族，包括未来的成员。就像照看一棵百年大树，每一代的"看护者"有责任把这棵大树照管好，而不是断送、毁掉这棵大树。家业如同这棵大树，它不仅象征着财富（物质资源传承），更代表了家族的理想和价值（文化与价值观传承），以及辈出的人才（人力资源传承）。

"看护者"这一概念之所以如此重要，是因为它会促使家族领袖更为长远地看待家族的财富，这个"长远"可能意味着 30 年、50 年、100 年，而不是被"活在当下"限制住。所以，无论是家族领袖自己，还是在家庭/家族会议上，都应当探讨一系列关于"看护者"的问题：如何有效、有智慧地运用财富？对于我们来说，"看护者"应该承担何种角色？家族成员（尤其是二代）应该怎么做才能承担"看护者"角色？

对于创一代来说，其要问自己在什么方面承担了"看护者"的责任和角色？因为自己以身作则对二代、三代建立自我责任意识、服务与托管意识的影响将是巨大的。对此，即便是选择了音乐作为一生事业的彼得·巴菲特也深受其父亲敬业精神的影响。

（一）孩子的梦想与"看护者"的责任

如何让下一代能够心甘情愿、充满热忱地接班，可能是财富传承面临的最大挑战之一。即便是在崇尚个人自由的欧美，有关财富传承的实践研究也发现，对于创富一代来说，他们人生的 90% 都花在追求他们拥有激情的事业和梦想上，然后他们可能会把其余精力放在财富传承上。然而，对下一代家族成员来说，他们可能将大部分精力放在承担"看护者"的责任上，却放弃了追求自己的梦想。他们感受到了自己接班的巨大责任而忽略了"小我"的需求。

那么，父母究竟希望孩子追求自己的目标和梦想，还是让孩子承担起守护家业的责任？两者之间究竟是否可以实现某种平衡？

孩子追求自我意识似乎天经地义，但如果这最终导致了个人主义而搁置了责任和担当，那么传承的终极问题便是无解的。这让我们思考一组问题，所谓追求自己的梦想是否代表了个人的终极幸福？这两者之间如果不能画上等号，那什么能够铸就终极幸福？

除了通过追求梦想来获得幸福感外，幸福感的另一来源，就是给予和感恩。那么对于家族成员而言，挑起大梁、承担"看护者"责任也是一种担当和奉献，是一种给予和感恩的表现。给予，是因为其本身并不需要努力工作、挑起大梁，就可以继续"学习"和"深造"，可以继续追求艺术或人文"理想"，而接过接力棒则意味着要吃苦耐劳，担起守护家业的责任。而感恩，则在于这位"看护者"会逐渐理解自己富足的生活条件，得益于上一代艰辛努力所打下的物质财富和人脉资源基础。

换言之，完全放任孩子"追逐梦想"不见得一定会带给他真正的幸福。

（二）"看护者"意识的形成

这是否意味着应该让孩子放弃追求自己的梦想呢？我们不妨看一看刘永好家族的案例。

当刘永好的女儿刘畅不愿接班、要去追求自己的梦想时，刘永好并没有立刻阻止，而是耐心地等待，让女儿去追求自己的创业梦想，但是同时并不放弃再次引导和尝试。最终，女儿创业失败，之后又赴北大学习，经历了更多的自我反思。在一次集团收购的项目中，刘永好邀请女儿参与，让女儿发挥自己所长，找到了自己事业的兴趣点，点燃了她接班的激情。

刘永好的传承智慧与欧美的财富传承、"看护者"概念的实践"不谋而合"。从马斯洛的需求层次理论看，人的需求有五个等级：生理需求，安全需求，社会（社交）需求，尊重需求，自我实现需求。而"看护者"的形成，也是存在这么一个自我需求满足、自我成长、自我发现和自我成就的过程的，并非一蹴而就。而对于未来需要接班的孩子来说，家长应该理解这一自然的发展过程，首先让孩子通过"脱离"家庭来找到自我、发展自我，当他们在社会上通过自己的打拼积累了经验和阅历,再回到家族企业的时候,他们就能够成为真正成熟的、有能力和有担当的接班人、"看护者"。

正如吕元栋先生所说:"如何捕捉一只蝴蝶?用手去直接捕捉,或用网和笼子?或许还有更好的方法:建造一座美丽的花园,吸引蝴蝶,让蝴蝶不愿意离开。"

当然,有时候家族领袖能够创设花园,但有时候,这种理想状态并不以创一代的主观意志为转移,这时候需要二代在"兴趣"与"责任"中做出抉择。这样的抉择也许是艰难的,而对家族来说,一代不应刻意地将"看护者"责任和角色强加给下一代家族成员,而应首先鼓励孩子探索和追求自己的激情和梦想,并学会感恩和积极地回报社会。与马斯洛的理论一致,在人生的初期,人们会将主要精力放在追求个人或自我的成功之上,但是随着年龄的增长,个人的成就感以及更为丰富和成熟的经历使他们有感恩之心和责任心,而这正是"看护者"的核心价值。

11.2.2 "看护者"能力的培养

(一) 维系家族的核心价值观

根据韩国银行公开发表的报告《日本企业长寿的秘密及启示》,全球持续存在 200 年以上的企业有 5 586 家,其中日本就有 3 146 家;存续超过 100 年的企业,日本有 5 万多家;存续过千年的企业,全世界只有 7 家,全在日本。在这 7 家日本家族企业中,其中之一便是世界上最古老的家族经营旅馆——法师旅馆,其位于日本北陆石川县小松市加贺温泉乡,建于公元 718 年,由法师家族拥有及管理约 1 300 年。法师旅馆代代相传,已经传到家族第 46 代。从美丽的庭院到传统的茶室,旅馆处处保留着悠久历史的印记。

这家逾 1 300 年历史的家族企业的核心价值观是什么呢?法师旅馆曾受到第二次世界大战的影响,生意大受冲击,足足 5 年没有顾客,但家族基于对员工的责任,他们即使不营业,仍然养活员工。这一代家族继承人法师善五郎先生对顾客非常友善,认真细心管理经营旅馆,每天都希望解决任何在旅馆中发现的小问题,持续改善旅馆的服务质量,令顾客感动。[1]

---

[1] 李家辉. 千年家族企业传承——法师旅馆 [N]. 信报财经新闻, 2015 – 12 – 18.

一套清晰的管理理念，对于维系企业的永续经营非常重要。虽然法师旅馆在财富上不及一家市值达百亿元的 A 股上市公司，但是其企业核心价值观、所彰显的匠人精神、成功永续的家族传承理念，都值得华人家族企业学习借鉴。

如果离开核心理念、价值观，奢谈"看护者"责任将是缘木求鱼、舍本逐末。

(二)"看护者"能力的培养

接班人即便有责任之心，接班之愿，但如果没有担当重任的能力，最终还是会将家业败光。因此，对家族年轻成员的能力培养和价值观熏陶一样重要。一方面，对将会参与家族企业事务的家族成员给予资源上、报酬上的倾斜（与不参与的成员相比）。另一方面，可以让家族成员接受锻炼，例如，丰田汽车通过让有能力的家族成员在集团内的新兴部门"创业"的方法培养潜在的接班人；也可以通过让家族成员列席家族企业董事会会议、担任家族企业董事等方式来培养其经营管理能力，例如，李嘉诚让两个儿子年纪尚幼的时候就坐在小凳子上列席旁听董事会会议。

(三) 提升家族成员间的凝聚力

要当好家族财富的"看护者"，其除了要具备经营管理能力和领导力之外，还应当提升家族成员之间的凝聚力。这是家族企业"看护者"与职业经理人的不同之处，因为家族"看护者"不仅仅要把家族的财富看好、管好，还需要将家族的人力资本发展壮大，在下一代中培养新的"看护者"。因此，"看护者"必须在增加家族凝聚力上不遗余力，无论是通过定期和不定期的家族会议，还是通过家族宪法的制定，对家族成员进行家族理念和价值观的熏陶。对于如何提升凝聚力，我们将在下一章节重点讲述。

(四) 允许犯错并保持开放心态

一代培养"看护者"，要允许其犯错，甚至是要创造机会让其犯错，并让其从中吸取教训。同时，要善于倾听和学习，聘请一流的顾问并采纳其好的建议，拥有开放和不断成长的心态——愿意向那些能够分享和教授心得的人学习。只有这样才能够驾驭更大的舞台，应对多变的竞争环境。

(五) 定期沟通传承计划

关于家业的继承，如果一直不敢和孩子沟通传承计划，只会让事情变得更糟。就像建造一座大的家宅，家长用自己的想法为孩子布置房间，最终却有可能让孩子大失所望。没有沟通，就不会有真正的理解，而没有理解，就不会有合理、科学、公允的传承安排。这既是人性之使然，也是科学筹划之所需。

11.2.3　家族凝聚力："我的使命"和"我们的使命"

如何避免因家族冲突而家族事业分裂瓦解？如何打造家族的核心凝聚力？如何把创一代的经商智慧完整地传承给后代家族成员？如何根据新形势实现跨代际的整合与创新？这些都是家族精神传承所要解决的问题。那么，为什么有些家族可以有效地处理好这些百年难题？我们先看一个案例。

案例 11-8　财富传承与价值观传承的完美结合

詹姆斯·E. 休斯在《家族财富传承：富过三代》一书中提到了这样一个欧洲的"老牌"家族企业，现在，它已传承到第 12 代，有着数百名家族成员。他们在每一年举行的家族会议中，总是一次又一次地重申和确认家族宪法。一年一度的家族会议在这个家族的发源地——一个小村庄举行。

虽然家族会议有着内容众多的议事日程，但是会议最主要的目的就是不断地提醒家族成员："我们是谁？我们从哪里来？我们的使命是什么？我们因何而与众不同？"这个家族执掌着规模宏大的跨国公司和巨额的家族财富，而这艘巨轮在一代代传承中就这样一直平稳前行。事实上，在这个大家族里只有一小部分家族成员参与家族企业的经营和管理，但是，每一个家族成员都有权并十分严谨和认真地选举管理家族事业的家族代表。

家族的每一代继承人从小都要接受有关家族历史和家族使命的培养和熏陶。当他们成年以后，就可以与长辈们一同参与家族宪法的讨论以及家族代表的选举。这样，这个家族出色地实现了家族财富传承与价值观传承的完美结合。

可见，一个家族一旦开启了其财富传承之旅，首先必须明确的问题是：我们的家族从哪里发端，又将向何处发展。换句话说，要想找到自己家族永垂不朽的价值观，就必须明确：谁才是家族成员，家族中的每位成员都代表着什么，在家族的创造性活动中、家族企业的发展进程中，家族究竟想要实现什么样的目标愿景。在这种目标愿景的指引下，家族也就逐渐形成了它独特的文化与精神。

家族成员之间的凝聚力，就像人与人之间的情感一样需要经营，如果家族不去面对这个问题，那么随着时间的推移与家族成员的增多，成员之间就会变得疏远，往往经不起矛盾纷争以及变故的考验。

而要让家族产生凝聚力和使命感，家族的领导人就必须认识到潜在的挑战和问题，有意识地寻找相应的应对方案。例如，二代、三代常见的"应当属我"的特权意识和傲慢观念，不仅容易给自己带来挫败感，而且容易给家族未来的纷争埋下祸根。而解决这个问题的方法之一，就是培养孩子的感恩之心。培养家族成员的感恩之心有很多方法，而其中最为重要的莫过于分享前辈努力、果敢、节俭、有担当的故事，让晚辈能够尊重和感恩家族财富之源。还有就是告诉晚辈，前辈是如何对待工作、对待雇员的。

另外的方法就是订立家族使命宣言、家族目标宣言、家族宪法等。

增强家族凝聚力的方法还包括召开家族休假会议，二代、三代可以通过难得的家族聚会，分享他们各自所遭遇的烦恼，而长辈也可以给予他们人生的指导（包括聘请专家来授课和做经验分享）。

11.2.4 家族文化与家族核心价值观：爱马仕家族和美国庄臣家族案例

案例 11-9　爱马仕家族的六代传承[1]

"我们没有故事，因为我们自己本身就是鲜活的故事。"爱马仕家族第六代传人阿克塞尔·杜马斯在谈到家族价值观时说。

爱马仕品牌的商标——马车，源自爱马仕最初的鞍具产业。爱马仕集团的家族创始人蒂埃利·爱马仕于 1837 年在法国建立了一家生产和销售手工马鞍、缰绳和其他皮质马具的厂商。19 世纪 70 年代，查尔斯-埃米尔·爱马仕子承父业，

---

[1] 莫顿·班纳德森，范博宏. 家族企业规划图 [M]. 陈密睿，付兆琪，译. 北京：东方出版社，2015.

并将爱马仕总店搬往巴黎著名的福宝大道,这条大道后来成为巴黎售卖品最昂贵的商业街之一。在掌管爱马仕几年后,1922年,查尔斯将自己持有的爱马仕股份转给了儿子埃米尔-莫里斯·爱马仕。在莫里斯掌管集团的这段时期里,爱马仕生产的产品由原来的皮质马具变为了皮质手提包、皮质行李箱等,同时它还扩展产品范围,实施多元化战略,开始推出成衣、腕表等新产品。

20世纪30年代,莫里斯将爱马仕传给了他的女婿罗伯特·杜马斯(这一传承意味着在家族第四代中,CEO的姓氏不再是爱马仕,而是杜马斯)。1937年,在罗伯特的指导下,爱马仕第一条丝巾问世。从此,丝巾成为爱马仕的"传家宝",融为欧洲文化的一部分。同时,罗伯特还让一款传统的爱马仕手提包重获新生,那就是因摩纳哥王妃格蕾丝·凯莉而得名的Kelly(凯莉)包,凯莉王妃手拿箱包的照片在杂志上刊登后掀起了一场时尚狂潮,从而使爱马仕产品牢固树立了皇家和名人用品的形象。

1978年,让-路易·杜马斯在其父亲去世后接管企业。在1964年回归家族企业之前,他曾为爱马仕的竞争对手担任买手。第五代继承人的这种外界工作经历为爱马仕在20世纪80年代的全面繁荣打下了基础。如今,爱马仕集团已经传承到第六代阿克塞尔·杜马斯手中。1993年,爱马仕集团上市,但仍有超过80%的股份掌握在56个家族成员手中。在爱马仕家族看来,面向公众发行股票,不仅可以增强家族的稳定性,而且还能保持家族的影响力。家族成员认为,爱马仕虽是一家上市公司,但是却拥有如城堡一般牢不可破的家族文化。

历经近200年的发展,爱马仕是如何通过强大的文化和价值观激发家族成员的使命感和员工的认同感的?传承至今,70多位家族成员又是如何保持强大的向心力与凝聚力的?事实上,我们可以看到,爱马仕的传承一直跟"家族"二字有关。其实,家族本身就是文化、精神、价值观的最基本载体。家族成员们希望爱马仕集团维持家族企业的模式。他们认为,CEO最好是家族成员,但并不强求。不过他们坚持CEO的人选要由来自家族的股东来决定。在企业所有日常和重大决策中,家族成员要有绝对控制权。如果家族失去了控制权,即使CEO是由家族任命的,公司也会失去家族的个性与传统。他们相信,整个家族对于爱马仕集团来

讲，权利甚少，但责任重大。

那么，爱马仕的价值观是什么？让-路易·杜马斯有一段箴言："我们成功的秘诀在于将每份工作都做好——每个人都应为自己全力以赴而感到骄傲。这种骄傲并不是傲慢，而是谦逊和热情。一想到子孙会收获你的劳作成果，你就会更加骄傲。满足感的唯一标准是，如果有一天奇迹发生，爷爷回到了这个世界，他能够轻轻拍着子孙的后背并告诉他们：'做得不错。'昨日的轮船已成往事，今日的轮船即使不是我们亲手建造的，我们也要尽职维护。今天，每一位家族成员都是这艘轮船的掌舵手，都要对它的未来负责。"①

不仅如此，爱马仕家族还十分注重对后代的培养，其会较早地让家族下一代接受公司传统教育，定期组织下一代参观子公司和供应商，以培养他们对产品和设计的兴趣和感觉。以爱马仕集团现任 CEO 为例，阿克塞尔从 14 岁开始就在爱马仕实习。最初，他在爱马仕学习如何缝制。在巴黎结束学业后，他在巴黎银行工作了 8 年——其中两年在北京，另外 6 年在纽约。而这一切都为他担任爱马仕的首席执行官打下了基础。

作为一个系统工程，继承人培养和权力传递从孩子 6 岁时就应开始了，首先对他们进行延迟满足教育，促使他们建立强烈的责任感；10~14 岁，则可以开始评估他们的个性和对经商的兴趣，让他们了解现实的责任；21~30 岁时，应当给予他们探索世界的空间，一代可就他们的发展目标进行指引，两代共同制订一个令双方满意的计划，这样继承人无论是独立创业还是在家族企业实习，都会受到鼓励。

案例 11-10　约翰逊公司第五代谈家族价值观②

创立于 1886 年的美国庄臣公司位于美国威斯康星州的拉辛市，是一家有着

---

① 乔基姆·施瓦茨. 代代卓越：全球杰出家族企业的成长智慧 [M]. 高皓，马小然，译. 北京：东方出版社，2012.

② 参见：《庄臣公司 CEO：做生意"贵"在担当》，载于 http://www.hbrchina.org/2015-04-04/2847.html；《威猛先生——菲斯克·约翰逊谈家规：让公司值得信赖，永远只做对的事情》，载于 2015 年 5 月 19 日 "家族世代" 公众号。

100多年历史的家族企业。庄臣公司主要经营家庭清洁用品、个人护理用品。庄臣公司因所经营业务的特殊性需符合特殊要求，也就是需消除产品中化学物引起的环境污染和健康隐患。其常常不等到监管部门强制要求，就提前调整产品配方。当然，这么做肯定会影响公司的利润。但100多年来，约翰逊家族一直坚持，虽然这样做代价高昂，但却是正确的选择。

公司现任CEO菲斯克·约翰逊（家族第五代继承人）谈到家族的价值观时说：

"我2000年任庄臣公司董事长，2004年成为CEO。我接手的不仅仅是这些职务，同时还承担了另一项重要职责：守护我的家族名声，捍卫之前四代人努力奋斗的成果。我知道不仅要维护我们的商业利益，还要捍卫我的高祖父塞缪尔·柯蒂斯·庄臣的人生观，是他在1886年创立了庄臣公司，并赋予了它人性。"

"我们第一次决定剔除某种化学物质是在1975年，当时有研究显示，氟利昂有可能危害地球的臭氧层。我父亲是时任CEO，他决定，公司在全球范围内生产的气溶胶产品，一律禁止出现氟利昂。虽然做这样的决定并不容易，但父亲坚持正确的抉择方案，对此他从来没有后悔过。"

"当我们处在聚乙烯保鲜膜生死存亡的时刻时，我父亲一直鼓舞我，是他让我学会了用毅力来应对怀疑者。我的曾祖父曾对我说过一句话，这句话影响了我整个职业生涯。他说：'在任何公司里，任何东西最终都会消亡，只有人的良知会永垂不朽。'换句话说，诚实可靠才是一个公司最重要的品质。而这种可靠性公司必须经过千辛万苦才能获得。所以，我们才用新的材料代替了原来的保鲜膜材料。我们清楚地知道，如此一来，聚乙烯在市场上就没有任何竞争优势了。但当看到整个大的环境，以及我们的团队为重造聚乙烯所做出的努力时，我不后悔当初的决定。因为当我们剔除PVDC（聚偏二氯乙烯）时，我们更加确信庄臣是一个什么样的公司，也更加清楚什么是永垂不朽的'企业观'。"

美国庄臣家族的传承故事告诉我们：财富传承本身就包含了家族的精神传承。一个家族一以贯之的精神品质，发源于家族的历史与文化。家族文化在思想层面上就表现为一个家族所有成员世界观和价值观的统一，在行为层面上则体现

为家族成员自身管理和解决问题的行动方式。

家族核心价值观实际上也就是家族使命的延伸，它赋予一个家族真实的生命。当然，它的形成是一项可能需要耗费很长时间甚至几代人心血的长期工程。这让我们想起一句商业名言："文化胜于策略。"你可以运用最完美的策略迅速摆脱困境，但是除非你拥有通过文化塑造的团队，其精诚合作，否则失败会是迟早的事。这些深深嵌入家族之网的家族价值观一旦形成，就像锋利的"剑"或者抵御病毒的"抗体"，能帮助家族渡过一次次难关。

当家族成员开始定义他们的价值观和书写家族使命宣言时，他们是在为这个家族创建成长的基石。家族使命宣言与家族的愿景蓝图共同构成了一个家族的个性特征。那么，接下来的问题是，如何建立起一个体系，有效地将家族价值观转化为行动和现实，使之付诸实践。为此，家族需要做到以下几点：

- 重新审视家族，看看家族拥有些什么，又缺少些什么。许多财富家族都将大量的时间投入到家族企业的经营运作中，没有时间或者适当的方法来进行家族管理并形成系统。那么，当家族认识到这一点时，就是建立起一个家族管理体系的时候了。

- 建立起一个可以促进交流的平台，在这一平台中，家族成员聚到一起交流意见，共同做出决定。

- 对家族发展做一个长期规划，形成一个覆盖家族未来30年甚至50年发展规划的家族蓝图。在召开家族会议时，首先要考虑的便是什么样的决定有利于实现家族当前的目标，什么样的决定有利于家族未来30~50年的长远发展。家族的长期规划可以让家族成员在做决策时，从"什么对我是最有利的"转向"什么对我们的家族是最有利的"。

- 定期举行家族会议。家族会议所做的每一个决定都不是一成不变的，随着家族的发展与情况的变化，家族应定期召开会议，分享不同阶段的成果，以制定下一阶段的目标。

- 建立一个正式的规范化的家族管理系统，程序性和规范化至关重要。这一系统将涵盖每一代家族成员，并且每一代成员在其中都有各自所扮演的角色和所应承担的责任。

11.3 "领袖"的使命：从优秀继承人培养到走出父辈阴影

在一个家族最终建构起最为重要的家族企业价值观后，如何把它完整地传递给此后的一代又一代家族继承人呢？我们发现，父子之间的冲突和矛盾往往为传承蒙上阴影。

11.3.1 案例：沃森家族和福特家族中的父子之争和相处之道

案例 11-11　IBM：沃森家族的父子之争[①]

作为如今公营公司代表的 IBM 公司，在它诞生后的半个世纪里一直是以家族企业形式运作的，老托马斯·沃森起初经营 CTR 公司[②]，后来着手对 CTR 公司进行资产重组，并将公司更名为 IBM，从此老沃森的事业开始如日中天。在事业有成的父亲的权威之下，小托马斯·沃森的童年过得并不轻松。对他抱有很高期望的父亲，不断地指责他难成大器，在这种压力之下，小沃森的自尊心不断遭受打击，直至母亲以离婚相威胁才引起了父亲老沃森的注意，使父亲稍加收敛了一些。不久，小沃森在父亲的帮助下进入一所大学学习。然而，小沃森在学校的表现并不理想，23 岁时，他再一次得到父亲的帮助，进入 IBM 营销学院，在那里过着一种受保护的生活。

二战结束后，小沃森成为联合航空公司的一名飞行员，但是他的导师布拉德莱将军鼓励他继承父亲的事业，经营 IBM 公司。最初这个主意对他来说有点不可思议，但是到 1946 年退役时，他已经做好了满怀信心地重新进入公司的准备。这段小插曲似乎也说明了在投身家族事业之前，靠外部领域的经验同样可以创造巨大的价值。于是，小沃森开始兴致勃勃地投身工作，然而进入公司不久，他就感到自己的发展受到父亲的压制，通往顶层的路似乎被阻断。此时，老沃森已经 73 岁，早已过了常规的退休年龄。作为首席执行官，老沃森自己就违反了公司关于

[①] Grant Gordon & Nigel Nicholson. *Family Wars*. Kogan Page Limited，2011.
[②] CTR 公司是由列表机公司、计算表公司、国际时代唱片公司三个独立公司合并建立的公司。——编者注

65 岁退休的规定。

老沃森的脾气依旧暴戾可怕，而且他发火的矛头越来越多地对准直接向其汇报工作的儿子。小沃森的职责通常包括针对父亲做出的决定进行公开讨论，双方有时会出现意见不一致，激烈争执也就在所难免。而此时的小沃森已不再是从前逆来顺受的性格，不再愿意受到任何人的摆布，随着时间的推移，父子之间的争执变得越来越激烈。在老沃森把小儿子迪克也拉入公司并赋予他很大职权后，老沃森和小沃森的关系更加恶化。

小沃森在他的自传中回忆道："'二战'结束后的十年间，父亲在同我一起工作的时候将他的经营之道倾囊相授。我们的相处如同暴风骤雨般激烈汹涌。在公开场合他会毫不吝啬地夸奖我，但私底下，父亲和我常常吵得不可开交，这样的争执一次又一次将我们的关系推向疏离的边缘，这些争吵通常以泪水收场——我泣不成声，父亲也老泪纵横。"

老沃森与小沃森之间的激烈争执似乎在老沃森有生之年从未停止过，或许是因为小沃森在参军前纨绔子弟般的表现给父亲留下了太深的印象，以致父亲始终对他能否挑起重担心存疑虑，又或许是因为两代人的观念、经历的不同让他们对公司发展的每一项重大议题都各执一词。

然而，在老沃森去世后，小沃森在他的自传中写道："1956 年，我的父亲去世了——就在他将 IBM 公司托付给我六周之后——我顿时成了全美国最惶恐不安的人。十年以来，他一直教导我、栽培我，好让我来日可以继承他的事业。而我也因此成了一个浮躁、狂妄、急不可耐地想要接掌公司权柄的年轻人。突然之间，我真的接管了公司——却再也没有父亲做我的坚强后盾了。"

事实上，即使父子两人有很多碰撞，但老沃森仍然试图通过不同的方式去影响儿子。他曾告诉儿子："不管怎样，这是人生中的重大转折期，没人能顺顺利利、一点坎坷都没有地度过，我相信你努力了，总有一天你会破茧成蝶，成为了不起的人。"

小沃森曾说："我同父亲在一起时总是特别容易生气，而唯一能结束我们之间争斗的办法就是书面沟通。"小沃森留存了不少道歉信，都是战后那些年他写给父亲的，而父亲也经常写信与他沟通、谈心。

虽然生前父子争执不断，但在父亲去世之后的几年里，小沃森一直紧随着父亲的脚步前行。小沃森从未觉得自己做到了父亲那样出色，因为他的许多决策都源于从父亲那里学来的策略和经验。小沃森回忆起父亲与他一起执掌 IBM 公司的那段岁月时曾说："父亲一手创建了这个了不起的美国企业，在公司里，我们激烈对抗，又彼此深爱。""在这段人生历程中，我学到了许多东西，体会到父辈是怎样对子女寄予厚望，而子女又是怎样因此不愿辜负期望而备感重负的。许多做子女的人问我，他们是不是应该沿着父辈的路走下去。我的回答如下：如果你能承受，那就去做吧。"①

和 IBM 的沃森父子相比，另一家美国家族企业——福特汽车公司的传承故事则牵涉了三代人，而且几乎是二代病逝、三代"逼宫"，才迫使固执的老福特下台交权，让新一代开始大刀阔斧地改革。

从前述沃森家族和福特家族两个案例我们可以看出，许多家族企业的创始人往往具有很强的人格魅力和商业运营能力，然而却最终败在了和子女关系的处理上。原本，孩子继承了家族宝贵的基因，父母对帮助和引导他们走向成功也具有很强的使命感，孩子反过来也会尊敬他们的父母，加上孩子对父母出于本能的依赖，将两代人紧紧绑在一起。然而，为什么原本和谐一致的至亲却常常冲突不断呢？

11.3.2　从心理学视角看传承教育的五大误区

父母的权威和其对孩子的关注同时影响了父母对子女的教育模式。鲍姆林德博士原创性的研究指出了三种教养方式——威信型、宽容型和专制型，以及这些教养方式对儿童发展产生的影响。她的创见始终被奉为"黄金标准"。鲍姆林德博士指出，三种教养方式中蕴含着迥然不同的亲情交流表现和管束表现。温暖的亲情交流是孩子健康发展的良好指标，但比起只与严苛或宽松的管束搭配，能够与适度的管束搭配运用才是更好的指标。最理想的父母类型是爱和管束并行的"威信型"父母，然而，现实中却存在着大量要求孩子听命行事的"专制型"父

---

① 小托马斯·约翰·沃森，彼得·彼得. IBM 帝国缔造者：小沃森自传［M］. 杨蓓，译. 北京：北京联合出版公司，2015.

母和让孩子"放羊吃草"的"宽容型"父母。

沃森家族和福特家族的两则故事为我们揭示了家族企业父辈对子女传承教育所存在的五大误区：

误区一：父母对子女有强烈的控制欲，要求子女按自己意愿行事。小沃森与父亲争得你死我活，福特家族三代的对抗，均源于后代对公司的经营、所拥有的权力乃至人生命运都被创一代所控制。大量的实例都显示，许多家族企业的年老一代不愿把大权交给年轻的子女，他们始终相信自己是最好的，甚至对身后之事做出了不容违逆的规定。父辈将自己意愿强加于子女的后果，往往是子女的反抗。在许多财富家族中，一代为了将来企业的发展，确定、安排子女的成长模式，然而这种模式并非他们内心所愿，很容易引发他们的逆反情绪。

误区二：家长思想上刻板僵化，忽视孩子的成长需求。在沃森家族案例里，老沃森脾气暴躁，严肃刻板，当父子二人出现意见分歧时，其从不主动与儿子沟通交流，使许多小的矛盾最后成了很深的积怨。同样，这种情况在福特家族的老亨利身上体现得更为明显，保守又固执的老亨利，反对所有与他不同的意见，否定了儿子的革新计划以及对公司所做的所有现代化改革。

此外，许多家族父辈作为创一代几乎将所有精力都放在了企业的经营与市场开拓上，忽视了对子女的关心和爱护。老沃森忙于公司业务和各种活动，忽略了妻子和孩子，妻子差点与之离婚，这也让父子关系紧张。

误区三：打击式教育，对子女的兴趣意愿持否定态度。对小沃森抱有高期望的父亲，不断地指责他难成大器，在这种压力之下，他自尊心备受打击。在福特家族中，老亨利（即老福特）对儿子埃德塞尔以及孙子小亨利也一直持否定态度，导致埃德塞尔的郁郁寡欢、英年早逝，而孙子小亨利也被逼得忍无可忍，最终只能联合家族其他成员将老亨利逼退。成功的企业家往往追求完美，这也会导致他们不善于褒扬和鼓励。

误区四：没有关注到子女的个性特点，未能因材施教。个性因素或许不重要，然而一个人的性格特点往往决定了他的心态、行为方式、处事风格等。大的家族中往往子女较多，他们性格各异，往往需要父母做出不同的引导。

大多数心理学家同意性格有五维结构的说法，即性格可分为：情绪稳定型（稳定、乐天、自持）；外向型（爱好交际、充满支配欲）；开放型（激进、创新）；随和型（宽容、善良）；尽责型（专注、有责任感）以及这五大类型的对立面。例如，老亨利就属于开放型的对立面即保守、顽固型；而埃德塞尔则既有随和型中忍让的一面，也有开放型中创新的一面。同样，在 GUCCI 家族第二代成员里，大儿子奥尔多头脑敏锐、兢兢业业，二儿子瓦斯科性格随和，小儿子鲁道夫较为外向，如果当初老古驰欧可以根据三个儿子的性格特点因材施教，那结果可能大不相同。①

误区五：没有认识到外部教育的重要性。这一点在福特家族尤为明显，老亨利不想让儿子上大学，他认为自己的成功证明了工作经验比教育更重要，然而事实上老亨利也并没有传授给儿子他在商业上获得成功最需要的经验和技能。实际上，新生代在投身家族事业之前，靠外部领域的经验同样可以获得巨大的价值。如小沃森的飞行员经历就改变了他逆来顺受的个性、磨炼了他的意志。新希望集团董事长刘永好就曾让女儿刘畅在进入家族企业前在外历练，积累经验，使得刘畅虽然介入新希望集团业务的时间并不太长，但已获得了公司内部的高度认可。

事实上，许多超高净值人士在对后代的培养教育上已经认识到了这一点。虽然每个家庭对后代的教育规划模式因受其价值观和背景的影响而千差万别，但相比之下，亚洲超高净值人士通常比较看重培养后代处理人际关系、建立人脉的能力。特别是在择校时，亚洲地区家长也比其他地区家长更希望子女能够在海外接受教育，获得国际视野。胡润研究院发布的《2014 海外教育特别报告》显示：80%的中国富豪计划将子女送到国外接受教育，这一比例全球最高；而日本只有不到1%的富豪会把孩子送出国读书，法国不足 5%，德国也没有超 10%；按年龄来分，中国高中及以下的富豪子女 28.7%偏爱英国留学，26%选择美国，本科及以上的富豪子女 36%偏爱美国留学。

11.3.3 继承者们——家族企业领袖培养

（一）培养接班人的关键因素

家族的创一代或者父辈一代该如何为交接班做提前准备，换句话说，该如何培养出一位卓越的家族企业继承人呢？考特尼·普伦在《财富筹划》一书中指出

---

① Grant Gordon & Nigel Nicholson. *Family Wars*. Kogan Page Limited, 2011.

了以下几个关键因素：

- 鼓励孩子独立成长，不能过分依赖父母亲或整个家族的帮助。对正在成长中的青少年来说，其最重要的任务莫过于从对父母的依赖中独立出来；对于经验尚浅的父母来说，最艰巨的任务莫过于放手让孩子独立成长。这种独立成长可以从最初的金钱独立开始，年长的一辈可以引导年轻的一代管理、分配、使用他们手中的金钱，并通过一些家族实践活动，让他们从中感受到家族的价值观与重要精神。
- 从情感和才智两个方面为继承人培养做准备。情感方面，主要指后辈的继承意愿，这主要取决于后辈对家族财富（无论是物质层面的还是精神层面的）的认知与认同，年长一辈要帮助和引导家族继承人接受和认同家族财富，对家族财富形成一种使命感。才智方面，则主要是指后辈的接班能力，特别应当关注他们的外部学习与实践历练。
- 鼓励孩子发掘并形成属于自己的独特个性。事实上，未来新一代所形成的独特价值观与个性正是家族价值观与独特性的延伸，父母应给予子女充足的发展与创造空间。这种实践总是说起来容易做起来难的，因此父母给予子女的指引应是框架性的、规划性的，或者说是围绕家族核心价值观的教育与指导，而具体的实践方法与路径则应交由继承人自己去探索。
- 注重培养子女的领导力。让子女从小加入到家族决策中，哪怕是一些非常小的决策，也让他们参与到家族讨论中。等到子女在为接班做准备或可以开始接班时，父母可以放权，让子女进行实际的经营管理，而自己则退居其后，主要承担收集意见、观察、监督的角色。

（二）王永庆如何培养家族未来领袖

案例 11-12　王永庆教子之道

王永庆为企业奉献了毕生的时间、努力和热忱，他数十年间带领企业经历无数风雨，企业上下都深受他的管理哲学与理念影响。他以捐赠的行为树立榜样，教导子女成为有才能、有担当的社会栋梁。"由基层做起"是他培养下一代的原则。纵使子女拥有很高的学历，他也会先安排他们担任基层领导职务，一方面锻炼他们的才能，另一方面磨炼他们的意志。另外，他的子女也会自己创业，这完全体现了王永庆教育子女自力更生的理念。

身为王永庆二房太太所生的女儿，王雪红只身创业，统领威盛电子、宏达。2011年，53岁的王雪红更以68亿美元的身家新晋台湾首富，堪称"富二代"楷模。

王永庆家教严格，每一个孩子都曾被他送到国外独自求学、生活。15岁时，王雪红就被父亲送到美国读高中。王永庆从不给子女打电话，因为"太贵了"。他大约每隔两周给每个孩子写信，多半叙述他的工作心得，特别强调"寻根究底"。王永庆也要求每个孩子写家书，报告花了哪些钱，连买牙膏也要写，这样才继续寄生活费。王雪红的母亲杨娇说，儿女们在美国的生活并不富裕，王永庆给的学费、生活费"刚刚好"。在一生勤俭的父亲影响下，王雪红所用的记事本不到5元，座驾是开了多年的丰田佳美。[①]

一般来说，"富二代"能够发扬父业已属不易，而凭一己之力创业成功的更屈指可数。台湾商界也因此流传着这样一句话："生女当如王雪红。"王雪红是公认最像父亲的人。王永庆每天凌晨3点起床长跑；王雪红5点半起床，每周固定四天长跑，几十年坚持不懈。

王永庆儿子王文祥在接受记者采访时，曾回忆他与父亲的点滴：

"爸爸只有两个儿子，大哥文洋比我年长14岁。爸爸要求儿子们必须都到工厂基层锻炼，因为我们是做生产企业的，如果自己不亲自下去做事，就不会懂得工人的工作，工厂的管理你不亲自去摸索，你不会了解。我大学一毕业就到工厂做了一年多的三轮班。虽然大家都知道我的身份，但爸爸严格教导我，要比别人多做一些。别人上班8小时，我要工作10小时，别人做5天半，我要做6天，甚至要帮忙打扫厕所。在我还只有五六岁的时候，爸爸就带我去看工厂，特别是星期天。我从小就觉得爸爸是我的英雄和偶像，所以爸爸做这个，我也想做这个，小孩子的想法是很单纯、很天真的。我看爸爸很辛苦，就希望自己能够为公司出一份力。我哥哥博士毕业后回公司，也是从基层做起，对此我们也不会有抵触和抱怨情绪。

---

① 范博宏. 关键世代：走出华人家族企业传承之困 [M]. 北京：东方出版社, 2012.

"爸爸很少称赞人，通常爸爸没有批评的话，就表示他做得很不错。

"爸爸是个注重传统的严父。他很看重我们开口讲什么话。所以有时候有人讲错话，爸爸会马上纠正，不留情面。但他也有亲切的一面。在美国那段时间，晚饭后，有时候我们会唱卡拉 OK，爸爸很会唱歌，也喜欢听我唱。我觉得我能做他的儿子很有福气，我这几年到了国内之后才知道人们对他多么佩服，我希望有一天，我能做到让爸爸在天堂看到我说：'文祥你做得不错，我对你很满意。'"①

虽然王永庆教子教女有方，很值得企业家学习，然而，其家族企业的传承安排却有明显的缺憾。2008 年 10 月 15 日，王永庆因心肺衰竭去世，没有留下遗嘱。之后四年间至少发生了六起和遗产有关的法律诉讼。

教育二代固然重要，但是这无法取代必要的传承法律筹划以及有关家族治理的安排。经过这么多诉讼，对立的家族成员能够在一起说话已经不易，要坐在一起开会探讨未来的发展愿景，就更难了。这可谓是王永庆的千虑一失。

（三）多子女情况下的家族领袖培养

> 并不是每个子女都适合做家族企业最终的接棒人，但是他们在经过良好的教育与历练后都可能十分优秀，都可以在家族企业发展中找到自己的位置。

对于大家族来说，家族可能有许多子女，并不是每个子女都适合做家族企业最终的接棒人，但是他们在经过良好的教育与历练后都可能十分优秀，有着自己的优势和专长。虽然不是每个人都适合做企业的 CEO，但家族长辈可以在传承规划中进行合理的分配与筹划，让后辈在家族董事会、家族理事会中历练，从而使整个家族后辈成员都可以在家族企业发展中找到自己的位置。

美国庄臣公司就是一个很好的例子。这个家族企业在短短几十年间从一家销售地板蜡的小公司发展成为跨国集团，这除了得益于家族每一代人都拥有坚定的企业家精神和代代传承的企业价值观外，还得益于家族第四代领导人山姆完美的传承筹划。山姆有四个孩子——柯蒂斯、菲斯克、海伦和温妮弗雷德，他们都在

---

① 赵苊，王文祥，史小兵．王文祥：我与父亲王永庆 [J]．中国企业家．2013 (23)．

庄臣工作。1998 年，家族成立委员会以讨论家业传承事宜，为培养家族下一代接班人做准备，另外也确保了传承过程的公开透明。山姆曾目睹许多家族企业因家族成员手足相争而走向衰败，因此他尽量避免让某一个孩子的职位凌驾于其他人之上。1999 年，家族制定出最佳传承规划——菲斯克成为庄臣公司（SC Johnson，主要经营家庭清洁用品）的总裁；海伦担任庄臣户外用品公司（Johnson Outdoors Inc.，主要经营休闲用品）的总裁；柯蒂斯则出任庄臣泰华施公司（Johnson Diversey，世界知名清洁卫生产品及解决方案提供商）的总裁；而对经商兴致不高的温妮弗雷德则成为庄臣家族基金会的主席。[1] 由此，山姆根据每一位子女的特点，完美地做出了适合每位后辈成员的传承安排。

每个人、每个家族都有自己独一无二的故事。一个家族的后代教育、文化熏陶、慈善事业都与这个家族最为独特的家族精神紧密相关。这是关于爱、良知和智慧的章节，希望这些宝贵的有关家族传承的经验与教训，以及有关子女教育、家族"看护者"、未来领袖的培养和文化传承的经验之谈，可以或多或少帮助财富家族解除那些困扰其多时的传承疑惑。下一章，我们将探讨无法仅仅依靠爱和教育来解决的问题——家族的冲突。

---

[1] Joachim Schwass. *Wise Growth Strategies in Leading Family Businesses*. Palgrave Macmillan，2005.

第 12 章　家规与家族治理

> 幸福的家庭都是相似的，不幸的家庭各有各的不幸。
>
> ——列夫·托尔斯泰

中国的新富阶层，其实在很大程度上还没有经历交班、传承，尚未亲历二代、三代在接班之后的挑战和困境，也没有体会过世界其他财富家族所曾经遭遇的"家族战争"。

面对财富家族后代教育与培养的难题，我们如何保证家族继承人不会因争权夺利而最终断送家族和家族企业的前程？如何保证家族企业在更为完善的治理机制下代代传承？这是本章所要介绍的内容。

12.1 "家族战争"之殇

首先让我们来看一下三个家族企业的案例。

12.1.1 案例：GUCCI 家族的"华丽"倒塌[1]

很多酷爱意大利奢侈品牌 GUCCI 的消费者也许并不知道，这家企业早已不再由 GUCCI 家族所拥有，GUCCI 家族及其掌管的企业没有经历三代就遭遇败落。

---

[1] Grant Gordon & Nigel Nicholson. *Family Wars*. Kogan Page Limited, 2011.

案例 12-1　GUCCI家族的败落

危机的种子

1898年，充满斗志的佛罗伦萨少年古驰欧·古驰与兄长争吵之后离家出走，身无分文的他辗转来到伦敦的萨沃伊酒店当差。1921年40岁的他才在佛罗伦萨开了第一家自己的皮具店。古驰欧育有三子一女，为了鼓励儿子上进、相互之间竞争，他故意挑拨三个儿子之间的关系，让他们相互嫉妒和仇视。孩子们很小的时候，古驰欧就让他们互相揭发谁犯了哪些错，然后由揭发人来惩罚犯错的人。他的几个儿子能力区别很大，对公司的投入也大不相同：大儿子奥尔多头脑敏锐，兢兢业业；二儿子瓦斯科性格随和，沉迷于打猎；小儿子鲁道夫演艺受挫，年近40岁时才进入公司，父亲却不假思索将他安置在和奥尔多同等的职位上。在分配遗产时他把女儿排除在外，声称"女人不得分享GUCCI的所有权"。万万没有想到的是，正是由于古驰欧的这些刻意之举，埋下了GUCCI家族日后种种纷争的种子。

古驰欧去世以后，长子奥尔多·古驰成为家族企业的继承人，GUCCI真正的辉煌也正是从奥尔多手中开始的。在奥尔多时代，GUCCI从一家小皮具店发展成为20世纪70年代全球知名的奢侈品公司。为了把GUCCI品牌贵族化，奥尔多还号称他们祖上曾为皇族打造马具。然而，在这辉煌的背后，这艘表面奢华的巨轮内部却已千疮百孔。

家族混战

1953年古驰欧去世后，女儿格里马尔达就曾上诉法庭，请求从父亲的遗产中分得同等份额，却被兄弟们无情地抵制。后来，在接受记者采访时，她当众拆穿奥尔多为把家族品牌贵族化撒了谎："我必须说出事实——我们家族从来没做过马具。"

当时的GUCCI并没有专业设计师团队，品牌设计师就是奥尔多的二儿子保罗，他在设计方面极具天赋。然而，1982年，在一次董事会上，GUCCI家族的男人们又一次争吵起来，父亲奥尔多、叔父鲁道夫和堂弟毛里齐奥都反对保罗，甚至有人抄起录音机砸了保罗的脑袋。一气之下，保罗离开公司另起炉灶，创立了自己的品牌"Paolo Gucci"。于是，其他家族成员开始站出来控告保罗侵权，结果保罗败诉，被迫放弃自己的品牌。之后，保罗开始了他的"复仇"之路。保罗先是联合自己的堂弟毛里齐奥将父亲奥尔多逐出了公司，之后又控告自己的父亲逃税，最终 81 岁的奥尔多因在美国逃税 700 万美元被判入狱一年。

经过数年家族混战，到 1989 年，鲁道夫的独子毛里齐奥联合一家私募基金，把伯父和几位堂兄的股权分别买下，成为唯一的家族内股东，并担任 GUCCI 董事长。毛里齐奥担任董事长后公司状况并未好转，由于入不敷出，资金链很快出现问题。又经过一番挣扎，1993 年，毛里齐奥被迫将手中持有的 GUCCI 所有的股权卖给了资产管理公司 Investcorp 集团。至此，GUCCI 家族和品牌完全脱离了关系。但是 GUCCI 家族的麻烦并没有至此结束。毛里齐奥与妻子帕特里齐亚在长期的离婚"战争"中饱受痛苦。1995 年，帕特里齐亚请了一位杀手将丈夫杀死，而她自己也因此被判 29 年监禁。

"此时，家族一方面哀悼逝者，一方面准备诉讼。"①

---

① 选自《纽约客》漫画集，原作者是 Frank Cotham，创作于 1999 年。

12.1.2 案例：李锦记的传承困局①

李锦记是食品行业的驰名品牌，但这一家族企业也经历了数次"内乱"，公司几乎难以为继。它的故事成为家族企业治理的经典案例。

> **案例 12-2　李锦记家族的两次内乱**

第一次内乱

创立于1888年的酱料巨头李锦记集团，在创始人李锦裳去世后，其股权由三个儿子均等继承。在三个儿子中，业务主要由老二和老三负责，老三李兆南为实际的管理者。

20世纪70年代，李氏家族第三代成员陆续加入家族企业。李兆南的儿子李文达，也在李兆南召唤下加入了李锦记集团。然而，在第三代掌握家族生意的这段时期，由于企业产品一直走高端路线，只有较富裕的人才能享用，导致李锦记一度步入停滞期。

为了扩大市场，李文达建议改变公司策略，做一些低价产品，然而家族中其他人并不赞成这一经营理念，彼此互不相让。1971年，李文达的大伯、二伯合谋，意欲联手收购李兆南的股权，但是双方争执不下，大伯、二伯决定放弃，移民，离开了香港。1972年，李文达协助父亲最终以460万港元收购了家族其他人的股份，并接掌李锦记成为公司第三代掌门人。这之后，李锦记产品很快进入千家万户和普通餐馆。但是，这次"骨肉相残"的家族内乱却让李文达痛苦不堪。

第二次内乱

然而，10年不到，家族企业又生变故。1980年后，李文达的弟弟因病长期不能参与公司管理，弟弟一家人担心李文达会侵占其应有股权，要求李文达成立股份有限公司收购其股权，从而退出李锦记。但是由于事先没有定期对股权进行估值，双方对股权的价格难以达成一致，最后闹上了法庭。最终，李文达以8 000万港元收购了弟弟的股份。但巨额的收购款项使李锦记陷入财务困境。也正是在

---

① 参见《李锦记家族"宪法"》，来源于《商界》，转载于http://www.ce-china.cn/article/5573.html。

这段时期，李文达的五位子女应召相继学成回港加入公司，有了子女的支持，李文达也开始就企业本身进行一些改革，引进最先进的管理文化和科学技术，经过两代人的共同努力，公司最终渡过了难关。然而经历两次家族之乱，李文达心力交瘁，他非常忌讳五个子女同他谈打算离开公司另立门户之类的想法。

2000年，老五李惠森向父亲摊牌，他要离开李锦记自立门户，李文达得知后更是陷入深深的忧虑与困惑。如何才能让家族企业延续下去？小儿子李惠森是子公司南方李锦记的董事长兼总裁，在整个集团有着举足轻重的作用。李文达坚决不同意。他最担心的就是家族悲剧在自己的儿女身上重演，难道家族企业的命运必定这样轮回吗？

12.1.3 案例：海鑫钢铁集团的破产悲剧

在第9章，我们提到了海鑫钢铁集团的传承案例，对它从二代"被要求"接班和职业规划失误的角度进行了分析；而这里我们重提这个案例，则是从家族治理的角度探讨另一些重要的事实。

案例12-3 海鑫钢铁集团的传承安排

海鑫钢铁集团有限公司，本是年钢铁产能达500万吨的山西省第二大钢铁企业。2003年1月22日，当时年仅48岁的海鑫钢铁集团掌舵人李海仓在自己的办公室遇刺身亡，年仅22岁的李兆会被迫中断在澳大利亚的学业，回国接班。虽然执掌整个钢铁集团的帅印，李兆会却对主营的钢铁业务不感兴趣，热衷于资本市场投资；其于2004年投资购入民生银行1.6亿股股票并在2007年牛市高点抛售套现10亿元。此后，李兆会一直活跃在一级、二级市场投资领域，但业绩平平，而海鑫钢铁集团也成为其进行资本市场投资的"自动取款机"。

李海仓在世时担任海鑫钢铁集团的董事长，其五弟李天虎担任总经理一职，他也是李海仓突然遇害后海鑫钢铁集团内部接班呼声最高的人。然而，李海仓遇害之后，其父李春元力挺李海仓的儿子李兆会接班，理由是"子承父业"，庞大的企业就由祖父"一锤定音"地交到了年仅22岁的李兆会手上。之后，李天虎也不再担任总经理，而是成为集团下属的一家水泥厂的负责人。创业元老、海鑫钢铁集团的副董事长兼党委书记辛存海也被李兆会调离权力中心。海鑫钢铁集团完全靠惯性维持运转。

之后海鑫钢铁集团逐渐陷入困境，祖父李春元试图在家族内提出通过内部融资来缓解公司的财务危机，当初被李兆会"请"走的几位叔叔都不认同这样的方案。2014年，钢铁行业进入寒冬，面对低迷的市场，海鑫的主要产品仍然是螺纹钢等旧产品，李兆会没有在企业的投资、转型上下功夫，却把企业创造的现金流抽走进行金融投资，最终让海鑫债台高筑、走向破产。[1]

通观前述几则案例，我们不禁要问：究竟是什么原因导致了触目惊心的"家族战争"或者治理问题？家族应该有什么样的决策机制？家族怎样做才能化解家族企业传承和治理危局？

12.2 引发家族矛盾的高危领域

12.2.1 麦肯锡报告的发现

麦肯锡的研究报告表明，在家族传承中，以下5个领域的问题必须及早解决和应对。[2]

- 价值观：为了提升家族的内部凝聚力，家族必须明确自己特有的价值理念，并积极向全体家族成员传达。
- 退出机制：家族必须为家族成员提供其获取财富份额的路径，包括在不影响其他家族成员利益的前提下退出家族企业。
- 资产配置和管理：家族必须制定明确的投资和资产配置策略，取得家族成

---

[1] 刘腾. 海鑫集团少主接班12年"钢铁王国"走到尽头[J]. 家族企业，2015（8）.
[2] Asa Bjornberg & Heinz-Peter Eistrodt & Ahmed Youssef. Building a House that Lasts：A Framework to Guide a Succession from Few Owners to Many. McKinsey：Perspectives on Founder and Family-Owned Businesses，2014（10）.

员的共识。这是维系家族长期经济利益和经济关系的基础。

• 人才管理：家族必须在家族利益和企业利益间谋取平衡，要鼓励家族成员投入和参与，更要确保唯才是用，保证企业的长久发展。

• 决策及争议解决机制：当家族出现群龙无首、内部僵持的情况时，家族如何做出最优决策。

通观 GUCCI 家族传承失败的原因，大体可以将其总结为以下几点：其一，未能形成统一的促使家族成员一致行动的家族价值观。家族成员缺乏对家族传承和永续发展的责任感以及一致行动的凝聚力，最终每个人为了各自的利益使得家族分崩离析。其二，未提前做出具体的家族和家族企业治理安排。在 GUCCI 家族企业发展的过程中，家族事务常常与企业事务混杂在一起，成员在处理企业事务时又时常掺杂着家族情感，没有一份完整的有效力的规则作为治理依据，或者一个权威机构作为决策机关。其三，对子女教育存在误区。从古驰欧开始，其对子女的教育方式就已走入歧途，他采用让子女互相仇视与嫉妒的方式迫使子女竞争，破坏了家族的和睦与凝聚力，为此后的种种纷争埋下了祸根；GUCCI 家族在三代传承中一直没有一个明确的传承规划和继承人选择方式，后代继承人要么对家族事务毫无兴趣，要么不顾家族安危争权夺利。

同样，在李锦记发生两次内乱时，家族企业未能清楚呈现价值观。李锦记的第一代掌门人在去世前并没有为后任描绘企业未来的任何发展愿景，因此，企业就只能依靠二代"滑到那里是哪里"的"惯性"来经营。

对于海鑫钢铁集团，"价值观"作为关键词似乎从来没有在整个案例当中出现。如果实在要找与其相关之处，那也就是原家族企业掌舵人遇害之后，祖父坚持"子承父业"这个"价值观"，选派了不合适的人掌控企业的大权，最终使得家族和企业都走向没落。

与之相反，前述麦肯锡报告描述了这样一个亚洲某财富家族案例，其二代家族成员身体力行地推动家族价值观并且积极促使所有家族成员信奉遵守。该大型企业一直以来认可和鼓励女性在职场中发挥作用，但是股东协议上却规定只有男性才有权继承家族企业的股权。在一次家族大会上，最为年轻的女性家族成员指出了这个与家族价值观背道而驰的地方，她刚说完，几位堂兄弟就提出了一项动议要求废止这项歧视女性的规定。他们认为，即使牺牲自己的大笔股权，也要尊重、保护大家长期认可和推崇的核心价值观。家族的资深成员认真听取了这些意见，并通过了这项议案。

我们发现，如果家族没有及时铸造核心价值观与治理制度，就很难避免在掌舵人发生变故之后，家族和企业发生"滑到哪里是哪里"的惯性式发展。而最具有惯性式运动特征的，就是走下坡路。

12.2.2 传统中国的解决之道：财富世家的家规、家训

在中华五千年文明的历史长河中，出现过无数薪火相传的名门望族，这些大家族十分重视家规家风的树立，精心培育和传承家族文化。而家族的家训作为中国宗族文化的重要载体，蕴含了一个家族的思想、观念、精神和文化等，成为古代家族文化传承的关键所在。如今，这些承载着家族智慧和中国传统文化的家规家训，是否可以直接用来作为现代大家族的子女教育规范，是否能与当代家族传承相契合从而运用于现代家族文化传承之中？

首先我们先来了解古代著名的颜氏家族的几则家训：

"吾家风教，素为整密。昔在龆龀，便蒙诱诲；每从两兄，晓夕温清，规行矩步，安辞定色，锵锵翼翼，若朝严君焉。赐以优言，问所好尚，励短引长，莫不恳笃。"——摘自《颜氏家训》"序致"篇

《颜氏家训》全书共有七卷，并分为序致、教子、兄弟、后娶、治家、风操、慕贤、勉学、文章、名实、涉务、省事、止足、诫兵、养生、归心、书证、音辞、杂艺、终制共二十篇。概括起来主要有以下几个方面内容：

第一，确定读书做人为家训核心。颜之推把圣贤之书的主旨归纳为"诚孝、慎言、检迹"六字；认为读书问学的目的，是"开心明目，利于行耳"。学习要经过自己实践，不能轻信"耳受"；周围的贤者、能者都可以为师。他认为无论年龄大小，都应该读书学习。

第二，确立家族教育各项准则。颜之推将胎教列为家族教育。他将家族中夫

妇、父子、兄弟关系称为"三亲"。要做到父慈子孝、兄友弟恭、夫义妇顺，方能维护家族的和谐。

第三，强调家族治理的重要性。他认为把家治好了，方能推及社会，强调上者（上级）、先者（前辈）以身作则对推动社会道德进步的重要作用。

第四，强调"礼为教本"。一要"养亲"，二要"事君"，三不要"骄奢"，四不要"鄙吝"，五不要"暴悍"，六不要"怯懦"。

第五，强调门风世代传承。强调"家训"目的便是"整齐门内"，维护门风。要求后代要按儒家"六经"严格要求自己，不只做"典正"之人，亦要写"典正"之文。

除了《颜氏家训》，郑氏家族也有家训——《郑氏规范》，其集郑氏几代人的治家经验，总结起来主要包括爱国廉政、教育养正、仁义功德、礼仪文明、尊长爱幼等方面；郑氏在同居共食时期已实行退休制度，到了一定年龄的年老之人不必从事劳动生产，而由公堂赡养，使之安享晚年。[①]

纵观历史，颜氏子孙在操守与才学方面都有惊世表现，注解《汉书》的颜师古、书法家颜真卿、大节凛然的颜杲卿等人，足证其祖所立家训之效用彰著。浦江郑义门郑氏历经宋、元、明三朝十五世，同居共食约350年，鼎盛时曾有3 000人，受到宋、元、明三朝皇帝的旌表。[②] 不难看出，这些古代家族家训大多采用的是儒家思想——仁义、礼乐、孝悌、节俭等较为抽象和更加依靠自身道德规范的一些内容，成了家族治理依据和家族成员的言行规范。家训对于个人修养的养成有极大的裨益。

然而，家训也有其局限性。一方面，家训并不提供具体的解决办法。家训的着力点在于"人"，即个人的修为和修养，但是对于"事"以及解决矛盾的方法却鲜少提及；另一方面，家训并不涉及商业上的安排，而家族企业矛盾的爆发有时候恰恰是因为家族成员在商业方面的意见或者经营理念不同。所以，我们不能

[①] 参见《忠厚传家久 诗书继世长：中国历代家训系列之二颜氏家训》，载于 http://mp.weixin.qq.com。
[②] 同上。

否认家训的重要性及其价值,但是同时也需要运用治理结构和机制去应对家族可能出现的矛盾和危机。

当然,中国的家族曾经也出现过兼顾家族事务和商业安排的雏形,而非简单的家规家训。如在明清时期兴起的地域商帮徽商、晋商、粤商等,都有其独特的商帮治理模式,特别是发端于北方的晋商和来自南方的徽商以资本雄厚、贸易遍及全国著称。所谓"富室之称雄者,江南则推新安,江北则推山右"。① 这里前者指的徽商,后者指的晋商。徽商以血缘和宗族关系为基础,强调在宗族子弟中选拔经理和伙计,依赖隐含契约、族规家法治理商帮内部的代理关系;晋商则是以地缘关系为基础,整体上放弃了在宗族内部选拔经商人才,遵循避亲举乡原则,选择同乡出任经理和伙计,利用正式的号规约束并用接近现代意义的奖金和股俸制度激励商帮成员。② 我们可以看到,晋商管理制度中的家族控制与家族管理、职业化管理、制度化管理甚至股权激励等,都是现代家族治理的雏形。

既然家训有其局限性,那么究竟如何处理和应对家族的矛盾和分歧才能保障财富传承的顺利进行以及家族基业的长青?

12.2.3 并不遥远的冰山:直面家族分歧和纷争

撞毁"泰坦尼克号"这艘巨轮的不是浮在水面上的小冰块,而是潜在水面下的巨型冰山(见图12-1)。同样,家族及早意识到家族成员之间的分歧、矛盾、纠葛,并能够加以积极引导,建立和稳固健康和谐的关系,对于家族的发展和财富永续传承来说,意义是不言而喻的。

冰山的隐喻,除了说明应该及时明察家族成员之间可能存在的紧张关系外,还说明了另一层面的寓意,就是一些口头的表面的矛盾,可能有着更深层次的问题。

对家族成员来说,同事、亲人、股东等身份将他们绑在了一起;就像图12-2

---

① 引自明代文学家谢肇淛的《五杂组》。
② 蔡洪滨,周黎安,吴意云. 宗族制度、商人信仰与商帮治理:关于明清时期徽商与晋商的比较研究[J]. 管理世界,2008(8).

图 12-1 看不见的冰山

所显示的,家族成员,同时又在家族企业共事,而且也是家族企业的股东。如果说职场人士可以比较容易地因为不喜欢同事、上司而换工作,那么对在家族企业中工作的家族成员来说,"更换"的机会成本和代价可能是高昂的。他们在工作上的嫌隙,可能缘于过去不睦的家庭关系或在家庭活动中产生的偏见,这种隐藏在心里的意见不知不觉被带到了工作中。这就是心理学家提出的"亲人矛盾体"。[1]

正因为亲人之间近距离相处又知根知底,对于矛盾,大家更倾向于回避,而不是去直面,但这么做可能带来更大的危害。一方面,家族成员并没有学会正确处理矛盾和分歧的方法,这样如果将来步入社会、担任管理职位、面对更为复杂的境遇,他们是缺乏准备的;另一方面,矛盾如果不及时处理而在沉默中不断郁积,最终就会因为某些看上去微不足道的小事而突然导致火山爆发。

因此,当矛盾可能变成积怨,无声只是回避的时候,沉默不再是"金"。

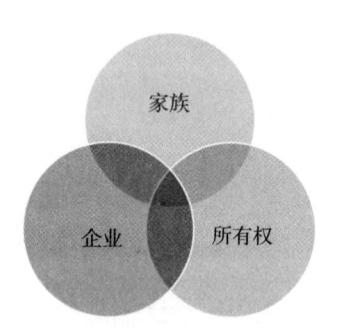

图 12-2 家族、企业与所有权的关系

---

[1] Kent Rhodes & David Lansky. *Managing Conflict in the Family Business*. Palgrave Macmillan,2013.

12.2.4 中国家族企业的治理挑战

作为家族的领袖、创一代，应当如何洞见未来，针对未来可能出现的家族问题当如何决断？他们经历过人生和企业的起起伏伏，在风和日丽、风平浪静之后，是否能够反思：是什么保障他们的家族、企业能在未来的风浪中屹立不倒？

我们发现，"浮冰"之下，家族企业往往隐藏以下传承困局和治理难题：

1. 只见物质财富的传承，不见家族和企业价值观的培育

家族企业的传承，表面是财富、权力的传承，实质是精神、理念、人格、品牌的传承，最为根本的是体制、机制、文化的传承。人可能变坏，财富可以失去，只有价值观配以制度才可以保持长期性、稳定性——正所谓"人生总有起落，精神终可传承"。这个价值观构成了家族治理的思想基础。若家族核心价值观以及凝聚力缺乏，家族成员对家族事业也就难有"看护者"该有的责任感，再加上缺乏有效的沟通以及应对分歧、纠葛的解决机制，那么在家族一代领袖去世之后，矛盾很容易一触即发。

2. 缺乏治理安排，缺乏解决分歧和矛盾的机制，家族事务与企业事务混杂

家族企业是由"家族"（社会组织）和"企业"（经济组织）两者合二为一的经济实体，家族企业的所有权掌握在以血缘为纽带的家族成员手中，家族成员在企业担任重要职务，各种远近亲戚参与其中。排外心理、任人唯亲、人情管理、滥用权力、情大于法等均是不少家族企业携带的"潜伏病灶"。这些其实都是企业治理层面上的问题。

若这些问题没有得到重视和及时处理，随着家族的扩容、代际的发展，关系从父母和子女间的关系，到兄弟姐妹关系，再到堂（表）兄弟姐妹关系，由近到远，由简单到复杂，越来越多的问题无法用"亲情"加以解决，若一代创始人退出历史舞台，也没有人能够一锤定音，矛盾和积怨就会随着时间的推移酝酿发酵，直到某个时点"病灶"突然发作而变得一发不可收拾。若没有有效的家族治理架构，未针对常见的问题制定规则，未建立解决分歧、争议的机制，那么家族就会容易出现"无政府"状态，不仅亲情难保，企业也会陷入僵局和

> 若没有有效的家族治理架构，那么家族就会容易出现"无政府"状态，不仅亲情难保，企业也会陷入僵局和停滞。

停滞。

3. "小家""大企业"的传承难题

中国多数家族企业是"小家"+"大企业",所以从表面上看,家族治理似乎并不那么紧迫。然而,我们发现,"小家"有其独特的治理难题。家虽小,但是治理问题、传承问题可不见得小。一方面,在企业中工作的一些亲戚会给企业治理和管理带来难度;另一方面,正因为是"小家",所以大大限制了家族内传承的选择空间。一些父母很容易被自己唯一的孩子"挟持",在各种原则性问题上不得不妥协;一些父母让能力不济的子女勉强接班或者强迫不情愿的子女接掌家族企业,明知对家族或企业有害无益,但是也只能"硬着头皮"去做。

面临传承大考的中国企业家,也许可以从家族企业治理上找到一些备选方案,如通过科学和人性化的方法有效地将企业的所有权和经营权分离,这样既能将经营权交给贤人,也能把所有权交给孩子。通过精心的规划和设计,这不是没有实现的可能。

4. 复杂的家庭/家族关系

情感和情绪的影响容易让亲人反目成仇,从而使矛盾激化。新生代如果要在家族企业推行改革,相当的阻力可能来自在企业工作多年、具有老资格的其他家族成员。如果没有父辈企业家的全力支持,其可能举步维艰。

有时,一个小的举动可能会被认为是对家族的"背叛",从而酿成大祸,导致形成难以弥合的裂痕。例如,父亲已经将家族企业交给了已到而立之年的女儿,女儿已经在企业中历练了5年,获得了父亲的充分信任。就在这时,父亲和母亲发生离婚纠纷,母亲因对财产分配不满将父亲告上了法庭。女儿出于对母亲的同情,将一些重要的财务信息告诉了母亲,父亲因女儿的"背叛"而震怒,把女儿赶出了家族企业,并从此拒绝与之往来。父女之间的关系坠入冰点,从此不相往来。

所以,不能离开"家族矛盾"这个重要问题来谈传承,最有代表性的家族矛盾包括:"潜伏"的家族隔阂和矛盾,家族成员之间因金钱而发生的矛盾和龃龉。

> 实用小贴士：如何应对家族的两类典型矛盾
>
> 由于篇幅所限，如何发现、分析和解决这两类典型矛盾，无法在本书中展开。请登录 www.wealthbook.cn 网站，免费获取相关信息。

12.3 化解家族企业矛盾和传承危局的策略

在家族企业治理过程中，不仅需要利用一些约定俗成的规则或者拟定一些行为准则和家族章程，将决策制定和日常执行都限制在一个规范框架之下，同时又要有一系列架构来有效推动这些规则、准则或章程的落实和执行，这样，"家族战争"或许可以避免。

12.3.1 应对家族分歧和矛盾的策略

与如何进行传承、如何使用好信托工具相比，如何帮助家族企业有效地化解家族内部的分歧、矛盾和冲突，对不少财富家族而言也许更有紧迫性。

经验告诉我们，在进行财富传承之前，必须进行一次有关家族分歧和矛盾解决方法的自检。

首先，在态度上，要认识到家族中存在分歧、矛盾和冲突的积极价值。分歧和矛盾实际上是浮冰一角，它能够帮助人们发现水面下可能存在的巨大问题和危机。李锦记家族所经历的第三次危机，就是子公司南方李锦记的董事长兼总裁李惠森向父亲李文达提出想要离开李锦记自立门户。而这促使李文达采取一系列举措（包括向欧美大家族学习）来避免家族和企业分拆和散落。有时，相左的观点本身就值得重视，也许通过了解这个相反观点可以更多地了解原来没有被关注的诉求，或者这个观点催生了更具创新性的解决问题的方法。

其次，与故意忽略、回避问题相反，直面家族中的分歧和矛盾，通过理性、合理和有效的方式寻求解决方案，对提升相关当事人的情商，处理和解决问题的能力，以及在面对棘手问题时或情感宣泄时刻的沟通能力大有帮助。如果处理得当，那么将来遇到类似问题也会更加得心应手。

最后，如果把家族成员情感和关系的和谐当作家族的重要目标之一，那么建立一个让不同声音得以表达的渠道，以及建立真诚对待和尊重不同观点的机制，就显得非常重要。

当家族面临分歧和矛盾时，可以参考以下方法加以解决：

• 开诚布公，以诚相待：建立一种文化和习惯，在家族出现分歧和矛盾的苗头时，长者要主动安排一对一的沟通和交流，即便这样的交流并不能马上解决问题，但却有助于当事人了解和发现问题，长者也能因此获得有关当事人的信任。很多时候，对于抱怨者来说，获得真诚的倾听、进行一定的宣泄本身就能够令其缓解压力。

• 聘请中间人、协调人调解、调停：如果两个人的性格特点以及矛盾的性质决定其自行解决矛盾比较困难，那么就不妨找一个双方都信任的中间人来调停。

• 明确目标，充分准备：在沟通之前，应当明确自己的目标，究竟是让对方承认自己的不对、说服对方接受自己的观点，还是达成一个双方都满意的结果？沟通和讨论之前应当进行充分的思考和分析，做足功课，一次用词不当，都可能引发激烈的争执，导致前功尽弃，功课做得不到位是沟通的大忌。

• 耐心聆听：注意尊重他人并且要保护隐私，避免批评、武断，不在谁对谁错的"是非"上纠结，鼓励对方表达观点，关注对方的情绪，而把自己的情感因素、观点搁在一边，尽可能去理解（但不代表同意）对方，并让对方知道。

• 明确行为规则：例如，必须先等到对方说完，自己才说话。不得打断别人，不得大嗓门，不得在言语和肢体上动粗或者施暴（尤其男性面对女性时）。

• 不要寄希望于一蹴而就：化解矛盾就像积累信任一样需要时间，所以沟通时更要耐心对待。如果发现需要更多的时间，不妨先"求同存异"，以后再进一步沟通。

对于一些重要的沟通，我们称之为"high stake communication"（高阶沟通），笔者在担任家族顾问时发现，如果能有针对性地给客户一些"高阶沟通"方面的指点，将非常有价值，具体包括如何通过自己的语气、语速和发音提升自己的气场，精准地选择自己的沟通措辞，如何通过移情的方法从对方的角度看待问题，如何通过提出合适的问题来了解对方产生不满的原因以及导致对方情绪化的根源，如何学会互相谅解、冰释前嫌。

案例12-4讲述了美国的一个财富家族在进行传承安排时所遭遇的意见分歧

和冲突。[1]

案例 12-4　第三代接班人的选拔

菲利普·提普乐在早年创立了企业提普乐之后，将企业传给了三个儿子，斯图亚特、迈克尔和唐纳德。25 年之后，企业进一步发展壮大，三个儿子合作默契、关系和谐。而此时该家族企业也到了要向第三代进行交班的时候。三个儿子都各有家室，他们都认为自己的家族分支中有人（即第三代）能够挑起企业 CEO 的大梁。

CEO 已经由老大斯图亚特担任多年，三个家族分支在推举接班候选人时，斯图亚特被其两个兄弟指责有过多的掌控欲，并且有意将其儿子塞到公司总裁的职位上。而斯图亚特也变得更加强势，一方面在公司和家族中限制有关交接班的讨论，另一方面聘请外部的咨询公司为公司的交接班出谋划策，最后咨询公司也没有悬念地得出偏向斯图亚特的结论。这一切都导致了家族其他成员的不满。

家族的危机和企业可能的崩塌迫使三位兄弟寻找解决问题的新途径：三个兄弟都固执地认为自己的孩子最适合担任公司的接班人，而公司从来没有建立一套制度来对 CEO 的资质、条件进行说明，也没有就 CEO 候选人如何筛选、如何最终确定制定任何规则。斯图亚特是由父亲选定的，但是父亲早已作古，不可能再帮助三位兄弟解决第三代继承人接班的问题。公司是家族企业，也没有什么正式的董事会，公司章程也只是蜻蜓点水似的提了一下 CEO 由董事会简单多数选举产生。

幸运的是，各方通过一份正式的股东协议使危机逐渐得以化解。股东协议对于代际传承做了流程性的规定。首先是明确了 CEO 人选的客观标准等，如 CEO 需要什么样的资质、背景、经验，是否必须是家族成员，谁来进行招聘、筛选和初步评估，CEO 的职责是什么，他应该向谁汇报工作，如何考评 CEO 的工作业绩。

---

[1] Lee Hausner & Douglas K. Freeman. *The Legacy Family*. Palgrave Macmillan，2009.

考虑到潜在的利益冲突，为了确保流程的公允，家族企业聘请了和三个兄弟没有个人关联的外部咨询公司来提供支持和帮助。咨询公司和每一个管理层成员进行了充分的沟通，包括非家族成员的高管，在这个基础上，制备了一份CEO候选人的岗位职责说明，并附有候选人的资质和背景描述。三位兄弟只有都对此重要文件表示同意，才能够客观地面试和考核新的CEO候选人。

而来自三个家族分支的三位接班候选人都被要求提交一份自我鉴定报告，说明其自身的优缺点以及对公司未来愿景的想法。在三份报告都交齐之后，将它们和CEO的岗位职责说明进行对比，其中一位候选人优势明显，而且，从客观上分析和比较，即便家族同时考虑外部的、非家族成员的CEO候选人，依据这位候选人的资质和经验，其仍然能够胜出。后来大家很快达成了共识，并没有产生进一步的纷争和矛盾。

虽然另外两位第三代的准接班人没有如愿成为公司的CEO，但家族也因此加强了公司董事会职能，安排他们两位担任家族企业的董事，以利用他们的才华帮助企业进一步发展壮大。

案例12-4给人的启示是，一方面，要直面看似难以解决的家族分歧和矛盾；另一方面，则要寻找客观、严谨的工具和流程，让各方都能够冷静地处理问题。

那么如何建立一套客观与严谨的制度，使家族在遭遇意见分歧和矛盾时能够有所依托呢？

12.3.2 洞见未来的传承智慧：家族治理和家族宪法

在回顾那些财富家族败落的案例时，读者可能都会感叹世事无常，那么我们假设这些大家族的位居巅峰的创始人、家族领袖能够有机会看到家族未来的发展走向，他们是否仍然会固执己见？家族的发展在一定程度上是可以预见的，也是有规律可循的。

如果一代创始人是家族和家族企业这艘大船的船长，那么家族治理、家族宪法就是保障这艘大船平稳前行的法宝。家族应该建立应急机制，在突发事件来临时，有一个高效的备选方案，并且能够迅速选出新的领导团队；而当家族成员发生分歧、争斗的时候，有一个协调、调解和争议解决的机制；当家族发展到第三代、第四代之后，家族成员的数量逐渐庞大，关系逐渐疏远，但凝聚力仍很强。这些正是通过家族治理、家族宪法所能做到的。

我们看一下李锦记家族在遭遇两次家族内乱后是如何扭转困局和企业命运，使家族企业转危为安的。①

案例 12-5　李锦记如何转危为安

2002年，李氏家族几个兄弟赴欧洲、日本等地了解家族企业的延续方法，终于探索出了一个全新的"家族模式"。他们认为，"公司只是家族的一部分，没有家族的和谐永续发展，家族企业的长久发展就无从谈起"。李锦记的价值观是，"我们＞我"。

有的家族企业追求的是"企业永续"，而李锦记追求的却是"家族永续"。其认为，追求企业永续往往将个人和企业利益置于家族利益之上，导致家族四分五裂，企业必不能永续；而追求家族永续，家族成员团结和睦，子女们团结，以家族利益为重，永不分开，企业也必然得到永续发展。在"家族至上"的理念之下，李锦记以父母和五兄妹为核心成员，成立了"家族学习与发展委员会"（以下简称"家族委员会"），这是整个家族的最高权力机构。家族委员会成立后，李锦记就确立了集体领导的模式，重大的事务全部由家族委员会集体讨论决定，其下设"家族业务""家族办公室""家族投资公司""家族慈善基金""家族培训中心"等。与此同时，李氏家族制定了家族"根本法"——《李锦记家族"宪法"》，并定期召开"家族会议"。《李锦记家族"宪法"》的制定，使家族和企业的发展有了完整统一的规划，推动了家族的长久和睦。《李锦记家族"宪法"》的具体内容外人不得而知，但从相关采访和报道中，可以大致归纳出以下内容：

---

① 参见国际金融公司2009年撰写的《家族企业治理手册》，以及《李锦记家族"宪法"》。

一、公司治理：李锦记集团坚持家族控股，具有血缘关系的家族成员，才能持有公司股份；下一代无论男女，只要有李氏家族血缘，就具有股份继承权；董事局一定要有非家族人士担任独立董事；酱料和保健品两大核心业务的主席必须是家族成员，主席候选人每两年选举一次；集团董事长必须是家族成员，CEO可以外聘。

二、接班人培养：对于是否接手家族生意，下一代拥有自主选择权。后代要进入家族企业，必须符合三个条件。首先，至少要大学毕业，之后至少要在外部公司工作三年到五年。其次，应聘程序和入职后的考核必须与非家族成员相同，必须从基层做起。最后，如果无法胜任工作，可以再有一次机会，若仍旧没有起色，一样要被炒鱿鱼；如果下一代在外打拼有所成就，李锦记需要时可将其"挖"回。

三、家族会议：每三个月召开一次家族会议，每次会议召开四天。前三天家族委员会核心成员参加，后一天全部家族成员参加；会议设一主持人，由家族委员会核心成员轮流担任。

四、家族内部规范：不要晚结婚，不准离婚，不准有婚外情；如果有人离婚或有婚外情，自动退出董事会；如果有人因个人原因退出董事会或公司，股份可以卖给公司，但仍然不离开家族，仍是家族委员会成员，须参加会议。

五、家族成员退休规定：家族成员年满65岁时退休。

六、家族宪法修改和决议执行：家族宪法内容的修改方案必须经家族委员会75%以上同意方可通过，一般家族事务的决议超过51%同意就算通过。

可见，李锦记家族通过家族宪法对家族理念与价值观，家族和企业治理规则，继承人培养，家族宪法修改与执行等内容做出了详细安排，保障了家族的纯洁性和利益，最大限度地避免将来发生内斗，防患于未然，最终扭转了家族企业的传承危局。

具体来讲，从上述家族宪法可以看出，首先，为了家族企业的长久发展，李氏家族首先明确了家族的目标愿景与核心价值观——家族永续。这样，在家族永续的指引下，个人利益让位于家族利益，使家族成员目标一致地行动，从而实现整个家族实力的增强与壮大。其次，家族宪法对公司治理和家族治理机制分别做出了一系列的安排，如家族企业治理机构——家族委员会、家族办公室、家族基金等的设立，以及家族会议架构、家族成员内部规范的具体制定。提前制定家族和家族企业的治理规则，明晰家族事务与家族企业事务之间的界限与关系，设立家族治理机构，并对企业所有者与股权分配、高层管理机构、董事会等做出合理安排。一方面，在传承过程中统一的治理规划对家族企业运作机制和所有家族成员形成了普遍的约束力；另一方面，其可以有效地预防企业所有者之间未来可能产生的分歧与矛盾。

我们还发现，李氏家族宪法还对接班人培养做了规定。家族企业继承人可以说是家族传承舞台上最为核心的角色，下一代的培养计划涉及不同年龄段成员的学习和成长，同时，家族还要考虑到家族成员有无兴趣接班，李锦记提前对此做出了规划并以家族宪法的形式固定了下来。因此也有学者认为，家族传承的三个关键因素在于"治家"、"治业"和"治人"。而所谓"治人"就是培养未来的家业接班人和家族的接班人。[1]

12.3.3 一张图读懂家族治理

在图12-3中，我们可以看到构成"地基"的两套价值观：家族价值观和企业价值观。对家族企业来说，企业的治理需要高效的决策机制、健康的组织架构和运作模式，这是企业所秉持的价值观。而家族价值观则更多强调的是家族成员之间的团结与互助，强调家族的整体利益等。建立在这两套核心价值观之上的就是未来的愿景、前行的目标。基于此，再建立架构，即合适的家族企业的架构以及家族会议架构。法律专业人士在架构设计方面将起到关键作用，其需要同时对两套体系——公司治理和股权架构与家族治理架构之间的关系进行有机的结合与协调，确保两者不发生实际操作和技术层面上的冲突，尤其是在决策方面，处理好企业董事会和家族委员会之间的关系。

---

[1] 李新春. 传世之"统"：家族传承的三大关键因素 [J]. 福布斯（中文版），2012（9）.

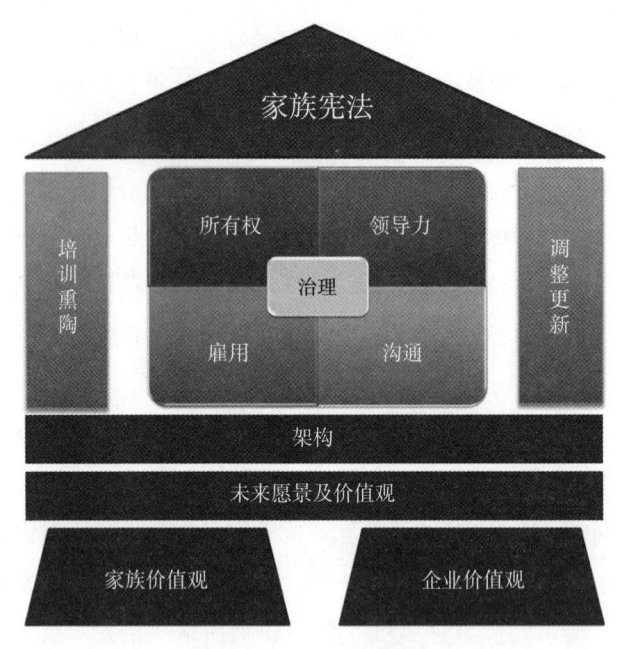

图 12-3　家族治理体系

在图 12-3 中，以治理为核心，围绕家族、企业所需要面对和解决的一系列常见问题，包括所有权（谁来当股东——家族信托、控股公司还是个人）、家族成员的雇用政策、领导力（未来家族领袖的培养和选拔）、沟通（家族成员的会议、争议处理和解决）四个方面，而这些问题都要通过科学的机制——"治理"来解决，而不是仰赖于某个人的智慧。

而这些也正是家族宪法所包含的内容。与此同时，家族宪法也需要不时进行调整和更新，以适应家族和企业的发展需要。而家族宪法就像一个房子的屋顶，帮助家人抵御未来的狂风暴雨。

在传承的问题上，创一代应该时常自问："如果我突然离开，家族和企业都能应对吗？人们是会因为家族的混乱和崩溃而在痛苦中缅怀我曾经的'重要性'，还是在祥和与感恩中叹服我所建立的家族制度？"

12.3.4　家族宪法设计、制定和执行的难点

家族宪法设计、制定和执行的难点来自三个方面。首先，每个家族都有其独特性，家族宪法如果不反映家族的个性，那么在套用和照搬照抄"他法"之后就

会被束之高阁，因为它无法让家族成员觉得它与家族存在多大的关联，因此家族在执行该家族宪法时会因得不到家族大多数成员的理解和支持而倍感受阻。专业人士在帮助家族设计家族宪法时，不会拿着模板让家族修改文稿。在设计过程中，专业人士往往会花很多时间与家族的核心成员进行沟通，要求其回答一系列问卷，自我探寻家族的核心价值观，而正是这些核心价值观，能够让家族成员在未来一直凝聚在一起，共同面对风浪。

其次，家族宪法的执行（或者说"试行"）过程以及收集反馈意见的过程非常关键。就像肯尼迪总统曾说过的，修缮房顶的最佳时间是天气晴好的时候。在制定家族宪法之后，家族必须在掌门人健在时积极实施和推行，让家族治理、民主决策、尊重规则的习惯和方法深入人心，并且能够及时对存在问题的地方进行调整和改进。当家族的掌门人不在，这套体系都能够健康运作的时候，家族治理的制度也就较为成熟了。所以，整个家族宪法的形成过程是家族成员和专业人士共同合作设计、实施、调整、再实施的过程。

最后，家族宪法的制定和实施涉及很多跨界的专业内容，如家族的核心价值观、家族和家族企业（股权）的关系、常见问题的处理（例如家族企业任职、分红政策等）、家族委员会及其决策机制（含议事规则）、家族宪法的修订。这就要求参与工作的专业人士不仅要精通法律，还要有较强的沟通能力，善于向家族成员提问，能够把家族的核心价值观、特点、需求一一寻找出来。

12.4 制定家规、创设家族委员会

笔者在提供家族宪法方面的服务时，会先向客户提供一份印有100个问题左右的问卷，来了解客户的初步意向，然后依据家族成员对这些问题的答复，来初步了解家族的背景、问题和需求，并基于和客户的进一步沟通来真正完成一份家族宪法的定制。家族宪法定制程度越高，就越能得到实施和贯彻，而往往是那种依据下载的模板制定的家族宪法最容易在后来被束之高阁，无人问津。因此，在筹划和制定家族宪法的时候，针对性和个性化是十分关键的。

12.4.1 家族目标宣言：迈出家族治理和"宪政"的第一步

第一步，笔者通过问卷和面对面交流等多种途径了解家族企业目标。笔者会

请家族成员回答：对家族创始人来说，是什么成就了家族的伟业，其经历了何等的坎坷和艰难才能创造今日的辉煌？是什么样的性格特质让创始人走到了今天？在这些性格特质、价值观中，哪一些是家族企业的创始人、家族的掌门人引以为豪的，并希望家族的成员能够代代相传的？哪些励志故事可以讲给下一代听？如果创一代夫妻和睦恩爱，哪一些性格特点使两人相爱而最终走到了一起？这对后代来说，是否一样有启发？

正是上面的内容形成了家族宪法的雏形，家族的目标宣言（简称"家族宣言"），是家族宪法和家族凝聚力的基石。当家族成员对家族企业和家族的成就有了荣誉感时，除了家族成员之间的凝聚力得以增强之外，家族的年青一代也会更愿意承担起参与企业建设和发展的责任。

世界上最早的家族宪法相传是17世纪末或18世纪初由日本知名酱油品牌（万字酱油）龟甲万集团（由三大家族共同治理）制定的，[①] 其内容包括：

- 真诚第一，利润才会随之而来，两者都不能忽视。
- 积极维护家族的和谐和团结。
- 忌奢华，重简朴和诚挚。
- 不做与家族业务无关的事。
- 学会获取财富而不是空耗财富。
- 竞争促进发展，但是要避免鲁莽行事。
- 关注健康，简单饮食并不异于企业的员工。
- 节省个人花销，将省下的钱捐给慈善事业，积极为后代留下财富。
- 为创造财富采取积极的态度，并在动荡年代保持谨慎。
- 每年举行两次家族会议，应当基于家族成员的为人行事给予赞许，而不是按照其赚取的利润。

这就是至今已有300多年历史的日本家族企业的简版家族宪法。而在1928年，公司遭遇历史上规模最大的罢工，罢工事件解决后，时任总裁茂木七郎右卫门即制定了名为《产业魂》的"社是"（纲领性"公司宪法"）。《产业魂》明确

[①] Barbara R. Hauser. *International Family Governance*: *A Guide for Families and Their Advisors* (*Avoiding Family Fights & Achieving World Peace*). Mesatop Press, 2009.

告诫道:"企业并非单纯的谋利之所,而乃社会之公器。除股东外,经营者还需考虑员工、地域社会等多重角色的利益。经营之目的,在于增进国家之隆昌、国民之幸福。人与人之间互助、互爱的确立,乃经营之根本。"

日本酱油市场约50%的份额被五大公司牢牢占据,剩余的半壁江山则是被1 400多家中小酱油厂商瓜分。而在这五大公司中,龟甲万集团一家的市场份额就约31%,其他四家公司的份额总和不足20%。[①]

龟甲万集团的这部家族宪法,实际上更像是"家族宣言",而不是现代家族治理意义上的完整的家族宪法。家族宣言实际上是非规范性的、具有道德约束力的声明、宣言,它弘扬家族的核心价值观,让家族成员了解家族的个性特征,增强家族成员的认同感,也通过对家族成员的长期熏陶,形成某种思想和行为的指导。它往往没有现代家族治理的内容,例如设立家族委员会或家族大会,如果家族内部出现纠纷,它基本没有协调、解决纠纷的规则。

表12-1列举了不同种类、形式的家族宪法。与家族宣言相比,家族企业规范则更具体,更有行为规范的特点。当然,它的弱势在于,虽然在规范性上见长,像是"规章制度",但是对于家族的价值观、理念、愿景的描述不够,因此也有些"刻板"或"不近人情"。

表12-1 家族宪法的比较

	家族宣言	家族企业规范	股东协议	家族规章
对象	家族	家族企业	所有权	家族、所有权、家族企业
特性	非规范性的道德约束力	规范性的道德约束力	规范性的法律约束力	兼具道德约束力和法律约束力
主要内容	家族理念和信仰,家族企业准则	家族企业政策	家族企业所有权和治理规则契约性条款	家族理念和信仰,家族企业准则,家族企业政策,契约性条款
潜在内容	行动计划	家族企业准则	家族企业政策	家族决策机制和权力机构设置

---

① 参见《这家日本酱油厂竟然活了350年》,载于新浪财经频道。

(续表)

	家族宣言	家族企业规范	股东协议	家族规章
机会/优势	专注于基本问题和核心决策，有利于家族教育和家族成员参与家族事务	内容具体，专注于商业项目的规划，操作步骤清晰	便于明晰所有权人的权利和责任，具有法律约束力	内容设置全面且较有深度，有利于对家族事务、企业所有权和家族企业进行综合规划
风险/劣势	内容不够深入具体而偏于范式抽象	缺乏对家族理念和信仰的阐释，内容比较刻板	拘泥于形式且不足以对家族事务和企业存续进行综合规划	制定阶段须综合考虑多种事项，执行事项较多

"股东协议"则是另一重要法律文件，用以规范家族企业股东之间的关系。当然，一般的公司也会有股东协议（或者章程、合资协议），而家族企业的股东协议有其特点，例如会对家族成员股东、股权是否可以转让给非家族成员等进行特别规定，关于此部分可参考本书第10章的内容。最后，就是现代意义上的家族宪法（也称家族规章），它既包含家族核心价值观、愿景，又包含了家族治理的内容（例如家族委员会），并且会兼顾（但不是替代）"股东协议"并与之协调，还针对家族常见问题和矛盾做出一些规定。以下我们会举例讲述家族宪法试图解决的几个常见的家族治理"雷区"。

12.4.2 常见"雷区"之一：家族雇用政策

如何安排家族成员在家族企业中的工作（雇用政策），这是制定家族宪法时容易产生误区的地方，也是家族治理中常见的问题。许多家族企业在雇用政策上遵循的是家族成员"高人一等"的原则，不但在薪酬上给予家族成员更多的优待，家族成员甚至还享有外部人员所没有的特权，他们是"永远不会被开除"的企业员工。以下所述传承至第三代的家族企业，就遇到了家族宪法制定上的难题。

案例 12-6　家族成员的薪酬安排

有一家创立于 20 年前的家族企业，主营业务是印刷。目前由三位二代成员打理。他们的父亲，这家企业的创始人早在 10 年前就已经离世。由于二代成员之间的团结和股权架构合理，在没有过多外人的干预之下，家族企业蒸蒸日上。

这三位二代成员各自的薪酬也相同，这在当初他们加入家族企业时就已经由他们的父母做出了这看似"公平"的决定。到了家族的第三代，成员人数已经增至 10 人，年龄从 14 岁到 26 岁不等。而正在此时，一名在外工作 3 年，从事质量测量的 26 岁的第三代女性家族成员表现出了对家族企业的兴趣，希望能够加入家族企业并主管质量测量部门。家族成员普遍认为，她的到来将给企业带来非常直观的贡献，因此都表示欢迎。

然而，摆在家族成员面前的问题是，如何确定她的薪酬。为此，家族成员分为了两派，一派大致希望沿用之前的政策，即让这位女成员获得和她的父辈相同的薪酬，以表示对家族传统的尊重；另一派则认为，应当重新梳理第三代的薪酬计划，但是他们的薪酬一定要比外来人员高。当然，从这家家族企业目前的效益来看，它完全支付得起未来所有家族成员的薪酬。[①]

不论是按照第一种计划还是第二种计划制定的家族雇用政策，在未来的某个时间点，必然会产生诸如"为什么我的贡献更大，却只获得与他们相同的薪酬"，又或者"为什么我们的家族企业吸引不到优秀的人才"等问题。而这些问题的症结在于制定家族雇用政策时家族企业陷入"角色定位错误"的误区中，把亲情视为第一考虑因素。

而这种角色定位错误往往通过以下方面表现出来：第一，希望给予家族成员较高的薪酬，而无视这些家族成员能为家族企业创造多少价值。第二，希望以薪酬来弥补感情缺憾。有些家族企业，把金钱当作是对亲情的弥补。比如有的父母

[①] Craig E. Aronoff & Stephen L. McClure & John L. Ward. *Family Business Compensation*. Palgrave Macmillan, 2011.

给最小的孩子更高的薪酬，因为他们觉得忽视了对他的照顾，因此希望能够用相对较高的薪酬让这位年龄最小的成员得到"爱"的补偿；抑或当某些家族成员对在家族企业的工作不满意的时候，家族企业的掌权人为了安抚其情绪而给予其更高的薪酬。第三，将薪酬秘密化。薪酬秘密化也许能够让家族成员之间避免短期的纷争，但是长此以往，必将摧毁家族成员之间的信任，猜忌和谣言无疑会导致"家族战争"。此外，通过给予高额薪酬避税，通过安排高职位给予高工资，以及以给予高薪酬为手段要求子女听命等，都是许多家族在制定薪酬政策时的误区。[1]

实践中，我们也注意到，有的家族宪法规定，对于任职于企业的家族成员可以给予一定的、适当的优待，但是要以不牺牲企业利益为前提，在两者之间谋求一个合理的平衡。除了薪酬方面的问题，我们发现，有关家族成员的资格学历限制、评价与开除、退休与股权激励等问题同样存在风险。对于这些问题，也可以考虑在家族宪法中加以规定。

12.4.3 常见"雷区"之二：家族股东和家族管理层的博弈

麦肯锡在其关于家族企业的研究报告中描述了这样一个案例：在一次家族企业的会议上，一位没有在家族企业任职的女性股东提出了这样的问题，为什么她的哥哥在企业的薪酬这么高，为什么自己每年能得到的分红这么少？接着，她建议应该增加没有在企业任职的股东的分红，而降低企业管理层的薪酬和奖金。然而，由于她疏于关注家族企业运行情况，所以忽视了正是她哥哥所带领的管理层，在短短若干年时间内将企业的市值整整扩大了三倍。

在家族企业中，不少家族成员是企业的管理层并持有家族企业的股权或股份，他们与那些未在企业中工作的家族股东，在利益上存在着冲突。

对于家族股东而言，他们想要获得更多的分红，以进行其他方面的投资或补贴开支；而对于管理层来说，他们则希望能够基于更加长期的目标和规划，给予家族企业更充足的现金流，以扩大家族企业的市场份额。尤其是当这些管理层的主要成

---

[1] Craig E. Aronoff & Stephen L. McClure & John L. Ward. *Family Business Compensation*. Palgrave Macmillan, 2011.

员还是家族股东时，他们同时还有权力制定高管的薪酬待遇政策和企业的分红政策。

表12-2列示了参与管理的家族成员股东和不参与管理的家族成员股东的复杂关系。① 我们从中可以发现，两者之间的冲突，并不是单单一方的责任，也不是通过单单一方的努力就可以化解的。这就需要彼此之间的理解和尊重。

表12-2 参与管理的家族成员股东与不参与管理的比较

家族成员股东：参与企业管理	家族成员股东：不参与企业管理
有更多的渠道获得关于家族企业的信息	因不参与管理，较难获得家族企业信息
了解情况而对其他股东信息诉求不敏感	希望与家族企业有更多联系
能够做出重大的决定	难以影响企业决策
认为自己努力工作并且承受大部分责任	觉得股东权利没有被企业管理层尊重
认为没有承担企业工作的股东是寄生虫	认为内部股东可能中饱私囊

对管理层而言，他们应该明白自己有很多的信息途径可以获悉公司的运营状况，就这些运行状况向非管理层的家族股东进行解释时，充分的耐性是必需的；而对没有在家族企业中工作的家族股东而言，他们应该安排更多的时间去学习如何看懂财务报表、如何在股东会议中投票等，以了解公司的具体情况，而不是总觉得自己没有被尊重。要成为一个合格的、受人尊重的家族股东，同样需要花大力气。正如不少成功的家族企业掌门人在股权和财富传承问题上的看法那样，他们认为他们的股权是"借来"的，这一代人只是替下一代人照看、守护，最终股权要传承下去；如果他们不能在这一代守护好这些股权，成为合格的股权持有人，那么他们也没有颜面去面对家族后代成员。

因此，一方面，家族企业需要充分尊重各方的利益诉求，比如设计分红额不同的多重股权架构，将股权分为侧重优先分红的A类股份和侧重投票权的B类股份，这样能够起到一定的弥合两种股东之间诉求不一致的作用。这就意味着，家族宪法必然也涉及家族企业的治理、股权结构问题。另一方面，家族企业则要创设相应的争议解决机制，在矛盾不可调和时，就应该适时启动执行回购和流转条

---

① Craig E. Aronoff & John L. Ward. *Family Business Ownership*: *How to be an Effectiveness Shareholder*. Palgrave Macmillan, 2011.

款，将纠纷消解在萌芽期，而不至于对企业的运营产生毁灭性的打击。

12.4.4　股东协议和家族宪法：商业与家业的万千差别

在商业领域和企业管理方面，普通的股东协议、公司章程是许多企业家、律师都非常熟悉的法律工具。股东协议通常包括股东权利、公司经营范围、公司治理（董事、监事、高管的任命）以及违约行为和补偿、赔偿等条款，是股东经过不断磋商最终达成的在股东之间具有法律约束力的文件，对于股东的行为和公司的运营都能够起到一定的指导作用。相比较而言，家族宪法在内容、理念、侧重点上和股东协议存在非常大的差别。

首先，二者所要实现的目的不同。股东协议所要实现的是企业治理的有章可依，明确各股东的权利范围，其旨在实现股东的有效合作，使企业盈利。而家族宪法则侧重家族治理，同时要兼顾企业管理和家业传承的多元化目标。

其次，二者所规定的内容不同。股东协议规定的主要内容是股东所要履行的包括出资的义务，以及基于此所享有的权利。同时，部分复杂的股东协议还会规定各方股东委派董事的规则及董事会的组成，是重点围绕整个公司的治理和运行所做出的具有法律效力的文件。家族宪法的内容则相对丰富和灵活，既包括家族成员共同提炼的具有道德约束力的家族目标宣言和对下一代成员的培养方案，同时还包括具有舆论约束力的家族大会的议事规则、家族雇用政策、家族委员会的组成人员以及家族成员所要遵守的家族规范。此外，还包括具有相当法律约束力的股东协议和公司治理规则。

最后，二者所传递的理念不同。股东协议的制定，是以股东为中心的，传递的是一种商业规范的价值理念，而这种价值理念会使得没有股份的家族成员的安全感被减弱，即家族成员认为自己被排除在家族企业之外。股东协议能够就某种具体、确定的事情提供解决之道，但却难以保证家族成员保持团结，也难以保证其兑现对家族企业做出的承诺。[1]

而家族宪法所秉持的理念则是家族优先，力促所有的家族成员能够积极主动

---

[1] John L. Ward & Daniela Montemerlo. *The Family Constitution: Agreements to Secure and Perpetuate Your Family and Your Business*. Palgrave Macmillan, 2011.

地参与家族事业。同时，家族宪法的措辞、语言风格也会比较"柔性化"。正是因为这种理念的不同，我们不能完全从法律的角度来看待家族宪法的功能和作用，家族宪法本身是建立在法律和道德之上的，既从全局、宏观的角度凝聚家族成员的共识、愿景以及对未来的美好期望，同时通过建立家族会议、家族委员会及议事规则来规范家族重要事宜的决策程序和方法，并通过预见性的方法试图解决家族在未来发展中可能会遭遇的一些问题，例如雇用政策、分红政策、家族成员退出政策等方面的问题。

基于以上分析，家族宪法作为化解传承危局之"利器"，为所有家族成员培养了三样品质：责任感、约束力和良好习惯。责任感来源于家族使命与价值观的感召，伴随着家族荣誉感与凝聚力；约束力产生于既定规则的普遍效力和相关治理机制的配合，给予家族成员一致行动的范式规程；良好习惯得益于将家族文化、家族理念注入一代代继承人的教育培养之中，让家族荣誉感与进取精神在代际传承过程中不至于丧失。

12.4.5 长治久安的传承策略：家族理事会

既然家族宪法提纲挈领地对家族事务和企业事务做出了统领性的安排，那么家族宪法中的精神、原则和具体制度安排便需要一个或一系列的机构予以落实和执行，从而使家族宪法赋予家族和企业的治理权力得以规范化行使。这种机构根据家族成员人数的不同，既可以是家族大会，也可以是家族委员会。李锦记家族人数众多，治理架构中设立了家族委员会和家族议会。

链接　李锦记家族治理结构

李锦记的家族委员会是家族的最高权力机构，家族委员会成员包括李惠森的父亲（第三代传人李文达）、母亲以及五个兄弟姐妹，共七位，家族委员会每三个月开一次历时四天的会议。家族委员会开会时并不谈企业事务，而是谈家族问题，也就是建立了一个家族成员沟通的平台，并且有机会开展很多类似团建的活动，促进了家族成员之间的感情交流。

李惠森提到，很多家族都没有刻意去建立这样的沟通平台，导致一些原本很小的问题一直累积得不到解决,最后成为无法解决的大问题。成立家族委员会之后,李锦记每个家族成员都对家族和企业分得很清楚。公司的事,绝不在日常生活和家族会议上讨论,只在公司董事会上谈;而家族事宜,也绝不在董事会上谈,只在家族会议上讨论。将企业事务与家族事务完全分开,事实上是一种现代公司治理方式。两者互不干扰,既保证了家族对企业的完全控制,又为社会人力资源如职业经理人敞开了大门。

除了家族委员会之外,李锦记还有一个由 28 个成员组成的家族议会(家族大会),其中包括第三代、第四代、第五代成员。这个议会每年开一天会或者组织大家外出旅游,是所有家族成员沟通的一个平台,能够让成员们知道家族现在在做什么,业务情况如何。①

李锦记家族治理结构如图 12-4 所示。

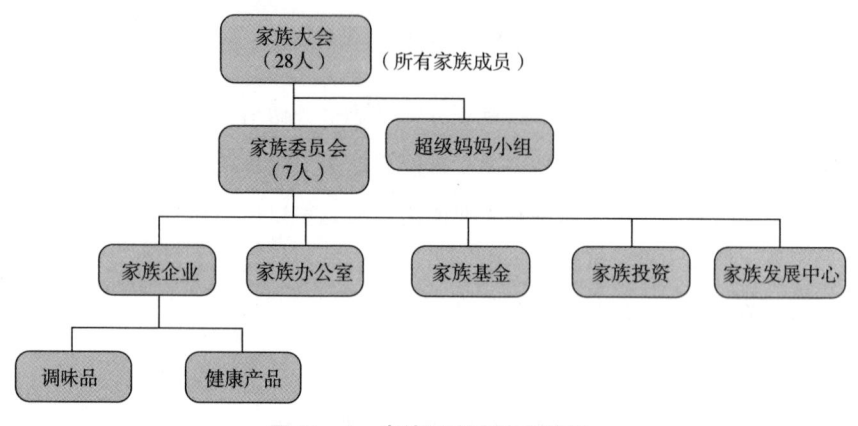

图 12-4 李锦记家族治理结构

李锦记的家族委员会采用的是一套典型的设置全面的家族委员会架构。实际上,任何家族企业都或多或少拥有沟通的平台,比如"夫妻店"每天晚上的餐桌交谈,之后慢慢发展到一家三口乃至更多人参加的餐厅会议,当家族企业传承至第二代

---

① 参见《解密香港李锦记家族传承密码》,载于 http://finance.ifeng.com/business/renwu/20130123/7594099.shtml。

时，谈判桌就成了家族成员彼此沟通的平台。① 但是，这些沟通平台都没有一个确定的"议程"来让成员深入交流家族事务，更没有针对整体布局的计划，而当人数不断增多时，就需要家族会议或者家族委员会来承担家族成员沟通的功能。

在实践操作当中，应当对以下几个问题予以关注。首先，避免将家族会议变成只有投票、通过、再投票流程的会议。家族大会应当有趣且高效，家族会议的目的在于吸引尽可能多的家族成员参与其中，如果每次会议都只是简单的决议和投票，那么各个家族成员的参与热情就会降低，从而起不到增强整个家族凝聚力的作用。其次，过度探讨"陈芝麻烂谷子"。如果家族会议主要探讨三个月以前甚至一年以前的某些商业事项，会在某种程度上削弱家族成员对于当前重要事项的判断力，这就需要组织者进行全面的权衡和考量。最后，家族会议的日程不应过于紧凑。一般情况下，家族会议的内容应该包括三个方面：学习与发展，制订和通过计划，以及娱乐和社交活动。而每种活动也应该尽量保持平衡。②

此外，家族委员会和家族会议本身也会有一定的议事规则、评估规则、主席的选任规则、人员的增补规则以及对家族企业的介入程度规则等，这些我们一般会以问卷的形式根据家族成员的意向来制定。

实用小贴士：如何召开高效的家族会议

家族会议并不是一个一次性大会，而是以可持续的、不断发展的形式存在。在这里，家族的每一位成员都可以找到他们对应的角色和承担的任务。更为关键的是，家族会议是一个有生命的舞台，它的每一次召开都应跟随着时事变迁的脚步，推动家族和家族事业不断变化和发展。既然家族会议和家族委员会承担着促进家族成员交流沟通并做出家族重大决定的重要功能，那么，在现实的操作层面上，如何让这一机制有效运作起来，如何更为高效地举行家族会议、更好地做出决策呢？

限于篇幅，关于该部分内容请登录 www.wealthbook.cn 免费获取资料。

---

① Christopher J. Eckrich & Stephen L. McClure. *The Family Council Handbook*: *How to Create*, *Run*, *and Maintain a Successful Family Business Council*. Palgrave Macmillan, 2012.

② 同上。

> **实用小贴士：如何高效地设立和运作家族企业董事会**
>
> 家族会议和家族委员会更多着眼于"家族"事务，与之相对应的另一个至关重要的形式——家族董事会，则更多地着眼于"家族企业"事务，对家族企业的治理来说至关重要。
>
> 著名杂志《经济学人》编写的《董事精要》一书还提到了有关董事会的注意事项，限于篇幅，关于该部分内容请登录 www.wealthbook.cn 免费获取资料。

家族企业永续经营历来都是一道难解的题。综观古今中外，许多家族都难逃家族争斗、兄弟反目、后代分家的命运。然而，家族企业只是家族的一个组成部分，没有家族的和谐永续发展，家族企业的长久存续就无从谈起。设立家族理事会（家族委员会），将其作为家族核心成员的沟通平台以及家族最高决策和权力机构对达成"家和万事兴"的愿景是大有裨益的，它不仅能够让家族内不同的利益诉求和观点得到表达和倾听，还能激励家族成员积极参与家族事务，从而便于决策推行。

更重要的是，家族理事会在解决家族与企业间冲突问题时会起到四两拨千斤的作用。例如，当外部市场发生变化时，家族企业董事会必然会对企业未来的发展方向做出决定。由于董事会成员所持经营理念不一定相同，所以董事会投票时常常会出现僵局。而此时，如果家族理事会能够给予身为董事的那部分家族成员一定的家族理念和价值观指导，这些家族成员便能根据家族目标和愿景做出相应的判断和决定，进而影响和游说非家族成员的董事，以达成符合家族理念的最终决议。由此，家族企业才能保持永续经营。

12.5　培养和鼓励学习与开拓的文化

除了家族宪法、家族理事会这些治理家族与企业的法律工具外，家族企业同样还需要一些"柔性"的治理，即通过组织培训与教育活动，鼓励家族成员不断学习，以增强自身的能力与素养。任何个人、家族或企业，如果不学习、不求进步,那么迟早会被时代所淘汰。

那么,家族应如何培养和鼓励学习与开拓的文化呢?首先,家族必须每年拨出充足的预算用于家族成员的学习和培训。如果定期举行家族会议,还应当在家族会议中安排专门的时间请专家为家族成员做内容多样的培训,包括家族治理、财富管理、孩子教育等。其次,家族还应鼓励家族成员和家族的外部顾问建立学生与导师的关系,导师帮助学生成长以及规划职场发展。学习的资源包括有关家族企业方面的讲座、公司治理的讲座以及大学提供的高管培训课程,还包括家族企业的内训课。与此同时,对于要培养的新生代接班人,把他们安置在家族企业董事会下设的委员会中,虽然他们还没有直接被选任为董事,但是让他们耳濡目染地了解公司的运作,进行力所能及的决策,是具有重要意义的。由此可见,通过培训、言传身教、在董事会或者下属委员会的历练,来提升家族成员的管理能力以及家族治理的意识,是支撑家族企业传承必不可少的文化策略。

* * *

肯尼索州立大学考克斯家族企业中心和安永全球家族企业卓越中心联合进行了一项调查,为我们揭示了长青家族企业持久成功的最大奥秘之一:他们是否能有效地将企业控制权交到下一代人手上?[1]

完美的传承规划总会被突如其来的"家族战争"打破,许多财富家族创始人意想不到的问题往往在传承过程中成为重大隐患。在这一章,我们既看到了GUCCI家族的一时繁盛,又叹息于该家族在内斗后的华丽倒塌;既见到了困扰李锦记传承的三次危局,又见到了李氏家族制宪布局后的重获新生。海鑫钢铁集团的教训则更为惨痛,由于它没有科学的家族治理制度,没有处理紧急状况的应急沟通和决策机制,于是没有参与企业经营管理的祖父的一句"子承父业"简单地决定了一家大型企业的命运,最终使企业以破产收场。

欧美的一些财富家族之所以能数代传承、基业长青,不是出于某种偶然或者运气,而是在于他们通过智慧破解并实践了企业世代传承的"密码"——能够有

---

[1] 参见《新调查研究揭示家族企业世代传承的奥秘》,载于http://finance.ifeng.com/a/20150428/13669133_0.shtml。

智慧地洞见家族未来发展，看到数十年后的家族变化，通过描述家族的核心价值观、愿景，来增强家族未来的凝聚力，通过创设制度来选拔合适的家族未来领导，通过设计议事以及争议解决机制来应对企业将来可能遭遇的各类重大问题、家族成员之间未来可能发生的各种矛盾和分歧。只有这样，家族企业的代代掌舵人才可以在不断的新老交替过程中安全平稳驾驭这艘巨轮。

第 13 章　慈善与基业长青

通过获得，我们维系生命；通过给予，我们绽放生命。

——英国前首相，丘吉尔

英国前首相丘吉尔曾说，"通过获得，我们维系生命；通过给予，我们绽放生命"。这让我想起了中国的"舍得"智慧。人生的"舍"和"得"，如同生死，乃是成功、幸福的终极智慧。在经历了极度贫穷之后，我们才能够理解人们对于索取和获得的关注度和重视程度。

在财富、获得、幸福、健康、传承和慈善的关系上，无论是根据医学与心理学的研究还是根据对财富人群的调研，我们会有一些有趣、神秘并且与我们的直觉不太一致的发现。基于此命题，我们在本章会更深入地探讨财富传承和慈善的关系。

13.1　财富、幸福指数与善的业力

13.1.1　财富与幸福指数

我们常常感觉，幸福指数取决于我们"得到"多少，好像我们得到的越多，就越幸福。

正是因为有这样的想法，人们把幸福和金钱画上等号，荒废了大半生的时光，才恍然大悟，幸福原本可以那么简单，例如和家人一起度过快乐的时光而不是把所有时间都投入工作和事业。正是因为有这样的想法，让我们不舍得放弃金钱，不愿给予和奉献，因为那在潜意识里是和获得幸福感背道而驰的做法。正是

因为有这样的想法，人们总是仇视那些富人，似乎他们要么为富不仁，要么就是虚伪地通过慈善来沽名钓誉，或者是出于某种对"原罪"或者金钱之恶的"救赎"。

财富和幸福当然有一定的正相关关系，否则无法解释"天下熙熙，皆为利来，天下攘攘，皆为利往"与"人为财死，鸟为食亡"的现象。然而，对于"什么产生幸福感"的研究和分析才刚刚开始。

研究表明，大多数人认为，如果他们的收入翻倍，那么他们的幸福感也会翻倍。但是最后研究发现，年收入从 3 万美元增长到 6 万美元，只有 9% 的人认为幸福感提升了。① 这就说明财富的增长与幸福感的提升并不是那么相关。那么，财富的支配与幸福感又有什么关系呢？

哈佛大学的伊丽莎白·邓恩以及迈克尔·诺顿写了一本书《花钱带来的幸福感》。该书发现，金钱固然可以带来各种物质享受和不凡体验，但其力量有多大并不依赖于金钱的多少，而在于如何支配金钱。花钱消费所带来的快感和幸福感往往是短暂的，能够带来持久幸福感的智慧花钱方法则包括：

（1）把钱花在经历和体验上，例如旅游、上课、学习某个技能，而不是花在不断购物上。

（2）为自己"购买"时间。虽然在时间面前人人平等，但是如果你有能力把一些不得不应付的事情交给别人做，把时间空出来做自己真正喜欢的事情，那么你的幸福指数也会大大提高。

如果这些都不那么重要，或者已经成为你生活和工作的一部分，那么你一定会关注下面这个可能决定你幸福感的最重要却又最常被人忽视的因素。

（3）散财积善，就是把钱花在别人身上，这个"别人"尤其是指那些和自己没有任何关系的人，自己从中不会获利，是没有功利心地把钱花在他人身上。

有一项研究的内容是，把 5~20 美元交给两组实验者。研究人员让一组实验者把钱花在自己身上，给自己买东西；而另一组实验者则被告知，要把钱花在帮助别人上。最后，两组实验者各自汇报他们的花费情况，后者的愉悦心情非常显著地超越前者。帮助别人所获得的快乐不仅强烈，而且持久。

在另一项实验中，公司给两组员工每人各发放了 3 000 美元的年终奖。其中

---

① Tony Robbins. *Money-Master the Game*. Simon & Schuster, 2014.

一组员工把奖金花在帮助别人上，另一组员工把奖金留给自己。6个月之后，研究人员再次对这些员工进行跟踪调查后发现，那些把奖金都捐赠出去或者用在为他人谋利上的员工明显比其他员工更快乐、更幸福。

除了提升幸福感之外，事实上，做善事、奉献爱心还有一个更为奇妙的功能，那就是有益于人的身心健康。著名的励志专家赖安在她的《奉献的心灵》一书中就提出了一个观点，并罗列了大量的科学调查数据予以证明。她指出，帮助他人不仅可以让我们的心情愉悦，甚至还可以改善我们的身体健康状况。身体健康与心灵的健康同等重要。我们所做的那些能够振奋我们精神的事情同样也有益于我们的身体健康。康奈尔大学的一项调查显示，参加志愿者活动可以增强一个人的活力、安全感和自信心。另一项研究也显示，这些积极的情绪和感受确实可以增强人的免疫系统，确切地说，可以增加人体中T细胞的数量。T细胞存在于免疫系统中，能够帮助人体抵抗疾病和从病患中迅速恢复过来。此外，积极的情绪还可以促进人体分泌内啡肽，内啡肽是人体天然的镇静剂和止痛剂，它可以参与调节心血管活动，从而帮助缓解心脏的压力。

尽管我们还不能详细了解善举有益于身体健康的所有原因，但相当多的研究已经证明了慷慨行为的积极作用。哈佛大学的研究人员也做了类似的研究，发现善举的力量竟如此强大，以至即使只是看到其他人在行善，自己受到感染后免疫系统也会随之增强。在这项著名的实验中，学生们观看了一部关于特蕾莎修女在加尔各答悉心照料和护理病人的电影，包括那些声称不喜欢特蕾莎修女的学生在内，所有人的免疫系统都得到了增强。

密歇根大学的调查者们研究了2 700人在10年间的表现，发现慷慨的、经常做善事的人的死亡率大大低于其他人。① 因此，你的慈善事业或许真的就是你的善业，不仅是财富保有与传承的"业力"，还是你自己获得幸福感与健康身体的福报。

---

① M. J. Ryan. *The Giving Heart*: *Unlocking the Transformative Power of Generosity in Your Life*. Conari Press, 2000.

更为神秘的是，做慈善和助人带来的不仅仅是自己心灵的慰藉和愉悦，善还能够提升运势、改变命运。就像《易经》提到了"积善之家，必有余庆"，这里所说的其实也就是"业力"。

13.1.2 福报与业力：看不见的能量场

宗喀巴大师曾说："业"的第一定律是，不论你想得到什么，你必须首先帮助别人获得它。"业"，是一切事物的根源，就像大地母亲承载着世上的万物。那么，"业"如何为你的财富管理与传承服务呢？古老的智慧经典经常将"业"比作回声，"业"的运作方式——我们只会得到我们给予他人的东西——是"业力管理"的世界观中最令人满意的一点。也就是说，一个大家族要想在这个世界上获得事业上的成功，就得先帮助这个世界，为这个世界做些贡献。

如图13-1所示，作为社会中的一个个"个体"，我们的生存和成功不仅仰赖我们的同事、供应商、顾客，还要仰赖这个世界。我们的习惯性思维是：尽量从这个世界索取，尽量压榨供应商以降低成本；尽量抬高价格以便从顾客那里赚取更多利润；少给予合伙人、同事，那么自己的份额就会更大。如果我们反其道而行之呢？如果我们多和同事分享，多为顾客创造价值，多给供应商让利，善待这个世界，那么会发生什么？

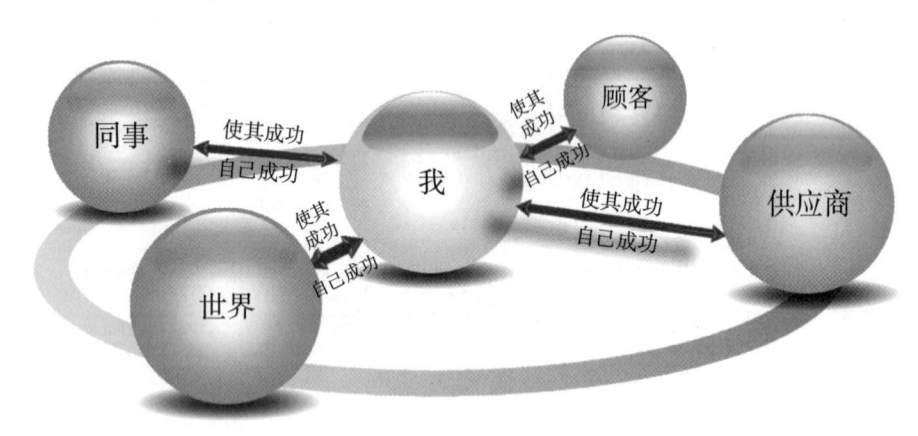

图13-1 我与世界的关系

迈克尔·郭尔登在《业力管理》一书中提到了自己把"业力和福报"的理念用于企业管理而大获成功的实例。在 Bumble and Bumble（美国洗发护发产品品牌）公司，当迈克尔开始按照业力法则行事时，不可思议的事情发生了。

善待员工：迈克尔曾在纽约参加一个活动，一位女士走到他面前对他说："嗨，我是罗瑞·巴巴莉娅。不知你是否还记得我，1978—1979 年我在 Bumble and Bumble 为你工作过。那时我非常刁蛮，任性又不服管，但是你给了我一次机会。你知道我真正想做的是杂志行业工作，于是你告诉我，'如果你真的很想做那个，就得去米兰或者巴黎'。你递给我买机票的钱。我一直没有机会再见到你并亲自表示感谢，我也从未有机会报答你，但我希望你知道，这些我一直都记得。没有一个老板像你那样对待我。"

善待顾客：Bumble and Bumble 开始以每年 25%~30% 的速度增长，这是前所未有的。迈克尔说："我们在曼哈顿的米帕区选择了一幢很棒的大楼——现在已成为纽约市最潮流的时尚中心之一。我们将这座大楼命名为'Bumble 之家'。后来我马上本能地感到我们的公司正朝着华而不实和高傲的方向发展——虽然我们的顾客身处高级沙龙，但他们却没有从我们这里得到足够的爱。于是我们开了一个公司会议，在一个小时内制订出了帮助顾客的计划。每个月我们都会寄一些免费的资料来激励和启发我们的顾客，我们以此谈论美发技术，其中蕴含着爱和其他一切关于美发文化的内容。这些内容中没有一个字是要求顾客购买我们的产品或是推广促销的。我们这么做只是为了帮助他们，帮助他们获得成功。我们从与我们有交易往来的美发沙龙邀请三个人，让他们飞往纽约参加为期五天的特别培训，把我们开创事业并使之成功的经验倾囊相授。这种做法在行业内完全是独一无二的，而我们从中得到的'业'的回声将公司推向了顶峰。"

善待供应商：公司发展到一定程度后，开始生产自己的洗发护发产品。迈克尔说："我们从小做起，找了位于美国中西部的一个小公司来负责产品的生产。该公司老板是两位男士，鲍勃和沃力，我们两家合作非常愉快。突然，我们的销量一飞冲天，我们在八年内成为行业的'领头羊'之一。在不断壮大的时候，大多数公司就会开始压榨供应商，如说'你必须得分一些利润给我'，'我要找别的供应商跟你比价'。但是我们没有这么做。我们没有忘记鲍勃和沃力从最开始就为我们付出的辛勤工作，所以我们保证与他们保持全面的合作关系。"

迈克尔还说："在所有和我们的事'业'伙伴一起成功的故事中，共同的主题就是：帮助事'业'伙伴没有任何附加条件，我们只是努力地使对方获得成功。"①

"业力管理"法则的核心内容就是：善待他人，无论是帮助某个真正需要帮助的人或为某个同事的项目提供帮助，还是以企业的名义向一个慈善机构捐赠一笔善款。这不仅是慈善的真谛，同样也是一个家族企业之"业"得以永续的必要之举。

13.1.3　稻盛和夫的利他哲学

日本著名实业家、哲学家稻盛和夫也同样是利他哲学的倡导者和践行者。稻盛和夫27岁创办京都陶瓷株式会社（现名京瓷Kyocera），52岁创办第二电信（原名DDI，现名KDDI，目前在日本为仅次于日本电报电话公司的第二大通信公司）。这两大企业在经营理念与企业文化中都融入了他的精神与智慧。

稻盛和夫曾在思考人生哲学时指出："人生在世，为欲所迷，为欲所困，这是人的动物本性。如果放任这种本性，我们就会无止境地追求财富、地位和名誉，就会沉湎于享乐。"然而，当有人追问他为何来到这个世上时，他会毫不含糊地回答："是为了在死的时候，灵魂比生的时候更纯洁一点，或者说带着更美好、更崇高的灵魂去迎接死亡。"②

在稻盛和夫看来，"利他"是不可或缺的关键词语。为他人尽心尽力的行为，不只是对他人有利，最后福报会回到自己身上，对自己也有利。几年后，企业的基础已经稳固，他就把年终奖分发到每个员工的手里。然后提议，大家拿出奖金的一部分用于社会捐赠。全体员工都拿出一点钱，公司再拿出等额的资金，捐赠给过年买不起年糕的穷人。这就是京瓷开展各项社会公益活动的开端。稻盛和夫

---

① Geshe Michael Roach, Lama Christie McNally, Michael Gordon. Karmic Management. Harmony, 2009.
② 稻盛和夫. 活法[M]. 曹岫云，译. 北京：东方出版社，2012.

认为，资产的获得来自社会各方的支持和努力，所以必须以社会赐予的财富或者说社会暂时委托他保管的财产回馈社会。

13.1.4 善意力量的骨牌效应

我们发现，善意的力量具有骨牌效应。如果"业力管理"的理论和稻盛和夫的哲学都是基于成功企业家的实例提出的话，那么以下小案例也能从不同角度说明善念和善意所带来的积极结果。你可能无法追溯你的好运到底是来自哪一次的偶遇，但是几乎可以完全肯定，善意的力量为未来的许多机会奠定基础。那么我们就先来通过下面这些小故事感受一下"善意的力量"①。

故事一　对陌生人的善意

比尔·克林顿接受罗德奖学金后，搭船启程前往牛津大学时，握了船上每个人的手。当时有人问他为什么，他回答说，有一天他想要当美国总统，将需要更多的朋友。克林顿知道"有朋友"才能在这世上成功。我们都一样。所以，现在和你的对手交朋友，而且要在他们有机会变成你的敌人之前。

故事二　对员工的善意

宝洁的主管意识到，没有必要将离职员工拒于门外。宝洁的夏绿蒂·奥图说："过去，当员工离开宝洁，就被列为拒绝往来户。公司和他们切断联系，不再把他们当作这个大家庭的一员。"然而，许多宝洁的前员工彼此之间仍保持联络，进而创造出一个非正式的"联谊会"网络。直到 A. G. 拉弗利当上公司的 CEO 之后，宝洁才正式开展与宝洁离职员工的这种聚会。拉弗利明白，昔日员工并不是叛徒；相反，他们是极有价值的盟友。奥图认为："加强与离职员工的联系，让我们获益甚多。"

宝洁的离职员工布兰特·贝利后来成为维生素厂商 Pharmavite 的总裁兼运营长，而该公司最有名的产品包括 Nature Made 系列与 Mature's Resource 的维生素与营养补给品。2003 年时，贝利推动一项交易，由宝洁将"欧蕾（Olay）"的品牌

---

① 三个故事节选自：Linda Kaplan Thaler. *The Power of Nice*: *How to Conquer the Business World with Kindness*. Miramax Books，2005。

授权给该公司，因而创造出非常成功的 Olay Vitamin 品牌。

故事三　对对手的善意

索尼和三星的高级主管都明白对对手友善以及与之合作的力量。两家公司多年来一直处于激烈竞争的状态，都很成功，分别是日本与韩国的骄傲。因此，当两家公司开始一起开发平板电视时，许多人大感意外。两家公司的管理者认为，彼此可以从对方的优势中获益。三星的技术比较先进，但索尼善于将这些技术应用在消费产品上。通过合作，两家公司可以提升产品的质量。

接下来，让我们来看看这种精神财富是如何与慈善、与家族灵魂的传承紧密联系的。

13.2　财富传承成功的密码

为什么许多家族企业传承到一定阶段就会迷失方向，遭遇瓶颈？财富源源不断和家族兴盛不衰的奥秘在哪里？家族创始人通过多年的打拼建立了家族基业，其在光耀家族的征途上将面临最有挑战性的问题：如何为家族财富找到合适的归宿？

财富传承不能仅仅局限于财富的保有。共同保有家族财富并不能成为一个能够为家族成员提供持久凝聚力的目标，真正有长久生命力、能够将世世代代凝聚在一起的，一定是家族成员一致认可并共同坚守的价值观。如果说家族使命宣言是价值观的直接表达，那么家族公益与慈善就是将这些价值观付诸实践的最佳途径。

家族投身公益慈善是力促家族成员加强对话和交流的切入点，能提升家族使命感和存在价值，加强家族的凝聚力，也可以为家族的成员创造就业机会。

我们不仅会探讨财富世家如何传承慈善事业，分析支撑其成功、财富、健康和幸福的神秘业力，还会深入解析欧美财富家族的慈善模式，包括项目选择、运营以及法律形式，这些为中国的新一代财富阶层提供了非常有益的借鉴。

13.2.1　美国的慈善家洛克菲勒和卡内基

在美国近 10 万家基金会中，只有 1% 是社区基金会，属于公共慈善机构，类似中国的公募基金会。企业基金会也只占 3%，其余 90% 以上均为个人和家族出资建立的基金会，其中大部分为家族基金会。

洛克菲勒家族发展至今已经是第六代了，依然如日中天，富甲天下。这个传奇家族历经百年，传承给后代的不仅仅是管理财富的经验，更多的是慈善的精神。洛克菲勒家族总部在纽约州的韦斯特切斯特县境内，约翰·D.洛克菲勒——洛克菲勒财富帝国的创始人，是相当勤勉、生活俭朴的企业家，早在1910年他名下的财富就已经达到近10亿美元，从那时起，他开始考虑如何运用这笔财富。他用前半生拼命赚钱，成为美国历史上第一个10亿美元富豪，用后半生欲散尽亿万家财，投身慈善事业，向学校、医院、研究所等捐款，并资助完成了多个庞大的慈善项目，其中包括建立芝加哥大学和中国最负盛名的医疗机构之一的北京协和医院。他一生直接捐献了5.3亿美元，他整个家族给慈善机构的赞助超过了10亿美元。中国受益尤多，接受的资金仅次于美国。①

而"钢铁大王"安德鲁·卡内基曾是100多年前的世界巨富，被誉为"美国慈善事业之父"。卡内基基金会成立于1911年，在纽约注册。卡内基出身于贫苦的苏格兰移民家庭，是靠自我奋斗白手起家的。年轻的时候卡内基广泛阅读，对知识改变命运有着坚定的信念，因此他在教育领域倾注了非常多的公益资源。卡内基基金会的宗旨就是"增进和传播知识"，由此可见教育事业在整个基金会中所占的分量。1889年6月，卡内基在《北美评论》上发表了现已成为经典之作的《财富》一文，系统阐述了有关公益事业的思想，也就此奠定了20世纪美国公益事业蓬勃发展的理论基础。他在文章开篇即说道："我们这个时代的问题是如何恰当地管理财富，以使富人与穷人之间依然可以保持兄弟情谊，和睦相处。"②

"富着死去的人，死得耻辱"是安德鲁·卡内基的传世名言。这也是卡内基家族并未列入最新的《福布斯》"美国顶级财富家族"榜单的原因。1919年安德鲁去世时，他留给妻子的只有他们的私人财产——一小笔现金和他们在曼哈顿的一所房子以及在苏格兰的一处度假小屋。他唯一的女儿玛格丽特接受了一小笔信托资产。甚至由于巨额的保养费用，妻子还不得不卖掉在曼哈顿的房子。卡内基几乎将他的全部财产捐出，仅留给家里一笔可保障舒适生活的财产，但这笔钱绝

---

① 王思语. 慈善：打造家族的永续传承 [J]. 财富管理, 2015 (1).
② 安德鲁·卡内基. 财富的福音 [M]. 杨会军, 译. 北京：京华出版社, 2006.

不是为了让家人过奢侈的生活。在许多财富家族的传承过程中，金钱和力量常常会一代代流失，然而这一现象从未在卡内基家族中出现过。其实这些捐赠都是在卡内基逝世前很久，家族就已经决定了的，包括捐赠建立200座图书馆，建立卡内基科技学院（现在的卡内基·梅隆大学）。①

在安德鲁·卡内基看来，处置剩余巨额财富最恰当、合理的方式就是由财富所有人在有生之年妥善处理，"聚集在少数人手中的剩余财富会因为妥善用于公益事业而成为实质上的多数人的财产"。② 采取符合现实并体现基督信仰精神的方法为公益事业效力，才是基督人生及其教诲的本质。卡内基认为，做公益慈善是富人不可推卸的责任，在适当地满足家人合理的生活需求之外，就应该把所有的剩余财富简单地看成社会委托自己管理的信托基金，依据自己的判断将钱财用于对社会最有益的事业中。对此，卡内基也提出了他自己的慈善观念：慈善事业应着眼于能够提升人们抱负的地方，即"慈善捐赠的最佳领域"——有益于人们身心健康的免费图书馆、公园和休闲设施，给人们带来乐趣、提升公众品位的艺术作品，以及能够改善人们总体状况的各种公共机构。基于此，卡内基基金会将建造免费图书馆作为首选，并致力于建立或者扩展医院、医学院、实验室以及其他关乎减轻人类病痛的机构。

在19世纪的企业领袖中，"钢铁大王"安德鲁·卡内基和"石油大王"老约翰·洛克菲勒对慈善事业的"投资"被视为具有长远眼光，他们也被誉为"战略性慈善事业之父"。从财富的积累到财富的传承，家族基金会无疑是富人财富的最佳归宿。家族基金会最可靠之处是，后人会把家族的荣誉视为生命，把继承先人的光荣与梦想，追求卓越当作无尽的目标。③

13.2.2　正在崛起的中国慈善家

2010年，当巴菲特和比尔·盖茨来到中国邀请中国的财富人士参加慈善晚宴时，

---

① 参见http://www.forbes.com/sites/chloesorvino/2014/07/08/whats-become-of-them-the-carnegie-family/#420230d12501。
② 安德鲁·卡内基. 财富的福音［M］. 杨会军，译. 北京：京华出版社，2006.
③ 王思语. 慈善：打造家族的永续传承［J］. 财富管理，2015（1）.

不少中国的富豪避而远之；5年后，中国的富豪以及中国的慈善都有了很大的进步。

2014年12月23日，万达商业地产在港上市，王健林的个人财富超过248亿美元，在亚洲位列第三。上市仪式活动现场，王健林提到，成为首富并非他的目标，他的梦想是做中国最大的慈善家、世界级的慈善家。早在2013年，王健林凭借4.38亿元的捐赠成为中国年度首善。截至2014年6月30日，万达现金捐赠已超过37亿元，在全国企业界一骑绝尘。① 早在1994年，万达注册成立了全国第一个义工组织。截至2014年12月，万达已经在全国设立917个义工分站，义工人数超过10万。仅2014年上半年，企业各个义工站组织进行的义工活动就达到697次。

王健林要求万达的员工每年至少参加一次义工活动，让员工身体力行参与义工工作，常年保持一颗善心。他说："让慈善的理念成为多数员工的共同认识，成为一种文化，这是我们所追求的。""我希望将来企业发展得好，有能力去帮助更多的人，同时员工也能够在企业中得到锻炼，形成一种慈善文化，每个人能够尽可能保持一颗善心来回馈社会。"②

王健林认为，慈善不是为了博眼球，或者挣面子。"对于一个企业家而言，首先是善待自己的员工，发展成果最先惠及员工，然后才能谈帮助他人，惠及社会。企业发展最核心的目标不是行善，而是把企业做好做大，使企业实现基业长青，同时，员工能够享受发展成果，这是发展企业最根本的目标。慈善是企业发展的一个方面，不能搞颠倒。"③

做慈善是在帮助别人的同时获得自身心灵的满足，是一种自我提升、自我完善的修炼。自己带领企业进行捐赠，让员工做义工，布施社会，提升自我，这也会产生"业力"的乘数效应，将慈善推向一个新的境界和高度。

类似的案例在中国还有很多，李连杰先生于2007年4月创立壹基金，2010年12月，深圳壹基金公益基金会正式注册成立，成为中国第一家民间公募基金会。壹基金致力于传播创新的、人人参与的公益文化，搭建公信透明的、可持续发展的公

---

① 王奇，李佳蔚. 王健林：从首富到首善[J]. 财富管理，2015（1）.
② 同上.
③ 同上.

益平台，以推动公益事业的发展；同时，尽可能为遇到各种自然灾害的灾民提供人道主义援助。作为中国公益事业的倡导者和实践者，壹基金以"尽我所能，人人公益"为愿景，以独立运作的慈善计划和专案的形式在中国开展公益事业。①

13.3 慈善事业的传承和运营：洛克菲勒家族的慈善模式

13.3.1 慈善事业与精神传承

我们在第 11 章重点讲述了财富家族的后代教育以及价值观的传承，而这里我们则从另一个角度来探讨慈善对传承的作用，以及它对二代价值观和精神素养的影响。

在欧美的主流价值观中，做慈善是财富人士和家族的重要思维和行为习惯，是财富的最终归宿。在他们看来，亿万富翁家的孩子出生时，嘴里含的"银汤匙"可能是孩子长大后插在其后背的"银匕首"，而慈善在财富家族子女教育方面发挥着至关重要的作用。

案例 13-1　三代做慈善的财富家族②

让我们来看一个祖父母如何帮助第三代做慈善的故事。许多家族现在都是三世同堂，当然真正执掌家族企业运作的往往是中间的父母一代，那么除此之外，已经卸任的祖父母一辈和未来将会成为继承人的孙子女一辈究竟应当在家族中扮演什么角色呢？通常而言，基于年龄特征，充满活力的孙子女一辈一般在投资和管理家族财富中担当着"积极"的角色，而祖父母一辈则开始将自己转换到观察者和矛盾调停者的"消极"角色上。鉴于祖父母与孙子女之间独特的关系，为了更充分地发挥家族财富的价值，家族在传承中应当更好地利用家族长辈的活力与智慧。家族慈善事业正可以为此提供支持。

慈善是一种在实践中完成的教育方式，做慈善的人通过帮助他人提升自己的德行。家族慈善可以让家族中祖父母一辈重新担当起"积极"的角色，通过这样

---

① 参见 http://www.onefoundation.cn/index.php?g=home&m=page&a=index&id=35。
② 詹姆斯·E.休斯.家族财富传承：富过三代 [M].钱峰,高皓,译.北京：东方出版社，2004.

一项活动或事业来向孙子女传递家族的价值观,特别是教育他们学会感恩。那么,这样的家族慈善工作如何开展呢?第一,引导孩子进行慈善捐助的资金可以从小数额开始,例如50~100美元。第二,教育式的家族慈善结构不必过于复杂。如果家族本来就有一个私人慈善基金会,那么可以拿出其中小部分资本用于此种活动,如果没有的话,也可以专门为此成立一个"捐助者基金"。第三,家族所有6岁以上的孩子都可以参与家族慈善行动。虽然参与慈善行动的孩子们年龄从6岁到20岁不等,但孙子女对祖父母的爱与敬仰足以让他们跨越年龄界限,一起参与慈善行动。第四,所有的孙子女与祖父母一同成立一个"捐助委员会"。委员会一年至少组织一次慈善捐助活动。在委员会会议上,孙子女与祖父母一同讨论并投票表决慈善资金的去向,包括捐助项目、捐助数额等。这些内容都要形成书面材料,并且可以在网站上公开。第五,年龄超过20岁的孙子孙女们可以为慈善组织成立一个"投资与管理委员会"。这样祖父祖母就可以把他们的管理职责托付给年龄较大的孙子孙女们,并且孩子们既可以从中懂得给予他人的智慧与美德,又能提高自己的管理与组织能力。第六,在三代成员中,父母一辈应当尽可能不插手此项活动。这项"跨代际"的给予与分享活动很可能因为父母一辈的加入而事倍功半。

家庭教育就是慈善理念传递的载体,所以尽可能让孩子从小参与家族的慈善行动。如果长辈热心公益,孩子也会秉承慷慨和慈善之心。在分配慈善预算时,让孩子也参与进来,如让孩子帮助搜索慈善项目;对于该把钱捐赠到哪个慈善项目,鼓励孩子提出自己的意见。

让孩子从小参与整个慈善事业的运作,无论是对他们内在品格的塑造还是对他们外在能力的锻炼,都大有裨益。首先,可以帮助孩子学习到生活技能,让他们克服内心的胆怯在公众面前演讲,锻炼他们的领导力,另外,他们通过参与慈善项目投票,可以发掘自己的兴趣点。其次,慈善活动本身就充满了爱,对于祖父母来说,慈善为他们提供了一个利用他们的智慧、爱与关怀来影响后辈继承人的平台;对于孙子女来说,慈善让他们学会了给予和感恩,让他们更多地与外部世界接触,认识到不是每个人都能拥有这么多,从而了解这个世界,发现这个世界所需要的。慈善与公益可以激发孩子乃至整个家族培养出一种感恩文化,还能促使孩子珍惜自己所拥有的东西。

13.3.2 西方财富家族的慈善实践

众多西方财富家族的发家史实际上也是家族慈善事业的发展史。20世纪初，美国家族公益基金会逐步崛起，如拉塞尔·塞奇基金会、卡内基基金会、洛克菲勒基金会等，这些公益基金会先驱通过创始人的智慧和财富为家族财富找到了合适归宿，并掀起了一场创造现代文明的运动。

美国社会就得益于许多美国财富家族愿意将自身财富中的相当一部分回馈社会，为人类生活更加美好而努力。摩根、洛克菲勒、卡内基、阿斯特、福特，这些都是19世纪和20世纪早期比较著名的慈善家的名字。

当代，盖茨家族和巴菲特家族是慈善家族的典型代表。自工业革命以后，美国社会矛盾日益凸显，贫富差距加大、政治腐败、环境污染等社会问题长期困扰着美国近现代文明的发展。面对社会问题，财富家族慈善家群体身体力行，他们为大学、医院、公园、图书馆以及其他各类公共设施提供捐赠，致力于发展医疗、教育事业。他们不仅完成了财富向文明提升的转型，而且使家族事业得以传承，为家族财富找到了合适的归宿。对于因财富而与外界隔离的家族成员来说，慈善往往是一个媒介——将他们与世界大事联系在一起。

要打破"富不过三代"的魔咒，家族需要的不单单是一套完整的治理体系，家族成员也需要遵循一致的价值观和理念，慈善就是家族价值观的体现。无论是提升家族凝聚力、挖掘家族成员潜力，还是对于推动社会资源的开发和利用，慈善都起着重要的作用。参与慈善的过程能够帮助家族成员树立正确的价值观，避免出现因成员争产而导致的资本受损。

瑞银曾对亚洲200多个做慈善的家族进行调查，其中一个问题是："是什么样的动力让你们家族决定做慈善，你们是想要回馈社会，还是想要帮助有需要的人？"有一半以上家族的回答是：希望通过家族慈善建立一个长远的家族传承模式。这种传承不只是财富的传承，也是家族价值观的传承。[①] 图13-2或许能更直观展示慈善事业与家族价值的关系。

---

① 董黎漾. 慈善事业如何助力家族传承 [J]. 财富管理, 2015 (1).

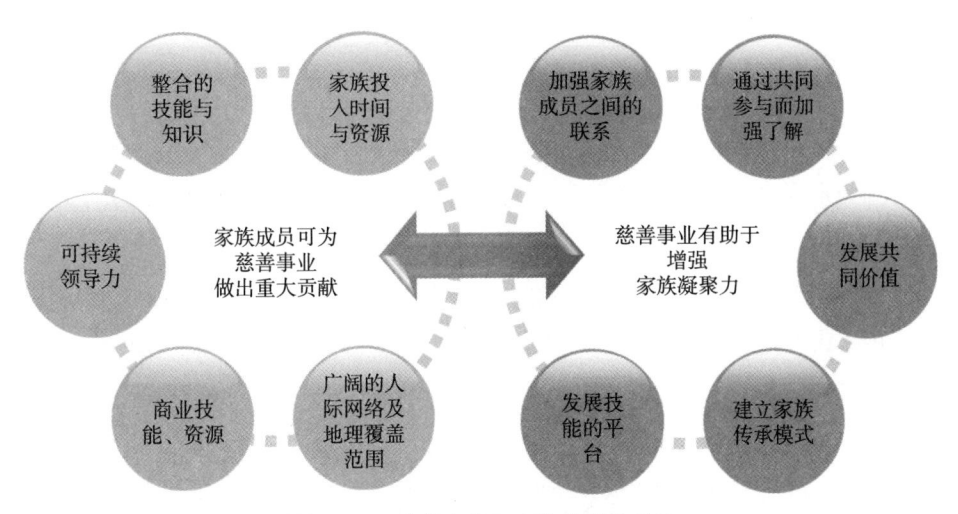

图 13－2　慈善事业与家族价值的关系

归结起来，西方大的财富家族投身慈善事业的原因主要基于以下几点。

其一，为家族企业长远发展找寻根基。以洛克菲勒家族为例，洛克菲勒基金会不仅致力于美国的教育与医疗改革，而且曾经帮助中国建立了北京协和医院、北京协和医学院。投身慈善事业让中国人对其刮目相看，也为其扩展中国市场铺开了道路。通过创立家族基金会，家族成员代代投身慈善事业，慈善家风的传承，最终使得家族财富传承的根基不断得到巩固。

其二，追求家族财富传承的跨代际目标。家族公益的特色就在于：在价值观和家族荣耀之下凝聚起来的家族成员，可以追求超越个人生命跨度的长远目标，明确慈善的本质与价值，理解家族追求跨代际目标这一优势对于家族慈善的重要意义，从而使家族能够以充分发挥其社会价值的方式构建家族公益体系。

其三，实现家族文化与家族价值观的传承。家族慈善基金会是把家族价值观传给下一代的最有效途径，家族慈善将会成为家族后代与祖父、曾祖父联结的媒介，能够让家族的第四代、第五代成员共享同一个家族故事——一个家族如何创业并持续成为传奇。同样，家族基金将是家族能量凝聚的焦点，帮助家族成员就未来商业发展和慈善达成共识。教育和引导子女投身慈善事业，就是给他们最好的礼物。

13.3.3　家族慈善的运作策略和考量因素

慈善并非单纯寄托家族精神与价值观的"精神事业",慈善活动至少应在以下方面与家族治理结构相融合①:(1)家族宪法应该明确家族对外界的责任以及如何与外界打交道。也就是说,慈善事业作为家族治理和价值观的一部分,应当被书面记载于家族使命宣言中。(2)每个家族的资产负债表都应该反映用于慈善事业的家族人力资源、智力资源和物质资源。(3)家族的金融资产如果超过200万美元,则应当建立专管慈善事业的组织或者机构。这一组织或机构的形式可以因家族而异,但至少应该允许所有家族成员参与到决策制定中。资产少于200万美元的家族可以利用一个被称为"捐赠人指导型基金"的慈善机构自行举办慈善活动,这样不需要承担正式机构的管理成本。该基金允许每一个捐助者自己决定个人资金将被用于什么样的慈善目标,这使得每一个家族可以通过其意愿和目标来影响、推动慈善事业的发展。

下面我们以洛克菲勒家族为例,来了解一下它是如何运营家族慈善事业,如何让家族财富获得最好归宿的。

> **案例 13-2　洛克菲勒家族的慈善运营**②
>
> 一个世纪以来,洛克菲勒家族以"造福人类"的胸襟,在各个领域建树卓越,并通过建立家族基金会等方式,开创了美国现代慈善管理运营模式。
>
> "像商业一样经营管理慈善。"约翰·D. 洛克菲勒于19世纪80年代提出了这一理念。在这一理念引导下,洛克菲勒家族开始从直接零散式捐赠向科学、专业化、机构化运作方向转变。洛克菲勒家族慈善的成功不仅在于其对社会问题的敏锐感知和社会发展议题的深刻洞察,更在于其用专业的方式来运营慈善事业,其创新堪称行业典范。聘请专职的慈善事业经理人是洛克菲勒家族慈善事业步入专业化管理之路的开端。建立基金会这一长期捐赠渠道则是洛克菲勒家族慈善彻底

---

① 詹姆斯·E. 休斯. 家族财富传承: 富过三代 [M]. 钱峰, 高皓, 译. 北京: 东方出版社, 2004.
② 中国公益研究院. 洛克菲勒家族: 像商业一样运营慈善 [J]. 家族企业, 2015 (3).

走向现代慈善最重要的标志。

早期，老洛克菲勒通过成立个人办公室来实现科学慈善。老洛克菲勒在十几岁时就开始捐出他的部分收入，不管数额大小，他都坚持向浸礼会及相关机构捐赠。随着个人财富的增长，老洛克菲勒的捐赠额度不断上升，但仍然通过教会进行捐赠。老洛克菲勒创造了巨额财富，成为世界上第一个亿万富翁。1910年，其财富达到近10亿美元之后，管理这笔巨额财富成为一个问题。于是他投入更多的资金到慈善事业中，以使财富获得最好的归宿。为此，他的最终解决办法是聘请浸礼会主教弗雷德里克·T. 盖茨帮助他处理慈善捐赠，并为他制订一个更加周全、更加系统的方案，包括对申请资金资助的所有个人和机构进行评估。盖茨组建了老洛克菲勒家族办公室，并重新规划了多项投资，在后来的几十年里，办公室决定了洛克菲勒一半以上财富的分配。

建立基金会，借助专业慈善机构实现资金长效运作。盖茨和小洛克菲勒进一步完善对海量求助信分类与评估的系统，并试图逐一回复每一封来信。但他们很快发现，这是一项不可能完成的任务，并意识到必须成立一个专门机构来处理这个问题。除了无法应付多如牛毛的慈善求助，成立基金会的初衷还来自老洛克菲勒一直身负的责任感：他认为自己不仅有责任给予，更有义务让捐赠成为助人自助的途径，"授人以渔"而非"授人以鱼"。

他深信"给钱很容易造成伤害"，需要做到"聪明慈善"。实际上，将财富投入到专业慈善机构中，也是老洛克菲勒认为对后代负责的选择。因为如果财富得不到有效的安置，而子孙又不具备管理巨额财富的能力，那么，财富必将成为后代的庞大累赘。1913年，洛克菲勒基金会应运而生，它是洛克菲勒家族第一个专门管理用于慈善目的资产的机构，以"促进人类一切福祉"为宗旨，着眼于全球的慈善事业。此后，为了扩大洛克菲勒家族慈善事业和传承家族慈善文化，洛克菲勒兄弟基金会和洛克菲勒家族基金会相继成立，接下来的一个世纪洛克菲勒家族又先后建立了十多个基金会。同期，洛克菲勒家族还建立了多个信托基金与洛克菲勒公司来管理家族成员的资产，为家族慈善的持续发展开源。洛克菲勒家族通过信托基金管理家族资产，从而保证家族财富得以维持、增长，并代代相传，也使家族信念与价值观得以传承。

13.4 家族慈善模式选择和常见挑战

就像卡内基所说,"智慧的捐赠比挣钱本身更难"。很多本来出于善意的给予最终不见得产生有益的社会效果,或者善款在流转的过程中,遭遇大量流失,效果大打折扣。下面我们介绍慈善捐赠模式与常见的挑战。

13.4.1 常见的家族慈善方式

(一)慈善捐赠

慈善捐赠是最常见的家族慈善方式,根据捐赠的对象和捐赠物品的不同大体可以分为以下几类:[1]

(1)教育慈善捐赠,如捐建图书馆、学校、博物馆等。

(2)医疗慈善捐赠,如捐建医院,捐助购买医疗设备、医药,捐助医学研究,等等。

(3)突发性灾难捐助,如为受灾群众提供基本生活保障等。

(4)以遗产作为基金造福人类的慈善捐赠,如诺贝尔、邵逸夫等。

(5)因宗教信仰或其他信仰做出的慈善捐赠。

(6)以环境保护、保护大自然或保护动物为目的的慈善捐赠。

不同的人对不同的捐赠类别感兴趣,因为他们有不同的家庭背景或人生经历,不论以怎样的方式捐赠,只要充分理解和尊重受益者的人格尊严,都能找到既适于受赠者又适于本家族的捐赠方式。

(二)慈善投资

与商业机构一样,家族慈善基金会每年都会制定一个年度捐赠预算,参与直接和间接的慈善捐赠。

家族慈善基金会投资第三方慈善组织是典型的慈善投资或间接捐赠,与商业投资项目一样有尽职调查,有诚信的第三方慈善组织管理层乐于接受尽职调查,这样这些管理层人员就可以向潜在的捐赠者讲述他们的故事,展示他们过往的经历和成就。他们也会披露审计后的财务报表,以便潜在捐赠者了解他们所管慈善

---

[1] 吕元栋.传承人格:哈佛也学不到的传承力[M].成都:四川科学技术出版社,2016.

组织举办慈善活动是否高效。部分慈善组织对财务报表保密，因为可能存在一些内部挑战，所以潜在捐赠者应该谨慎对待对他们的尽职调查。

（三）策略性慈善事业

2012年12月，迈克尔·波特和马克·克莱默在《哈佛商业评论》发表题为《企业慈善的竞争优势》的文章，提到策略性慈善事业，是指"企业投资的重点应放在那些可以同时产生社会效益和经济效益的领域，兼顾社会慈善和股东利益，同时产生的附加利益有助于提升企业的竞争优势"。

思科公司投资创办思科网络技术学院，旨在培训公立高中毕业生成为合格的思科网络管理员。梦工厂电影制作公司特别为洛杉矶市低收入家庭的学生制作了一档节目，训练他们在电影业中需要的技能。公司通过参与社会慈善活动，将帮助社会弱势群体与提升自身竞争力有效结合，这就是常见的策略性慈善事业。①

（四）社会企业

由于取得持续、定期的慈善捐赠非常困难，中国内地许多纯粹的做慈善的非政府组织已进化为社会企业，它们的经营管理模式是将商业活动产生的利润再投资回非政府组织。

例如：北京生命灵粮的创始人基思·慧智先生为患成骨不全（也称"脆骨病"）的儿童在北京郊区创办了一所孤儿院，为了确保孤儿院有稳定的现金流，基思·慧智先生在2006年建立了生命灵粮，生产销售西式面包给居住在北京的外籍人士，并将所得利润重新投入到孤儿院。②

家族慈善基金会可以借鉴公益创投方式③，为社会企业捐款的同时，效仿风险投资基金的做法，加入所参股的社会企业的董事会，深入参与其经营业务，提升自身专业知识和管理水平。

（五）长远扶贫模式

正可谓"授人以鱼不如授人以渔"，可持续的长期慈善捐款固然有助于家族慈

---

① 吕元栋. 传承人格：哈佛也学不到的传承力 [M]. 成都：四川科学技术出版社，2016.
② 同上。
③ 约翰·洛克菲勒三世于1969年第一次使用"公益创投"这个词语，用来描述"以一种冒险的方式来资助不受欢迎的社会事业"。

善基金会实现跨越多代的连续捐款,但消极的一面是,连续捐助可能使受捐助者养成习惯,给他们造成理应享受捐赠的错觉,导致他们的心态变得更加消极。

要想改变这种局面,就必须让受捐助者自力更生,从根本上促使他们提高自尊心和生存能力,这才是帮助他们可持续发展的关键。

案例 13-3　长远扶贫

1. 国际小母牛项目

美国农民丹·韦斯特是国际小母牛项目的创始人。该项目通过向贫困家庭免费提供小母牛等家畜、传授他们饲养知识和技能并帮助他们销售牛奶等终端产品,令他们获得生存能力。等小母牛长大生崽儿后,该项目把小牛免费提供给其他贫困家庭,从而惠及更多贫困人口。[1]

国际小母牛项目属于典型的长远扶贫模式,并吸引了众多慈善基金会、个人或公司捐赠者以及政府的参与。

2. 联合国教科文组织-熙可生物圈城乡统筹项目

联合国教科文组织-熙可生物圈城乡统筹项目是一个被称为"影响力投资"的策略性慈善投资试点项目。这一项目包括了11个商业投资项目,如新农业项目、环境友好业务生产项目,以及教育和培训农民项目、扩大农村城市化和农作物生产项目、食品加工项目等。熙可集团行政总裁表示,希望这一项目可以产生绿色经济,促进生态和谐,保护文化遗产,改善教育,提高科技创新和经济效益;同时,也可以让企业慈善活动和股东利益有机结合。[2]

13.4.2　中国慈善公益基金会的常见挑战

可能只有身体力行从事慈善公益事业的人才能切实体会,捐钱比挣钱难,而

---

[1] 吕元栋. 传承人格:哈佛也学不到的传承力 [M]. 成都:四川科学技术出版社,2016.
[2] 同上。

花钱（尤其是花对钱、花好钱）则比捐钱、挣钱更难。

2010年12月3日，壹基金脱离原先挂靠的中国红十字会，深圳壹基金公益基金会正式注册成立，成为国内第一家民间公募基金会。壹基金理事会由11人组成，他们主要为知名企业家和媒体高层等，理事会每年定期召开4次会议。壹基金还聘请了世界四大会计师事务所之一的德勤为它做账目审计。

2013年5月21日，央视《看见》栏目主持人专访了创立壹基金的影星李连杰。我们从采访的文稿中可以看出，中国慈善基金会一路走来的艰辛以及其从中得到的关于公益基金成立、运营的智慧。如果我们以壹基金成长过程为例，公益基金所需要面对的挑战至少有四个。

第一个挑战是"公信力"。壹基金虽然由李连杰最早创立，但是他却聘请了知名企业家和媒体高层担任理事，请德勤进行审计。在中国，公众之所以会对基金会的公信力产生怀疑，是因为许多基金会信息不透明，慈善资金从募集、运作到使用的全过程的信息披露不到位，基金会的运作没有发挥公众预期的效益。[①] 从官方组织到民间机构，从社会显要到无名草根，许多人都习惯带着异样眼光来看待壹基金的性质、角色、运作，其中一个核心问题是基金会募得善款可否计提、可在何等程度上计提管理费。中国红十字会、中华慈善总会等非政府组织在公众中显然具备官方话语权；相较而言，壹基金则是明星发起的民间组织，公信力似乎不足。壹基金想要好好地办下去，需要在收支透明、投入公开方面做更多努力，尤其是，若能极大压缩善款中管理费的使用比例，甚至零使用善款，则可从本质上树立其民间的良善形象。[②]

第二个挑战是"道德审判"。这里指的是针对慈善人士个人的道德怀疑，例如，怀疑其为了提升个人的名声，或怀疑其个人谋取经济利益，等等。李连杰说，他一直觉得，中国的公益事业往往受困于道德审判，以至于一些正常的管理方式都如履薄冰。比如有人质疑壹基金从企业捐款中提取高额管理费，实际上，

[①] 参见《人民日报点睛：拿什么拯救基金会的公信力》，载于 http://theory.people.com.cn/n/2013/0403/c40531-21011421.html。

[②] 参见《壹基金活不下去的中国式腹黑原理》，载于 http://yule.sohu.com/20100916/n274951840.shtml。

管理费只有4%~7%，并没有用满国家规定中允许的10%。而在2011年，曾经有人提出可以捐款给壹基金，让其做专项使用，使其能够实现"零成本的管理"，避免任何非议，但是最终李连杰选择放弃。

第三个挑战是"筹款没问题了，但是花钱的能力有了吗？"。就拿灾后重建来说，在雅安地震之后，李连杰认为，"壹基金比五年前汶川地震发生时成熟很多，因为有这么多企业都参与过汶川的灾后重建，现在我们要更精准地避免以前犯过的错误，更清晰地探索一些未来可持续发展的民间特色"。他认为，救灾之后，最重要的是坐下来反思，民间的公益组织与政府之间的信息如何更协调，以避免重复劳动、浪费资源。

第四个挑战是中国的慈善捐助者并不成熟。捐助并没有成为常态，慈善和公益的习惯和共同价值观还没有完全形成。在雅安地震后，297万人通过壹基金捐款，累计捐赠价值3亿多元的现金和物资。然而，面对雅安地震中巨大的捐款数目，李连杰说，他并没有人们想象的强烈喜悦，反而有一种忧虑，因为灾难发生后突如其来的巨款在他看来是善款，而他设立壹基金的目的，是想做细水长流的公益，人人参与的普通公益。①

采访结束后，主持人评论道，每个人细水长流、日积月累地长期捐助，慢慢沉淀下来就是一个社会难以估量的内在力量。而对于中国的慈善事业，要的就是这样一种力量。

如果说壹基金经历那么多年的摸索和努力才走到今天，那么对于其他财富家族的慈善和公益事业来说，这些挑战依然要或多或少地面对。而应对这些挑战的背后则是艰辛的努力和枯燥的工作。从事慈善事业一样需要执行力，一样需要战略的眼光。

13.4.3 设立家族慈善基金会需要关注的主要问题

如果壹基金是面向社会的慈善公益基金，那么财富家族要通过财富捐赠设立基金会，则要面对一些独特的、不同的问题。

---

① 参见《李连杰谈壹基金：不能要求公益组织里全是雷锋》，载于http://news.sina.com.cn/c/2013-05-21/022427178104.shtml。

首先，如果家族决定捐助，而且长期、稳定地捐助，那么最大的挑战之一就是如何把捐助与家族的资产管理和传承规划有机结合起来。这也就意味着，家族通过几代人的努力成功运营一家基金会，需要具备组织管理、财务和预算、税务和合规审查、人力资源和公关、地区关系乃至全球关系维护以及交流沟通等多个方面的能力。并且，成功运营一家家族慈善基金会往往需要家族人员长期的努力，很多情况下甚至需要他们终生的努力。

其次，慈善基金会不像企业，无法通过生产经营来自给自足并且每年产生利润，因此基金会必须维持它受捐赠的资产不贬值。对于基金会来说，它每年的资产增长一般都是来自受捐赠资产的增值，而不是来自新的捐赠或者其他形式的资金注入。这也就意味着，基金会资产的"波动性与风险"，是基金会管理者所需要面临的可能危及基金会可持续性的一大挑战。

即使基金会资产得到妥善管理和分配，受宏观经济形势变化影响，基金会财产也会发生价值减损的情况。2008年末，美国经济的下滑导致许多基金会的资产价值缩水近30%。有些基金会因为缺乏审慎管理或者财务顾问而在经营上举步维艰。臭名昭著的麦道夫所制造的"庞氏骗局"，导致出现高达500亿美元的损失。这个事件使得美国几十家乃至上百家基金会资产大幅缩水，包括美国最大的基金会之一的皮考尔基金会。皮考尔基金会资助了麻省理工学院颇具开创性的大脑研究科学项目，还资助了哈佛大学的糖尿病研究科学。2009年，皮考尔基金会宣告倒闭。如果其能够做到尽职调查并审慎地进行投资决策，这样的结果本来是可以避免的。

再次，受限于美国相关法律法规要求，绝大部分美国慈善基金会应当每年将其月平均资产价值的5%捐赠出去。类似的规定也出现在中国《慈善法》以及《基金会管理条例》中。因此，对于基金会的投资组合管理而言，其应当保持足够的流动性以满足相关捐赠要求以及其他开支和税费要求（基金会收入所得在美国适用2%的税率）。这就意味着，即使基金会已经从外部聘请了投资管理人或者顾问，基金会内部必须有人来管理投资活动。挑选一位内部管理者需要挑选人具备洞见力、相关知识以及经验。基金会的理事会及其每一位成员必须监督基金会资产的投资活动，并且，所有的理事会成员都必须拥有足够的投资方面的知识和经验来履行其作为基金会资产受托人的职责。当然，理事会成员通常都是家族成员，其也会因具备了这样的知识和经验而受益。这是因为，教育是一项使人终身受益的投资。如果理事会成员和那些期望成为理事会成员的家族成员学习掌握了资产投资分布、风险管理和收益、通货膨胀和投资支出等方面的知识，他们也当然会把这些知识运用到自己的生活之中，从而使家族成员乃至整个家族受益。

最后，设立慈善基金会的初衷可能并不能实现。家族设立慈善基金会，为社会做出经济贡献只是其的一个目标。随着家族子孙的繁衍，家族后代成员之间也会变得疏远，家族通过设立慈善基金会，让家族后代成员能够有机会一起从事慈善事业，也有助于增强家族的凝聚力。这是家族慈善基金会的一大优势所在。然而，要想实现这样的初衷，还需付出大量的努力。而如果家族日趋分崩离析，后代成员彼此之间心怀芥蒂，家族慈善基金会的工作很可能会受到影响，而通过家族慈善基金会来化解家族后代成员之间的矛盾、使得家族成员间关系和谐融洽的可能性也将变得渺茫。[1]

13.4.4 慈善捐赠的模式

是否一定要设立家族慈善基金会？慈善捐赠是否可以采取不同的模式？下面我们来做一下简单介绍。

（一）直接捐赠模式

应当承认，直接捐赠占到了慈善捐赠的大多数。捐赠人通常更倾向于向那些专注于慈善事业的慈善机构进行直接捐赠，原因可能是他们更加信任慈善机构并且对其发挥慈善功能充满信心。与通过基金会间接捐赠相比较，直接捐赠更加自然，也反映了捐赠人与慈善机构之间良好的关系。全球范围内最引人瞩目的直接捐赠之一发生在 2004 年，当时麦当劳的创始人雷蒙·克罗克的遗孀琼·克罗克将其价值总额为 15 亿美元的遗产直接捐给了"救世军"。然而，通常地，由于慈善机构能力有限，其接收捐赠的规模受到一定限制。大额的捐赠往往需要一个职能强大的组织。这是因为，如果捐赠数额巨大，规模较小的慈善机构难以将受赠资金加以有效利用。另外，捐赠人也会担心，由于捐赠是不可撤销的，一旦捐出，其便无法再对捐赠决定做出重大更改。

---

[1] Lee Hausner & Douglas K. Freeman. *The Legacy Family*. Palgrave Macmillan，2009.

（二）慈善基金

慈善基金主要有私人基金会和捐赠人指导型基金（也称"捐赠人建议基金"）等形式，这类组织接收并管理捐赠资金，通常，它们都是充当慈善机构的资金提供方。慈善基金对那些想长期做慈善的人来说是一个完美的方案，因为慈善基金模式可以使得捐赠人在做出捐赠以后仍然能继续参与到慈善决策中。从规划的角度来看，慈善基金为发展一种长期策略提供了条件。因此，对于那些打算捐出巨额资金/资产和希望实现多种慈善目标的捐赠人来说，慈善基金模式似乎更合适，因为它避免了将资金直接用于慈善支出，并使捐赠人有时间考虑如何分配使用慈善资金。

1. 捐赠人指导型基金

捐赠人指导型基金是指在资金如何使用上，捐赠人有权向基金管理者提供建议，但是捐赠人对于基金实体并没有控制权。通常，捐赠人指导型基金的优势在于它具有私人基金会的所有优势却又节省了法律成本或管理成本。在美国，捐赠人指导型基金的门槛只有一万美元，捐赠人却可以实现长期的、自我指导型的慈善目标。事实上，有些捐赠人会与私人基金会合作采用捐赠人指导型基金形式。

2. 私人基金会

私人基金会是中世纪慈善信托发展的产物。在大多数英美法系国家，基金会可以以没有股本的公司或者信托机构的形式存在。通常，私人基金会都是较为少见的慈善机构，它们的董事或者受托人之间都具有一定私人关系，资金的来源也较为单一。董事或受托人对资产拥有控制权，这对捐赠人具有吸引力。私人基金会是一种慈善的个人模式。或许是因为洛克菲勒、福特以及近年来的比尔·盖茨等美国财富家族的私人基金会的传奇历史，私人基金会被视为富有家族慈善架构的黄金标准。据估计，在美国400多个富有家族中，75%的家族都建立了私人基金会。在加拿大，私人基金会是过去10年当中增长最快的且进行了注册的慈善机构。

相对于其他慈善组织，私人基金会的主要优势及特点包括：

- 独立的法律实体。
- 典型的享有税收豁免待遇的注册慈善组织，在专门法律规定的范围内运行。

- 很多司法管辖区都针对向包括私人基金会在内的慈善组织进行的捐赠出台了税收优惠政策。
- 资金来源单一。
- 董事或者受托人之间通常具有私人关系。在许多情形下,他们同属一个家族。董事或受托人经常与捐赠人有关系,如果捐赠人是创一代的话,那么其本身就是董事或受托人。
- 捐赠人具有法律范围内较高程度的控制权。
- 本身就是捐赠人或者慈善组织。换句话说,私人基金会也可能资助其他慈善组织。

从以上特点可以看出,私人基金会与家族企业有着相似之处。通常,衡量一个企业家是否成功的标准是看其社会影响如何,以及是否有私人基金会。家族企业的所有权结构和私人基金会并非完全相似,但它们都带有一种强烈的个人责任感和使命感。私人基金会需要得到积极主动的管理,不像其他慈善组织,私人基金会无法在委托给信托机构和家族成员被动参与的情况下生存。这也是创一代退休后仍需像关注他们的企业投资一样关注他们的私人基金会的原因。私人基金会架构是一种更为典型的致力于长期慈善、专注于特定事项的架构。

致力于长期捐赠的传承基金会的最典型代表是加拿大多伦多的毕克尔基金会。该基金会在1953年用毕克尔价值130万加元的遗产创建。它每年将其捐赠额的60%用于医疗研究领域。几十年以后回过头来看,这似乎没有什么大不了的,但是你必须要考虑20世纪50年代医疗研究的状况:那时加拿大的医疗仍处于萌芽期,而二战后各地医院的主要需求是筹集资金建设医院。毕克尔基金会将赌注押在了医疗研究上。该基金会的主要受益人是加拿大多伦多儿童医院,它一直受毕克尔基金会资助,一度成为加拿大最大的医学研究机构,并且在世界遗传学和免疫学领域享有盛名。到2007年,该基金会已经向慈善组织捐赠了1.18亿加元,基金会资本金也增长到了1.15亿加元。毕克尔的遗产总额也在以每年400万加元的速度增长。毕克尔本来可以将他的资产一次性全部捐出去的,如果他这样做了,这些捐赠资产将在5—10年内用掉。相反,他选择设立一家永久性兼具灵活度的遗产私人基金会以符合社会不断变化的需求。因此,对于一些特定的慈善人士来说,像毕克尔基金会这样的模式很有吸引力,特别是对于那些将家族企业贡献和社区贡献视为传承给后代的宝贵财富的企业家来说，更是如此。

（三）慈善信托

除以上模式之外，较为常见的一种慈善捐赠模式是慈善信托。慈善信托是指委托人依法将其财产委托给受托人，由受托人按照委托人意愿以受托人名义对财产进行管理和处置，开展慈善活动的模式。受托人可以是委托人信赖的慈善组织或者金融机构，也可以是具有完全民事行为能力的自然人。

通过设立慈善信托，根据《信托合同》《信托宪章》等文件的约定，慈善款项将根据委托人的要求，由受托人进行管理，并对受益人进行资助。同时，境内慈善信托可以设置"监察人"这一角色，由委托人任免监察人，由监察人对受托人的行为进行监督。

与慈善基金相比，慈善信托可以根据实际需要对慈善款项进行使用，做到"细水长流"，委托人能够通过约定信托条款，对款项的使用进行控制（例如，约定慈善款项处置行为违背条款约定的，监察人有权要求受托人进行纠正，或更换受托人），以防慈善款项被挪用，无法达到其慈善目的。

2015年9月18日，国内首只慈善信托——莲花金融慈善信托基金在第四届慈展会上宣告成立，这是国内首只以企业捐赠为主的慈善信托基金，是郑卫宁慈善基金会旗下的二级项目基金。莲花金融慈善信托基金以"财富永续，爱心永恒"为宗旨，致力于帮助残障人士再就业，改善残障人士的生存环境。[①]

2016年3月16日，十二届全国人大四次会议通过了《中华人民共和国慈善法》，这是中国第一部慈善法，其自2016年9月1日起施行。随着该法的颁布实施以及家族财富管理及传承理念在中国的普及，中国的慈善事业正在逐步发展与完善。

例如，2018年，鲁伟鼎设立鲁冠球三农扶志基金慈善信托，将其持有的万向三农集团有限公司的股权全部授予该慈善信托，股权及其收益全部用于慈善。根据该慈善信托官网，经资产评估，以2020年6月末为基准日，鲁冠球三农扶志基金慈善信托全部资产净值141.79亿元；其成立两年期间，通过万向三农集团资助

---

① 参见《全国首家慈善信托试点亮相慈展会》，来源于《齐鲁晚报》，转载于http://news.sina.com.cn/2015-09-18/doc-ifxhytxr3677134.shtml。

公益慈善事业 4 640.90 万元；其是慈善信托的经典案例，对我国慈善信托发展起到积极的引导和示范作用。①

根据中国信托业协会与中国慈善联合会共同发布的《2022 年中国慈善信托发展报告》，截至 2022 年末，我国慈善信托累计备案数量达到 1 184 单，累计备案规模达到 51.66 亿元。其中，2022 年备案数量达到 392 单，比 2021 年增加 147 单，创历年新高；备案规模 11.40 亿元，较 2021 年增加 4.93 亿元。该报告指出，2022 年我国慈善信托发展迈上新台阶，慈善信托发展速度不断加快，发展质量明显提高，社会价值持续提升，更好地满足了不同性质、不同资金规模的委托人开展慈善活动的个性化需求。同时，该报告认为，应鼓励慈善信托业务的创新和发展，进一步完善慈善信托业务监管体系和相关制度，多方合力共促慈善信托高质量发展的生态圈将逐步形成。②

---

[1] 参见《鲁冠球三农扶志基金慈善信托资产规模达 141.79 亿元》，载于 http://www.lgqtrust.com/news/details/101.html。

[2] 参见：中国慈善联合会与中国信托业协会联合发布的《2022 年中国慈善信托发展报告》，载于 https://www.cncf.org.cn/cms/content/16490；《2022 年我国慈善信托发展迈上新台阶》，载于 https://www.mca.gov.cn/article/xw/mtbd/202301/20230100045793.shtml。

后记

当我合上厚厚的书稿，我并没有想象中的那种结束一个大项目之后的如释重负之感。这本书的出版，只是一个开始。在开始这个项目的时候，我的本意只是结合自己的实践，对财富管理、保护和传承的方法和工具知识进行整理和总结——因为在这个领域，国内几乎没有同时从金融、法律、教育等几个方面进行深入探讨的著作。随着研究的深入，我越来越意识到，家族企业传承、基业长青、财富永续，这是一个博大精深的题材，而此发现给我本人以及所有的读者一次重新看待财富和审视自我的机会，它就像平静湖面上落入的一颗石子，泛起有关人性、成功、财富、幸福、未来等一系列思考的涟漪。

关于失败

中国并没有太多拥抱失败、向失败脱帽致敬的文化和土壤——也许失败的确让人沮丧，失败的故事也让人感到不安或不吉利，而与此同时，人们甚至会为他人的失败而窃喜。

我希望本书中大量的失败案例起到以下效果：

第一，你能够从别人的失败中获得真知，你获得的不仅仅是启发和警醒，还有脚踏实地的真实，而那些所谓成功的案例和故事，也许涂抹了脂粉和油彩，留给你更多的是迷惑和幻象。

第二，你认识到要富裕家庭的孩子走向成熟，最好的方法之一就是让他们在年轻的时候能够经历挫折和失败，从中汲取营养并获得心智的成长。世界上失败最多的地方在哪里？在美国加州的硅谷。失败可以成为后来者的养料，而成功则是最差的老师。

第三，失败让我们学会感恩和坚韧不拔。要成为真正的智者和成功者，我们必须学会用尊敬之心、包容之心和感恩之心去看待失败。

关于时间

谈到失败，就让我想起吴晓波的《大败局》，他在此书中提出："失败是一个过程，而非仅仅是一个结果。"我很认同这句话。然而，我却发现，对财富传承的失败而言，失败将是一个结果，是一个不可逆的、画上句号的"最终结果"。

如巴菲特所说，"时间是伟大的企业的朋友，却是平庸企业的敌人"。正是时间让某些失败成为不可逆、不可恢复、不可重启之事。在时间面前，再多的财富和再大的企业，都可能会黯然失色——时间终将证明，你归属伟大，还是落于平庸，无论是一家企业，还是一个人，抑或一个家族。

如果你能够从时间特别是未来的维度参透人生，洞见明日，那么你可能现在就会立刻着手行动，而不是对企业和家族的未来心存侥幸。财富的管理和传承，需要的正是时间，而错过某些黄金的时点，悲剧的发生就会变得不可避免，当大势已去，再聪明能干的家族成员也会感到无力回天。

因此，中国家族企业面临的传承大考，是一场和时间赛跑的游戏。

关于初心

时间，也让我联想起了明代杨慎的《临江仙·滚滚长江东逝水》——

> 滚滚长江东逝水，浪花淘尽英雄。
> 是非成败转头空。
> 青山依旧在，几度夕阳红。
> 白发渔樵江渚上，惯看秋月春风。
> 一壶浊酒喜相逢。
> 古今多少事，都付笑谈中。

这样的意境，也许会让你静下来独处，自问人生终极目标是什么，对自己来说，人生最重要的是什么。若你和家人并不快乐、幸福，财富和成功还有意义吗？这是你真正想要的财富和成功吗？你现在成功了，但还记得当初的梦想吗？你是否能停下来，问问你的家人，他们的梦想是什么？家族企业是你实现梦想的工具，还是你的梦想本身？如果时光能够倒流，让你再去接近那个当时青涩的、为生活奋斗苦拼的自己，你的初心是获得和守护今天的财富，还是做一个让孩子自豪的父亲（母亲），拥有一个儿女承欢膝下的幸福家庭？

你的成功让你有了更多的追求和想法，你变得更加忙碌，即便你没有成为"物质"的奴隶，但似乎也成了"事情"的仆人。而当你拥有越多，各种烦恼也会接踵而来。一方面，你发现时间变得不够用，而牺牲的往往是自己和家人在一起的时间；另一方面，既然拥有了财富，你就更害怕失去。你本想成为财富的主人，但是物质似乎成了你的主人。

如果你明天就会离开人世，你最在乎的是你的财富、企业、声望，还是别的？我不想给你答案，这需要你自己回答。但你至少会发现，财富、家业，在时间的长河中，其实并不是你的，你只是财富的临时管家、看护者而已。

乔布斯说过："我不在乎是否成为坟墓里最有钱的人，但我在乎，每晚入睡之前，我能够对自己说，我们今天又创造了了不起的成就。"[1]

在获得财富之后，我们更需要以新的视角去看待财富和人生，去寻找那份初心，去探索和寻找更适合自己的人生重点，调整定位，而从中发现的可能是颠覆性的。

关于给予

作为生命的过客，我们只是财富的临时管家、看护者，那么我们该如何重新审视自己和自己所拥有的财富？卡内基说过，"财富本身并没有意义，除非你能以超越自我的方式运用财富"。所以，他的前半生在获得财富，而后半生则是为慈善散尽家财，当时全美国约一半的图书馆来自卡内基的捐助。

很多年前，我在纽约工作的时候，在一位美国朋友家里看到一幅画，画上是一个男孩的背影，下面写着一句话："一百年以后，没人会在意你的银行账户里曾有多少钱，你曾住过什么样的房子，或开过什么样的车子……但是，世界可能

---

[1] 此句英文原文是："Being the richest man in the cemetery doesn't matter to me. Going to bed at night saying we've done something wonderful, that's what matters to me."

会因你而不同——因为你曾给一个孩子带来的影响。"这句话让我陷入沉思。人生的意义在于给予别人价值。如马丁·路德·金所说，每个人都能够成就伟大，因为每个人都可以为别人奉献和服务。

问题是，我们如何布施财富，如何给予，如何奉献？这并不简单，就如我们在关于慈善的章节中所讨论的，花钱比挣钱要更困难——把钱花对地方需要智慧。而精神财富的传播和分享，则更需要智慧。

所以，如果你想持续地给予，那么你自己就必须不停地成长。如约翰·麦斯威尔所云，自我成长比自我成就更重要。自我成就受限于外界，而自我成长来自内心；前者给自己带来压力，后者却让人舒缓压力；前者驱使别人来服务自己，后者则是为成就他人而发现自己。

给予和奉献似乎是特别的金钥匙，无论是从中找回自己的初心，寻找内心的平静，让自己和孩子都常存感恩之心，免于愤怒和恐惧，还是通过它们让孩子更加成熟和勇于担当。面对财富和传承，我们最终面对的，还是自己。

关于投资

我们正在进入一个新的时代。赚"容易钱"的时代已经结束了。赚钱越来越难，市场越来越"卷"，这是无数企业家或小企业主的心声。

我记得有一句让我至今印象深刻的话，"成功是最糟糕的老师"。当你获得成功的时候，你周边会有越来越多奉承拍马、不愿意告诉你事实真相的人，你也开始觉得自己也许就有"成功的气质"，不论是基于自己的运气、胆识，还是基于某种性格特质，自己做什么都赚钱。这种忽视风险的想法，就像在赌场上玩了几把赢了些钱，会越来越觉得自己像"赌神"，最终的结果不可能理想。

前进路上的最大障碍，从来不是你的敌人或竞争对手，或者外部环境，而是你自己，是你的心魔，也许是不愿意听取专家建议、自认为正确的一意孤行，也许是自己隐藏在"战术忙碌"背后的"战略懒惰"。

这本书讲述"财富管理与传承"，我想，在后记中，应该讲讲我认为的正确的投资理念，这正是中国许多企业主及一些财富人士所极为缺乏的。我先讲个故事吧。

1998年，华为经过考察，拟聘请IBM在中国为其提供管理咨询服务，因为这是IBM在中国的第一个重要咨询项目，对它来说树立样板的意义重大。所以在报价问题上，自认为深谙中国企业善于"拦腰砍"的谈判常规，时任 IBM 大中华区董事长兼首席执行总裁的周伟焜向华为提出了高额报价方案：根据 IBM 方面的推算，70 位顾问按级别分为 3 类，每小时收取的费用分别为 300 美元、500 美元和 680 美元，为期 5 年，共 4 800 万美元（当时约合人民币 5.6 亿元），相当于华为此前一年的利润。此方案立即引起了华为高管的强烈反弹，他们纷纷示意 CEO 任正非必须砍价。

但对于周伟焜的报价，任正非只认真地问了一句："你们有信心把项目做好吗？"周伟焜沉思片刻后，回答了一个字："能！"于是任正非当场直接拍板接受了报价。

会谈结束已近深夜。由于时差关系，此时 IBM 的 CEO 郭士纳正在美国 IBM 总部主持办公会议。周伟焜把电话打给郭士纳的秘书后，收到了来自郭士纳的反馈，虽然几亿元人民币的差价对 IBM 来说只是九牛一毛，但任正非不还价的态度让郭士纳肃然起敬。据悉，郭士纳当时沉默了一会儿只说了三个字："好好教。"[1]之后，IBM 的资深顾问纷纷入驻华为：最多时驻场华为的 IBM 顾问高达 270 人，平时也有 20~30 人。[2] 据报道，任正非还表示："别看花了 5 亿多，我雇用了全球最顶尖的 200 多个专家，如果给他们发工资，肯定比这个高，所以我是合算的。"[3] 根据 2013 年《华尔街日报》的报道，除 IBM 以外，华为在 2007—2013 年还斥资 4 亿美元，聘请了埃森哲咨询公司、波士顿咨询公司、普华永道会计师事务所、美世咨询公司和合益咨询公司的顾问帮助升级其管理流程。[4]

在此之后，华为的业绩一飞冲天。具体来说，它经历了什么样的蜕变？

❑ 2008—2009 年：

◆ 华为以 183 亿美元的营业收入，在全球通信市场上正式超越阿朗、北电、摩托罗拉等老牌通信公司，成为美国《商业周刊》评选出的 2008 年度全球十大最具影响力公司之一。

---

[1] 参见《华为：几乎把利润全给 IBM 顾问交学费，值吗？》，载于 https：//new.qq.com/rain/a/20220106A002JP00。

[2] 参见《点燃激情 全身投入到新的变革之旅》，载于 https：//xinsheng.huawei.com/next/#/detail？tid＝6787717。

[3] 参见《任正非，"血洗"华为》，载于 https：//mp.weixin.qq.com/s/vTWE7qRmJkGiS9ngMtQQOw。

[4] 参见 https：//www.wsj.com/articles/SB10000872396390443294904578046872036296296。

◆ 2009年3月，世界知识产权组织宣布，华为以1 737项申请，战胜高通、松下、飞利浦、丰田等全球专利"贵族"，成为2008年度全球专利申请冠军。

❏ 2010—2017年：

◆ 美国《财富》杂志公布的数据显示，2010年，华为以218亿美元的营业收入，昂首挺进《财富》"世界500强"，排名第397位，成为继联想之后第二家进入《财富》"世界500强"行列的中国民营科技企业。

◆ 2011—2017年7年，华为在《财富》"世界500强"中排名次序分别为：352位，351位，315位，285位，228位，129位，83位。

◆ 2014年和2015年，华为分别申请了3 442项和3 898项国际专利，蝉联世界专利申请冠军。

◆ 2014—2017年，华为连续4年登上全球最具影响力的全球品牌咨询公司Interbrand（英图博略）评选出的"全球最佳品牌榜"。

从IBM引入战略咨询经验之后，华为从无到有地建立了一套从规划到执行落地的优秀管理体系，与国际企业发展接轨。

这就是大企业家任正非的气度，这样的"投资专业"、向专业学习、为专业付费的气度，成就了华为的格局和成功。

那些失败了的企业主，他们如果有任正非这样尊重专业、尊重人才的气度，可以不断学习精进，放低身段向高手讨教，突破自我，目标远大，身边围着顶级的人才与专家，懂得先给予，再获取，还没有看到好处，就先选择"相信"，那么想不成功都难！

高手的一个点子，可能就能让你一飞冲天！其他人不愿意先给予，而你选择相信，你就已经赢了，成功和丰收必然到来。所以，哪怕你没有去做慈善，没有去"烧香拜佛"，你也必然会波澜不惊、扛得住风浪，走向成功的步伐将越来越快，财富和幸运自然会伴随着你。

懂得这样"投资"的人，必然是拥有理想和信念的人，也是懂得感恩、付出和分享的人，明知有风险，但是他们愿意选择相信，那么他们获得的回报，必然超过常人。

这才是真正的投资！

作者写于2023年4月